मदन गोपाल

जन्म : 22 अगस्त, 1919 को हाँसी, ज़िला हिसार में। 1938 में सेंट स्टीफेंस कॉलेज, दिल्ली से बी.एससी.। पत्रकार-जीवन की शुरुआत लाहौर की 'सिविल एंड मिलिटरी गज़ट' के सम्पादन से; तत्पश्चात् 'स्टेट्समैन', नई दिल्ली में काफ़ी अर्से तक सम्पादकीय विभाग से सम्बद्ध रहे। बाद में सूचना प्रसारण मंत्रालय के विभिन्न विभागों से जुड़े रहे और फिर प्रकाशन विभाग के निदेशक पद पर रहकर सेवामुक्त हुए।

1944 में प्रेमचन्द पर अंग्रेजी में एक पुस्तक प्रकाशित की जो उन दिनों प्रेमचन्द पर पहली ही पुस्तक थी। प्रेमचन्द की अनेक कहानियों के अंग्रेजी अनुवाद भी प्रस्तुत किए। मदन गोपाल उन अग्रणी लेखकों में रहे जिन्होंने अंग्रेजी पाठकों को हिन्दी लेखकों से परिचित कराने की शुरुआत की और उनका मुख्य कार्य, तुलसी, भारतेन्दु तथा प्रेमचन्द से सम्बन्धित रहा। प्रेमचन्द के पत्रों को बड़े श्रम से एकत्र किया जो दो भागों में 'चिट्ठी-पत्री' नाम से प्रकाशित है।

मदन गोपाल ने यूरोप, एशिया और अफ्रीका के अनेक देशों की यात्राएँ कीं और पी.ई.एन. के पुराने सदस्य की हैसियत से उस संस्था के अन्तरराष्ट्रीय अधिवेशनों में कई बार भाग लिया। अंग्रेजी, हिन्दी, उर्दू के एक अनुभवी पत्रकार और लोकप्रिय लेखक के रूप में मदन गोपाल भली-भाँति सुपरिचित रहे। इस पुस्तक से पूर्व उनकी दो पुस्तकें—पहली, भारतीय विदेशनीति को लेकर 'इंडिया एज़ ए वर्ल्ड पावर' तथा दूसरी, जो अफ्रीकी देशों के बारे में थी, राजकमल से प्रकाशित हुई थीं।

निधन : 16 दिसम्बर, 2008

क़लम का मज़दूर
प्रेमचन्द

मदन गोपाल

राजकमल पेपरबैक्स

राजकमल पेपरबैक्स में
पहला संस्करण : 2019
दूसरा संस्करण : 2023

राजकमल पेपरबैक्स : उत्कृष्ट साहित्य के जनसुलभ संस्करण

राजकमल प्रकाशन प्रा.लि.
1-बी, नेताजी सुभाष मार्ग, दरियागंज
नई दिल्ली-110 002
द्वारा प्रकाशित

शाखाएँ : अशोक राजपथ, साइंस कॉलेज के सामने, पटना-800 006
पहली मंजिल, दरबारी बिल्डिंग, महात्मा गांधी मार्ग, प्रयागराज-211 001

वेबसाइट : www.rajkamalprakashan.com
ई-मेल : info@rajkamalprakashan.com

बी.के. ऑफसेट
नवीन शाहदरा, दिल्ली-110 032
द्वारा मुद्रित

मूल्य : ₹ 399

KALAM KA MAZDOOR : PREMCHAND
A Biography by Madan Gopal

ISBN : 978-93-88933-48-3

मुन्नो को

प्रस्तावना

इस पुस्तक को प्रकाशित करते हुए मुझे बड़ा हर्ष हो रहा है। यह पुस्तक लगभग 20 वर्षों के परिश्रम का परिणाम है। इस पर काम तभी आरम्भ किया था जब मैंने 1943-44 में प्रेमचन्द के जीवन तथा कृतियों पर एक छोटी-सी परिचयात्मक पुस्तक अंग्रेज़ी में लिखी थी। (अंग्रेज़ी में इस विषय पर यह पहली पुस्तक थी।) महायुद्ध के दिनों में काग़ज़ की क़िल्लत थी और मैंने अपनी पुस्तक के लिए जितनी सामग्री इकट्ठी की थी, उसका पूरी तरह प्रयोग न कर पाया था।

उसी समय मुझे यह ध्यान आया था कि प्रेमचन्दजी का युग बीता जा रहा है। उनके जितने जीवित मित्र या सहयोगी थे, उनके पास अभी तक उनके पत्र मिल सकते हैं तथा उनसे प्रेमचन्दजी के सम्बन्ध में कुछ ज्ञान भी प्राप्त हो सकता है। उसी समय तथा अगले कुछ वर्षों में मैंने लमही, कानपुर, लखनऊ, बनारस, इलाहाबाद, बस्ती, हैदराबाद, लाहौर, बम्बई आदि की यात्रा की। बहुत-से पत्र या उनकी प्रतिलिपियों के अतिरिक्त और बहुत-सी सामग्री प्राप्त की। इस सामग्री तथा 'हंस' और 'ज़माना' के प्रेमचन्द-अंकों और शिवरानीदेवीजी की 'प्रेमचन्द घर में' के आधार पर मैंने एक पुस्तक तैयार की। एक और पुस्तक, केवल प्रेमचन्दजी के पत्रों की, संकलन के रूप में तैयार की। दूसरी पुस्तक को अब अमृतरायजी दो भागों में छाप रहे हैं। पहली पुस्तक पड़ी रही। उसे अन्तिम रूप देने का अवकाश ही न मिला। इस पुस्तक में मैंने प्रेमचन्दजी की सभी कृतियों—उपन्यासों, कहानियों, नाटकों, निबन्धों—का सारांश देने की चेष्टा भी की थी। परिणामत: पोथी बहुत मोटी बन गई। आज से दो-एक साल पहले मुझे यह ध्यान आया कि प्रेमचन्द की कृतियों के सारांश की आवश्यकता किसी विदेशी भाषा में तो हो सकती है, पर हिन्दी या उर्दू के पाठकों को उनकी कृतियों से परिचित कराने का प्रयत्न तो ऐसा ही होगा जैसे 'उलटे बाँस बरेली को।' यह सोचकर मैंने किताब को नया रूप दिया। प्रेमचन्द जी की कृतियों के अंश निकालकर अब यह पुस्तक तीन सौ अट्ठाईस पन्ने की बनी है। जो मेरी रुचि के अनुसार ही है।

इस पुस्तक की तैयारी में मैंने उपलब्ध सामग्री का भी आवश्यकतानुसार उपयोग किया है, जिनमें 'हंस' तथा 'ज़माना' के प्रेमचन्द अंक, शिवरानीदेवी की पुस्तक 'प्रेमचन्द घर में' तथा कुछ ऐसे निबन्धों के संग्रह भी हैं, जिनमें प्रेमचन्द की कृतियों पर सामयिक आलोचनाएँ छपी हैं। ये लेख कितनी ही बार छप चुके हैं। पिछले कुछ

वर्षों में तो 'ज़माना' के प्रेमचन्द अंक में छपे लेखों का हिन्दी रूपान्तर भी छपा है। अभी तक प्रेमचन्दजी पर जितनी पुस्तकें लिखी गई हैं उन सबमें इन्हीं पुस्तकों तथा प्रकाशनों का प्रयोग किया गया है। उर्दू लेखकों ने 'ज़माना' के विशेषांक को अपनी कृतियों का आधार बनाया और हिन्दी लेखकों ने 'हंस' के विशेषांक को। इन सब प्रकाशनों में एक विशेष त्रुटि यह रही है कि तिथियों और घटनाक्रम में परस्पर-विरोध स्पष्ट दिखाई देता है। आलोचकों ने भी आँख मींचकर इन्हीं पुस्तकों का अनुकरण किया। मैंने भी अपनी 1944 में प्रकाशित पुस्तिका में तिथियाँ डॉ. इन्द्रनाथ मदान के थीसिज 'ट्रेंड्स इन मार्डर्न हिन्दी लिटरेचर' से ली थीं। अन्य लेखकों ने भी इसी प्रकार तिथियाँ जहाँ जैसे मिलीं, वैसे ही स्वीकार कर लीं।

और तो और, स्वयं प्रेमचन्दजी ने एक ही घटना के बारे में भिन्न पत्रों तथा लेखों में विभिन्न तिथियाँ दी हैं। इन तिथियों के ग़लत होने का पता तब चला जब उनके पत्रों के आधार पर जाँच-पड़ताल की गई। एक कठिनाई यह भी सामने आई कि बहुत-से पत्रों पर तिथि ही नहीं दी गई, केवल स्थान का ही ज़िक्र है। इसलिए मैंने उनकी सर्विस-बुक तथा सामयिक मासिक पत्रों की तलाश की, जहाँ उनकी वे कहानियाँ सबसे पूर्व छपी थीं, और जिनका ज़िक्र पत्रों में है। यहाँ यह बतलाना भी आवश्यक है कि उन सामयिक मासिक पत्रों में से कुछ की पूरी फ़ाइलें भी दुर्लभ हैं, ऐसे पत्र जो इस शताब्दी के आरम्भ में निकलते थे।

इस तरह प्रत्येक तथ्य तथा तिथिक्रम की जाँच-पड़ताल का काम बहुत सरल सिद्ध नहीं हुआ। कई बार सिर्फ़ एक कहानी की तिथि या पत्र की तारीख़ निश्चित करने में कई वर्षों की फ़ाइलें उलटनी पड़ीं। परन्तु खोज और जाँच-पड़ताल का जीवनी लिखने के कार्य में निस्सन्देह विशेष महत्त्व है, यह बात यह पुस्तक लिखते हुए मुझे ख़ूब अनुभव हुई है। इस पुस्तक में मैंने यथासम्भव घटनाओं की वही तिथियाँ स्वीकार की हैं, जिनकी पुष्टि इस प्रकार की खोज से हुई है। मैंने प्रेमचन्द द्वारा लिखे गए पत्रों के अंशों का ख़ूब प्रयोग किया है। जिन पत्रों के अंश यहाँ उद्धृत किए गए हैं, उनको मूलप्रति या प्रतिलिपि उपलब्ध करने के लिए मैंने लगभग गत 20 वर्षों में भारत के विभिन्न भागों में सैकड़ों व्यक्तियों से पत्र-व्यवहार किया है या निजी भेंट की है। मेरा पत्र-संकलन-कार्य साहित्यिक क्षेत्रों में चर्चा का विषय भी रहा है। इस सम्बन्ध में 1952 के 'आजकल' (अक्तूबर) में मेरा एक इंटरव्यू भी छपा था। पत्रों के मिलने का क्रम अब भी चल रहा है। कहीं-कहीं से मूल पत्र या उनकी प्रतिलिपियाँ अब भी उपलब्ध हो जाती हैं।

संकलन का एक महत्त्वपूर्ण भाग दयानारायण निगम ने 1941 में कानपुर में मुझे दिया था, जब मैं अपनी पुस्तिका लिख रहा था। इन सारे पत्रों के अंश 'ज़माना' में छप चुके थे। निगम साहब ने दूसरे पत्रों को देने का वायदा भी किया था परन्तु उनको प्राप्त करने के लिए मुझे अपनी प्रकाशित पुस्तक की एक प्रति दिखाना ज़रूरी बतलाया

था। जब मेरी पुस्तक तैयार हुई तब दुर्भाग्य से उनका देहावसान हो चुका था। 1951 में श्री निगम के पुत्र से मैंने फिर पूछा। उन्होंने बतलाया कि उन्हें शेष पत्रों के बारे में कुछ पता नहीं है। जिस समय निगम साहब ने मुझे पत्र दिए थे, उसी समय 'ज़माना' के मैनेजर ने भी मुझे बारह पत्र दिए थे। फिर लगभग उसी समय मुझे दुर्गासहाय सरूर को लिखा प्रेमचन्द का एक पत्र मिला। इमतियाज़ अली ताज ने लाहौर में मुझे अपने घर पर चवालीस पत्रों की नक़ल करने की सुविधा 1941-42 में दी थी। 1948 में भाई भीष्म साहनी ने मुझे इन पत्रों की हिन्दी-प्रतिलिपि भी दी, जिनसे मैंने अपनी उर्दू की प्रतिलिपि में संशोधन किया। उन्हीं दिनों इन्द्र बसावड़ा को लिखे दस पत्रों की प्रतिलिपि भी मुझे साहनीजी ने दी। उपेन्द्रनाथ अश्क ने प्रेमचन्द के चार पत्रों की प्रतिलिपि अपने हाथ से करके मुझे दी थी (गत वर्ष उन्होंने बतलाया कि मूलप्रति अब गुम हो चुकी है।) दिल्ली में जैनेन्द्रकुमार जैन ने मुझे बयालीस पत्रों की फ़ाइल दी, जिन्हें मैंने नक़ल करके, आज्ञानुसार, फ़ाइल लौटा दी। (अब मुझे पता लगा है कि कई वर्ष बाद कोई सज्जन उस संग्रह को ले गए और वापस नहीं किया।) प्रेमचन्द के सौतेले भाई महताबराय ने भी मुझे छः पत्र दिए। माणिकलाल जोशी ने एक पत्र स्वयं भेजा। विष्णु प्रभाकर ने भी तीन पत्र दिए। ऐसे ही केशोराम सभरवाल ने वे चार पत्र मुझे दिए, जो प्रेमचन्द ने उन्हें टोकियो भेजे थे। इसी तरह बनारसीदास चतुर्वेदी ने मुझे सोलह पत्रों की प्रतिलिपियाँ (जो प्रायः अंग्रेज़ी में हैं) दीं। इनके अतिरिक्त शिवरानीदेवी, विनोदशंकर व्यास, रामचन्द्र टंडन, इन्द्रनाथ मदान, भदन्त आनन्द कौसल्यायन, हिसामुद्दीन गौरी, आनन्दराव जोशी, अख़्तर हुसैन रायपुरी इत्यादि को लिखे गए पत्र विभिन्न पत्रिकाओं या पुस्तकों में छप चुके हैं, मैंने उन्हें वहीं से उद्धृत किया है।

मेरा पत्र संग्रह लगभग तीन सौ पृष्ठों का बन गया था। कई मित्रों तथा प्रकाशकों ने आग्रह किया कि मैं इसे छपवा डालूँ। अस्सी पृष्ठों की भूमिका के साथ संग्रह 1951 में तैयार था। दो वर्ष बाद भाई चन्द्रगुप्त विद्यालंकार ने इसका संशोधन भी कर दिया था, परन्तु मैं कुछ सज्जनों को लिखे गए पत्रों की प्रतिलिपि की आशा कर रहा था, विशेषतया दुलारेलाल भार्गव तथा के. एम. मुंशी। इस बीच में दो वर्ष हुए, भाई अमृतराय ने मेरे पत्रों की एक प्रतिलिपि माँगी और इनके प्रकाशन की एक योजना बनाई, जिसके अनुसार प्रेमचन्द के पत्रों का संग्रह उनके (अमृतराय) तथा मेरे नाम से दो भागों में प्रकाशित होगा—(क) निगम को, और (ख) दूसरे मित्रों को लिखे गए पत्र। अमृतराय ने बतलाया है कि यह संग्रह शीघ्र ही पाठकों को उपलब्ध हो सकेगा। इस पुस्तक में मैंने उनका महत्त्वपूर्ण भाग उद्धृत कर दिया है। इसके लिए मैं उन व्यक्तियों का आभारी हूँ जिन्होंने मुझे मेरे संकलन इत्यादि के काम में सहायता दी। पत्रों की प्रतियाँ देनेवालों के अतिरिक्त दो व्यक्तियों ने मुझे विशेष सहायता दी—अमर शहीद भगतसिंह के साथी क्रान्तिकुमार (पानीपत) ने तथा 'मास्टर' गुरबख्शसिंह जी ने। इस कार्य में

प्रेमचन्द के ज्येष्ठ पुत्र श्रीपतराय से मुझे प्रोत्साहन मिलता रहा है। इसके लिए तथा पत्रों, कहानियों, निबन्धों के अंश उद्धृत करने की आज्ञा के लिए मैं उनका विशेषतया आभारी हूँ।

इनके अतिरिक्त इस पुस्तक को सम्पूर्ण करने की प्रेरणा मुझे श्री चन्द्रगुप्त विद्यालंकार, श्री जगन्नाथ आज़ाद तथा क़मर रईस से मिली। मैं उनका विशेषतया कृतज्ञ हूँ। मारवाड़ी लाइब्रेरी, श्री महावीर जैन लाइब्रेरी तथा दिल्ली यूनिवर्सिटी लाइब्रेरी, उस्मानिया यूनिवर्सिटी लाइब्रेरी, हैदराबाद (श्री मुहम्मद इस्माइल), अदबीयाते उर्दू, हैदराबाद से भी मुझे मूल्यवान सहायता मिली है। उनका भी मैं धन्यवाद करता हूँ।

—मदन गोपाल

नई दिल्ली
15 अगस्त, 1962

दूसरे संस्करण की भूमिका

मुझे बड़ी प्रसन्नता है कि 'क़लम का मज़दूर : प्रेमचन्द' का पहला संस्करण बिक गया और दूसरा संस्करण निकलने जा रहा है। संशोधित संस्करण प्रस्तुत है, और संशोधन के बारे में कुछ निवेदन करना इसलिए आवश्यक है कि मेरे जीवनकाल में शायद तीसरा संस्करण न निकल सके—पहले संस्करण की तीन हज़ार कापियों को बिकने में दस-बारह साल लग गए और कुछ छोटी-छोटी बातें हैं जो शोधकर्ताओं की दृष्टि से 'रिकार्ड' के लिए आवश्यक हैं।

गत बीस वर्षों में प्रेमचन्द पर काफ़ी शोधकार्य हुआ है और मैंने देखा है कि शोधकर्ताओं ने मेरी पुस्तकें 'क़लम का मज़दूर' (हिन्दी); और अँगरेज़ी में 'प्रेमचन्द : ए लिटरेरी बायोग्रफी' (एशिया) और अमृतराय द्वारा लिखित 'क़लम का सिपाही' तथा इन्द्रनाथ मदान द्वारा लिखी *प्रेमचन्द* में समानता देखी है। कई लेखकों ने लिखा है कि मैंने अमृतराय के फलाँ तथ्य का समर्थन (या विरोध) किया है, या अमृतराय ने मेरी अमुक बात का समर्थन (या विरोध) किया है। इसी प्रकार इन्द्रनाथ मदान की और मेरी पुस्तक 'प्रेमचन्द' (1943-44) की तुलना भी की है। मेरी पुस्तक 'क़लम का मज़दूर : प्रेमचन्द' और अमृतराय द्वारा लिखी गई 'क़लम का सिपाही' स्वतंत्र रूप से एक ही समय लिखी गईं। न मैंने अमृतराय की पुस्तक देखी और न ही अमृतराय ने मेरी। हाँ, अमृतराय ने मेरी 1943-44 वाली अंग्रेज़ी पुस्तिका 'प्रेमचन्द' अवश्य देखी थी। 'क़लम का मज़दूर' और 'क़लम का सिपाही' में यदि कुछ समानता है तो उसका एक ही कारण है। और वह कारण यह है कि दोनों ने ही प्रेमचन्द के पत्रों को उनकी जीवनी का आधार बनाया है और इन पत्रों में से नब्बे प्रतिशत वे हैं जिनकी 300 पृष्ठों की पांडुलिपि मैंने अमृतराय को दी थी। मेरी पहली अंग्रेज़ी पुस्तक 'प्रेमचन्द' 1943 में छपकर 1944 में प्रकाशित हुई थी। कुछ वर्ष हुए, के. एस. श्रीनिवास आयंगर ने मुझे बतलाया था कि भारतीय भाषाओं में समकालीन लिखने वाले साहित्यकारों पर किसी भी भारतीय लेखक द्वारा अँगरेज़ी में लिखी गई यह सर्वप्रथम पुस्तक थी। मेरी पुस्तक केवल परिचयात्मक थी। इसके लिखने में मैंने 'ज़माना' और 'हंस' के स्मृति अंकों का, हिसामुद्दीन गौरी का 'प्रेमसोग' तथा जैनेन्द्र कुमार, दयानारायण निगम, इमतियाज़ अली 'ताज' इत्यादि से इंटरव्यू इत्यादि को आधार बनाया था। यह शोध ग्रन्थ नहीं था। जो मूल पुस्तकों में लिखा था, उसकी मैंने पुष्टि नहीं की। इन्द्रनाथ मदान

ने मेरी अंग्रेज़ी की पुस्तक के आधार पर अपनी अंग्रेज़ी पुस्तक लिख मारी—मेरी गलतियाँ भी उद्धृत कर लीं—और एक अध्याय में तो मेरे एक लेख को ज्यों-का-त्यों उद्धृत कर लिया। उन्होंने इसी पुस्तक का हिन्दी रूपान्तर भी प्रकाशित किया और जितनी गलतियाँ मेरी पुस्तक में थीं, वह इन दोनों किताबों में आ गईं। इस प्रकार, एक प्रकार से इन ग़लतियों का उत्तरदायित्व मेरा है। मुझे खेद है।

फिर भी उन गलतियों के बावजूद मुझे अपनी 1943–44 में लिखी पुस्तक का गर्व है, क्योंकि किसी हद तक इस पुस्तक के कारण प्रेमचन्द को अन्तर्देशीय ही नहीं, अन्तर्राष्ट्रीय ख़्याति मिली। मेरी पुस्तक का एक तिहाई भाग मद्रास राज्य में बिका, टाटा संस्थान ने 20 प्रतियाँ चूँगकिंग भिजवाईं। मास्को से भी लेखकों की माँग आती रही। एक रूसी सज्जन श्री कम्पंसेव एक वर्ष प्रयत्न करने के बाद मेरी उस पुस्तक की एक प्रति के लिए मेरे पास आए थे। (हमारे साहित्यकारों को अन्तर्राष्ट्रीय ख़्याति अंग्रेज़ी के माध्यम से मिली है। यदि डब्ल्यू. बी. येट्स रवीन्द्रनाथ ठाकुर को अंग्रेज़ी के माध्यम से दुनिया के सामने न लाते तो पता नहीं अन्तर्राष्ट्रीय ख्याति मिलने में उन्हें कितना समय लगता।) मेरी उसी पुस्तक की भूमिका में मैंने प्रेमचन्द की वृहद जीवनी लिखने का संकल्प व्यक्त किया था। इसी ग्रन्थ के लिए मैंने प्रेमचन्द के पत्रों का संकलन किया। इनको अलग रूप से छापने की योजना बनी। राजकमल प्रकाशन इसके प्रकाशन के लिए तैयार थे। कन्हैयालाल माणिकलाल मुंशी तथा दुलारेलाल भार्गव के पास जो प्रेमचन्द के पत्र थे उन्हें छोड़कर बाक़ी सब पत्रों की 300 पृष्ठ की पुस्तक की पांडुलिपि तैयार थी। परन्तु मैं चाहता था ये पत्र भी मिल जाते। पर ये मिले नहीं। प्रयत्न जारी था। इस बीच चन्द्रगुप्त विद्यालंकार को अपने साथ लेकर अमृतराय मेरे पास आए, और पत्रों के प्रकाशन का सुझाव रखा। आगे जो कुछ हुआ, उसका विवरण परिशिष्ट में दिया गया है।

इस पुस्तक के पहले संस्करण की पांडुलिपि अगस्त 1962 में प्रकाशक को भेज दी गई थी। इसे—शीर्षक था प्रेमचन्द—बनारसीदास चतुर्वेदी ने देखा था। उन्हीं के पत्र मिलने पर मैंने पुस्तक के नाम में प्रेमचन्द के साथ 'क़लम का मज़दूर' जोड़ दिया। पुस्तक को 1962 में ही छप जाना चाहिए था। अमृतराय ने तो 'क़लम का सिपाही' स्वयं उसी वर्ष प्रकाशित कर दी, पर मेरा प्रकाशक (राजकमल नहीं, एक अन्य) सोचता ही रहा। इस बीच में साहित्य अकादमी द्वारा अमृतराय को पुरस्कार की घोषणा, मेरी प्रार्थना पर अदालती 'इनजंक्शन' (साहित्यकारों के पत्रों में कापीराइट के बारे में शायद भारतवर्ष में यह पहला मुक़दमा था) तभी से इस बारे में, और इस मुकदमे की पृष्ठभूमि के बारे में लोगों को कौतूहल है। कई वर्ष तक लोगों ने मुझसे पूछा है और अभी भी पूछते रहते हैं। इसलिए मैंने इस पुस्तक में परिशिष्ट के रूप में एक विवरण दे दिया है जो उस नोट का हिन्दी रूपान्तर है जिसे केस के बाद ही वकील साहब ने तैयार किया था।

यहाँ इतना ही कहना काफ़ी होगा कि उस अदालती कार्यवाही से मेरा दिल इतना खट्टा हुआ कि मैंने अपनी पुस्तक 'क़लम का मज़दूर' को भुलाने का प्रयत्न किया। अमृतराय की पुस्तक के पन्ने पलटे तो परन्तु उसे ध्यान से नहीं पढ़ा। अपनी पुस्तक की पांडुलिपि में कोई संशोधन नहीं किया। पांडुलिपि जैसे प्रकाशक को अगस्त 1962 में दी थी, वैसे ही छपी। अब दूसरे संस्करण के लिए संशोधन के सम्बन्ध में मैंने उसे पढ़ा। परन्तु संशोधन का आधार चिट्ठी-पत्री (दो भाग) में छपे वे पत्र हैं जिन्हें मैंने प्रकाशन के बाद देखा। इन्हीं के आधार पर मैंने अब कुछ संशोधन किया है और कुछ तथ्यों को ठीक किया है।

—मदन गोपाल

नई दिल्ली
2 फ़रवरी, 1984

तीसरे संस्करण की भूमिका

इस पुस्तक का दूसरा संस्करण बीस वर्ष पूर्व प्रकाशित हुआ था। दस-बारह वर्षों में बिक गया। तब से यह पुस्तक उपलब्ध नहीं रही। मुझे बड़ी प्रसन्नता है कि राजकमल प्रकाशन ने प्रेमचन्द की 125वीं जयन्ती के अवसर पर इसके तीसरे संस्करण को प्रकाशित करने का निर्णय लिया।

गत कुछ वर्षों में मैं उर्दू में प्रेमचन्द वाङ्मय में व्यस्त रहा। हिन्दी में तो प्रेमचन्द की कृतियों के कई संकलन प्रकाशित हुए परन्तु उर्दू में इसका अभाव था। कई दिग्गजों का मत है कि उर्दू तो हिन्दी की एक शैली है। मैं सहमत हूँ।

उर्दू में प्रेमचन्द वाङ्मय के प्रकाशन का मेरा सुझाव भारत सरकार की क़ौमी उर्दू काउंसिल ने स्वीकार किया, अब यह काम सम्पन्न हो गया। वाङ्मय (कुलियात) की 24 जिल्दों (खंडों) के सम्पादन-प्रकाशन के क्रम में कुछ ऐसी सामग्री मिली जो किसी उर्दू या हिन्दी संकलन में अभी तक शायद ही प्रकाशित हुई हो। कुछ नए तथ्यों की जानकारी भी मिली।

इस पुस्तक के पुनर्मुद्रण को ध्यान में रखते हुए कुछ तथ्यों को हम यहाँ प्रस्तुत कर रहे हैं :

प्रेमचन्द के जीवन तथा लेखन पर सर्वप्रथम पुस्तक (अंग्रेज़ी) में मैंने लिखा था कि उस प्रसिद्ध साहित्यकार का पहला उपन्यास 'असरारे मुहब्बत' था। यह 1943-44 की बात है। दस वर्षों के बाद प्रेमचन्द की धर्मपत्नी शिवरानीदेवी ने 'प्रेमचन्द घर में' में लिखा कि प्रेमचन्द का पहला उपन्यास 'किशना' था। आठ साल के बाद अमृतराय ने 'क़लम का सिपाही' में लिखा कि उन्हें बताया गया है कि प्रेमचन्द का पहला उपन्यास 'श्यामा' था। इस विषय पर कई साल से वाद-विवाद चलता रहा है। अपने शोध कार्य के आधार पर आज मैं कह सकता हूँ कि मैं, अमृतराय और शिवरानीदेवी—तीनों ही सही थे। पाठकों को यह बात शायद अटपटी लगे और एक प्रकार से गुत्थी लगे, पर 'श्यामा' ही प्रेमचन्द द्वारा लिखी गई पहली कृति थी। यह आगे चलकर 'किशना' के शीर्षक से पहली पुस्तक बनी, क्योंकि 'असरारे माबिद' का 1936 तक किसी को पता नहीं था। आज मैं इस गुत्थी को सुलझाने में सफल हो गया हूँ और मेरी सफलता का मुख्य कारण दुलारेलाल भार्गव का एक कथन है।

दुलारेलाल भार्गव लखनऊ के प्रकाशक गंगा पुस्तक माला के व्यवस्थापक थे। उन्होंने प्रेमचन्द द्वारा सरकारी नौकरी छोड़ने के कुछ समय बाद उन्हें अपना

साहित्यिक सलाहकार नियुक्त किया और उनका उपन्यास 'रंगभूमि' भी प्रकाशित किया। दोनों में घनिष्ठता थी और भार्गव की सलाह पर ही प्रेमचन्द ने 'मंगलसूत्र' लिखा। इन्हीं भार्गव जी ने एक शोधकर्ता को बताया था कि प्रेमचन्द के सर्वप्रथम उपन्यास का शीर्षक था—'श्यामा'। यह उन्होंने अपनी पहली धर्मपत्नी के नाम पर लिखा था। इसे प्रेमचन्द ने 'अवध अख़बार' को भेजा। वह स्वीकारा नहीं गया। एक-दो अन्य पत्रिकाओं को भी भेजा गया। उन्होंने भी लौटा दिया। उन्होंने इसे एक ओर रख छोड़ा और कुछ वर्षों बाद इसी को दुबारा लिखा और 'किशना' शीर्षक से मेडिकल हाल प्रेस, काशी से छपवाया। उनकी धर्मपत्नी श्यामा बदसूरत थी। खाते-पीते ख़ानदान से आई थी। उसे गहनों का शौक़ था। इसी थीम को लेकर यह उपन्यास लिखा गया था। इसके प्रकाशन से पूर्व प्रेमचन्द ने 'असरारे माबिद' लिखा जो बनारस के उर्दू साप्ताहिक 'आवाज़े ख़ल्क़' में प्रकाशित हुआ। इसकी तलाश की कहानी रोचक है।

जब मैं अपनी पुस्तक 'प्रेमचन्द' लिखने लगा तो प्रेमचन्द के कई मित्रों ने उनके पहले उपन्यास के भिन्न-भिन्न नाम दिए थे। किसी ने 'प्रतापचन्द' दिया था। किसी ने 'हमखुर्मा व हमसवाब', किसी ने 'किशना'। हैदराबाद के हिसामुद्दीन गौरी ने 1936 में श्रद्धांजलि देते हुए कहा था प्रेमचन्द का पहला उपन्यास 'असरारे मोहब्बत' था। मुझे याद नहीं कि मैंने इसी उपन्यास के नाम को क्यों स्वीकारा और अपनी पुस्तक में इसका ज़िक्र किया, प्रेमचन्द की किताबों की सूची में भी। डॉ. इन्द्रनाथ मदान तथा अन्य शोधकर्ताओं ने इसी नाम को उद्धृत किया। 1959 में अमृतराय मेरे घर आए। प्रेमचन्द के उपन्यासों की चर्चा हुई। तब उन्होंने मुझसे कहा कि उन्होंने तलाश की थी, 'आवाज़े ख़ल्क़' नाम की कोई पत्रिका बनारस से कभी नहीं निकली। मैंने उन्हें बताया कि मैंने स्वयं उस पत्रिका का दफ़्तर देखा है और कुछ पुराने अंक भी देखे थे। मुझे 'असरारे मोहब्बत' तो नहीं मिला; सोचा, फिर कभी जाकर देखने आऊँगा। परन्तु मैंने अमृतराय को 'आवाज़े ख़ल्क़' की एक प्रति दी। इसी को लेकर वह बनारस गए और 'आवाज़े ख़ल्क़' की फ़ाइलों से उपन्यास की चार किस्तें लाए और इसे 'देवस्थान रहस्य' के शीर्षक से 'मंगलाचरण' में प्रकाशित किया। उपन्यास का शीर्षक इस पत्रिका में थोड़ा भिन्न था। 'असरारे मोहब्बत' की बजाय वह 'असरारे माबिद' था। इसकी चार किस्तें 'आवाज़े ख़ल्क़' में निकली थीं।

अब अगले उपन्यास की बारी। 'श्यामा' का पहला ड्राफ़्ट पड़ा था। इसी को उठाकर थोड़ा फेर-बदलकर इसे नए शीर्षक 'किशना' से मेडिकल हाल प्रेस से छपवाया। इसमें स्त्रियों के ज़ेवरात के प्रति मोह को लेकर प्लाट गठित किया गया था।

आगे चलकर इसी थीम को लेकर 'ग़बन' लिखा। 'किशना' का ज़िक्र सरकारी रिकार्ड में है। ब्रिटिश म्यूज़ियम लाइब्रेरी के इंडैक्स में भी यह नाम दर्ज है। दुर्भाग्यवश आज इसकी कोई प्रति उपलब्ध नहीं हो सकी।

एक बार अमृतराय ने डॉ. कमर रईस को पत्र लिखा था कि इस नाम का कोई उपन्यास कभी प्रकाशित नहीं हुआ। मैंने इस उपन्यास की समीक्षा (जो 'ज़माना' में छपी थी) को अपनी लिटरेरी बायोग्राफ़ी में उद्धृत किया है। इस समालोचना के पूर्व प्रेमचन्द का उर्दू 'हमखुर्मा व हमसवाब' प्रकाशित हो चुका था। इस उपन्यास के दो संस्करण निकले परन्तु इन पर प्रकाशन वर्ष न लिखा होने के कारण कई वर्षों तक इसे ही प्रेमचन्द के प्रथम उपन्यास की ख़्याति मिली थी। इसकी तीन-चार कापियाँ हैं। एक मेरे पास भी थी। मैंने इसे नेशनल लाइब्रेरी, कोलकाता को दिया था जहाँ लाइब्रेरियन ने इसकी फोटोस्टेट कापी बनवाकर रखी। क्योंकि 'किशना' की समालोचना 'हमखुर्मा व हमसवाब' के विज्ञापन के बाद प्रकाशित हुई, कुछ शोधकर्ताओं ने लिखा है कि यह 'हमखुर्मा व हमसवाब' के बाद प्रकाशित हुआ। यह मत इसलिए भी स्वीकारा जा सकता है क्योंकि 'हमखुर्मा व हमसवाब' के टाइटल पृष्ठ पर लेखक का नाम इस प्रकार लिखा है—'नवाबराय मुसन्निफ किशना वग़ैरा'। प्रेमचन्द ने 'कहकशाँ' के सम्पादक इम्तियाज़ अली ताज को अपने 29-1-21 के पत्र में लिखा था कि 'हमखुर्मा व हमसवाब' मेरी इब्तदाई तसनीफ़ है। यह ग़ालिबन पहले की तसनीफ़ है। छह साल बाद उन्होंने दया नारायण निगम को लिखा—''मेरी लिटरेरी ज़िन्दगी 1901 में शुरू हुई और 1904 में हिन्दी नॉवल 'प्रेमा' इंडियन प्रेस, इलाहाबाद से शाया करवाया।'' 1932 में उन्होंने 'हंस' में 'जीवनसार' शीर्षक लेख लिखा और बताया कि पहला उपन्यास 1901 में शुरू किया जो 1902 में प्रकाशित हुआ। तीन वर्ष बाद उन्होंने इन्द्रनाथ मदान को लिखा कि मेरी पहली किताब 1901 में छपी। इन सारे पत्रों में संकेत शायद 'श्यामा' का था जो 'किशना' शीर्षक से प्रकाशित हुआ। उन्होंने शायद एक अन्य उपन्यास भी लिखा। यह तब प्रकाशित नहीं हुआ, पड़ा रहा। परन्तु आगे चलकर इसी को अगले उर्दू उपन्यास 'जलवाए ईसार' में मिला लिया।

प्रेमचन्द के लिए पहले लिखी सामग्री को फेर-बदलकर लिखना कोई अनुचित बात नहीं थी। 'हमखुर्मा व हमसवाब' का हिन्दी रूप 'प्रेमा' इलाहाबाद से प्रकाशित हुआ। इस पर वर्ष 1907 लिखा हुआ है। इसी को बीस वर्ष बाद फेर-बदलकर 'प्रतिज्ञा' शीर्षक से 'चाँद' में धारावाहिक रूप में प्रस्तुत किया, फिर किताब के रूप में। इसके उर्दू संस्करण 'हमखुर्मा व हमसवाब' को 'बेवा' के नाम से प्रकाशित किया।

इन सबको ध्यान में रखते हुए यह सम्भव है कि 'प्रतापचन्द' का चित्रांकन किया गया हो और इसे 'जलवाए ईसार' में मिला लिया गया हो। 'जलवाए ईसार' 1912 में प्रकाशित हुआ। नौ वर्ष बाद इसी को लेकर हिन्दी में 'वरदान' की रचना की। वह अनुवाद नहीं है। 'जलवाए ईसार' के कितने ही अंश छोड़ दिए गए हैं। वाक्यों को भी फेर-बदलकर लिखा गया है। 'वरदान' प्रेमचन्द के नाम से प्रकाशित हुआ, जबकि 'जलवाए ईसार' नवाब राय की कृति थी।

ऊपर लिखी पंक्तियों से स्पष्ट है कि लिखा जानेवाला (प्रकाशित नहीं) पहला उपन्यास 'श्यामा' था। इसे कुछ वर्ष बाद 'किशना' के शीर्षक से प्रकाशित किया गया। लगभग बीस वर्ष बाद इसी थीम, अर्थात् स्त्रियों का गहनों के प्रेम जुनून, को लेकर प्रेमचन्द ने 'ग़बन' की रचना की। यह भी वाद-विवाद का विषय बना। मैंने अपनी पुस्तक में 'किशना' के आधार पर 'ग़बन' लिखने का ज़िक्र किया था। यह ज़िक्र मैंने प्रेमचन्द के प्रिय शिष्य जनार्दन प्रसाद झा की पुस्तक 'प्रेमचन्द की उपन्यास कला' में दिए गए तथ्यों के आधार पर किया। झा ने लिखा था—"प्रेमचन्द ने उन्हें बताया था कि 'ग़बन' की थीम उन्होंने अपने पहले के एक उपन्यास से ली थी। इस पुस्तक का दूसरा संस्करण मेरे पास था, जिसमें यह भी लिखा था कि प्रथम संस्करण की एक प्रति झा ने प्रेमचन्द को भेंट की थी। स्पष्ट है, प्रेमचन्द ने इसमें सुधार की कोई इच्छा व्यक्त की होगी।

यहाँ एक आवश्यक घटना का ज़िक्र उचित होगा। इस घटना का सम्बन्ध प्रेमचन्द के चाचा उदित नारायण से था। उन्होंने सरकारी रक़म (एक हज़ार रुपए) का ग़बन किया था। उन्हें सज़ा भी हुई थी। प्रेमचन्द के पिता अजायब लाल, जिन्होंने उदित नारायण को अपने ही विभाग में नौकरी दिलवाई थी और दूसरे भाइयों ने मिलकर सरकारी रक़म देकर चाचा को रिहा करवाया, परन्तु चाचा शर्म के मारे घर से भाग गए और फिर कभी दिखाई नहीं दिए। उदित नारायण का लड़का भी घर से भाग गया। उदित नारायण की पत्नी और अन्य बच्चों के पालन-पोषण का भार अजायब लाल पर था। जिन दिनों यह घटना घटी तब भी और आज भी 'ग़बन' का कारण प्रायः ज़मीन, जेवर या जन (स्त्री) होते हैं। अजायब लाल के घर में ज़मीन का मामला तो नहीं हो सकता। 'ग़बन' का कारण जेवर ही हो सकता है। प्रेमचन्द की प्रथम धर्मपत्नी को भी ज़ेवरात का मोह था। उन दिनों, शायद आज भी, उत्तर प्रदेश से लोग भागकर बंगाल जाते हैं, बम्बई या चेन्नई नहीं। प्रेमचन्द के उपन्यास 'ग़बन' का नायक कोलकाता जाता है। (प्रेमचन्द कोलकाता से परिचित भी थे। अपने उपन्यास 'सेवासदन' के प्रकाशन के सिलसिले में कोलकाता गए थे और सौतेले भाई महताब राय की नौकरी भी कोलकाता के प्रेस में लगवाई थी।) प्रेमचन्द ने इम्तियाज़ अली ताज को अपनी प्रारम्भिक रचनाओं के बारे में लिखा था कि इनमें कुछ ख़ामियाँ थीं। 'हमखुर्मा व हमसवाब', 'किशना' छपे ज़रूर, परन्तु इनसे नाम नहीं कमाया गया। उधर कहानियों के क्षेत्र में उन्हें मान्यता और ख़्याति मिली। पहले उर्दू में, फिर हिन्दी में।

जब 'जलवाए ईसार' के बाद उन्होंने अगला उपन्यास 'बाज़ारे-हुस्न' लिखना शुरू किया तो प्रेमचन्द को इस बात का अहसास नहीं था कि वह उपन्यास लिखने जा रहे हैं। कथानक बढ़ता गया और यह उपन्यास का रूप धारण करता गया। एक पत्र में उन्होंने दया नारायण निगम को लिखा—'इस बार मैं शायद नावलनिगारी में भी कामयाब हो जाऊँगा।' कामयाबी पहले उर्दू उपन्यास से नहीं, इसके हिन्दी रूप 'सेवासदन' की

ख़्याति से मिली। इसके प्रकाशन के बाद उनके उपन्यास की धूम मच गई। इतनी ख़्याति मिली कि प्रेमचन्द ने अगला उपन्यास, 'गोमए आफियत' उर्दू में लिखना शुरू किया। 'बाज़ारे हुस्न' तो कुछ साल बाद छपा। इस बीच प्रेमचन्द का उर्दू में पहली बार लिखा जानेवाला आख़िरी उपन्यास 'चौगाने हस्ती' लिखा गया। परन्तु यह पहले हिन्दी में 'रंगभूमि' के शीर्षक से प्रकाशित हुआ। तीन वर्ष बाद इसका उर्दू संस्करण निकला। इसका प्रकाशन दारुल अशायत ने 1927 में किया। इसके बाद प्रेमचन्द के सारे उपन्यास (केवल 'निर्मला' को छोड़कर, जो बाद में धारावाहिक और चाँद प्रेस से प्रकाशित हुआ) प्रेमचन्द के अपने सरस्वती प्रेस से प्रकाशित हुए। ये उपन्यास थे—'कायाकल्प', 'ग़बन', 'कर्मभूमि' और 'गोदान'। 'कायाकल्प' का उर्दू 'पर्दा-ए-मजाज' और 'ग़बन' लाहौर के लाजपतराय एंड संस और दारुल अशायत से प्रकाशित हुए। 'कायाकल्प' और इसके बाद के उपन्यास पहले हिन्दी में लिखे गए। 'कायाकल्प', 'ग़बन' और 'कर्मभूमि' का उर्दू में अनुवाद प्रेमचन्द ने स्वयं किया, 'गोदान' का उर्दू अनुवाद उनके निधन के बाद हुआ। प्रेमचन्द के बहुचर्चित उपन्यास डेढ़-दो साल में लिखे गए। केवल 'गोदान' ही एकमात्र उपन्यास है जिसे लिखने में तीन साल से अधिक समय लगा। यह लखनऊ, बनारस, मुम्बई और फिर बनारस में लिखा गया। इसका उर्दू अनुवाद इकबाल वर्मा सहर हितगामी ने किया जिन्होंने 'रंगभूमि' और 'प्रेमाश्रम' का अनुवाद भी किया। 'गोदान' के बाद प्रेमचन्द ने केवल 'मंगलसूत्र' लिखा। यह उनका आख़िरी उपन्यास था और सर्वप्रथम उपन्यास 'असरारे माबिद' की तरह इसके केवल चार अध्याय ही प्रकाशित हुए और सम्पूर्ण नहीं हुआ।

एक शोधकर्ता के अनुसार इस उपन्यास का सुझाव प्रेमचन्द की 'रंगभूमि' के प्रकाशक दुलारेलाल भार्गव ने उनके आत्मकथात्मक लेख 'जीवन सार' (फ़रवरी 1932) को पढ़कर दिया था। इसकी रूपरेखा भी तैयार की गई। पाँच अध्याय होने थे, चार ही लिख पाए, मृत्यु शैया पर पड़े-पड़े पाँचवें अध्याय के अंश बोलकर लिखवाए। ये काग़ज़ के टुकड़ों पर अंकित किए गए। मंशा यह थी कि इन्हें जोड़कर पाँचवाँ अध्याय सम्पूर्ण होगा। वह अवसर नहीं आया क्योंकि 8-10-1936 को प्रेमचन्द चल बसे। प्रेमचन्द के बड़े लड़के श्रीपतराय ने इसे प्रकाशित नहीं होने दिया। बारह वर्ष बाद इसे छोटे भाई अमृतराय ने 'हंस' प्रकाशन से प्रकाशित किया।

प्रेमचन्द के उपन्यासों के बारे में एक विचित्र बात यह है कि दो-एक को छोड़कर बाक़ी सब उपन्यासों की रूपरेखा उन्होंने अंग्रेज़ी में लिखी। 'सेवासदन' और 'प्रेमाश्रम' के प्रकाशन के बाद तो उन्हें उपन्यास सम्राट कहा जाने लगा और तब वह यूरोपियन या रूसी या अब अमेरिकी लेखकों की तरह रूपरेखा लिखकर ही अपने उपन्यास लिखने लगे। इसका एक अर्थ तो यह है कि उनकी विचार-शैली में अंग्रेज़ी की अहम भूमिका थी। उनका 'ग़बन' तो 'किशना' का अनूदित रूप था और 'निर्मला' और 'प्रतिज्ञा' उनकी प्रारम्भिक कृतियों को फेर-बदलकर लिखे गए थे। 'रंगभूमि', 'कायाकल्प',

'कर्मभूमि' और 'गोदान' की रूपरेखा अंग्रेज़ी में प्राप्त है। कभी-कभी वह अपने पात्रों के बारे में लिखते-लिखते भिन्न पन्नों पर नाम लिख डालते थे। कभी-कभी उन व्यक्तियों के नाम भी लिख देते, जिनके आधार पर उन पात्रों को विकसित किया गया—उनकी अच्छाइयाँ, बुराइयाँ, कमज़ोरियाँ या उत्तम गुण भी। 'मंगलसूत्र' की रूपरेखा तो अंग्रेज़ी में नहीं मिली मगर कमल किशोर गोयनका के अनुसार अमृतराय ने यह रूपरेखा अंग्रेज़ी में देखी थी। वह कैसे लापता हो गई, पता नहीं। विद्वानों, आलोचकों और प्रशंसकों ने प्रेमचन्द को उपन्यास सम्राट की पदवी प्रदान की थी। कुछ समालोचकों ने उनकी कृतियों की तुलना डिकंस, टाल्सटाय, हार्डी से की। सराहना प्रशंसा तक ही सीमित थी।

विश्व के देशों में महान साहित्यकारों की कृतियों के प्रथम संस्करण का भारी मूल्य आँका जाता है। उनके मसौदों का भी। परन्तु भारत में ऐसी प्रथा कभी नहीं रही। यहाँ मसौदों की परवाह नहीं की जाती। मसौदा आया, इसका सम्पादन हुआ और कम्पोजीटर या कातिब को दे दिया। अब कम्पोजिंग हो गई या किताबत हो गई तो मसौदे को रद्दी की टोकरी में फेंक दिया जाता है। 'कायाकल्प', 'ग़बन', 'कर्मभूमि', 'गोदान' प्रेमचन्द के अपने सरस्वती प्रेस में छपे। किसी के प्रामाणिक मसौदे नहीं मिल पाए। 'गोदान' के पहले संस्करण की प्रति भी नहीं है। भारतीय उपमहाद्वीप में प्रकाशन का धन्धा भी सुव्यवस्थित नहीं रहा है।

न तो भारत में और न ही पाकिस्तान में निजी पुस्तक संग्रहालयों का रिवाज़ रहा है। जहाँ तक सार्वजनिक लाइब्रेरियों का सम्बन्ध है, यहाँ रखरखाव की स्थिति सन्तोषजनक नहीं है। प्रेमचन्द की आरम्भिक रचनाएँ पत्रिकाओं में छपती थीं। पुस्तकालयों में प्रायः पत्रिकाओं के अंक रखने की व्यवस्था नहीं है। दिल्ली को ही लीजिए। यहाँ सबसे पुरानी लाइब्रेरी हार्डिंग लाइब्रेरी है। नया नाम है—'लाला हरदयाल लाइब्रेरी'। इसमें पत्रिकाओं के अंक रखने की व्यवस्था नहीं है। दिल्ली यूनिवर्सिटी और जामिया मिल्लिया 1922 में स्थापित हुई। दिल्ली से प्रकाशित होनेवाली पत्रिकाओं के पुराने अंक यहाँ नहीं रखे हैं। पटना की ख़ुदाबख़्श ओरिएंटल लाइब्रेरी, हैदराबाद की उस्मानिया यूनिवर्सिटी लाइब्रेरी ज़ोर साहिब की अदनीयाद अदब, भोपाल की मौलाना आज़ाद, रामपुर की रजा लाइब्रेरी और मुम्बई की उर्दू रिसर्च इंस्टीट्यूट लाइब्रेरी में कुछ पत्रिकाओं के पुराने अंक उपलब्ध हैं। कुछ अंक जो कई वर्ष पूर्व वहाँ थे, वे अब नहीं हैं।

प्रेमचन्द पर कुछ शोधकर्ताओं ने उनके उपन्यासों के मसौदे का इस तरह उल्लेख किया है जिससे प्रतीत होता है कि कुछ मसौदे वहाँ देखे जा सकते हैं। इस सम्बन्ध में कुछ तथ्यों को देना आवश्यक प्रतीत होता है। मेरी जानकारी के अनुसार कमल किशोर गोयनका के निजी संग्रह के अतिरिक्त केवल दो ही स्थान हैं जहाँ प्रेमचन्द के जीवन और लेखन सम्बन्धित सामग्री सुरक्षित रही है। एक तो नेहरू म्यूज़ियम लाइब्रेरी,

तीन मूर्ति, जहाँ प्रेमचन्द के दया नारायण निगम को लिखे कुछ पत्र रखे हैं। दूसरा है— रामरतन पुस्तकालय। इसमें वह मसौदे या प्रेमचन्द की रोज़मर्रा इस्तेमाल की चीज़ें हैं जिन्हें शिवरानीदेवी ने उन्हें दे दिया था। इसमें अब वह जन्मकुंडली तो नहीं है जिसके आधार पर उनकी सही जन्मतिथि निर्धारित की गई, क्योंकि यह किसी आवेदन के लिए दी गई थी और वापस नहीं आई। उनकी कमीज़, पाजामा, कोट, चश्मा, जूते आदि के अतिरिक्त कुछ सर्टीफिकेट : मैट्रिक एफ.ए., बी.ए. के सर्टीफिकेट, हमीरपुर तैनाती का पत्र रखे हैं। कुछ तथाकथित मसौदे भी हैं। ये मसौदे वे नहीं हैं, जिनके आधार पर उनके उपन्यास प्रकाशित हुए बल्कि वे पहले कच्चे मसौदे हैं, जिन्हें रद्द कर दिया था। ये प्रेमचन्द के काग़ज़ात में मिले और एक प्रकार से कूड़ा था जिसे शिवरानीदेवी ने पुस्तकालय को दे दिया था। कच्चा ड्राफ़्ट होकर भी इनका अपना महत्त्व है। जिन उपन्यासों के मसौदे के अंश हमने वहाँ देखे थे वे थे 'गोशए आफियत', 'चौगाने हस्ती' (रंगभमि), 'कायाकल्प', 'कर्मभूमि', 'गोदान', 'चार कहानियाँ' और 'कर्बला नाटक'।

उर्दू में लिखा जानेवाला प्रेमचन्द का आख़िरी उपन्यास था 'चौगाने हस्ती'। उर्दू प्रकाशकों का अकाल था। वहाँ हिन्दी के प्रकाशक प्रेमचन्द के उपन्यासों को छापने के लिए उत्सुक थे। इसलिए प्रेमचन्द ने 'चौगाने हस्ती' का अनुवाद हिन्दी में किया। शीर्षक दिया 'रंगभूमि'। इसकी बड़ी चर्चा हुई। जब इसे उर्दू में छापने का प्रबन्ध हुआ तो देखा कि मसौदा प्रेस को भेजने लायक नहीं है। जब उर्दू संस्करण के लिए भेजा गया तो उसकी भूमिका में उन्होंने लिखा—

> ''अगरचे 'रंगभूमि' पहले उर्दू में लिखी गई थी इसका उर्दू एडीशन इसके हिन्दी एडीशन के तीसरे साल शाया हो रहा है। हिन्दी एडीशन तैयार करते वक़्त उर्दू मसौदे में इतनी तरमीम हो गई कि वह इस हालत में प्रेस के क़ाबिल न था। इसके अलावा कई अबवाब हिन्दी में और बढ़ा दिए। उन्हें दोबारा उर्दू में शामिल करना ज़रूरी था। इसलिए सारा मसौदा हिन्दी मसौदे के मुताबिक़ करके दोबारा लिखना पड़ा। मैं अपने करमकरमा मुंशी इकबाल वर्मा सहर हितगामी का बेहद ममनून हूँ कि उन्होंने इसे अपने जिम्मे लिया।''

रामरतन पुस्तक भवन में जो चौगाने हस्ती का मसौदा रखा है उसके पहले पृष्ठ पर बाएँ हाशिए में लिखा है—यह प्रेमचन्द की लिखावट में नहीं है। तारीख़ दी है 1-10-22। आख़िरी पृष्ठ पर अप्रैल 1924। मसौदा नीली स्याही में हैं। आख़िरी पन्ने काली स्याही में हैं। एक जगह लिखा है—'हिन्दी मसौदा' 12-8-24। इसी मसौदे के आख़िर में 'शतरंज के खिलाड़ी' का मसौदा भी मौजूद है।

प्रेमचन्द अपने अगले उपन्यास 'कायाकल्प' में जुटे थे। इसलिए सहर हितगामी से 'प्रेमाश्रम' का भी उर्दू अनुवाद करवाया हालाँकि यह उपन्यास (गोशए आफियत) भी पहले उर्दू में लिखा गया था। रामरतन पुस्तक भवन में इस उपन्यास के 15वें अध्याय

के चार पन्ने हैं और 19वें अध्याय के आख़िरी हिस्से से लेकर 38वें अध्याय तक के पृष्ठ यहाँ रखे हैं। उपन्यास नीली स्याही में लिखा है। 34वें अध्याय के अन्त में काली स्याही में 8-10-25 तारीख़ लिखी है। 38वें अध्याय के अन्त में 24-10-25 तारीख़ लिखी है। क्योंकि 'प्रेमाश्रम' 1922 में छपा था, अतः इसकी तारीख़ें अनुवाद की ही होंगी। 'रंगभूमि' के बाद 'कायाकल्प' का मसौदा दो हिस्सों में यहाँ है। दोनों के दस-दस अध्याय हैं। हिस्सा दो का पहला अध्याय प्रकाशित संस्करण का 21वाँ अध्याय है। प्रथम हिस्से में उपन्यास में तीन नाम दिए गए हैं। ये हैं :

'असाध्य साधना', 'आर्तनाद' और 'माया स्वप्न'।

दूसरे हिस्से में केवल 'आर्तनाद' है। प्रथम हिस्से में तारीख़ लिखी है 10 अप्रैल 1924 हिस्सा दोयम में 12-11-24। इस मसौदे में जगह-जगह पर उन व्यक्तियों के नाम भी दिए गए हैं जिनके आधार पर उन किरदारों की बुनावट की गई है। दूसरे हिस्से के पाँचवें अध्याय के पृष्ठ-पृष्ठ पर अंग्रेज़ी में लिखा है : चक्रधर इज़ जे प्रसाद वैरी शाई, विशाल सिंह इज़ बेचन लाल, सिम्पल वैरी ओनस्ट; कल्याण सिंह इज़ चन्द्रिका; विमुद्दा इज़ यज्ञ नारायण उपाध्याय, क्रैफ्टी सेलफिश बट रिसोर्सफुल एंड टैक्ट फुल।

'कर्मभूमि' के प्रथम भाग के अन्तिम अंश और दूसरे भाग के प्रारम्भिक अंश की पांडुलिपि भी रामरतन पुस्तक भवन में सुरक्षित है। प्रथम पृष्ठ पर '16 अप्रैल, 1932 प्रेमचन्द' लिखा है। अंग्रेज़ी में पांडुलिपि के कई पृष्ठों पर रूपरेखा भी है। पांडुलिपि के दूसरे भाग के दूसरे अध्याय के अन्तिम अनुच्छेद में दो नाम दिए गए हैं : अमरनाथ और समरनाथ। अन्तिम अनुच्छेद तथा बाद के अध्यायों के नाम हैं : अमरकान्त और समरकान्त।

'कर्मभूमि' के अन्तिम अंशों के बाद एक अन्य उपन्यास की रूपरेखा भी है जो कभी नहीं लिखा गया। रूपरेखा अंग्रेज़ी में है।

प्रेमचन्द को जितनी मान्यता उनके उपन्यासों से मिली उससे कहीं ज़्यादा ख़्याति उन्हें उनकी कहानियों से मिली। इस क्षेत्र में उर्दू में तो उन्हें आधुनिक अफ़सानानिगारी का बानी माना जाता है। जिस विधा को उन्होंने विकसित किया वह साहित्य में नई थी।

प्रेमचन्द की सर्वप्रथम कहानी का शीर्षक—उनके अपने लेख के अनुसार था—'दुनिया का सबसे अनमोल रतन'। उन्हीं के द्वारा बताए गए तथ्यों के आधार पर यह 1907 में कानपुर की पत्रिका 'ज़माना' में प्रकाशित हुई। परन्तु 'ज़माना' की फ़ाइलों में यह कहानी नहीं मिलती। कहानी छपी अवश्य, क्योंकि यह उनके सर्वप्रथम संग्रह में शामिल है। इस संग्रह का शीर्षक था—'सोज़े वतन'। कहानियों का ध्येय था देशप्रेम। इस रंग में चार अन्य कहानियाँ भी लिखी गई थीं। दो का आधार इटालियन मैजिनी और गैरीबाल्डी के जीवन की घटनाओं और कृतित्व से था। 'सोज़े वतन' की एक कहानी

थी 'इश्क दुनिया और हुब्बे वतन'। यह 'ज़माना' के अप्रैल 1908 के अंक में छपी थी। इस कहानी का आधार भी देशप्रेम है। संग्रह 'सोज़े वतन' प्रेमचन्द के घनिष्ठ मित्र दयानारायण के ज़माना प्रेस से छपा था। इस प्रकाशन पर ग़लती से प्रेस का नाम नहीं दिया गया था। यह घोर अपराध था। पुस्तक पर वह पता दिया गया था जहाँ यह उपलब्ध हो सके, और यह पता था प्रेमचन्द की विमाता के भाई का, जो प्रेमचन्द के साथ कानपुर में रहते थे। 'सोज़े वतन' के रिव्यू हिन्दी और उर्दू के अख़बारों में छपे थे। पुलिस विभाग सक्रिय हुआ और पता लगा लिया कि पुस्तक का लेखक सरकारी स्कूल का एक शिक्षक है। जानकारी अंग्रेज़ कलक्टर को मिली। तब लेखक नवाबराय (जो वास्तव में मास्टर धनपतराय का कल्पित नाम था) जो उन दिनों सबडिप्टी इंस्पेक्टर ऑफ़ स्कूल्स थे और दौरे पर थे, उनको कलक्टर ने बुला भेजा। डाँट-फटकार पड़ी। पुस्तक की सारी प्रतियाँ देने का आदेश हुआ और आगे से पूर्व अनुमति के बग़ैर कुछ भी लिखने पर पाबन्दी। धनपतराय ने निगम को बताया। निगम का सुझाव था—'एक नया कल्पित नाम (प्रेमचन्द) रखो।' इस तथ्य को गुप्त रखा गया। धनपतराय इस नाम से केवल ज़माना ही में लिखते थे। अन्य पत्रिकाओं जैसे इलाहाबाद के *अदीब* में 'ध.र.' के नाम से।

हिन्दी की पत्रिकाओं में उनकी उर्दू कहानियों के अनुवाद छपने लगे। हिन्दी पत्रिकाओं में प्रकाशित कहानियों के उर्दू अनुवाद उनकी अनुमति के बिना भी। इन्हें वह स्वयं सम्पादित करके या करवाकर प्रकाशित करते। कहानियाँ इतनी चर्चित हुईं कि हिन्दी की पत्रिकाओं से भी माँग आने लगी। प्रेमचन्द की उर्दू कहानियों को ख़्याति मिली थी परन्तु पुस्तकाकार छापने के लिए कोई प्रकाशक तैयार न था। आख़िर प्रेमचन्द ने अपने ख़र्च पर 25 कहानियों के संग्रह को 'ज़माना' प्रेस को छापने के लिए कहा। यह दो खंडों में प्रकाशित हुआ। बारह कहानियाँ 1915 में प्रथम खंड में प्रकाशित हुईं। तेरह कहानियाँ दूसरे खंड में 1918 में प्रकाशित हुईं। दोनों खंडों के प्रकाशन में तीन वर्ष का अन्तराल था। इस बीच प्रेमचन्द की उर्दू में प्रकाशित कहानियों को लेकर उनके हिन्दी अनुवाद धड़ाधड़ छपते रहे। हिन्दी प्रकाशकों से भी माँग आने लगी। हिन्दी के एक साहित्यकार मन्नन द्विवेदी तहसीलदार थे और उन्हीं क्षेत्रों का दौरा करते थे जहाँ प्रेमचन्द भी मुआयने पर घूमते फिरते। दोनों का सम्पर्क गणेश शंकर विद्यार्थी और उनके प्रतिष्ठित कानपुर के साप्ताहिक 'प्रताप' ने करवाया। गजपुरी ने प्रेमचन्द के पहले संग्रह की भूमिका भी लिखी। पुस्तक गोरखपुर के हिन्दी पुस्तक एजेंसी से 1917 में प्रकाशित और चर्चित हुई। अगले वर्ष बम्बई के हिन्दी ग्रन्थ रत्नाकर ने कहानियों का संग्रह 'नवनिधि' छापा। हिन्दी पुस्तक एजेंसी, गोरखपुर ने 'प्रेम पूर्णिमा' में 15 कहानियाँ प्रकाशित कीं। कितने ही संकलन तो प्रेमचन्द के सरस्वती प्रेस से प्रकाशित हुए। इन पुराने संग्रहों या संकलनों के प्रथम संस्करण आज दुर्लभ हैं। परन्तु इनमें प्रकाशित कहानियों को अन्य संग्रहों में प्रकाशित किया गया है।

इस दौरान प्रेमचन्द की कहानियाँ उर्दू, हिन्दी की विभिन्न पत्रिकाओं में प्रकाशित होती रहीं। उर्दू में 'ज़माना' के अतिरिक्त 'कहकशाँ', 'तहजीबे निस्वाँ', 'सुबहे उम्मीद', 'अलनाज़र', 'हुमायूँ' इत्यादि में। उर्दू में 'प्रेम पच्चीसी' की बिक्री सन्तोषजनक तो नहीं थी, परन्तु प्रेमचन्द ने 'प्रेम बत्तीसी' का एक भाग 'ज़माना' प्रेस से और दूसरा भाग लाहौर के 'दारुल इशायत' से प्रकाशित करवाया। ये दोनों भाग 1920 में प्रकाशित हुए। अगले आठ वर्षों में उर्दू का कोई संकलन नहीं निकला, हालाँकि इन्हीं आठ वर्षों में हिन्दी में 'प्रेम पच्चीसी', 'प्रेम प्रसून', 'प्रेम द्वादशी', 'प्रेम प्रतिज्ञा', 'प्रेम प्रमोद', 'अग्नि समाधि', 'बैंक का दीवाला', 'टाल्सटाय की कहानियाँ' प्रकाशित हुईं।

1928 से 1936 तक उर्दू में 'खाकाए पर वाला', 'फिरदोसे ख़याल', 'श्वावेओ ख़याल', 'प्रेमचालीसी', 'दूध की क़ीमत', 'जोदराह', 'आख़री तोहफ़ा', 'वारदात' संकलन निकले। हिन्दी में 'प्रेमचतुर्थी', 'पाँच फूल', 'प्रेम पंचमी', 'सातसुमन', 'समरनामा मृतक भोज', 'प्रेरणा', 'पंच प्रसून', 'कफ़न' और ''मानसरोवर' के दो भाग प्रकाशित हुए। जहाँ उर्दू में इन संकलनों के संस्करण निकलते रहे वहाँ हिन्दी में श्रीपतराय ने मानसरोवर के अगले छः भागों में पुरानी कहानियों को निकालकर सरस्वती प्रेस से प्रकाशित किया। अमृतराय ने गुप्तधन के दो खंडों में अन्य कहानियाँ इस प्रकाशन से प्रकाशित कीं। प्रेमचन्द की उर्दू कहानी संग्रहों में 192 कहानियाँ प्रकाशित हुई हैं। हिन्दी में 'मानसरोवर' के आठ भागों में, 'गुप्तधन' के दो भागों में सरस्वती प्रेस की 16 अप्राप्य कहानियाँ और गोयनका के 'प्रेमचन्द : अप्राप्य साहित्य' से सब कहानियाँ मिलाकर 304 हो जाती हैं। इसमें टाल्सटाय और बच्चों के लिए कहानियाँ शामिल नहीं हैं। इनके अलावा 'सुजान भगत', 'पिसनहरिया का कुआँ' किसी उर्दू संकलन में शामिल नहीं हैं। 'दिल की रानी' भी जो लाहौर के 'शाहकार' में प्रकाशित हुई थी, अब उपलब्ध नहीं है। हिन्दी में भी कुछ कहानियाँ उनके जाने-माने हिन्दी संग्रहों में नहीं मिलतीं। जैसे 'लाल फीता' या 'मजिस्ट्रेट का इस्तीफा' है। यह प्रेम चतुर्थी में छपी थी जो अब दुर्लभ है। 'मानसरोवर', 'गुप्तधन' व 'अप्राप्य संग्रह' में भी नहीं है।

'समस्या' शीर्षक से जो कहानी एक संग्रह में है, वही 'विषम समस्या के शीर्षक से एक दूसरे संकलन में भी है। 'बोहनी' भी दो संग्रहों में छपी। 'नबी का नीति निर्वाह' और 'न्याय' एक ही कहानी है। 'अदीब की इज्जत' और 'प्रवीण' वही कहानी है। 'सकूने क्लब' और 'शान्ति' एक ही कहानी है। 'शान्ति' शीर्षक से एक अन्य कहानी 'बाजयाफ्त' भी है। एक कहानी 'अफ़ू' है, यही 'क्षमा' भी है तथा 'धिक्कार' शीर्षक से दो कहानियाँ हैं, 'परीक्षा', 'इम्तहान' और 'हुस्ने इंतखाब'।

कुछ कहानियाँ अप्राप्य हैं। एक कहानी 'साँप की माशूका', दूसरी 'जंजाल'। ये 'तहज़ीबे निस्वाँ', लाहौर में प्रकाशित हुई थीं। 'बाद अज मर्ग' सुबहे उम्मीद में प्रकाशित हुई थी, यह भी अप्राप्य है। 'वतन की क़ीमत' जो 'नैरंगे ख्याल' में प्रकाशित हुई। 'दफीना ज़िल्लत' भी। हमदर्द दिल्ली में 'दारुए तल्ख' की एक

किस्त भी नहीं मिली। कुछ का उर्दू रूप उपलब्ध है, उन्हें लिप्यंतर करके प्रकाशित किया जा रहा है।

यहाँ प्रेमचन्द की कहानियों के बारे में कुछ बातों का ज़िक्र ज़रूरी है। जो 302 कहानियाँ 'कुलियात' या 'प्रेमचन्द रचनावली' में छपी हैं उनमें लगभग 15 कहानियाँ आत्मकथात्मक लेख हैं, जैसे 'जीवनसार', 'मेरी पहली रचना', 'कजाकी', 'बड़े भाई साहब', 'गिला', 'आपबीती', 'ढपोर शंख', 'मुफ्त का यश'। ये भी शायद कहानियाँ नहीं हैं। परन्तु इन्हें श्रीपतराय और अमृतराय दोनों ने ही नहीं, स्वयं प्रेमचन्द ने भी कहानी संग्रहों में शामिल किया था। आठ-दस कहानियाँ मौलिक नहीं हैं, बल्कि हिन्दी, बांग्ला, अंग्रेज़ी, रूसी से अनुवाद हैं। इनमें कुछ तो 'ध.र.' (धनपतराय) के नाम से प्रकाशित हुई हैं जैसे 'खौफ रुसवाई', 'अश्के नदामत', 'आबे हयात', 'अपने फन का उस्ताद', 'रूठी रानी', 'कैफे किरदार', 'सिगे लैली', 'धोके की टट्टी', 'दाराशिकोह का दरबार' और 'औलीवर' (क्रामवैल) लेख हैं। 'पर्वत यात्रा' सरशार की 'सैर कोहसार' का उलथा है। उनकी कहानी 'विश्वास' विवाद का विषय बनी। प्रेमचन्द ने स्वीकार किया कि ईटरनल सिटी के अंश से प्रभावित होकर उन्होंने इसे लिखा था। कुछ कहानियाँ ऐसी भी हैं जिनके शीर्षक बदल दिए गए हैं। 'दवा और दारू' शीर्षक को 'कप्तान' कर दिया, 'शामते एमाल' को बदलकर 'खाके परवाना', 'मौत और ज़िन्दगी' को 'अमृत', 'हुस्न और शबाब' को नया शीर्षक दिया 'कशमकश'।

कई बार प्रेमचन्द कहानियों के पात्रों के नाम भी बदल देते थे। उर्दू में कहानी 'हज्मे अकबर' के किरदार थे साबिर हुसेर, अब्बास, शकिरा नसीर, हिन्दी रूपान्तर महातीर्थ के रुद्रमणी, कैलाशी, सुखदा। उर्दू की 'दो भाई' के पात्र हैं कृष्ण, बलदेव, राधा, यशोधा; हिन्दी में हैं केदार, शिवदत्त, माधो, कलावती। एक 'आत्माराम' लिखी थी, लेकिन इसे इम्तियाज़ अली ताज के 'कहकशां 'को इसलिए नहीं भेजा क्योंकि यह क़िस्सा इतना हिन्दूमय हो गया है कि 'कहकशां' के लायक नहीं। 'आप ख़ुद हिन्दू सही, मोटेराम शास्त्री के क़िस्से उर्दू में नहीं दिए गए लेकिन आपके नाजरीन तो हिन्दू नहीं।'

प्रेमचन्द की कहानियों की भाषा के बारे में प्रेमचन्द स्वयं उर्दू और हिन्दी रूप को एक साथ तैयार करते, मगर ऐसा नहीं होता था कि उर्दू से हिन्दी और हिन्दी से उर्दू अनुवाद स्वयं करते। मित्रों और साथियों से भी करवाते, इन्हें ठीक-ठाक करते और पत्रिका को भेज देते। कुछ लेखक अनुमति के बग़ैर भी अनुवाद करके छाप लेते। अक्तूबर 1922 में दया नारायण निगम को लिखा—'ज़माना के लिए एक मजमून लिखा था। इसका हिन्दी तर्जुमा कलकत्ते के एक रिसाले में निकलने के तीसरे दिन ही लाहौर के 'प्रताप' में नज़र आया। हालाँकि लाहौरी तर्जुमा बिलकुल भद्दा है मगर क़िस्सा तो वही है।' निगम को एक अन्य पत्र में लिखा—'मेरे क़िस्सों के आजकल बहुत चोर हो रहे हैं। मुमकिन है, आपको ज़्यादा नज़र आते हों। मुझे...देखने का मौका मिला...

हजरत ने मेरी इबारत के पूरे-पूरे पैराग्राफ़ नक़ल कर लिए हैं। जनवरी, फ़रवरी, मार्च तीनों नम्बरों का यही हाल है। ऊटपटाँग क़िस्सा लिखकर इसे मुरके का लिबास पहनाने की कोशिश की है। फ़रवरी के 'जखीरा' में 'जरीफ उल्तफा' क़िस्सा है। लखनऊ के एक साहब ने लिखा है। इसे पढ़िए और मेरा 'मनाउन' पढ़िए। साफ़ चरबा मालूम होगा।...कहिए तो इन चोरियों पर एक छोटा-सा शगूफ़ा छोड़ दूँ। ये हजरत जुज बुज हुआ करें। मगर उर्दू में ये बातें मामूलात में हैं।'

इसलिए आज यह फ़ैसला करना कि प्रेमचन्द की मूल कहानी कौन-सी है, बहुत कठिन है। प्रकाशक जब संकलन छापने को तैयार हुए तो केवल प्रेमचन्द को सूची दी गई। अनुमति मिली और प्रकाशक ने जिस कहानी को कहीं से भी लिया हो, यह छाप दी गई। साठ साल पूर्व जब प्रेमचन्द पर मेरी पहली पुस्तक प्रकाशित हुई थी तब मैंने प्रेमचन्द की उर्दू और हिन्दी कहानियों की सूची तैयार की थी। यह दो खंडों में थी। एक खंड कमल किशोर गोयनका ले गए थे दूसरा अभी भी मेरे पास है। यह सूची उस समय की उपलब्ध जानकारी ('मानसरोवर' के चार खंड छपे थे) के आधार पर थी, प्रयास किया गया था कि कौन-सी कहानी पहले कहाँ प्रकाशित हुई थी। उस समय तक केवल 200 कहानियों का पता था। अमृतराय ने 1962 में 264 कहानियों की सूची दी। यह काम बहुत कठिन था, क्योंकि जिन पत्रिकाओं में प्रेमचन्द की कहानियाँ छपी थीं, वे कभी की बन्द हो चुकी थीं। पत्रिकाओं की पूरी फ़ाइलें कहीं नहीं मिलती थीं और जो अंक किसी लाइब्रेरी में मिले भी, उनमें वे पन्ने ग़ायब हैं।

प्रेमचन्द को उपन्यासों से धन नहीं मिला। नौकरी से इस्तीफा देने के बाद उनका निर्वाह कहानियों के पारिश्रमिक से ही होता था। कहानी छपी, पारिश्रमिक आया, बात ख़त्म हो गई। कभी मित्र लोग आए और पत्रिका उधार ले गए, लौटाई नहीं। जब प्रेमचन्द किसी संग्रह के प्रकाशन की योजना बनाते, तो कहानी की तलाश होती। यदि कोई कहानी याद नहीं आई तो भूल गए। एक-दो उदाहरण उपयुक्त होंगे। जून 1910 के 'ज़माना' में एक कहानी छपी। शीर्षक था 'शिकार'। इसे न तो 'प्रेम पच्चीसी' में और न ही 'प्रेम बत्तीसी' में शामिल किया गया। बीस साल बाद इसका ध्यान आया। इसे लाहौर के चन्दन में प्रकाशित करवाया। अब यह 'आख़िरी तोहफा' में है जो 1934 में प्रकाशित हुआ। प्रेमचन्द की कहानियों के कई उर्दू संकलन लाहौर से प्रकाशित हुए। किस किताब के दूसरे संस्करण प्रकाशित हुए, इसकी जानकारी नहीं है। कई कहानियों के मतन के बारे में पूरी जानकारी नहीं है। कई कहानियों की भाषा प्रेमचन्द की अपनी नहीं है। इसका हिन्दी से उर्दू में अनुवाद कराकर प्रकाशित किया गया, फिर इसी अनुवाद को संकलन में शामिल कर लिया गया। यदि किसी का मसौदा प्रेमचन्द के अपने हाथ का होगा या जिसे उन्होंने संशोधित करके भेजा होगा वह कहीं नहीं मिल सकता। लाहौर के प्रकाशकों की तो बात ही क्या, कितने ही संकलन प्रेमचन्द के अपने सरस्वती प्रेस से प्रकाशित हुए। कुछ कहानियाँ पहली बार पत्रिकाओं में नहीं, पुस्तकों के प्रथम

संस्करण में छपीं। प्रायः किसी कहानी का मसौदा सुरक्षित नहीं रखा गया। हाँ, केवल चार कहानियाँ हैं जिनके मसौदे रामरतन पुस्तक भवन में रखे हैं। एक कहानी है 'रहस्य' जो 'कफ़न' में प्रकाशित हुई है। यह शायद प्रेस कापी है। दूसरी कहानी है 'कश्मीरी सेब', जो प्रेमचन्द के निधन के बाद 'हंस' में प्रकाशित हुई। यह भी 'कफ़न' में है। तीसरी कहानी है 'शतरंज के खिलाड़ी'। इसका मसौदा 'चौगाने हस्ती' (रंगभूमि) के मसौदे के साथ संलग्न है। चौथी कहानी का सम्बन्ध 'डामुल का क़ैदी' के साथ है। मसौदे में यह कहानी शीर्षकहीन है। मूल कहानी का शीर्षक व रूपरेखा लिखी गई। इसे काट दिया और पुनः लिखा। यह 'मानसरोवर' में बहुत फेर-बदल के साथ प्रकाशित हुआ। मूल कहानी और प्रकाशित कहानी के दो प्रारम्भिक अंश तो वही हैं, फिर कहानी मूल से बिलकुल अलग है। मानो दोनों कहानियाँ भिन्न हैं।

प्रेमचन्द नाटककार तो नहीं थे, परन्तु नाटक लिखने की रुचि थी। 'मेरी पहली रचना' में उन्होंने लिखा—कैसे एक दूर के रिश्ते के मामा के रोमांस को लेकर उन्होंने एक नाटक लिखा था जो 'चिरागा अली के सुपुर्द हो गया।' तत्कालीन लेखक श्री टंडन के अनुसार एक अन्य ड्रामा 'होनहार बिरवान के चीकने पात' लिखी जो कहीं नहीं मिला। आगे चलकर मैटरलिंक के ड्रामा साइटकैस का अनुवाद किया जो ज़माना में प्रकाशित हुआ। हिन्दुस्तानी अकादमी ने गाल्सवर्दी के तीन ड्रामों—जस्टिस, स्ट्राइक, सिल्वर बाक्स का हिन्दी अनुवाद का काम प्रेमचन्द को सौंपा। यह प्रेमचन्द ने किया है। जस्टिस का उर्दू अनुवाद भी किया जो दयानारायण निगम के नाम से छपा। प्रेमचन्द ने तीन मौलिक ड्रामा भी लिखे थे, ये थे 'संग्राम', 'कर्बला' और 'रूहानी शादी'। उन्हें इस विधा में विशेष ख़्याति नहीं मिली। 'कर्बला' का एक तरह से ध्येय था हिन्दू-मुस्लिम एकता। ख़्वाजा हसन निजामी ने आपबीती लिखी। प्रेमचन्द ने हजरत हुसैन की शहादत से प्रेरणा लेकर 'कर्बला' लिखा। 'कर्बला' को छोड़कर बाक़ी किसी ड्रामे के बारे में बहुत जानकारी नहीं है। 'कर्बला' के बारे में जानकारी इसलिए भी है क्योंकि यह वाद-विवाद का विषय भी बन गया था। इसे प्रेमचन्द ने हिन्दी में लिखा। उर्दू में कुछ अंशों का अनुवाद स्वयं किया। कुछ का मुनीर हैदर कुरैशी से करवाया। कोई उर्दू प्रकाशक छापने को तैयार न था। 'ज़माना' से प्रकाशन का सुझाव हुआ। सम्पादक निगम ने मित्रों से सलाह ली। कुछ एतराज़ात उठाए गए। वाद-विवाद के बाद यह ज़माना में प्रकाशित तो हुआ परन्तु चौथे एक्ट का तीसरा सीन ग़ायब है। या तो यह रद्द कर दिया गया या लिखना बाक़ी था, लिखा नहीं गया।

इस ड्रामा का एक ड्राफ़्ट रामरतन भवन पुस्तकालय, बनारस में सुरक्षित है। इसके सीन 5 के 62 पृष्ठ से लेकर दूसरे सीन के 111 पृष्ठ तक यहाँ रखे हैं। कुछ पृष्ठ लिखकर काट दिए गए हैं। पहले हिस्से के छठे सीन को काट दिया गया है फिर इसका दूसरा हिस्सा जोड़ा गया है। प्रकाशित संस्करण में जो छठा और सातवाँ सीन है उन्हें बाद में लिखकर जोड़ा गया।

'प्रेम चालीसी' के प्रकाशक सैयद मुबारक अली गिलानी ने मुझे बतलाया था कि वह 'कर्बला' छापना चाहते थे। प्रेमचन्द ने पांडुलिपि उन्हें भेजी। उन्होंने इसमें तरमीम के सुझाव लिखकर इसे लौटाया। मगर तब प्रेमचन्द सख़्त बीमार थे। उनके निधन के छह वर्ष बाद इसे लाजपतराय एंड संस, लाहौर ने प्रकाशित किया।

जहाँ तक प्रेमचन्द के लेखों के मसौदे का प्रश्न है इनके अस्तित्व का प्रश्न ही नहीं उठता। परन्तु यह मान लेना सही नहीं होगा कि जो लेख पत्रिका को भेजा होगा वैसा ही शाया किया गया होगा। उसके केवल एक लेख का मसौदा देखने को मिला। यह है बदरुद्दीन तैजबी पर लेख, जो कुलियात जिल्द में है। इसका पहला ड्राफ़्ट रामरतन पुस्तक भवन, बनारस में सुरक्षित है।

चिट्ठी-पत्री : प्रेमचन्द के पत्रों के संकलन की रोचक कहानी कई बार दोहराई जा चुकी है। यह काम मैंने 1942 में शुरू किया था। उस समय मुझे पता नहीं था कि काम कितना कठिन है और आगे चलकर इसका कितना महत्त्व हो जाएगा। ग्यारह वर्ष बाद अमृतराय ने मुझे लिखा—'आपने कमोबेश यह काम किया है जिसकी मैं दिल में तमन्ना लिये बैठा हूँ।' और सुदर्शन जी ने लिखा—'यह बड़ा पुण्य का काम है। अभी तक हिन्दी में पत्र साहित्य है ही नहीं। आप नई राह दिखा रहे हैं।' डॉ. श्याम सिंह शशि की 'प्रेमचन्द के मदन गोपाल' में मेरे पत्र प्रकाशित हो चुके हैं। मैंने प्रेमचन्द के दया नारायण निगम, इम्तियाज़ अली ताज, जैनेन्द्र कुमार, बनारसी दास चतुर्वेदी को लिखे पत्र इकट्ठा किए। उन्हें और अन्य को उर्दू में 'प्रेमचन्द के खुतूत' में प्रकाशित किया गया। हिन्दी में इनकी प्रतियों की किताब मैंने अमृतराय को दी, जिन्होंने और कुछ पत्र मिलाकर चिट्ठी-पत्री के दो भागों में संयुक्त संकलन के नाम प्रकाशित किया। मुझे कुछ पत्र प्रेमचन्द के सौतेले भाई महताब राय ने दिए थे। कुछ अन्य थे जिन्हें देने से इंकार कर दिया था। अमृतराय को भी कुछ पत्र मिल गए मगर इन्हें न तो 'चिट्ठी-पत्री' में प्रकाशित किया और न ही इनका उपयोग 'क़लम के सिपाही' में किया। इसके बाद कमलकिशोर गोयनका के कुछ और पत्र इकट्ठे हो गए जिन्हें 'प्रेमचन्द का अप्राप्य साहित्य' में प्रकाशित किया गया है। कुलियात के 17वें खंड में अभी तक सारे पत्रों (लगभग 700 पत्रों) को प्रकाशित कर दिया गया। उर्दू के पत्रों को देवनागरी लिपि में। मुझे प्रेमचन्द के पत्रों को इकट्ठा करने की ख़ुशी इसलिए भी है कि यदि मैंने दयानारायण निगम को लिखे पत्र इकट्ठे नहीं किए होते तो पत्र संकलन का काम होता ही नहीं और यह साहित्यिक ख़ज़ाना नष्ट हो जाता। दयानारायण निगम के लिखे पत्रों को अमृतराय ने मलबे से निकाला था। जैनेन्द्र को लिखे पत्र अब कहाँ हैं किसी को पता नहीं। प्रेमचन्द के कुछ पत्र मेरे संग्रह में हैं, कुछ तीन मूर्ति के नेहरू मेमोरियल लाइब्रेरी में एवं डॉ. गोयनका के पास हैं। राष्ट्रीय लेखागार में बनारसी दास चतुर्वेदी को लिखे पत्र रखे हैं। दो पत्र रामरतन पुस्तक भवन, बनारस में। इनमें से एक तो जैनेन्द्र के

नाम है। यह अंग्रेज़ी में है। जैनेन्द्र के नाम एक ही पत्र जो अंग्रेज़ी में है। और दूसरा बनारसीदास चतुर्वेदी को जो संलग्न है। जैनेन्द्र कुमार को लिखे पत्रों की जो प्रतिलिपि मैंने की थी वे तो 'चिट्ठी-पत्री' में प्रकाशित हो चुकी है। इनमें कुछ वाक्य पढ़े नहीं गए थे। मेरी प्रतिलिपि को जैनेन्द्र जी ने स्वयं अपनी पुस्तक में उद्धृत किया है। मूल पत्र कोई सज्जन ले गए थे। तलाश की ज़रूरत है। कन्हैयालाल मुंशी और दुलारे लाल भार्गव को लिखे पत्र भी अभी तक नहीं मिल पाए। कुछ पत्र लोग महताब राय से ले गए थे उन्हें भी तलाश करना है। लखनऊ में एक मित्र कोई सज्जन मस्तराम थे। दस-बारह पत्र इन्होंने एक अख़बार की फ़ाइल में रख छोड़े थे और यह रमते जोगी हो गए।

कुलियात (वाङ्मय) के चार खंडों में प्रेमचन्द के उर्दू-हिन्दी पत्रिकाओं में लेख तथा कुछ अनुवाद प्रस्तुत किए गए हैं। इन चार खंडों में अमृतराय के विविध प्रसंग को तीन खंडों में लेख इत्यादि और कमल किशोर गोयनका के प्रेमचन्द का अप्राप्य साहित्य की सम्बन्धित सामग्री के अतिरिक्त बहुत से अन्य लेख इत्यादि भी दिए गए हैं। कुछ लेख पुरानी पत्रिकाओं से ढूँढ़ निकाले गए हैं। प्रेमचन्द ने गौरी शंकर हीराचन्द ओझा के तीन अंग्रेज़ी लैक्चरों के उर्दू अनुवाद (कुरून बस्ती में) हिन्दुस्तानी तहजीब अकादमी के लिए किया। यह दुर्लभ है। इसे भी शामिल किया गया है। बहुत कोशिशों के बाद लाहौर की 1906 की पत्रिका 'आज़ाद' से दो लेख 'ताक़त इत्तिफाक है' और 'हमारी अखली की पस्ती का कौमियत पर असर' नहीं मिल सके। लाहौर की ही पत्रिका 'शाहकार' में 1935 में 'बज्मे तहकीक' और 'नफसियात और अदब' शाया हुए थे। दिल्ली के 'कलीम' में हिन्दू-मुस्लिम एकता लेख हमें नहीं मिले। एक लेख 'राज्यवाद और साम्राज्यवाद' मतवाला 24-3-1929 में प्रकाशित हुआ था। वह अंक भी हमें नहीं मिला। तलाश जारी है।

रामरतन भवन पुस्तकालय में रखे काग़ज़ात में जार्ज बर्नाड शॉ के एक ड्रामे के एक अंश का 'सृष्टि का आरम्भ' शीर्षक से हिन्दी में अनुवाद किया। यह प्रेमचन्द के अपने हाथ का लिखा तो नहीं है और इसके साथ संलग्न है बनारसीदास चतुर्वेदी को लिखा प्रेमचन्द का पत्र जिसमें इसे 'विशाल भारत' में प्रकाशित करने का सुझाव है। पत्र में यह भी लिखा है, 'अनुवाद करवाया गया है।' अन्त में यह भी लिखा है यदि आवश्यक समझें तो अनुवादक का नाम दें—'ध.र.'। इसी पांडुलिपि में सम्भवत: प्रेमचन्द के हाथ की एक चिट्ठी है जिससे लगता है कि यह अनुवाद करवाया हो और इसे ठीक-ठाक करके सम्पादक को भेजा हो।

रामरतन पुस्तक भवन में उर्दू में कुछ पृष्ठ 'एन आउट लाइन ऑफ़ हिस्टरी' के हैं। लिखाई प्रेमचन्द की तो नहीं है, परन्तु संशोधन शायद उनका अपना है। प्रेमचन्द को इस अनुवाद के लिए चार रुपए प्रति सफा मिलना था। उन्होंने परिपूर्णांक से दो रुपए प्रति सफा करवा और संशोधित किया और भेजा। आगे क्या किया, मालूम नहीं जो पन्ने रामरतन पुस्तक भवन में हैं।

यूरोप के देशों में, अमेरिका और रूस में विशिष्ट साहित्यकारों के निवासों के रख-रखाव के काम को प्यार से किया जाता है। इस उपमहाद्वीप में यह प्रथा नहीं है। हालाँकि पिछले कुछ वर्षों में रवीन्द्रनाथ ठाकुर और (पाकिस्तान में) इकबाल के स्मारक बनाए गए हैं। प्रेमचन्द को यह श्रेय नहीं मिला। 60 साल पूर्व मैंने श्रीपत राय को लिखा था कि प्रेमचन्द की जो किताबें हों तथा उनके इस्तेमाल की चीज़ों को पैत्रिक मकान में नहीं तो उसके पास प्रेमचन्द द्वारा बनवाए गए मकान में सुरक्षित रखा जाए। यह 'इलस्ट्रेड वीकली' में भी मैंने लिखा था। परन्तु यह प्रयत्न निष्फल रहा। प्रेमचन्द जन्म शती के समय किसी संस्था ने प्रेमचन्द के जन्म स्थल को ढाह कर वहाँ प्रेमचन्द की एक छोटी-सी मूर्ति लगा दी। उनके अपने मकान की हालत भी जर्जर हो रही थी। रामरतन पुस्तकालय के केडिया ने शिवरानीदेवी जी से प्रेमचन्द की कमीज़, पाजामा, शेरवानी, ऐनक, जूते और सर्टीफिकेट, जन्म कुंडली इत्यादि के अलावा कुछ पुस्तकों के मसौदे (जिन्हें शायद नकारा गया था) इकट्ठे किए। वे आज तक सुरक्षित हैं। परन्तु प्रेमचन्द सदन या स्मारक नहीं बना। क्या कभी बनेगा भी?

—मदन गोपाल

क्रम

1

पटवारी का पोता

प्रेमचन्द का जन्म लमही गाँव में श्रावण बदी 10 संवत् 1937, शनिवार (31 जुलाई, 1880) को हुआ। लमही गाँव, मौजा मँढ़वा, बनारस से आज़मगढ़ जानेवाली सड़क पर बनारस से चार मील की दूरी पर बसा है। छोटा-सा गाँव है। ज़्यादा लोग कुर्मी हैं। एक-चौथाई घर कायस्थों के हैं। इन्हीं में से एक कायस्थ घराने में प्रेमचन्द का जन्म हुआ। मकान कच्चा था, जिसे प्रेमचन्द के दादा पटवारी गुरसहायलाल ने इस गाँव में आते ही बनवाया था।

अपने ज़माने के और पटवारियों की तरह गुरसहायलाल खाते-पीते आदमी थे। साठ-पैंसठ बीघा ज़मीन भी ख़रीद ली थी। यह पटवारगिरी की कमाई थी। गुरसहायलाल का कुटुम्ब प्रतिष्ठित ही रहा होगा। पटवारीजी पियक्कड़ भी थे। उस ज़माने में दो आने की बोतल मिलती थी। ज्यों ही मौक़ा मिलता अपनी पत्नी पर पिल पड़ते। पत्नी बहुत भली थी। चुपचाप मार खाती रहती। सबसे बड़ा लड़का कौलेश्वरलाल, तीसरा लड़का अजायबलाल और चौथा लड़का उदितनारायणलाल, माँ को पिटती हुई देखते और सहमकर चुप हो जाते। परन्तु दूसरा लड़का महावीरलाल, जो बहुत तगड़ा था, बाप को पकड़कर बैठा देता। अनपढ़ महावीरलाल माँ-बाप का चहेता था। मुंशी गुरसहायलाल ने लगभग सारी ज़मीन उसी के नाम करवा दी थी। कुल छः बीघा ज़मीन अपने नाम रखी और बाद में वह भी महावीरलाल के पुत्र बलदेवलाल के नाम करवा दी थी।

गुरसहायलाल की मौत के बाद महावीरलाल को एक चचेरे भाई ने सब्ज़बाग दिखाकर साठ बीघा ज़मीन हथिया ली। इस प्रकार सारे परिवार के पास केवल छः बीघा ज़मीन रह गई, जो बलदेवलाल के नाम थी।

कौलेश्वरलाल डाकखाने में मुंशी बने। उन्होंने अपने छोटे भाई अजायबलाल को भी अपने ही महकमे में भर्ती करवाया। और अजायबलाल ने अपने छोटे भाई उदितनारायणलाल को भी डाकखाने में नौकरी दिलवाई। कौलेश्वरलाल तीस साल की उम्र में ही परलोक सिधार गए। उनकी विधवा कुछ दिन लमही में रही, फिर बच्चों को चुनार ले जाकर रहने लगी। उसका लड़का मोतीलाल भी तीस साल की उम्र का होकर मर गया और अपनी विधवा और चार बच्चों को पीछे छोड़ गया।

उदितनारायणलाल, जो डाकखाने में मुंशी बन गए थे, सरकारी 'ग़बन' के सिलसिले में सात साल की सज़ा पा गए। जब लौटे तो शर्म के मारे मुँह न दिखा सके और फिर उनका पता न चला। उनका लड़का आवारा था और वह भी घर से भाग गया। दो लड़कियों में से एक की शादी हो चुकी थी, दूसरी की शादी होनी थी।

इतने बड़े परिवार का निर्वाह छः बीघे ज़मीन से तो न हो सकता था। कमानेवाले ले-देकर एक अजायबलाल थे। उनकी तनख़्वाह बीस-पच्चीस रुपए होगी। इसी में से वह कुछ रुपया अपनी विधवा चाची को भेजते, कुछ मोतीलाल की विधवा को भेजते, कुछ उदितनारायण की विधवा और बच्चों को भेजते। उनकी लड़की की शादी भी की। अजायबलाल अपने नातेदारों को भी कुछ-न-कुछ सहायता देते रहते। दो रिश्तेदारों को उन्होंने डाकखाने में नौकरी दिलवाई।

बीस-पच्चीस रुपए में यह सब-कुछ कैसे करते, यह अचम्भे की बात है। बालाई आमदनी का कोई ज़रिया न था, मगर महँगाई नहीं थी। गाँव में रहते थे। वहाँ के बहुत-से लोग अपने प्रदेश से बाहर जाकर कमाते थे और मनीआर्डर घर भेजते थे। अनपढ़ कुर्मियों के नाम पर चिट्ठी-पत्री लिखना, उनके नाम आए पत्र पढ़ना और मनीआर्डर इत्यादि भरना—यह सब काम अजायबलाल करते थे। इनके बदले में उन्हें गेहूँ, चावल, सब्ज़ी तथा दूध मिल जाता था।

अजायबलाल की सेहत अच्छी नहीं थी। कमज़ोर थे। परन्तु अव्वल दर्जे के भलेमानस। जहाँ तक हो सकता, भला करते। गाँव में उनकी इज़्ज़त थी। पंच बनाए जाते तो ईमानदारी से अपना फ़ैसला देते। गीता और दूसरे शास्त्रों का पाठ करते थे, परन्तु रस्मी धर्म में उन्हें विश्वास न था। पंडों-पुजारियों में भी विश्वास न था। कहते, धर्म का मूल आधार सदाचार है; धार्मिक अनुष्ठान तो महज़ ढकोसला है। अजायबलाल को बीवी भी अपने ही ढंग की मिली थी। आनन्दीदेवी देखने में तो बहुत ख़ूबसूरत थी ही (इससे अधिक ख़ूबसूरत औरत ख़ानदान में नहीं आई), अपने पति की तरह वह भी हर एक की सहायता करने को तत्पर रहती। किसी से झगड़ा नहीं करती और न ही किसी की चुगली। उसके पिता कारिन्दा थे। उन्हें लिखने का शौक़ भी था। आनन्दीदेवी थोड़ी पढ़ी-लिखी थी, पर जितना ज्ञान उसे था, उससे उसने घर की दूसरी औरतों को भी लाभ पहुँचाया।

आनन्दीदेवी के पहले दो लड़कियाँ हुईं और दोनों मर गईं। लमही की औरतों ने कहा कि उसके मायके में पैदा हुए बच्चे बहुत दिन ज़िन्दा नहीं रह सकते। तीसरी बार जब बच्चा पैदा होनेवाला था, आनन्दीदेवी मैके नहीं गई, लमही में ही रही। इस बार भी लड़की पैदा हुई, परन्तु वह ज़िन्दा रही। उसका नाम सुग्गी[1] पड़ा। इसके जन्म

1. सुग्गी का निधन 4 मई, 1919 को ससुराल मिरजापुर में हुआ। आठ वर्ष बड़ी होने के नाते, और छोटी उम्र में शादी होकर चले जाने के कारण, प्रेमचन्द का अपनी बहन से बहुत निकट का सम्पर्क नहीं था। मिलतीं ज़रूर। परन्तु प्रेमचन्द ने इनके बारे में शायद कहीं कुछ नहीं लिखा।

के सात-आठ वर्ष बाद आनन्दीदेवी के एक लड़का हुआ। यही बच्चा आगे चलकर प्रेमचन्द के नाम से प्रसिद्ध हुआ। घर का दिया गया नाम धनपतराय था और उसके ताऊ उसे प्यार से 'नवाब' पुकारते थे। जब धनपतराय ने पहले-पहल लिखना शुरू किया, तब उन्होंने 'नवाबराय' नाम को ही अपनाया था।

प्रेमचन्द जीवन-भर अपनी निर्धनता की छवि प्रस्तुत करते रहे। मुझ जैसे लेखकों ने प्रेमचन्द द्वारा दिए गए तथ्यों को बिना सोचे-समझे स्वीकार किया। वस्तुस्थिति भिन्न है। नए तथ्यों की जानकारी तथा एक सौ वर्ष पूर्व भारत की आर्थिक स्थिति और रोज़मर्रा की चीज़ों की क़ीमतों के आधार पर यह मानना पड़ेगा कि प्रेमचन्द गरीब नहीं थे। परिवार खाता-पीता था। जिन दिनों सौदा ख़रीदने के लिए कौड़ियाँ, दमड़ियाँ और धेले चलते थे, उन दिनों प्रेमचन्द दो-चार पैसे दे देना मामूली बात समझते थे। याद रहे पूरा दिन काम करने पर मज़दूर को एक डेढ़ आना मिलता था। धनपतराय द्वारा रामलीला में दो आने चढ़ावा देना ऐसे ही है जैसे आज दस-बारह रुपया। धनपतराय को जिस नाम से पुकारा जाता था वह अनुचित नहीं था। परिवार के लाड़ले थे। चहेते थे। जिस वातावरण में पले वह देहाती तो था, परन्तु शहरी जीवन से प्रभावित था। दादा पियक्कड़ थे, नाना हिन्दी लिखने के शौकीन थे। अन्य कायस्थ परिवारों की तरह धनपतराय को खाने-पीने का शौक़ था।

2

बचपन और विद्यार्थी जीवन

अजायबलाल डाकखाने की नौकरी के सिलसिले में कई छोटे-मोटे गाँवों और कस्बों में रहे। कभी वह बाँदा, आजमगढ़, बस्ती और गोरखपुर और कभी लखनऊ के आसपास काम करते रहे। उनकी पत्नी, बेटी सुग्गी, धनपतराय और कभी-कभी भाइयों के बच्चे भी उनके साथ ही रहते। परन्तु अधिकांशत: बाल-बच्चे लमही के घर में दूसरे भाइयों के कुटुम्ब के साथ रहते। जब कोई धनपतराय से पूछता कि तुम कितने भाई हो, तो वह उत्तर देते, "हम पाँच भाई हैं।"

इनमें से एक तो प्रेमचन्द के हमजोली थे। दोनों इकट्ठे मौलवी साहब के पास फारसी पढ़ने जाते। मौलवी साहब के स्कूल का, तथा वह क्या और कैसे पढ़ाते थे, इस सबका रोचक वर्णन प्रेमचन्द ने अपनी कहानी 'चोरी' में किया है। कैसे चचेरे भाई ने एक रुपए की चोरी की, कैसे धनपतराय और भाई ने इस रुपए को भुनवाया, कैसे चचा को पता लगा, कैसे उन्होंने स्कूल में आकर लड़कों को पकड़ा और घसीटकर ले गए और कैसे अपने लड़के को पीटा। आनन्दीदेवी ने देवर को अपने लड़के को

पीटते देखकर धनपतराय को भी पीटना शुरू किया। चची ने धनपतराय को छुड़ाया। "मुझे ही क्यों छुड़ाया, अपने बच्चे को क्यों नहीं छुड़ाया। यह मैं नहीं जान सका। शायद मेरी दुर्बलता पर उन्हें दया आ गई हो।"

धनपतराय दूसरे बच्चों की तरह चंचल थे। 'प्रेमचन्द घर में' पुस्तक में शिवरानीदेवी जी ने इसके कितने ही उदाहरण दिए हैं। दादी को धनपतराय से बहुत प्यार था। वह उसे कहानियाँ सुनाती थी।

बचपन में रामलीला विनोद का एक विशेष अवसर था। "मुझे रामलीला में आनन्द आता था। आनन्द तो बहुत हल्का-सा शब्द है। वह आनन्द उन्माद से कम न था। संयोगवश उन दिनों मेरे घर से बहुत थोड़ी दूर पर रामलीला का मैदान था और जिस घर में लीला-पात्रों का रूप-रंग भरा जाता था वह तो मेरे घर से बिलकुल मिला हुआ था। दो बजे दिन से पात्रों की सजावट होने लगती थी। मैं दोपहर ही से वहाँ जा बैठता और उत्साह से दौड़-दौड़कर छोटे-मोटे काम...एक कोठरी में राजकुमारों का शृंगार होता था। उनकी देह में रामरज पीसकर पोती जाती, मुँह पर पाउडर लगाया जाता और पाउडर के ऊपर लाल, हरे-नीले रंग की बुँदकियाँ लगाई जाती थीं। सारा माथा, भौंहें, गाल, ठोड़ी, बुँदकियों से रच उठते थे। एक ही आदमी इस काम में कुशल था। वही बारी-बारी से तीनों पात्रों का शृंगार करता था। रंग की प्यालियों में पानी, रामरज पीसना, पंखा झलना मेरा काम था। जब इन तैयारियों के बाद विमान निकलता तो उस पर रामचन्द्रजी के पीछे बैठकर मुझे जो उल्लास, जो गर्व, जो रोमांच होता था, वह अब लाट साहब के दरबार में कुर्सी पर बैठकर भी नहीं होता।"

1886 में जब अजायबलाल ज़मानियाँ में नियुक्त थे, प्रेमचन्द को कहानियाँ सुनाने वाला एक पासी हरकारा मिला। कई वर्षों के बाद इसी हरकारे के नाम पर उन्होंने 'कजाकी' नामक कहानी लिखी। कजाकी कभी उन्हें विरहे गाकर भी सुनाता। उसे चोरी-डाके, मार-पीट और भूत-प्रेत की सैकड़ों कहानियाँ याद थीं। "मैं ये कहानियाँ सुनकर विस्मयपूर्ण आनन्द में मग्न हो जाता। उसकी कहानियों के चोर और डाकू सच्चे योद्धा होते थे, जो अमीरों को लूटकर दीन-दुखी प्राणियों का पालन करते थे। मुझे उन पर घृणा के बदले श्रद्धा होती थी।" कजाकी बच्चों को कन्धे पर बैठाकर दौड़ता। उनको ख़ुश करने के लिए वह अमरूद, गाजर—और ईख लाता। एक बार एक हिरन के बच्चे को पकड़ने के प्रयत्न में बड़ा समय लग गया। देर से लौटा। कजाकी को नौकरी से निकाल दिया गया। धनपतराय की माँ को इस पर बड़ा तरस आया। दूसरे दिन उन्होंने कजाकी को बुलवाया और भंडारे से आटा, दाल, चावल लाकर दिया। उन्हीं के आग्रह पर कुछ दिनों बाद कजाकी को दोबारा रख लिया गया।

विनोद के लिए गुल्ली-डंडे में भी रुचि थी। यह खेल सब खेलों से अच्छा लगता, "न लॉन की ज़रूरत, न कोर्ट की, न नेट की, न थापी की। मज़े से किसी पेड़ से एक

टहनी काट ली, गुल्ली बना ली और दो आदमी भी आ गए तो खेल शुरू हो गया... बचपन की मीठी स्मृतियों में गुल्ली ही सबसे मीठी है। वह प्रात:काल घर से निकल जाना, वह लगन, वह खिलाड़ियों के जमघटे, वह पदना और पदाना, वह लड़ाई-झगड़े, वह सरल स्वभाव, जिसमें छूत-अछूत, अमीर-ग़रीब का बिलकुल भेद न रहता था, जिसमें अमीराना चोंचलों के प्रदर्शन की, अभियान की गुंजाइश ही न थी...पिताजी चौकी पर बैठे वेग से रोटियों पर अपना क्रोध उतार रहे हैं, अम्मा की दौड़ केवल द्वार तक है, लेकिन उनकी विचारधारा में मेरा अन्धकारमय भविष्य टूटी हुई नौका की तरह डगमगा रहा है और मैं हूँ कि पदाने में मस्त हूँ, न नहाने की सुधि है, न खाने की। गुल्ली है तो ज़रा-सी, पर उसमें दुनियाभर की मिठाइयों की मिठास और तमाशों का आनन्द भरा हुआ है।''

विनोद का एक विशेष साधन पतंग उड़ाना था। इसका भी धनपतराय को शौक़ था। घरवालों की आँख बचाकर कनकौए उड़ाने में बहुत सारा समय व्यतीत होता। माँझा देना, कन्ने बाँधना। पतंग टूर्नामेंट में भाग लेने के लिए भी तैयारी होती। वाले मियाँ के मैदान को जाते और कनकौओं को देखते। कनकौआ लूटने के लिए बेतहाशा भागते। आँखें आसमान की ओर होतीं और मन उस 'आकाशगामी पथिक की ओर', जो मन्द गति से झूमता पतन की ओर चला जाता। साथ-साथ बालकों की एक पूरी सेना लग्गे और झाड़दार बाँस लिये उसका स्वागत करने को दौड़ती। किसी को अपने आगे-पीछे की ख़बर नहीं। सभी मानो पतंग के साथ ही आकाश में उड़ रहे हों, जहाँ ''सबकुछ समतल है, न मोटर-कारें हैं, न ट्राम है, न गाड़ियाँ।'' धनपतराय (प्रेमचन्द) के इस 'व्यसन' का वर्णन 'बड़े भाई साहब' शीर्षक कहानी में मिलता है।

जब धनपतराय की आयु सात वर्ष की थी, अजायबलाल इलाहाबाद थे। आनन्दीदेवी बीमार पड़ीं। वह छ: माह बीमार रहीं। सुग्गी, जिसका कुछ दिन पहले ही विवाह हो गया था, आई। दादी वहीं थी। धनपतराय के चचेरे भाई दवाई का प्रबन्ध करते थे। स्वयं धनपतराय माँ के सिरहाने बैठे पंखा झलते। आनन्दीदेवी के सिरहाने के पास ही एक शक्कर की बोतल रखी रहती थी। माँ के सो जाने पर धनपतराय चुपके से शक्कर पर हाथ साफ़ करते रहते। माँ की हालत ख़राब होती गई। मरने से पहले धनपतराय, उनके चचेरे भाई और सुग्गी का हाथ अजायबलाल के हाथ में देकर बोली, ''ये तीनों बच्चे तुम्हारे हैं।''

आनन्दीदेवी मर गई। सब रोये। धनपतराय को तब समझ में नहीं आया था कि लोग रो क्यों रहे हैं। और जब समझ में आया तो वह इतना रोये कि अपने साहित्य में आजीवन मातृ-प्रेम का वर्णन करते रहे।

आनन्दीदेवी की मृत्यु के बाद सुग्गी अपनी ससुराल गई। दादी भी बीमार पड़ी और लमही चली गई। भैया दूध में शक्कर डालकर धनपतराय को पिलाते। धनपतराय को माँ की याद आती और वह एकान्त में बैठकर रोते।

कुछ महीनों के बाद अजायबलाल स्वयं बीमार पड़े और लमही गए। धनपत-राय के लिए फिर वही मौलवी साहब वाला स्कूल। पुराना कार्यक्रम चलने लगा। गुल्ली-डंडा, मटर तोड़कर खाना और ईख तोड़कर चूसना। फिर अजायबलाल का तबादला जीमनपुर हुआ। बलदेवलाल इन्दौर गए। दादी जीमनपुर पहुँची। डेढ़ रुपए महीने किराए का मकान था। उसी के दरवाज़े पर एक कोठरी थी, जो धनपतराय को मिली।

अजायबलाल ने देखा कि बग़ैर बीवी के रहना आसान नहीं। उन्होंने दोबारा शादी की। बीवी के साथ उसके छोटे भाई, विजय बहादुर भी आए। यह धनपतराय से थोड़े बड़े थे। दोनों में ख़ूब पटती। प्रेमचन्द विमाता को 'चाची' कहते थे। चाची दुभाँत करती। अजायबलाल विवश थे। बुढ़ापे की शादी थी। ज़बान पत्नी बूढ़े पति पर रौब जमाती। इसी कारण अजायबलाल की माता तो लमही लौट आई और वहीं थोड़े दिनों बाद वह मर भी गई।

चाची घर की मालकिन बनी। धनपतराय से उनका व्यवहार ऐसा था कि घर से भागने को जी करता। जिस कोठरी में सोते थे उसका दरवाज़ा बाहर ही खुलता था। जाने-आने पर कोई रोकथाम नहीं थी।

फिर अजायबलाल का तबादला गोरखपुर को हुआ। मकान यहाँ भी उसी तरह का था। इसमें भी दरवाज़े वाली एक कोठरी थी। धनपतराय मिशन हाई स्कूल में छठे दर्जे में दाख़िल हुए।

उन दिनों धनपतराय को पैसों की हमेशा दिक़्क़त रहती थी। "मुझे महीने में बारह आने फीस लगती थी। उन बारह आनों में से मैं एकाध आने हर महीने खा जाता था। जिस मुहल्ले में मैं था, उसमें छोटी जात के लोग थे। वे लोग मुझसे लेकर दो-चार पैसे खा लेते थे। इसलिए फीस देने में मुझे बड़ी दिक़्क़त होती थी। घर में माँ तो थी नहीं। चाची ही से माँगता। वे बुरी तरह झल्लातीं। पिता से कहने की हिम्मत न थी, इसलिए माता की याद मुझे बार-बार सताती थी।"

यहीं धनपतराय एक तम्बाकू वाले के मकान पर चले जाया करते थे। "इस तम्बाकू वाले का लड़का धनपतराय का सहपाठी था। तम्बाकू के बड़े-बड़े काले पिंडों के पीछे बैठकर तम्बाकू वाला और उसके कई मित्र हुक्का पीते और 'तिलिस्म-ए-होशेरुबा' की अटूट लिस्मी कहानियाँ सुनते। इस ग्रन्थ के 17 भाग निकल चुके थे। एक-एक भाग बड़े आकार के दो-दो हज़ार पृष्ठों से कम न होगा। और इन 17 भागों के उपरान्त उसी पुस्तक के अलग-अलग प्रसंगों पर पचीसों भाग छप चुके थे। जिसने इतने बड़े ग्रन्थ की रचना की, उसकी कल्पना-शक्ति कितनी प्रबल होगी, इसका केवल अनुमान किया जा सकता है। कहते हैं ये कथाएँ मौलाना फैजी ने अकबर के विनोदार्थ फारसी में लिखी थीं। इतनी वृहद कथा संसार की किसी अन्य भाषा में शायद ही हो। पूरा इन्साइक्लोपीडिया समझ लीजिए।" धनपतराय इन कहानियों में डूब गए। उनकी चेतना जगी और इस उम्र में रोमांटिक कहानियों का जो बीज पड़ा, वह आगे चलकर एक विशाल वृक्ष बना।

"मौलाना शरर, पं. रतननाथ सरशार, मिर्ज़ा रुसवा, मौलवी मुहम्मद अली हरदोई

निवासी उस वक़्त के सर्वप्रिय उपन्यासकार थे। इनकी रचनाएँ जहाँ मिल जाती थीं, स्कूल की याद भूल जाती थी और पुस्तक समाप्त करके ही दम लेता था। उस ज़माने में रेनाल्ड के उपन्यासों की धूम थी। उर्दू में उनके अनुवाद धड़ाधड़ निकल रहे थे, और हाथों-हाथ बिकते थे। मैं भी उनका आशिक था। स्व. हज़रत रियाज़ ने रेनाल्ड की एक रचना का अनुवाद 'हरमसरा' के नाम से किया था। उसी ज़माने में लखनऊ के साप्ताहिक 'अवध पंच' के सम्पादक स्व. मौलाना सज्ज़ाद हुसैन ने, जो हास्यरस के अमर कलाकार हैं, रेनाल्ड के दूसरे उपन्यास का अनुवाद 'धोखा' या 'तिलस्मी फानूस' के नाम से किया था। ये सारी पुस्तकें मैंने उसी ज़माने में पढ़ीं। और पं. रतननाथ सरशार से तो मुझे तृप्ति ही न होती थी। उनकी सारी रचनाएँ मैंने पढ़ डालीं। रेती पर एक बुकसेलर बुद्धिलाल नाम का रहता था। मैं उसकी दूकान पर जा बैठता और उसके स्टाक से उपन्यास ले-लेकर पढ़ता था। मगर दूकान पर सारे दिन तो बैठ न सकता था, इसलिए मैं उसकी दूकान से अंग्रेज़ी पुस्तकों की कुंजियाँ और नोट्स लेकर अपने स्कूल के लड़कों के हाथ बेचा करता था और इसके मुआवज़े में दूकान से उपन्यास घर लाकर पढ़ता था। दो-तीन वर्षों में मैंने सैकड़ों ही उपन्यास पढ़ डाले होंगे। जब उपन्यासों का स्टाक समाप्त हो गया, तो मैंने नवलकिशोर प्रेस से निकले हुए पुराणों के उर्दू अनुवाद भी पढ़े।''

इसी ज़माने में धनपतराय के दिल में लिखने का शौक़ भी पैदा हुआ। ''मैं लिखता और फाड़ता, लिखता और फाड़ता। कभी-कभी मेरे पिताजी हुक्का पीते-पीते मेरी कोठरी में भी आ जाते थे। जो कुछ मैं लिखकर रखता, वह देख लेते और पूछते, 'नवाब, कुछ लिख रहे हो ?' मैं शर्म के मारे गड़ जाता। मगर इस विषय में पिताजी को कोई दिलचस्पी न थी। एक तो उन्हें काम के मारे छुट्टी ही न मिलती थी, दूसरे इस विषय के वह जानकार भी न थे।''

धनपतराय की पहली रचना इन्हीं दिनों लिखी गई। एक 'नाते के एक मामूँ' अधेड़ उम्र तक बिन ब्याहे रहे। नातेदारों ने उनमें कोई दिलचस्पी न ली। आख़िर वह एक चमारिन पर आशिक हो गए। चमारिन चंचल थी। एक दिन मामूँ ने उसे पकड़ लिया। गाँव के चमार लोग ताक में थे। दरवाज़ा तोड़ डाला गया और उनकी गोशमाली की गई। जूता, छतरी, छड़ी, लात, घूँसा सभी का प्रयोग किया किया। एक महीने तक हल्दी और गुड़ पीते रहे। दुर्घटना की ख़बर गोरखपुर पहुँची। कुछ दिन बाद यही 'नाते के एक मामूँ' गोरखपुर आए और अजायबलाल के साथ ठहरे। गाँववालों पर इस्तगासा दायर करना चाहते थे।

इससे पहले यह 'नाते के मामूँ' धनपतराय को उपन्यास पढ़ते देखकर बिगड़ा करते थे, और अजायबलाल से शिकायत की धमकी देते थे। जब धनपतराय को 'नाते के मामूँ' की उक्त कमज़ोरी का पता लग गया तो अब वह क्यों उनका रौब मानते। उनको शर्मिन्दा करने के लिए धनपतराय ने मामूँ की दुर्घटना पर एक नाटक लिख मारा। मित्रों को सुनाया। सबको ख़ूब पसन्द आया। इसके बाद उस नाटक को साफ़-साफ़ लिखकर मामूँ साहब के सिरहाने रख स्कूल का रास्ता लिया। स्कूल पहुँचकर इसी बात पर सारा

दिन सोचते रहे। नाटक पढ़कर मामूँ साहब क्या कहेंगे ? साँझ को घर पहुँचकर देखा कि मामूँ साहब चारपाई पर नहीं हैं। कमरे में सन्नाटा छाया है। मामूँ साहब के कपड़े, लत्ते, गठरी, जूता, सब नदारद हैं। मालूम हुआ मामूँ साहब एक ज़रूरी काम से गाँव चले गए हैं, भोजन तक नहीं किया। ''मैंने आकर सारा कमरा छान मारा, मगर मेरा ड्रामा—मेरी वह पहली रचना—कहीं न मिली। मालूम नहीं मामूँ साहब ने उसे चिराग अली के सुपुर्द कर दिया या अपने साथ स्वर्ग ले गए।''

हिसामुद्दीन गौरी ने 18 अक्तूबर, 1936 को एक शोकसभा में इस ड्रामे का नाम 'होनहार बिरवान के होत चीकने पात' बतलाया था। इसका ज़िक्र मैंने भी अपनी 1944 की पुस्तक में किया था।

गोरखपुर निवासकाल में अजायबलाल एक विधवा अहीरन के किराएदार थे। बूढ़े बाप की ज़बान पत्नी और विधवा अहीरन की ख़ूब पटती। दोनों में काफ़ी हँसी-मज़ाक़ होता। धनपतराय दिलचस्पी से सुनते : ''मुझे उनके हँसी मज़ाक़ में मज़ा आता।'' आगे चलकर शिवरानीदेवी को बतलाया कि तेरह वर्ष की आयु में उन्हें उन बातों का ज्ञान हो गया था जो बच्चों के लिए घातक होती हैं।

अजायबलाल की आर्थिक स्थिति बहुत अच्छी नहीं थी। इसीलिए प्रेमचन्द के अनुसार, ''अन्धरा के पुल का चमरौधा जूता मैंने बहुत दिनों तक पहना है। जब तक मेरे पिता जीवित रहे तब तक उन्होंने मेरे लिए बारह आने से ज़्यादा का जूता[1] कभी नहीं ख़रीदा और चार आने गज से ज़्यादा का कपड़ा कभी नहीं ख़रीदा।''

3

पहला विवाह

धनपतराय जब नवीं क्लास में पहुँचे तो उनकी उम्र पन्द्रह साल की होगी। अजायबलाल ने सारे कुटुम्ब को लमही भेजा हुआ था। चलते वक़्त पुत्र से उन्होंने पूछा था कि पढ़ाई के लिए कितने रुपए माहवार की आवश्यकता होगी। धनपतराय ने कहा था, ''पाँच रुपए[2]

---

1. जिस समय (1932) प्रेमचन्द ने यह लेख लिखा उन्हीं दिनों गाँव की तो बात ही क्या छोटे शहरों में भी बारह आने की जूती और चार आने गज का कपड़ा केवल मध्यम वर्ग ही ख़रीद सकता था। चालीस वर्ष पूर्व तो ये ठाठ और सम्पन्नता के प्रतीक थे। दो-चार पैसे मोहल्ले के बच्चों को खिला देना और एकाध आना ख़ुद चट कर जाना भी। 2. पाँच रु. महीना मिलने का ज़िक्र प्रेमचन्द ने अपनी निर्धनता का ढिंढोरा पीटने के लिए किया। जिन दिनों यह लेख लिखा गया लेखक को याद है एक रुपया का बत्तीस सेर गेहूँ था, डेढ़ सेर घी, और आठ सेर दूध। सोने का भाव भी बीस रु. तोला था। एक अनुमान के अनुसार 1890 के एक रुपए का मूल्य आज एक सौ नहीं तो चालीस-पचास अवश्य है। अजायब का चालीस रु. वेतन आज के दो हज़ार के बराबर बैठता है।

दे दिया कीजिएगा।'' यह रक़म उन दिनों भी कम न थी। दो रुपए फीस के, एक रुपया दूध का, दो रुपए किताब, कपड़े आदि।

धनपतराय बनारस के क्वीन्स कॉलेज में दाख़िल हुए। सवेरे गुड़ और चबैना लेकर गाँव से बनारस जाते, दिन-भर शहर में पढ़ने और शाम को घर लौटकर कुप्पी के सामने टाट पर बैठकर पढ़ते।

नवीं क्लास के वार्षिक इम्तिहान से कुछ दिन पहले अजायबलाल के ससुर ने धनपतराय की शादी का प्रबन्ध किया। तब पिता ने गुड़ ख़रीदने के लिए पाँच रुपए भेजे। पाँच रुपए का एक मन गुड़ आया। चाची ने गुड़ को एक मटके में रखा और उसके मुँह को एक सकोरा रखकर मिट्टी से बन्द कर दिया। चाची के पिता बीमार थे, इसलिए चाची तीन महीने के लिए मायके गई। धनपतराय की वार्षिक परीक्षा नज़दीक थी, इसलिए वह नहीं जा सकते थे। मायके जाते समय चाची ने थोड़ा-सा गुड़ एक हाँडी में अलग से रख दिया और धनपतराय से कहा कि मटका मत खोलना। परन्तु चाची के जाते ही धनपतराय, चचेरे भाई तथा मित्रों ने गुड़ को तेज़ी से खाना शुरू किया। रोज़ काफ़ी-सा गुड़ उड़ जाता। जब अजायबलाल घर आए और चाची से गुड़ माँगा, तब पता लगा कि बहुत-सा तो ख़त्म हो गया है। गुड़ कैसे खाया गया, इसका वर्णन प्रेमचन्द ने अपनी कहानी 'होली की छुट्टी' में बड़े रोचक ढंग से किया है। वह लिखते हैं—

''सवेरे दूध के साथ गुड़, दोपहर को रोटियों के साथ गुड़, शाम को दानों के साथ गुड़, रात को दूध के साथ फिर गुड़। यह तो वाजिब ही ख़र्च था। मगर मदरसे से बार-बार पानी पीने घर आना और दो-एक टुकड़ियाँ निकालकर खा लेना, इसकी गुंजायश न थी। परन्तु गुड़ का ऐसा चस्का पड़ गया था कि हर वक़्त नशा सवार रहता। घर में आने का मतलब था, गुड़ की शामत आना।

एक हफ़्ते में हाँडी ख़त्म हो गई। परन्तु मटका खोलने पर पाबन्दी थी। चाची के आने में अभी पौने तीन महीने बाक़ी थे। एक दिन तो किसी-न-किसी तरह सब्र किया, लेकिन दूसरे दिन सब्र नहीं रखा जा सका। मटके पर निगाह पड़ते ही होश जाता रहा। मटका खोलकर एक हाँडी गुड़ निकालकर मटके को बन्द किया और प्रण किया कि इस हाँडी को तीन महीने चलाऊँगा, चले या न चले, मैं चलाए जाऊँगा। मटके को मैं मंज़िल हफ़्तेख्वाँ समझूँगा, जिसे रुस्तम भी न खोल सका था। मैंने मटके में पिंडियों को कुछ इस तरह कैंची लगाकर रखा; जैसे बाज़ दूकानदार दियासलाई की डिबिया खोलकर रख देते हैं। एक हाँडी गुड़ ख़ाली हो जाने पर भी मटका लबरेज़ था। अम्मा को पता ही न लगे। मुआवज़ा की नौबत कैसे आएगी! मगर दिल और ज़बान में कशमकश शुरू हुई कि क्या करूँ और हर बार फ़तेह ज़बान ही के हाथ रहती। यह दो अंगुल ज़बान शहज़ोर पहलवान को नचा रही थी, जैसे मदारी बन्दर को नचाए। उसको जो आसमान में उड़ता है और फ़ल्कुलफ़लाक के मन्सूबे बाँधता है और अपने

ज़ौम में फिर उनको भी कुछ नहीं समझता। बार-बार इरादा करता कि दिन-भर में पाँच पिंडलियों से ज़्यादा न खाऊँगा। लेकिन यह इरादा शराबियों की तवज्जो से ज़्यादा देरपा न होता था। घंटे-दो घंटे से ज़्यादा न टिकता। अपने-आप पर हँसता, नफ़रीन करता, 'गुड़ को तो खा रहे हो मगर बरसात में सारा जिस्म सड़ जाएगा। गन्धक का मरहम लगाए घूमोगे। कोई तुम्हारे साथ बैठना भी पसन्द न करेगा।' क़समें खाता—इल्म की, माँ की, ईश्वर की, मगर उनका वही हश्र होता। दूसरा हफ़्ता ख़त्म होते-होते हाँडी ख़त्म हो गई। उस दिन मैंने बड़े ख़ुशू व खुज़ू के साथ ईश्वर से प्रार्थना की, भगवान् यह मेरा चंचल मन मुझे परेशान कर रहा है। मुझे शक्ति दो कि इसको क़ाबू में रख सकूँ। मुझे शहत-दहात का लगाम दो, जो इसके मुँह भी डाल दूँ। यह कम्बख़्त मुझे अम्मा से पिटवाने और घुड़कियाँ सुनवाने पर तुला हुआ है। तुम ही मेरी रक्षा करो तो बच सकता हूँ। मेरी आँखों से इस ज़ौके अबूदियत में दो-चार बूँदें आँसुओं की भी गिरीं, लेकिन ईश्वर ने भी कुछ समाअत न की और गुड़ की ख़्वाहिश मुझ पर ग़ालिब रही, यहाँ तक कि दूसरी हाँडी की मरसियाख़्वानी की नौबत पहुँची। हुस्ने इत्तिफ़ाक़ से उन्हीं दिनों तीन दिन की तातील हुई और मैं ननिहाल गया। अम्मा ने पूछा, 'गुड़ का मटका देखा है? चींटे तो नहीं लगे! सील तो नहीं पहुँची?' मैंने मटके को देखने की भी क़सम खाकर अपनी सआदतमन्दी का सबूत दिया। अम्मा ने मुझे ग़रूर की नज़रों से देखा और मेरी हुक्मपरवरी के सिले में मुझे एक हाँडी गुड़ निकाल लेने की इजाज़त दे दी। हाँ ताक़ीद भी कर दी कि मुँह अच्छी तरह बन्द कर देना। अब तो वहाँ मुझे एक दिन एक-एक जुग मालूम होने लगा। चौथे दिन घर आते ही मैंने पहला काम जो किया वह मटके को खोलकर हाँडी-भर गुड़ निकालना था। एकबारगी पाँच पिंडलियाँ उड़ा गया। फिर वही हेकड़बाजी शुरू हुई। अब क्या ग़म है? अम्मा की इजाज़त मिल गई थी। सैयाँ भये कोतवाल—और हाँडी ग़ायब। आख़िर मैंने अपने दिल की कमज़ोरी से मजबूर होकर मटके की कोठरी के दरवाज़े पर क़ुफ़ल डाला और इसकी कुंजी दीवार के एक मोटे शिगाफ़ में डाल दी। अब देखें तुम कैसे गुड़ खाते हो! इस शिगाफ़ में से कुंजी निकालने के ये मानी थे कि तीन हाथ दीवार खोद डाली जाए। वह हिम्मत मुझमें न थी। मगर तीन दिन में ही सब्र का पैमाना छलक उठा और इन तीन दिनों में भी दिल की जो हालत थी वह बयान से बाहर है। हिज़रा शीरी की तरफ़ बार-बार गिरता और बे-सब्र निगाहों से देखता और हाथ मलकर रह जाता। कई बार कुफ़ल खटखटाया, खींचा, झटके दिए, मगर ज़ालिम ख़ुद भी न हमसा। कई बार इस शिगाफ़ का जायज़ा लिया। इसमें झाँककर देखा, एक लकड़ी से इसकी गहराई का अन्दाज़ा करने की कोशिश की, मगर इसकी तह न मिली। तबीयत खोई हुई-सी रहती। न खाने-पीने में कुछ मज़ा था, न खेलने-कूदने में। नफ़स बार-बार मिन्तक के ज़ोर से दिल को क़ायल करने की कोशिश करता। आख़िर गुड़ और किस मरज़ की दवा है! मैं इसे फेंक तो देता नहीं, खाता ही तो हूँ। क्या आज खाया, क्या एक माह बाद! इसमें

क्या फ़र्क़? अम्माजान ने मुमानियत की है बेशक, लेकिन उन्हें मुझे एक जायज़ काम से बाज़ रखने का क्या हक़ है? अगर वह आज कहें, खेलने मत जाओ या दरख़्तों पर मत चढ़ो या तालाब में तैरने मत जाओ या चिड़ियों के लिए कम्पा मत लगाओ, तितलियाँ मत पकड़ो, तो क्या मैं माने लेता हूँ? आख़िर मेरे भी कुछ हुकूक हैं या नहीं? तो फिर इस मुआमले में क्यों अम्मा की मुमानियत पर अपनी आरज़ुओं और ख़्वाहिशों को क़ुर्बान कर दूँ? आख़िर चौथे दिन नफ़स ने फ़तह पाई। मैंने अलस्सुबह एक कुदाल लेकर दीवार खोदना शुरू किया। शिगाफ़ था ही। खोदने में ज़्यादा दिक़्क़त न हुई। आध घंटे की मेहनत शाक़ा के बाद दीवार से कोई गज़–भर लम्बा और तीन इंच मोटा चप्पड़ छूटकर नीचे गिर पड़ा और शिगाफ़ की तह में वह क़लीद कामयाबी पड़ी हुई थी जैसे समन्दर की तह में मोती की सीप पड़ी हो। मैंने झटपट इसे निकाला और फ़ौरन दरवाज़ा खोला। मटके से गुड़ निकालकर हाँडी में भरा और दरवाज़ा बन्द कर दिया। मटके में इस दस्ते बुर्द से क़ाबिले अहसास कमी वाक़िया हो गई थी। हज़ार तरकीबें आज़माने पर भी इसका ख़ला पुर न हो सका। मगर अब की बार मैंने, इस चटोरेपन का अम्मा जान की वापसी तक ख़ात्मा कर देने के लिए कुंजी कुएँ में डाल दी। क़िस्सा तवील है। मैंने कैसे कुफ़ल तोड़ा, कैसे गुड़ निकाला और मटका ख़ाली हो जाने पर कैसे इसे तोड़ा और इसके टुकड़े रात को कुएँ में फेंके और अम्मा आईं तो मैंने कैसे रो–रोकर उनसे मटके के चोरी जाने की दास्तान कही। यह बयान करने लगा तो यह वाक़िया जो मैं आज लिखने बैठा हूँ नातमाम रह जाएगा।''

ख़ैर, शादी की तैयारी हुई। धनपतराय बहुत ख़ुश थे। मंडप के लिए बाँस ख़ुद काटे। बारात रामापुर[1] (रमवापुर) गई। ससुर ज़मींदार थे। रीतिरिवाज़ के अनुसार दूल्हे से हँसी–मज़ाक़ हुआ। धनपतराय ने ख़ुशी से सब रस्मों में हिस्सा लिया। बिदाई हुई, ऊँटगाड़ी से लमही चले। कई रोज़ की यात्रा के बाद घर पहुँचे। गाड़ी से उतरते ही दुलहिन ने दूल्हे का हाथ पकड़कर चलना शुरू किया। यह गाँव की ज़िन्दगी में एक नई बात थी। सब चकित रह गए। धनपतराय झिझके। दुलहिन को देखा। उम्र में दूल्हे से बड़ी थी। एक कन्धा दूसरे से ऊँचा। रंग काला। 'जब मैंने उसकी सूरत देखी तो मेरा ख़ून सूख गया।' पिता ने बेहयाई की हरकत देख ही ली थी। जब उन्हें मालूम हुआ कि दुलहिन कितनी बदसूरत है तो अजायबलाल ने अपनी बीवी से कहा, ''लालाजी

1. प्रेमचन्द ने, न ही शिवरानीदेवी ने, और न ही उनके पुत्रों ने प्रेमचन्द की पहली पत्नी का नाम या उनके पिता का नाम बतलाया है। लेखक ने एक बार रमवापुर पहुँचने का प्रयत्न किया था। रमवापुर नामक गाँव पहुँचने पर पता चला वहाँ कभी कोई कायस्थ परिवार नहीं रहता था। कुछ मील आगे एक अन्य रमवापुर भी था। लेखक वहाँ भी पहुँचा। वहाँ भी यही कुछ हुआ। दूसरे रमवापुर में पता चला कि इसी नाम के दो अन्य गाँव उसी मेंहदावल तहसील में हैं। तीसरे रमवापुर के रास्ते में नदी पड़ती थी और उसमें बाढ़ आई हुई थी। लेखक को निराश लौटना पड़ा। फिर जाना नहीं हुआ।

ने मेरे लड़के को कुएँ में ढकेल दिया। अफ़सोस, मेरा गुलाब-सा लड़का और उसकी यह स्त्री! मैं तो उसकी दूसरी शादी करूँगा।'' चाची ने कहा, ''देखा जाएगा।''

विवाह के तीस वर्ष बाद एक कहानी (स्त्री और पुरुष) में, जैसे इसी बारे में, प्रेमचन्द ने लिखा :

''विपिन बाबू के लिए स्त्री ही संसार की सबसे सुन्दर वस्तु थी। वह कवि थे और उनकी कविता के लिए स्त्रियों के रूप और यौवन की प्रशंसा ही सबसे चित्ताकर्षक विषय था। उनकी दृष्टि में स्त्री विराट जगत में व्याप्त कोमलता, माधुर्य और अलंकार की सजीव प्रतिमा थी। ज़बान पर स्त्री का नाम आते ही उनकी आँखें जगमगा उठती थीं। कान खड़े हो जाते थे, मानो किसी रसिक ने गान की आवाज़ सुन ली हो। जब से होश सँभाला तभी से उन्होंने उस सुन्दरी की कल्पना करनी शुरू कर दी जो उनके हृदय की रानी होगी। उसमें ऊषा की प्रफुल्लता होगी, पुष्प की कोमलता, कुन्दन की चमक, वसन्त की छवि, कोयल की ध्वनि—वह कवि वर्णित सभी उपमाओं से विभूषित होगी, वह उस कल्पित मूर्ति के उपासक थे। कविताओं में उसका गुण गाते, मित्रों से उसकी चर्चा करते। नित्य उसी के ख़याल में मस्त रहते थे। वह दिन भी समीप आ गया जब उनकी आशाएँ हरे-हरे पत्तों से लहराएँगी। उनकी मुरादें पूरी होंगी।...विवाह तय हो गया...धूमधाम से बारात निकाली।...वधू आभूषणों से सजी हुई मंडप में आई तो विपिन बाबू को उसके हाथ-पाँव नज़र आए। कितनी सुन्दर उँगलियाँ थीं। मानो दीपशिखाएँ हों। अंगों की शोभा कितनी मनोहारिणी थी। विपिन फूले न समाये। दूसरे दिन वधू विदा हुई तो वह उसके दर्शनों के लिए इतने अधीर हुए कि ज्यों ही रास्ते में कहारों ने पालकी रखकर मुँह-हाथ धोना शुरू किया, आप चुपके से वधू के पास पहुँचे। वह घूँघट हटाए पालकी से सिर निकाले बाहर झाँक रही थी। विपिन की निगाह उस पर पड़ गई। घृणा, क्रोध और निराशा की एक लहर-सी उन पर दौड़ गई। यह वह परम सुन्दरी रमणी न थी जिसकी उन्होंने कल्पना की थी, जिसकी वह बरसों से कल्पना कर रहे थे। यह एक चौड़े मुँह, चिपटी नाक और फूले गालों वाली कुरूप स्त्री थी... विपिन का सारा उत्साह ठंडा पड़ गया। —इसे मेरे ही गले पड़ना था, क्या इसके लिए समस्त संसार में और कोई न मिलता था? उन्हें अपने मामूँ पर क्रोध आया जिन्होंने वधू की तारीफ़ों के पुल बाँध दिए थे। अगर उस वक़्त वह मिल जाते तो विपिन उनकी ऐसी ख़बर लेता कि वह भी याद करते। जब कहारों ने फिर पालकियाँ उठाईं तो विपिन मन में सोचने लगा, इस स्त्री के साथ मैं कैसे बोलूँगा, कैसे उसके साथ जीवन काटूँगा। उसकी ओर तो ताकने ही में घृणा होती है। ऐसी कुरूपा स्त्रियाँ भी संसार में हैं इसका मुझे अब तक पता न था। क्या मुँह ईश्वर ने बनाया है, क्या आँखें हैं। मैं और सारे ऐबों की ओर से आँखें बन्द कर लेता लेकिन यह चौड़ा-सा मुँह! भगवान क्या तुम्हें मुझी पर यह वज्रपात करना था।''

कुछ ही दिन बाद अजायबलाल ज़मानियाँ वापस गए। कुछ दिन बाद उनकी बीवी भी वहाँ गई और जाते हुए धनपतराय की बीवी को भी साथ लेती गई। छः महीने बाद

अजायबलाल का तबादला लखनऊ को हुआ। बीवी और बहू को लमही छोड़ गए। धनपतराय वहाँ पहले से थे ही।

धनपतराय की बीवी ज़बान की भी मीठी न थी। 'यह इन्सान को और भी दूर कर देता है।' पति की सौतेली माँ से उसकी नहीं पटी। हर वक़्त अपनी क़िस्मत को रोती। ऊपर चाची एकान्त में बहू की शिकायत करती। चक्की के दो पाटों में पिसने वाली बात थी। दोनों ओर से धनपतराय की आफ़त। सुबह पैदल शहर में आकर सारा दिन स्कूल में पढ़ना, शाम को ख़ाक छानते हुए गाँव वापस आना और इस पर रोज़ की इस बक-बक का सामना।

अजायबलाल संग्रहणी के मरीज़ थे। बीमार पड़े और लमही आए। छः महीने बिस्तर पर पड़े रहने के बाद वह परलोक सिधार गए। घर में आमदनी एक पैसे की न थी और जो कुछ पूँजी थी, वह उनकी बीमारी पर ख़र्च हो गई थी। इस तरह चलते समय वह अपने पन्द्रह साल[1] के बेटे के कन्धे पर अपनी जवान वीबी और उसके दो बच्चों का भार भी छोड़ गए।

ख़ैर, क्वीन्स कॉलेज के हेडमास्टर ने फ़ीस मुआफ़ कर दी। मगर महँगाई का ज़माना था। कुनबे का पेट तो पालना था ही। इसका एक ही तरीक़ा था। प्राइवेट ट्यूशन की जाए। बाँस-फाटक पर एक लड़के को पढ़ाना शुरू किया। घर से आठ बजे निकलते, स्कूल में पढ़ते और वहाँ से तीन बजे छुट्टी मिलते ही बाँस--फाटक जाते। लड़के को पढ़ाकर छः बजे ट्यूशन ख़त्म कर लमही वापस लौटते। रात के आठ बजे घर पहुँचते। खाना खाकर कुप्पी के सामने बैठकर पढ़ते। दिन-भर की थकावट होती। पता नहीं, कब नींद आ जाती।

इस हालत में मैट्रिक की परीक्षा दी। पास तो हो गए, परन्तु दूसरे दर्जे में। क्वीन्स कॉलेज का क़ायदा था कि केवल पहले दर्जे के ग़रीब लड़कों की फ़ीस मुआफ़ की जाती थी, इसलिए धनपतराय की फ़ीस-मुआफी का प्रश्न ही न उठता था, न कॉलेज में दाख़ले का। और धनपतराय का अरमान था एम. ए. पास कर वकील बनने का। ''पाँव में लोहे की नहीं, अष्ट धातु की बेड़ियाँ पड़ी हुई थीं और मैं चढ़ना चाहता था पहाड़ पर।'' इससे आगे प्रेमचन्दजी स्वयं लिखते हैं—

''संयोग से उसी साल सेंट्रल हिन्दू कॉलेज खुल गया था। मैंने इस नए कॉलेज में पढ़ने का निश्चय किया। प्रिंसिपल थे मि. रिचर्डसन। उनके मकान पर गया, वह पूरे हिन्दुस्तानी वेष में थे। कुर्ता और धोती पहने फ़र्श पर बैठे कुछ लिख रहे थे। मगर मिज़ाज को तब्दील करना इतना आसान न था। मेरी प्रार्थना सुनकर—आधी ही कहने

---

1. पन्द्रह वर्ष की आयु में विवाह के लिए प्रेमचन्द अपने पिता से गिला करते रहे। परन्तु उन दिनों की पीढ़ी के अनुसार छोटी उम्र में शादी का तब रिवाज़-सा था देहातों में तो अवश्य ही। एक पीढ़ी पहले भी भारतेन्दु हरिश्चन्द्र का विवाह तेरह वर्ष की आयु में हुआ था। उनके पिता गोपालदास का दस वर्ष की आयु में। गांधीजी का बारह वर्ष की आयु में और प्रेमचन्द के ही एक समकालीन सर छोटूराम का विवाह ग्यारह वर्ष की आयु में हुआ था।

पाया था—बोले कि घर पर मैं कॉलेज की बातचीत नहीं करता, कॉलेज में आओ। ख़ैर, कॉलेज गया। मुलाक़ात तो हुई, पर निराशाजनक। फ़ीस मुआफ़ न हो सकती थी। अब क्या करूँ ? अगर प्रतिष्ठित सिफ़ारिशें ला सकता, तो शायद मेरी प्रार्थना पर कुछ विचार होता, लेकिन देहाती युवक को शहर में जानता ही कौन था ?

रोज़ घर से चलता कि कहीं से सिफ़ारिश लाऊँ, पर बारह मील की मंज़िल मारकर शाम को घर लौट आता। किससे कहूँ ? कोई अपना पुछत्तर न था।

कई दिनों बाद एक सिफ़ारिश मिली। एक ठाकुर इन्द्रनारायणसिंह हिन्दू कॉलेज की प्रबन्धकारिणी सभा में थे। उनसे जाकर रोया। उन्हें मुझ पर दया आ गई। सिफ़ारिशी चिट्ठी दे दी। उस समय मेरे आनन्द की सीमा न थी। ख़ुश होता हुआ घर आया। दूसरे दिन प्रिंसिपल से मिलने का इरादा था। लेकिन घर पहुँचते ही मुझे ज्वर आ गया। और दो सप्ताह से पहले न हिला। नीम का काढ़ा पीते-पीते नाक में दम आ गया। एक दिन द्वार पर बैठा था कि मेरे पुरोहितजी आ गए। मेरी दशा देखकर समाचार पूछा और तुरन्त खेतों में जाकर एक जड़ खोद लाए और उसे धोकर सात दाने काली मिर्च के साथ पिसवाकर मुझे पिला दिया। उसने जादू का असर किया। ज्वर चढ़ने में घंटे ही भर की देर थी। इस औषध ने मानो जाकर उसका गला ही दबा दिया। मैंने पंडितजी से बार-बार उस जड़ी का नाम पूछा, पर उन्होंने न बताया। कहा, ''नाम बता देने से उसका असर जाता रहेगा।''

एक महीने बाद मैं फिर मि. रिचर्डसन से मिला और सिफ़ारिशी चिट्ठी दिखाई। प्रिंसिपल ने मेरी तरफ़ तीव्र नेत्रों से देखकर पूछा, ''इतने दिन कहाँ थे ?''

''बीमार हो गया था।''

''क्या बीमारी थी ?''

मैं इस प्रश्न के लिए तैयार न था। अगर ज्वर बताता हूँ तो शायद साहब मुझे झूठा समझें। ज्वर मेरी समझ में हलकी-सी चीज़ थी, जिसके लिए इतनी लम्बी ग़ैरहाज़िरी अनावश्यक थी। कोई ऐसी बीमारी बतानी चाहिए जो अपनी कष्ट-साध्यता के कारण दया को भी उभारे। उस वक़्त मुझे और किसी बीमारी का नाम याद न आया। ठाकुर इन्द्रनारायणसिंह से जब मैं सिफ़ारिश के लिए मिला था तो उन्होंने अपने दिल की धड़कन की बीमारी की चर्चा की थी। वह शब्द मुझे याद आ गया।

मैंने कहा, ''पैलपिटेशन ऑफ़ हार्ट, सर!''

साहब ने विस्मित होकर मेरी ओर देखा और कहा, ''अब तुम बिलकुल अच्छे हो ?''

''जी हाँ।''

''अच्छा, प्रवेश-पत्र भरकर लाओ।''

मैंने समझा बेड़ा पार हुआ। फ़ार्म लिया, खानापूरी की और पेश कर दिया। साहब उस समय कोई क्लास ले रहे थे। तीन बजे मुझे फ़ार्म वापस मिला। उस पर लिखा था—'इसकी योग्यता की जाँच की जाए।'

यह नई समस्या उपस्थित हुई। मेरा दिल बैठ गया। अंग्रेज़ी के सिवा और किसी

विषय में पास होने की मुझे आशा न थी और बीजगणित और रेखागणित से तो मेरी रूह काँपती थी। जो कुछ याद था वह भी भूल-भाल गया था, लेकिन दूसरा उपाय ही क्या था? भाग्य का भरोसा करके क्लास में गया और अपना फ़ार्म दिखाया। प्रोफ़ेसर साहब बंगाली थे। अंग्रेज़ी पढ़ा रहे थे। वाशिंगटन इविंग का 'रिप वान विंकल' था। मैं पीछे की क़तार में जाकर बैठ गया और दो-ही-चार मिनट में मुझे ज्ञात हो गया कि प्रोफ़ेसर साहब अपने विषय के ज्ञाता हैं। घंटा समाप्त होने पर उन्होंने आज के पाठ पर मुझसे कई प्रश्न किए और मेरे फ़ार्म पर 'सन्तोषजनक' लिख दिया।

दूसरा घंटा बीजगणित का था। इसके प्रोफ़ेसर भी बंगाली थे। मैंने अपना फ़ार्म दिखाया। नई संस्थाओं में प्रायः वही छात्र आते हैं, जिन्हें कहीं जगह नहीं मिलती। यहाँ भी यही हाल था। क्लासों में अयोग्य छात्र भरे हुए थे। पहले रेले में जो आया वह भरती हो गया। भूख में साग-पात सभी रुचिकर होता गया। अब पेट भर गया था। छात्र चुन-चुनकर लिये जाते थे। इन प्रोफ़ेसर साहब ने गणित में मेरी परीक्षा ली और मैं फ़ेल हो गया। फ़ार्म पर गणित के खाने में 'असन्तोषजनक' लिख दिया।

ख़ैर, मैं निराश होकर घर तो लौट आया, लेकिन पढ़ने की लालसा अभी तक बनी हुई थी। घर बैठकर क्या करता? किसी तरह गणित को सुधारूँ और कॉलेज में भरती हो जाऊँ, यही धुन थी। इसके लिए शहर में रहना ज़रूरी था। संयोग से एक वकील साहब के लड़कों को पढ़ाने का काम मिल गया। पाँच रुपए वेतन ठहरा। मैंने दो रुपए में अपनी गुज़र करके तीन रुपए घर के ख़र्च के लिए देने का निश्चय किया। वकील साहब के अस्तबल के ऊपर एक छोटी-सी कच्ची कोठरी थी। उसमें रहने की आज्ञा ले ली। एक टाट का टुकड़ा बिछा दिया। बाज़ार से एक छोटा-सा लैम्प लाया और शहर में रहने लगा। घर से कुछ बर्तन भी उठा लाया। एक वक़्त खिचड़ी पका लेता और बरतन धो-माँजकर लाइब्रेरी चला जाता। गणित तो बहाना था, उपन्यास आदि पढ़ा करता। पंडित रतननाथ सरशार का 'फ़साना-ए-आज़ाद' उन्हीं दिनों पढ़ा। 'चन्द्रकान्ता सन्तति' भी पढ़ी। बंकिम बाबू के उर्दू अनुवाद जितने पुस्तकालय में मिले, सब पढ़ डाले। जिन वकील साहब के लड़कों को पढ़ाता था, उनके साले मेरे साथ मैट्रिक्युलेशन में पढ़ते थे। उन्हीं की सिफ़ारिश से मुझे यह पद मिला था। उनसे दोस्ती थी, इसलिए जब ज़रूरत होती, पैसे उधार ले लिया करता था। वेतन मिलने पर हिसाब हो जाता था। कभी दो रुपए हाथ आते, कभी तीन। जिस दिन वेतन के दो-तीन रुपए मिलते, मेरा संयम हाथ से निकल जाता। प्यासी तृष्णा हलवाई की दूकान की ओर खींच ले जाती। दो-तीन आने की मिठाई खाकर ही उठता। उसी दिन घर जाता और दो-ढाई रुपए दे आता। दूसरे दिन से फिर उधार लेना शुरू कर देता, लेकिन कभी-कभी उधार माँगने में भी संकोच होता और दिन-का-दिन निराहार व्रत रखना पड़ जाता।

इस तरह चार-पाँच महीने बीते। इस बीच एक बजाज़ से दो-ढाई रुपए के कपड़े लिये थे। रोज़ उधर से निकलता था। उसे मुझ पर विश्वास हो गया था। जब महीने-

दो महीने निकल गए और मैं रुपए न चुका सका, तो मैंने उधर से निकलना ही छोड़ दिया। चक्कर देकर निकल जाता। तीन साल के बाद उसके रुपए अदा कर सका। उसी ज़माने में शहर का एक बेलदार मुझसे कुछ हिन्दी पढ़ने आया करता था। वकील साहब के पिछवाड़े उसका मकान था। 'जान लो भैया' उसका सखुन तक़िया था। हम लोग उसे 'जान लो भैया' ही कहा करते थे। एक बार मैंने उससे भी आठ आने पैसे उधार लिये थे। वह पैसे उसने मुझसे मेरे गाँव में घर जाकर पाँच साल बाद वसूल किए। मेरी अब भी पढ़ने की इच्छा थी, लेकिन दिन-दिन निराश होता जाता था। जी चाहता था कहीं नौकरी कर लूँ। पर नौकरी कैसे मिलती है और कहाँ मिलती है, यह न जानता था।

जाड़ों के दिन थे। पास एक कौड़ी न थी। दो दिन एक-एक पैसे का चबेना खाकर काटे थे। मेरे महाजन ने उधार देने से इन्कार कर दिया था या संकोचवश मैं उससे माँग न सका था। चिराग़ जल चुके थे। मैं एक बुकसेलर की दूकान पर एक किताब बेचने गया। चक्रवर्ती गणित की कुंजी थी। दो साल हुए ख़रीदी थी। अब तक उसे बड़े जतन से रखे हुए था पर आज चारों ओर से निराश होकर मैंने उसे बेचने का निश्चय किया। किताब दो रुपए की थी, लेकिन एक पर सौदा ठीक हुआ। मैं रुपया लेकर दूकान से उतरा ही था कि एक बड़ी-बड़ी मूँछों वाले सौम्य पुरुष ने, जो उस दूकान पर बैठे हुए थे, मुझसे पूछा, "तुम कहाँ पढ़ते हो ?"

मैंने कहा, "पढ़ता तो कहीं नहीं हूँ, पर आशा करता हूँ कि कहीं नाम लिखा लूँगा।"

"मैट्रिक्युलेशन पास हो ?"

"जी हाँ।"

"नौकरी करने की इच्छा तो नहीं है ?"

"नौकरी कहीं मिलती ही नहीं।"

यह सज्जन एक छोटे-से स्कूल में हेडमास्टर थे। उन्हें एक सहकारी अध्यापक की ज़रूरत थी। अठारह रुपए वेतन था। मैंने स्वीकार कर लिया। अठारह रुपए उस समय मेरी निराशा-व्यथित कल्पना की ऊँची-से-ऊँची उड़ान से भी ऊपर थे। मैं दूसरे दिन हेडमास्टर साहब से मिलने का वादा करके चला, तो पाँव ज़मीन पर न पड़ते थे। यह सन् 1899 की बात है।

4

अध्यापन कार्य का आरम्भ

चुनार, जहाँ धनपतराय ने 1899 में पहली नौकरी की, एक ऐतिहासिक स्थान है। किले में भर्तृहरि की समाधि है। बीसवीं शताब्दी के आरम्भ में यहाँ गोरा पलटन तैनात थी।

यू.पी. की एकमात्र रिफार्मटरी भी यहीं थी। ईसाई धर्म का प्रचार जोरों पर था। इसका एक प्रतीक था मिशन स्कूल, जहाँ धनपतराय अठारह रुपया महीना पर अध्यापक नियुक्त हुए। धनपतराय प्राइवेट ट्यूशन से पाँच-सात रुपए महीना अतिरिक्त भी कमा लेते थे। इस तरह इनकी आमदनी इतनी ही थी जितनी पिता अजायबलाल की शुरू में थी। अजायबलाल उस आमदनी से अपने सारे परिवार को तो पालते ही थे, भाइयों के परिवारों की भी सहायता करते थे। धनपतराय कुछ राशि अपनी विमाता को लमही भेजते। बाक़ी अपने और चाची के भाई विजय बहादुर पर ख़र्च करते। अच्छा खाने का शौक़ था। चटोरे थे। हाथ खुला था। पैसा नहीं होता तो बोर्डिंग हाउस के बनिए से उधार ले लेते। रोटियाँ भी उधार पर चलती थीं। स्वयं लिखा कि एक रुपए का मेवा (जो शायद एक डेढ़ सेर बादाम होता) चार-छह दिन में ख़त्म हो जाता। देहात में मेवा खाने वाले थोड़े ही व्यक्ति होंगे। आश्चर्य की बात नहीं कि वेतन मिलने से पहले ही ख़र्च हो जाता। हालाँकि चुनार बनारस से बहुत दूर नहीं है, परन्तु पैसों का अभाव होने के कारण धनपतराय बहुत बार घर न जा पाते। पैसों के अभाव का दृष्टान्त उन्होंने स्वयं दिया है, ''एक बार की बात है, मैं घर आया। चार-पाँच दिन रहा। जिस रोज़ मुझे वापस जाना था, चाची से रुपए माँगे। चाची बोलीं, 'रुपए ख़र्च हो गए।' गाँव में किससे उधार लेता? गाड़ी के बहुत पहले मैं और विजयबहादुर चल दिए। एक साल पहले मैंने बड़ी मुश्किलों से एक गरम कोट बनवाया था। मगर जाड़ों में भी सूती पहनकर उसे बड़े जतन से रखा था। अब इसे शहर में दो रुपए में बेचा। तब मैं और विजयबहादुर चुनारगढ़ पहुँचे।''

छुट्टी मुश्किल से मिलती थी। प्रेमचन्द के प्रारम्भिक अध्यापन-जीवन की झलक 'होली की छुट्टी' कहानी में मिलती है। लिखते हैं, ''मुझे एक प्राइमरी मदरसे में जगह मिल गई थी, जो मेरे घर से ग्यारह मील पर था। हमारे हेडमास्टर साहब को छुट्टियों में लड़कों को पढ़ाने का ख़ब्त था। रात को लड़के खाना खाकर मदरसे में आ जाते और हेडमास्टर साहब चारपाई पर लेटकर अपने ख़र्राटों से उन्हें पढ़ाया करते। जब लड़कों में धौल-धप्पा शुरू हो जाता और शोरगुल मचने लगता तब एकदम कच्ची नींद से चौंक पड़ते और लड़कों को दो-चार तमाचे लगाकर फिर स्वप्न का मज़ा लेने लगते। ग्यारह-बारह बजे रात तक यही ड्रामा होता रहता, यहाँ तक कि लड़के नींद से बेक़रार होकर वहीं टाट पर सो जाते।

अप्रैल में सालाना इम्तिहान होनेवाला था, इसलिए जनवरी ही से हायतोबा मची हुई थी। सहकारी अध्यापकों को इतनी रियायत थी कि रात की क्लासों में उन्हें न बुलाया जाता था। मगर छुट्टी बिलकुल न मिलती थी। सोमवती अमावस आई और निकल गई। वसन्त आया और चला गया। शिवरात्रि आई और चली गई। और इतवारों का तो ज़िक्र ही क्या है! एक दिन के लिए कौन इतना बड़ा सफ़र करता! इसलिए कई महीनों से मुझे घर जाने का मौक़ा न मिला था। मगर अब के मैंने पक्का इरादा कर लिया था कि होली पर ज़रूर घर जाऊँगा, चाहे नौकरी से हाथ ही क्यों न धोना पड़े।

मैंने एक हफ़्ता पहले ही से हेडमास्टर साहब को अल्टीमेटम दे दिया कि 20 मार्च को होली की छुट्टी शुरू होगी और बन्दा 19 की शाम को रुख़सत हो जाएगा। हेडमास्टर साहब ने मुझे समझाया कि 'अभी लड़के हो। तुम्हें क्या मालूम, नौकरी कितनी मुश्किल से मिलती है और कितनी मुश्किलों से निभती है, नौकरी पाना इतना मुश्किल नहीं जितना इसका निभाना। 8 अप्रैल को इम्तिहान होनेवाला है। तीन-चार दिन मदरसा बन्द रहा, तो बताओ कितने लड़के पास होंगे? साल-भर की मेहनत पर पानी फिर जाएगा कि नहीं। मेरा कहना मानो। इस छुट्टी में न जाओ, इम्तिहान के बाद ईस्टर की चार दिन की छुट्टी होंगी। मैं एक दिन के लिए भी न रोकूँगा।' मैं अपने मोरचे पर डटा रहा। उपदेश, डर और जवाबतलबी—किसी तर्क का मुझ पर असर न हुआ। 19 को ज्यों ही मदरसा बन्द हुआ, मैंने हेडमास्टर को सलाम भी न किया और चुपके-से अपने निवासस्थान पर चला आया। उन्हें सलाम करने जाता तो वह एक-न-एक काम निकालकर मुझे रोक देते। रजिस्टर में फ़ीस का जोड़ निकालते जाओ। औसत हाज़िरी लगाते जाओ। लड़कों की अभ्यास की कापियाँ इकट्ठी करके उनमें सुधार कर दो और तारीख़ आदि डाल दो। जैसे यह मेरा आख़िरी सफ़र है और मुझे ज़िन्दगी के सारे काम भी ख़त्म कर लेने चाहिए। मकान पर आकर मैंने झटपट अपनी किताबों का बुकचा उठाया। अपना हल्का-सा लिहाफ़ कन्धे पर रखा और स्टेशन पर चल पड़ा। गाड़ी पाँच बजकर पाँच मिनट पर जाती थी। मदरसे की घड़ी हाज़िरी के वक़्त हमेशा आधा घंटा तेज़ और रवानगी के वक़्त आधा घंटा सुस्त रहती थी। चार बजे मदरसा बन्द हुआ था। मेरे ख़याल में स्टेशन पर पहुँचने में काफ़ी वक़्त था। फिर भी मुसाफ़िरों को गाड़ी की तरफ़ से प्रायः जो डर लगा रहता है और जो घड़ी हाथ में होने पर और गाड़ी का वक़्त सही मालूम होने पर भी दूर से किसी गाड़ी की गड़गड़ाहट या सीटी सुनकर क़दमों को तेज़ और दिल को ढीला-ढाला कर दिया करता है वह मुझे भी लगा हुआ था। किताबों का बुकचा भारी था। इस पर कन्धे पर लिहाफ़। बार-बार हाथ बदलता था और लपका चला जाता था। स्टेशन दो फर्लांग से नज़र आया। सिगनल डाउन था। मेरी हिम्मत भी इस सिगनल की तरह कमज़ोर हो गई। दिल ज़रूर नज़र से एक सौ क़दम आगे दौड़ा, मगर यह निराशा की हिम्मत थी। मेरे देखते-देखते गाड़ी आई। एक मिनट ठहरी और रवाना हो गई। मदरसे की घड़ी प्रतिदिन से भी ज़्यादा सुस्त थी। ऐसी-ऐसी घटनाएँ घटती रहतीं।

धनपतराय ने मिशन स्कूल में नौकरी कर तो ली थी—और कहीं मिलती ही नहीं थी—परन्तु यहाँ बहुत ख़ुश न थे। इसका एक कारण तो यह था कि आर्य समाज के अनुयायी प्रेमचन्द ईसाई पादरियों द्वारा प्रचार[1] को देखकर दुखी होते थे। उनका विचार था कि ईसाई पादरियों का प्रचार हिन्दू समाज के लिए घातक होगा।

---

1. प्रेमचन्द की एक कहानी 'ख़ूने सफ़ेद' में हमें इसकी झलक मिलती है। हलका-सा संकेत तो 'ममता' में भी मिलता है।

बहुत दिन नहीं गुज़रने पाये थे कि धनपतराय ने गवर्नमेंट डिस्ट्रक्ट स्कूल, बहराइच में नौकरी का प्रबन्ध कर लिया और 2 जुलाई, 1900 को उस स्कल में पाँचवें अध्यापक भर्ती हुए। दो-ढाई महीने बाद ही धनपतराय का तबादला प्रतापगढ़ को हुआ। गवर्नमेंट स्कूल प्रतापगढ़ में उनका काम सन्तोषजनक ही रहा होगा, क्योंकि जुलाई 1902 में उन्हें अध्यापकों की ट्रेनिंग के एक कोर्स के लिए इलाहाबाद भेजा गया। सारे प्रान्त में केवल यही एक ऐसी संस्था थी जो अध्यापकों को ट्रेनिंग देती थी। यहीं से धनपतराय ने 'जूनियर सर्टिफ़िकेटेड टीचर' की सनद ली। प्रिंसिपल तथा छात्राध्यापक उनसे ख़ुश थे। सनद (डिप्लोमा) पर लिखा था कि "गणित पढ़ाने की योग्यता नहीं रखते, चालचलन सन्तोषजनक है और समय के पाबन्द हैं। धनपतराय ने अपना काम ख़ूब मेहनत से और अच्छी तरह किया।"

धनपतराय के काम से उनके प्रिंसिपल श्री जे. सी. कैम्प्स्टर विशेषतया प्रसन्न थे। ट्रेनिंग ख़त्म करके जब धनपतराय प्रतापगढ़ पहुँचे, तब जल्दी ही प्रिंसिपल साहब ने उन्हें मॉडल स्कूल का हेडमास्टर नियुक्त करने के लिए इलाहाबाद बुला लिया। इस पद पर नियुक्ति से उन्हें दस रुपए माहवार का विशेष एलाउंस भी मिलना शुरू हुआ। यहीं से तीन महीने बाद धनपतराय का तबादला कानपुर गवर्नमेंट स्कूल को हुआ। कानपुर के जीवन का ज़िक्र करने से पहले हमें धनपतराय के कॉलेज के जीवन के बारे में कुछ कहना आवश्यक जान पड़ता है।

धनपतराय के एक सहपाठी लाल कृष्ण ने उनके बारे में एक संस्मरणात्मक लेख लिखा है। इस लेख से धनपतराय के इलाहाबाद के जीवन पर काफ़ी प्रकाश पड़ता है। वह लिखते हैं—"उस ज़माने में मैं ट्रेनिंग कॉलेज के सीनियर क्लास में पढ़ता था। हम सब लोग अर्थात् अध्यापक मॉडल स्कूल कॉलेज होस्टल में रहते थे। इसको आध्यात्मिक आकर्षण समझना चाहिए कि मेरा मुंशी (धनपतराय) साहब से ख़ासतौर पर परिचय हुआ और बहुत जल्द दोस्ताना तआल्लुक़ात हो गए। (धनपतराय) बहुत ग़ैरतमन्द व ज़हीन थे। आरम्भ ही से किताबें पढ़ने का शौक़ था। एक रोज़ मेरे साथ मिस्टर सच्चिदानन्द सिन्हा, ऑनरेरी सेक्रेटरी कायस्थ पाठशाला से, जिन्हें मैं पहले से जानता था, भेंट की, ताकि कभी-कभी उनके पुस्तकालय से लाभ उठाते रहें। एक बार कहीं से मौलवी ज़काउल्ला साहब देहलवी का लिखा भारतीय इतिहास ले आए और थोड़े ही दिनों में इसकी तीन या चार मोटी-मोटी जिल्दों को ख़त्म कर डाला और इस ध्यान से पढ़ा जैसे इस पर कोई समालोचना लिखनी हो।— बाबू धनपतराय छोटे क़द के दुबले-पतले आदमी थे, मगर थे मज़बूत। पंजा खोलने पर उँगलियों को मोड़ना साधारण आदमी के लिए आसान न था। उनका पहनावा सादा था। अचकन-पायजामा या खुले गले का लम्बा कोट पहनते थे। सम्भव है कि कभी पतलून भी पहनते हों, परन्तु याद नहीं पड़ता। उस ज़माने में विदेशी फ़ैशन का भूत लोगों के सिर पर इतना ज़्यादा सवार न था। सिर पर हिन्दुस्तानी टोपी या पगड़ी

हुआ करती थी। जिस तरह उनका सहन-रहन सीधा-सादा था, उसी तरह उनकी आदतें और चरित्र भी सीधा-सच्चा और बनावटीपन से ख़ाली था। आवाज़ ऊँची थी। ख़्वामख़्वाह किसी से दबने वाले न थे। होस्टल में लड़ने-झगड़ने का तो ज़िक्र ही क्या, आपको कभी किसी से सख़्त या सज्जनता के परे बातचीत करते हुए भी नहीं देखा गया। नौकरों के साथ भी अच्छी तरह बर्ताव करते थे। इससे स्पष्ट है कि वह कितने हँसमुख, समझौता करने वाले तथा हमदर्द परन्तु स्वाभिमानी पुरुष थे। पढ़ते-लिखते समय अपना कमरा बन्द कर लिया करते थे और अवकाश के समय दिल खोलकर तफ़रीह करते। आपको और (मृत) बाबू गिरिजाकिशोर साहब, असिस्टेंट कमिश्नर, सिंचाई के द्वारा हमारा एक छोटा-सा लाफ़िंग क्लब बन गया था। इसकी रोज़ाना मीटिंग मेरे ही कमरे में हुआ करती थी। इसमें एक-दो और साहब भी थे...बहरहाल इनमें सभी हँसने वाले थे। मगर धनपतराय ग़ज़ब करते थे। जब हँसते तो ख़ूब हँसते और क़हक़हा-पर-क़हक़हा लगाते चले जाते। इसी वजह से हम लोग, ख़ासकर मैं और गिरिजाकिशोर, उनको 'बम्बूक' कहा करते थे। सम्भव है यह नाम मेरा ही दिया हुआ हो। प्रायः इसी नाम से ख़तो-किताबत हुआ करती थी।''

यहाँ एक और बात का उल्लेख करना आवश्यक है। धनपतराय ने इलाहाबाद यूनिवर्सिटी से इसी साल उर्दू तथा हिन्दी में स्पेशल वर्नाक्युलर इम्तिहान भी पास किया। इसका अर्थ यह हुआ कि 1904 तक उन्होंने अच्छी हिन्दी भी लिखनी शुरू कर दी थी। जिन लोगों ने यह कहा है कि प्रेमचन्द उर्दू के थे और उर्दू से हिन्दी में आए, उनका वक्तव्य सौ प्रतिशत ठीक नहीं है। धनपतराय को शुरू से हिन्दी से प्रेम था। इसका एक कारण तो शायद यह था कि वह आर्य समाज से बड़े प्रभावित थे। उस युग में आर्य समाज ने देश में एक नई चेतना ला दी थी। स्वराज्य की ओर लोगों को प्रेरणा देने में तो इस संस्था का बड़ा हाथ था ही। इस संस्था ने रूढ़िवाद से टक्कर ली, स्त्रियों को पर्दे से मुक्त किया, उनकी शिक्षा का प्रचार किया और हिन्दी को राष्ट्रभाषा बनाने का रास्ता दिखलाया। धनपतराय (प्रेमचन्द) की प्रारम्भिक किताबों में भी हिन्दी को राष्ट्रभाषा बनाने के सम्बन्ध में जगह-जगह हवाले मिलते हैं।

परन्तु हिन्दी से प्रेम होते हुए भी प्रेमचन्द को हिन्दी में लिखने का विशेष अवसर नहीं मिला था। सरकारी भाषा उन दिनों उर्दू थी। कायस्थ परिवारों में, जहाँ उनके कई मित्र भी थे, उर्दू ही का प्रचार था। उत्तर प्रदेश के जिन क़स्बों या देहातों में, जहाँ वे पढ़ाते थे, वहाँ भी उर्दू ही चलती थी। उस क्षेत्र में जो मासिक पत्रिकाएँ लोकप्रिय थीं वे भी उर्दू में ही थीं।

5

साहित्यिक क्षेत्र में प्रवेश

धनपतराय ने कब और कहाँ लिखना आरम्भ किया, इसके बारे में निश्चित रूप से कुछ कहना बहुत कठिन है। स्वयं प्रेमचन्द ने भिन्न-भिन्न स्थानों पर भिन्न तिथियाँ दी हैं।

एक पत्र[1] में प्रेमचन्द ने लिखा था, ''लिटरेरी ज़िन्दगी 1901 में शुरू की। रिसाला 'ज़माना' में लिखता रहा। कई साल तक मुतफ़र्रिक मज़ामीन लिखे। 1904 में एक हिन्दी नावल 'प्रेमा' लिखकर इंडियन प्रेस से शाया कराया।'' एक दूसरे पत्र[2] में लिखा, '''हमखुर्मा व हमसवाब' जिसका हिन्दी अनुवाद 'प्रेमा' के नाम से छपा व 'किश्ना' ग़ालिबन 1900 की तसानीफ़ है।'' फ़रवरी 1932 के 'हंस' में प्रेमचन्द ने लिखा—''उपन्यास तो मैंने 1901 ही में लिखना शुरू किया। मेरा एक उपन्यास 1902 में निकला और दूसरा 1904 में।''

प्रेमचन्द ने 'मेरी पहली रचना' में एक ड्रामे का ज़िक्र किया है ''जिसे मालूम नहीं मामूँ साहब ने चिरागअली के सुपुर्द कर दिया या अपने साथ स्वर्ग ले गए।'' वास्तव में लेखन कार्य नौकरी के साथ ही शुरू किया। पहली नौकरी 1899 में चुनार के स्कूल में थी। यहाँ से कई वर्षों तक एक पत्र 'अख़बारे चुनार' निकला था, जिसके साथ बाबू बालमुकुन्द गुप्त का सम्बन्ध भी रहा था। अगले वर्ष ही धनपतराय ढाई महीने के लिए बहराइच चले गए, फिर प्रतापगढ़। दो वर्ष बाद, जुलाई 1902 में, वह इलाहाबाद गए। इलाहाबाद से प्रतापगढ़ और वहाँ से मई 1905 में कानपुर के डिस्ट्रिक्ट स्कूल पहुँचे। इन्हीं पाँच वर्षों में धनपतराय ने साहित्य में प्रवेश किया। इनकी पत्नी इनके पास नहीं रहती थी। जब प्रेमचन्द छुट्टियों में घर जाते तो अपनी पत्नी और चाची के झगड़ों से परेशान हो जाते। यह स्वाभाविक था कि अपनी कमाई पर निर्भर, देखने में सुन्दर और खाता-पीता युवक इधर-उधर आशनाई करे। अपने पहले उपन्यास में वेश्याओं के जीवन की झलक से लगता है कि उन्होंने मन्दिरों और कोठों के जीवन की जानकारी प्राप्त की। एक रखैल भी रख छोड़ी। प्रेमचन्द ने इस विषय पर उपन्यास का अपने लेखों में कहीं ज़िक्र नहीं किया। रखैल की बात भी अपने तक ही रखी और निधन से थोड़े दिन पूर्व ही अपनी दूसरी पत्नी शिवरानीदेवी को बतलाई। उन्हें यह भी बतलाया कि उस रखैल से उनका सम्बन्ध शिवरानीदेवी के होते हुए भी बना रहा। शिवरानीदेवी के शब्दों में, ''आप बोले : अच्छा एक और चोरी सुनो। मैंने पहली स्त्री के जीवन में ही एक और स्त्री रख छोड़ी थी।[3] तुम्हारे आने पर भी उससे मेरा सम्बन्ध था।'' मैं बोली, ''मुझे मालूम है।''

---

1. दयानारायण निगम को लिखा गया एक पत्र, जिसे प्रेमचन्द ने 17-7-26 को लिखा। 2. इम्तियाज़ अली ताज को लिखा जनवरी 1921 का पत्र। 3. कुछ ही महीने पहले इन्द्रनाथ मदान को लिखा :→

प्रेमचन्द की रखैल शायद इलाहाबाद की कोई स्त्री होगी। बाद में अवसर मिलते ही वह इलाहाबाद जाते। रखैल को कुछ राशि भी भेजते रहे होंगे। दूसरी शादी के बाद भी। यह भी शिवरानीदेवी से चोरी। मई 1910 में दयानारायण निगम को कुल पहाड़ से लिखे एक पत्र में लम्बे लेखों के लिए दुगुनी रक़म माँगते हुए कहा—"यह मैं अब फिर कहता हूँ और पहले भी कह चुका हूँ—मगर किसी वजह से यह रिमार्क आपने नज़रअन्दाज़ कर दिया—कि यह मुबलिनगात मैं अपने तसर्रूफ़ में नहीं लाऊँगा। ये एक महहूम दोस्त के पसमाँदगान के नज़र होंगे। इसलिए आपको भूलकर मुझ पर कमीनेपन, ख़ुदगर्जी और तमा का इलज़ाम न आयद करना चाहिए।"

यहाँ यह कहना भी आवश्यक है कि कायस्थ घरानों में रखैल रखना उन दिनों समाज में प्रतिष्ठा का प्रतीक था। अपनी आर्थिक स्थिति के अनुसार धनपतराय को भी अपनी नवाबी का एहसास होता होगा। हाँ, थोड़े समय बाद सुधारक का रंग चढ़ता जा रहा था। यही निबन्धों और उपन्यासों में उभरा। जहाँ तक जानकारी मिल सकी है, उनका सर्वप्रथम निबन्ध ओलीवर क्रामवैल पर था। यह पहली मई, 1903 से लेकर 24 सितम्बर, 1903 तक धारावाहिक रूप में बनारस के पाक्षिक 'आवाज़े ख़ल्क़' में छपा। धनपतराय का क्रामवैल के प्रति आकर्षण उनके स्वभाव में सुधारवाद और कट्टरवाद की ओर संकेत देता है।

'आवाज़े ख़ल्क़' एक नया पत्र था। पहला अंक 1902 में ही निकला था। इलाहाबाद में बैठे बनारस के इस पत्र की टोह रखना इस बात का सूचक है कि धनपतराय सतर्क थे।

पहला नावल अक्तूबर 1903 से लेकर फ़रवरी 1905 तक बराबर क़िश्तों में छपता रहा। इसका शीर्षक था 'असरारे मआबिद'[1] (पुजारी का रहस्य) और लेखक का

← "मेरी पहली पत्नी का देहान्त 1904 में हुआ। वह एक अभागी स्त्री थी, तनिक भी सुन्दर नहीं। हालाँकि मैं उससे सन्तुष्ट नहीं था, मैं बिना शिकवा शिकायत निभाये चला जा रहा था। जैसे कि सब पुराने तरह के पति करते हैं। वह जब मर गई तब मैंने एक बाल विधवा से विवाह किया।" 1. असरारे मआबिद का ज़िक्र न प्रेमचन्द ने कहीं किया, न ही शिवरानीदेवी ने और न ही प्रेमचन्द के मित्रों ने या किसी भी हिन्दी के लेखक ने। इसका पहला उल्लेख हिसामुद्दीन गौरी के 18 अक्तूबर, 1936 को शोक सभा में दी गई श्रद्धांजलि में था। उन्होंने इसका शीर्षक बतलाया था 'असरारे मुहब्बत।' मैंने इसी का हवाला अपनी 1944 वाली अंग्रेज़ी पुस्तक 'प्रेमचन्द' में दिया था। वहीं से इन्द्रनाथ मदान ने लिया। मैं इसकी तलाश में बनारस गया। पत्र की कुछ फ़ाइलें भी देखीं। समय के अभाव के कारण सारी फ़ाइलें नहीं देख सका। हाँ एक अंक अपने साथ लेता आया। मार्च, 1959 में चन्द्रगुप्त को साथ लेकर अमृतराय मेरे घर पर आए। 'असरारे मुहब्बत' के बारे में पूछा। मैंने 'आवाज़े ख़ल्क़' के बारे में उन्हें बतलाया। तब अमृतराय ने कहा, उन्हें इस नाम का कोई पत्र नहीं मिला। मैंने उन्हें 'आवाज़े ख़ल्क़' का एक अंक निकालकर दिया। इसी पर पत्र का पता लिखा था। और उसी की सहायता से अमृतराय ने उसे वहाँ से लेकर मंगलाचरण में प्रकाशित कर हिन्दी जगत को प्रेमचन्द को वह उपन्यास दिया जिसका किसी समालोचक ने उल्लेख नहीं किया था। इन्हीं में जनार्दन→

नाम था 'धनपतराय उर्फ़ नवाबराय अलाहाबादी। 'अलाहाबादी' शब्द का प्रयोग महत्त्वपूर्ण है।

'असरारे मआबिद' के बारे में कुछ कहने से पहले हम यह बतलाना आवश्यक समझते हैं कि रतननाथ सरशार की मृत्यु 1902 में हुई थी। सम्भव है, प्रेमचन्द को यह विचार भी आया हो कि सरशार के बाद उनकी जगह ख़ाली है और वह स्वयं उसकी पूर्ति कर सकते हैं। यह 'असरारे मआबिद', जो प्रेमचन्द का पहला प्रकाशित उपन्यास है, सरशार के नावलों के तरीक़े पर ही लिखा गया है। इसकी विशेषता यह है कि इसमें काशी के पंडों पर व्यंग्य है। उपन्यास के आरम्भ में ही एक वेश्या बीबीजान, पंडा यशोदानन्द के कमरे में ग़ज़लें गाती है। एक मित्र त्रिलोकीनाथ भी बैठे हैं। वह भी बीबीजान पर मोहित हैं। परन्तु बीबीजान यशोदानन्द की ओर आकर्षित है। उनसे कुछ इनाम की आशा करती है। पंडा यशोदानन्द भी बीबीजान से प्यार का प्रदर्शन करते हैं। वह बीबीजान से पूछते हैं—"क्या बोसा लेने की इजाज़त है?" बीबीजान तमाचा रसीद करती है और यशोदानन्द के घर से भाग निकलती है।

पंडा यशोदानन्द इस क्षेत्र में महारथी हैं। इसका प्रमाण है प्रेयसी रामकली से सम्बन्ध। रामकली बनारस में अपने पिता के घर पर रहती है। पति के यहाँ नहीं जाती। यशोदानन्द से उसकी आशनाई है। वह उनके पास आकर (मन्दिर के एक भाग में) व्यसन करती है। शराब पीकर घर पहुँचती है और जब वह देखती है कि उसका पति उसे लिवा ले जाने के लिए आया है तो वह बीमारी के बहाने से अपने नशे को ढकती है। बेचारा पति उसके बिस्तर के पास बैठा रहता है। शराब की बदबू से उसे क़ै आ जाती है। परन्तु भले आदमी को कुछ समझ में नहीं आता। अगले दिन, रामकली, जो पति के घर नहीं जाना चाहती, शोर मचाती है कि उसके गहने का बक्सा चोरी हो गया है। घर में शोक है और इसी बहाने से वह पति के घर नहीं जाती। ज़ेवर का बक्सा यशोदानन्द के पास पहुँचता है जो अपनी कठिनाइयों का भीषण चित्र रामकली को बताता है।

बीबीजान घर पहुँचती है तो देखती है कि उसके गुमाश्ते भूखे हैं। वह बतलाती है कि त्रिलोकीनाथ ने काम बिगाड़ दिया, वरना वह कुछ-न-कुछ लेकर आती। परन्तु भूखे अफ़ीमची भाँडों तथा गुमाश्तों की भूख तेज़ होती जाती है। वे बीबीजान के गले का नक़ली हार लेकर (रतननाथ सरशार के खोजी की तरह) अचकन इत्यादि डालकर बाज़ार में बेचने जाते हैं। त्रिलोकीनाथ की मदद से नक़ली हार को एक अमीरज़ादे को असली हार के भाव बेचते हैं। ग्राहक इस तलाश में है कि किसी पुराने घराने की माला मिले। त्रिलोकीनाथ चुपके से अपनी सहायता के बदले में मुनाफ़े का आधा हिस्सा माँगता है।

←— प्रसाद झा द्विज भी थे जिन्होंने प्रेमचन्द के जीवन काल में 'प्रेमचन्द की उपन्यास कला' नामक पुस्तक को छपवाकर पहले संस्करण की पहली प्रति प्रेमचन्द को भेंट की थी।

उपन्यास सरशार के उपन्यासों की तरह ढीला-ढाला है। ज़ोर वार्तालाप पर आधारित है। कैरेक्टर भी सरशार की ख़ोजी और रावी के साँचे में ढले हैं। अश्लीलता के संकेत भी हैं। रामकली के चंचल कैरेक्टर की झलक हमें धनपतराय के अगले उपन्यास में मिलती है।

1903 में शिवव्रत लाल बर्मन ने केसरी प्रेस बरेली से एक मासिक पत्र निकाला। नाम था 'ज़माना'। वर्मन साहब "एक खानगी हादिसा से इस कदर मुसहादिक हुए कि तीन महीने के लिए ज़माना की इदारत दयानारायण निगम के सुपुर्द कर ग़म ग़लत करने के लिए सैर और सफ़र में मशगूल हो गए और फिर अपनी ख़िदमत पर वापिस न हुए!" दिसम्बर, 1903 से निगम ने 'ज़माना' को कानपुर से निकालना शुरू किया और आठ-दस महीने में धनपतराय ने दयानारायण निगम से पत्रव्यवहार शुरू कर दिया। 'ज़माना' में धनपतराय की जो पहली रचना छपी, वह हकीम 'बरहम' के नावल 'कृष्ण कुँवर' की आलोचना थी। यह फ़रवरी 1905 के 'ज़माना' में छपी। इसी लेख के सम्बन्ध में 30 जनवरी, 1905 के निगम को लिखे गए एक पत्र से पता चलता है कि प्रेमचन्द उस समय तक एक नावल लिख चुके थे। उन्होंने अगले (अंग्रेज़ी में लिखे गए) पत्र में लिखा कि 20 सितम्बर, 1904 को निगम के पास इसकी पांडुलिपि भेजी थी। दो महीने बाद निराश होकर निगम को लिखा : "मैं बड़े इश्तियाक़ से मुन्तज़िर हूँ कि आपने मेरा नावल अभी तक पढ़ा या नहीं। जवाब से सरफ़राज़ फ़रमाइए।

"मैंने अपने आपको इंडियन ला वर्नल प्रेस इलाहाबाद के प्रोप्राइटर बाबू बाँके बिहारी लाल के रहम-ओ-करम पर डाल दिया है। उन महाशय ने किताब को एक नज़र देख लेने के बाद उसको प्रकाशित करने में रुचि दिखलाई है। आप कृपा करके पांडुलिपि जल्दी से जल्दी मेरे पास भेज दें। और अगर मुनासिब समझें तो उसके साथ अपनी सिफारिश के दो लफ़्ज़ भी...आपकी सिफ़ारिश का बहुत असर पड़ेगा..."

जिस उपन्यास की ओर संकेत है वह शायद 'कृष्णा' हो। इसी के आधार पर अगले पत्र में 'हमखुर्मा व हमसवाब' के प्रकाशन में सहायता माँगी हो। 'हमखुर्मा व हमसवाब'[1] के उपलब्ध प्रथम संस्करण पर कोई तारीख़ नहीं है। प्रेस का नाम भी नहीं छपा है। पुस्तक का पहला विज्ञापन दिसम्बर 1906 के 'ज़माना' में मिलता है। इसमें लिखा है—"नाज़रीन 'ज़माना' में जिन हज़रात ने नावल 'कृष्ण कुँवर' पर मिस्टर नवाबराय की पुरज़ोर तनक़ीद ग़ौर से पढ़ी है, वे जानते हैं कि मिस्टर मौसूफ़ उसूले नावलनिगारी से किस हद तक वाक़िफ है। इस हालत में उनके क़लम से निकला हुआ नावल किन खूबियों का मजमूआ होगा, इसकी तशरीह की चन्दाँ ज़रूरत नहीं।

1. 29-1-21 को एक पत्र में धनपतराय ने इम्तियाज़ अली ताज को लिखा था कि यह नावल नवाब प्रेस, लखनऊ में छपा था। निगम साहब ने लिखा है कि इसे बाबू महादेव प्रसाद वर्मा ने छापा था। उपन्यास का दूसरा संस्करण नवलकिशोर प्रेस में छपा। तारीख़ इस पर भी नहीं है।

बह्‌रेकैफ़, यह नावल 'हमख़ुर्मा ओ हमसवाब' मिस्टर मौसूफ़ की ताज़ा और अछूती तसनीफ़ है जो हाल ही में शाया हुई है। क़िस्से की दिलचस्पी के साथ मुसन्निफ़ की जादूनिगारियाँ बहुत बड़ी तारीफ़ की मुस्तहिक़ हैं। इस पाया के नावल उर्दू में बहुत कम शाया हुए हैं। हम चाहते हैं कि आम शायक़ीन एक-एक जिल्द मँगाकर लुत्फ़ उठाएँ और मुसन्निफ़ की दिमाग़सोज़ी, तबाई और वसीह मालूमात की दाद दें। फ़ी जिल्द बारह आने क़ीमत पर मैनेजर 'ज़माना' कानपुर से फ़ौरन तल्ब करने पर मिल सकता है।''

'हमखुर्मा व हमसवाब' उर्दू में छपने के कुछ ही समय बाद हिन्दी में भी छपा। इसका प्रथम संस्करण इंडियन प्रेस, इलाहाबाद से 1907 में छपा। मूल्य दस आने था। इस संस्करण पर पुस्तक का नाम इस प्रकार है :

प्रेमा

अर्थात्

दो सखियों का विवाद

लेखक का नाम है : 'बाबू नवाबराय बनारसी'

इस पुस्तक में एक विज्ञप्ति भी छपी है जिसमें लिखा है—

विदित हो कि यह 'प्रेमा' उपन्यास इंडियन प्रेस, प्रयाग की ओर से छपाकर प्रकाशित किया गया है। इसलिए इसे कोई छपाने का साहस न करे, क्योंकि मैंने इसका सर्वाधिकार (कापीराइट) इंडियन प्रेस को सौंप दिया है—नवाबराय ग्रन्थकर्ता।

'प्रेमा' वास्तव में 'हमखुर्मा व हमसवाब' का हिन्दी अनुवाद है। दोनों में थोड़ा-सा अन्तर है। प्रेमा का अन्त एक तुलसीदास के दोहे से होता है : जेहि के जेहि पर सत्य सनेहू, सो तेहि मिलत न कछु सन्देहू।

जब, 'हमखुर्मा व हमसवाब' तथा इसका अनुवाद[1] 'प्रेमा' प्रकाशित हुए तब धनपतराय कानपुर में मास्टर थे। उनके दयानारायण निगम को लिखे पत्रों तथा 'प्रेमा' के इंडियन प्रेस, इलाहाबाद से प्रकाशित होने से ऐसा लगता है कि दोनों पुस्तकों के लेखन तथा प्रकाशन का प्रबन्ध शायद तभी हुआ हो, जब धनपतराय इलाहाबाद में पढ़ते थे या हेडमास्टर (फ़र्स्ट टीचर) थे अर्थात् यह कार्य 14-5-1905 तक हो चुका था, जब धनपतराय की नियुक्ति कानपुर के डिस्ट्रिक्ट स्कूल में हुई।

---

1. अनुवाद धनपतराय ने स्वयं ही किया होगा क्योंकि अनुवाद का मुआवज़ा देने की क्षमता उनमें नहीं थी। फिर उन्हीं दिनों हिन्दी की परीक्षा भी पास की थी। 13 मई, 1910 के पत्र में दयानारायण निगम से पूछते हैं ''हिन्दी परचे का क्या हश्र हुआ? यानी उसकी तज़बीज खटाई में पड़ गई या बाक़ी है? निकलने वाला हो तो हिन्दी लिखने की आदत डालूँ।'' 'आदत डालूँ' इस बात का संकेत है कि हिन्दी लिखते तो थे परन्तु हिन्दी लिखने की आदत नहीं थी, या अवसर नहीं मिलता था। 'हमखुर्मा व हमसवाब' का अनुवाद स्वयं किया होगा। इसी कारण इधर-उधर थोड़ा अन्तर भी आ गया है। कुछ नए पात्र भी इसमें डाल दिए गए हैं।

धनपतराय (प्रेमचन्द) के उन दिनों के जीवन की झलक एक पत्र में मिलती है। यह शायद अप्रैल-मई 1906 की गरमी की छुट्टियों का है, जब धनपतराय अपने घर लमही में गए। उन्होंने निगम को लिखा था, ''गरमी की कुछ कैफ़ियत न पूछिये। कहलाने को तो साहबे-मकान हूँ और ख़ुदा के फ़ज़ल से मकान भी सारे गाँव का महसूद है। मगर रहने क़ाबिल एक कमरा भी नहीं। कोठे पर आग बरसती है। बैठा और पसीना चोटी से एड़ी को चला। नीचे का कमरा सब गन्दा (परेशान)। किसी में बैल बँधता है, किसी में उपले जमा हैं, कहीं अनाज का ढेर है, किसी में जाँत, चक्की, ओखली, मूसली वग़ैरा जुलूस फ़र्मा हैं। कोई बैठे कहाँ! सोये कहाँ! मजबूरन अनाज के घर में एक चारपाई की जगह निकाल ली है। उस पर दिन-रात पड़ा रहता हूँ। अकेले घूमने कहाँ जाऊँ? इस गरमी में कैसा पढ़ना, कैसा लिखना! सुबह के वक़्त घंटा-आधा घंटा वरक़ गर्दानी कर लेता हूँ। बाक़ी रात-दिन मैं हूँ और चारपाई। सुलक्कड़ बड़ा हूँ, मगर नींद भी कुछ मेरे घर की लौंडी नहीं। उस पर तरद्दुद अलग। कहाँ हँसी-मज़ाक़ में दिन कटता था, कहाँ चुपकी मिठाई या गूँगे का गुड़ खाकर बैठना पड़ता है। अजब ज़ीक में जान मुब्तिला है। भाई जल्दी से छुट्टी कटे और फिर यारों के जलसे और चहचहे-क़हक़हे हों। कोई बीस दिन से ज़्यादा गुज़रे, मगर क़सम ले लो जो ज़बान से प्यारा लफ़्ज़ 'बंबूक' एक बार भी निकाला हो।''

'ज़माना' से धनपतराय का सम्बन्ध दिन-ब-दिन घनिष्ठ होता जा रहा था। 1 अगस्त, 1905 में मलिका विक्टोरिया पर एक लेख छपा, अक्तूबर 1905 में राजा मानसिंह पर और नवम्बर-दिसम्बर 1905 में ऑनरेबल गोपालकृष्ण गोखले पर। शुरू में उन्हें निबन्ध लिखने का विशेष शौक़ न था, परन्तु दयानारायण निगम से मित्रता होने के कारण उन्हें क़लमघिसाई भी करनी पड़ी। 'ज़माना' की जड़ें कुछ मज़बूत हो चुकी थीं। निगम तथा 'ज़माना' के दूसरे लेखकों से मित्रता हुई और एक प्रकार से एक 'ज़माना क्लब' बन गया। नौबतराय नज़र, प्यारेलाल शाकिर 'मेरठी' इत्यादि इस ग्रुप में थे। कभी-कभी 'मामा' विजयबहादुर भी साथ होते। प्रतिदिन शाम को बैठक होती और दुनियाभर की बातों पर बातचीत होती। हँसी के क़हक़हे सुनाई देते। एक बार पड़ोस में किसी की छत पर बर्ट शेपर्ड का 'लाफ़िंग सांग' का रिकार्ड बज रहा था। कुछ देर तो धनपतराय चुपके बैठे रहे फिर कहने लगे, 'लीजिए मैं भी इसके क़हक़हे में इसका साथ देता हूँ।' और उसके साथ-साथ हँसने लगे।

उन्हीं दिनों धनपतराय ने एक लेख लिखा था, जिसका शीर्षक है : 'देशी अशिया को क्योंकर फरोग़ हो सकता है?' निगम लिखते हैं, ''बाज़ अहम तनक़ीदें भी 'ज़माना' के लिए लिखीं जो कभी उनके नाम से और कभी बिला नाम शाया हुईं।' इनके अलावा 'नवाबराय' सामयिक विषयों पर भी बहुत-कुछ लिखते थे। उनका छाँटना मुश्किल है। 1905 तथा 1906 के अंकों में छपी सामयिक घटनाओं (रफ़तारे ज़माना) के विषय इस प्रकार थे : 'नया साल', 'क़ौमी जलसे', 'ब्रिटेन में नई सरकार', 'स्वदेशी',

'वेस्ट मिन्स्टर में कान्फ्रेंस', 'तक़सीमे बंगाल के रोकने की उम्मीदें ख़त्म', 'रूस की हालत दिगरँगू', 'फ़ारस में सेल्फ़ गवर्नमेंट की माँग', 'हिन्दुस्तान में हड़तालें', 'मिस्र में इंगलिस्तान के ख़िलाफ़ जद्दोजहद', 'हिन्दुस्तान पर पार्लियामेंट में बहस', 'तक़सीमे बंगाल के ख़िलाफ़ कलकत्ता में जलसा' इत्यादि। सामयिक विषयों पर, विशेषतया अन्तरराष्ट्रीय विषयों पर, लिखने का नवाबराय को बहुत शौक़ था।

'ज़माना' तथा उसके सम्पादक दयानारायण निगम से उनका कितनी घनिष्ठ मित्रता का सम्बन्ध होगा, इसका संकेत हमें उनके 1906 के लिखे एक पत्र में मिलता है। इसमें लिखा—'रुपए आपने रवाना किए। पहुँचे। ख़त से रूह को मुसर्रत हासिल हुई। तीन बार से कम न पढ़ा होगा। किताबें और अख़बार पहुँचे। 'उर्दू-ए-मुअल्ला' हस्बे मामूल सुस्त है। 'ज़माना' की छपाई अब की दो-एक मज़मून की न थी। लखनऊ और कानपुर की किताबत में साफ़ फ़र्क़ नज़र आता है। छपाई की सफ़ाई लिखाई के ऐब को नहीं मिटा सकी। मगर वक़्त से पर्चा निकले तो ये सब बागुज़ाश्तें क़ाबिले मुआफ़ी हैं। अगर देर ही में निकलना है तो अपनी खूबियों में क्यों बट्टा लगाएँ? जून का परचा निकलते ही, दस जिल्दें मय चार-पाँच अप्रैल को कापी के रवाना कीजिए। उसके पहुँचते ही इंजानिब रवाना होंगे। फ़ेहरिस्त आपके पास पहुँची होगी। शायद इतमीनान के क़ाबिल भी हो। जी तो चाहता था कि पचास ख़रीदारों के नाम एकबारगी लिखता, मगर फ़िलहाल सोलह ही पर क़नाअत की। उनके नाम परचे भेज दीजिए...सफ़र गाजीपुर, आज़मगढ़, बलिया, गोरखपुर और बनारस का करूँगा। बनारस ही में पन्द्रह-बीस ख़रीदार हो जाएँगे। ज़रा तबीयत ठिकाने हो जाए तो काम शुरू करूँ।"

इसी पत्र में आगे लिखते हैं—"अधबीच में छोड़नेवाले और होंगे। यहाँ तो जब एक बार बाँह पकड़ी तो ज़िन्दगी पार लगा दी। नौबतराय न आएँ, क्या जहाँ मुर्ग़ा न होगा, वहाँ सुबह न होगी? एडीटोरियल मैं सब कर लूँगा। ख़तोकिताबत जो मुआमला की है वह मैं कर लूँगा। ख़ास एडीटर की तवज्जोह के क़ाबिल जो ख़ुतूत होंगे वह ख़िदमते-शरीफ़ में पेश होंगे। और काम करने का बन्दोबस्त होना ज़रूरी है। लेबल छपा लेंगे। आने का वक़्त आएगा तो मशवरा हो रहेगा। जान काढ़े में न डालो। हिम्मते मरदाँ, मददे ख़ुदा। हिम्मते एडीटरान, मददे दोस्तान। हाँ, यह ऐलान करना ज़रूरी होगा कि नवाबराय स्टाफ़ में दाख़िल हो गए, बस।"

'ज़माना' के जून 1906 के अंक में एक विज्ञप्ति मिलती है, जिसके अनुसार 'ज़माना' के एडीटोरियल स्टाफ में अलावा काबिल दीगर हज़रात के 'ज़माना' के मक़बूल मज़मून निगार 'नवाबराय' भी मुस्तक़िल तौर पर शामिल हो गए हैं।

उर्दू पत्रकारिता में प्रेमचन्द की शीघ्र ही इतनी धाक बैठ गई कि इंडियन प्रेस, इलाहाबाद के मालिक श्री चिन्तामणि घोष (जो 'सरस्वती' भी निकालते थे) ने एक उर्दू मासिक पत्रिका आरम्भ करने के लिए नवाबराय को ही चुना। नवाबराय से

बातचीत हुई। वह तैयार थे। वेतन का फ़ैसला हुआ। पत्रिका का नाम 'फ़िरदौस' तय पाया। परन्तु जब नवाबराय ने अपने मित्रों से सलाह की तो सबने राय दी कि सरकारी स्कूल मास्टरी से इस्तीफ़ा देना मुनासिब नहीं। एक साल की छुट्टी लेकर देखो! यदि पर्चा चल निकले तो ठीक, वरना वापस आकर अपने ढर्रे पर बैठो। नवाबराय को बात जँची।

ख़ैर, पहले अंक के लिए प्रेमचन्द ने तैयारी शुरू की। लेखों के लिए पत्र लिखे। निश्चित कार्यक्रम के अनुसार मासिक के पहले अंक का प्रकाशन 15 जनवरी, 1908 को तय पाया था। नीचे हम प्रेमचन्द के उस पत्र का उद्धरण देते हैं जो 17 नवम्बर, 1907 को दुर्गासहाय सरूर, जहानाबाद, पीलीभीत को लिखा। हस्ताक्षर, धनपतराय, मास्टर गवर्नमेंट स्कूल कानपुर के नीचे नवाबराय लिखकर काट दिया गया है। पत्र के आरम्भ में लिखा है—"मुझे तो आप शायद भूल गए। अब याद दहानी करता हूँ।" उसके बाद लिखा है, "माह जनवरी 1908 से इलाहाबाद के इंडियन प्रेस ने एक आला दर्जा का उर्दू-रसाला शाया करने की नीयत की है और उसकी एडीटरी की ख़िदमत मैंने आप लोगों की एआनत के भरोसे पर अपने ऊपर ली है। पहला नम्बर 15 जनवरी को निकल जाएगा। रसाला बातस्वीर होगा। तसावीर और उमदा लिखाई-छपाई और काग़ज़ का ख़ुसूसियत से लिहाज़ रखा जाएगा। आप जानते हैं इंडियन प्रेस कैसा मालदार है। वह जिस क़दर चाहे सरफ़ कर सकता है। मैं चाहता हूँ कि पहले नम्बर में नज़म ख़ासतौर पर ज़ोरदार हों और ऐसी नज़मों के लिए आपके सिवा और किससे इल्तजा करूँ? मुआविज़ा जो कुछ मुनासिब होगा या जो कुछ आप फ़रमाएँगे, अक़ीदत से हाज़िर ख़िदमत होगा। और रसाला के मुक़ाबले में आप इसे ज़्यादा पाएँगे। यह अलतमास करने की ज़रूरत नहीं कि पहली नज़्म आप ही की होगी। हाँ, यह रसाला पॉलिटिकल होगा।"

कुछ कारणों से यह स्कीम आगे न चल सकी। दो वर्ष बाद इंडियन प्रेस ने 'अदीब' निकाला, तो प्यारेलाल 'शाकिर' मेरठी इसके सम्पादक बने (यह भी 'ज़माना' के सम्पादकीय विभाग में काम कर चुके थे)।

शाकिर ने हमको बतलाया है कि धनपतराय (नवाबराय) को किताबें पढ़ने का बड़ा शौक़ था। शायद ही कोई विषय हो, जिस पर एक-आध किताब उनकी नज़रों से न गुज़री हो। इसके साथ ही हाफ़िज़ा भी बला का था। साहित्यिक और राजनीतिक किताबों तथा रसाइल को पढ़कर उन विषयों पर ऐसे बोलते थे जैसे उसे दोहरा रहे हों। क़िस्सा-कहानी पढ़कर याद रखते ही थे।

इसी समय के बारे में लिखते हुए एक अन्य लेखक ने लिखा है कि चार्ल्स डिकंस तथा सर वाल्टर स्काट के लगभग सारे ही नावल प्रेमचन्द ने पढ़े थे। जब एक के बाद दूसरे उपन्यास के कथानक के बारे में वह बोलते तो सब प्रभावित होते। सरयूनारायण तिवारी, जो उस समय पृथ्वी नारायण हाई स्कूल कानपुर में अध्यापक

थे, उन्होंने एक बार नवाबराय से साफ़ कहा, ''आप स्वयं उपन्यास लिखकर भारतीय साहित्य का स्तर क्यों ऊँचा नहीं उठाते?''

'किशना' का अगस्त 1907 के 'ज़माना' में विज्ञापन मिलता है। 142 सफ़े की यह पुस्तक 'इंडियन सोशल रिफ़ार्म सीरीज़' का पहला नम्बर थी। इसमें स्त्रियों के गहनों से लगाव पर व्यंग्य किया गया था। इसी समस्या पर आगे चलकर प्रेमचन्द का 'ग़बन' भी निकला।

'ज़माना' के अक्तूबर-नवम्बर 1907 के अंक में 'किशना' की आलोचना छपी है। हम उसे उद्धृत करते हैं—''यह भी एक नावल है और हमारे सोशल रिफ़ार्म से ताल्लुक रखता है। 'ज़माना' के मशहर मज़मून निगार मुंशी नवाबराय साहब बनारसी इसके मुसन्निफ़ हैं, जो फ़ने नावल नवीसी पर उम्दा अबूर रखते हैं। उन्होंने औरत में ज़ेवर के फ़ज़ूल शौक़ की अच्छी चथाड़ की है।

''गोया यह एक ऐसी औरत की लाइफ़ है, जिसे ज़ेवरात का शौक़ नहीं, बल्कि जुनून था। इस जुनून की तस्वीर दिखाने में लायक़ मुसन्निफ़ ने बहुत-कुछ ज़ोरे-क़लम सर्फ़ किया है। ताहम अफ़रात व तफ़रीता की वजह से यह ख़ब्त असली नहीं, बल्कि मसनूई मालूम होता है। साथ ही शादी-ब्याह के बाज़ रसूम का भी ख़ाका उड़ाया गया है। खुसूसन एक रक़मे मुईना का करार दाद और उसका सख़्ती से वसूल करना बेशक एक नामाकूल रस्म है। लेकिन ख़ुशक़िस्मती से मुहज़्ज़िब अरबाबे क़ौम रोज़-बरोज़ इसके ख़िलाफ़ होते जाते हैं और मुहज़्ज़ब शहरों और तालीमयाफ़्ता हलक़ों में इसका रिवाज़ उठता जाता है। उन्हीं के नमूने पर देहात के बाशिन्दे भी अपनी इस्लाह कर सकते हैं, जो निहायत ज़रूरी है। अलबत्ता शादियों के मौक़े पर ख़ुशी व मुसर्रत का अज़हार लाज़िमी है, वरना शादी व ग़मी के तक़रीबों में इम्तियाज़ महाल हो जाएगा और क़ौम से ज़िन्दादिली का मादा बतदरीज़ ज़ायल हो जाएगा जो तहज़ीब का जुज़्वे अज़म है। किताब में जो जुबान इस्तेमाल की गई है वह मुंशी साहब की फ़सीह तहरीरों से बहुत कम मिलती है। ग़ालिबन यह ज़ुबान इसलिए इस्तेमाल की गई है कि जिस फ़िरका की इस्लाह मक़सूद है, उसके लिए दिलचस्प हो।

''हमें मुसन्निफ़ की बालिग़ नज़री से जिस अमर का सख़्त तआज्जुब है वह उसूले फ़न से तआल्लुक़ रखता है। यानी उन्होंने किशना को लाला धनकधारीलाल से पहले ही सीन में मिलाया है जो सोशल रिफ़ार्मरों में निहायत मुअज्जिज़ व मुमताज़ हैं, लेकिन उन्होंने अपनी ड्यूटी के ख़िलाफ़ ग़रीब किशना के जुनून का कोई माकूल इलाज नहीं किया और इसलिए हीरो ने अपने रुतबे और शान को क़ायम रखने में नाकामी उठाई। फ़न की नज़ाकत यह चाहती थी कि लाला धनकधारीलाल की कोशिश से किशना का जुनून फ़र्द हो जाता और वह अपने तबक़ा के लिए एक महबूबा बनती। बहालत मौजूदा, यह एक ऐसा नावल है जिसमें कोई हीरो या हीरोइन नहीं है और इसे एक नावल कहना भी महाल है। दरअसल, यह नावल है भी नहीं, बल्कि एक मज़मूम

मज़ाके नसवानी का ख़ाका उड़ाया गया है, जिसे अंग्रेज़ी में कैरीकेचर कहते हैं। और इस लिहाज़ से यह तसनीफ़ ज़रूर क़दर की मुस्तहिक है।[1]

जैसे 'असरारे मआबिद' और 'हमखुर्मा व हमसवाब' में हमें रामकली का कैरेक्टर मिलता है, वैसे ही 'हमखुर्मा व हमसवाब' और 'किशना' दोनों ही में प्रचारक धनकधारीलाल का कैरेक्टर मिलता है।

द्विज ने लिखा है कि प्रेमचन्द का पहला उपन्यास 'कृष्णा'[2] है। आज तक इसकी कोई प्रति उपलब्ध नहीं हो सकी। मैंने पहले संस्करण में प्रेमचन्द के उपन्यासों का क्रम प्रेमचन्द द्वारा दिए गए वर्ष, कृतियों पर दी गई प्रकाशित तिथि या पत्रिकाओं में विज्ञापन या समालोचना के आधार पर निर्धारित किया था। अब मैं इस निष्कर्ष पर पहुँचा हूँ कि यह आधार शायद ठीक नहीं था क्योंकि बीस-तीस वर्षों बाद कोई भी लेखक अपने निजी पत्रों में लिखी जानेवाली तारीख़ों को अपनी याददाश्त के आधार पर लिखता है (मेरी 23 पुस्तकों में से मैं कुछ ही की प्रकाशन तिथि बतला सकूँगा।) 'हमखुर्मा व हमसवाब' के दो-तीन संस्करण निकले। प्रकाशन तिथि किसी पर भी नहीं। 'ज़माना' दिसम्बर 1906 में विज्ञापन के अनुसार एक प्रति का मूल्य बारह आने था। दूसरे संस्करण का चौदह आने था। सितम्बर 1907 के विज्ञापन में इसका मूल्य एक रु. कर दिया गया। स्पष्ट है कि यह उपन्यास लोकप्रिय था। 'कृष्णा' इतना लोकप्रिय नहीं होगा, क्योंकि ज़माना के अगस्त, 1907 के विज्ञापन में इस उपन्यास (142 पृष्ठ) का मूल्य आठ आने लिखा है।

'हमखुर्मा व हमसवाब' के दूसरे संस्करण पर लेखक का नाम है मुंशी नवाबराय साहिब मुसलिफ़ किशना वग़ैरह। अक्तूबर-नवम्बर 1907 में 'किशना' की समालोचना में भी लेखक की कृति 'हमखुर्मा व हमसवाब' का ज़िक्र नहीं है। यह सम्भव है कि 'कृष्णा' की प्रतियाँ अनबिकी पड़ी रही हों और 'हमखुर्मा व हमसवाब' के लेखक की ख्याति के आधार पर इन्हें बेचने का प्रयत्न किया गया हो। प्रकाशन तिथि के बारे

---

1. ज़माना में छपी ऊपरवाली आलोचना से साफ़ जाहिर है कि 'ग़बन' की तरह इस उपन्यास में भी स्त्रियों के गहने से लगाव पर चोट की है। 'ग़बन', 'किशना' के आधार पर ऐसे ही लिखी गई, जैसे 'प्रतिज्ञा' और 'वरदान' को 'प्रेमा' और 'बलाव-ए-ईसार' के आधार पर, इसकी पुष्टि जनार्दन झा द्विज की पुस्तक 'प्रेमचन्द' (दूसरा संस्करण) से मिलती है। पहला संस्करण प्रेमचन्द ने स्वयं देखा था और उन्हीं द्वारा दी गई सामग्री के आधार पर लिखा गया था। 2. 1944 में छपी अपनी अंग्रेज़ी पुस्तक में मैंने लिखा था कि 'ग़बन', 'किशना' के आधार पर लिखी गई। इस सम्बन्ध में अमृतराय ने डॉ. कमर रईस को 23-4-58 को एक पत्र लिखा—'' 'किशना' नाम का कोई छोटा नावल था और ग़ालिबन पहले उर्दू में छपा था मगर इसकी कोई जिल्द मेरे पास नहीं है। मैं अरसा से इस कोशिश में हूँ, लेकिन अब तक कोई कामयाबी नहीं मिली है। वह नावल बाद में किसी दूसरे नाम से शाया हुआ या नहीं, यह भी मैं नहीं कह सकता। 'ग़बन' का 'किशना' से कुछ भी ताल्लुक़ है, यह मेरी समझ में नहीं आता।''

—क़मर रईस, पृष्ठ 146

में यह बतलाना भी आवश्यक है कि कोई उपन्यास ही क्यों कोई भी पुस्तक लिखने के तुरन्त बाद नहीं छपती। इसमें समय लगता है। समालोचना भी तुरन्त नहीं छपती। महीनों लग जाते हैं। कभी-कभी वर्षों के बाद भी छपती है। इसलिए मैं अब इस निष्कर्ष पर पहुँचा हूँ कि किसी भी उपन्यास की सृजन तिथि का आधार प्रकाशन तिथि या विज्ञापन या समालोचना तिथि को बनाना शत-प्रतिशत ठीक नहीं है। सम्भव है 'कृष्णा' ही प्रेमचन्द का पुस्तक रूप में पहला प्रकाशित उपन्यास हो।

6

नई प्रकार की कहानियाँ

जिन दिनों नवाबराय के उपन्यासों की चर्चा व्यापक रूप से चली, उन्हीं दिनों नवाबराय ने एक नई दिशा में लिखना शुरू किया। यह था कहानियों का क्षेत्र, जिन्हें उन दिनों हिन्दी में 'गल्प' कहा जाता था। अपने आत्म-कथात्मक लेख में प्रेमचन्द ने लिखा है—"डॉ. रवीन्द्रनाथ टैगोर की कई गल्पें मैंने अंग्रेज़ी में पढ़ी थीं और उनका अनुवाद उर्दू पत्रिकाओं में छपवाया था।" (ये अनुवाद कहाँ छपवाए इसका पता नहीं चल सका।) पाँच-छः साल बाद भी बंगला में लिखी किसी कहानी का अनुवाद 'मर्यादा' में छपा। प्रेमचन्द को कहानी पसन्द आई। उर्दू अनुवाद किया, और निगम को भेजा। इस सम्बन्ध में यह भी साफ़-साफ़ लिखा, "हाँ, उस पर अपना नाम न दूँगा।"

अपने आत्मकथात्मक लेख में प्रेमचन्द ने आगे चलकर लिखा था, "मेरी पहली कहानी का नाम था, 'दुनिया का सबसे अनमोल रत्न'। वह 1907 में 'ज़माना' में छपी। उसके बाद मैंने चार-पाँच कहानियाँ और लिखीं।"

हैरानी की बात है कि 'दुनिया का सबसे अनमोल रत्न' शीर्षक कहानी 'ज़माना' की फ़ाइलों में कहीं नज़र नहीं आई। नवाबराय की जो पहली कहानी वहाँ मिलती है, वह है 'इश्के दुनिया और हुब्बे वतन' (अप्रैल 1908)। परन्तु जिन कहानियों की ओर इशारा है, वे छपीं अवश्य—और उसी समय। ये कहानियाँ इस प्रकार हैं—'दुनिया का सबसे अनमोल रत्न', 'शेख़े मख़मूर', 'यही मेरा वतन है', 'सिल-ए मातम' तथा 'इश्के दुनिया और हुब्बे वतन'। इन कहानियों की भाषा पर फ़ारसी का गहरा प्रभाव है। लेखन-शैली भी क्लिष्ट है। 'दुनिया का सबसे अनमोल रत्न' क्या है? 'कारूँ का ख़ज़ाना'? 'आबेहयात'? 'ताज़े खुसरो'? 'जामेहम'? 'तख़्ते ताऊस'? या 'ज़र्रे परवेज़'?

यह कहानी इस प्रकार आरम्भ होती है—

"दिलफ़िग़ार एक पुरखार दरख़्त के नीचे दामने चाक बैठा हुआ ख़ून के आँसू बहा रहा था। वह हुस्न की देवी यानी मलिका दिलफ़रेब का सच्चा और जांबाज़

आशिक़ था। उन अश्शाक़ में नहीं जो इत्र-फुलेल में बसकर और लिबासे फाख़िरा से सजकर आशिक के भेष में माशूकियत का दम भरते हैं, बल्कि उन सीधे-सादे, भोले-भाले फ़िदाइयों में जो कोहे बियाबान में सर टकराते और नाला फ़रयाद मचाते फिरते हैं। दिलफरेब ने इससे कहा था कि अगर तू मेरा सच्चा आशिक़ है तो जा और दुनिया की सबसे बेशबहा शै लेकर मेरे दरबार में आ। तब मैं तुझे अपनी ग़ुलामी में क़बूल करूँगी।''

आगे लिखा है—''जब दिलफ़िगार एक ऊँचे पहाड़ की चोटी पर खड़ा होता है, एक सब्ज़पोश...सब्ज़ अमामा बाँधे एक हाथ में तस्बीह और दूसरे हाथ में असा लिये बरआमद हुए और हिम्मत अफ़ज़ा लहज़े में बोले, 'दिलफ़िगार, नादान दिलफ़िगार! यह क्या बुज़दिलाना हरकत है? इस्तक़लाल राहे इश्क़ की पहली मंज़िल है...मर्द बन और यूँ हिम्मत न हार। मशरिक की तरफ़ एक मुल्क है, जिसका नाम हिन्दुस्तान है। वहाँ जा, तेरी आरज़ू पूरी होगी।'''

कहानी का अन्त इस प्रकार है—''एकाएक पर्दा ज़र निगार हट गया और दिलफ़िगार के रूबरू एक दरबार हुस्न आरास्ता नज़र आया, जिसकी एक नाज़नीन इश्क़ जुलेखा थी। दिलफ़रेब बसदशाने रैनाई मस्नदे जरींकार पर जलवा अफ़रोज़ थी। दिलफ़िगार यह तिलिस्मे हुस्न देखकर मुतहैसर हो गया और नकशे दीवार की तरह सकते में आ गया कि दिलफ़रेब मसनद से उठी और कई क़दम आगे बढ़कर उसके हमआग़ोश हो गई। रक़ासाने दिलनवाज़ ने शादियाने गाने शुरू किए। हाशिया नशीना ने, दरबार ने दिलफ़िगार को नज़रें गुज़रानी और माह व खुरशीद को बाइज़्ज़त तमाम मसनद पर बैठाया।''

यह और अन्य कहानियाँ उर्दू साहित्य में एक नए दौर का प्रतीक थीं। सिला-ए-मातम को छोड़कर बाक़ी चारों कहानियों में देश-प्रेम की झलक थी जो आगे चलकर बहुत प्रबल हुई और जिसने गुल भी खिलाए।

ये कहानियाँ देश-प्रेम की भावना से ओत-प्रोत तो थीं ही। राजपूत सूरमाओं का कीर्तिगान तथा देश के पराधीन होने के कारणों का विश्लेषण भी इनमें था, जैसे 'रूठी रानी' में। इस सम्बन्ध में प्यारेलाल शाक़िर ने लिखा है—

''एक दिन फिरता-फिरता मैं मुंशी (प्रेमचन्द) के मकान की तरफ़ जा निकला। सोचा इधर आया हूँ तो उनसे मिल लेना चाहिए। ड्यौढ़ी में दाख़िल हुआ तो उन्हें तख़्त पर अजीब शान से देखा। पेट के बल औंधे पड़े हैं। दोनों टाँगें घुटनों से ऊपर उठी हुई हैं। सामने एक हिन्दी की किताब खुली हुई है। क़लम तेज़ी से चल रहा है और क़लम की रफ़्तार के साथ-साथ टाँगें भी बराबर हिल रही हैं। मुअन ख़याल हुआ कि इस वक़्त किसी किताब पर तनकीद लिखी जा रही है। अन्दर पहुँचते ही मैंने दरयाफ़्त किया—''कहिए किसकी तवाज़ो हो रही है?'' हँसकर जवाब दिया, ''तवाज़ा तो किसी की नहीं हो रही। आज ज़रा रूठी रानी को मना रहा हूँ।''

रूठी रानी (जो अप्रैल, मई और अगस्त 1907 में छपी) एक हिन्दी पुस्तक का अनुवाद है। तीसरी किस्त के अन्त में लिखा है 'मारवोज व तर्जुमा अज हिन्दी'। पुस्तक राजस्थान के एक जानेमाने कायस्थ लेखक मुंशी देवी प्रसाद (1847-1923) द्वारा लिखी गई थी। मुंशी जी ने हिन्दी और उर्दू में लगभग साठ पुस्तकें लिखीं। आपकी हिन्दी पुस्तकों में मुसलमान बादशाहों तथा राजपूताने के बहुत से वीर महाराजाओं के जीवन चरित्र प्रसिद्ध हैं।

7

दूसरी शादी

साहित्यिक क्षेत्र में उपन्यासकार और निबन्ध लेखक नवाबराय (धनपतराय) ख़्याति प्राप्त कर रहे थे परन्तु उनका वैवाहिक जीवन सुखी नहीं था। यह तो हम ऊपर बता ही चुके हैं कि पत्नी सुन्दर नहीं थी। इसे पहली बार देखते ही धनपतराय का 'ख़ून सूख गया' था। अजायबलाल के जीवन काल में ही बहू का उस घर में स्वागत नहीं था। अजायबलाल के निधन के बाद तो हालत और भी बदतर हो गई। विमाता (चाची) और धनपतराय की पत्नी के बीच चख-चख रहती। विमाता धौंस जमाती। बहू धौंस नहीं मानती। धनपतराय के सामने दोनों ही शिकायत करतीं। जब पत्नी को पति का सहारा नहीं मिला तो वह मायके रहना पसन्द करती। अपने वैवाहिक जीवन के ग्यारह वर्षों में हर वर्ष आठ-दस महीना मायके रहती। प्रेमचन्द के छोटे पुत्र ने लिखा है कि एक बार यह बात भी उड़ी कि उन्हें लड़का हुआ है। घरवालों ने उसका नाम रखा राम याद राय। लेकिन नवाबराय ने इस पर कोई तवज्जो न दी। बल्कि एक बार जब धनपतराय की अपनी मुलाज़मत के दौरान बीवी को साथ ले जाने का सवाल उठा तो उन्होंने साफ़ लफ़्जों में इनकार भी कर दिया। जब कभी पत्नी को विमाता के साथ लमही रहना पड़ता दोनों में बमचख मचा रहता। चाची ने यह भी कहना शुरू किया कि धनपतराय की पत्नी पर भूत सवार है और उसका मानसिक सन्तुलन भी ठीक नहीं है। धनपतराय की हालत चक्की के दो पाटों के बीच की थी। उनके शब्दों में ही सुनिए—

"एक बार चाची (विमाता) अपने मायके गई हुई थीं। मेरी बीवी थी, मैं था। घर में मेरी चची, चचेरी भाभी थीं। ख़ैर उन दिनों उनके पैर में तकलीफ़ थी। कभी-कभी वे भूत-प्रेत की तरह हाव-भाव करती थीं। एक पंडित ओझाई का काम करते थे, वैद्य का भी काम करते थे। मेरी चची ने कहा, उन्हें बुला लाओ। मैं उन्हें बुला लाया। पंडितजी आए और ओझों की तरह कुछ उन्होंने अलाय-बलाय किया। मैं भी दोपहर

तक बैठा-बैठा उन्हीं के साथ हवन करता रहा। पैर में मालिश करने को तेल बताया। मैंने उन्हीं से तेल बनवाया। उनके पैरों की मालिश करने के लिए नाइन ठीक की। जब वे अच्छी हुईं, तो मुझसे बहन को बुलाने को कहा। मैंने यह भी किया। इस पर जब चाची घर पर आईं तो रुपयों का हिसाब उन्होंने पूछा। मैंने बता दिया कि रुपए इस तरह ख़र्च हो गए। हिसाब दे दिया। उस समय चाची की निगाह में मैंने दो बड़ी बुराइयाँ कीं। मेरी बहन को भी इन्होंने काफ़ी तकलीफ़ दी। झगड़ा आए दिन हुआ करता। झगड़ा इतना बढ़ा कि एक साल बाद बीवी को सदा के लिए घर छोड़ना पड़ा।

कई वर्ष बाद शिवरानीदेवी को बतलाया—"छुट्टियों के दिन थे। मैं घर आया था। उन्हीं दिनों मुझमें और मेरी बीवी में झगड़ा हो गया था और इसके साथ-साथ चाची ने काफ़ी शिकायत भी उनकी की थी। क्रोध में आकर मैंने उनको डाँटा। वे भी मुझ पर झल्लाईं। मैंने कहा—'इससे कहीं बेहतर होगा तुम अपने घर जाओ।' मैंने विजय बहादुर से कहा, इनको पहुँचा आओ। मेरा कहना था कि वे उन्हें पहुँचा आए।"

निगम को लिखे गए उनके एक पत्र[1] को पढ़कर उनकी परिस्थिति का अन्दाज़ हो सकता है। वे लिखते हैं—

"जूँ-तूँ करके एक अशरा काटा था कि ख़ानगी तरद्दुदात का ताँता बँधा।। औरतों ने एक-दूसरे को जली-कटी सुनाईं। हमारी मखदूमा ने जल-भुनकर गले में फाँसी लगाई। माँ ने आधी रात को भाँपा, दौड़ीं, उसको रिहा किया, सुबह हुई। मैंने ख़बर पाई। झल्लाया, बिगड़ा, लानत-मलामत की। बीवी साहिबा ने अब ज़िद पकड़ी कि यहाँ न रहूँगी, मैके जाऊँगी। मेरे पास रुपया न था। लाचार खेत का मुनाफ़ा वसूल किया। उनकी रुख़सती की तैयारी की। वह रो-धोकर चली गई। मैंने पहुँचाना भी पसन्द न किया। आज उनको गए आठ रोज़ हुए। न ख़त है न पत्तर। मैं उनसे पहले ही ख़ुश न था। अब तो सूरत से बेज़ार हूँ। ग़ालिबन अब की जुदाई दाइमी साबित हो। ख़ुदा करे ऐसा ही हो। मैं बिना बीवी के रहूँगा। बिल्ली बख़्शे, मुर्गा लँडूरा ही रहेगा। उधर ननिहाल से वालिदा की तरफ़ से ज़िद है कि ब्याह रचे और ज़रूर रचे। जब कहता हूँ मैं मुफ़लिस हूँ, कंगाल हूँ, खाने को मुयस्सर नहीं, तो वालिदा साहिबा कहती हैं, तुम अपनी रज़ामन्दी ज़ाहिर करो, तुमसे एक कौड़ी न माँगी जाएगी। सुनता हूँ बीवी हसीन है, बाशऊर है, जेब से ख़र्चे बग़ैर मिली जाती है फिर तबियत क्यों न भुरभुराए और गुदगुदी क्यों न पैदा हो? ईश्वर जानता है। दो-तीन बार उसका ख़्वाब भी देख चुका हूँ। बहरहाल अबकी तो गला छुड़ा ही लूँगा। आइन्दा की बात नारायण के हाथ

---

1. इस पत्र की तारीख़ वाद-विवाद का विषय रही है। पत्र की मूल प्रति मेरे पास है। इस पर प्रेमचन्द के हाथ की लिखी कोई तारीख़ नहीं है। दयानारायण ने ज़माना के विशेषांक के लिए लेख लिखते समय इस पर सन् 1905 लिखा और प्रश्न चिह्न भी लगा दिया। स्पष्ट है उन्हें भी सबके बारे में संशय था, पत्र 1905 का नहीं है। इसमें लिखे अन्य तथ्यों के आधार पर मैंने इसे अप्रैल-मई 1906 का माना है।

है। जैसी आपकी सलाह होगी वैसा ही करूँगा। इस बारे में अभी फिर मशवरा करने की ज़रूरत बाक़ी है।''

रिश्ते के कई प्रस्ताव आए, परन्तु धनपतराय इस बारे में किसी को प्रोत्साहन न देते थे। वह स्वयं पत्नी को वापस ले आने के लिए तैयार न थे, परन्तु उनका विचार था कि शायद उनकी बीवी लौट आए। कई साल तक इन्तज़ार करने के बाद उन्होंने तय किया कि दूसरी शादी तो की जाए, परन्तु किसी बाल-विधवा से। निगम ने लिखा है—

''उनका उस वक़्त आलमे-शबाब था। और वह एक हँसमुख, ज़िन्दादिल, ख़ुशरो व तन्दुरुस्त और खाते-कमाते नौज़बान थे। श्रीवास्तव फ़िर्के में, जिससे उनका तआल्लुक़ था, क़रारे दाद की रस्म आम है और हज़ार-दो हज़ार रुपए नक़द तो उनको आसानी से मिल सकता था। और यह रक़म उस वक़्त उनके लिए एक बड़ी रक़म थी। उनके अहले ख़ानदान वेवा-विवाह के ख़िलाफ़ थे। मगर वह अपने फ़ैसले पर अटल रहे।''

सलेमपुर (ज़िला फ़तहपुर) के मुंशी देवीप्रसाद की लड़की, शिवरानीदेवी, ग्यारह साल की होकर विधवा हो गई थी। मुंशीजी दुखी थे और चाहते थे, इस बेचारी का दूसरा विवाह हो। पंडितों से पूछा। समाचारपत्रों में इश्तिहार निकलवाया। इसके जवाब में कई पत्र आए। इनमें से एक धनपतराय का था। इसमें अपनी शिक्षा तथा नौकरी के बारे में लिखा था और कहा था कि पहली बीवी मर चुकी है। देवीप्रसाद ने उन्हें फ़तहपुर बुलाया, पसन्द किया, वरच्छा दी और किराए के पैसे दिए। विधवा से विवाह करना इनकी दिलेरी थी।

शादी के बाद शिवरानीदेवी पति के घर आईं और चौदह दिन रहीं। घर का हिसाब-किताब कुछ अजीब था। चाची की चलती थी। चाची का व्यवहार ऐसा ही था, जैसा प्रेमचन्द की पहली बीवी से[1]। इसलिए जहाँ तक सम्भव होता, शिवरानीदेवी मायके में रहना पसन्द करतीं।

कानपुर के जीवन के बारे में शिवरानीदेवी लिखती हैं—'आप सुबह चार बजे उठते थे। हुक्का पीकर शौच जाते, हाथ-मुँह धोते और जो मिल जाता, उसी का नाश्ता करते। चुस्ती के साथ बैठकर लिखते। क़लम मज़दूरों के फावड़े की तरह तेज़ी से चलती थी। शाम को निगम तथा दूसरे मित्रों के साथ बैठक होती। देर से घर लौटते।'

कानपुर के डिस्ट्रिक्ट स्कूल से आपका सम्बन्ध कोई चार वर्ष रहा। कभी आप आठवें मास्टर कभी सातवें और कभी नौवें।

जब कानपुर ही में थे, उसी समय धनपतराय (नवाबराय) की 'सोज़े वतन' (कहानियों का संग्रह) छपी। इसका पहला विज्ञापन 'ज़माना' के अगस्त 1908 अंक

1. जब चाची अपने लड़के महताब के साथ रहने लगी तभी प्रेमचन्द और शिवरानी के सम्बन्ध सामान्य हुए।

में मिलता है। इस संग्रह में पाँच कहानियाँ हैं, 'दुनिया का सबसे अनमोल रत्न', 'शेख़े मख़मूर', 'यही मेरा वतन है', 'सिला-ए-मातम', 'इश्के दुनिया और हुब्बे वतन'। जैसा हम पहले कह चुके हैं, 'सिला-ए-मातम' को छोड़कर बाक़ी सभी कहानियाँ देश-प्रेम में रँगी हैं। लेखक की प्रस्तावना से उनके दृष्टिकोण का पूरा पता चलता है। इसे हम उद्धृत करते हैं—

"हर एक क़ौम का इल्मो अदब अपने ज़माने की सच्ची तसवीर होता है। जो ख़यालात क़ौम के दिमाग़ों को मुतहर्रिक करते हैं और जो जज़बात क़ौम के दिलों में गूँजते हैं वह नज़्म व नसर के सफ़हों में ऐसी सफ़ाई से नज़र आते हैं जैसे आईने में सूरत। हमारे लिटरेचर का इब्तदाई दौर वह था कि लोग ग़फ़लत के नशे में मतवाले हो रहे थे। इस ज़माने की अदबी यादगार बजुज़ आशिक़ाना ग़ज़लों और चन्द सिफला क़िस्सों के और कुछ नहीं। दूसरा दौर उसे समझना चाहिए जब क़ौम के नए और पुराने ख़यालात में ज़िन्दगी और मौत की लड़ाई शुरू हुई और इस्लाह तमद्दुन की तजवीज़ें सोची जाने लगीं। इस ज़माने के क़िस्से व हिकायात ज़्यादातर इस्लाह और तजदीद ही का पहलू लिये हुए हैं। अब हिन्दुस्तान के क़ौमी ख़यालात ने बलोगित के ज़ीने पर एक क़दम और बढ़ाया है और हुब्बे वतन के जज़बात लोगों के दिलों में सर उभारने लगे हैं। क्योंकि मुमकिन था कि इसका असर अदब पर न पड़ता। ये चन्द कहानियाँ इस असर का आगाज़ हैं और यक़ीन है कि ज्यों-ज्यों हमारे ख़याल रकीह होते जाएँगे, इस रंग के लिटरेचर को रोज़ अफ़ज़ूँ फरोग़ होता जाएगा। हमारे मुल्क को ऐसी किताबों की अशद ज़रूरत है जो नई नसल के ज़िगर पर हुब्बे वतन की असमत का नक्शा जमाएँ—नवाबराय।"

'सोज़े वतन' के प्रकाशन का समय देश में राजनीतिक जागृति का काल था। कितने ही पत्रों ने इस पुस्तक की प्रशंसा की। 'ज़माना' में दी गई विज्ञप्ति में 'आर्य गज़ट', 'स्वराज्य', 'हिन्दोस्तान', 'मिनर्वा' तथा 'ज़माना' में की गई आलोचनाओं के अंश दिए गए। आगे चलकर इस पुस्तक के कारण धनपतराय पर एक आफ़त भी आई, इसलिए आवश्यक है कि हम 'ज़माना' की समालोचना उद्धृत करें। यह नवम्बर 1908 के अंक में छपी थी—

'ज़माना' के मक़बूल मज़मून निगार मिस्टर नवाबराय ने उर्दू फ़साना निगारी का एक निहायत ही दिलकश नमूना पेश किया है, जो 'सोज़े वतन' के नाम से मौसूम है। इस किताब में पाँच छोटे-छोटे क़िस्से जमा किए गए हैं, जो निहायत मौअस्सर और दिलफ़रेब हैं, और जिनका मक़सद आला हुब्बुल वतनी है। पहला क़िस्सा बिल्कुल हातमताई के तरज़ पर लिखा गया है, जिसमें एक आशिक़ सादिक़ अपनी महबूबा की तकमील फ़रमाइश के लिए निकलता है, जो दुनिया की सबसे बेशवहा चीज़ माँगती है और मतवातिर नाकामियों के बाद गोहरे मक़सूद हाथ लगता है। दूसरा क़िस्सा तर्ज़े बयान के ऐतबार से एक जुदागाना नमूना पेश करता है, लेकिन मक़सद वही हुब्बुलवतनी

है और निस्बतन ज़्यादा अच्छा है। लेकिन सबसे उम्दा तीसरा क़िस्सा है। चौथे क़िस्से को हुब्बुलवतनी से कोई ताल्लुक़ नहीं और इस लिहाज़ से इस सिलसिले से ज़्यादा ताल्लुक नहीं रखता। मगर दिलकशी के ऐतबार से यह क़िस्सा भी बड़े-बड़े फ़साना निगारों की ज़ोरे क़लम की याद दिलाता है। पाँचवें क़िस्से में इटली के मशहूर हुब्बेवतन जोजफ़ मैज़ीनी के हालात दर्ज किए गए हैं और दिखाया गया है कि उसकी हुब्बुलवतनी कैसी सच्ची और ग़ैरफ़ानी थी। इन क़िस्सों के लिखने में क़ाबिल फ़सानानिगार ने नाज़रीन की ज़ियाफततवा का बहुत बड़ा लिहाज़ रखा है और उन अख़लाकी मसाइल को, जो वज़ाहिर निहायत खुश्क मालूम होते हैं, ऐसा दिलचस्प लिबास पहनाया है जो उर्दू में बिलकुल नया और क़ाबिले तक़लीद है। अगरचे ये क़िस्से बहुत ही मुख़्तसिर हैं, लेकिन ये इख़्तसारे उसूल बलगत पर मवनी हैं। यानी इनमें अलफ़ाज़ कम हैं और मतालिब ज़्यादा। अगर लफ़्फ़ाज़ी से काम लिया जाता तो यही बड़े-बड़े क़िस्से हो सकते थे। वजुज़ तीसरे क़िस्से के, हर क़िस्से में हुस्न-ओ-इश्क़ की चाशनी मौजूद है और उसके जो हुदूद दिखाये गए हैं वह एक निहायत ही नाजुक ख़याल शायर के सिवा हर शख़्स का हिस्सा नहीं। हालाँकि ये क़िस्से नस्र में हैं और शेरो-सुखन से इन्हें कोई इलाक़ा नहीं, ताहम कहा जा सकता है कि इनकी तसनीफ़ में शायरी की गई है, क्योंकि जो लुत्फ़ नज़्म से हासिल हो सकता है वह इस नस्र में मौजूद है। हम बिला मुबालिग़ा कह सकते हैं कि 'सोज़े वतन' आज की तसानीफ़ में अपनी तर्ज़ की बेहतरीन तसनीफ़ कहलाने का मुस्तहिक है। इसके क़िस्से पढ़ते हुए हमको उर्दू के बेहतरीन फ़सानानिगारों की याद आती है। जुबान की सफ़ाई, बयान की रवानी, फ़िकरों की चुस्ती और प्लाट की शीराज़ाबन्दी, गरज़ इंशापर्दाजी के तमाम अरकान इस ख़ूबी से इस छोटी-सी किताब में जमा हो गए हैं कि बेसाख़्ता तारीफ़ करने को जी चाहता है। हमारी राय में 'सोज़े वतन' से हमारे अज़ीज़ दोस्त का नाम देर तक रोशन रहेगा। उर्दू में ऐसी तसनीफ़ के लिए हमारी आँखें देर से मुन्तज़िर थीं। नवाबराय साहब ने नावल भी तसनीफ़ किए हैं। मगर इन सबमें हमको मश्के अव्वलीन की ख़ामियाँ और कमज़ोरियाँ दिखानी पड़ीं। लेकिन इस तसनीफ़ पर जिस क़दर फ़खर किया जाए कम है। आख़िर में हम उम्मीद करते हैं कि इस क़िस्म की तसनीफ़ की मुल्क में तरक़्क़ी होगी और नाजुक ख़याल अहले क़लम इस तर्ज़ में अपनी जुलानी क़लम के जौहर दिखाने में दरेग़ न करेंगे।''

इस पुस्तक ने 1908-9 में कितनी खलबली मचा दी होगी, इसका अन्दाज़ इस बात से हो सकता है कि इंडियन प्रेस, इलाहाबाद की मासिक पत्रिका 'सरस्वती' में—इसमें 'प्रेमा' तथा 'कृष्णा' की आलोचना तो नहीं मिली—इस उर्दू कहानी-संग्रह की आलोचना हुई।

दिसम्बर 1908 की 'सरस्वती' में लिखा है—'' 'सोज़े वतन' पुस्तक उर्दू में है। इसमें स्वदेश-प्रेम-सम्बन्धी पाँच आख्यायिकाएँ हैं। आख्यायिकाएँ मनोरंजक और

उपदेशपूर्ण हैं। इन्हें पढ़कर स्वदेश-भक्ति का पवित्र भाव हृदय में अंकुरित हो जाता है। आजकल ऐसे क़िस्सों की बड़ी आवश्यकता है। इन्हें पढ़कर लोग बहुत लाभ उठा सकते हैं। काग़ज़ और छपाई उत्तम है। इसकी रचना उर्दू के प्रसिद्ध लेखक श्रीयुत नवाबराय ने की है। मूल्य साढ़े चार आने। मिलने का पता—बाबू विजयनारायणलाल, नया चौक, कानपुर।''

अगस्त 1908 के 'ज़माना' में छपे विज्ञापन में लिखा था कि क़ीमत साढ़े चार आने। 'मामूली स्वदेशी काग़ज़' पर साढ़े तीन आना छह जुज की किताब इस क़ीमत पर मुफ़्त है, फर्माइशें बनाम मैनेजर ज़माना, नया चौक, कानपुर आनी चाहिए। मैनेजर 'ज़माना' का नाम विजयनारायणलाल नहीं था। सम्भव है यह नाम जानबूझकर दिया गया हो और मंशा हो विजयबहादुर का। ये धनपतराय की विमाता के भाई थे। ऊपर दिए गए पते से ज्ञात होता है कि इस पुस्तक को धनपतराय ने स्वयं ही प्रकाशित किया। प्रेस एक्ट के अधीन हर पुस्तक पर प्रेस का नाम छपना ज़रूरी था। इसके अलावा लेखक का नाम, पता और हस्ताक्षर भी भेजने होते थे। 'ज़माना' प्रेस में छपी यह पहली किताब थी। शायद क़ानून का उन्हें पता न था, इसी से लेखक का पता नहीं दिया गया था। प्रेस का नाम भी न छापा।

8

देश-प्रेम के कारण सरकारी कोप

'सोज़े वतन' में तो देश-प्रेम की कहानियाँ थीं ही, धनपतराय के निबन्ध और लेखों में भी देश-प्रेम की झलक मिलती है। 'इश्क़े दुनिया और हुब्बे वतन' का आधार तो मैज़िनी का जीवन था। नवाबराय ने गैरीबाल्डी का रेखाचित्र भी लिखा। मई 1908 में स्वामी विवेकानन्द पर एक लेख लिखा। इनके अलावा मई-जून 1909 अंक में एक अन्य महत्त्वपूर्ण लेख भी लिखा, जिसका विषय उनकी नौकरी से सम्बद्ध था। विषय था, 'यू. पी. में इब्तदाई तालीम'। इस लेख के कुछ अंश हम यहाँ उद्धृत करते हैं, जिनसे धनपतराय के सामाजिक और राजनीतिक दृष्टिकोण का पता चलता है—

''दिसम्बर 1908 के 'माडर्न रिव्यू' में सेंट निहालसिंह ने एक नादर मज़मून लिखा है जिसमें अमरीका के एक मौज़ा की कैफ़ियत बयान की है। उसे पढ़कर हैरत भी होती है और मायूसी भी। हैरत इसलिए कि तहज़ीब की जो आसानियाँ और असबाब इस गाँव में हैं वे हिन्दुस्तान के बड़े-बड़े शहरों को नसीब नहीं। और मायूसी इसलिए कि शायद हिन्दुस्तान की क़िस्मत में तरक़्क़ी करना लिखा ही नहीं। दो हज़ार आबादी का मौज़ा और हाई स्कूल। इसकी इमारत, इसके कुतुबख़ाना, इसके लेबोरेटरी पर

हिन्दुस्तान का कोई कालिज नाज़ कर सकता है। क्या हिन्दुस्तान के भी कभी ऐसे नसीब होंगे?...अब एक तरफ़ तो इस देहाती मदरसा को रखिए और दूसरी तरफ़ एक हिन्दुस्तानी देहाती मदरसे का ख़याल कीजिए। एक दरख़्त के नीचे, जिसके इधर-उधर कूड़ा-करकट पड़ा हो, और जहाँ शायद बरसों से झाड़ू नहीं दी गई, एक फटे-पुराने टाट पर बीस-पच्चीस लड़के बैठे ऊँघ रहे हैं। सामने एक टूटी हुई कुर्सी और पुरानी मेज़ है। उस पर हज़रत मुदर्रिस की ज़ात मुतकिन है। लड़के झूम-झूमकर पहाड़े रट रहे हैं। शायद किसी के बदन पर साबत कुरता न होगा। धोती रान के ऊपर तक बँधी हुई। टोपी मैली-कुचैली, सूरतें गुरसना, चेहरे पसमुर्दा। यह आर्यावर्त का मदरसा है, जहाँ किसी ज़माने में तक्षशिला और नदिया के दारुलउलूम थे। किस क़दर तफ़ावत है! हम तहज़ीब की दौड़ में दीगर अक़वाम से किस क़दर पीछे हैं कि शायद वहाँ तक पहुँचने का हौसला भी नहीं कर सकते।...

हमारी इब्तदाई तालीम के इस्लाह और तरक़्क़ी के लिए सबसे बड़ी ज़रूरत लायक़ मुदर्रिसों की है और लायक़ आदमी आठ रुपए या नौ रुपए माहवार मशाहरे पर दुनिया के पर्दे में कहीं नहीं मिल सकते। जिस शख़्स को फ़िक्रेमुआश से आज़ादी ही नसीब न होगी वह तालीम की तरफ़ क्या ख़ाक रजू होगा! ऐसे बहुत-से अजला हैं जहाँ अभी तक मुदर्रिसों को चार और पाँच रुपए से ज़्यादा मशाहरा नहीं मिलता। ऐसे आदमियों के हाथों में हमारी सरकार ने रियाया की तालीम रख दी है। और ताज्जुब किया जाता है कि तालीमी हालत क्यों ऐसी रही है। जब सरकारी मुदर्रिसों का यह हाल है तो इमदादी मुदर्रिसों का ज़िक्र ही क्या? इनमें कम-से-कम तीन-चौथाई ऐसे हैं जिन्हें सरकार चार रुपए माहवार इमदाद देती है और इसमें एक आना मनीआर्डर का महसूल कट जाता है। तीन रुपया पन्द्रह आने में कौन महीने भर दर्देसरी गवारा करे! शहरों में कहारों की तनख़्वाहें छः और सात रुपया माहवार हैं। बल्कि बिसा औक़ात इससे भी ज़्यादा। मामूली मज़दूर चार आने पैसे रोज़ कमा लेता है, मगर ग़रीब मुदर्रिस इनसे भी ज़लील समझा जाता है। मजबूरन या तो वह ग़रीब खेती की तरफ़ रजू हो जाता है या सरकारी क़ायदे के ख़िलाफ़ पाव आना की जगह एक आना या उससे ज़्यादा फ़ीस लेना शुरू करता है। जिसका नतीजा यह है कि लड़कों की तादाद में अफ़ज़ूनी नहीं होने पाती। बहुत-से इमदादी मदरसे से तो सिर्फ़ इसलिए क़ायम है कि एक ग़रीब आदमी तीन-चार रुपए घर बैठे पा जाता है। फ़रज़ी लड़कों के नाम लिख लिये जाते हैं और जब कोई अफ़सर मुआइना के लिए पहुँच जाता है तो चन्द लड़के इधर-उधर से जमा करके दिखा दिए जाते हैं।''

अध्यापकों की कठिनाइयों की ओर इशारा करके आगे लिखा—''नारमल स्कूलों से जो लोग तर्ज़ेतालीम सीखकर आते हैं वे भी मदरसों में आकर अपना सब तरीक़ा भूल जाते हैं। बेचारे क्या करें! वहाँ उन्हें एक वक़्त एक दर्जे की तालीम का सबक दिया गया, यहाँ उन्हें एक वक़्त में चार दर्जे पढ़ाने को मिले। उन उसूलों पर क्योंकर

अमल करें ? एक दर्जे के पढ़ाने में मशगूल हुए तो दूसरे दर्जे का हिसाब दे दिया। किसी दर्जा का लिखना, किसी दर्जा को जुगराफ़िया। आँख तो एक ही है। कैसे लिखने की इस्लाह करे! कैसे हिसाब समझाये! कैसे बाक़ायदा तौर पर जुगराफिया की तालीम दे! ग़र्ज़ एक हरबोंग-सा मचने लगता है। लड़कों ने शैतान मुदर्रिस को मशगूल देखा तो धौल-धप्पा शुरू किया।''

अध्यापकों की संख्या बढ़ाने की अपील पर और इस कार्य पर व्यय का ज़िक्र कर नवाबराय लिखते हैं—''गुज़िश्ता सूबा मुताहिदा में 19 लाख इब्तदाई तालीम में सरफ़ हुआ और बहिसाब औसत फ़ी तालिबे इल्म साढ़े तीन आना। यह औसत दूसरे मुहज़्ज़िब मुल्कों के मुक़ाबले में बहुत ही कम है। क्या सरकार ऐसे पाक काम के लिए पचास लाख सालाना भी ख़र्च नहीं कर सकती ? रुपए की क़िल्लत एक ऐसा हीला-ए-शरई है जो गवर्नमेंट के लिए कभी सादिक नहीं कहा जा सकता। गवर्नमेंट के ज़राया लामहदूद हैं और इतनी रक़म वह आसानी से ख़र्च कर सकती है। जब जंगी मसारिफ़ इस कसरत से साल-ब-साल बढ़ते चले जाते हैं, अफ़सरों के ऐश और सहूलियतों पर रुपया कौड़ियों की तरह लुटाया जा रहा है, तो अफलास या तंगदस्ती का हीला कभी क़ाबिले यक़ीन नहीं ठहर सकता। यह भी गवर्नमेंट की एक चालाकी है कि उसने डिस्ट्रिक्ट बोर्डों पर तालीम का भार डालकर अपने तईं अलैहदा कर लिया। और अब खसकम जहान पाक के मसले पर अमल कर रही है। बोर्ड कहाँ से रुपया लगाए! जब प्राविंशल गवर्नमेंट अपने मुकर्रिराह हिस्सा का सख़्ती से वसूल करती चली जाती है।''

आगे चलकर नवाबराय कहते हैं कि अध्यापकों को गाँव के पोस्ट ऑफ़िस का चार्ज देकर उनके अपने अध्यापन के काम में रुकावट डालना है। ''लगान के फ़सल में एक-एक दिन में कई-कई सौ के मनीआर्डर आ जाते हैं और हर एक मनीआर्डर पर मुदर्रिस को कुछ आने-पैसे मिल जाते हैं। यह बहुत नेचुरल बात है कि मुदर्रिस जैसी छोटी हैसियत का आदमी ज़ाती फ़ायदा के इस मौक़ों को हाथ से न जाने दे। अफ़सोस की बात है कि हमारी गवर्नमेंट की निगाहों में हमारी तालीम की कोई वक़अत नहीं।''

प्राइमरी शिक्षा के महत्त्व को बतलाकर सिलैबस के बारे में वह लिखते हैं—''हमारा ख़याल है कि अपर प्राइमरी दर्जे की तालीम अगर ज़रा और ज़्यादा वसीह कर दी जाए तो काश्तकारों की जुरूरीयात के लिए काफ़ी हैं। रीडरें जो इस वक़्त मुरब्बिज़ हैं, जुबान के लिहाज़ से सब नाकारा हैं और उनके पढ़ने से लड़के बजुज़ मामूली बोलचाल के न तो हिन्दी जुबान जानते हैं और न उर्दू। उनकी जुबान की इसलाह होनी चाहिए ताकि लड़के रामायण तो समझ लें। क़ायदे की कोई ज़रूरत नहीं। ख़ारिज कर देना चाहिए। जुगराफ़िया की तालीम काफ़ी है। हिसाब में भी कुछ कसर नहीं है। अमली सवालात की मश्क ज़्यादा होनी चाहिए। ड्राइंग फ़िज़ूल है। इसके बजाय तन्दुरुस्ती के मुत-आल्लिक एक छोटी-सी प्राइमरी होनी चाहिए। और क़वायद ज़बान की जगह पर ज़राअत के कुछ उसूल सिखाये जाने चाहिए। इस वक़्त ख़तो-किताबत का तरीक़ा

नहीं सिखाया जाता। यह एक बहुत ज़रूरी शै है और इसका भी इन्तज़ाम होना चाहिए। तब इब्तदाई तालीम का मसला गोया हल हो जाएगा।''

मदरसों के लिए इमारत का नक्शा उन्होंने इस प्रकार खींचा है—''मदरसों की इमारती हालत निहायत अफ़सोसजनक है। तहसीली मदरसों में तो कहीं-कहीं पुख़्ता मकानात बन गए हैं, मगर लोअर प्राइमरी और अपर प्राइमरी मदरसों की हालत बहुत रद्दी है। उन्हें देखकर मवेशीख़ाना या मोहताजख़ाना का ख़याल पैदा होता है। दीवारें बोसीदा, दरवाज़े शिकस्ता हाल, छतें गिरी हुईं, फ़र्श-ज़मीन कच्ची। यहाँ भी रिश्वत और 'ग़बन' की गरमबाज़ारी है। अगर किसी तामीर के लिए हज़ार रुपया मंजूर हुआ है तो यह यक़ीनी बात है कि कम-अज़-कम निस्फ़ रक़म ज़रूर दरमियानी मनाज़िल तय करने में सर्फ़ हो जाएगी। जिम्मेवार अफ़सरों में हमीयत का माद्दा ऐसा सरद हो गया है कि इस कारे ख़ैर की अमानत में ख़यानत करने से गुरेज़ नहीं करते।''

आगे चलकर नेताओं के रवैये पर दो आँसू बहाए हैं—''हमारी तालीम का तो यह हाल है और हमारे पब्लिक काम करने वाले इन मसलों की तरफ़ से बिलकुल ग़ाफ़िल बैठे हुए हैं। कितने ऐसे अख़बारनवीस हैं या रेज़ोल्यूशन पास करने वाले वुकला हैं जिन्होंने किसी ज़िला में दौरा करके यह तहक़ीक़ किया है कि कितने मदरसों में इमारत है और कितनों में नहीं। डाइरेक्टर साहब की रिपोर्ट से ज़ाहिर नहीं होता कि फ़ीसदी कितने मदारस सरकारी इमारत पर फ़ख्र कर सकते हैं। डिस्ट्रिक्ट बोर्ड के मेम्बर साहबान जैसे लायक़ और तालीमयाफ़्ता होते हैं उनसे यह उम्मीद करना कि इन मसलों पर वह कुछ तहरीक कर सकते हैं, बिलकुल हबस है।''

यह भी क्या ख़ूब बात है कि जब यह लेख धनपतराय ने 'ज़माना' में छपने के लिए भेजा, उनकी डिस्ट्रिक्ट बोर्ड हमीरपुर के अधीन सब-डिप्टी इंस्पेक्टर ऑफ़ स्कूल्ज़ के पद पर नियुक्ति की बात चल रही थी। 24 जून, 1909 को उन्होंने महोबा में इस नए पद का चार्ज लिया। उनका वेतन भी तीस रुपया महीना से बढ़कर पचास रुपया महीना हो गया। इस पद की स्वीकृति का एक कारण यह था कि विजयबहादुर धनपतराय के साथ ही रहते थे और धनपतराय ने सोचा कि जब ज़िले का दौरा करेंगे तब उन्हें घर वालों की विशेष चिन्ता न करनी होगी। हमीरपुर से : ''मेरे अख़राजात रोज़-ब-रोज़ बढ़ते ही जाते हैं। अब कानपुर और महोबा दो जगह का ख़र्च सँभालना पड़ता है।'' एक बार : ''अगर आप ख़त ले जाने वाले के हाथ पाँच रुपए भेज सकें तो बड़ी मेहरबानी हो। आपके पुराने कर्ज़ अब तक अदा नहीं कर सका। अगले महीने से किस्तवार देना शुरू करूँगा।''

महोबा में यह भी प्रथा थी कि सरकारी अफ़सर दूध-घी मुफ़्त लेते थे। बेगार भी लेते थे। धनपतराय ने यह सब लेने से इन्कार किया। वहाँ के रईसों ने कहा, यदि आप बन्द कर देंगे तो आगे से ये लोग किसी को कुछ न देंगे। उनके ज़ोर डालने पर धनपतराय केवल इतना ही माने कि मैं तो न लूँगा, मेरे नौकर ले लेंगे। दूध तो इतना मिलता था

कि नौकर लोग खोया बनाकर खाते थे। स्थानीय प्रथा के अनुसार जब लोग तिलक लगाकर रुपया देते तो धनपतराय दही-अक्षत माथे पर लगवा लेते, पान-बीड़ा मुँह में डाल लेते और बग़लगीर हो लेते, परन्तु रुपया न लेते। कहते, यह मेरे सिद्धान्त के ख़िलाफ़ है। आप इसके लिए मुझे क्षमा करें।

जिस मोहल्ले में उन्होंने घर लिया, वह कायस्थों का मोहल्ला था। धनपतराय सबके साथ भाईचारे का व्यवहार करते। सब लोग तीज-त्योहार पर उनके यहाँ आते। एक बार जब वहाँ की प्रथा के अनुसार लोगों के किसी बारात में चले जाने पर एक हाथ में आरती और दूसरे में बेलन लिये औरतें गा-बजा रही थीं, धनपतराय पीछे रह गए थे। जब औरतें मरदों की मरम्मत करने को आईं, तो धनपतराय डर के मारे बाहर दरवाज़े के पास चारपाई से उठकर अन्दर कमरे में भाग गए।

धनपतराय मातहतों से मित्र का व्यवहार करते। जो उम्र में बड़ा होता, उसकी इज़्ज़त करते। शिक्षा विभाग के अफ़सर भी उनसे ख़ुश थे।

जब वह महोबा आए तो चाची, उनके भाई और पुत्र भी साथ आए थे। तीन महीने बाद चाची अपने दूसरे भाई के यहाँ कानपुर लौट गई। कुछ दिनों बाद विजयबहादुर की मृत्यु हो गई। यह उनके दौरे पर जाने के बाद उनके घर का ध्यान रखते थे। धनपतराय को उनके निधन से बड़ा दुःख हुआ। "इस सदमा से कमर टूट गई, हिम्मत पस्त हो गई। जिस इन्सपेक्टरी को बड़ी आरज़ुओं और तमन्नाओं के बाद हासिल किया था, वही अब जी का जंजाल हो रही थी। बीवी को तनहा छोड़कर दौरे पर कैसे जाऊँ!"

धनपतराय बीवी से कहते, "तुम भी मेरे साथ दौरे पर चला करो। यहाँ तुम अकेली पड़ी रहती हो, वहाँ मुझे फ़िक्र रहती है।"

परन्तु शिवरानीदेवी को दौरे पर जाना पसन्द न था। "कौन हिन्दुस्तानी अपनी बीवी को लेकर दौरे पर घूमता है? एक तमाशा-सा होगा।"

"मैं चाहता हूँ तुम पुरानी बातों को अपने दिमाग़ से निकाल दो। मुझे तो तमाशा-सा नहीं मालूम होता। अंग्रेज़ों को देखो, कितने आराम से रहते हैं!"

"यह हिन्दुस्तान है।"

"तभी तो परेशान होते हैं। मैं दौरे पर रहूँ और तुम यहाँ अकेली। इसमें क्या लाभ है?"

"लज्जा मालूम होती है, और फिर आज यहाँ कल वहाँ। क्या आराम होगा?"

"मैं भी तो रोज़ घूमता-फिरता हूँ।"

"आपको तो घूमने के लिए सरकार वेतन देती है, ऊपर से भत्ता।"

शिवरानीदेवी नहीं मानी। दौरे पर जाने की अपेक्षा वह अकेली रहना बेहतर समझती थी।

लिखने का काम दौरे पर भी जारी रहता। "जब मुआइना करना होता तो उस काम को मुदर्रिसों के हाथ देते। कहते क्या करूँ, मैं जो मुआइना करता हूँ तो मुदर्रिस लोग

लड़कों के सामने पर्चा छोड़ आते हैं। इस वास्ते यह काम मैं उन्हीं पर छोड़ देता हूँ। कम-से-कम जिससे यह तकलीफ़ उन्हें न उठानी पड़े। वे बेचारे ख़ुश भी रहते। अच्छा मुआइना हो जाने पर उनकी तरक़्क़ियाँ भी होती हैं।''...उन्हें अपने अफ़सरों की सहानुभूति तो नहीं मिली। मातहतों के साथ आपने भाईचारा हमेशा किया, क्योंकि अफ़सरी करना उन्हें पसन्द न था। उनका कहना था कि ''अफ़सर बनकर इन्सान इन्सान नहीं रह जाता। ईश्वर मुझे इससे हमेशा दूर रखे।''

धनपतराय घोड़े पर चढ़कर दौरा करते थे। अपने घोड़े को वह बड़े प्यार से रखते। सर्दियों में वह स्वयं कम्बल ओढ़ते और दुशाला घोड़े को ओढ़ाते।

फिर बैलगाड़ी की बात चली। ''बैलगाड़ी ले लेता तो कम-से-कम बीस रुपया उसका भत्ता मिलता। पर क्या करूँ? रुपए नहीं हैं।''

आख़िर शिवरानीदेवी ने अपनी जोड़ी पूँजी के डेढ़ सौ रुपए उनको दिए। बैलगाड़ी आ गई। शिवरानीदेवी लिखती हैं—''कभी-कभी घूमने की मेरी इच्छा होती तो मैं कहती कि जंगल में चलना चाहिए। आप सहर्ष तैयार हो जाते। हम दोनों जंगल के शुरुआत ही में गाड़ी छोड़कर भीतर चले जाते। दिन-भर वहीं झरनों में पानी पीते, फल खाते, पहाड़ों पर चढ़कर सैर करते। शाम तक महोबा आ जाते।'' एक बार धनपतराय सपरिवार चरखारी में मेला देखने गए। चरखारी रियासत के राजा ने ख़ूब आवभगत की।

महोबा ही में धनपतराय के दो लड़कियाँ हुईं। एक तो बाल्यावस्था ही में मर गई, दूसरी कमला जीवित रही। कमला का जन्म 1913 में हुआ था।

धनपतराय को सारे ज़िले का दौरा करना होता था और कभी-कभी तो डेढ़-दो महीना वह लगातार दौरे पर ही रहते थे।

एक बार वह दौरे पर ही थे कि एक महत्त्वपूर्ण घटना घटी। इसका सम्बन्ध उनके कहानी-संग्रह के प्रकाशन से था। जैसा हम कह चुके हैं 'सोज़े वतन' पर प्रिंटर और पब्लिशर का नाम नहीं छपा था। 'नातजुर्बेकारी और प्रेस एक्ट के कवायद से नावाक़फीयत' से ग़लती हो गई थी। मजिस्ट्रेट ने इस भूल के लिए एडीटर 'ज़माना' पर पचास रुपया जुर्माना किया। सी. आई. डी. द्वारा जाँच-पड़ताल में यह भी पता लग गया कि नवाबराय तो केवल उपनाम है, वास्तव में लेखक शिक्षा-विभाग के एक सरकारी नौकर धनपतराय हैं। एक सरकारी मुलाज़िम और 'सोज़े वतन' जैसी मसमूम किताब का मुसन्निफ़। तोबा! तोबा!! सी. आई. डी. की रिपोर्ट ऊपर डिस्ट्रिक्ट कलक्टर तक पहुँची। अब सुनिए प्रेमचन्द के अपने शब्दों में—

''एक दिन मैं रात को अपनी रावटी में बैठा हुआ था कि मेरे नाम ज़िलाधीश का परवाना पहुँचा कि मुझसे तुरन्त मिलो। जाड़ों के दिन थे। साहब दौरे पर थे। मैंने बैलगाड़ी जुतवाई और रातों-रात तीस-चालीस मील तय करके दूसरे दिन साहब से मिला। साहब के सामने 'सोज़े वतन' की एक प्रति रखी हुई थी। मेरा माथा ठनका। उस वक़्त मैं नवाबराय के नाम से लिखा करता था। मुझे इसका कुछ-कुछ पता मिल

चुका था कि खुफिया पुलिस इस किताब के लेखक की खोज में है। समझ गया, उन लोगों ने मुझे खोज निकाला और उसी की जवाबदेही करने के लिए मुझे बुलाया है।

साहब ने मुझसे पूछा—'यह पुस्तक तुमने लिखी है?'

मैंने स्वीकार किया।

साहब ने मुझसे एक-एक कहानी का आशय पूछा और अन्त में बिगड़कर बोले—'तुम्हारी कहानियों में 'सिडीशन' भरा हुआ है। अपने भाग्य को बखानो कि अंग्रेज़ी अमलदारी में हो। मुग़लों का राज्य होता, तो तुम्हारे दोनों हाथ काट लिये जाते। तुम्हारी कहानियाँ एकांगी हैं, तुमने अंग्रेज़ी सरकार की तौहीन की है, आदि।'

फ़ैसला यह हुआ कि मैं 'सोज़े वतन' की सारी प्रतियाँ सरकार के हवाले कर दूँ, और साहब की अनुमति के बिना कभी कुछ न लिखूँ। मैंने समझा, चलो सस्ते छूटे। एक हज़ार प्रतियाँ छपी थीं। अभी मुश्किल से तीन सौ बिकी थीं। शेष सात सौ प्रतियाँ मैंने 'ज़माना' कार्यालय से मँगवाकर साहब की सेवा में अर्पण कर दीं।

मैंने समझा था, बला टल गई। किन्तु अधिकारियों को इतनी आसानी से सन्तोष न हो सका। मुझे बाद को मालूम हुआ कि साहब ने इस विषय में ज़िले के अन्य कर्मचारियों से परामर्श किया। सुपरिंटेंडेंट पुलिस, दो डिप्टी कलक्टर और डिप्टी इन्सपेक्टर—जिनका मैं मातहत था—मेरी तक़दीर का फ़ैसला करने बैठे। एक डिप्टी कलेक्टर साहब ने गल्पों से उद्धरण निकालकर सिद्ध किया कि इनमें आदि से अन्त तक सिडीशन के सिवा और कुछ नहीं है। और सिडीशन भी साधारण नहीं, बल्कि संक्रामक। पुलिस के देवता ने कहा—'ऐसे ख़तरनाक आदमी को ज़रूर सख़्त सज़ा देनी चाहिए।' डिप्टी इन्सपेक्टर साहब मुझसे बहुत स्नेह करते थे। इस भय से कि कहीं मुआमला तूल न पकड़ ले, उन्होंने यह प्रस्ताव किया कि वह मित्र-भाव से मेरे राजनीतिक विचारों की थाह लें और उस कमेटी में रिपोर्ट पेश करें। (उनका विचार था कि मुझे समझा दें और रिपोर्ट में लिख दें कि लेखक केवल क़लम का उग्र है और राजनीतिक आन्दोलन से उसका कोई सम्बन्ध नहीं है) हालाँकि पुलिस के देवता उस वक़्त भी पैंतरे बदलते रहे। कमेटी ने उनके प्रस्ताव को स्वीकार किया।

सहसा कलक्टर साहब ने डिप्टी इन्सपेक्टर से पूछा—'आपको आशा है कि वह आपसे अपने दिल की बातें कह देगा?'

डिप्टी साहब ने कहा—'जी हाँ, उनसे मेरी घनिष्ठता है।'

'आप मित्र बनकर उसका भेद लेना चाहते हैं। यह तो मुख़बरी है। मैं इसे कमीनापन समझता हूँ।'

डिप्टी साहब अप्रतिभ होकर हकलाते हुए बोले—'मैं तो हुजूर के हुक्म...'

साहब ने बात काटी—'नहीं। यह मेरा हुक्म नहीं है। मैं ऐसा हुक्म नहीं देना चाहता। अगर पुस्तक में लेखक का सिडीशन साबित हो सके, तो खुली अदालत में मुक़दमा चलाइए, नहीं तो धमकी देकर छोड़ दीजिए। 'मुँह में राम बगल में छुरी' मुझे पसन्द नहीं।'

जब यह वृत्तान्त डिप्टी इन्सपेक्टर साहब ने कई दिन पीछे ख़ुद मुझसे कहा तो मैंने पूछा—'क्या आप सचमुच मेरी मुख़बरी करते?'

वह हँसकर बोले—'असम्भव। कोई लाख रुपए भी देता, तो न करता। मैं तो केवल अदालती कार्रवाई रोकना चाहता था और वह रुक गई। मुक़दमा अदालत में जाता तो सज़ा हो जाना यक़ीनी था। यहाँ आपकी पैरवी करनेवाला भी कोई न मिलता, मगर साहब हैं शरीफ़ आदमी।'

मैंने स्वीकार किया—'बहुत ही शरीफ़...'

धनपतराय को प्रतिज्ञा लेनी पड़ी कि 'सोज़े वतन' के बाद जो कुछ लिखेंगे उसे कलक्टर को दिखाकर, उनकी आज्ञा लेकर ही छपने के लिए भेजेंगे। सोचा, 'सस्ते छूट गए, वरना क्या अजब था माँडले की हवा खानी पड़ती!'

घर पर आकर बीवी को सारा क़िस्सा सुनाया।

कलक्टर को पता नहीं था कि अपने घर पर ख़ुदीराम बोस की तस्वीर घर में टँगी थी।

शिवरानीदेवी ने पूछा, 'तो फिर लिखना भी अब बन्द ही समझूँ?'

धनपतराय बोले, 'लिखूँगा क्यों नहीं? (दूसरा) उपनाम रखना पड़ेगा।'

प्यारे लाल 'शाकिर' को बाद में बतलाया : 'क्या कहूँ, बड़ी मुश्किल में फँस गया था। वह तो ख़ैरियत गुज़री कि किताबें देकर छूट गया वरना क्या अजब था कि माँडले की हवा खानी पड़ती।'

धनपतराय कितनी दुविधा में होंगे, इसका पता इस बात से लगता है कि 'ज़माना' के मार्च 1910 के अंक में उनकी एक कहानी 'गुनाह का अग्निकुंड' छपी। इसके अन्त में लेखक का दिया गया नाम था 'अफ़साना कुहन'। अप्रैल के अंक में 'सैर दरवेश' की पहली किश्त के लेखक का नाम भूल से नवाबराय छप गया, परन्तु मई, जून और जुलाई के अंकों में नवाबराय का नाम नहीं छपा।

मई, 1910 के एक पत्र में दयानारायण निगम को उन्होंने लिखा—

"जैसा आप फ़रमाते हैं, वैसा ही होगा। मेरे क़िस्से अब कहीं न जाएँगे। मुआविज़ा का ज़िक्र मुझे ख़ुद मकरूह मालूम होता है मगर बात यह है कि छोटे क़िस्सों के गढ़ने में दिमाग़ी उलझन बहुत ज़्यादा होती है। और तावक़्ते कि तबियत का यह झक न हो कि इससे कुछ मुबलिग़ वसूल होंगे, वह उस काम की तरफ़ रुजू नहीं होती। हक मानिए यही बात है।"

"नवाबराय तो ग़ालिबन कुछ दिनों के लिए इस जहान से गए। दोबारा याद दहानी हुई है कि तुमने मुजाहिदा में गो अख़बारी मज़ामीन नहीं लिखे, मगर उसका मनशा हर क़िस्म की तहरीर से था। गोया मैं कोई मज़मून, ख़्वाह किसी मज़मून पर—हाथीदाँत पर ही क्यों न हो—लिखूँ, मुझे पहले वह जनाब फ़ैज़ आब कलक्टर साहब बहादुर की ख़िदमत में पेश करना पड़ेगा। और मुझे छठे-छमाहे लिखना नहीं, यह तो मेरा रोज़ का धन्धा ठहरा। हर माह एक मज़मून साहब वाला की ख़िदमत में पहुँचेगा, तो वह समझेंगे मैं अपने फ़राइज़े सरकारी में ख़यानत करता हूँ। और (अधिक) काम (मेरे)

सर थोपा जाएगा। इसलिए कुछ दिनों के लिए नवाबराय मरहूम हुए। उनके जाँनशीन कोई और साहब होंगे। आप मेरा मज़मून किताबत कराने के बाद मुंशी चिराग़अली को दे दिया करेंगे। मुआवज़ा की निस्बत जो आपने फ़रमाया वह मुझे मंजूर है। अगर मज़मून इतना बड़ा हो कि एक नम्बर में निकल जाए तो खम्स और अगर एक से ज़्यादा नम्बरों में निकले—दो या तीन में—तो उसका अलमुज़ाअफ़। यह मैं अब फिर कहता हूँ और पहले भी कह चुका था, मगर किसी वजह से वह रिमार्क आपने नज़रअन्दाज़ कर दिया, कि यह मुबलिग़ात मैं अपने तसर्रुफ़ में नहीं लाऊँगा। ये एक मरहूम दोस्त के पसेमान्दगान के नज़र होंगे। इसलिए आपको भूलकर मुझ पर कमीनापन, ख़ुदगरज़ी और तमा का इलज़ाम न आइद करना चाहिए। आपके इस ख़त के उखड़े ढंग से मालूम होता है कि आप कुछ कहना चाहते हैं, मगर कहते नहीं। ये सब मज़ामीन जिनका आगाज़ 'गुनाह का अग्निकुंड' से होता है—और ईश्वर ने चाहा तो शायद कुछ दिनों तक यह सिलसिला जारी रहे—जल्द या बदेर क़िस्सा की शकल में निकलेंगे। अगर आप निकालेंगे तो चौथाई नफ़ा मेरा, और मैं निकालूँगा तो चौथाई नफ़ा आपका। गोया मेरा और आपका इन पर बराबर का अख़्तियार रहेगा। मेरा नाता उनसे 'ज़माना' में निकल चुकने के बाद भी लगा रहेगा।

...किताबों की फ़हरिस्त भेजी थी। उनकी क़ीमत मैनेजर साहब ने न लिखी। स्वामी रामतीर्थ के लिए मैं क्या फ़िक्र करूँ। अगर आप इसे टैक्स्ट बुक कमेटी में भेजकर इनाम की मद में मंजूर करा लें तो अलबत्ता सौ-पचास जिल्द निकलवा सकता हूँ। आप अब कभी-कभी इलाहाबाद की सैर करते नज़र आया करें और इनामी किताबें शाया करने की फ़िक्र करें। मैं इस काम में आपकी क़लमी मुआविनत करने को आमादा हूँ। किताबों की लिखाई वग़ैरा अच्छी हो और मंजूर हो जाएँ तो कुछ फ़ायदे की सूरत निकल सकती है।"

(अध्यापक होने के नाते प्रेमचन्द जानते थे यदि उनकी कोई पुस्तक टैक्स्ट बुक लग जाए तो आमदनी का सिलसिला बन सकता है। बीस-पच्चीस वर्ष इसी फ़िक्र में रहे। कई सीरीज़ का सोचा। मगर बात कुछ बनी नहीं। बस्ती से एक बार निगम को लिखा : "पहले मैं एक किताब लिखता हूँ, जिसमें बच्चों के क़ाबिल छोटी-छोटी अख़लाकी तारीख़ी जुगराफी कहानियाँ होंगी। किताब छोटे साइज़ के 64 सफ्हात से ज़्यादा न होगी। अगर पसन्द आ जाए और टैक्स्ट बुक मंजूर कर लें तो फिर दूसरा काम शुरू किया जाए।") आगे :

" 'और कहिए, क्या ख़बरें हैं? बन्दा तो कराए-आतशीन में पड़ा भुन रहा है। इमसाल ख़स की टट्टी बनवाई कि नहीं? वाह, क्या ठंडी हवा है और क्या फ़रहतवख़्श! याद से रूह फड़क गई। वाये बरहाल आँ कि इस टट्टी की बहार ले रहे होंगे।

मैंने 'मख़ज़न' माँगा था, वह आपने न भेजा। कोई नावल गुदड़ी बाज़ार से लिया हो तो वह भी बैरंग भेजिए। इलाहाबाद की लाइब्रेरी की निस्बत दर्याफ़्त किया था,

मगर वह आउट स्टेशन में किताबें नहीं भेजते। अब की इलाहाबाद जाऊँगा तो अपने खुस्त्र ज़ादा को अपना क़ायम मुक़ाम बना आऊँगा। वह अपने नाम से किताबें लेकर मेरे पास भेज दिया करेंगे। जून में इलाहाबाद, बनारस वग़ैरा की गरम हवा खाऊँगा।''

इसी पत्र में लिखते हैं : ''अब की 'सरस्वती' ने नारद वग़ैरा पर तीन तसवीरें अच्छी निकालीं और सूरदास पर मज़मून अच्छा है। आप भी हिन्दी लिटरेचर पर मज़ामीन लिखाने का ढंग निकालिए। सूरज नारायण 'मेहर' शायद लिखें। और नज़दीक व दूर की जो ख़बर हो, पास-पड़ोस की, उससे मुत्तिला कीजिए।

नज़र साहब ने अपने रसाले को बिलकुल इसलामी ढंग पर चलाने का बीड़ा उठाया है।''

अगली कहानी 'रानी सारन्धा' 'ज़माना' के अगस्त-सितम्बर, 1910 अंक में छपी। मगर इस पर लेखक का नाम नहीं छपा। केवल सर्वाधिकार सुरक्षित रखे गए हैं। 'अदीब' इलाहाबाद में कहानी और लेख छपते। इन पर केवल 'ध.रा.' लिखा जाता। 'बड़ी बहन', 'ख़ौफ़े रुसवाई', 'सिगे लैली' और शायद 'बेगरज़ मोहसिन' कहानी भी इसी मासिक में छपीं।

हम पाठक का ध्यान इस तथ्य की ओर भी खींचना चाहते हैं कि 'सोज़े वतन' पर आपत्ति उठाए जाने के बावजूद धनपतराय अपना दूसरा कहानी-संग्रह छपवाने के लिए उत्सुक थे।

एक कहानी 'विक्रमादित्य का तेग़ा' 'ज़माना' को भेजते हुए निगम को लिखते हैं—''यह क़िस्सा मिलाकर मेरे पाँच क़िस्सों का मजमूआ निकालने को काफ़ी मसाला जमा हो जाएगा। 'अग्निकुंड', 'सैर' (दरवेश), 'सारन्धा', 'वेग़रज़ मोहसिन' (जो 'अदीव' में निकलेगा) और 'विक्रमादित्य का तेग़ा'। अगर आप इस मजमुआ को निकालेंगे तो मैं इसमें काग़ज़ और लिखाई के मुतअल्लिक जिस क़दर सर्फ़ा आप तजबीज़ करेंगे, दूँगा। और अगर आप ख़ुद निकालें तो और भी अच्छा। जैसा मुनासिब समझें, करें। मगर ऐसा हो कि नए साल तक तैयारी हो जाए। इस मजमुआ का नाम 'बर्गे सब्ज़'[1] सोचा है। शायद आँ जनाब को पसन्द आए। शायद इसलिए कि मैं नामों में आपकी पसन्द का क़ायल हूँ।''

दयानारायण निगम ही ने 'नवाबराय' के 'जाँनशीन' का नाम 'प्रेमचन्द' रखा है।

धनपतराय ने निगम को लिखा—''प्रेमचन्द अच्छा नाम है। मुझे भी पसन्द है। अफ़सोस सिर्फ़ यह है कि पाँच-छः साल में नवाबराय को फ़रोग देने की जो मेहनत की गई वह सब अकारथ हो गई। यह हज़रत क़िस्मत के हमेशा लँडूरे रहे और शायद रहेंगे।''

---

1. इस नाम का कोई संग्रह न छपा। शायद इसलिए कि दयानारायण निगम को 'सोज़े वतन' के बारे में चपत लगे अभी थोड़ा ही समय हुआ था। आगे चलकर ये कहानियाँ 'प्रेम-पचीसी' (उर्दू) में छपीं।

'ज़माना' के दिसम्बर, 1910 के अंक में एक कहानी 'बड़े घर की बेटी'[1] के शीर्षक से छपी। इस पर पहली बार 'प्रेमचन्द' का नाम छपा।

बहुत दिनों तक 'प्रेमचन्द' के उपनाम से लिखे क़िस्से केवल 'ज़माना' ही में छपवाए गए। 'अदीब' के सम्पादक प्यारेलाल 'शाकिर' ने एक बार पूछा कि आप 'प्रेमचन्द' का नाम उन कहानियों पर क्यों नहीं लिखते जो 'अदीब' को भेजते हैं? धनपतराय ने उत्तर दिया—"मैं मुंशी दयानारायण निगम से वायदा कर चुका हूँ कि प्रेमचन्द के नाम से किसी और पर्चे में न लिखूँगा। बिला वजे उनका दिल दुखाना मुझे मंजूर नहीं।"

इसका एक कारण और भी था, जो उनके निगम को लिखे पत्र के अंश से विदित होता है। लिखते हैं—"अब कुछ रुपया पैदा करने की बातचीत : अब की एजूकेशनल गज़ट इलाहाबाद ने 'ज़माना' से...नकल किए हैं, मगर हवाला नहीं दिया। ख़ैर। वह 'ज़माना' के क़ायल ज़रूर मालूम होते हैं। क्या यह मुमकिन नहीं कि आपकी तरफ़ से मैं उसके लिए कभी-कभी मज़ामीन लिखा करूँ? मेरे लिए कलक्टर को हर एक मज़मून दिखाने की ऐसी बड़ी पख़ लगी है कि एक मज़मून महीनों में लौटकर आता है और छठे महीने छपता है। 'रियासत भोपाल' अब जाकर छपा है। मगर एडीटर साहब तवील मज़मून लेते ही नहीं। अगर आप इसमें कोई अम्र ख़िलाफ़े शान न समझें तो मैं कभी-कभी एक-आध मज़मून उर्दू और हिन्दी में लिखकर आपके पास भेज दूँ, और आप इसे अपनी जानिब से इन्सपेक्टर साहब, नारमल स्कूल के पास भेज दें। यही इस गज़ट के एडीटर हैं। मेरे ख़याल में इसमें कोई हर्ज़ नहीं है और न कोई क़लमी बेईमानी है। इसका जवाब ज़रूर दीजिएगा।"

आगे इसी पत्र में : " 'प्रेमचन्द' का नाम मैं वहाँ नहीं देना चाहता। नहीं मालूम यह हज़रत हाथ-पैर सँभालने पर क्या लिख बैठें। इन्हें क़िस्सागो ही रहने दीजिए। बैठे-बैठे प्रेम और वीर रस के क़िस्से लिखा करें।"

9

प्रेम और वीर रस की कहानियाँ

प्रेमचन्द के नाम में ही कुछ जादू है। 'कोह काफ़' की परियों का, हातिमताई के क़िस्सों का और फ़ारसी साहित्य का प्रभाव, जो 1907 से 1910 तक की लिखी गई 'नवाबराय'

1. श्री सुदर्शन ने 'हंस' के स्मृति-अंक में अपने लेख में लिखा था कि 'प्रेमचन्द' के नाम से छपी पहली कहानी 'ममता' थी और यह 1909 या 1910 की बात है। यह धारणा ग़लत है, क्योंकि 'ममता' फ़रवरी, 1912 के अंक में छपी। 'ज़माना' की पुरानी फ़ाइलों से यही पता चलता है कि प्रेमचन्द के नाम से पहली छपी कहानी 'बड़े घर की बेटी' ही थी, जो आज भी हिन्दी की सर्वप्रिय कहानियों में गिनी जाती है।

की कहानियों में प्रबल है, 'प्रेमचन्द' का उपनाम ग्रहण करते ही वह अध्याय समाप्त हो जाता है। 'बड़े घर की बेटी' प्रेमचन्द की सर्वोत्तम कहानियों में से है और उसे संसार की अच्छी-से-अच्छी कहानियों में गिना जा सकता है। 'बेग़रज मोहसिन' और 'आहे बेकस' (ग़रीब की हाय) में सामाजिक जीवन विशेषतया निर्धन परन्तु स्वाभिमानी लोगों के जीवन पर रोशनी पड़ती है। परन्तु इस समय की अधिकतर कहानियाँ वीर रस की हैं। 'रूठी रानी' का ज़िक्र हम ऊपर कर चुके हैं। उससे विदित है कि प्रेमचन्द (अब हम धनपतराय तथा नवाबराय के नाम से विदा लेते हैं) पर राजस्थान के इतिहास का बड़ा प्रभाव था। 1910 के बाद की कहानियाँ हमीरपुर (महोबा) के इधर-उधर के क्षेत्रों में प्रचलित कहानियों तथा ऐतिहासिक घटनाओं के आधार पर लिखी गईं। 'ग़रीब की हाय' कहानी में प्रेमचन्द स्वयं बुन्देलखंड की दो प्रचलित कथाओं का हवाला देते हैं। और प्रेमचन्द की बहुत-सी कहानियों में बुन्देलखंड के भूगोल का भी वर्णन है। नदियों, पहाड़ों तथा स्थानों के नाम ज्यों-के-त्यों रख दिए गए हैं।

हमीरपुर ज़िला उत्तर में यमुना नदी से लेकर दक्षिण में विन्ध्य पहाड़ियों तक फैला हुआ है। दक्षिणी भाग में विन्ध्य की छोटी-छोटी पहाड़ियाँ हैं, जिनके बीच से बेतवा, धसान तथा बिरमा नदियाँ बहती हैं। पहाड़ियों पर वृक्ष बहुत कम हैं। वर्षा बहुत थोड़ी होती है। परन्तु चन्देला राजाओं, मुग़ल तथा मराठा राजाओं ने पानी को इकट्ठा करने के लिए जगह-जगह बनावटी झीलें बनाईं, जिनके कारण यह क्षेत्र बहुत रमणीय बन गया। महोबा के पास एक झील है जिसका घेरा चार मील है।

हमीरपुर में पाँच तहसीलें हैं। महोबा तथा कुलपहाड़ तहसीलों को मिलाकर एक सब-डिवीजन बनाया गया था। महोबा नगर का विशेष स्थान है। इसका इतिहास भी काफ़ी पुराना है।

बहुत दिनों पहले यहाँ गहरवार राजपूतों का राज्य था। नवीं शताब्दी में चन्देलों ने अपना राज्य स्थापित किया। इनकी राजधानी महोबा ही थी। फिर मुसलमान आए। 1680 ई. में प्रसिद्ध बुन्देल सूरमा छत्रसाल ने मुग़लों को हराया। बुन्देलों को मराठा सेनाओं ने पराजित किया। फिर अंग्रेज़ आए। इतने आतंक के कारण इस डिस्ट्रिक्ट में जगह-जगह छोटे-छोटे किले हैं, जहाँ छोटे-छोटे राजे अपनी सुरक्षा का प्रबन्ध करते थे।

'रानी सारन्धा' का किला धसान नदी के किनारे पर था और यह कथा भी एक बुन्देल राजा की है। 'राजा हरदौल' भी एक बुन्देल राजा की कहानी है। 'आल्हा' कहानी भी चन्देल इतिहास से ली गई है। 'ग़रीब की हाय' में एक स्थान पर प्रेमचन्द ने लिखा है कि रानी सारन्धा और राजा हरदौल की कहानियाँ प्रचलित हैं। 'गुनाह का अग्निकुंड' (पाप का अग्निकुंड) राजपूताना के इतिहास की एक घटना पर आधारित है। 'विक्रमादित्य का तेग़ा' का सम्बन्ध महाराजा रणजीतसिंह (जिसकी जीवनी पर प्रेमचन्द ने 1911 में एक लेख लिखकर 'ज़माना' में छपवाया) से है। इस कहानी के बारे में प्रेमचन्द ने निगम को लिखा था—"यह क़िस्सा मेरे ख़याल में कई महीने से था। मैंने

अपने ख़याल में रवीन्द्रनाथ (ठाकुर) के तर्ज़ को कामयाबी के साथ पैरवी की है। मगर बुरी नक़ल नहीं है। प्लाट बिलकुल ओरिजिनल है। मैंने तो कई क़लम तोड़ दिए हैं। और दस-पाँच वर्क भी काले कर डाले हैं। मालूम नहीं, आपको भी पसन्द आता है या नहीं।''

जब इस कहानी को प्रेम-पचीसी में छपवाया जा रहा था तो निगम को लिखा : ''यह पहली बार इतना ही छपा था। मैंने दोबारा उसमें निहायत ज़रूरी अजाफ़ा कर दिया था। वह ज़माना के किसी नम्बर में छपा भी था। लेकिन इस किताब में वह अजाफ़ा किया हुआ क़िस्सा नहीं है, जिससे क़िस्सा बिल्कुल वे सर-ओ-पा मालूम होता है।...वह टुकड़ा न मिले तो दो-तीन जुमले जो नफ़से मतलब को ज़ाहिर करते हों, ज़रूर बढ़ा दिए जावें।''

'राजहठ' में छोटी-छोटी रियासतों के शासन का मज़ाक़ उड़ाकर दिखाया गया है कि कोई राजकुमार यदि कुछ करना चाहे तो कर सकता है। 'मन्ज़िले मक़सूद' का प्लाट कुछ नहीं है। एक पद्यात्मक कहानी है। 'आलिम-इ-बेअमल' में एक पति के छिछोरेपन का मज़ाक़ उड़ाया गया है। 'नमक का दारोग़ा' में ईमानदारी के परिणाम पर रोशनी डाली गई है। 'तिरिया-चरित्र', 'अमृत', 'अमावस की रात', 'अन्धेर', 'निगाहे नाज़', 'मिलाप', 'बाँका ज़मींदार', 'सिर्फ़ एक आवाज़' भी इसी समय प्रकाशित हुईं।

'ममता' में दिखाया गया है कि माँ का प्रेम क्या कुछ कर सकता है। इसमें ईसाई पादरियों के कार्य तथा आर्यसमाज के प्रचार की ओर संकेत भी है। 'विक्रमादित्य का तेग़ा' कहानी के सम्बन्ध में एक पत्र में प्रेमचन्द ने निगम को लिखा—''रामशरण का ख़त मुझे उस वक़्त मिला, जब ड्रामा लिखने के लिए एक हफ़्ता की मोहलत भी न थी। कुजा मैं और कुजा ड्रामा। गाना बिलकुल नहीं जानता। अगर कोई गाना (दिलावे) तो मैं अपने 'विक्रमादित्य का तेग़ा' को ड्रामा बना सकता हूँ।''

इसी पत्र में आगे चलकर एक वाक्य है—''नया नावल शुरू कर दिया है, मगर इसके लिए राजस्थान के मुत्तालिआ की ज़रूरत है। चूँकि यह पत्र 1910 के आख़िरी चरण का है और 'विक्रमादित्य का तेग़ा' जनवरी, 1911 के अंक में छपा था इसका संकेत शायद 'जलव-ए-ईसार' की ओर है। इसे 1912 में इंडियन प्रेस, इलाहाबाद ने छापा था। इस नावल के बारे में कुछ लिखने से पहले हम सामयिक नावल के सम्बन्ध में प्रेमचन्द के विचारों के बारे में कुछ कहना आवश्यक समझते हैं। इस सम्बन्ध में हम 'घ. र.' के अगस्त, 1910 में 'अदीब' में 'उर्दू ज़ुबान और नावल' के शीर्षक से छपे एक लेख के कुछ अंश उद्धृत करते हैं :

''अभी बहुत ज़माना नहीं गुज़रा कि उर्दू ज़बान में नावल नवीसी और नावलख्वानी की धूम थी। पं. रतननाथ सरशार, मौलवी अब्दुल हलीम शरर, मुंशी आशिक हुसैन और हकीम मुहम्मद अली, ये रस्मेगरामी उन्हीं दिनों की याद हैं...ये लोग इस सनफे अदब में पेशरो का काम कर गए। (क्योंकि उर्दू दुनिया के लिए नावल एक अछूती चीज़ थी)...''

रेनाल्ड के नावलों का ज़िक्र करते हुए, जो हाथों-हाथ बिकते थे, प्रेमचन्द लिखते हैं—"हर कसेनाकिस ने नावल लिखना शुरू किया। स्कूल और कॉलिज के तुलवा और मामूली लियाक़त के लोग, जिन्हें सौ-पचास अशयार याद हो गए, क़लम लेकर बैठ गए और समाँ बाँधना शुरू कर दिया। कई-कई सफ़े तक बेसर-पैर की बकवास के बाद बाज़ारी हुस्न ओ इश्क़ का क़िस्सा छेड़ दिया...शरर और सरशार के सिवा क़रीब-क़रीब सभी ने यही तर्ज़ अख़तियार किया...आख़िर नावलों की ऐसी अफ़रात हो गई कि पढ़ने वाले तंग आ गए...देखते-देखते नावलों का बाज़ार सरद हो गया। हज़रत शरर ने क़िस्से लिखना बन्द कर दिया। मुहम्मद अली साहब ने फ़साना निगारी को ख़ैरवाद कहा...आज कोई मुसन्निफ़ ऐसा नहीं है जिसे हम खुसूसियत से नावलिस्ट कह सकें...

"...गुजरात और बंगाल में नावलों की क़दर रोज़-बरोज़ ज़्यादा होती जाती है। मगर उर्दू (जिस ज़बान के नामलेवा करोड़ों में हैं) की कैफ़ियत इसके बिलकुल बरअक्स है। आज शरर के नावल बहुत कम पढ़े जाते हैं, रेनाल्ड के 'इबरत' की तरफ़ बहुत कम किसी की निगाह पड़ती है, फ़साना-ए-आज़ाद की भी आज इतनी क़दर नहीं है, जितनी आज से कई साल पहले थी...इसलिए ज़रूरी मालूम होता है कि सरद बाज़ारी के कारही असबाब से कितनज़र करके मानेवी असबाब ढूँढ़ने की कोशिश की जाए...

"अफ़साना, ख्वाँ तबके की तादाद दो बड़े हिस्सों में मुनकसिम की जा सकती है। एक आमियाना मज़ाक़ वाले और दूसरे संजीदा मज़ाक़ वाले। उर्दू नावल इन दोनों को मायूम करता है...उर्दू का चार्ल्स डिकेंस मौजूद है, मगर उर्दू का थैकरे, चार्ल्स रीड, मैरी कारेली, जार्ज इलियट अभी वजूद में नहीं आए...उर्दू नावल नवीस अब तक पजुज सरशार के तक़रीबन सब मुसलमान थे। और उन्होंने अपनी किताबों में इस हिन्दू जज़बा की मुतलिक़ परवा न की जो मुसलमान हीरो और हिन्दू हीरोइन के ताशुक से पैदा होता है...नावलों की इस कशादा बाज़ारी का खैर मिकसद करने के लिए हम तैयार हो जाते, अगर इसका असर हमारी नावल नवीसी के मेयार को ऊँचा कर देता, अगर फ़साना नगार तबाए इन्सानी के सच्चे नमूने पेश करने लगे। बदक़िस्मती से इसका असर नावलों को मुल्के अदम की तरफ़ ले जा रहा है। 1909 के उर्दू मतबूआत की फ़हरिस्त देखने से मालूम होता है कि इस सूबा में सिर्फ़ दो नावल शाया हुए। ज़रूरी मालूम होता है कि उर्दू ज़बान के शोदाई और मुआवनीन इस ख़याल को दूर करने की कोशिश करें कि नावल पढ़ना लग्व महज़ और तसनीह औक़ात है...अदबी दुनिया में क़िस्सा का वही रुतबा है जो किसी महफ़िल में सदरे मजलिस का। किसी ज़बान का अदब ले लीजिए, अफसाना का रंग ग़ालिब आएगा..."

गुजराती, बंगाली के नावलों का और जान लेक की उस किताब का, जिसमें उन्होंने सौ सर्वोत्तम पुस्तकों का वर्णन किया है, हवाला देते हुए प्रेमचन्द लिखते हैं कि "केवल

अमीर लोग ही तारीख़, राजनीति, फलसफा, इतिहास, हिसाब का अध्ययन कर सकते हैं, मगर आबादी का बहुत बड़ा हिस्सा वह है, जिसे चौबीस घंटों में से बारह घंटे फ़िक्रे मुआश की नज़र करने पड़ते हैं। ये ग़रीब या तो नावल पढ़ सकते हैं या कुछ भी नहीं पढ़ सकते...''[1]

लेख का अन्तिम भाग इस प्रकार है—''नावल नवीसों को भी ख़याल रखना चाहिए कि उर्दू नावल का मुस्तक़लिव उनके हाथ में है। उन्हें उस्तादाने फ़न की तसानीफ़ का ग़ौर करना चाहिए। उनका फ़रज़ है कि तबा इंसानी का नज़रेग़ायर से मशाहदा करें और सच्चे जज़बात के नमूने पेश करें। पब्लिक का अदबी मेयार रोज़-बरोज़ ऊँचा होता जाता है और अंग्रेज़ी तालीमयाफ़्ता लोग अपनी ज़बान में भी वही खूबियाँ देखने को मतना हैं, जिनकी उनकी निगाहें हो रही हैं। बन्दिशों में ज़िद्दत, ख़यालात में ताज़गी, जज़बात में अमक अच्छे नावल के ज़रूरी लवाज़म हैं। बंगलाज़बान के नावलों का मुत्तालिआ उनके लिये बहुत सबके आमोज़ साबित होगा। नावल लिखना आसान काम नहीं। शायद किसी सन्फ़े अदब में इस क़दर जज़्ब ख़याल, इस क़दर दिमाग़ी इनहमाक़ और इस क़दर तखय्युल की ज़रूरत नहीं होती। उन्हें रातें ख़याल में डूबकर काटनी होंगी। उन्हें सुबह-शाम तनहा पुरफ़िजा मक़ामात की सैर करनी होगी। उन्हें इस्तजा क़दीम के क़लाम की ख़ुशाचीनी करनी होगी। तब कहीं उनके क़लम से पुरज़ोर नावल निकलेगा। अब वह ज़माना नहीं रहा जब पब्लिक बेदिलाना कोशिशों से आसूदा हो जाती थी। पब्लिक का नुक्ता निगाह अब पुख़्ता होता जाता है। हमारे नावल नवीस अगर ज़िन्दा रहना चाहते हैं तो उन्हें ज़माना के साथ क़दम बढ़ाना चाहिए।''

उर्दू उपन्यास की 1910 की परिस्थिति तथा प्रेमचन्द की (नावल के बारे में) राय का ज़िक्र कर हम प्रेमचन्द के अगले उपन्यास 'जलव-ए-ईसार का परिचय देते हैं। उस लेख के छपने के समय ही प्रेमचन्द ने अपना नया उपन्यास लिखना आरम्भ कर दिया था। इसमें राजस्थान या उसके इतिहास की कोई झलक तो नहीं मिलती, परन्तु यह उपन्यास 1912 में इंडियन प्रेस, इलाहाबाद से प्रकाशित हुआ और इस पर लेखक का नाम 'नवाबराय' ही छपा। सम्भव है, इसको उन्होंने स्वयं इंडियन प्रेस के मैनेजर

---

1. प्रेमचन्द के पुत्र अमृतराय ने लिखा है कि उन्हें जहाँ तक मालूम हुआ है, प्रेमचन्द का पहला उपन्यास 'श्यामा' था, जिसका हीरो देश को विदेशियों के अन्यायों से मुक्त कराना चाहता है। हिसामुद्दीन गौरी ने अपनी पुस्तक 'प्रेमसोंग' में लिखा है कि प्रेमचन्द का पहला उपन्यास 'प्रतापचन्द' था। 'जलव-ए-ईसार' का हीरो प्रतापचन्द है। इसी नावल में हम सुवामा (क्या यह नाम बिगड़कर श्यामा बना?) से भी मिलते हैं। यह सम्भव है कि प्रेमचन्द ने, जैसा उन्होंने लिखा है, इस उपन्यास की रूपरेखा बहुत पहले बना ली हो और 1910-11 में इसी के विस्तृत रूप को 'जलव-ए-ईसार' के नाम से छापा हो। ध्यान रहे कि प्रारम्भिक दौर में प्रेमचन्द अपने उपन्यासों के नाम हीरो-हीरोइन पर रखते थे, जैसे 'प्रेमा', 'किशना'।

को दिया हो और 'नवाबराय' के नाम पर प्रतिबन्ध लगने का ज़िक्र न किया हो। बहरहाल यह उपन्यास 'नवाबराय' के नाम से छपी हुई आख़िरी कृति है।

इस उपन्यास (जलव-ए-ईसार) के आरम्भ में ही सुवामा, देवी से वरदान माँगती है कि वह उसे एक सपूत बेटा दे। "सपूत कौन होता है?"

"जो कुल का नाम रोशन करे?"

"नहीं।"

"जो माँ-बाप की सेवा करे?"

"नहीं।"

"जो विद्यावान हो और बलवान हो।"

"नहीं।"

"फिर सपूत बेटा किसे कहते हैं?"

"जो अपने देश का उपकार करे।"

प्रतापचन्द की माँ पति की मौत के बाद पुत्र को गरीबी में पालती है। पुत्र का उसी घर में रहने वाली एक लड़की व्रजरानी से प्रेम हो जाता है, परन्तु व्रजरानी का विवाह एक बाइज़्ज़त घर के निखट्टू लड़के से हो जाता है। प्रतापचन्द संन्यासी बन जाता है। देश के उपकार-कार्य में इस लगन से लग जाता है कि उसकी धूम मच जाती है। व्रजरानी का पति एक हादसे में मर जाता है। व्रजरानी 'बालाजी' (प्रतापचन्द) की प्रशंसा और सम्मान देखकर बहुत प्रसन्न होती है और कविता लिखती है।

आज 'जलव-ए-ईसार' को किसी भी दृष्टि से उत्तम उपन्यास नहीं कह सकते, परन्तु 1912 में, जब यह प्रकाशित हुआ था, उस समय यह उपन्यास, सारी कमज़ोरियों के बावजूद, एक नई चीज़ था। 'अदीब' (मार्च, 1913) ने इसे मुंशी नवाबराय का ओरिजिनल और अछूता नावल बतलाया और कहा कि आपकी तसनीफ़ात, 'हमखुर्मा व हमसवाब', 'सोज़े वतन', 'किशना' वग़ैरा इससे पेशतर मुल्क में इतनी शोहरत हासिल कर चुकी है कि ज़रूरत नहीं कि आपकी निस्वत कुछ और लिखा जाए।

'ज़माना' की आलोचना 'अदीब' की आलोचना से थोड़ी भिन्न है। इसमें आलोचक ने (लेखक का नाम ग़लती से नवाबराय की जगह नौबतराय लिखा है। नौबतराय के नाम के भी एक और लेखक 'ज़माना' में लिखते थे) नवाबराय की नई पुस्तक की धज्जियाँ उड़ाईं, मगर एक इतनी महत्त्वपूर्ण बात लिखी कि हम आलोचना का एक अंश उद्धृत करते हैं : "मुंशी नवाबराय साहब मुसन्निफ़ 'सोज़े वतन', 'किशना' वग़ैरा का यह पुरलुत्फ़ नावल बहुत-से अख़लाकी व मुआश्रती दिलचस्पियों का गुंजीना है जो इंडियन प्रेस, इलाहाबाद से शाया हुआ है। हुस्न-ओ-इश्क की चाशनी के साथ-साथ इसमें ईसार, नफ़्स और हुब्बुलवतनी का जज़्बा भी मौजूद है। और दरहक़ीक़त नावल का माहसिल भी यही है। पहले ही सीन में सुवामा, देवी से एक सपूत बेटा माँगती

है, जो अपने देश का उपकार करे। एक जाहिल औरत की यह इस्तदा किस क़दर मुबारिक है, जिसकी ख़ुद देवीजी ने दाद दी है।

"प्रतापचन्द नावल का हीरो है, जो सुवामा की ख़्वाहिश के मुताबिक सपूत निकला। बिरजन को इस दास्तान की हीरोइन कह सकते हैं, जिसने बावजूद एक दूसरे शख़्स के साथ शादी होने के भी प्रताप की उस मुहब्बत का हक़ अदा किया जो दोनों में बचपन से पैदा हो गई थी। नावल का यह हिस्सा बहुत दिलचस्प है और पाक मुहब्बत के जज़बात एक ख़ास दिलक़शी रखते हैं। लायक अफ़साना नवीस ने अलफ़ाज़ की सहरदराज़ी से सारी दास्तान को दिलकश बनाया है। लेकिन प्रताप के देश-उपकार की दास्तान इस क़दर मुख़्तसिर है कि दो सौ बत्तीस सफ़ाहात की हजीम किताब में इसका होना-न-होना यकसाँ है। ऐसा मालूम होता है कि मुसन्निफ़ ने अपने नावल के इब्तदाई अबवाव क़ायम करने ही में सारा ज़ोर तबीयत ख़त्म कर दिया और आख़िर में 'बालाजी' प्रतापचन्द के देश-उपकार के कारनामों को असली तौर पर इस क़दर बयान करके नाज़रीन को टाल दिया कि उन्होंने गौशाले और अर्जुन सभाएँ क़ायम कीं। बहरनौ देश-उपकारनी कारगुज़ारियाँ ज़्यादा तफ़सील चाहती थीं, जिनका इख़तसार इस नावल की बहुत-सी खूबियों को रोशन नहीं होने देता। बिरजन बहुत जल्दी बेवा हो गई थी। और वह प्रताप की मुहब्बत में यकसाँ तौर पर सरशार रही। लेकिन आख़िर में माधुरी भी एक उम्दा कैरेक्टर है जो प्रताप के रंग में सरशार होकर जोगन हो गई और उम्र-भर एक मतवाली जोगन की हैसियत से दरबदर की ख़ाक छानती रही। अफ़सोस कि देश-उपकार की तरह यह दास्तान भी निहायत मुख़्तसिर है जिससे क़िस्से का मज़ा किरकिरा हो जाता है।

"माधुरी के इश्क़ में एक और नुक्स भी नज़र आता है। यानी वह ब्राह्मणी थी, और प्रताप ग़ालिबन कायस्थ था, क्योंकि उसके वालिद का नाम मुंशी सालगराम बताया गया है, जो साधुओं और ब्राह्मणों के पक्के मुअक़ला थे। इस सूरत में माधुरी को शादी करने का ख़याल ही क्यों पैदा हुआ? अगर बिरजन की तालीम ने उसे ज़्यादा रोशन ख़याल बना दिया था और मुसन्निफ़ को इससे इन्टरमैरिज के मसला पर रोशनी डालनी थी तो बेहतर होता कि दोनों का अकदा करा दिया जाता, मगर बालाजी मुद्दत उल उम्र तारकुद दुनिया रहे और साधुओं की तरह ज़िन्दगी बसर करते रहे, जिससे इस मसला की ताईद नहीं होती। बहरनौ, क़ाबिल मुसन्निफ़ की यह इब्तदाई कोशिश बता रही है कि एक दिन वह उम्दा नावलिस्ट होंगे, क्योंकि इन खफ़ीफ़ फ़र्द गुज़ाश्तों पर भी 'जलव-ए-ईसार' गुज़िश्ता साल की बेहतरीन तसानीफ़ में शुमार होने के क़ाबिल है।"

'जलव-ए-ईसार' 1912 में एक नई चीज़ इसलिए थी कि यह देश-प्रेम, स्वाभिमान, देशोपकार इत्यादि इन सब रसों से भरपूर है। विदेशी शासन, पुलिस की क्रूरता तथा हिन्दी भाषा के बारे में भी उधर-उधर ज़िक्र है।

एक समालोचक[1] के मतानुसार 'बालाजी' (प्रतापचन्द) का कैरेक्टर विवेकानन्द के साँचे में ढला है। जैसा कि हम पहले कह चुके हैं, 'ज़माना' के मई, 1908 अंक में प्रेमचन्द (नवाबराय) का विवेकानन्द पर एक लेख छपा था। 'अदीव' के जनवरी से दिसम्बर, 1910 के अंकों में भी स्वामी विवेकानन्द की किसी एक पुस्तक का 'रहनुम-ए-हिन्द' के नाम से धारावाहिक अनुवाद छपा था। अनुवादक थे नवाबराय।

'जलब-ए-ईसार' की भाषा 'हमख़ुर्मा व हमसवाब' तथा 'सोज़े वतन' से भिन्न है। फ़ारसी के शब्दों की जगह प्रचलित हिन्दी या संस्कृत के शब्दों का अधिक प्रयोग हुआ है। इसका एक कारण तो प्रेमचन्द पर आर्य-समाज का प्रभाव था। वैसे तो 'हमख़ुर्मा' व 'हमसवाब' का पहला दृश्य भी आर्यसमाज मन्दिर में एक लेक्चर से सम्बन्धित है। धनकधारीलाल प्रेमचन्द के प्रवक्ता ही हैं। परन्तु महोबा के कयाम (1910–14) में प्रेमचन्द आर्यसमाज के और भी निकट आ गए। महोबा तथा निकट के क्षेत्रों में ईसाई पादरी ग़रीब लोगों को बड़ी तेज़ी से ईसाई बना रहे थे। इसको रोकने के लिए आर्यसमाज ने भी अपने प्रचारकों को वहाँ भेजा। 1912 के मध्य में एक प्रचारक (मौलवी आलिम फ़ाज़िल) महेशप्रसाद तथा उनके दो साथी, महोबा पहुँचे और प्रेमचन्द के घर पर ही ठहरे। उन्होंने लिखा, "हम तीनों का सत्कार उन्होंने निरन्तर सात-आठ रोज़ तक जिस प्रेम व नम्रता के साथ किया, उसको हम कभी नहीं भूल सकते!" प्रेमचन्द तथा तीनों प्रचारक साथ ही भोजन करते और विविध विषयों पर बातचीत भी करते। विषय थे—(1) महोबा से सम्बन्ध रखनेवाली ऐतिहासिक बातें, (2) ईसाई पादरियों का, महोबा ही नहीं, हमीरपुर ज़िले में काम—प्रेमचन्द के अनुसार यह हमारी सामाजिक त्रुटियों का ही फल है कि महोबा अथवा बुन्देलखंड के स्थानों में हिन्दुओं के अनेक लड़की-लड़के ईसाइयों के घरों में पहुँच जाते हैं। (3) आर्यसमाज और उसके कार्य-सम्बन्धी बातें।

"हमीरपुर आर्यसमाज को 'दस रुपए' देने का पक्का वायदा किया था। भेज नहीं पाया।" जलसा होने वाला था। निगम को लिखा : "आप मेरी ओर से (यह रक़म) सीधा भेज दीजिए।"

अपनी कहानी 'ख़ूने सफ़ेद' में प्रेमचन्द ने दिखलाया है कि जब ईसाई पादरी एक ग़रीब किसान के लड़के को लालच देकर ईसाई बना लेते हैं, तो उनके बीच में रहकर उसमें कितना परिवर्तन आ जाता है। परिवर्तन उस ही में नहीं, उसके गाँव वालों में भी आ जाता है, क्योंकि जब वह वापस लौटता है तो गाँव वाले उससे छुआछूत करते हैं, जैसे उसका ख़ून ही सफ़ेद हो गया हो।

---

1. डॉ. क़मर रईस।

10
पत्रकार बनने की इच्छा

'सोज़े वतन' के बारे में हुई कार्रवाई से प्रेमचन्द बड़े क्षुब्ध थे। अंग्रेज़ों के विरुद्ध उन्हें जैसे घृणा-सी हो गई थी। एक बार जब निगम ने कुछ अंग्रेज़ हाकिमों को एक लड़की की शादी के अवसर पर अपने घर बुलाया तो प्रेमचन्द ने निगम को लिखा कि आपने अंग्रेज़ हुक्काम की दावत नाहक की। आख़िर इससे क्या फ़ायदा समझा ?[1] निगम स्वयं लिखते हैं—''जहाँ तक मैं समझता हूँ यह ख़याल उनके ज़हन नशीन हो गया था कि जब अंग्रेज़ हम हिन्दुस्तानियों से बिलकुल अलग-थलग रहते हैं तो हम लोगों को भी उनसे दूर ही रहना चाहिए। क़ौमी ख़ुद्दारी के वह बड़े हामी थे और अदबी ज़िन्दगी के इब्तदाई ज़माने में सरकारी अफ़सरान ने उनके साथ जो नामुसिफ़ाना बरताव किया, उसका असर उनके दिल से कभी ज़ाइल नहीं हुआ... 'सोज़े वतन' के मुतअल्लिक़ हुक्काम की कार्रवाई सरासर बेज़ा थी, क्योंकि उसका कोई क़िस्सा ऐसा न था जिस पर उनके ख़िलाफ़ कोई क़ानूनी कार्रवाई की जा सकती।''

प्रेमचन्द सरकारी नौकरी छोड़कर किसी अख़बार में काम करने की सोचते थे। एक बार निगम से 'अवध अख़बार' के स्टाफ़ में जाने की बातचीत चली। निगम ने प्रेमचन्द को लिखा और उनसे पूछा। प्रेमचन्द का उत्तर सुनिए—

'' 'अवध अख़बार' वाले मुआमले (में) क्या जवाब दूँ? माली पहलू यह है कि यहाँ नेट आमदनी अस्सी से किसी तरह ज़ाइद नहीं है। दौरे का ख़र्च और मुलाज़िमों की तनख़्वाह इसमें शामिल नहीं है। क़रीब-क़रीब यही हालत वहाँ भी होगी। और मसारिफ़ बदस्तूर। मगर काम में बड़ा फ़र्क़ है। यहाँ (सब डेप्युटी इन्सपैक्टरी में) बहुत आज़ादी है, बावजूद ग़ुलामी के, चूँकि कोई अफ़सर सर पर नहीं रहता और न कोई जवाबदेही है। इसलिए आज़ादी-सी मालूम होती है। दस बजे से पाँच बजे की हाज़िरी, दिमाग़ी काम, रोज़ाना अख़बार, जी काँप जाता है। हिम्मत नहीं पड़ती। यहाँ लिटरेरी काम बमंजला-ए-तफ़रीह है। वहाँ यह मआश हो जाएगा, हालाँकि छोटक की पढ़ाई और आइन्दा ज़िन्दगी की रफ़्तार के ख़्याल से यह मौक़ा बुरा नहीं है, मगर काम की कसरत इरादा को मुस्तक़िल नहीं होने देती। बहरहाल मैं अभी दुविधा में हूँ। अगर मौक़ा मिले तो आप प्रोप्राइटर से ज़िक्र कीजिएगा। उस वक़्त तक शायद इरादा किसी तरफ़ जम जाए।''

इसी पत्र में लिखते हैं—''मेरे किसस के मजमूए का ख़याल रखिएगा और जब आप 'अवध अख़बार' में पहुँच जाएँ, उस वक़्त इसे निकालने की फ़िक्र करना मुनासिब

1. बालमुकुन्द गुप्त ने 21 अक्तूबर, 1906 को अपनी डायरी में लिखा : ''सवा सात बजे कानपुर पहुँचे। दयानारायण जी निगम, नवाबराय सहित मिले। स्टेशन के एक गोरे ने उनसे बड़ा ख़राब बरताव किया। ख़राब क्या बड़ी बेईमानी और बदनीयती की।''

होगा। मुमकिन है आपका 'अवध अख़बार' में पहुँचना मेरे लिए कोई बेहतरी की सूरत पैदा करे। क्या ज़रूरत है कि मैं अपना ख़ूने जिग़र (या उँगलियों से निकलने वाले क़तरा-ए-ख़ून) को किसी ग़ैर जगह फेंकूँ। अगर अपने घर में क़द्र हो, तो क्यों दूसरे का दस्तेनगर होऊँ? हालाँकि मैंने 'हमदर्द' को कोई अच्छा क़िस्सा नहीं दिया, ताहम अगर उनके लिए और कोई गुंजाइश होती तो मैं वहाँ न देता। हाँ, ख़सारा न होना चाहिए। आपका पास ईश्वर ने चाहा तो परसों क़िस्सा पहुँचेगा...'' इसी पत्र में...''आपने मेरी तनख़्वाह बढ़ा दी। इसका मशकूर हूँ, क्योंकि यह प्राइवेट ट्यूशन है। अब मुझे आठ रुपए माहवार मिलेंगे।''

'ज़माना' में तो प्रेमचन्द को शुरू ही से दिलचस्पी थी। वह चाहते थे कि यह मासिक एक इतनी अहम पत्रिका बन जाए कि उसका ख़ूब नाम हो। ''मेरी दोस्ताना सलाह यह है कि आप 'माडर्न रिव्यू' की जगह 'अदीब' को लेने दीजिए और ख़ुद हिन्दुस्तान रिव्यू की जगह लीजिए।'' निगम चाहते थे कि 'अदीब' की तरह 'ज़माना' में भी तसवीरें हों। प्रेमचन्द ने लिखा—''अपनी हार मान लेने में बुराई नहीं है। आप इंडियन प्रेस के वसाइल कहाँ से लाएँगे...'ज़माना' की ख़ूबी मज़ामीन पर होनी चाहिए, तसावीर पर नहीं...तसावीर की किफ़ायत क़ाग़ज़ और छपाई की इसलाह में सर्फ़ कीजिए और मौजूदा मसाइल पर मज़ामीन लिखाने की फ़िक्र कीजिए। वासू के बिल पर कोई मज़मून न निकला, गोखले के बिल ने कहाँ तक तरक़्क़ी की, मुहम्मेडन यूनिवर्सिटी की कान्स्टीट्यूशन वग़ैरा मसले पर कुछ होना चाहिए था। मतलब यह है कि 'ज़माना' अपटुडेट पोलिटीकल पेपर हो। ज़ौक पर आधा परचा भरना मैं अच्छा नहीं समझता। हमें ज़ौक का रोना रोने से क्या मिल जाता है? ज़ौक के नाम पर रोने वाले बहुत हैं। यह काम 'अदीब' को करने दीजिए और आप इससे बेहतर काम में मसरूफ़ हो जाइए।''

जब 1912 में दयानारायण निगम ने 'ज़माना' मासिक के अलावा एक उर्दू साप्ताहिक, और आगे चलकर दैनिक भी, निकालने का फ़ैसला किया, तो प्रेमचन्द ने निगम को लिखा कि इसे हफ़्तावार 'कामरेड' के नमूने का होना चाहिए, ''मगर पॉलिसी हिन्दू। अब मेरा हिन्दुस्तानी क़ौम पर एतक़ाद नहीं रहा और उसकी कोशिश फ़ज़ूल है।'' प्रेमचन्द ने साप्ताहिक का नाम भी 'हिन्दू' रखने को कहा। क्योंकि 'हिन्दू' नाम का कोई पर्चा पंजाब से निकलने लगा था, इसलिए दूसरा नाम 'रफ़्तारे ज़माना' तजवीज़ हुआ। ''आपने भी तो यही नाम पसन्द किया था। नाम तो यही रखिये...मुझे यक़ीन है कि एक हिन्दू पर्चा, जिसका अच्छा काग़ज़ हो, अच्छी छपाई हो, उसके लिए काफ़ी गुंजाइश है। हमारी यही कोशिश होगी कि उर्दू परचों में 'रफ़्तारे ज़माना' एक ताक़त हो जाए। उसकी रायों का दूसरे अख़बार इक़्तबास करें।''

प्रेमचन्द निगम की सहायता करने को तत्पर थे। ''आप तनहा एक असिस्टेंट की मदद से हफ़्तावार अख़बार इसी हालत में चला सकेंगे, जब क़लम को ज़्यादा रवाँ बनाएँ। मैं हफ़्तावार एक-दो सफ़े बिला-नाग़ा आपकी ख़िदमत में भेज दिया करूँगा,

कुछ नोट होंगे, बन पड़ा तो कोई एडीटोरियल, कभी किसी मज़मून का तर्जुमा, कभी कुछ। ईश्वर का नाम लेकर शुरू कीजिए। मुझसे जो मदद हो सकेगी, करता रहूँगा। फिलहाल मेरी हालत मुझे इजाज़त नहीं देती कि कुछ ईसार कर सकूँ। यक़ीन मानिए, आपसे बसिदक़े दिल कहता हूँ कि जब से यहाँ आया हूँ, सिर्फ़ दो सौ रुपए मेरे पास जमा हुए हैं। और वह भी सौ रुपए नावल का मुआवज़ा है और सौ रुपए में कोई तीस रुपए इंडियन प्रेस से मिले। शायद तीस या पैंतीस रुपए आपने दिए और इसी क़द्र 'एजूकेशनल गज़ट' से मिला। मेरी तनख़्वाह और भत्ते में कौड़ी की बचत नहीं हुई। हाँ, बचत कहिए तो, कमाई कहिए तो, बीवीजान की बरसों की ज़िद पर रफ़ा शिकायत के लिए एक कड़ा बनवाया, जिसका सदमा अब तक न भूला। इस बिरते पर मैं क्या ईसार करूँ? साठ रुपए तनख़्वाह है, चालीस रुपए का औसत। और...नहीं मालूम यहाँ कानपुर के मुक़ाबले क्या ख़र्च बढ़ गया है। वहाँ चालीस रुपए में गुज़र हो जाती थी, यहाँ उसके दुगुने में रोना पड़ा हुआ है, और बढ़े हुए अख़राजात को तोड़ना मुझ पर तो नहीं, दूसरों पर सितम होगा....ख़ैर छः माह अख़बार की हालत देखकर बाद को फ़ैसला कर सकूँगा कि मेरे लिए कौन-सा रास्ता ज़्यादा सीधा है। यहाँ से रुख़सत लेकर चला आऊँगा और जिस क़द्र मेहनत और कोशिश दरकार होगी उसमें दरेग़ न करूँगा। क्या अजब है मैं अख़बार को चला सकूँ! अगर छः माह के बाद अख़बार कुछ दे निकला, तो मैं हाथ-पैर फैलाऊँगा, वरना अपना-सा मुँह लेकर अपने पुराने ढर्रे पर चलूँगा। मगर साठ रुपए से कम पर मेरा गुज़ारा नहीं हो सकता। यह साफ़गोई आपको अपना दोस्त, हमदर्द और भाई समझकर कहता हूँ। मैं काम से जी नहीं चुराता। न इस क़द्र मुतालिवा चाहता हूँ, गोया मैं कहीं का बड़ा मुंशी-ए-विकार हूँ। नहीं, सिर्फ़ गुज़ारा चाहता हूँ और गुज़ारा साठ रुपए से कम में नहीं हो सकता। दूसरी बात, आपने 'ज़माना' अब तक निज के तौर पर चलाया है। इसका ख़र्च और आपका जेब-ख़र्च दोनों एक ही मद में शुमार होते रहे, जिसकी वजह से अक्सर परेशान होते रहे। आपने अपना ज़ाती ख़र्च बहुत बढ़ा लिया है। साफ़गोई के लिए मुआफ़ फरमाइएगा। 'रफ़्तारे-ज़माना' का मुआमला निज का मुआमला न होगा। इसका हिसाब-किताब और ख़र्च सबका मद आपके जेब-ख़र्च से बिलकुल अलग होगा। इन्हीं उसूलों पर काम चल सकता है...अख़राजात की तफ़सील जो आपने दी है वह मैं पहले भी देख चुका हूँ। बहरहाल मैं काम करने के लिए तैयार हूँ, ऊपर लिखी हुई शर्तों पर, और उस हालत में जबकि माली हालत मुस्तक़िल हो। और मैं किराए का टट्टू बनकर काम न करूँगा, बल्कि सच्चे जोश से। या तो आप अभी मेरी ख़िदमत तलब करें, या जब अख़बार की हालत कुछ मालूम हो तब।''

निगम ने अपने लिये प्रेस मशीन का आर्डर दिया। सुनते ही प्रेमचन्द ने ख़ुशी से (कुछ स्वार्थ भी था) लिखा : ''मुझे बड़ी ख़ुशी हुई। जिल्दसाजी, कुतुबफरोशी की थाखें भी क़ायम होंगी। ईश्वर आपकी कोशिशों को सरसब्ज़ करें। मैं मजबूर हूँ कि

मुझे 'टु फाल बैक अपॉन' का कोई सहारा नहीं है। बस, किराए का टट्टू हूँ। 'प्रेम पचीसी' इस प्रेस का पहला काम होगा।..." कुछ ही महीनों बाद 'ज़माना' का क़लमदान सँभालने (के सम्बन्ध में) "उर्दू की हवा आजकल बिगड़ी हुई है। अख़बारनवीसी बहुत मुश्किल हो गई है। जितने मौजूदा रसाले हैं उनमें किसी को फरोग़ नहीं। सब कुत्ते की ज़िन्दगी जीते हैं। इन हालात में क्या हौसला हो। इधर पन्द्रह साल की मुलाज़मत। कुछ दिन और ज़िन्दा हूँ तो इनवैलिड पेंशन का हकदार हो जाऊँ। मेरे लिये यही लाइन सबसे अच्छी है और मुझे यहीं पड़ा रहने दीजिए।"

'प्रेमचन्द' 'देश' के सम्वाददाता बन गए और 'आज़ाद' में भी लिखना शुरू किया। अभी 'आज़ाद' को एक साल भी नहीं हुआ था और यह जम भी नहीं पाया था कि प्रेमचन्द ने निगम को लिखा, "कि 'आज़ाद' में छपे लेखों का मुआवज़ा आठ आने फ़ी कालम दिया जाए।" कभी निगम को जूते के लिए लिखते, और कभी घड़ी के लिए जो 'आज़ाद' की 'यादगार' हो।

एक बार छुट्टियों में प्रेमचन्द कानपुर गए। उनका ख़याल था, आज़ाद के लिए काम करने के बारे में कुछ फ़ैसला हो सकेगा, पर वहाँ इस बारे में कोई बात न हुई। छुट्टियाँ ख़त्म होने पर प्रेमचन्द अपनी नौकरी पर वापस लौट आए। निगम ने बुरा मनाया। जली-भुनी लिखी। प्रेमचन्द का उत्तर सुनिए—

'अताब नामा, जिसे आपका इनायतनामा कहना चाहिए, वसूल हुआ। कई दिन हो गए। सोचता रहा किन लफ़्जों में जवाब दूँ। कैसे ग़ुस्सा ठंडा करूँ। कुछ अक़्ल ने काम न किया। न शेर-ओ-शायरी से मस है कि दो-चार बढ़िया शेर चस्पाँ कर दूँ। बिल आख़िर दिल ने यही फ़ैसला किया कि तुम ख़तावार हो, मिज़ाजे यार में जो कुछ आए कहने दो, और ज़बान बन्द किए सुने जाओ। यह कहना कि मैं बेख़ता हूँ, ग़ालिबन आपके नज़दीक कोई मानी नहीं रखता, क्योंकि आपको गुरूर है कि आपके चन्द अज़ीज़ भी मुलाज़िमे सरकार हैं, और आप क़बाइद से वाकिफ़ हैं। मगर मुआफ़ कीजिएगा अगर मैं अर्ज़ करूँ कि आपने अपनी उम्र का सबसे बेशबहा हिस्सा मेरी तरह सरकारी मुलज़िमत में सरफ़ किया होता तो आप इतनी बेखौफ़ी से यह अलफ़ाज़ न लिखते। मैंने रुख़सत लेने में कोई दक़ीक़ा नहीं छोड़ा। दो दरख़्वास्तें दीं, तार दिया। दरख़्वास्ते दोनों बाद अज़ वक़्त दी गईं और दोनों मेरे पास रखी हुई हैं। बेशक मैंने मेडिकल सर्टिफ़िकेट देने की कोशिश नहीं की, लेकिन मुझे यहाँ इसके मिलने की उम्मीद भी न थी। यह इलज़ाम कि दरख़्वास्तें क्यों बाद अज़ वक़्त दी गईं, मेरे सर ज़्यादा-से-ज़्यादा 10 (तारीख़) से है, क्योंकि मेरे पहले हफ़्ता-ए-क़यामे कानपुर में तो आपने रोज़ाना वग़ैरह का कोई डायरेक्ट तज़करी नहीं किया। ज़िक्र किया तब, जब मेरी रुख़सत ख़त्म होने को आई और फ़ैसला उस वक़्त हुआ जब कुल तीन दिन रह गए। ऐसी हालत में मेरे जैसा ज़राया का आदमी बजुज़ इसके और क्या कर सकता था कि रुख़सत लेने की कोशिश बहद्दे इमकान करे और न मिल सके तो मजबूरन

व लाचारन अपनी नौकरी पर वापस आए। आप ही फ़रमाइए मुझे क्या ग़रज़ पड़ी थी, क्या दबाव था कि मैं पहले काम शुरू करता और तब भाग खड़ा होता। आपने मेरा गला नहीं दबाया था और न दबा सकते थे। आपने मुझे किसी सेक्रिफ़ाइस करने पर मजबूर नहीं किया, न मैंने कोई सेक्रिफ़ाइस की। मेरा माली फ़ायदा था। फिर ऐसा कौन अम्र था, जो मेरी बेदिली का वाइस होता। हमीरपुर में मैं ऐसे वक़्त पहुँचा जब मेरी रुख़सत तमाम होने में सिर्फ़ चौबीस घंटे की देर थी। 14 सितम्बर की शाम को तमाम होने वाली थी। मैं 13 की शाम को चला और इतवार का दिन। डिप्टी इन्सपेक्टर दौरे पर। ग़रज़ हमीरपुर में ऐसा कोई शख़्स न था, जिससे मैं कुछ सलाह-मशवरा ले सकता, क्योंकि हमीरपुर में मेरे जानने वाले गिनती के आदमी भी नहीं हैं। यहाँ भागा और चार्ज लेने में तब भी एक दिन की देर हो गई, जिसका जवाब मुझको देना पड़ा। यह है मेरा बयाने हलफ़ी।

"अब दूसरे पहलू पर नज़र कीजिए। आपको मेरे भाग निकलने पर नाराज़ होने की ज़रूरत नहीं है, क्योंकि जैसा अख़बार आप चाहते हैं, वह कम तनख़्वाह और सरफ़ा में निकल सकता है और निकल रहा है। मालूम नहीं इसकी अशायत क्या है, लेकिन मुझे यक़ीन है कि इसकी वह हैसियत क़ायम है। एक मामूली सेहत और मामूली लियाक़त का आदमी ऐसा अख़बार निकाल सकता है जिसमें बहुत-सा ओरिजिनल न लिखना पड़े। मालूम नहीं आपने रोज़ाना 'आज़ाद' का क्या इन्तज़ाम किया। न मुझे पूछने का कोई हक़ हासिल है। लेकिन यक़ीनन हसबे दिलख़्वाह कोई-न-कोई इन्तज़ाम ज़रूर हो गया होगा। और 18 अक्तूबर में तो उसकी दिलचस्पी के लिए किसी मज़ीद मसाले को ज़रूरत ही बाक़ी न रहेगी। आप और अगर ज़्यादा नहीं तो यही ख़याल करके मुझे मुआफ़ कीजिए कि रोज़ाना अख़बार की आरज़ू को अमली सूरत में लाने वाला यही शख़्स है। गाड़ी का पहिया पहले मुश्किल से हिलता है, और एक बार चल निकला, तो चल निकला।

" 'प्रेम-पचीसी' ग़ालिबन अब शबे यलदा तक न छप सकेगी, क्योंकि रोज़ाना अख़बार की ज़रूरियात कब प्रेस को ख़ामोश बैठने देगी।

"मैं आपसे अर्ज़ कर चुका हूँ कि मेरे 'आज़ाद' और 'ज़माना' के मज़ामीन के मुतअल्लिक़ कुल बहत्तर रुपए आते हैं। छप्पन रुपए पहले थे, इन दो ताज़ा क़िस्सों की उजरत शामिल करके बहत्तर रुपए हो जाते हैं।

"आपने फ़रमाया था कि 'प्रेम-पचीसी' साढ़े चार जुज़्ब छप चुकी है और इसके अख़राज़ात मय किताबत-काग़ज़ वग़ैरह बहत्तर रुपए हुए हैं। गोया हमारा और आपका हिसाब यहाँ तक साफ़ है। अब अगर आप 'पचीसी' को निकालना पसन्द करें, और आप निस्फ़ नफ़ा-नुक़सान में शरीक़ हों, तो साढ़े चार जुज़्ब और छपवाइए, ताकि नौ जुज़्ब की एक ख़ासी किताब हो जाए। ग़ालिबन इस नौ जुज़्ब में बारह कहानियाँ आ जाएँगी। अगर मेरी तरतीब के मुताबिक़ बारह क़िस्से न आ सकते हों तो आप

ज़रा-सी तरमीम करके इस नौ जुज़्ब में बारह क़िस्से खपा सकते हैं। यह गोया 'पचीसी' का पहला हिस्सा होगा। दूसरा हिस्सा हसबे ज़रूरत और मसलहतन बाद को शाया कर दिया जाएगा। लेकिन अगर आपका प्रेस इतना वक़्त ही न निकाल सके तो मैं बदर्जा मजबूरी यह इल्तमास करूँगा कि या तो मेरे बहत्तर रुपए मुझे अता फ़र्माये जाएँ, या 'प्रेम पचीसी' के साढ़े चार जुज़्ब छपे हुए रेल के ज़रिये मेरे पास भेज दिए जाएँ। ग़ालिबन इन दरख़्वास्तों में मैं ग़ैर-माकूलियत से काम नहीं ले रहा हूँ। मैं किसी दूसरे पब्लिशर को ढूँढूँगा। और न मिल सका तो इसी साढ़े चार जुज़्ब को एक टाइटल पेज लगाकर साढ़े चार जुज़्ब की किताब बना लूँगा। सिर्फ़ देबाचा और टाइटल की ज़रूरत होगी। और यह भी न हो सका तो शहद और घी लगाकर इन औराके-परीशान को चाटूँगा और समझूँगा कि

ज़रे ख़ुद मीख़ोरम्
वामेवाए मेहनते ख़ुद मी ख़ोरम्।

"बहरहाल आप जो कुछ तसफ़िया करें जल्द करें और मुझे मुतला फ़रमाएँ। सबसे सहल नुसख़ा बस छपे हुए जुज़्ब को भेज देना है। इसमें आपको सिर्फ़ हुक़्म देने की देर है। दफ़्तरी से गट्ठा बनवाया और रेल पर रख आए। आपको कोई तकलीफ़ न हुई।

"मैं अब सिर्फ़ नौ जुज़्ब की किताब निकालना पसन्द करता हूँ, बशर्ते कि आप शरीक़ हों, और जल्द किताब को निकाल सकें। क़यामत के इन्तज़ार में बैठने से तो यही बेहतर है कि जो कुछ सवाब इस वक़्त मिलता है मिल जाए।"

सब-डिप्टी इन्सपेक्टर ऑफ़ स्कूल की नौकरी में प्रेमचन्द को हमीरपुर ज़िला का दौरा करना पड़ता था। यहीं प्रेमचन्द को पेचिश की शिकायत हुई। उनके अपने ही शब्दों में सुनिए—"गरमी के दिनों में यहाँ कोई हरी तरकारी न मिलती थी। एक बार कई दिन तक लगातार सूखी घुइयाँ खानी पड़ीं। यों तो मैं घुइयों को बिच्छू समझता हूँ और तब भी समझता था, लेकिन न जाने क्योंकर यह धारणा मन में हो गई कि अजवायन से घुइयों का बादीपन जाता रहता है। ख़ूब अजवायन डलवाकर खा लिया करता। दस-बारह दिन तक किसी तरह का कष्ट न हुआ। मैंने समझा शायद बुन्देलखंड की पहाड़ी जलवायु ने मेरी दुर्बल पाचन-शक्ति को तीव्र कर दिया, लेकिन एक दिन पेट में दर्द शुरू हुआ और सारे दिन मैं मछली की भाँति तड़पता रहा। फंकियाँ खाईं, पेट पर गरम बोतल फेरी, जामुन का अर्क़ पिया—देहात में जितनी दवाएँ मिल सकती थीं, खाईं—मगर दर्द न कम हुआ। दूसरे दिन पेचिश हो गई, मल के साथ आँव आने लगी, लेकिन दर्द जाता रहा। एक महीना बीत चुका था। मैं एक क़स्बे में पहुँचा, तो वहाँ के थानेदार साहब ने मुझसे थाने ही में ठहरने और भोजन करने का आग्रह किया। कई दिन से मूँग की दाल खाते और पथ्य करते-करते ऊब उठा था। सोचा, क्या हर्ज़ है, आज यहीं ठहरो। भोजन तो स्वादिष्ट मिलेगा। थाने ही में अड्डा जमा दिया। दारोगाजी ने जिमीक़न्द का सालन पकवाया, पकौड़ियाँ, दही-बड़े, पुलाव। मैंने

एहतियात से खाया—जिमीक़न्द तो मैंने केवल दो फाँकें खाईं, लेकिन खा-पीकर जब थाने के सामने दारोगाजी के फूस के बँगले में लेटा तो दो-ढाई घंटे बाद पेट में फिर दर्द होने लगा। सारी रात और अगले दिन-भर कराहता रहा। सोडे की दो बोतलें पीने के बाद कै हुई, तो जाकर चैन मिला। मुझे विश्वास हो गया, यह जिमीक़न्द की कारस्तानी है। घुइयों से पहले ही मेरी कुट्टी हो चुकी थी। अब जिमीक़न्द से भी वैर हो गया। तब से इन दोनों चीज़ों की सूरत देखकर मैं काँप जाता हूँ।

"दर्द तो फिर जाता रहा, पर पेचिश ने अड्डा जमा लिया। पेट में चौबीसों घंटे तनाव बना रहता, अफ़ारा हुआ करता। संयम के साथ चार-पाँच मील टहलने जाता, व्यायाम करता, पथ्य से भोजन करता, कोई-न-कोई औषध भी खाया करता, किन्तु पेचिश टलने का नाम न लेती थी और देह भी घुलती जाती थी। कई बार कानपुर जाकर दवा कराई। एक बार महीने-भर प्रयाग में डॉक्टरी और आयुर्वेदिक औषधों का सेवन किया, पर कोई फ़ायदा नहीं। तब मैंने तबादला कराया। चाहता था रुहेलखंड, पर पटका गया बस्ती के ज़िले में और हलक़ा भी वह मिला जो नेपाल की तराई है। यह जुलाई, 1914 की बात है। चार महीने बाद निगम को लिखा—'आपने चार-पाँच मील हवा खाने की सलाह दी है, उसकी तामील कर रहा हूँ। पाँच दिन से लगातार तीन-चार मील घूमता हूँ। उम्मीद है कि तबीयत टिचन होगी। सारी दुनिया को सैनेटोजन फ़ायदा करती है, मुझे इससे भी कुछ न हुआ। हक़ीक़त यह है कि सेहत बड़ी चीज़ है। जिसने इसकी क़द्र न की उसके लिए बजुज़ रोने और सर धुनने के और कोई इलाज नहीं है।'"

प्रेमचन्द चाहते थे कि सरकारी नौकरी छोड़कर कुछ और काम करें। जब निगम ने एक नए अख़बार के बारे में लिखा, तो प्रेमचन्द ने उत्तर दिया—"पंडित विश्वनाथजी अख़बार निकालने वाले हैं, यह अच्छी ख़बर है। मैं अपनी मौजूदा हालत के ऐतबार से रोज़ाना अख़बार के लायक किसी तरह नहीं हूँ। फिर उर्दू और हिन्दी दोनों का भार मुझसे क्योंकर चलेगा। अगर अख़बारी काम करना होता तो 'आज़ाद' क्या बुरा था। उसी को निकालता रहता।"

एक दूसरे पत्र में—"मैं जो आजिज़ हूँ वह मातहती से। काम ऐसा करना चाहता हूँ जिसमें बजुज मेरी तबीयत के और किसी का तकाज़ा न हो। अगर जी में आए तो रात-दिन काम करता रहूँ, और जी चाहे तो थोड़ा ही करूँ। और यह सिर्फ़ मालिकाना हैसियत से हो सकता है।"

निजी काम के लिए धन की आवश्यकता थी और प्रेमचन्द के पास कुछ हो न हो, धन नहीं था। लाटरी की टिकटें ख़रीदीं। क़िस्मत ने साथ नहीं दिया "इसलिए मेरे लिये तो अब यही मुनासिब है कि किसी प्राइवेट स्कूल की मास्टरी कर लूँ, जहाँ से...माहवार मिले...कोई प्राइवेट स्कूल की मुदर्रिसी की चर्चा हो तो मेरा ख़याल रखिएगा (क्योंकि मैं अब इससे बेज़ार हो गया हूँ।)...इसी के साथ-साथ 'ज़माना' और 'आज़ाद' की ख़िदमत करूँ। इस तरह मुझे साठ-सत्तर रुपए माहवार का औसत

पड़ता जाए। इससे ज़्यादा की ख़्वाहिश नहीं, और न इससे ज़्यादा पा सकता हूँ। ख्वामख़्वाह तक़दीर से क्यों लड़ूँ।

"कुछ किताबें लिखूँगा, कुछ अपनी किताबें छपवाऊँगा। पाँच-छः सौ मेरी कमाई है, इसे इन्हीं कामों में सरफ़ करूँगा और बिल आख़िर जब लिटरेरी शोहरत हासिल कर सकूँगा तो कोई माहवार रसाला निकालकर गुज़र करूँगा। और अगर इससे पहले हयात ने जवाब दे दिया तो फिर राम नाम सत्त है...

"क्या कहूँ, आपने मुझे उछालने में कोई कसर नहीं रखी। ख़ूब उछाला। मगर मैं ही क़िस्मत का अन्धा हूँ कि उछलकर परवाज़ नहीं कर सकता; बल्कि नीचे गिरने के लिए डरता हूँ, वरना शिवव्रतलाल वर्मन की तरह चैन से ज़िन्दगी बसर करता...आप मेरी किताब जल्दी छपवा दीजिए, ताकि इसकी क़द्रदानी देखकर दूसरे हिस्से में हाथ लगे और कुछ नफ़ा भी हो।"

मार्च, 1914 तक प्रेमचन्द दुविधा में थे कि किस लेखन-शैली को अपनाएँ। उन्हीं दिनों के एक पत्र में निगम को लिखते हैं—"मुझे अभी तक इत्मीनान नहीं हुआ कि कौन-सा तर्ज़ तहरीर अख़्तियार करूँ। कभी तो बंकिम की नक़ल करता हूँ, कभी आज़ाद के पीछे चलता हूँ। आजकल काउंट ताल्सताय के क़िस्से पढ़ चुका हूँ। तब से कुछ इसी रंग की तरफ़ तबीयत माइल है। यह अपनी कमज़ोरी है और क्या। यह क़िस्सा जो मैं रवाना कर रहा हूँ इसमें लुत्फ़े तहरीर की मुतलक़ कोशिश नहीं की गई, सीधी-सादी बातें लिखी हैं। मालूम नहीं, आप पसन्द करेंगे या नहीं।"

बस्ती में पेचिश और बढ़ गई थी। प्रेमचन्द ने छः महीने की छुट्टी ली। कानपुर, फिर लखनऊ के मेडिकल कॉलेज में इलाज करवाया, परन्तु निराशा हुई। फिर काशी जाकर एक हकीम से इलाज कराया। तीन-चार महीने बाद थोड़ा-सा फ़ायदा मालूम हुआ, पर बीमारी जड़ पकड़ चुकी थी। बस्ती लौटते ही पुरानी हालत हो गई। तब प्रेमचन्द ने दौरे की नौकरी से स्कूल की नौकरी के लिए अर्जी दी। "देखूँ डायरेक्टर साहब कब तक मास्टरी पर वापस भेजते हैं। बहरहाल इससे अब तंग आ गया हूँ और मास्टरी को इस ज़िन्दगी पर तरजीह देता हूँ। सिर्फ़ तनख़्वाह की कमी की शिकायत अलबत्ता है। अगर मुझे पचास रुपए देगा तो बख़ुशी चला जाऊँगा।"

ऐसा ही हुआ। मई, 1915 में वह बस्ती में ही पचास रुपए पर सहायक मास्टर नियुक्त हो गए।

यहाँ बस्ती में ही शिवरानीदेवी को पता लगा कि उनकी सौत अभी ज़िन्दा है। उन्हीं के शब्दों में सुनिए—

"एक दिन की घटना है कि दरवाज़े पर उनके पहले साले बैठे थे। आप उन्हीं से बात कर रहे थे। इत्तिफ़ाक से मेरी दो साल की लड़की कमला बकवाँ दरवाज़े पर चली गई। मैं उसे देखने के लिए दरवाज़े की तरफ़ गई। मैंने देखा लड़की उनके साले साहब की गोद में थी। वे बड़े प्यार से उसे चुमकार रहे थे। इसी बीच में रंजीदा स्वर

में बोले—'अगर हमारा सम्बन्ध भाईचारे का भी होता तो क्या मेरी बहन इसे प्यार न करती।' इस पर आप ख़ामोश थे। वे बहुत-सी बातें अपनी बहन के विषय में कहते रहे। मैं बड़े ध्यान से उनकी बातें आड़ में सुनती रही। मेरे भी बदन का ख़ून गरम हो रहा था उस समय। उसके बाद वे चले गए। आप लड़की को लेकर अन्दर आए। वही पहला दिन था, जब मुझे मालूम हुआ कि वे अभी ज़िन्दा हैं। मुझे तो धोखा दिया जाता रहा था कि वे मर गई हैं।'' अन्दर आकर इस पर बहस हुई।

शिवरानीदेवी : ''ये कौन साहब थे?''

प्रेमचन्द : ''एक आदमी थे।''

शिवरानीदेवी : ''मुझे आपसे ऐसी उम्मीद न थी।''

आगे :

शिवरानीदेवी : ''एक आदमी का जीवन मिट्टी में मिलाने का आपको क्या हक है?''

प्रेमचन्द : ''हक बग़ैरा की कोई बात नहीं है।''

शिवरानीदेवी : ''भला आप जो कहते हैं क्या यही हिन्दू संस्कार के मानी हैं।''

प्रेमचन्द : ''आज न मालूम वह कम्बख़्त कहाँ से आ गया कि उसे देखकर दुनिया भर की बातें तुम सुनाने लगीं।''

जब प्रेमचन्द ने शिवरानीदेवी को बतलाया कि (पहली) पत्नी को देखकर उनका ख़ून सूख गया, तो शिवरानीदेवी ने कहा था, ''ठीक तो थीं, तुम भी सीधी ग़रीब को पाकर अपने को कुछ लगाते हो।''

प्रेमचन्द : ''वह बदसूरत तो थी ही साथ-साथ ज़बान की भी मीठी न थी। यह इन्सान को और भी दूर कर देता है।''

शिवरानीदेवी : ''आप दावे के साथ कह सकते हैं कि आपका अपना चरित्र अच्छा था।''

खामोश।

एक बार प्रेमचन्द ने शिवरानीदेवी से कहा, ''अगर बीच में चाची न होतीं तो शायद मेरी-उनकी ज़िन्दगी एक साथ बीत जाती।''

शिवरानीदेवी के विवरण से यह तो स्पष्ट है कि प्रेमचन्द की पहली पत्नी आत्मसम्मान वाली स्त्री थी। घर से निकाले जाने पर वह स्वयं पति के घर नहीं आई। प्रेमचन्द विख्यात हो चुके थे। यदि वह झगड़ालू होती, उसके दिल में बदले की भावना होती तो वह आकर बखेड़ा खड़ा कर सकती थी। समाज, धर्म और क़ानून उसका साथ देते और वह प्रेमचन्द के लिए समस्याएँ खड़ी कर सकती थी। परन्तु वह भलीमानस थी। पति के नाम की माला जपती रही।

धनपतराय की पहली पत्नी कितने दिन जीती रहीं, इसकी कोई जानकारी नहीं। जिस घटना का उल्लेख शिवरानीदेवी ने किया है वह 1915 के आस-पास की है।

इसके दस वर्ष बाद, 1925 में, प्रेमचन्द ने एक कहानी 'स्त्री और पुरुष' (उर्दू में देवी) शीर्षक से लिखी जो 'चाँद' में छपी। इसके हीरो विपिन जैसे स्वयं प्रेमचन्द हों। इनकी कुरूप स्त्री के चित्रण का अंश हम पहले दे चुके हैं। कहानी के दूसरे भाग में विपिन को फ़ालिज़ हो जाता है। पत्नी उपचार करवाती है। पति की सेवा करती है। विपिन के स्वास्थ्य में सुधार हो जाता है। तब उसका हृदय परिवर्तन भी होता है और वह मानव में असली रूप को पहचानने लगता है। बहुत-सी सुन्दरियों में से उसे अपनी कुरूप स्त्री ही सुन्दर लगती है। किसी घटना ने तो प्रेमचन्द को प्रभावित किया होगा। क्या वह उनकी पहली पत्नी का निधन था, या यह कहानी पश्चात्ताप के तौर पर लिखी गई थी? इस बारे में कोई जानकारी नहीं मिल सकी।

प्रेमचन्द की धारणा थी कि जिसको इन्सान समझे जीवित है, वही जीवित है, जिसे समझे मर गया, वह मर गया।

शिवरानीदेवी ने कहा—"कृपा करके उन्हें ले आइए।"

प्रेमचन्द—"मैं तो लेने नहीं जाऊँगा।"

शिवरानीदेवी—"क्यों नहीं जाइएगा? शादी हुई थी, तमाशा नहीं था!"

प्रेमचन्द—"मैंने शादी नहीं की थी। मेरे बाप ने शादी की थी।"

शिवरानीदेवी—"बाप ने तो जो अपनी शादी की थी उसे आप गले बाँधे फिर रहे हैं। बाप की शादी की ज़िम्मेदारी तो आपके सिर है, अपनी नहीं? यह ज़िम्मेदारी का तुक नहीं है।"

प्रेमचन्द—"चाहे हो या न हो, मैं लाऊँगा नहीं।"

शिवरानीदेवी ने लिखा है कि उन्होंने सौत को पत्र लिखा और उन्हें बुलाया भी। चौथे रोज़ उनका जवाब आया कि जब वे ख़ुद लेने आएँगे तो मैं चलूँगी। प्रेमचन्द लेने नहीं गए। "फिर उन्हें मैं बराबर ख़त लिखा करती थी। उनका ख़त कैथी में लिखा रहता था। उसे मैं उन्हें दे दिया करती।"

प्रेमचन्द बस्ती में ही थे जब 'प्रेम-पचीसी' (उर्दू) का पहला भाग प्रकाशित हुआ। इसमें ये कहानियाँ थीं—(1) 'ममता', (2) 'विक्रमादित्य का तेग़ा', (3) 'बड़े घर की बेटी', (4) 'रानी सारन्धा', (5) 'राजहट', (6) 'राजा हरदौल', (7) 'नमक का दारोगा', (8) 'आलिम-ए-बेअमल', (9) 'गुनाह का अग्निकुंड', (10) 'बेग़रज़ मोहसिन', (11) 'आहे-बेकस' और (12) 'आल्हा'।

'प्रेम-पचीसी' की प्रस्तावना के बारे में प्रेमचन्द ने एक पत्र में निगम को लिखा—"इन हज़रत ने तारीफ़ ज़्यादा की है।... फ़ारूक शाहपुरी ज़्यादा मौज़ूँ आदमी हो सकते थे...अगर वह न लिख सकें तो इसी को रहने दीजिए। मगर मस्तर ऐसा होना चाहिए कि एक पत्थर से ज़्यादा न हो। आपकी तरफ़ से मैंने एक मुख़्तसिर दीबाचा लिख दिया है। अगर आपको पसन्द आए तो इसे अपनी तरफ़ से दर्ज कर दीजिए। आपकी मेहनत और तरद्दुद रफ़ा हो जाएगी।"

'प्रेम-पचीसी' (भाग 1) पर जितना ख़र्च हुआ, वह प्रेमचन्द ने अपनी जेब ही से दिया। पुस्तक की बिक्री का प्रबन्ध भी प्रेमचन्द को स्वयं ही करना पड़ा। अगस्त, 1915 में उन्होंने निगम से पूछा, "दायरातुल अदब मुझसे 'प्रेम-पचीसी' बेचने के लिए तलब करते हैं। उनकी निस्बत आपका क्या ख़याल है? हिस्सा दोयम की अशायत के मुतअल्लिक़ भी वह आमादा हैं। आपका जवाब आ जाए, तो उन्हें जवाब दूँ।"

डेढ़ महीने बाद लिखा—" 'प्रेम-पचीसी' (हिस्सा अव्वल) दायरातुल अदब के पास कुछ जिल्द भेज दी हैं और कुछ हिन्दुस्तानी में तक़सीम कराईं। मगर अभी तक कुछ नतीजा नहीं निकला...आपने इसके लिए क्या कोशिश की? इनामी कुतुब के सिलसिले में मंजूर हो जाएगी? हिस्सा दोयम आप ही छपवाइए। अगर आपका प्रेस जल्द छाप सके तो इससे और क्या बेहतर होगा। अगर आप छपवाएँ तो फिर फ़ैसला हो जाना चाहिए। मैं आप ही के फ़ैसले पर राज़ी हो जाऊँगा।"

इसी पत्र में उन्होंने निगम को बधाई दी कि उनके भाई रामशरण निगम, डिप्टी कलक्टर ने नैनीताल में मकान लिया। "इसका कुछ और हाल सुनने के लिए मुस्ताक हूँ...अब कभी-कभी गरमियों में बँगले की हवा खाने का मौक़ा मिलेगा और शायद बन्दूक से शिकार भी खेल सकूँ, बशर्ते कि वह याराना कदीम को भूल न जाएँ।"

एक बार प्रेमचन्द बस्ती से इलाहाबाद जा रहे थे। सरजू नदी पार करनी थी। प्रेमचन्द, शिवरानीदेवी तथा कमला स्टीमर में बैठे थे। प्रेमचन्द ऊँची जगह पर थे और उनकी गोद में कमला बैठी थी, नीचे फ़र्श पर शिवरानीदेवी थीं। एक पचीस वर्ष का युवक घूरकर शिवरानीदेवी की ओर देख रहा था और धीरे-धीरे पास आता जा रहा था। शिवरानीदेवी ने प्रेमचन्द के पाँव को दबाया। प्रेमचन्द का ध्यान, जो किसी से बातें करने की ओर लगा था, इस ओर आकर्षित हुआ। उन्हें क्रोध आया। बच्ची को माँ की गोद में देकर उसकी गर्दन पकड़ ली और काफ़ी दूर ले जाकर बोले—"सरजू में फेंक दूँ?"

"मैं तो खड़ा था। मैंने क्या गुनाह किया है?"

"स्त्रियों के सिर पर चढ़ते हो। दोबारा ज़बान निकाली तो सरजू में झोंक दूँगा।"

"क्या तुम्हीं ने किराया दिया है?"

"किसी के सिर पर बैठने के लिए किराया देकर आए हो?"

प्रेमचन्द क्रोध के मारे काँप रहे थे। कमज़ोर थे। इलाहाबाद इलाज कराने जा रहे थे।

प्रेमचन्द का स्वास्थ्य ठीक न हुआ। जून, 1915 के एक पत्र में निगम को लिखा—"मेरे लिये बुढ़ापे का ज़िक्र फ़िज़ूल है। मैं किस बूढ़े से कम हूँ?"

नौकरी छोड़ना चाहते थे। 'ज़माना' कार्यालय के काम में शिरकत करने की भी बात फिर चली। प्रेमचन्द निगम को लिखते हैं—" 'ज़माना' चूँकि इस वक़्त बिलकुल पेइंग कन्सर्न नहीं है, इस वजह से उसका नेम इतना बेशक़ीमत नहीं है, जितना दूसरी हालत में होता। मैं उसकी क़ीमत एक हज़ार ख़याल करता हूँ, क्योंकि गुड नेम के साथ ही इसमें बैड नेम की भी आमेज़िश है। बहरहाल मेरा तख़मीना यह है—मेरा ख़याल

है कि अगर कोई नया माहवार क़ाबलियत के साथ एडिट किया जाए और इस पर एक हज़ार रुपया सर्फ़ कर दिया जाए तो इसे इतनी मुश्तहरी हासिल हो जाएगी।

"यह मैं तसलीम करता हूँ कि आपको इस माहवार की बदौलत बहुत ज़ेरवार होना पड़ा, जिसकी मिक़दार ग़ालिबन तीन या चार हज़ार तक हो। मगर ग़ालिबन खुले बाज़ार में इस जिंस की इतनी क़ीमत हरगिज़ न मिल सकेगी। और फिर इस ख़सारा के और भी असबाब हैं, जिनके तफ़सील की यहाँ ज़रूरत नहीं। अगर एक हज़ार गुड नेम की क़ीमत हो तो इसका निस्फ़ हिस्सा पाँच सौ होता है। मैं इस रक़म को दो या तीन साल में अदा करने का ज़िम्मेवार हो सकता हूँ। सूद बशरहे बाज़ार महसूब करने को भी रज़ामन्द हूँ।

"मैं इसका एडीटोरियल और बड़ी हद तक मैनेजीरियल चार्ज लेने पर तैयार हूँ। आप सिर्फ़ अपने रसूख़ और ज़ाती असर से और नीज़ इश्तिहारात के मुतअल्लिक़ जितना मुनासिब समझें काम करेंगे। मैं कोशिश करूँगा कि जहाँ तक मुमकिन हो उसका ख़र्च कम हो। इसके अलावा फाइनेंशियल चार्ज बिलकुल आपका रहेगा—यानी काग़ज़ किताबत, छपाई, कटाई, पोस्टल चार्जेज़। इनका हिसाब आप माहवार अदा करने का बन्दोबस्त करेंगे। साबिक़ा बक़ाया का हिसाब इससे अलग रहेगा। तारीख़ शरकित से आप जितना रुपया लगाएँगे, वह हर माह के आख़िर में या हसब गुंजाइश दिसम्बर या जनवरी में अदा होगा। जितना नफ़ा या नुक़सान होगा, इसमें हम और आप बराबर के शरीक़ होंगे। मेरा ख़याल है कि जनवरी तक हम इन रकूम को अदा कर सकेंगे। लेकिन अगर उस वक़्त भी कमी रहे और दूसरे साल के लिए रुपया की ज़्यादा ज़रूरत हो तो फिर हसब ज़रूरत कोई सबील करेंगे। मगर यावक़्ते के ये ज़िम्मेवारियाँ बेबाक़ न हो जाएँ, आमदनी में से जहाँ तक इमक़ान में होगा, कुछ न लेंगे। एडीटर चाहे आप रहें या मैं। अगर आपके नाम से ज़्यादा फ़ायदा हो तो मुझे कोई शिकायत नहीं। वरना मुझे ही जायंट एडीटर रहना होगा। अगर यह शरायत आपकी तर्मीमात के साथ तय हो जाएँ तो हम लोग दिसम्बर तक चार-पाँच नम्बर वक़्त पर निकालकर कुछ विकार क़ायम कर लेंगे और जनवरी से ग़ालिबन ज़्यादा फ़ायदा के साथ आग़ाज़ हो। मैंने माली ज़िम्मेवारियाँ सब आप पर रखी हैं। इसके वज़ूह सुनिए। मेरे पास इन छः माह की रुख़सत के बाद आठ सौ रुपए हैं। तीन सौ रुपए मैंने तीन असामियों को अठारह फ़ीसदी सूद पर कर्ज़ दे दिए हैं। मेरा नक़दी सरमाया इस वक़्त कुल पाँच सौ रुपए है। इसे मैं उस वक़्त तक के लिए ख़ूरिश का वसीला समझता हूँ जब तक कि 'ज़माना' से मुझे कोई फ़ायदा न हो। और कौन जानता है इस भुबारिक वक़्त के लिए कितने दिनों तक इन्तज़ार करना पड़े।

"गरज़ मैं माली जिम्मेवारियों का बोझ उठाने के बिलकुल नाक़ाबिल हूँ। इसी असना में अगर छोटक की शादी तय हो गई तो ग़ालिबन यह रक़म भी मेरे हाथ से निकल जाएगी। छोटक इस साल फेल हो गए। यहीं हैं। स्कूल लीविंग में नाम लिख दिया है। चाची नहीं आईं। मकान पर हैं। तेजनारायण भी यहाँ नहीं हैं। अपने मकान पर हैं।

"मैंने अपनी माली हालत का जो क़िस्सा लिखा है यह हर्फ़-ब-हर्फ़ सही है। मैं आपके जवाब का इन्तज़ार करूँगा।"

निगम ने अपने जवाब में ईसार पर ज़ोर दिया, 'एण्टरप्राइज़ की बात कही, रुपयों के लिए कहा। प्रेमचन्द का जवाब—"आपने मेरी निस्बत जो कुछ फ़रमाया है वह बावजूद सही होने के हमदर्दी से ख़ाली है। हर एक काम जो आप छेड़ना चाहते हैं, इसमें रुपए की ज़रूरत पहले ही पड़ती है। रुपया न आपके पास है, न मेरे पास। बताइए, काम क्योंकर चले? एण्टरप्राइज़ ख़ाली जेब से या महज़ हवाई बातों पर तो नहीं हो सकती—आप यह तसलीम करेंगे कि इन्सान को इत्तफ़ाक़ी ज़रूरियात के लिए पसमाँदा रखना चाहिए। मेरे पास बस इतना ही है। इतना सरमाया नहीं जिससे कोई तिजारती मंसूबा बाँधा जाए। बस आप मुझसे ईसार का तकाज़ा करते हैं। मैं अपने को इस क़ाबिल पाता नहीं। मेरे पास साठ रुपए माहवार का ख़र्च लगा हुआ है, वह किसी तरह गला नहीं छोड़ सकता। आप कोई ऐसी सूरत बताइए, जिससे मैं अपनी रोटी हासिल करते हुए एण्टरप्राइज़ पर ख़र्च कर सकूँ। इसके लिए सबसे पहली बात यह होगी कि आप सरमाया पैदा करें। मैं तो अबकी ही रुख़सत लेकर आपके यहाँ गया था, मगर रंग अच्छा न देखा, माली मुशकिलात नज़र आई। इस वज़ह से ख़्वाहमख़्वाह उलझना फ़िज़ूल समझा। अगर आपकी माली हालत बमुक़ाबला साबिक़ बेहतर हो गई है तो आप मझे बुलाइए। मैं हाज़िर हूँगा। और बाहमी मशवरा से कोई सूरत निकालेंगे।"

एक बार बस्ती से कानपुर गए। वहाँ गणेशशंकर विद्यार्थी से भेंट हुई। विद्यार्थीजी ने तब हाल ही में 'प्रताप' निकाला था। विद्यार्थीजी को स्वयं सारा काम करते देखकर प्रेमचन्द बड़े प्रभावित हुए और आकर शिवरानीदेवी से कहा—विद्यार्थीजी बड़े मेहनती हैं। कार्यालय का बहुत काम अपने ही हाथों करते हैं। इसे ही पुरुषार्थ कहते हैं। इसी तरह के आदमियों की मुल्क को ज़रूरत है। ऐसे ही आदमी अपने जीवन को सफल बना सकते हैं। मेरी भी इच्छा है कि नौकरी छोड़कर कहीं एकान्त में बैठकर साहित्य की सेवा करूँ...मेरे पास दस बीघा ज़मीन होती, तो मैं अपने खाने-भर का गल्ला पैदा कर लेता और चुपचाप एकान्त में बैठकर साहित्य की सेवा करता।"

'प्रताप' के आग्रह पर विजयदशमी नम्बर 1914, के लिए एक कहानी लिखी थी। निगम को : "हिन्दी लिखनी तो आती नहीं, मगर कुछ क़लमतोड़ मोड़ दिया है।" यह याद रहे कि 'हमख़ुर्मा व हम सवाब' और 'प्रेमा' का प्रकाशन लगभग साथ-साथ-सा हुआ था। इसके बाद प्रेमचन्द केवल उर्दू ही में लिखते रहे। 'प्रताप' ने प्रोत्साहन दिया। इसी समाचार पत्र के कारण ही एक साहित्यकार मन्नन द्विवेदी से मित्रता हुई। यह डोमरियागंज के तहसीलदार थे। प्रेमचन्द से साहित्य चर्चा करते। दौरे पर एक-दूसरे के यहाँ ठहरते भी। प्रेमचन्द को हिन्दी में लाने का श्रेय द्विवेदीजी को भी है। प्रेमचन्द के शब्दों में "द्विवेदी बड़ा मसखरा आदमी है, साथ ही जानदार भी है।"

प्रेमचन्द ने हिन्दी में भी गल्पें[1] छपवाना शुरू किया। 'सरस्वती' में छपी इनकी पहली गल्प बस्ती से ही भेजी गई थी। जब पहला हिन्दी कहानी-संग्रह छपा तो इसकी प्रस्तावना द्विवेदीजी ने ही लिखी (जब 1921 में गजपुरीजी की मृत्यु हुई, तो प्रेमचन्द ने 'ज़माना' दिसम्बर, 1921 के अंक में इन पर एक लेख लिखा, जिसमें कहा—"अफ़सोस है कि गजपुरीजी की ज़िन्दगी का बेशतर हिस्सा सरकारी काग़ज़ात की खानापूरी में सर्फ़ हुआ। फ़िक्रेमाश ने आपको मुलाज़मत के दायरा से बाहर न निकलने दिया)।"

'प्रेम-पचीसी' ख़ूब चली। इसकी प्रशंसा में डॉ. सर मुहम्मद इकबाल ने एक पत्र लिखा। प्रेमचन्द ने इसकी नक़ल निगम को भेजी। 15 जून, 1915 को याद दहानी कराई : "कई दिन हुए मैंने एक लिफ़ाफ़ा में डॉ. इकबाल के ख़त की नक़ल भेजी थी ताकि वह भी उस (इशतिहार) में शामिल कर दी जाए। मालूम नहीं आपने उसे शामिल करने की हिदायत कर दी या नहीं। बराहे करम उसे जल्द छपवाइए, ताकि जून में इधर-उधर भेज दूँ। और अगर अभी तक काग़ज़ ज्यों-का-त्यों पड़ा हुआ है, तो उसे वापस ही कर दीजिए, ताकि किसी पंजाबी प्रेस में छपवाकर मँगवा लूँ।"

इकबाल ने अपने पत्र में लिखा था—"आपने इस किताब की अशाअत से उर्दू लिटरेचर में एक निहायत काबिलेक़दर अजाफ़ा किया है। छोटे-छोटे नतीज़ा ख़ेज़ अफसाने जदीद लिटरेचर की अखतराह हैं। मेरे ख़याल में आप पहले शख़्स हैं जिन्होंने इस दक़ीक़ राज़ को समझा है और समझकर इससे अहले फ़लक को फायदा पहुँचाया है। इन कहानियों से मालूम होता है कि मुसन्निफ इनसानी फितरत के असरार से ख़ूब वाकिफ़ है, और अपने मशाहदात को एक दिलकश ज़बान में अदा कर सकता है।"

दयानारायण निगम ने इकबाल के पत्र को इश्तहार में शामिल किया और यह लखनऊ के 'अलनाज़र' के सितम्बर 1915 अंक में छपा।

इसी समय प्रेमचन्द ने एक पत्र में निगम को लिखा, "'प्रेम-पचीसी' (उर्दू) के हिन्दी तर्जुमे के लिए कई जगह से असरार हो रहे हैं। मैं ख़ुद ही इस काम को हाथ में लूँगा। अब हिन्दी लिखने की मश्क भी कर रहा हूँ। उर्दू में अब गुज़र नहीं है। मालूम होता है कि बालमुकुन्द गुप्त मरहूम की तरह मैं भी हिन्दी लिखने में ज़िन्दगी सर्फ़ कर दूँगा। उर्दूनवीसी में किस हिन्दू को फ़ैज़ हुआ जो मुझे हो जाएगा..."

अक्तूबर, 1915 के एक और पत्र में, " 'ज़माना' के लिए एक क़िस्सा लिखा है, अब मैं हिन्दी में लिख रहा हूँ। 'सरस्वती' को एक मज़मून[2] दिया। 'प्रताप' के लिए लिखा। इससे ज़्यादा काम करने से माजूर हूँ।"

---

1. श्रीयुत अम्बिकाप्रसाद वाजपेयी ने अपने साहित्यिक संस्मरण में लिखा है कि प्रेमचन्द की कई गल्पों का हिन्दी-अनुवाद कलकत्ता के 'भारतमित्र' में छपा था। ये अनुवाद 'ज़माना' में किए जाते थे, परन्तु 'ज़माना' का नाम नहीं दिया जाता था, जैसे 'राजा हरदौल' का अनुवाद। 2. प्रेमचन्द के पत्रों में प्रायः मज़मून का आशय कहानी है।

यहाँ इस बात का ज़िक्र करना ज़रूरी है कि इस समय प्रेमचन्द प्राइवेट तौर पर एफ. ए. पास करना चाहते थे। "आजकल एफ. ए. की धुन में कुछ लिटरेरी काम नहीं होता। कहीं से तहरीक़ भी नहीं हुई और मुफ़्त में क़लम घिसना फ़िज़ूल मालूम होता है।"

डेढ़ महीने बाद—"आजकल कोर्स की कुतुब के लिए इनामात का ऐलान हुआ है। अगर आप इस मैदान में आना चाहें तो मैं इसमें भी आपका साथ देने को तैयार हैं। 'रूलर्स आफ़ इंडिया' सीरीज़ की तरह चौंसठ सफ़हात पर गवर्नरों के सवानह लिखने का इरादा है। एफ. ए. भी होता रहेगा। इसके लिए मैं घंटा-भर से ज़्यादा वक़्त नहीं सर्फ़ करता। मैं करना तो बहुत-कुछ चाहता हूँ, मगर मुझमें न एंटरप्राइज़ है और न रुपया। आपके पास एंटरप्राइज़ है, मगर रुपया नदारद। जब तक कोई सरमाया वाला शरीक़ न हो, कैसे काम चले?"

अपने आत्म-कथात्मक निबन्ध में प्रेमचन्द ने लिखा था कि "गणित मेरे लिये गौरीशंकर की चोटी थी। कभी उस पर न चढ़ सका। इण्टरमीडिएट में दो बार गणित में फेल हुआ और निराश होकर इम्तिहान देना छोड़ दिया। दस-बारह साल के बाद जब गणित परीक्षा में अख़्तियारी हो गई तब मैंने दूसरे विषय लेकर उसे आसानी से पास कर लिया।" प्रेमचन्द मार्च 1916 में दूसरी श्रेणी में पास हुए।[1] एफ. ए. में उनके लिये हुए विषय थे—अंग्रेज़ी, फ़ारसी, आधुनिक इतिहास तथा तर्क।

बस्ती में रहते हुए प्रेमचन्द ने बहुत-सी कहानियाँ लिखीं। कुछ के नाम इस प्रकार हैं—'शिकारी राजकुमार', 'शामत-ए-ऐमाल', 'पछतावा', 'मरहम', 'ग़ैरत की कटार', 'बेटी का धन', 'दो भाई', 'पंचायत' (पंच परमेश्वर), 'सरे पुर ग़ुरूर', 'जुगनू की चमक', 'अमृत', 'कर्मों का फल', 'मनाउन', 'नेकी की सज़ा', 'सौत', 'अनाथ लड़की'।

जैसे कि आप देखेंगे, इन कहानियों में से कई 'प्रेम-पचीसी' (भाग 2) में छपीं।

11

गोरखपुर में अध्यापक के पद पर

अगस्त, 1916 में प्रेमचन्द का तबादला बस्ती से गोरखपुर के नार्मल स्कूल में हुआ। इस स्कूल में प्रेमचन्द ने साढ़े चार वर्ष काम किया। गृहस्थ-जीवन, अध्यापन-कार्य तथा हिन्दी-साहित्य के क्षेत्र में ख़्याति की दृष्टि से उनके जीवन का यह चरण बहुत महत्त्वपूर्ण था।

---

1. दयानारायण निगम के अनुसार, प्रेमचन्द ने 'कई बार' इंटरमीडिएट की परीक्षा दी और असफल रहे और 1910 में पास हुए। यह सन् ग़लत है। उनका एफ. ए. का सर्टिफ़िकेट रामरत्न पुस्तक भवन, बनारस में सुरक्षित है।

जब प्रेमचन्द अपनी पत्नी तथा पुत्री के साथ गोरखपुर पहुँचे, तो जिस क्वार्टर में प्रेमचन्द को ठहरना था वह ख़ाली न था। इसलिए प्रेमचन्द को सपरिवार स्कूल ही में ठहरना पड़ा। लगभग एक दर्जन मास्टर और दो सौ छात्र उन्हें घेर बैठे। शिवरानीदेवी आसन्न प्रसवा थीं। उनकी हालत देखकर एक मास्टर उन्हें अपने घर ले गए। उसी रात को एक लड़का पैदा हुआ। इसका नाम श्रीपतराय (घुन्नू) पड़ा। इस अवसर पर सारे स्टाफ़ को दावत दी गई।

नार्मल स्कूल के हेडमास्टर, बेचनलाल, प्रेमचन्द से बहुत ख़ुश थे। जब एक मास्टर को फ़र्स्ट एड के डिप्लोमा कोर्स के लिए इलाहाबाद भेजने का प्रश्न उठा, तो बेचनलाल ने प्रेमचन्द ही को चुना। इस कोर्स के पास करने से प्रेमचन्द के वेतन में दस रुपए की वृद्धि हुई। गोरखपुर जाते ही पचास रुपए से साठ रुपए हुए थे। अब सत्तर रुपए हो गए। इसमें से पचीस रुपए वह छोटे भाई को भेजते। चाची (विमाता) साथ थीं। बमचख़ रहता। दूध तो अपने बच्चे को पिला देती और साठ महीने के घुन्नू को साबूदाना पानी में पकाकर दिया जाता (शिवरानीदेवी को बुख़ार आता था)। एक बार जब प्रेमचन्द की चची उनके चचेरे भाई की बीवी के साथ प्लेग से बचने के लिए गोरखपुर आ गए तो चाची को अच्छा न लगा और झगड़ा हुआ। फिर एक बार बहन सुग्गी अपने बच्चों को लेकर इन्फ्लुएंजा से बचने के लिए गोरखपुर आई, (शिवरानीदेवी बीमार थीं और घर का बहुत-सा काम प्रेमचन्द स्वयं ही करते थे) इस पर भी चाची झल्लाईं। आख़िर उन्हें विदा किया गया।

बेचनलाल ने कुछ समय बाद प्रेमचन्द को होस्टल सुपरिंटेंडेंट बना दिया। इस काम के लिए 15 रुपया अधिक मिलने लगे।

घर के झंझटों के कारण प्रेमचन्द के अध्यापन-कार्य पर कोई असर न पड़ता था। उनके एक शिष्य, मंजूरुलहक़ कलीम ने एक संस्मरण में लिखा—

"आपका मामूल था कि स्कूल में अमूमन ठीक वक़्त पर पहुँच जाते। रहने के लिए आपको स्कूल ही में सरकारी मकान मिला था। घंटा बजा और आप शायराना अन्दाज़ में निकले। अक्सर आप खुले सर, बाल परीशान और एक कोट पहने हुए, जिसके बटन खुले रहते, आम तौर पर धोती पहने एक अजीब अन्दाज़ रफ़्तार से स्कूल आते थे। लड़के जितना उनका अदब करते थे, किसी दूसरे का नहीं करते थे। मेरी जमात को तारीख़ पढ़ाते थे। उनका दस्तूर यह था कि ख़ुद तारीख़ की किताब लेकर पढ़ते चले जाते। चूँकि लड़के मिडिल और ट्रेनिंग पास होते थे, इसलिए ज़्यादा दिक़्क़त नहीं पड़ती थी। एक घंटा में जो कुछ पढ़ाना होता, पन्द्रह मिनट में पढ़ाकर तारीख़ के मुतअल्लिक़ वे बातें बयान करते, जो उस तारीख़ में न होतीं। नहीं मालूम, उनकी मालूमात कितनी वसीह थी। अक्सर ऐसा होता कि जो कुछ तारीख़ में पढ़कर सुनाते, उसके ख़िलाफ़ मुख़्तलिफ़ तारीख़ी हवालों से बयान करते। वाज़ वाक़ियात के मुतअल्लिक़ यह भी दिखलाते कि महज़ हिन्दू-मुसलमानों में नफ़ाक़ पैदा करने के

लिए लिखी गई हैं। गरज़ उनका घंटा अजीबो-ग़रीब मालूमात का घंटा होता। घंटा ख़त्म होने के क़िबला यह भी फ़र्मा देते कि देखो जो कुछ मैंने बयान किया है, वह समझने की चीज़ है। इम्तिहान में वही लिखना जो तुम्हारी किताब में है, वरना फ़ेल हो जाओगे।

"क्लास में उनके आते ही ऐसी ज़िन्दादिली पैदा हो जाती थी कि हर एक उनकी तरफ़ मुख़ातिब हो जाता। यह ज़रूरी न था कि जो सब्जैक्ट पढ़ाना है, वही पढ़ाया जाए। बल्कि जिस मौज़ू की तरफ़ उनका रहजान या लड़कों का तक़ाज़ा हुआ, बयान फ़रमाने लगे। अगर क्लास में पढ़ाते वक़्त कोई हँसी की बात आ गई, तो बेअख़्तियार हँसने लगते। किसी का ख़ौफ़ोहरास नहीं था। एक मरतबा का वाक़िया है कि इन्सपेक्टर साहब मुआइना के लिये आए। बाबू बेचनलाल हेडमास्टर, जो बहुत सीधे आदमी थे, कुछ परीशान-से थे। तमाम लड़के भी अपने-अपने ड्रेस से आरास्ता थे, मगर हमारे उस्ताद का वही आलम था, जो पहले लिख चुका हूँ। नंगे सर, बाल परीशान, कोट का बटन खुला हुआ। इन्सपेक्टर साहब क्लास में आए, मगर इसका भी कोई असर न हुआ। कुछ अंग्रेज़ी में गुफ़्तगू हुई। उसके बाद इन्सपेक्टर साहब चले गए।"

इसी छात्राध्यापक ने बताया है कि "उस ज़माना में जिस क़द्र अफ़साने लिखे गए और रिसालों में भेजे गए, तक़रीबन कुल-के-कुल मेरे साफ़ किए हुए थे।" एक बार इसी छात्राध्यापक ने एक छोटा-सा नावल उनको दिखाया। दूसरे दिन आपने यह कहकर उसे वापस कर दिया कि इतनी फ़ुरसत किसको है कि इतनी बड़ी किताब देखे। अगर शौक़ है तो छोटे-छोटे अफ़साने लिखो।

शायद इसी घटना के बारे में आजमगढ़ के एक दूसरे छात्राध्यापक रामदास सिंह ने लिखा है—"इस रचना को देखकर प्रेमचन्द बोले—'यह तो बच्चों का खेल है। इससे सुन्दर रचना तो हमारी स्त्री कर सकती है।' ख़ूब हँसी रही। यही शिष्य लिखते हैं, 'उनका पहनावा कोट-पतलून और सिर पर साफ़ा था। जाड़े के दिनों में भी काले रंग के कपड़े नहीं पहनते थे। उनकी कक्षा में शान्ति तथा भव्यता रहती थी। अध्यापन काल में निजी अनुभव बतलाते रहते थे। विनोदी स्वभाव के थे।'"

सरयू पांडे लिखते हैं—"मैंने कभी उनको मलीन या उदास नहीं देखा। भूगोल, इतिहास की शिक्षा देते थे। कक्षा में कुर्सी पर बैठकर किताबें पढ़ दिया करते थे। बीच-बीच में मनोविनोद भी कर देते थे। खड़े होकर बोर्ड पर न कभी लिखते थे, न पढ़ाते थे। उनमें कोई व्यसन न था।"

चन्द्रपति राय लिखते हैं—"बोर्डिंग सुपरिंटेंडेंट होने के कारण प्रत्येक बैरक में छात्राध्यापकों का निरीक्षण तथा उपस्थित होने का कार्य स्वयं करते थे। अधिक दयालुता का व्यवहार होने से कभी-कभी काम में गड़बड़ी हो जाती।"

सुदामासिंह लिखते हैं—"होली के दिन उनके क्वार्टर पर गाना हो रहा था। मैं हेडमास्टर बेचनलाल के यहाँ से ज़रा देर में पहुँचा। मुझे देखते ही आप कुर्सी से उठे

और पकड़कर पीछे की ओर से धोती ढीली करके तीन लोटा घुला रंग सिर पर छोड़ दिया। ख़ूब ठहाका लगाया।''

यही शिष्य आगे लिखते हैं—''इनका हाथ किताबों से ख़ाली नहीं रहता था। पढ़ाने में अधिक समय न देने से छात्राध्यापकों ने एक बार हड़ताल कर दी। कभी-कभी अपने स्वार्थ के लिए दूसरों के स्वार्थ को धक्का भी दे देते थे, परन्तु अपने इस किए पर तुरन्त पश्चात्ताप भी करते थे।''

गनपति मल्ल लिखते हैं—''लक्ष्मी इनसे सदैव रूठी रहती। पर लक्ष्मी को भी यह कुछ न समझते थे। एक बनारसी छात्र की धोती गुम हो गई। उसने आपके पास दरख़्वास्त दी। आपने बोलकर कुछ लेख उस छात्र से लिखवाकर पत्रों को भेज दिए। कुछ दिनों में छत्तीस रुपए मनीआर्डर से आ गए। आपने कुल रुपया छात्र को दे दिया। उसने कहा—'मास्टर साहब, धोती तो कुल चौदह आने की थी।' पर उन्होंने कहा, 'सारा रुपया तुम्हारा है।' रुपया प्राप्त होने पर कौड़ियों की तरह वे निर्धनों को देते थे।''

हनीफ़ ख़ाँ लिखते हैं—''स्कूल के बाद क्वार्टर पर आ जाते...और अफ़साना-नवीसी में लग जाते...अधूरी कहानियाँ हस्बे ज़रूरत लालटेन की रोशनी में पूरा करते...छोटे मुलाज़िमों की, अक्सर ज़रूरत पड़ने पर रुपए से इमदाद करते। वह कभी उनके सवाल रद्द न करते। इमदाद कर देते थे और रुपयों का तक़ाज़ा भी न करते थे...''

मुमताज़ अहमद लिखते हैं—''वे समाजशास्त्र पढ़ाते थे। इतिहास में उनकी अत्यधिक रुचि थी। उनकी अध्यापन-शैली हृदयग्राहिणी थी। वे स्वाभिमानी व्यक्ति थे। इधर-उधर घूम-फिरकर लोगों से सम्पर्क स्थापित करने में उनकी रुचि नहीं थी। बहुत संयमित जीवन व्यतीत करते थे। खेल में उनकी विशेष रुचि नहीं थी। सारा समय अध्ययन में ही व्यतीत होता था...बात-बात में रोचक कहानी सुनाकर लोगों को हँसा देते थे।...भोजन सात्विक और शाकाहारी था...उनका दाम्पत्य-जीवन प्रेम एवं सहानुभूति से ओत-प्रोत था। उसमें हिन्दू आदर्श की झलक थी...प्रेमचन्द प्रातः तीन-चार बजे उठकर नित्य क्रिया से निवृत्त होकर टहलने निकल जाते थे। लौटकर चाय पीते, समाचारपत्र पढ़ते तथा गम्भीर अध्ययन में लग जाते। दस बजे के पूर्व ही विद्यालय में उपस्थित हो जाते। स्कूल से लौटने पर दस बजे रात तक उनका विद्या-व्यसन चलता रहता। छात्रों के प्रति पुत्रवत् व्यवहार करते। छात्र भी पिता के समान उन पर श्रद्धा रखते। विद्यालय के अन्य अध्यापकों की अपेक्षा छात्रों पर उनका विशेष प्रेम था। अपने साथी शिक्षकों में उनका सौहार्द श्लाघ्य था। निम्न कर्मचारियों को नीची दृष्टि से नहीं देखते थे। छात्रों तथा नौकरों के रहने पर भी अपना सामान स्वयं लाते। अपना द्वार स्वयं साफ़ करते...स्वावलम्बी प्रकृति के कर्मठ व्यक्ति थे। घर पर धोती और कमीज़ के साधारण पहनावे में रहते थे, पर विद्यालय में कोट,

कमीज़ और पेंट पहनते थे। सिर कभी नंगा रखते थे, कभी टोपी लगाते थे। एक बार बी.ए. की परीक्षा में विफल हो जाने पर उन्होंने प्रतिज्ञा की कि जब तक बी. ए. में उत्तीर्ण नहीं हो जाऊँगा, टोपी नहीं पहनूँगा।" (1919 में प्रेमचन्द ने प्राइवेट तौर पर इलाहाबाद यूनिवर्सिटी की बी.ए. की परीक्षा दूसरी श्रेणी में पास की। परीक्षा में उनके विषय थे—अंग्रेज़ी, फ़ारसी और इतिहास)।

ऊपर दिए विवरणों से प्रकट होता है[1] कि प्रेमचन्द तथा उनके छात्राध्यापकों के बीच मित्रता तथा सहानुभूति और प्रेम का सम्बन्ध था। छात्राध्यापक तो इस बात की टोह में रहते कि प्रेमचन्द उनसे किसी काम के लिए कहें, परन्तु उधर प्रेमचन्द थे कि कभी किसी से निजी काम नहीं लेते थे।

जहाँ प्रेमचन्द अपने शिष्यों से स्नेह का व्यवहार करते थे, वहीं अपने उच्च अधिकारियों से उनका रवैया एक अत्यन्त स्वाभिमानी पुरुष का था। यहीं गोरखपुर में ही एक वार प्रेमचन्द की गाय अंग्रेज़ कलक्टर के अहाते में घुस गई। कलक्टर ने उसे गोली मारने की धमकी दी और गाय के मालिक को बुलवाया। इससे पहले कि कलक्टर का चपरासी प्रेमचन्द के घर पहुँचता, कलक्टर के घर के बाहर दो-ढाई सौ आदमी इकट्ठे हो गए। धमकी का जवाब धमकी से दिया गया—"यदि गौवध हुआ तो हंगामा हो जाएगा।" भीड़ के शोरगुल को सुनकर प्रेमचन्द स्वयं वहाँ पहुँचे। वाद-विवाद जारी था। प्रेमचन्द ने जनसमूह की बातें सुनकर कहा, "गौ बहुत अच्छा जानवर है, मगर उसके मरने पर इतनी आपत्ति की कोई ज़रूरत नहीं।"

"वाह साहब, जब मुसलमान गाय को मारते हैं तो ख़ून हो जाता है।"

"यह ढंग ठीक नहीं है। जब अंग्रेज़ों के बूचड़खाने में सैकड़ों ही गायों का प्रतिदिन वध होता है, तब आप कुछ नहीं करते..."

कलक्टर के सामने पहुँचे, "आपने मुझे याद किया?"

"हाँ, यह गाय आपका है?"

"हाँ, मेरी ही है।"

"यह हमारे अहाते में घुस आया है। हम इनको गोली से मार देगा।"

---

1. कुछ वर्ष हुए, नार्मल स्कूल के छात्राध्यापकों ने मिलकर छः-सात हज़ार रुपया इकट्ठा करके जिस मकान में प्रेमचन्द सुपरिंटेंडेंट की हैसियत से रहते थे, उस पर 'प्रेमचन्द सदन' के नाम का पत्थर लगवाया तथा उसके सामने एक संगमरमर की मूर्ति और एक पार्क भी बनवाया। मकान के सामने एक नीम का वृक्ष था, जिसके नीचे बैठकर प्रेमचन्द अपना लेखन-कार्य किया करते थे। यह वृक्ष तो अब नहीं है, परन्तु इसी स्थान पर संगमरमर का एक चबूतरा बनवाया है। नार्मल स्कूल के छात्राध्यापकों द्वारा किया गया यह काम बड़ा सराहनीय है। इसके साथ ही कुछ उत्साहशाली अध्यापकों ने प्रेमचन्द के अध्यापन-काल के छात्रों को शिक्षा-विभाग की ओर से एक प्रश्नावली भिजवाई, जिसमें प्रेमचन्द के बारे में संस्मरण मँगवाए। इन संस्मरणों से प्रेमचन्द के जीवन पर बड़ी रोशनी पड़ती है। इन संस्मरणों के कुछ अंश जो 'आज' में छपे थे, उनमें से कुछ को हमने ऊपर उद्धृत किया है।

"यदि मारना ही था तो मुझे याद क्यों किया? मार डालते।"

"हाँ, हम मार सकता है। हम अंग्रेज़ है, कलक्टर है।"

"आप अंग्रेज़ हैं, कलक्टर हैं। ठीक है। मगर पब्लिक की राय भी तो एक चीज़ है।"

"आज हम इसे छोड़ देता है। अगर फिर आया तो मार डालेगा।"

"परन्तु अगली बार मुझे याद न कीजिएगा।"

इसी तरह एक बार स्कूल का मुआइना हुआ था। प्रेमचन्द एक रोज़ तो इन्सपेक्टर के साथ रहे, परन्तु दूसरे दिन जब खेल खेले जाने लगे, तो आप घर चले गए। इन्सपेक्टर ने कार में जाते देखा कि प्रेमचन्द कुर्सी पर बैठे पढ़ रहे हैं और उठकर सलाम भी नहीं किया। गाड़ी ठहराई। चपरासी भेजकर बुलाया।

प्रेमचन्द ने पूछा, "कहिए, क्या है?"

"तुम बड़े मग़रूर हो। तुम्हारा अफ़सर तुम्हारे दरवाज़े से निकल जाता है और तुम उठकर सलाम भी नहीं करते।"

"मैं जब स्कूल में रहता हूँ तब नौकर हूँ। बाद में मैं भी अपने घर का बादशाह हूँ। आपने जो कहा, यह कहकर अच्छा नहीं किया। इस पर मुझे अधिकार है कि आप पर केस चलाऊँ।"[1]

इन्सपेक्टर चला गया। अपने मित्रों से सलाह की कि किस प्रकार इज़्ज़त-हतक का दावा किया जाए। मित्रों ने दबाव डालकर प्रेमचन्द को मुक़दमा दायर करने से रोका।

बस्ती में प्रेमचन्द की मित्रता मन्नन द्विवेदी गजपुरी से हुई थी। यहाँ, गोरखपुर में उनकी मित्रता श्री दशरथप्रसाद द्विवेदी[2] तथा महावीरप्रसाद पोद्दार से हुई। इन दोनों व्यक्तियों ने प्रेमचन्द को पूर्णतया हिन्दी में आने की प्रेरणा दी। गोरखपुर के साढ़े चार साल के अरसे में प्रेमचन्द की हिन्दी साहित्यिक क्षेत्र में ख़ूब ख़्याति हुई।

एक पत्र में : "हिन्दी में आजकल नए रसालों की धूम है। लखनऊ से एक निकल रहा है। दूसरा कलकत्ता से। दोनों बड़ी-बड़ी तैयारियाँ कर रहे हैं। मज़ामीन की फरमाइशें रोज़ाना मौसूल होती हैं।"

जब दशरथप्रसाद द्विवेदी ने 'स्वदेश' निकाला तो पहले अंक का सम्पादकीय प्रेमचन्द ने ही लिखा।

महावीरप्रसाद पोद्दार गोरखपुर की 'हिन्दी पुस्तक एजेन्सी' के मालिक थे। वही इस संस्था के व्यवस्थापक थे। पोद्दारजी ने ही 'सप्त सरोज़' नाम से प्रेमचन्द का

---

1. ऊपर लिखा वृत्तान्त 'प्रेमचन्द घर में' से लिया गया है। गोरखपुर में इसी प्रकार की बात सुनने में आई, परन्तु अब वहाँ इन्सपेक्टर की जगह घोड़े पर सवार ज़िलाधीश के बारे में इस घटना को दोहराया जाता है। 2. दशरथप्रसाद द्विवेदी नॉर्थ-वेस्ट रेलवे के ऑफ़िस में काम करते थे। वह देशप्रेमी थे और इसी धुन में उन्होंने नौकरी जल्दी ही छोड़ दी थी। गणेशशंकर विद्यार्थी के 'प्रताप' में भी उन्होंने कुछ दिन काम किया था। उसके बाद द्विवेदीजी ने स्वदेश प्रेस की स्थापना की और वहीं से 'स्वदेश' साप्ताहिक निकाला। स्वतंत्रता के बाद द्विवेदीजी संसद-सदस्य नियुक्त हुए। उनकी मृत्यु अप्रैल, 1961 में हुई।

पहला हिन्दी गल्प-संग्रह छापा। यह 1917 में प्रकाशित हुआ। इस संग्रह में ये सात कहानियाँ हैं—(1) 'बड़े घर की बेटी', (2) 'सौत', (3) 'सज्जनता का दंड', (4) 'पंच परमेश्वर', (5) 'नमक का दारोगा', (6) 'उपदेश' और (7) 'परीक्षा'।

इनमें से 'सौत', 'सज्जनता का दंड', 'पंच परमेश्वर' सबसे पूर्व 'सरस्वती' में 1915-16 में छपी थीं।

'सरस्वती' द्वारा की गई 'सप्त सरोज़' की आलोचना इस प्रकार थी—"प्रेमचन्दजी के नाम से 'सरस्वती' के पाठक अपरिचित नहीं हैं। आपकी लिखी कितनी ही कहानियाँ 'सरस्वती' में निकल चुकी हैं। आपकी भाषा सरल, बोल-चाल की और मुहावरेदार होती है। अब तक आप उर्दू में ही अपने विचार प्रकट करते थे। अब कुछ दिनों से आपने हिन्दी को अपनाया है।...कहानियों में स्वाभाविकता भी है और उनसे कुछ-न-कुछ शिक्षा भी मिलती है। मनोरंजन भी ख़ूब होता है। पुस्तक पढ़ने लायक है।"

'सप्त सरोज़' के प्रकाशन पर हिन्दी साहित्यिक क्षेत्रों में धूम-सी मच गई। किताब हाथों-हाथ बिकी। उन दिनों हिन्दी की सर्वश्रेष्ठ मानी जाने वाली प्रकाशन-संस्था हिन्दी ग्रन्थ रत्नाकर, बम्बई ने भी प्रेमचन्द से एक कहानी-संग्रह माँगा और प्रेमचन्द ने नौ कहानियों का संग्रह उस संस्था को प्रकाशन के लिए दिया। संग्रह 'नवनिधि'[1] के नाम से छपा। इसके लिए प्रेमचन्द को दो सौ रुपए मिले। इस संग्रह में वे कहानियाँ थीं जो प्रेमचन्द ने हमीरपुर में लिखी थीं और जो उर्दू 'प्रेम-पचीसी' (भाग 1) में भी छपी थीं। ये कहानियाँ थीं—(1) 'राजा हरदौल', (2) 'रानी सारन्धा', (3) 'मर्यादा की वेदी', (4) 'पाप का अग्निकुंड', (5) 'जुगनू की चमक', (6) 'धोखा', (7) 'अमावस्या की रात्रि', (8) 'ममता' और (9) 'पछतावा'।

'नवनिधि' के प्रकाशन के थोड़े ही दिन बाद 'प्रेम पूर्णिमा' नामक एक संग्रह भी निकला। इसमें भी कुछ कहानियाँ हमीरपुर के समय की थीं और जो 'प्रेम-पचीसी' (भाग 1) में छप चुकी थीं। ये कहानियाँ इस प्रकार हैं—(1) 'ईश्वरीय न्याय', (2) 'शंखनाद', (3) 'ख़ून सफ़ेद', (4) 'ग़रीब की हाय', (5) 'दो भाई', (6) 'बेटी का धन', (7) 'धर्म-संकट', (8) 'दुर्गा का मन्दिर', (9) 'सेवा मार्ग', (10) 'शिकारी राजकुमार', (11) 'बलिदान', (12) 'बोध', (13) 'सच्चाई का उपहार', (14) 'ज्वालामुखी' और (15) 'महातीर्थ'। यह संग्रह भी ख़ूब बिका।

'प्रेम-पचीसी' हिन्दी में भी छपी। इसका मराठी संस्करण भी छपा। उधर बंगला में भी प्रेमचन्द की कहानियों का एक संकलन निकला।

---

1. हिन्दी के बहुत-से आलोचकों ने यह समझ कर कि 'नवनिधि' और 'प्रेम पूर्णिमा' की कहानियाँ 'सप्त सरोज़' की कहानियों के बाद लिखी गईं, प्रेमचन्द की कला में ह्रास की झलक देखी। प्रकाशचन्द गुप्त लिखते हैं, " 'प्रेम पूर्णिमा' में प्रेमचन्द की कहानी-कला में कुछ विकास न हुआ तथा सूक्ष्म दृष्टि से देखने पर 'सप्त सरोज़' और 'प्रेम पूर्णिमा' के बीच उनकी कला का कुछ ह्रास ही हुआ।"...काश वे आलोचक थोड़ी खोज और मेहनत से कहानियों का ठीक तिथि-क्रम पता करने के बाद किसी परिणाम पर पहुँचते!

प्रेमचन्द की पुस्तकों की माँग बढ़ती जा रही थी। हिन्दी पुस्तक एजेन्सी ने, जिसने 'सप्त सरोज़' छापा था, प्रेमचन्द से शेख़ सादी पर एक पुस्तक लिखवाकर छापी। इसके पाठ से सादी की कविता और उनके चरित की महिमा का यथेष्ट ज्ञान हो सकता है।

इसी प्रकाशन-संस्थान ने प्रेमचन्द का एक उपन्यास भी प्रकाशित किया। यह उपन्यास पहले उर्दू में लिखा गया। इसका मूल नाम था—'बाज़ारे हुस्न'। परन्तु इसका हिन्दी रूपान्तर 'सेवा सदन' उर्दू संस्करण से कोई चार वर्ष पहले छपा। उपन्यास का आरम्भ 1916 के अन्त में किया गया था। जनवरी, 1917 के एक पत्र में प्रेमचन्द ने निगम को लिखा—"आजकल एक क़िस्सा लिखते-लिखते नावल लिख चला। कोई सौ सफ़े तक पहुँच चुका हूँ। इसी वजह से छोटा क़िस्सा न लिख सका। अब इस नावल में ऐसा जी लग रहा है कि दूसरा काम करने को जी नहीं चाहता। मगर मार्च (अंक) के लिए दो-तीन दिन में ज़रूर कुछ-न-कुछ भेजूँगा। फ़रवरी के लिए मजबूरी है। अगर आप इस नावल को मुसलसल देना चाहें तो कैसा हो? ...रिसाले की मौजूदा ज़ख़ामत इस बोझ को नहीं सँभाल सकती। क़िस्सा दिलचस्प है और मुझे ऐसा ख़याल होता है कि मैं अबकी बार नावल-नवीसी में कामयाब हो सकूँगा..."

तीन महीने बाद 23 मार्च, 1917 को ट्रेनिंग कॉलेज, इलाहाबाद से लिखा—"मेरा नावल चल रहा है। अब ज़रा इत्मीनान हो जाए, तो ख़त्म करूँ। तूल हो रहा है। चाहता हूँ जल्द अंजाम की तरफ़ चलूँ।"

उसी समय के एक और पत्र में—" 'बाज़ारे हुस्न' अदीमुल फुर्सती का शिकार हो रहा है...अब कुछ दिनों से छोटे क़िस्से लिखना बन्द करके इल्मी मज़ामीन लिखने की कोशिश करूँगा। दिमाग़ एक साथ दो मुख़्तलिफ़ प्लाट नहीं सँभाल सकता। एक वक़्त में एक ही काम हो सकता है। या तो नावल लिखूँ, या कहानियाँ। नावल में एक ही प्लाट काफ़ी है। और इसका लिखना इतना मुश्किल नहीं, जितना हर माह दो-तीन कहानियाँ लिखना..."

9 अगस्त, 1917 के दिन निगम को लिखा : "अपना नावल ख़त्म कर रहा हूँ। उसे पहले हिन्दी में तबा कराने का क़सद है। उर्दू में तो पब्लिशर अनका हैं।"

'बाज़ारे हुस्न' 1917 के अन्त में समाप्त हुआ। इसे उर्दू में छपवाने के सम्बन्ध में तो केवल बातचीत ही चलती रही, परन्तु 'सेवा सदन' नाम से इसका हिन्दी रूपान्तर हिन्दी पुस्तक एजेन्सी ने 1918 के अन्त में प्रकाशित किया। 'सेवा सदन' के लिए एजेन्सी ने प्रेमचन्द को चार सौ पचास रुपए दिए। नावल 550 सफ़हात पर ख़त्म हुआ।

निगम को : "सरस्वती ज़ुबान पर नहीं, खोपड़ी पर सवार है। लक्ष्मी दरवाज़े पर नहीं, बालाए आम बैठी हुई है। दाना दिखाता हूँ, बुलाता हूँ, पर उतरने का नाम

नहीं लेती।[1] क़िस्से मैं लिखूँ या न लिखूँ, आजकल 'बाज़ारे हुस्न' की सफ़ाई और नए नावल की तसनीफ़ में बेहद मसरूफ़ हूँ, बाज़ारे हुस्न का गुजराती तरजुमा शाया हो रहा है। हिन्दी में लोग इसे बेहतरीन नावल ख़याल करते हैं। हिन्दी में पब्लीशर ख़ूब हैं। किताब की अशायत में कोई रुकावट नहीं हुई।''

हिन्दी पत्रों तथा समालोचकों ने 'सेवा सदन' का दिल खोलकर स्वागत किया। प्रेमचन्द ने लिखा कि '''मर्यादा', 'अभ्युदय', 'प्रताप', 'स्वदेश', 'प्रतिमा', 'भारतमित्र', 'सरस्वती' वग़ैरा ने निहायत उम्दा रिव्यू किए और हिन्दी में लोग इसे बेहतरीन नावल ख़याल करते हैं...''

'सरस्वती' ने वेश्या-नृत्यादि बहुतेरी सामाजिक कुरीतियों को दिखलानेवाली इस पुस्तक की भाषा को सरल कहा और लेखक की शैली को रोचक बतलाया। एक आलोचक कालिदास कपूर ने प्रेमचन्द से पूर्व के हिन्दी उपन्यास-साहित्य की तुलना एक ऐसे उद्यान से की, जिसमें सभी कुछ बाहर से माँगा हुआ था। ''संसार भर के भले-बुरे पौधे यहाँ मौजूद हैं। इधर देखिए तो बंगाली बंकिम और रवीन्द्र के साहित्य-सुमनों की क़लमें हैं, उधर गुजरात से लाई हुई सरस्वतीचन्द्र की बेल है। कहीं ह्यूगो और ड्यूमा के ऐतिहासिक उपन्यासों की क़लमें लगाने की कोशिश हो रही है। कहीं कुछ सज्जन अंग्रेज़ी साहित्य के कूड़े-कचरे से वाटिका को सुशोभित करने का प्रयत्न कर रहे हैं। एक-आध कोने में छिपे हुए, इने-गिने साहित्य-प्रेमी अपनी सच्ची साहित्य-सेवा का बीज बोते दिखाई देते हैं।'' सामयिक हिन्दी उपन्यासों का ज़िक्र करते हुए कालिदास कपूर ने कहा—''परन्तु आशा की झलक दिखाई दे रही है। अच्छे उपन्यासों का आदर बढ़ता जाता है, चाहे वे अनुवादित ही क्यों न हों। ऐसे समय में साहित्य-सेवियों का यह धर्म है कि अच्छे उपन्यासों की ओर जनता का ध्यान आकृष्ट करें और उनके लेखकों का उत्साह बढ़ाते रहें। इसी धर्म को यथाबुद्धि निबाहने के लिए आज हम पाठकों से 'सेवा सदन' का परिचय कराते हैं। श्रीयुत प्रेमचन्द की आख्यायिकाओं से तो वे परिचित ही होंगे। यह उन्हीं की लेखनी से निकला हुआ पहला उपन्यास है।'' इस लेख का अन्तिम पैराग्राफ़ इस प्रकार है—''हम आशा करते हैं कि लेखक महाशय की लेखनी से और भी अच्छे-अच्छे उपन्यासों की सृष्टि होगी। ईश्वर करे वह समय शीघ्र आए, जब हमें यह कहने का सौभाग्य प्राप्त हो कि हिन्दी साहित्य में भी थैकरे, डिकेन्स, स्कॉट और रवीन्द्र की कमी नहीं है।''

'सेवा सदन' की बहुत ख़्याति हुई। भारत की दूसरी भाषाओं में भी इसके अनुवाद छपे। अब प्रेमचन्द ने अपने 'जलव-ए-ईसार' (1912) का हिन्दी में अनुवाद किया

1. साढ़े चार सौ रु. उन दिनों एक बड़ी रक़म थी। प्रेमचन्द के चार-छह महीने के वेतन के बराबर। 'ज़माना' और 'कहकशाँ' से उन्हें प्रति कहानी दस से पन्द्रह रु. मिलते। हमदर्द से 30 रु.। रवीन्द्रनाथ ठाकुर को छोड़कर भारत में शायद ही कोई अन्य लेखक हो जिसे इतना मुआवज़ा मिलता हो।

और हिन्दी ग्रन्थ रत्नाकर, बम्बई से इसे 'वरदान' के नाम से प्रकाशित करवाया। 'जलव-ए-ईसार' पर लेखक का नाम 'नवाबराय' था, परन्तु इसके हिन्दी रूपान्तर 'वरदान' पर प्रेमचन्द नाम था।

जिस प्रकार आलोचकों को भ्रम हुआ था कि 'नवनिधि' और 'प्रेम पूर्णिमा' की कहानियाँ 'सप्त सरोज़' की कहानियों के बाद लिखी गईं, उसी तरह 'वरदान' के समालोचकों ने भी सोचा कि 'वरदान' में प्रेमचन्द की कला का ह्रास हुआ है। 'सरस्वती' के आलोचक ने लिखा—"इसमें वह विशेषता नहीं है जो आपके 'सेवा सदन' में है...पात्रों में बिरजन का चरित्र अच्छा अंकित किया गया है, परन्तु प्रतापचन्द्र का अध:पतन हमें अनुकूल नहीं जँचता। भाषा सुन्दर है। ऐसी भाषा प्रेमचन्दजी ही लिख सकते हैं।"

प्रेमचन्द स्वयं कलकत्ता गए। एक सप्ताह वहाँ ठहरे भी। जब थोड़े दिन बाद महताबराय (जो लखनऊ से टाइपिंग सीखकर बन्दोबस्त के विभाग में बस्ती में ही नौकर हो गए थे) छटाई में आ गए तो उनको पोद्दार के प्रेस में काम करने के लिए कलकत्ता भेजा। साठ रुपए माहवार पर वह मैनेजर लग गए।

इसी समय बहुत सारी श्रेष्ठ कहानियाँ भी लिखी गईं। कुछ इस प्रकार हैं—'धोखा', 'राजपूत की बेटी', 'ज्वालामुखी', 'दो भाई', 'पंच परमेश्वर', 'जुगनू की चमक', 'सज्जनता का दंड', 'सौत', 'कप्तान साहब', 'फ़तह', 'मशाल-ए-हदायत', 'मर्ज़े मुबारक', 'सेवामार्ग', 'ख़ंजरे-वफ़ा', 'दुर्गा का मन्दिर', 'बैंक का दीवाला', 'अनिष्ट शंका', 'ईमान का फ़ैसला', 'बलिदान' ('कुर्बानी'), 'बोध', 'दफ़्तरी', 'ख़ूने हुरियत', 'मंज़िले मक़सूद', 'पशु से मनुष्य', 'आत्माराम', 'बूढ़ी काकी', 'नोकझोंक', 'मेहरे पिदर', 'मृत्यु के पीछे', 'प्रारब्ध', 'समस्या', 'मनुष्य का परम धर्म', 'सत्याग्रह', 'लागडाँट', 'विचित्र होली', 'आदर्श विरोध', 'लाल फ़ीता'।

एक पत्र में निगम को लिखा : "हिन्दी रसायल के तक़ाज़ों के मारे नाक में दम हो रहा है।"

गोरखपुर में ही प्रेमचन्द का सम्बन्ध कुछ नए उर्दू साहित्यिकों से हुआ, जैसे रघुपतिसहाय फ़िराक़ गोरखपुरी से, जो उस ज़माने में विद्यार्थी थे और प्रेमचन्द के निवास स्थान के पास ही रहते थे। "मेरे दोस्त हैं और दूर के अज़ीज़ होते हैं और जो डिप्टी कलक्टरी पर मुकर्रर हो गए हैं। उन्हें 'मरहम' इतना पसन्द आया कि उसका अंग्रेज़ी तरजुमा कर रहे हैं। (आगे चलकर रूठी रानी का भी तरजुमा करने की बात कहते हैं)। (आपने) मीर पर लेख लिखा।" प्रेमचन्द इनके लेखों को ज़माना में प्रकाशनार्थ भेजते हैं।

गोरखपुर से ही 'कहकशाँ' (लाहौर), 'सुबह उम्मीद' (लखनऊ) और 'शबाब-ए-उर्दू' के सम्पादकों से पत्र-व्यवहार हुआ। 'कहकशाँ' को इम्तियाज़ अली ताज ने 1918 में निकाला। दो-तीन साल निकलकर यह पत्रिका बन्द हो गई, परन्तु इन्हीं दो-तीन सालों में प्रेमचन्द तथा ताज के बीच घनिष्ठ सम्बन्ध स्थापित हो गया। जब

'ज़माना' के दयानारायण निगम प्रेमचन्द की पुस्तकों के प्रकाशन में असमर्थ हुए, तो ताज ही ने प्रेमचन्द की पुस्तकों का प्रकाशन किया। इसमें 'बाज़ारे हुस्न', 'प्रेम-बतीसी' (भाग 2), 'प्रेम-पचीसी' का दूसरा एडीशन और आगे चलकर 'गोश-ए-आफ़ियत' भी।

'सुबह-उम्मीद' लखनऊ से 1918 में निकला। इसके व्यवस्थापक थे कविवर बृजनारायण 'चकबस्त'। यह पत्र 1925-26 तक निकलता रहा। 'शबाब-ए-उर्दू' भी शायद 1918-19 में आरम्भ हुआ। इन तीनों पत्रों ने प्रेमचन्द से कहानियाँ लिखने को कहा और प्रेमचन्द की कहानियों की माँग बढ़ी। उनके पन्नों में हम देखते हैं कि दूसरे रिसालों का हवाला देकर प्रेमचन्द अपनी कहानियों का पारिश्रमिक बढ़वाने का प्रयत्न भी करते हैं।

12

एक अनदेखा मित्र और कहानी-संग्रहों का प्रकाशन

लाहौर के प्रसिद्ध पत्रकार तथा लेखक श्री इम्तियाज़ अली ताज से सिर्फ़ पत्र-व्यवहार द्वारा ही प्रेमचन्द की घनिष्ठ मित्रता स्थापित हो गई। यह प्रथम महायुद्ध की समाप्ति के समय का ज़िक्र है। ताज दो पत्रों के मालिक थे और प्रेमचन्द उनमें लिखा करते थे। यह सम्बन्ध घनिष्ठ होता चला गया। (दोनों मित्र कहीं पन्द्रह बरसों के बाद एक-दूसरे से मिल पाए।)

इम्तियाज़ अली ताज को लिखे पत्रों में प्रेमचन्द के अपने व्यक्तित्व पर भी काफ़ी रोशनी पड़ती है।

अगस्त, 1919 में लिखा, "आपके ख़ुतूत से ऐसा ख़ुलूस टपकता है कि बेअख़्तियार मिलने को जी चाहता है, पर ग़ुलामी की क़ैद और सफ़र की दराज़ी कमर तोड़ देती है।"

एक बार जून, 1920 में मसूरी इकट्ठा जाने का प्रोग्राम बना, मगर वहाँ भेंट न हो सकी। ताज देहरादून पहुँचे। परन्तु प्रेमचन्द इससे पूर्व ही पेचिश की बीमारी से तंग आकर देहरादून ही से वापस लौट आए। मुलाक़ात न होने का प्रेमचन्द को बड़ा दुख हुआ और गोरखपुर से एक पत्र में लिखा—"क्या आपकी और मेरी मुलाक़ात कभी न हो सकेगी? दुनिया में मेरे सिर्फ़ गिने-गिनाए दोस्त हैं। आप भी इस निहायत महदूद तादाद के रुकने-ख़ास हैं। मगर अफ़सोस कि अभी तक सूरत आशनाई भी नहीं हुई। और न हो तो अपना फ़ोटो ही भेज दीजिए।"

जब फ़ोटो मिला तो—"इसने मुलाक़ात की आरज़ू दह चन्द कर दी। आपकी

मेरे ज़हन में जो तसवीर थी, वह कुछ और ही थी। मैं मगर मुसव्विर होता तो 'शेर' और 'अदब' की ग़ालिबन यही तसवीर बनाता।''

जुलाई, 1920 के एक पत्र में ताज को लिखते हैं—''हमारे दरमियान कोई रूहानी या बातिनी तआल्लुक ज़रूर है, वरना औरों को वही बातें क्यों नहीं सूझतीं ?''...''मेरी वज़ा-ओ-कता और शकलो-शबाहत के मुतअल्लिक जो क़यास किया है उससे रूहानी तआल्लुक का गुमान और भी पुख़्ता हो जाता है। बेशक मेरा सिन चालीस साल है। मैं बन्द कालर का कोट और सीधा पाजामा पहनता हूँ और पगड़ी बाँधता हूँ। एक पूर्वी आदमी का पहनावा फ़ैल्ट कैप है। आपने पगड़ी का गुमान क्यों किया ? क्या आपको इल्का हुआ है ? मैं अपने मुसल्लम उसूलों के ख़िलाफ़ अपना एक फ़ोटो भी अरसाले ख़िदमत करता हूँ। इस शर्त पर कि बाद मुलाहिज़ा वापस कर दिया जाए। या अगर आप बतौर एक दोस्त की यादगार के रखना चाहें तो उसका किसी आर्टिस्ट में एक बड़े पैमाने का बस्ट बनवा लें।''

जब ताज ने ग्यारह महीने बाद तसवीर बनवाकर मूल फ़ोटो वापस भेजी तो लिखा—''फ़ोटो ख़ूब है। मुझे उम्मीद न थी कि आप इसे ग्रुप में से इतनी सफ़ाई से जुदा करा सकेंगे। ख़ैर, आपकी बदौलत मुझे अपनी सूरत तो नज़र आई।''

जैसे दयानारायण निगम से व्यक्तिगत सम्बन्ध घनिष्ठ हो गया था, वैसे ही ताज से भी प्रेमचन्द की ख़तोकिताबत पुराने मित्रों की तरह होती थी। एक पत्र में लिखते हैं—''क़हत नाज़ल हो गया है। मुल्क पर सख़्त मुसीबत है। देखें, परमात्मा कैसे नाव पार लगाते हैं। गेहूँ का निर्ख़ पाँच सेर है, घी छः छटाँक, शक्कर तो नायाब है, रुपए की सेर-भर भी नहीं—चौदह छटाँक। कोई क्या खाये और कैसे ज़िन्दा रहे ?

''क्या आप मुझे लाहौर से कुछ चीज़ें भेज सकते हैं ? यहाँ अहलवान और शाल वग़ैरह नायाब हैं। मेवे खुश्क भी बाबा के मोल। किशमिश डेढ़ रुपया सेर। लाहौर में ये चीज़ें शायद कुछ अरज़ाँ हों। एक अहलवान उम्दा आपके ख़याल में कितने का मिल जाएगा ?...अगर तकलीफ़ न हो तो ज़रा रेट दर्याफ़्त करके मझे फ़रमाइएगा और दूकान का पता भी, ताकि मैं ख़ुद मँगवा लूँ। आपको तकलीफ़ नहीं देना चाहता।''

'कहकशाँ' के निकलने के दस महीने बाद—''मैं अब तक आपसे अपने मज़मूनों के लिए दस रुपए लिया करता था। मुझे अब भी कोई इन्कार नहीं है। पर चूँकि बाज़ दीगर रसायल इससे बेहतर शरायत करने पर आमादा हैं, इसलिए मुझे एहतमाल है कि मेरा नफ़स कहीं इन शरायत पर फ़रेफ़ता न हो जाए और मुझे अपनी ख़्वाहिश के ख़िलाफ़ अपने अच्छे मज़ामीन उनके पास भेजने के लिए मजबूर न करें। 'सुबह उम्मीद' के मुतवातिर ख़ुतूत आ रहे हैं, और वह मुझे पन्द्रह रुपए से बीस रुपए तक नज़र कर रहा है। अब मुझे मजबूरन उसकी शरायत मंजूर करनी पड़ी, वरना आपने देखा होगा कि मैंने अब तक उसमें एक सतर भी न लिखी थी। अब किस हीला से इन्कार करूँ! यह सब दुखड़ा आपसे महज दिली तआल्लुक़ के बाइस कर रहा हूँ। मैं यह नहीं कहता

कि आप भी मुझे पन्द्रह रुपए दिया करें। अपने क़दीम समझौते पर कानाओ-शाकर हूँ। पर अगर मेरे मज़ामीन 'सुबह उम्मीद' में निकलें और मुझ-जैसा सुस्त क़लम आदमी 'कहकशाँ' में इससे भी ज़्यादा तसाहुल करे तो मुझे माज़ूर ख़याल फ़रमाइएगा।''

ताज और प्रेमचन्द के बीच पत्र-व्यवहार से ज्ञात होता है कि उनके सम्बन्ध का आधार साहित्यिक स्तर पर तो था ही, साथ ही पारस्परिक सम्बन्ध में भी एक प्रकार की बेतकल्लुफ़ी भी थी। पत्र-व्यवहार 'कहकशाँ' के लिए कहानियों से आरम्भ हुआ, परन्तु 'बाज़ारे हुस्न' के प्रकाशन की भी बात तभी से चली। फिर कहानी-संग्रह के प्रकाशन की बातचीत। इन पत्रों से उस समय की पत्रकारिता, उच्च शिक्षा आदि के महत्त्व पर अच्छी रोशनी पड़ती है। यहाँ हम कुछ पत्रों के अंश विषयानुसार उद्धृत करते हैं।

जुलाई, 1918 में लिखते हैं—''क़िस्सा 'जंजीरे-हवस' अरसाल है। इसकी आपसे दाद चाहता हूँ। इसकी सूरत पर न जाइएगा। इसके मानी पर ग़ौर फ़रमाइएगा...अगर किसी वजह से 'कहकशाँ' में न निकाल सकें तो यह मज़मून वापस फ़रमाइएगा। इसे 'तहज़ीब' में नहीं देना चाहता।''

एक दूसरे पत्र में इस कहानी के बारे में लिखा, ''' जंजीरे हवस' कोई तारीख़ी क़िस्सा नहीं है और न किसी तारीख़ी वाक़िआ से इसका वराए नाम भी तआल्लुक़ है। कासिम ज़रूर फ़ातहे सिन्ध का नाम है और उसकी ज़िन्दगी में एक वाक़िआ ऐसा है भी, जो क़िस्मा के काम आ सकता था, लेकिन इस क़िस्सा का उससे तआल्लुक नहीं—यहाँ तक कि मैंने देहली के किसी बादशाह का नाम भी नहीं दिया, ताकि किसी को ग़लतफ़हमी न हो। न मुलतान के फ़रमारवाँ का नाम दिया है। इसमें यह दिखलाना मेरा मक़सद है कि इन्सान हवस के हाथों कितना अन्धा हो जाता है और यह हवस किस तरह तेज़ी से बढ़ती जाती है, और कुछ नहीं।''

अगस्त, 1919 का एक पत्र देखिए—''मैं विला मुवालिग़ा कहता हूँ कि ऐसा दिलचस्प रसाला इस वक़्त उर्दू ज़बान में नहीं है। पब्लिक अगर क़दर न करे तो मजबूरी है। बिलख़ुसूस अर्तका और असल अनबा पर जो मज़मून सैयद मुमताज अली साहब ने तहरीर फ़रमाया है वह रसाला की जान है। इन मौजुआत पर ऐसा साफ़ और रोशन मज़मून मेरी नज़र से नहीं गुज़रा। मुझे अब तक मालूम न था कि हज़रत ममदूह को इल्मी मज़ामीन में इतनी दस्तरस है। कुछ ज़्यादा दिलचस्प नहीं, लेकिन 'शबनम की सरगुज़श्त' बहुत अच्छा है। 'गुलकदा' पर उर्दू रसालों में कोई तबसराना तनक़ीद नहीं निकली। इस लिहाज़ से, व नीज़ तनक़ीद की ख़ूबी के एतबार से, आपका रसाला अव्वल है। उर्दू के नक़्क़ाद पर अच्छी चोट की है, हालाँकि किसी क़दर ग़ैर मुनसिफ़ाना है। 'आलमे ख़्वाव' मुझे बहुत पसन्द आया। 'इलाज बेदवा' ख़ूब है। मालूम नहीं तबाज़ाद है या कुछ और। हिस्सा-ए-नज़्म भी दीगर रसालों से कुछ बलन्दतर है। मैं तारीफ़ करने का आदी नहीं हूँ। हक़ का इज़हार कर रहा हूँ। 'गुमनाम' साहब तो बड़े लिखाड़ी मालूम होते हैं, और हक़ यह है कि ख़ूब लिखते हैं।''

एक पत्र में प्रेमचन्द ताज को लिखते हैं—" 'अन्ना' देखी। ख़ूब है। जिस क़लम से 'अन्ना' निकल सकती है, उससे आइन्दा मुझे रक़ाबत का अन्देशा हो तो क़ाबिले मुआफ़ी है।"

एक और पत्र में लिखते हैं—" 'कहकशाँ' सितम्बर और अक्तूबर दोनों मिले। बेहतरीन मज़मून मौलाना साहब क़िबला का है। इन मौज़ूआत पर ऐसे वाज़ा मज़ामीन मेरी नज़र से नहीं गुज़रे। 'हज़ाबे उलफ़त' ख़ूब है। हाँ, प्लाट कमज़ोर है, और कहीं-कहीं सलासत बयान क़ायम नहीं रहने पाई है। दीगर मज़ामीन औसत दर्जा के हैं। 'न बू आबाद' बिलकुल तारीख़ी मज़मून है। इससे अवाम को क्या दिलचस्पी होगी ?"

सात-आठ महीने बाद—"आप अपने सिलसिला-ए-अशायत-कुतुब की तौसीह करना चाहते हैं। यह अम्र मेरे लिये ख़ास तौर पर बाइसे इत्मीनान है। उर्दू में रसाले और अख़बारात तो बहुत निकलते हैं, शायद ज़रूरत से ज़्यादा, इसलिए कि मुसलमान एक लिटटेरी क़ौम है। और हर तालीमयाफ़्ता शख़्स अपने तईं मुसन्निफ़ होने के क़ाबिल समझता है। लेकिन पब्लिशरों का अक्सर क़हत है। सारे क़लम-रोए-हिन्द में एक भी ढंग का पब्लिशर मौजूद नहीं। बाज़ जो हैं उनका अदम और वजूद बराबर है, क्योंकि उनकी सारी कायनात चन्द रद्दी नावल हैं, जिनसे मुल्क या ज़बान को कोई फ़ायदा नहीं। अर्सा हुआ 'दायरातुल अदब' देहली में क़ायम हुआ था और बड़े तमतराक से चला, लेकिन थोड़े ही दिनों में उसके नाज़िम साहिब का जोश फ़रो हो गया और वह कुछ इस तरह ग़ायब हो गए कि मुआमलादारों का हिसाब तक न साफ़ किया। इसलिए मैं आपकी इस तजवीज़ से बिलकुल मुतमइन है। लेकिन मुआफ़ फ़रमाइएगा, एक अदबी रसाला का बार सर पर रखते हुए आप अपनी नई तजावीज़ में कामयाब हो सकते हैं, इसमें मुझे शक है। एक अव्वल दर्ज़ा का उर्दू रसाला एक आदमी को हमातन मसरूफ़ रखने के लिए काफ़ी से ज़्यादा है। वरना उसका मेयार से गिर जाना यक़ीनी है। ऐसी हालत में आप दोनों काम कामयाबी के साथ नहीं कर सकते, तावक़्ते कि आपको कोई होशियार असिस्टेंट न मिल जाए। और चूँकि आजकल लाहौर में बिला माकूल मुआवज़ा के कोई होशियार आदमी मिल नहीं सकता और 'कहकशाँ' के लिए यह बात शायद नाक़ाबिले बर्दाश्त हो, इसलिए आपको इसके सिवा और मफ़र नहीं कि या तो अशायत के हों या कहकशाँ के। मेरी नाचीज़ राय है कि अगर आप अशायत का काम सरअंजाम दे सकते हैं तो कहकशाँ को ख़ैरबाद कहिए। 'कहकशाँ' जो काम कर रहा है वही काम और भी कई मुमताज़ रसाले कर रहे हैं, या करने का इरादा रखते हैं। मगर पब्लिशिंग का मैदान बिलकुल ख़ाली है। और ज़बान की ख़िदमत करने के जितने मौक़े अशायते कुतुब के ज़रिये मिल सकते हैं माहवारी सहाइफ़ से मुमकिन नहीं। मैं यह नहीं कहता कि माहवारी रसाइल से ज़बान की ख़िदमत नहीं होती। मगर रसाइल के वसायल महदूद होते हैं, और उसके हुदूद उसे तसनीफ़ के अक्सर शोवों से बेफ़ैज़ रखते हैं। उर्दू रसालों में आप कोई ज़खीम और मुहक्क़िक़ाना

तारीख़ी तसहीफ़ नहीं शाया कर सकते, तावक़्ते कि वह आपके रूबरू ख़ुर्दबीनी सूरत में पेश न की जाए। अलाहज़ा फलसफ़ा, शेर, नज़रयात, कीमियात, वग़ैरह-वग़ैरह सभी असनाफ़े कलाम का दरवाज़ा आपके लिये बन्द है। आपको चलते हुए मज़ामीन, तफ़रीहबख़्श चुटकुले, दिलचस्प शायराना तज़करे, रंगीन क़िस्से चाहिए, यहाँ तक कि आप कोई ज़खीम नावल हाथ में लेते हुए डरते हैं। तो जनाब, चटपटे मज़ामीन से नाज़रीन की ज़ियाफ़त तब चाहे हो जाए, लेकिन ज़बान की कोई मुस्तक़िल ख़िदमत नहीं हो सकती। ऐसे मज़ामीन से जनाब के मुस्तक़िल सरमाया में कोई क़ाबिले क़दर इजाफ़ा नहीं होता। उर्दू को हर एक शोबा की अच्छी और मुस्तनद किताबों की जितनी ज़रूरत है वह मोहताज़े बयान नहीं। और हालाँकि इस बेबिजाअती का बाइस एक बड़ी हद तक हमारी सियासी बेदस्तोपाई है, ताहम हमने अपने लिटरेचर की तरफ़ अभी इतनी तवज्जो नहीं की जिसका वह मुस्तहिक है। अगर हमें अपनी लाज रखनी है, तो अपने लिटरेचर को फरोग़ देना पड़ेगा और चाहे यह काम अफ़राद करें, या मजमूआए अफ़राद, उसे कारोबारी उसूलों पर किए बग़ैर इस्तहक़ाम नहीं हो सकता। अगर आप एक मुशतरक़ा सरमाया से कोई पब्लिशिंग का काम जारी कर सकें, तो क्या कहना! लाहौर जैसे तिजारती मक़ाम पर ऐसी कम्पनी खोलना बहुत मुश्किल न होनी चाहिए। बहरहाल अगर आप अशायत के कारोबार में हाथ डालना चाहते हैं तो 'कहकशाँ' को बन्द कीजिए, बिलखुसूस ऐसी हालत में जबकि आपको इसके जारी रखने में सरासर ख़सारा है। यह मेरी दोस्ताना सलाह है। उम्मीद है आप मेरी साफ़गोई को मुआफ़ फ़रमाएँगे।''

अगले दिन—'' 'कहकशाँ' आप बन्द करना चाहते हैं। जब नुक़सान हो रहा है तो ज़रूर बन्द कीजिए। जब आपको विलायत जाने का मौक़ा मिले, तो इससे फ़ायदा न उठाना अपने पर और क़ौम पर जुल्म करना है। यह उमंग के दो-चार साल निकल जाएँगे तो मेरी तरह आपको भी पछताना पड़ेगा। काश मैंने अवाइले उम्र में एम.ए. पास कर लिया होता तो कसमपुर्सी की हालत न होती। वह ज़माना फ़सानानिगारी के नज़म हुआ और अब ज़रूरतें डिग्री के लिए मजबूर करती हैं। आप बी.ए. पंजाब ही से कीजिए और फ़ौरन विलायत का सफ़र कीजिए। दो-तीन साल में आप पाँच-छः सौ रुपए हासिल करने के मुस्तहिक़ हो जाएँगे और अगर अख़बारनवीसी की तरफ़ मायल हो गए तो यहाँ भी अव्वल दर्जे का अंग्रेज़ी रसाला निकाल सकेंगे। अख़लाक़ी और ज़हनी फ़वाहद जो हासिल होंगे, उनकी कोई क़ीमत नहीं। मैंने अपनी जानिब से एक दोस्ताना ख़त लिखा है। मुनासिब समझें तो इसे शाया कर दीजिए। मुझे इस नरगा से ख़ूबसूरती से निकल जाने का इसके सिवा और कोई रास्ता नज़र न आया। लतायफ़-उल-हीला के फ़न में भी उम्मी हैं। साफ़-साफ़ कहना चाहता हूँ।

''आपके वालिद साहिब बुजुर्गवार ने जिन अलफ़ाज़ में मुझे यक़ीन, सब्र और तवक़्क़ल फ़रमाया है, उनके लिए तहे दिल से ममनून हूँ। ईद-उल-मिलाद का दिन

है। दो-चार अहबाब मिलने आते होंगे, इसलिए अब रुख़सत। ईद मुबारक। ख़याल में आपसे भी बग़लगीर हो रहा हूँ।''

एक और पत्र में लिखते हैं—'' 'नक़्क़ाद' मेरे पास इल्तरामन कभी नहीं आया और न कभी इसमें लिखने की जुर्रत की। दिलगीर साहब ने दो-एक बार फ़रमायश ज़रूर की थी, मगर मैं बन्दा-ए-दाम और वहाँ क़दरदानी और तहसीन। इससे मेरा काम न चला। हज़रत नियाज़ फ़तेहपुरी के चन्द मज़ामीन मार्के के थे। उन्हें 'ज़माना' के दफ़्तर में देख आया था।

'' 'नक़्क़ाद' अक्सर चोंचले बहुत करता है। मुझे यह ज़नानापन पसन्द नहीं। मैं लिटरेचर को मैसकुलिन देखना चाहता हूँ। फ़ेमिनिन ख़्वाह वह किसी सूरत में हो, मुझे पसन्द नहीं। इसी वज़ह से मुझे टैगोर की अक्सर नज़्में नहीं भातीं। यह मेरा फ़ितरी नुक्स है। क्या करूँ? अशआर भी मुझे वही अपील करते हैं जिनमें कोई ज़िद्दत हो। ग़ालिब के रंग का मैं आशिक़ हैं। अज़ीज़ लखनवी के 'गुलकदा' की ख़ूब सैर की थी, मगर बदक़िस्मती से आज तक एक शेर भी मौज़ूँ नहीं कर सका। न जी चाहता है। ग़ालिबन शायराना हिस दिल में है ही नहीं। आपके 'सुन्दर मुरली' और 'गंगा अस्नान' के देखने का इत्तिफ़ाक़ नहीं हुआ। अगर आपके पास इसकी नक़ल हो, तो भेजने की एनायत कीजिएगा। मैंने तो अब तक आपकी जितनी चीज़ें देखी हैं, उनमें 'नाबीना जवान' सबसे ज़्यादा पसन्द आया। आपने ग़ज़ब किया था। शायद ही उर्दू में ऐसा तख़य्युल और कहीं नज़र आ सकता। 'लाला-ए-सहरा' में भी ज़ोर ख़ूब था, मगर वह बात न थी।

''आपकी ग़ज़लों को ख़ूब ग़ौर से देखा। 'मदफ़ी आफ़रीनी' की दाद देता हूँ। यह शेर ख़ूब है, सुबहान अल्ला!

दुनिया दिखाई देती थी मख़मूर-सी मुझे
वह देखना तेरी निगहे नीमबाज़ को।

'' 'दास्ताँ मेरी' वाला शेर बहुत ख़ूब है। ख़ामोशी क्या है हैरत-ए-हुस्न, व रोब-ए-हुस्न वफ़ूरे जज़बात। यहाँ भी इतवार को बाबू रघुपतिसहाय के मकान पर एक छोटा-सा मक़ामी मुशायरा हुआ था। तरज़ थी—

'सो गया जागने वाला शबे तनहाई का'।''

जुलाई, 1919 के एक पत्र में लिखते हैं—''कल मैंने 'चम्पा' को ख़ास तौर से पढ़ा। मुसन्निफ़ ने ख़ूब लिखा है। अगर कोई हिन्दू साहब हैं तो ख़ैर, और अगर मुसलमान साहब हैं तो उनकी क़लम की दाद देता हूँ। क़िस्सा ख़ूब बनाया गया है। श्रीकान्त का क़ैरेक्टर क़ाबिले तारीफ़ है। मैंने इस क़िस्सा का हिन्दी में तर्जुमा करने का फ़ैसला कर लिया है।''

सितम्बर, 1919 में—''मैंने इन्हीं दिनों एक और क़िस्सा लिखा है 'आत्माराम'। वह 'ज़माना' में भेज रहा हूँ। वह इस क़दर हिन्दू हो गया है कि 'कहकशाँ' के लायक़ नहीं। आप ख़ुद हिन्दू सही लेकिन आपके नाज़रीन तो हिन्दू नहीं हैं।''

एक पत्र में लिखा—"इस आलमे ज़ईफ़ी क़ब्ल अज़ वक़्त में एम. ए. पास करने की धुन सवार हो गई है। इस वजह से वक़्त का बहाना करता रहा। सुबह को शाम के लिए रख छोड़ता था, शाम को सुबह के लिए।

"आपके इंग्लैंड जाने की तजवीज़ क्या फ़िक्स हो गई ? अगर आपके माली हालात इजाज़त दें तो आप जैसे तबवा नौजवान का वहाँ क़िस्मत आज़माई करने जाना ज़रूरी है। वहाँ से लौटकर आप किसी कालिज के प्रोफ़ेसर या प्रिंसिपल हो सकते हैं। सिर्फ़ दो साल की जलावतनी है।"

'जंज़ीरे हवस' के अतिरिक्त 'हज्जे अकबर' (महातीर्थ), 'बैंक का दीवाला' और 'सौतेली माँ' भी कहकशाँ' में ही निकले। 'फ़तेह', 'नेक़ी की सज़ा' और 'इस्लाह' भी उन्होंने 'कहकशाँ' में भेजी। चार्ल्स डिकेन्स की एक कहानी 'द स्टोरी ऑफ़ रिचर्ड डबलडिक' का अनुवाद 'अश्के नदामत' शीर्षक से जनवरी, 1920 के अंक में छपा। एक फ़िलर भी छपा। शीर्षक था 'बाँसुरी'। आस्कर वाइल्ड की कहानी 'द घोस्ट ऑफ़ कैंटरविल्स'[1] का अनुवाद भी 'कहकशाँ' को जून, 1920 में भेजा, परन्तु इस बात का पता नहीं चल सका कि यह छपा भी या नहीं।

इस कहानी को भेजते हुए प्रेमचन्द अपने पत्र में लिखते हैं—"पसन्द आए तो रख लें, मगर इसके आख़िर में मेरा नाम देने की ज़रूरत नहीं, क्योंकि 'आबेहयात' और 'अश्के-नदामत' के बाद से अब मैंने अहद कर लिया है कि तर्जुमे न करूँगा।"

जहाँ प्रेमचन्द की हिन्दी कृतियाँ हाथों-हाथ बिक रही थीं और प्रकाशक स्वयं उनकी कृतियों के लिए आते थे, उर्दू की कृतियों के प्रकाशन की स्थिति दुःखजनक थी। "उर्दू में पब्लिशरों का क़हत है। एक नवलकिशोर प्रेस है, उसने अशायत का काम बन्द-सा कर रखा है।"

अभी तक प्रेमचन्द का सम्बन्ध 'ज़माना' प्रेस से रहा था। उसके व्यवस्थापक दयानारायण निगम ने स्वयं लिखा है कि 'उर्दू पब्लिशरों की बेवज़ाअती और आमपस्तहिम्मती से दूसरे मुसन्निफ़ीन व मोअल्लफ़ीन की तरह प्रेमचन्द को भी हर वक़्त कोफ़्त रहता था। 'ज़माना' के रास्ते में माली मजबूरियाँ न होतीं, तो दूसरे पब्लिशरों का प्रेमचन्द को ख़याल ही न आता। गोरखपुर से एक ख़त में इस बात पर बहुत अफ़सोस किया कि 'मुझे अपनी किताबें दूसरों को देनी पड़ती हैं।'

ज़माना प्रेस ने जिन पुस्तकों को छापा, उनकी भी अपनी ही कहानी है। 'सोज़े वतन' को ज़माना प्रेस ने प्रेमचन्द के ख़र्चे पर छापा था। अगले ही साल यह कहानी-संग्रह सरकार ने ज़ब्त कर लिया था। 'सैर दरवेश' का ख़र्चा भी प्रेमचन्द

---

1. 'कहकशाँ' के सम्पादक इम्तियाज़ अली ताज ने इन पंक्तियों के लेखक को 1914 में बतलाया था कि आस्कर वाइल्ड की एक कहानी का अनुवाद इतना ख़राब था कि उन्होंने उसे रद्द कर दिया। उस समय ताज साहब को कहानी का नाम ठीक याद नहीं था और उन्होंने कहा था 'शायद डे प्रोफेंडिस हो।'

ही ने दिया था। 'प्रेम-पचीसी' का पहला भाग 1915 में छपा, उसका ख़र्च भी प्रेमचन्द ने दिया।

24 अप्रैल, 1919 के एक पत्र में निगम को लिखा—"क्या हौसला अख़बार नवीसी और लिटरेरी काम का हो ? 'प्रेम-पचीसी (हिस्सा अव्वल) को छपे हुए चार साल हुए, मगर अभी तक निस्फ़ पड़ी हुई है। हिस्सा दोयम की मुश्किल से डेढ़ सौ जिल्दें बिकीं। मैं इससे बेहतर नहीं लिख सकता और बेहतर कामयाबी की उम्मीद नहीं रखता।"

इम्तियाज़ अली ताज को 27 मई, 1919 को लिखा—"उर्दू में किताबें बहुत कम बिकती हैं। मालूम नहीं, यह मेरा ही तजुर्बा है या और लोगों का भी।"

ताज को ही एक दूसरे पत्र में बतलाया—"मैंने 'प्रेम-पचीसी' के दोनों हिस्से ख़ुद ही शाया किए थे, लेकिन पब्लिशर और मुसन्निफ़ दो जुदा-जुदा हस्तियाँ हैं। मुझे इस काम में घाटा रहा।"

घाटा ही नहीं, इस काम में सरदर्दी भी थी। बार-बार याददहानी करानी पड़ती। 'प्रेम-पचीसी' (हिस्सा दोयम) के बारे में मार्च, 1917 में निगम को लिखा—"हिस्सा दोयम में ज़रा ज़्यादा सरगरमी फ़रमाइए, ताकि जल्दी ख़त्म हो जाए। अभी बहुत-कुछ छपवाना है। अगर पहली मंज़िल में इतना रुके तो फिर इतनी लम्बी ज़िन्दगी कहाँ से आएगी! तातील गरमा के पहले ख़त्म हो जाना ज़रूरी है।"

दो महीने बाद—" 'प्रेम-पचीसी' के मुतअल्लिक़ आपने क्या कार्रवाई की ? लखनऊ आ गई या कानपुर में ही कोई दूसरा इन्तज़ाम हुआ ? या उसकी अशायत का ख़याल ही तर्क कर दिया ? अगर ऐसा हो तो किताबत की कापियाँ मेरे पास रवाना फरमाएँ। मैं उन्हें छपवा लूँ, वरना फिर कापियाँ ख़राब हो जाएँगी।"

जनवरी, 1918 में लिखा—" 'प्रेम-पचीसी' (हिस्सा दोयम) की तैयारी में अभी कितनी कसर बाक़ी है ? कुछ मज़ीद काम है या प्रूफ़ तक ही मुआमला रुका हुआ है।"

अप्रैल, 191 8 तक 'प्रेम-पचीसी' (हिस्सा दोयम) छप चुकी थी और इसकी कापियाँ इधर-उधर भेजी जा रही थीं। पुस्तक शायद बहुत अच्छी नहीं छपी थी। ('किसी तरह यह एडीशन ख़त्म हो जाए, तो दूसरी बार ज़्यादा एहतियात और सफाई से छपवाने की कोशिश की जाए।') फिर भी इसे देखकर बेहद मुसर्रत हुई। काग़ज़ ज़रूर हलका है, लेकिन किसी तरह प्रेस से किताब निकल तो आई। इस ज़माने में यही हज़ार ग़नीमत है। इसके लिए मैं कारख़ाना का ममनून हूँ।"

'प्रेम-पचीसी' के छपते ही 'प्रेम-बतीसी' के छपवाने की बात आरम्भ हुई। अप्रैल, 1918 में 'ज़माना' प्रेस के मैनेजर को पहले भाग की 16 कहानियों की सूची दी और लागत के बारे में पूछा। इम्तियाज़ अली ताज से भी किताबत और छपाई का भाव पूछा। "अगर मैं प्रेम-बतीसी बारह पौंड के काग़ज़ पर छपवाऊँ तो बत्तीस जुज़्व की किताब

पर क्या लागत आएगी ? छपाई अरजाँ पड़े तो मैं ख़ुद ही जुरअत कर जाऊँ।'' छपाने के उद्देश्य के बारे में लिखा—''किताब शाया हो जाए तो उसकी हस्ती महज़ अख़बारी न रहे।''

अन्त में 'प्रेम-बतीसी' के पहले भाग के छापने का प्रबन्ध 'ज़माना' प्रेस ने किया। दूसरा भाग भी शायद 'ज़माना' प्रेस ही से छपता, परन्तु 'ज़माना' प्रेस को बहुत फ़ुर्सत नहीं थी। इसलिए प्रेमचन्द ने अगस्त, 1919 में ताज को लिखा—'' 'प्रेम-बतीसी' (हिस्सा अव्वल) छप रही है। ग़ालिबन दो महीने में तैयार हो जाएगी... 'बाज़ारे हुस्न' तो अभी मालूम नहीं कब तक तैयार हो। इस असना में 'प्रेम-बतीसी' (हिस्सा दोयम) आप शाया कर सकें तो ख़ूब हो, कुछ क़िस्से आप ही के दोनों परचों में निकले हैं। बकिया दस मैं दे दूँगा। कोई दस जुज़्व की किताब होगी।''

कुछ समय बाद—''मालूम नहीं 'प्रेम-बतीसी' इस उम्र में शाया होगी या नहीं। 'बाज़ारे हुस्न' का अल्लाह ही हाफ़िज़ है...न 'ज़माना' प्रेस को फ़ुर्सत, न दारुल अशायत को मोहलत।''

30 नवम्बर, 1919 को—'' 'प्रेम-बतीसी' का मिसतर इक्कीस सतरी ही होना चाहिए (क्योंकि इस मिसतर पर हिस्सा अव्वल छप रहा है) । काग़ज़ मैंने हिस्सा अव्वल के लिए आईवरी फ़िनिश बीस पौंड लगाया है। अगर आप भी यही काग़ज़ लगाएँ तो दोनों हिस्सों में यकसानियत आ जाए और तब क़ीमत भी यकसाँ रखी जा सकेगी। घटिया काग़ज़ लगाना बेजोड़ होगा।'' परन्तु काग़ज़ से मजबूरी थी। 24 मार्च, 1920 को लिखा—'' 'प्रेम-बतीसी' का क्या हाल है ? कितनी हुई और कितनी बाक़ी है ?''

अप्रैल, 1920 में—'' 'प्रेम-बतीसी' (हिस्सा अव्वल) अनक़रीब तैयार है। दूसरा हिस्सा भी जल्द निकले तो बेहतर। मालूम नहीं काग़ज़ दस्तयाब हुआ या नहीं। मेरे हिन्दी पब्लिशर कलकता से आपके लिए हर क़िस्म का काग़ज़ सुभीते के साथ भेजने पर आमादा हैं। निस्फ़ क़ीमत पेशगी दरकार होगी। अगर आप इसे मंजूर फरमाएँ तो काग़ज़ आ जाएगा। आर्डर वग़ैरह इस पते से दे सकते हैं (मेरा हवाला देना ज़रूरी होगा)...श्रीयुत महावीरप्रसाद पोद्दार, बुकसेलर्स एंड पब्लिशर्स, हिन्दी पुस्तक एजेन्सी, 126 हरिसन रोड, कलकत्ता।''

मई-जून 1920 में—''यह सुनकर बग़ायत ख़ुशी हुई कि काग़ज़ आ गया और 'प्रेम-बतीसी' की किताबत मुकम्मिल हो गई। अब उसे छपवा भी डालें। हिस्सा अव्वल भी ग़ालिबन आख़िर जुलाई तक तैयार हो जाएगा।''

'प्रेम-बतीसी' (भाग 2) अगस्त, 1920 में छपी। प्रकाशन अक्तूबर तक हो गया। '' 'प्रेम-बतीसी' देखी। बाग़-बाग़ हो गया। मुझे यह मजमूआ निहायत पसन्द आया। किताबत ज़रा और जल्दी होती तो बेहतर होता। लेकिन तब क़ीमत और ज़्यादा रखनी होती। फ़िलजुमला, किताब ख़ूब छपी है और मैं इसके लिए आपका तहेदिल से ममनून हूँ। देखें, पब्लिक इसकी क्या क़दर करती है। पहला हिस्सा भी शायद इस माह में

तैयार हो जाए। मैंने दफ़्तर 'ज़माना' को लिख दिया है कि आपके यहाँ पाँच सौ जिल्दें भेज दें। आप भी उनके यहाँ इतनी ही जिल्दें, या इससे दस-पाँच कम भेज दीजिएगा।''

अक्तूबर के अन्त तक सौ जिल्दें बिक गईं। ''आग़ाज़ बुरा न समझना चाहिए। ज़माना प्रेस अभी तक वायदों ही पर टाल रहा है। तंग आ गया। किसी तरह अब की नजात हो, फिर उसके जंजाल में न फँसूँगा...'प्रेम-पचीसी' (दूसरा एडीशन) आप ही के गले पड़ेगी।''

'' 'बतीसी' रिव्यू के लिए कहीं भेजी या नहीं? क्या मुमकिन है कि पंजाब टेक्स्ट-बुक कमेटी वाले उसे कुतुब में ले लें! लेकिन नहीं, पब्लिक की क़दरदानी ही पर छोड़िये...'सैरे दरवेश' की निस्बत आपने क्या फ़ैसला किया?...कानपुर वाले अभी देर कर रहे हैं। नाक में दम हो गया है। अब भूलकर भी अपनी ज़िम्मेदारी पर कोई किताब न छपवाऊँगा। 'प्रेम-पचीसी' के दूसरे एडीशन का मसला दरपेश है।''

प्रेम-बतीसी (हिस्सा अव्वल) के प्रकाशन के सम्बन्ध में उतावले होकर निगम को लिखा : ...''रहा टाइटल। आपको बाज़ार में जैसा काग़ज़ मिले अच्छा, बुरा, बढ़िया, घटिया, ब्राउन, काला, पीला, नीला, सब्ज़, सुर्ख़, नारंजी। लेकिन टाइटल पेज छपवा दीजिए। और किताब की छः सौ जिल्दें लाहौर भिजवा दीजिए।'' निगम ने जल्दी दिखलाई। एक महीने में टाइटल छप गया। प्रेमचन्द को भेजा। जैसे बिजली गिर पड़ी हो : ''टाइटल देखकर रो दिया। बस और क्या लिखूँ। किताब की मिट्टी ख़राब हो गई। आपने बेहतर काग़ज़ न पाकर यह काग़ज़ इस्तेमाल करवाया होगा। ग़ालिबन किताब की तक़दीर में इस तरह बिगड़ना लिखा था। ख़ैर, फिलहाल चलने दीजिए...।''

रायल्टी के बारे में प्रेमचन्द सचेत और सतर्क थे। उनकी धारणा थी कि कहानियों के लिए जो शुल्क उन्हें मासिक पत्रों से मिलता था, वह केवल प्रथम प्रकाशन का शुल्क था और कॉपीराइट उनके पास ही रहता था। एक पत्र में उन्होंने लिखा— '' 'दफ़्तरी' आपकी ख़िदमत में दस्तबस्ता हाज़िर होता है...यह इस अम्र का सुबूत है कि मज़ामीन के हुक़ूक़ के मुतअल्लिक़ मैं ज़रा भी ख़्वीरा ख़ातिर नहीं हूँ। मगर 'दफ़्तरी' इन शरायत की इसलाह करेगा कि 'कहकशाँ' का हक़ अव्वल अशायत के साथ ख़त्म हो जाएगा।''

'' 'प्रेम-पचीसी' के आइन्दा दस साल में ग़ालिबन दो एडीशन निकल सकेंगे। अगर आप मतबूआ क़ीमत पर मुझे पन्द्रह फ़ीसदी दें और फ़ी एडीशन एक हज़ार कापियाँ रखें, तो बहिसाब एक रुपया चार आने फ़ी नुसखा मुझे कमोवेश एक सौ अस्सी रुपए मिलते हैं (यानी एक हज़ार चार सौ पचास रुपए पर पन्द्रह फ़ीसदी) और दो एडीशन के इसी हिसाब से तीन सौ साठ रुपए हो जाएँगे। चूँकि आपको मुद्दत दराज़ तक किताबें बेचने के बाद नफ़ा होगा, इसलिए इन तीन सौ साठ रुपयों में से आप तख़फ़ीफ़ का मुतालिवा कर सकते हैं। वह आप शौक़ से करें।

"बतीसी के तीन एडीशन होंगे। आपके क़िस्से निकालने के बाद मेरे लिये यह भी 'पचीसी' ही रह जाएगी और उसी पुराने हिसाब से मुझे पाँच सौ चालीस रुपए मिलने चाहिए। इसमें भी आइन्दा और हाल का ख़याल करके मुझे जो तफ़ीफ़ चाहें करें। मैं उस ऑफ़र पर ख़ूब ग़ौर करूँगा। आप बिलातआमुल अपना ख़याल ज़ाहिर फ़रमाइएगा...

"एक बात आपसे राज़ की कह दूँ। मुझे 'पचीसी' और 'बतीसी' के लिए चौदह फ़ीसदी का ऑफ़र हो चुका है और बग़ैर तग़य्युर आइन्दा व हाल। रवीन्द्र बाबू को मैकमिलन बीस फ़ीसदी देता है। मैं रवीन्द्र बाबू नहीं हैं, इसलिए बारह और बीस के दरमियान, पन्द्रह पर काना होना चाहता हूँ।"

निगम को लिखा, "मेरा ख़्याल यह है कि जब तक वाजा तौर पर मुआहिदा न हो जाए, उस वक़्त तक अख़बारात का पेड मज़ामीन पर महज़ अशाअत अव्वल का हक़ रहता है। 'माडर्न रिव्यू' में रवीन्द्र बाबू के कितने मज़ामीन और तसानीफ़ निकले हैं। पर बाद को मैकमिलन ने इन सभी को किताबी सूरत में शाया किया है। और यह मुसल्लम है कि जब अख़बार किसी मज़मून पर दायमी इस्तहक़ाक़ चाहेगा तो उसे इसी हिसाब से मुआवज़ा भी देना पड़ेगा...' मुझे 'कहकशाँ' ने कोई ऑफ़र नहीं दिया। ख़ुद ही मुझसे शरायत पूछे। मैंने आपसे इस्तस्वाब किया। आप बारह फ़ीसदी रायल्टी कहते हैं। यह बहुत कम है। पन्द्रह फ़ीसदी मेरे ख़याल में ज़्यादा क़रीने इन्साफ़ है। अगर आपको इसमें ख़सारा न हो तो आप 'प्रेम-पचीसी' का दूसरा एडीशन शाया फ़रमाएँ। किताब की क़ीमत डेढ़ रुपया रखें। एक ही जिल्द में निकले। एक हज़ार जिल्दों की कुल मतबूआ क़ीमत डेढ़ हज़ार रुपए होगी। इस पर पन्द्रह फ़ीसदी के हिसाब से मुझे दो सौ पचीस रुपए मिलने चाहिए। मैं दो सौ रुपए पर क़नाअत कर लूँगा। मगर नक़द होना चाहिए, इसलिए कि मैं एक हिन्दी प्रेस खोलना चाहता हूँ ताकि मैं अपने पसमाँदों को बिलकुल बेआड़ न छोड़ूँ।"

इन्हीं पत्रों में उपन्यासों का ज़िक्र भी है—"कब यह मुमकिन हो कि 'कहकशाँ' में मेरा नावल 'बाज़ारे हुस्न' बिलतरतीब निकल सके। मुमकिन है कि इसके निकलने से परचा की अशायत पर कुछ असर पड़े। यह नावल कोई तीन सौ सफ़हात का है। इसके लिखने में मैंने अपनी कोई कोशिश उठा नहीं रखी। किताब की सूरत में अब तक इसलिए नहीं निकाल सका कि मुझे इतनी फ़ुरसत ही नहीं मिलती कि तमामो कमाल एक बार साफ़ कर सकूँ। माहवार दस-बीस सफ़हे तो मुमकिन हैं, मगर, यकबारगी, तीन सौ सफ़हात का ख़याल करके हौसला छूट जाता है। मगर जब तक 'कहकशाँ' की अशायत माक़ूल न हो जाए, नावल निकालने का ख़्याल क़िब्ल-अज़-वक़्त मालूम होता है..."

कोई पाँच सप्ताह के बाद—"अगर आप इतनी बड़ी किताब छाप सकें तो मैं साफ़ करना शुरू करूँ, वरना अभी गरमी की तातील तक मुल्तवी रखूँ। आपको साफ़ करने

की तकलीफ़ न दूँगा, क्योंकि साफ़ करने में अकसर क़िस्सा के सीन-के-सीन पलट जाते हैं। इस क़िस्सा में मैंने एक अखलाकी बेशर्मी, यानी बाज़ारे अस्मतफ़रोशी पर चोट की है।''

ताज ने पांडुलिपि देखने की इच्छा प्रकट की और 17 सितम्बर, 1918 को प्रेमचन्द ने उन्हें लिखा—''कल से इसके दो सफ़ा रोज़ाना साफ़ कराऊँगा और ग़ालिबन दशहरा की तातील के बाद आप इसके चन्द वर्क़ मुलाहिज़ा कर सकेंगे।''

ताज ने प्रस्ताव किया कि 'बाज़ारे हुस्न' का हिन्दी रूपान्तर सचित्र हो। प्रेमचन्द ने लिखा—''तसवीरों की राय फिक हो गई। हिन्दी का पब्लिशर इसे जल्द निकालना चाहता है। दूसरे एडीशन में तसवीरें दी जाएँगी, इसलिए फ़िलहाल इसका ज़िक्र फ़ज़ूल है...

''रहा 'बाज़ारे हुस्न' का मुआविज़ा। वह क़िस्सा पढ़ लेने पर आप ख़ुद तय कर लेंगे। हिन्दी वालों ने मुझे चार सौ रुपए दिए हैं, उर्दू से इतनी उम्मीद नहीं। मगर इक्कीस सतरी सफ़ा के बारह आने के हिसाब से भी क़बूल कर लेने में मुझे तआमुल न होगा। यह मेरा पहला जख़ीम नावल है। मुझे इसकी अशायत की फ़िक्र है। दूसरा नावल[1] भी शुरू कर चुका हूँ...''

पाँच महीने बाद—'' 'बाज़ारे हुस्न का गुजराती एडीशन निकल रहा है। ख़ूब-ख़ूब तसवीरें निकल रही हैं। आप चाहेंगे तो ब्लाक दिलवा दूँगा। मुसव्विर एडीशन निकल जाएगा, और अर्ज़ां।''

नावल के साफ़ करने के रास्ते में रुकावटें आईं। एक तो यह कि इस समय प्रेमचन्द बी. ए. की परीक्षा की तैयारी कर रहे थे। 15 अप्रैल तक तो 'मरने की फ़ुरसत' भी नहीं थी। 15 अप्रैल, 1919 को परीक्षा ख़त्म हुई और चार दिन बाद ताज को लिखा—''आप मुझे मजबूर कर रहे हैं कि छोटी कहानियाँ लिखना छोड़ दूँ। अब मज़ामीन और 'बाज़ारे हुस्न' में लिपटता हूँ।''

फिर 'बाज़ारे हस्न' के प्रकाशन की शर्तों पर लिखा-पढ़ी हुई। ''आप इसे अगर हमेशा के लिए चाहते हैं तो मुझे कोई उज्र नहीं है। मैं उर्दू पब्लिक से वाकिफ़ हूँ। यहाँ हमेशा के मानी हैं ज़्यादा-से-ज़्यादा तीन एडीशन और वह भी दस सालों में या इससे ज़्यादा। इसलिए मैं ऐसी शर्तें हर्गिज पेश नहीं कर सकता जो नामाकूल हों। मेरे ख़याल में पहले एडीशन के लिए आप बीस फ़ीसदी रखें और बक़ाया दो एडीशनों के लिए दस फ़ीसदी। यानी कुल रक़म तीन सौ पचास रुपए होती है। यह हिसाब मैंने कुल अमूर को मद्देनज़र रखकर पेश किया है और मुझे यक़ीन है कि आपको नागवार न होगा।''

नवम्बर, 1919 के अन्त तक 'बाज़ारे हुस्न' के तीन सौ सफ़हात साफ़ हो गए। ''सिर्फ़ दो सौ और बाक़ी हैं। आपको अगर फ़ुरसत हो तो मैं यह तीन सौ सफ़हात

1. यह 'प्रेमाश्रम' था। आरम्भ में इसका नाम शायद 'नाकाम' रखा गया था।

चलता करूँ ? जब तक आप देखेंगे, क़ातिब लिखेगा, तब तक मैं दो सौ सफ़हात पूरे कर दूँगा, जो दो घंटे रोज़ाना के हिसाब से दो-एक माह का काम है।''

मार्च, 1920 के अन्त तक 'बाज़ारे हुस्न' ख़त्म हुआ। ''पैकिट बना हुआ तैयार है। आज (2 अप्रैल, 1920) डाकख़ाना बन्द है। आप इसे एक बार सरसरी तौर पर देख जाएँ और तब इसके मुतअल्लिक अपनी राय से मत्तला फरमाएँ।'' दो सप्ताह बाद—''मुफ़स्सल ख़त मिला। लेकिन मुफ़स्सल जवाब उस वक़्त दूँगा, जब आप 'बाज़ारे हुस्न' तमामो कमाल पढ़ चुकेंगे। हाँ, इसके मुतअल्लिक जो कुछ आपने फ़रमाया है वह सब आपकी क़दर अफ़जाई है। मैं बहुत ममनून हूँगा अगर जनाब उस पर मुफ़स्सल तबसराना राय से मुझे मुत्तला फरमाएँ। इसमें नाराज़ होने की कौन बात है ? नक़्क़ाद है कहाँ ? मुझे तो इसकी आरजू रहती है कि मुझे कोई ख़ूब नेकोबद समझाए।''

बीस दिन बाद—'' 'बाज़ारे हुस्न' आप शाया करें। शरायत के मुतअल्लिक यह अर्ज़ है कि आप पहले एडीशन के लिए मुझे बीस फ़ीसदी रायल्टी अता फ़रमाये। पहला एडीशन एक हज़ार दो सौ नुसखों का हो। ग़ालिबन एक रुपया चार आने क़ीमत रखी जाए। मुझे दो सौ चालीस जिल्दें मिलेंगी। ये जिल्दें ख़्वाह मुझे जिल्दों की सूरत में दे दें या रुपए की सूरत में। रुपए की सूरत में देने से वही कमीशन जो मैं किसी दूसरे बुकसेलर, मसलन रसाला 'ज़माना' को दूँगा, आपको वाज़ा कर दूँगा। अगर आप इसे पसन्द न फ़रमाएँ, तो आप मुझे जिल्दें ही दे दें। मैं किसी तरह बेच या बिकवा लूँगा। अगर इन सूरतों में कोई पसन्द न हो तो मुझे पहले एडीशन के लिए दो सौ पचास रुपए अता फ़रमाएँ। हिन्दी में मुझे पाँच सौ रुपए मिले थे। गुजराती एडीशन के मुझे सौ रुपए मिले। आप जिस तरह चाहें फ़ैसला करें। दो सौ रुपए ग़ालिबन ज़रूरत से ज़्यादा मुतालबा नहीं है। मेरी डेढ़ साल की मेहनत और ख़ामा फ़रसाई का नतीजा यह किताब है, अगर ये सब शर्तें आपको नाग़वार मालूम हों तो अपनी मरज़ी के मुताबिक़ किताब शाया करके मुझे जो चाहें दे दें। मैं आपका मशकूर हूँगा।

''मुझे यह सख़्त ज़िल्लत मालूम होती है कि अपनी किताब के लिए पब्लिशरों की ख़ुशामद करता फिरूँ।''

कोई दो महीने बाद—''बेहतर है 'बाज़ारे हुस्न' दो हिस्सों में शाया हो। मेरे ख़याल में भी यही तजवीज़ थी।'' किताबत जुलाई-अगस्त, 1920 में आरम्भ हुई। अक्तूबर में तक़रीबन ख़त्म हुई। ताज ने एक भूल पकड़ी। प्रेमचन्द ने लिखा—''बेशक, शान्ता के ख़त का एक हिस्सा नक़ल करने से रह गया। आपने ख़ूब गिरफ़्त की। उसे पूरा किए देता हूँ।''

13
प्रेस लगाने का प्रयास

इन्हीं दिनों प्रेमचन्द के मन में अपना प्रेस लगाने की इच्छा उत्पन्न हुई। इस ख़याल की पृष्ठभूमि के रूप में यह बतलाना आवश्यक है कि द्वितीय महायुद्ध में यू.पी. सरकार एक वार-जरनल (जगी अख़बार) निकालती थी। निगम इस पत्र के सम्पादकीय बोर्ड के सदस्य थे। एक बार निगम ने प्रेमचन्द से पूछा कि यदि वह इस अख़बार के उर्दू संस्करण का भार उठा सकें तो शायद उनका परिचय बड़े-बड़े लोगों से हो जाए और आगे उन्नति का रास्ता निकल आए। प्रेमचन्द ने उत्तर दिया—"मैं, बदक़िस्मती से, इसे क़ौमी काम नहीं समझता। (यह) मुतरज्जमी उम्मीदवारों का काम है, जो अख़बारनवीसी से बिलकुल अलग है। मुझे इस काम से मुआफ़ रखिए।" कुछ दिन पहले, महायुद्ध के बारे में लेखों की बात चली थी। प्रेमचन्द ने लिखा था—"अब मैं सरकारी अख़बारनवीस क्या बनूँगा। जंग के मुतअल्लिक मज़ामीन लिखने की भी इस वक़्त मुझे फ़ुरसत नहीं है। बस इसी अपनी रफ़्तार क़दीम पर रहूँगा, बी. ए. करके किसी प्राइवेट स्कूल की हेडमास्टरी और एक अच्छे अख़बार की एडीटरी और कुछ और पब्लिक काम। यही मेरा मेराज़ ज़िन्दगी है। अख़बार मज़दूरों, किसानों का हामी और मुआविन होगा।"

जनवरी 1919 में निगम से पूछा : "आपके ख़याल में 100 सफ़हात का माहवार रिसाला आईवेरी फेस काग़ज़ और उम्दा किताबत के साथ कितने सरमाये में एक साल तक चल सकेगा?"

इधर 'ज़माना' घाटे में चल रहा था और निगम बार-बार प्रेमचन्द को बुलाते थे। एक बार प्रेमचन्द ने लिखा—"आप फ़रमाते हैं कि तुम्हारी लाइन यह (मास्टरी) नहीं है। मैं तसलीम करता हूँ। मगर चारा क्या है? मैं कुर्बानी को अपनी ज़ात तक रखना चाहता हूँ। अय्याल को इस चक्की में पीसना नहीं चाहता। फ़िलहाल मुझे रोटियाँ मिल जाती हैं। कुछ लिटरेरी काम कर लेता हूँ। यह क़ुर्बानी है। ख़ुदा और दुनिया, कौम और ज़ात, दोनों को साथ लिये हुए हूँ। मैं लिटरेरी काम को थोड़ी क़ुर्बानी नहीं समझता। जो शख़्स अपनी फ़ालतू आमदनी का एक हिस्सा किसी मदरसे के लिए ख़ैरात कर देता है, वह हमारी क़ुर्बानी का सही अन्दाज़ा नहीं कर सकता, जो अपने ऊपर सोना तक हराम कर लेता है।

"आपने मेरे लिए कोई ऐसी तजवीज़ नहीं निकाली, जिसमें फ़िक्र मुआश से आज़ाद होकर मैं ज़िन्दगी काटता। मैं अर्ज़ कर चुका हूँ कि इससे ज़्यादा नफ़सकशी मेरे अमकान से बाहर है। और आपने जब कभी कोई तजवीज़ की तो वह हवाई। आकाशी मुआश से मुझे इत्मीनान नहीं होता। ज़रूरियात के लिए मुस्तक़िल सूरत चाहिए। तकल्लुफ़ात के लिए आकाशी सूरत है तो मुज़ायक़ा नहीं। मुझे फ़िलहाल

सौ रुपए मिल जाते हैं...इस तरह से मैं अपने पसमांदगान के लिए दस साल में शायद चार-पाँच हज़ार रुपए छोड़ मरूँ।''[1]

''अख़बारी ज़िन्दगी में किस क़दर तो फ़िक्र और झंझट, उस पर पचास-साठ रुपए से ज़्यादा कोई देनेवाला नहीं। अभी हमारे यहाँ वह ज़माना नहीं आया कि जर्नलिज़्म को करियर बनाया जा सके। आप 'लीडर' की तरह कोई कम्पनी क़ायम करें। वह माहवार रसाला, रोज़ाना अख़बार निकाले, कारकुनों को माकूल तनख़्वाहें दें, तब देखिए मैं कितनी ख़ुशी से दौड़ता हूँ। मगर यहाँ तो यह हाल है कि 'अवध अख़बार' भी ग्रेजुएट मुतरज्जमी तलाश करता है, तो उसकी तनख़्वाह सौ रुपए बतलाता है।

''मैं अगर इम्तहान में पास हो गया तो किसी 'एडेड स्कूल' में एक सौ पचीस रुपए का हेडमास्टर हो जाऊँगा। वहाँ गोशए आफ़ियत में बैठा हुआ अपना क़लम घिसता रहूँगा। साल में एक क़िस्सा ज़रूर लिख डालूँगा। यही क़ौमी ख़िदमत होगी। मज़ामीन जो क़लम से निकलेंगे वे भी ख़िदमत ही के मद में डालिए। अगर आप इससे बेहतर कोई सूरत निकाल सकते हैं तो मैं हाज़िर हूँ। वरना मुझे अपने ढर्रे पर चलने दीजिए। 'शाकिर' और 'साबिर' बनना मेरे लिए मुमकिन नहीं।''

निगम ने मारवाड़ी स्कूल में नौकरी के लिए लिखा। इस प्रस्ताव के सम्बन्ध में प्रेमचन्द का उत्तर इस प्रकार है—''मारवाड़ी स्कूल में असिस्टेंट टीचरी मुझे मंजूर नहीं, ख़्वाह कितनी ही तनख़्वाह मिले। वही हालत तो यहाँ भी है। यहाँ फ़ुरसत बहुत ज़्यादा है। हेडमास्टर निहायत माकूल। करूँगा तो हेडमास्टरी। असिस्टेंट रहना हो तो यहाँ बड़े मज़े में हूँ। मुझे यहाँ मय मकान के एक सौ बीस रुपए मिलते हैं। इस लिहाज़ से भी कोई फ़ायदा नहीं है। इसलिए ख़्वाहमख़्वाह डाँवाँडोल क्यों हूँ। जुलाई से, ग़ालिबन मेमोरियल का कुछ नतीजा हुआ तो मुझे कुछ और मिल रहेगा। वहाँ से बेहतर हालत रहेगी। आपको मेरी फ़िक्र है—इससे अलबत्ता क़ल्ब को सरूर होता है। इसके लिए मेरा एक-एक रोआँ आपका मशकूर है। परमात्मा करे आपको जल्द मौजूदा कशमकश से नजात हो।''

तीन सप्ताह बाद—''इमदादी स्कूलों में कारगुजारी की ज़रूरत होती है। लेकिन चूँकि यह सीग़ा अनक़रीब मुस्तक़िल होनेवाला है, इसलिए उम्मीद है कि शायद आइन्दा इस क़िस्म की कारगुज़ारी के मुकाबिले ख़ालिस तालीमी काम की ज़्यादा क़दर की जाए। आपके सदमात और परीशानियों पर बहुत रंज आता है। क्या करूँ। मैं इसीलिए तो कानपुर आना चाहता था कि मिलकर कुछ काम कर सकते। यहाँ चाहूँ तो प्रेस भी खोलूँ, अख़बार भी निकालूँ। हमदर्दों के तकाज़े हो रहे हैं। लेकिन मैं टालता आता हूँ। अख़बारनवीसी की तरद्दुदात की बर्दाश्त का ख़याल मारे डालता है। मास्टरी में

1. निधन के समय प्रेमचन्द का अपना मकान था। छापाखाना था। किताबों के स्टाक थे और डाकखाने में लगभग पाँच हज़ार रुपए। उस समय के पाँच हज़ार आज के कम-से-कम सत्तर-अस्सी हज़ार के बराबर होते हैं।

वह गरमी-ए-शोहरत न सही, रोज़ी तो चलती है। अगर कानपुर आ गया तो हम और आप मिलकर कुछ काम कर सकेंगे। वरना इसकी और क्या सूरत है। महताबराय कलकत्ता के उस छापाखाना में, जिसके मालिक मेरे दोस्त मिस्टर पोद्दार हैं, मैनेजर हैं, साठ रुपए माहवार पाते हैं। और पोद्दार का इरादा है कि उन्हें नफ़े में कुछ हिस्सा भी दे दें। बजुज़ फ़ासला के और उन्हें वहाँ हर तरह आराम है। हम लोगों का छापाख़ाना क़ायम होगा तो उन्हें यहाँ बुला लूँगा। वह काम से ख़ूब वाकिफ़ हो गए हैं।''

छुट्टियों में प्रेमचन्द पहाड़ की सैर करना चाहते थे। निगम के भाई ने नैनीताल में एक बँगला लिया था। वहाँ तो शायद न जा सके, मगर मसूरी की ओर ज़रूर चले। वहाँ पहुँच नहीं पाए, यह और बात है। इम्तियाज़ अली ताज ने भी मसूरी जाने का प्रोग्राम बनाया था। मार्च, 1920 में प्रेमचन्द ने ताज को याद दिलाया ('प्रेम-बतीसी', भाग 1 की केवल किताबत हुई थी और 'बाज़ारे हुस्न' के अभी ताज के हाथ में पहुँचने में थोड़ी देर थी)—

''मसूरी चलने की दावत दी थी। मैं तैयार हूँ, मगर आप दावत करके भूल गए। जल्द फ़ैसला कीजिए, ताकि उधर से मायूसी हो तो मैं देहरादून जाने का इरादा कर लूँ।'' ताज के साथ प्रोग्राम न बन सका और प्रेमचन्द अकेले ही देहरादून गए। जून, 1920 के एक पत्र में रेस्ट हाउस, देहरादून से ताज को लिखा—''मैं आजकल कनखल, ऋषिकेश वग़ैरह का सफ़र करता हुआ देहरादून आ पहुँचा। मैंने कनखल से एक ख़त आपकी ख़िदमत में रवाना किया था, मालूम नहीं पहुँचा या नहीं। मुझे इसका जवाब नहीं मिला। आप इधर आने का क़सद रखते हों तो बराह करम मुझे एक मामूली तार से मुत्तिला फ़रमाइए, ताकि आपका इन्तज़ार करूँ। वरना मैं बहुत जल्द यहाँ से चला जाऊँगा। मेरी तबीयत दौराने सफ़र में ज़्यादा मुजमहिल हो गई है।

''सोचा था कि हरिद्वार की आबोहवा से कुछ फ़ायदा होगा, लेकिन नतीजा इसका उलटा हुआ। पेचिश ने, जिससे मेरी पुरानी दुश्मनी है, बहुत दिक़ कर रखा है। इस ख़त के पाते ही अपने फ़ैसले से मुत्तिला फरमाएँ। अगर यहाँ न आ सकें तो देहली में मिलने का फ़ैसला कीजिए और मुत्तिला कीजिए कि आप वहाँ कब तक पहुँचेंगे और मैं कहाँ आपसे मिलूँ?''

ताज का उत्तर पहुँचने से पहले ही प्रेमचन्द रवाना हो चुके थे। ताज का रजिस्टर्ड लिफ़ाफ़ा 'ज़माना' कानपुर के दफ़्तर में मिला। '' 'काश' यह ख़त देहरादून में मिल गया होता, तो मैं आप लोगों की हमराही में मसूरी की सैर कर लेता। (हाँ) मुझे अबकी सफ़र में यह तजरुबा हुआ कि मैं बग़ैर किसी रफ़ीक या दोस्त के तनहा नहीं रह सकता। आज गोरखपुर वापस जाता हूँ। पेचिश का बाक़ायदा इलाज करूँगा।'' 24 जून को गोरखपुर पहुँचे। मन्नू को चेचक निकली। ''उसके रोने-रुलाने का नज़ारा कोई काम नहीं करने देता।'' 6 जुलाई को बच्चा चल बसा। एक दोस्त को लिखा—''बाईस दिन बाद तक इस ग़म से नजात नहीं हुई। सब्र तो हो गया, मगर

याद बाक़ी है, और शायद ताज़ीस्त रहेगी। इसे अपने एमाल का नतीजा समझता हूँ, और क्या ?''

इसी बच्चे की मौत के सम्बन्ध में शिवरानीदेवी लिखती हैं—

''(मन्नू) ग्यारह महीने का होकर चेचक से बीमार पड़ा। चेचक काली थी। मैंने लड़के की हालत देखकर कहा—'कोई डॉक्टर बुलाइए। चेंचक का रंग ख़तरनाक है।'

''आप अपने पढ़ने-लिखने के कमरे में गए और डॉक्टरी की किताब वहाँ से देखकर आए।

''मुझसे बातें करते हुए उनका गला भरा हुआ था। कमरे में शायद रो रहे थे। बोले—'तुम्हारा यह लड़का बचता नहीं मालूम होता।'

''मैं—'पहले डॉक्टर बुलाइए।'

''आप—'डॉक्टर तो लाता ही हूँ, पर मुझे विश्वास नहीं।'

''मुझे आश्वासन देते हुए बोले—'मरना-जीना तो लगा ही रहता है। क्या करोगी ? अपना वश क्या है ?'

''इसी समय चाची को तार दिया। वे अपने मायके में थीं। जब दूसरे रोज़ आईं, तब उनसे बोले—'बेटी और घुन्नू को लेकर तुम मरदाने कमरे में रहो। ये तो भला बचे रहें। मेरी तो राय है कि इन्हें घर से भी दूर रखा जाए।'

''चाची ने कहा—'नहीं, चेचक के दिनों में बाहर जाना ठीक नहीं।' और वह अलग रहने लगीं।

''लड़का ग्यारहवें दिन ठंडा होने लगा।

''डॉक्टर फिर आया। उसने कहा—'बस, सब्र कीजिए।'

''रात को जिस समय (मन्नू) मरा, मैं और वे थे। मैं चाहती थी, वे ख़ुद भी दूर रहें।

''जब उन्होंने मुझे रोते देखा, जबकि बच्चा मर गया था, तो मेरा हाथ पकड़कर वहाँ से उठा लाए और मुझसे बोले—'क्यों रोती हो ? क्या सुख उससे तुम्हें मिला ? ग्यारह ही महीना ज़िन्दा रहा। उस पर भी बराबर बीमार। मैं तो ज़िन्दा ही हूँ। असल में मैं ही तुम्हारा हूँ।'

''उस दिन रात-भर मुझे पकड़े रहे। सुबह जब उसकी लाश चली गई, तो उसका सारा सामान जलवा दिया। फिर सारे कमरे को फ़िनायल से धुलवाया। उसके बाद वहाँ पर हवन कराया। फिर उस कमरे में नौ महीने तक ताला पड़ा रहा। उन्होंने अपने हाथ से कमरा बन्द कर ताली बाहर फेंक दी। उसकी एक-एक चीज़ को नहीं रहने देते थे।''

इसी बच्चे की मृत्यु की सूचना देते हुए प्रेमचन्द ने निगम को लिखा—''नौ दिन तक ग़रीब को घुलाघुलाकर आख़िर जान ही लेकर छोड़ा। तकदीर ने तो अपनी दानिस्त में मुझे सज़ा दी होगी। लेकिन मैं ख़ुश हूँ कि फ़िक्रों का आधा बोझ सर से दूर हो गया। अब मुझे यहीं मरने दीजिए, इसी गोशा में।''

प्रेमचन्द का अपना स्वास्थ्य ख़राब था, इससे लिखने में बाधा होती थी। एक पत्र में उन्होंने लिखा—"आपके लिए एक क़िस्सा लिख रहा हूँ। ख़ूने जिगर तो बहुत सरफ़ कर रहा हूँ, पर मालूम नहीं कुछ रंग भी आएगा या नहीं। ख़ून ही नहीं है तो रंग क्या ख़ाक पैदा होगा।"

ताज को लिखा—"आप 'कहकशाँ' के हर नम्बर के लिए कुछ लिखने को कहते हैं। और कई माह से एडीटर साहब 'ज़माना' नाराज़ हैं, इसलिए कि मैं अपने मज़ामीन दूसरे रसालों को क्यों देता हूँ। उनकी रज़ाजूई भी ज़रूरी है। इस पर अपने कार मंसबी के अलावा एक नई उलझन—सेहत नाक़स ख़ुदा ही हाफ़िज़ है।"

" 'नाकाम' नामुकम्मिल है। उसका हिन्दी तर्जुमा नामुकम्मिल है, चार मुख़्तसर कहानियाँ अधूरी, एक ड्रामा ज़ेरे तजवीज़। मगर सेहत कुछ करने ही नहीं देती।"

अपने आत्मकथात्मक लेख में प्रेमचन्द ने इस समय के बारे में लिखा—

कुछ मित्रों की, विशेषकर पोद्दारजी की, सलाह से मैंने जल-चिकित्सा आरम्भ की। लेकिन तीन-चार महीने के स्नान और पथ्य का मेरे दुर्भाग्य से यह परिणाम हुआ कि मेरा पेट बढ़ गया। और मुझे रास्ता चलने में भी दुर्बलता मालूम होने लगी। एक बार कई मित्रों के साथ मुझे एक ज़ीने पर चढ़ने का अवसर पड़ा। और लोग धड़धड़ाते हुए चले गए, पर मेरे पाँव ही न उठते थे। बड़ी मुश्किल से हाथों का सहारा लेते हुए ऊपर पहुँचा। उसी दिन मुझे अपनी कमज़ोरी का यथार्थ ज्ञान हुआ। समझ गया, अब थोड़े दिनों का और मेहमान हूँ। जल-चिकित्सा बन्द कर दी।

"एक दिन सन्ध्या समय उर्दू बाज़ार में श्री दशरथप्रसादजी द्विवेदी, सम्पादक 'स्वदेश' से मेरी भेंट हो गई। कभी-कभी उनसे भी साहित्य-चर्चा होती रहती थी। उन्होंने मेरी पीली सूरत देखकर खेद के साथ कहा—'बाबूजी, आप तो बिलकुल पीले पड़ गए हैं, कोई इलाज कराइए।'

"मुझे अपनी बीमारी का ज़िक्र बुरा लगता था। मैं भूल जाना चाहता था कि मैं बीमार हूँ। जब दो-चार महीने ही का ज़िन्दगी से नाता है तो क्यों न हँसकर मरूँ? मैंने चिढ़कर कहा—'मर ही तो जाऊँगा, भई, और कुछ। मैं मौत का स्वागत करने को तैयार हूँ।'

"द्विवेदीजी बेचारे लज्जित हो गए। मुझे पीछे से अपनी उग्रता पर बड़ा खेद हुआ।"

प्रेमचन्द का स्वास्थ्य कई वर्षों से बिगड़ता ही आ रहा था। कुछ समय पूर्व एक पत्र में निगम को उन्होंने लिखा था—"आप क्या कहते हैं! ज़िन्दगी की उम्मीद यहाँ भी कम है। मगर चाहता हूँ कि या तो साथ चलें या ख़फ़ीफ़-सी तक़दीमो ताख़ीर हो। मैं आपका पेशरो बनना चाहता हूँ। मौत की फ़िक्र मारे डालती है। कितना चाहता हूँ कि परमात्मा पर भरोसा रखूँ, मगर दिल मूजी है, समझता नहीं। किसी महात्मा की सोहबत मिले तो शायद रास्ते पर आए। यही फ़िक्र है कि मैं आज मर जाऊँ तो इन बाल-बच्चों का पुरसाने हाल कौन होगा। घर में कोई ऐसा नहीं है। छोटक से कोई

उम्मीद नहीं रही, दोस्तों में अगर हैं तो आप और नहीं हैं तो आप। और न होगा तो मेरे बाद साल-दो साल इन बेकसों की ख़बर तो ले सकते हैं।''

अगले दो-तीन वर्षों में प्रेमचन्द का स्वास्थ्य ख़राब ही होता गया। छुट्टी ली ताकि इलाज करवा सकें। उधर ससुर ने भी बुलाकर इलाज करवाया, परन्तु कोई अन्तर न पड़ा। प्रेमचन्द का यह विश्वास हो गया कि उन्हें बहुत दिन नहीं जीना है। इसके साथ उन्हें यह भी फ़िक्र हुआ कि यदि जल्दी ही मर गए तो बीवी और बच्चों का क्या होगा। दोनों बच्चे अभी बहुत छोटे थे। घर में ऐसा कोई न था जो प्रेमचन्द के बाल-बच्चों के पालन-पोषण का प्रबन्ध कर सके। इसलिए प्रेमचन्द किसी ऐसे धन्धे की तलाश में थे, जिसमें कोई बँधी आमदनी होती रहे।

प्रेमचन्द की मित्रता सम्पादकों, लेखकों तथा छापाख़ानावालों से ही थी। यह स्वाभाविक ही था कि उनकी निगाह इस ओर जाती। प्रेमचन्द ने अपने सौतेले भाई, महताबराय को भी इसी धन्धे में डाल दिया था। वह कलकत्ता में (हिन्दी पुस्तक एजेन्सी के व्यवस्थापक) महावीरप्रसाद पोद्दार के यहाँ नौकर हो गए थे। स्वयं अपने प्रेस की योजना बनाते हुए प्रेमचन्द ने इम्तियाज़ अली ताज को लिखा था—''उर्दू, हिन्दी, अंग्रेज़ी, बंगला, सभी कुछ छापने का इरादा है। मेरा छोटा भाई मैनेजरी के काम में होशियार है। इस वजह से शायद मुझे ज़्यादा दर्दे सर न हो। और फिर किस कारोबार में परेशानियाँ नहीं हैं। कशमकश तो ज़माना-ए-हाल की एक लाज़िमी कैफ़ियत है।''

दयानारायण निगम ने प्रस्ताव किया कि बीस हज़ार रु. लगाकर कानपुर में एक अच्छा प्रेस लगाया जाए। प्रेमचन्द से कहा कि महताबराय को कलकत्ता से बुला लो। प्रेमचन्द ने महताबराय को लिख भी भेजा। उधर पोद्दारवाला प्रेस बिकने जा रहा था। महताबराय ने प्रस्ताव किया कि नए ख़रीदारों से मिलकर उसी प्रेस में साझा किया जाए। प्रेमचन्द को यह नया प्रस्ताव लिख भेजा।

प्रेमचन्द ने कलकत्ता के इसी हिन्दी प्रेस में साझा करना चाहा। इम्तियाज़ अली ताज को लिखा—''ग्यारह आने मेरे एक दोस्त का होगा और पाँच आने मेरा...मुझे अपने हिस्से के रुपयों की फ़िक्र करनी है। अगर काम चल गया तो पचास-साठ रुपए माहवार का फ़ायदा हो सकेगा, अगर आपको तरद्दुद न हो तो सितम्बर में मश्रूता हिसाब तय फ़रमा दीजिएगा। कुल प्रेस सोलह हज़ार रुपए का है। ताज़ियत के लिए मशकूर हूँ। दो बच्चे थे। एक ने मफ़ारक्त की और अब एक चहार साला शीरख़ार रह गया है और एक लड़की। परमात्मा इन्हीं दोनों को ज़िन्दा रखे। ग़म जो कुछ होना था हो चुका। मशीयत यही थी। मुझे भी अब उसकी मसलहत नज़र आ रही है। शायद मुझे अलायक की ज़ंज़ीरे गराँ से कुछ आज़ाद करना मक़सूद था। ख़त जल्दी लिखिएगा। आपके ख़ुतूत से तसकीन होती है।''

इसके बाद निगम को लिखा—''मैंने कलकत्ता के प्रेस में आधा साझा कर लिया है। पाँच हज़ार रुपए देने पड़ेंगे। इस वक़्त अगर आपकी माली हालत ख़राब न हो,

तो आप कुछ मेरी अयनात फ़रमाइए। मुझे इस वक़्त दो सौ रुपए की अशद ज़रूरत है। यह रक़म मुझे बतौर कर्ज़ दे सकें तो ऐन एहसान समझूँगा। 'बतीसी' हिस्सा अव्वल, छप जाने के बाद जब हिसाब-किताब हो जाएगा, तो मुझे मालूम हो जाएगा कि मैं कितने का देनदार हूँ। किताब की बिक्री में आप दो सौ रुपए वसूल करके तब मुझे दीजिएगा। मगर अबकी कमीशन मैं तीस फ़ीसदी से ज़्यादा न दे सकूँगा। हाँ, अगर आप सौ जिल्दें दोनों हिस्सों की ख़रीद लें तो चालीस फ़ीसदी कमीशन ले लीजिए। इस तरह आपको दो सौ बीस रुपए में तीन सौ रुपए की किताबें मिल जाएँगी।

"बहरहाल किसी तरीक़े से मुझे दो सौ रुपए या इससे कुछ ज़्यादा ज़रूर भेजिए, क्योंकि दशहरे तक मुझे चार हज़ार रुपए की फ़िक्र ज़रूर करना है। तंगदस्ती के हालों की यहाँ समाअत न होगी। और न आपको अपने रुपयों के मुतअल्लिक कोई ख़दशा है। ज़्यादा-से-ज़्यादा सूद का नुक़सान। जवाब से जल्दी सरफ़राज फ़रमाइए कि किस तारीख़ तक रजिस्ट्री बीमा का इन्तज़ार करूँ।"

उधर ताज को भी लिखा—" 'बाज़ारे-हुस्न' का मुआवज़ा दो सौ पचास रुपए तय हुआ था, 'प्रेम-बतीसी' के लिए सौ रुपए। कुल साढ़े तीन सौ रुपए होते हैं। बज़रिया रजिस्ट्री भिजवा दें। किफ़ायत होगी।"

कलकत्तावाले प्रेस में साझा करने का प्रस्ताव महताबराय ने दिया था। प्रस्ताव प्रेमचन्द को पसन्द आया था। मुद्रा का प्रबन्ध तो प्रेमचन्द को ही करना था। शिवरानीदेवी ने अपने जोड़े हुए रुपए तथा प्रामिसरी नोट भुनाकर तीन हज़ार रुपए इकट्ठे किए। प्रेमचन्द ने भाई बलदेवलाल को इन्दौर भी लिखा।

यह सारा प्रबन्ध हो जाने पर शिवरानीदेवी ने आग्रह किया कि साझा श्रीपतराय (प्रेमचन्द के पुत्र) के नाम से होगा।

'नहीं, वह (महताबराय) झल्ला उठेगा।'

'फिर ये रुपए आपके नहीं हैं। आप अपने रुपए दीजिए। ये रुपए मेरी ही शर्त पर जाएँगे।'

प्रेमचन्द ने कलकत्ता पत्र लिखा और बताया कि रुपए किस शर्त पर दिए जा रहे हैं।

महताबराय ने पत्र में लिखा कि पोद्दार के यहाँ उनका बड़ा मज़ाक़ उड़ाया गया। "क्या आप हमारे ऊपर विश्वास नहीं करते? मेरे ही और कौन है! घुन्नू ही तो मेरे भी हैं।"

प्रेमचन्द ने महताबराय को जो सफ़ाई पेश की वह इस प्रकार है—"तुम्हारा ख़त मिला। पढ़कर कुछ ख़ुशी भी हुई, कुछ रंज भी हुआ। ख़ुशी इसलिए हुई कि तुम्हारे दिल में बिरादराना मुहब्बत के ऐसे ऊँचे भाव मौजूद हैं। रंज इसलिए कि तुमने मेरी बातों का मन्शा ग़लत समझा। मैंने पोद्दारजी को जो ख़त लिखा है उसमें मेरा मंशा सिर्फ़ यही है कि मैं श्रीपतराय के नाम से साझा चाहता हूँ, अपने या तुम्हारे नाम से नहीं। हम और तुम अपनी फ़िक्र कर सकते हैं और बच्चे ही के आइन्दा के ख़याल

से यह सब इन्तज़ाम करने की फ़िक्र है। इसलिए वही साझेदार भी रहे। चूँकि तुम वहाँ मौजूद हो और तुम्हारी निगरानी में उसकी जायदाद रहेगी, इसलिए तुम गोया उसकी जायदाद के ट्रस्टी और गार्डियन हो। इन्हीं वजहों से मैं तुम्हारे ऊपर उसकी परवरिश की ज़िम्मेदारी का भार डालना नहीं चाहता था। मैं उसे बहुत ज़रूरी समझता हूँ कि तुम्हारे ज़िम्मे उसकी ट्रस्टीशिप रहे। मैं क्या, अगर सब रुपया तुम्हीं देते, तब भी यही कहता कि साझा श्रीपतराय के नाम से हो, क्योंकि मैं जानता हूँ कि तुम उसे अपने या मेरे नाम के मुक़ाबले ज़्यादा पसन्द करोगे। और यह तो मैं अब भी कहता हूँ कि जिस जायदाद को मैं तुम्हारे लिए लेता उसके लिए भी तुम्हें कर्ज़ लेने की सलाह न देता, और न तुम्हारे ऊपर इसका भार डालता। बलदेवलाल ने लिखा था कि मेरे पास सात सौ रुपए हैं, वे मैं तुम लोगों को दे सकता हूँ। चाची साहिबा सिर्फ़ नाना के भरोसे पर वायदा करती थीं, लेकिन जब नाना साहब मुझे दो सौ रुपए ज़ाइद नहीं दे सके (मैंने सात सौ रुपए माँगे थे मगर उन्होंने पाँच ही सौ दिए) तो मैं कैसे उम्मीद करता कि वह तुम्हें या हमें एक हज़ार दे देंगे। इसलिए मैंने लिखा था कि महताबराय धोखे में हैं, यानी हम लोग दोनों धोखे में हैं। काम वही करना चाहिए जो अपने सँभाले सँभल सके। कर्ज़ लेना मुझे किसी तरह पसन्द नहीं, ख़ासकर ऐसे काम में।

"मैंने पहले भी पोद्दारजी को जो लिखा था उसका मन्शा बजुज़ इसके और कुछ न था, चूँकि महताबराय कलकत्ता में एक अजनबी आदमी हैं और दुनिया की मक्कारियों से अभी वाकिफ़ नहीं हैं। इसलिए मैं तुम्हारी ट्रस्टीशिप को उतना ही ज़रूरी समझता हूँ जितना पोद्दार या किसी ऐसे ही मोतबर शख़्स की मदद को। जब तुम ख़ुद लिखते हो कि मैं अपना नाम नहीं रखना चाहता था और बार-बार मुझे कहते-लिखते थे कि आप शरीक़ हो जाइए, तो जब मैंने तुम्हारे हुक्म की तामील की तो तुम क्यों बदग़ुमान होते हो। पोद्दारजी हर ख़त में लिखते थे कि बाबू महताबराय मेरे साझेदार होंगे, आप पंच बनिएगा। जब मेरे और उनके दरमियान कोई इख़्तलाफ़ हो तो आप फ़ैसला कीजिएगा। मैंने पंच बनने से बचने के लिए लिखा कि महताबराय साझेदार न होंगे, बल्कि श्रीपतराय होंगे और मैं पंच नहीं बनूँगा, बल्कि प्रोफ़ेसर रामदास गौड़ को पंच बना दूँगा। मैं जानता हूँ कि तुम्हारे दिल में मेरे बच्चों की निस्बत ऐसे ऊँचे ख़यालात हैं। मैं हमेशा तुम्हारी सआदतमन्दी की तारीफ़ किया करता हूँ। अगर मैं जानता कि तुम इस बात के कहने-लिखने से इतने बदग़ुमान हो जाओगे तो हरगिज न लिखता। अगर तुम्हारा बच्चा होता तो मैं इस साझे को अपने और तुम्हारे बच्चे दोनों ही के नाम से लेता। या कोई दूसरी जायदाद लेता। तब भी, और अगर ईश्वर ने ज़िन्दगी बाक़ी रखी तो, मैं इसे साबित कर दूँगा। हाँ, एक बात ज़रूर है। चूँकि मेरे घर में भी औरत है और तुम्हारे घर में भी औरत है, मैं यह नहीं चाहता कि ख़ुदानख़ास्ता अगर मेरी ज़िन्दगी वफ़ा न करे तो औरतों में तानाज़नी हो और एक-दूसरे पर रौब या सख़्ती जताये। मैं यह साफ़ कर देना चाहता हूँ कि मैं अपने लड़के के लिए जो कुछ करता हूँ वह सब

अपनी कुव्वते बाज़ू से करता हूँ और उसकी चची पर महज उसकी सरपरस्ती और निगरानी का भार डालना चाहता हूँ। महज़ तुम्हें इस बात का मौक़ा देने के लिए कि तुम अपनी सआदतमन्दी का इज़हार कर सको, मैं कलकत्ता के कारोबार में शरीक़ होने पर राज़ी हुआ। हालाँकि मेरा शुरू से इरादा था कि तुम बनारस रहते और यहीं ख़ानदान को अपने साथ रखकर मुझे हर एक फ़िक्र से आज़ाद कर देते। यहाँ फ़ैज़ाबाद में एक ताल्लुकदार प्रेस बिक रहा है। उसकी बाबत मैंने मुंशी गुलहज़ारीलाल को लिखा भी है। खुलासा यह है। मेरा मन्शा पोद्दार को यह ख़त लिखने का और कुछ न था कि श्रीपतराय उसका मालिक और महताबराय उसके ट्रस्टी रहें। इसके लिए तुम्हें बदग़ुमानी की कोई वज़ह नहीं है। प्रेस का जो नफ़ा होगा (या नुक़सान भी हो सकता है) उसके ख़र्च की मैंने यह सूरत सोची है कि मकान बनवाऊँगा, क्योंकि इस तरह हम लोगों के पास काफ़ी रुपया ज़मा होना मुश्किल है। इसी ख़याल से मैंने तुम्हें प्रेस के काम में लगाया और अब भी हमेशा इसी कोशिश में रहूँगा कि तुम्हारा प्रेस किसी तरह बनारस चला आए। एक और बात याद रखो। तुम्हारा दिल, मैं जानता हूँ, बहुत साफ़ है। लेकिन औरतों का दिल अकसर तंग ख़याल होता है। तुम्हारी बीवी को ग़ालिबन मालूम हो कि तुम रुपया कर्ज़ ले रहे हो, महज़ इसलिए कि श्रीपतराय के नाम से प्रेस ख़रीदे तो वह इसे हरगिज़ पसन्द न करेगी। तुम सआदतमन्दी से ख़्वाह उसे डाँटते रहो, लेकिन बहुत मुमकिन है कि इससे तुम्हारी आफ़ीयत में ख़लल पैदा हो और तुम्हारे घर में एक रार मचे। इन सब बातों का ख़याल करके मैंने यही इरादा किया कि रुपया सब मेरा हो, जो मैंने अपनी मेहनत से वसूल किया हो। वह तुम्हारी निगरानी में लड़के के नाम से लगा दिया जाए। गोया तुम उसकी जायदाद के ट्रस्टी रहो और जब तुम भी साहिबे औलाद हो जाओ (ईश्वर करे कि मैं वह मुबारक दिन देखूँ) तो हर एक जायदाद में दोनों भाइयों की औलादें बराबर की हिस्सेदार रहें। दोनों का साथ-साथ नाम चढ़े। इसीलिए तुम्हारे दिल में मेरे उस ख़त से ज़रा भी मलाल हो, तो उसे निकाल डालो, क्योंकि तुम मेरे ख़त की मंशा पूरी तरह समझ गए होंगे। ईश्वर ने चाहा तो दो-तीन साल में हम लोग इस प्रेस के पूरे मालिक हो जाएँगे और इसे बनारस ले जाकर काम करेंगे।''

एक सप्ताह बाद महताबराय को लिखा—

''प्रेस के मुतअल्लिक़ तुमसे कुछ मशवरा करना चाहता हूँ। दशहरा में आ जाओ तो सब बातें मुफ़स्सल तय हो जाएँ। यहाँ मेरे दोस्तों की, और नीज़ घरवालों की, राय कलकत्ता में प्रेस करने की नहीं होती, और मैं भी इसमें कोई ज़्यादा फ़ायदा नहीं देखता। पोद्दारजी ही के बयान के मुताबिक़ उसका सालाना नफ़ा एक हज़ार छः सौ रुपए के क़रीब है। इस हिसाब से हम लोगों को आधे हिस्से पर आठ सौ रुपए सालाना मिलेंगे। पाँच हज़ार का सूद सालाना चार सौ पचास रुपए होगा। गोया कुल सालाना फ़ायदा बारह सौ रुपए के क़रीब होगा। कुछ कम या ज़्यादा होना भी मुमकिन है। क्या अगर

हम लोग अपना ज़ाती प्रेस पाँच हज़ार के सरमाये से बनारस में खोलें तो सौ रुपए माहवार या बारह सौ रुपए सालाना नफ़ा न होगा? मेरा ख़याल है कि ज़रूर होगा। इससे कम किसी तरह नहीं हो सकता। यहाँ इससे छोटे-छोटे प्रेस जो दो-ढाई हज़ार से खुले हुए हैं, सौ रुपए माहवार कमा रहे हैं। मैं यह चाहता हूँ कि तुम किसी नए प्रेस की तलाश में रहो, जिसमें टाइप, ट्रेडल मशीन वग़ैरह सब सामान मुकम्मल मौजूद हो। अगर सेकिंडहैंड न मिल सके तो कलकत्ता की किसी फ़र्म से नए सामान का ऑर्डर करो। बस, कोशिश यह होनी चाहिए कि बजट पाँच हज़ार से ज़्यादा न होने पाए। मेरे पास इस वक़्त तीन हज़ार रुपए मौजूद हैं। अप्रैल-मई तक एक हज़ार और हो जाएगा, क्योंकि रघुपतसहाय से, और लाहौर के पब्लिशरों से, रुपया वसूल हो जाएगा। इधर मैं भी कानपुर, इलाहाबाद वग़ैरह में तलाश करता रहूँगा। बनारस में भी सुराग़ लगाता हूँ। यहाँ अभी हाल ही में दो आदमी बनारस से सामान लाए हैं और ख़ूब अरज़ाँ। फ़ैज़ाबाद का ताल्लुक़दार प्रेस बिक रहा है। तीन हज़ार में सब सामान मिलता है। मुंशी गुलज़ारीलाल से दरयाफ़्त किया है। देखूँ क्या जवाब आता है। अब इस इरादे को मुस्तक़िल समझो। तुम्हारे कलकता रहने से मुझे ऐसा मालूम होता है कि मैं बिलकुल अकेला हूँ। मुझे हमेशा एक मददगार की ज़रूरत मालूम होती है। मेरी सेहत कुछ अच्छी होती मालूम होती थी, लेकिन अब फिर ज्यों-की-त्यों हो रही है। जल-चिकित्सा से भी कोई ज़्यादा फ़ायदा नहीं हुआ। ऐसी हालत में मेरी दिली आरज़ू यह है कि बनारस में तुम्हारे मुस्तक़िल रहने का इन्तज़ाम हो जाए, ताकि तुम हर हालत में घर को सँभाल सको। कलकत्ता में रहकर तुम घर को हरगिज़ नहीं सँभाल सकते। ख़ुदा-न-ख़ास्ता मैं न रहा तो तुम्हें कितनी मुश्किल पड़ेगी। तुम रहोगे कलकत्ता, मेरे बाल-बच्चे रहेंगे बनारस। कुछ भी न हो सकेगा। इसलिए मेरी तुमसे दरख़्वास्त है कि बनारस आने की फ़िक्र करो। अब तुम्हें पाँच हज़ार रुपए मिल सकते हैं। उसकी फ़िक्र नहीं। मार्च-अप्रैल तक अगर प्रेस का इंतज़ाम हो जाए तो मई-जून में हम लोग मकान वग़ैरह लेकर बनारस में जम जाएँ। ऐसा मकान लिया जाए कि उसमें प्रेस भी रहे और तुम भी रहो। मेरे बच्चे कभी बनारस रहें, कभी मेरे साथ। छुट्टियों में मैं भी बनारस आया करूँ और कुछ तुम्हारी मदद किया करूँ। साल-छः महीने में जब काम चल निकले तो मकान बनवाना शुरू कर दिया जाए। तुम एक साइकिल ले लो और अपनी निगरानी में मकान बनवाओ। इस तरह आइन्दा का इन्तज़ाम पूरा हो जाएगा और मुझे इतमीनान हो जाएगा कि मैं कच्ची गहस्थी छोड़कर नहीं मरा। कलकत्ता में काम करने से ये बातें एक भी पूरी न होंगी और मैं इस फ़िक्र से नजात न पाऊँगा। कानपुर में दयानारायण और रामभरोसे मुझे शरीक़ करना चाहते हैं और बीस हज़ार से प्रेस खोलना चाहते हैं। लेकिन अब मैं बनारस के सिवाय और अपने लिए कहीं सुभीता नहीं पाता। बनारस में चाहे नफ़ा कुछ कम ही हो, लेकिन मुझे यह इत्मीनान रहेगा कि मेरे बाद ख़ानदान भूखों नहीं मरेगा और इज़्ज़त के साथ निबाह होता जाएगा। यह भी मुमकिन है कि मैं बनारस

तबादला करा लूँ। तब तो चैन ही हो जाएगा। हम दोनों साथ रहेंगे और एक-दूसरे की मदद करते रहेंगे। जो कुछ अपने पास रुपया जमा होगा वह कारोबार बढ़ाने में ख़र्च करेंगे और मुमकिन होगा तो दस-पाँच बीघा ज़मीन ले लेंगे, ताकि एक हल की खेती का भी आसानी से इन्तज़ाम हो जाए। खाने को ग़ल्ला घर पर हो जाए। दीगर मसारिफ़ के लिए प्रेस से आमदनी हो जाए। कोशिश यह करेंगे कि प्रेस नदेसर या चेतगंज के आसपास खुले। शुरू में कुछ दौड़-धूप करनी पड़ेगी जो कलकत्ता में न करनी पड़ती। लेकिन आइन्दा की बेहतरी के ख़याल से इसे बरदाश्त करना पड़ेगा। तुम पोद्दार जी से इन बातों को साफ़-साफ़ समझा देना और उनसे रुपया लेकर कहीं अमानत रख देना। अगर कहीं प्रेस का सौदा पट जाए तो यह रुपया बयाना का काम देंगे। दशहरा में आओ, ज़रूर आओ। इस बारे में और भी सलाह हो जाएगी। लेकिन अब अपनी सेहत की हालत देखते हुए मैं तुम्हारा कलकत्ता रहना पसन्द नहीं कर सकता। और तो कोई हाल ताज़ा नहीं है। नाना साहब के यहाँ 20 अक्तूबर को ब्रह्मभोज है। अगर तुम आ जाते तो उसमें शरीक़ होते, वरना मुझे जाना पड़ेगा और बहुत तकलीफ़ उठानी पड़ेगी। तुम बनारस रहोगे तो कुछ मेरे लिटरेरी काम में भी मदद करोगे। हम लोग अपनी किताबें भी ख़ुद ही छाप लिया करेंगे। जब तक प्रेस का इन्तज़ाम न हो जाए तुम नौकरी करो। चाहे पोद्दारजी के प्रेस में, चाहे किसी दूसरे प्रेस में। लेकिन अप्रैल (1921) में तुम्हें हमेशा के लिए कलकत्ता छोड़ना पड़ेगा, अगर गृहस्थी और ख़ानदान की तुम्हें फ़िक्र है। बस यही मेरा आख़िरी फ़ैसला है। अब इसमें किसी क़िस्म कर रद्दोबदल मैं न करूँगा। तुम ख़ुद इसका फ़ैसला कर सकते हो कि प्रेस के लिए नया सामान ख़रीदना बेहतर होगा या सेकिंडहैंड। क्या-क्या सामान दरकार होंगे, इस बारे में मुझे फ़िलहाल कोई तजुरबा नहीं है। और क्या लिखूँ, यहाँ सब ख़ैरियत है। क़हत का सामान हो गया। दुआ।

"भाई बलदेवलाल से मैंने पाँच सौ रुपए माँगे थे। लेकिन मेरा ख़त पहुँचने के पहले ही वह एक हज़ार की फ़िक्र कर चुके थे। कोई शक नहीं कि वह निहायत नेकनीयत और साफ़दिल आदमी हैं।"

महताबराय गोरखपुर आए। बातें हुईं। इसके बाद निगम को लिखा—

"अब आप चेक न भेजें, क्योंकि कलकत्ता में साझा करने का इरादा फ़िक्स हो गया है। एक हज़ार पाँच सौ रुपए भेज चुका था, लेकिन चन्द ऐसी बातें हुईं जिनसे वह तजवीज़ तर्क करनी पड़ी। बरवक़्ते मुलाक़ात मुफ़स्सल बयान करूँगा। अब आप ही की सलाह पक्की रही, यानी बनारस, इलाहाबाद या कानपुर में प्रेस। छोटक यहाँ आ गए हैं और अब ग़ालिबन कलकत्ता न जाएँ। बनारस में उन्हें सत्तर रुपए की पोस्ट ज्ञानमंडल वालों ने ऑफ़र की है। वहीं गए हुए हैं।

"कल मैंने 'प्रताप' में लाइट प्रेस, कानपुर के फ़रोख़्त होने का इश्तिहार देखा। क्यों न हम और आप मिलकर इस प्रेस को ले लें। मेरे पास चार हज़ार रुपए

हैं। मुमकिन है फ़िक्र करने से कुछ और बहम पहुँच जाए। अगर आपको यह प्रेस काम का और चलता हुआ मालूम हो तो इससे गुफ़्तगू कीजिए और क़ीमत वग़ैरह तय फ़रमाइए। तब मुझे नोटिस दीजिए, ताकि मैं भी आ जाऊँ और मुआमला अपना हो जाए। तब छोटक को कानपुर छोड़ दूँ। वह मैनेजर रहे और आप सुपरवाइज़र, मगर ऑनरेरी।''

11 दिसम्बर, 1920 को निगम को लिखा : ''प्रेस का ख़याल अब शायद गया। मैंने गवर्नमेंट के काग़ज़ात में रुपए लगा दिए। अब बीस रुपए माहवार घर बैठे मिल जाएँगे। रुपयों का अन्देशा नहीं।''

ताज को लिखा—''मैंने कलकत्ता में प्रेस लेने का इरादा तर्क कर दिया। दूरदराज़ का मुआमला था। अब इसी सूबा में इरादा है। कानपुर में एक प्रेस बिक रहा है। 'लाइट प्रेस' नाम है। इसके मुतअल्लिक़ ख़तोकिताबत कर रहा हूँ। तय हो जाए तो नौकरी से मुस्तफ़ी हो जाऊँगा। अब यह तौक़ नहीं सहा जाता।''

14

सरकारी नौकरी से त्यागपत्र

कई वर्ष पहले से प्रेमचन्द की इच्छा थी कि अपना प्रेस स्थापित करके सरकारी नौकरी से त्यागपत्र दे दें। घटना-चक्र ऐसा चला कि पहले उन्होंने नौकरी से इस्तीफ़ा दिया और उसके कुछ बाद प्रेस स्थापित हुआ।

प्रेमचन्द के त्यागपत्र के बारे में कुछ कहने से पहले यह आवश्यक जान पड़ता है कि हम पाठक का ध्यान प्रेमचन्द के कुछ राजनीतिक लेखों की ओर आकर्षित करें। पहले अध्यायों में हम देख चुके हैं कि प्रेमचन्द की राजनीतिक घटनाओं की ओर विशेष रुचि थी। कई साल तक 'ज़माना' का 'रफ़्तारे ज़माना' नामक स्तम्भ का अधिक भाग उन्होंने ही लिखा। उनका पहला कहानी-संग्रह इसलिए ज़ब्त हुआ कि इसमें देश-प्रेम की कहानियाँ थीं। पुराने उपन्यासों में भी देश की मुख्य समस्याओं पर टिप्पणियाँ मिलती हैं। जिन दिनों बस्ती में तैनात थे, उन दिनों 'ज़माना' की ओर से आए 'स्टेट्समैन', 'माडर्न रिव्यू', 'कामनवील', 'आर्य गज़ट', 'हिन्दुस्तान', 'ज़खीरा' और हिन्दी के एक या दो माहवार रिसालों का अध्ययन करते। इनके अलावा 'लीडर' और 'तर्जुमान' पढ़ते और इस अध्ययन के आधार पर लेख लिखते। बस्ती से ही एक बार निगम को लिखा : ''जब तक करेण्ट ऐफेयर्स से लगाव न रहे, किसी मज़मून पर लिखने की तहरीक नहीं होती। और मज़मून भी मुश्किल से सूझता है।'' 'वार जर्नल' पर काम करने से प्रेमचन्द का इनकार भी इस बात का प्रतीक है कि राजनीतिक तौर पर प्रेमचन्द

एक जागृत व्यक्ति थे। 'ज़माना' में लिखी जीवनियों से भी उनकी रुचि पर रोशनी पड़ती है। 'दौरे जदीद व दौरे क़दीम' लेख फ़रवरी 1919 में प्रेमचन्द पर अन्तर्राष्ट्रीय घटनाओं के प्रभाव की साफ़ झलक मिलती है।

जलियाँवाला कांड से प्रेमचन्द बहुत दुःखी हुए थे। अमृतसर जाने का सोचा। बाद में इरादा तर्क कर दिया। कुछ लिखना भी चाहते थे, मगर छापता कौन ? निगम ? उन्हीं को दिसम्बर 1919 में लिखा : "मुझे ज़माना की पालिसी पर नज़र डालते हुए कुछ लिखना मुनासिब नहीं मालूम होता। मैं पीस डिक्लेरेशन का तो अमदन ज़िक्र न करूँगा। लेकिन रिफार्म स्कीम का ज़िक्र न करना ग़ैर-मुमकिन है। और स्कीम या एक्ट के मुतअल्लिक मैं मिस्टर चिन्तामणि वग़ैर से मुत्तफिक नहीं हूँ। मेरे ख़याल में मोतदिल पार्टी इस वक़्त ज़रूरत से ज़्यादा मगरूर और नाज़ाँ है। हालाँकि इस्लाहों में अगर कोई ख़ूबी है तो सिर्फ़ यह कि तालीमयाफ़्ता जमाअत को कुछ आसामियाँ ज़्यादा मिल जाएँगी और जिस तरह यह जमाअत वकील बनकर रिआया का ख़ून पी रही है, उसी तरह आइन्दा भी यह हाकिम होकर रिआया का गला काटेगी। इसके सिवा और कोई जदीद अख़तियार नहीं दिया गया। जो अख़तियार दिए गए उनमें इतनी शर्तें लगा दी गई हैं कि उनका देना न देना बराबर हो गया है। मैं अब क़रीब-क़रीब बालशविस्ट उसूलों का क़ायल हो गया हूँ।"

'प्रेमाश्रम' उपन्यास (जिसकी रचना 'नाकाम' के नाम से पहले उर्दू में हुई) में भारत में जंग के नाम पर लूट-खसूट ही नहीं बल्कि रूसी क्रान्ति की भी झलक मिलती है। प्रेमचन्द के पत्रों में भी सामयिक घटनाओं की झलक मिलती है। जब पंजाब में मार्शल लॉ लागू किया गया, तो प्रेमचन्द ने ताज को अप्रैल 1919 में लिखा था—"ख़ुदा करे लाहौर में अमन हो"। तीन महीने बाद—"शुक्र है कि पंजाब में अब सुकून हुआ है। कुछ महीने बाद—"नॉन-को-ऑपरेशन ने तो लाहौर का कचूमर निकाल दिया। देखिए ऊँट किस करवट बैठता है।"

असहयोग आन्दोलन ज़ोरों पर था। अध्यापक और छात्र लोग स्कूल छोड़ रहे थे, वकील कचहरियों का बायकाट कर रहे थे और सरकारी नौकर अपने ओहदों को छोड़ रहे थे। देशभक्त होने के नाते प्रेमचन्द भी नौकरी से इस्तीफ़ा देने की सोचते थे। बीवी से सलाह की।

शिवरानीदेवी लिखती हैं—"जलियाँवाला बाग़ में जो भीषण नर-हत्याकांड हुआ था, उसकी ज्वाला सभी के दिलों में होनी स्वाभाविक थी। वह शायद मेरे भी दिल में रही हो। दूसरे दिन अपने को उन सभी मुसीबतों को सहन करने के लिए तैयार कर पाई जो नौकरी छोड़ने पर आने वाली थी। मैंने उनसे कहा—छोड़ दीजिए। (बीस-पचीस वर्ष की नौकरी छोड़ते हुए तकलीफ़ तो होती थी ही, मगर नहीं। यह जो मुल्क पर अत्याचार हो रहे थे, उनको देखते हुए तो यह शायद नहीं के बराबर थी)। जब मैंने उनसे कहा कि छोड़ दीजिए नौकरी क्योंकि इन अत्याचारों को तो अब सबको

मिलकर मिटाना होगा और यह सरकारी नीति अब सहन शक्ति के बाहर है, तब आप अपनी स्वाभाविक हँसी में हँसकर बोले—'दूसरों का अन्त करने से पहले अपना अन्त सोच लो।'

''मैं बोली—'मैंने सोच लिया है, जब आप अच्छे हो गए हो, तो मैं सोचती हूँ कि अब आगे भी मैं जंगल में मंगल कर सकूँगी और मेरा ख़याल है कि ईश्वर कुछ अच्छा ही करने वाला है।' ''

प्रेमचन्द इस बारे में सोच ही रहे थे कि महात्मा गांधी ने गोरखपुर का दौरा किया। प्रेमचन्द ही के शब्दों में—

''ग़ाजी मियाँ के मैदान में ऊँचा प्लेटफ़ार्म तैयार किया गया। दो लाख से कम का जमाव न था। क्या शहर, क्या देहात, श्रद्धालु जनता दौड़ी चली आती थी। ऐसा समारोह मैंने अपने जीवन में कभी न देखा था। महात्माजी के दर्शनों का यह प्रताप था कि मुझ-जैसा मरा हुआ आदमी भी चेत उठा। उसके दो ही चार दिन बाद मैंने अपनी बीस साल की नौकरी से इस्तीफ़ा दे दिया।''

श्री बेचनलाल, नार्मल स्कूल के हेडमास्टर, प्रेमचन्द के प्रशंसकों में से थे। उनको विश्वास न आया कि एक ऐसा आदमी, जो लम्बी बीमारी से अभी-अभी उठा हो, ऐसी सनकी बात कर सकता है। उन्होंने प्रेमचन्द से कहा—''पहले अपनी देवीजी से तो पूछ लीजिए।''

प्रेमचन्द ने उत्तर दिया—''पूछ चुका हूँ। वह मुझसे भी आगे हैं।''

हेडमास्टर ने कहा—''अभी आप सोच लीजिए। मैं अभी इसे (इस्तीफ़े को) ऊपर नहीं भेजूँगा।''

प्रेमचन्द बोले—''मैं कल से काम पर नहीं आऊँगा।''

इसके बाद हेडमास्टर ख़ुद प्रेमचन्द के घर गए। ''अभी तो आप बीमारी से उठे हैं और इतनी जल्दी इस्तीफ़ा भी दे दिया।''

प्रेमचन्द बोले—''मेरी आत्मा नहीं चाह रही है, हेडमास्टर साहब, मैं ऐसा करने को विवश हूँ।''

15 फ़रवरी, 1921 को एक पत्र में प्रेमचन्द ने निगम को लिखा—''कल सरकारी मुलाज़मत से सुबक-दोश हो गया। आज इस्तीफ़ा मंजूर हो गया।''

स्कूल में मिले सामयिक काग़ज़ों से इस बात की पुष्टि होती है कि प्रेमचन्द ने असहयोग आन्दोलन के कारण इस्तीफ़ा दिया और उनकी नौकरी 16 फ़रवरी को ख़त्म हुई।

प्रेमचन्द के त्यागपत्र की प्रतिलिपि उपलब्ध नहीं है, परन्तु त्यागपत्र में क्या लिखा होगा, या किन कारणों से त्यागपत्र दिया होगा, उसकी झलक हमें 'प्रेमाश्रम' के पात्र ज्वालासिंह के त्यागपत्र के सम्बन्ध में मिलती है। इससे कहीं अधिक महत्त्वपूर्ण एक कहानी है, जो प्रेमचन्द ने इस समय लिखी थी। यह कहानी 'ज़माना' के जुलाई 1921

अंक में छपी। इस कहानी का नाम है 'लालफ़ीता' और इसके नायक हरिविलास भी असहयोग आन्दोलन से प्रभावित होकर सरकारी नौकरी से त्यागपत्र देते हैं। प्रेमचन्द का त्यागपत्र भी इसी प्रकार का होगा, जैसा हरिविलास का त्यागपत्र, जिसे हम उद्धृत करते हैं। हरिविलास लिखते हैं—

"जनाबेमन! मेरा अक़ीदा है कि निज़ामे सल्तनत मशीत ईज़दी की ज़ाहरी सूरत है और इसके कवानीन भी रहम, हक़ और इन्साफ़ पर क़ायम हैं। मैंने पन्द्रह साल तक सरकार की ख़िदमत की और हतुलइमकान अपने फ़राइज़ को दियानतदारी से अंजाम दिया। मुमकिन है हुक्काम बाज़ मौक़ों पर मुझसे ख़ुश न रहे हों, इसलिए कि मैंने शख़्सी अहकाम की अताअत को कभी अपना फ़र्ज़ न समझा। जब कभी मेरे अहसासे क़ानून और हुक्मे हाकिम में तनाकस हुआ, मैंने क़ानून की पैरवी की। मैं हमेशा सरकारी मुलाज़मत को ख़िदमते मुल्क का बेहतरीन ज़रिया समझता रहा। लेकिन मरासला नं...ता...में जो अहकाम नाफ़िज़ किए गए हैं, वे मेरे ज़मीर उसूल के मुख़ालिफ़ हैं। और मेरे ख़याल में उनमें नाहकपरवरी का इतना दख़ल है कि मैं अपने तईं उनकी तामील के लिए किसी हालत में आमादा नहीं कर सकता। वह अहकाम रियाया की जायज़ आज़ादी में मरव्वल और उनकी सियासी बेदारी के कातिल हैं।

"इन हालात पर नज़र करके मेरा इस निज़ामे हुकूमत से तआल्लुक़ रखना मुल्क और क़ौम की बैखकुनी करना है। दीगर हुकूक़ के साथ रियाया को सियासी जद्दोजहद का भी हक़ हासिल है और चूँकि गवर्नमेंट इस हक़ को पामाल करने के दरपे है, लिहाज़ा मैं हिन्दुस्तानी होने के ऐतवार से यह ख़िदमत अंजाम देने से माजूर हूँ और इस्तदुआ करता हूँ कि मुझे बिला मज़ीद ताख़ीर इस ओहदा से सुबक दोश किया जाए।"

प्रेमचन्द के एक शिष्य मुंशी मंजुरुलहक़ ने अपने गुरु के त्यागपत्र के सम्बन्ध में लिखा है कि "जब प्रेमचन्द नॉन-को-ऑपरेशन में मुलाज़मत से अलग हुए, तो तमाम लड़के स्कूल छोड़ने पर आमादा हो गए। मगर आपने सभी को रोका और बताया कि यह रास्ता बहुत दुश्वार है। मैं तो इस क़ाबिल हो गया हूँ कि अपना और अपने बच्चों का पेट पाल लूँ; मगर तुम लोग इस क़ाबिल नहीं। इसलिए अगर तुम लोगों ने स्कूल छोड़ा तो सख़्त दुश्वारी में पड़ जाओगे। चुनाँचे बहुत-से लड़के स्कूल में रह गए, फिर भी चन्द लड़के फ़र्ते मुहब्बत में तालीम से दस्तक़श हो गए।"

कई वर्ष बाद प्रेमचन्द ने एक प्रशंसक को बताया—"मैं भली-भाँति समझ गया था कि सरकारी नौकरी में जीहुजूरी और पोचपने के सिवा कुछ नहीं है। आत्मसम्मान, आत्मज्ञान, आत्मनिर्भरता और आत्मविश्वास का तो यहाँ चूहे-बिल्ली का सम्बन्ध है। परिस्थिति से लाचार होकर पहले तो मैं इस विष-घूँट को पीकर इसी की ज्वाला दबाता रहा, पर असहयोग आन्दोलन की हवा लगते ही वह हठात् भभक उठी। मैंने नौकरी से इस्तीफ़ा दे दिया और असहयोग का एक सैनिक बना।"

इस्तीफ़े की मंजूरी के एक सप्ताह बाद निगम को : "ख़ूब आराम से दिन कट रहे हैं। आज़ादी का लुत्फ उठा रहा हूँ। प्रेस स्थापना की इच्छा प्रबल हुई। अब बतलाइए क्या करूँ। प्रेस और अख़बारनवीसी और कुतुबनवीसी के सिवा मैं कोई दूसरा काम करने के क़ाबिल नहीं। कपड़े बुनने के लिए तैयार नहीं। काश्तकारी मेरे किए हो नहीं सकती।" निगम को पूछा : "क्या आपका इरादा अब भी प्रेस की तरफ़ है? मैं चार-पाँच हज़ार का सरमाया और अपना सारा वक़्त आपके नज़र करने को तैयार हूँ जल्द कोई-न-कोई फ़ैसला करना चाहता हूँ। मेरे लिए गोरखपुर, बनारस और कानपुर तीन मुकामात...कानपुर में जितनी आसानी नज़र आती है, उतनी और कहीं मिलती नहीं। मैं एक अच्छा प्रेस उर्दू, हिन्दी और अँगरेज़ी का खोलना चाहता हूँ जो फिलहाल महज़ जाब वर्क पर चले। अख़बार से उसे कोई तआल्लुक न रहे..."

15

राष्ट्रीय स्कूल की हेडमास्टरी

सन् 1921 में नौकरी से त्यागपत्र देकर प्रेमचन्द असहयोग आन्दोलन में कूद पड़े। इस काम में उन्हें महावीरप्रसाद पोद्दार से भी प्रेरणा मिली। सेहत ख़राब थी। अत: कुछ दिनों के लिए प्रेमचन्द गोरखपुर से पोद्दारजी के गाँव, मानीराम चले गए। उनकी सुविधा के लिए पोद्दार अपने कुटुम्ब को भी गाँव ले गए। दोनों मित्र चर्खे का प्रचार करते, चर्खे बनवाते भी और गोरखपुर में लाकर इन चर्खों को बेचते। गोरखपुर जाने का काम पोद्दार का था। वह शहर से प्रेमचन्द के लिए औषध लाते। इस उपचार से उन्हें आराम भी हुआ। उन्होंने लिखा है—"गाँव जाने के एक ही सप्ताह बाद मेरी पेचिश कम होने लगी, यहाँ तक कि एक महीने के अन्दर मल के साथ आँव का आना बन्द हो गया। इस प्रकार ग़ुलामी से मुक्त होते ही मैं नौ साल के जीर्ण रोग से मुक्त हो गया। इस अनुभव ने मुझे कट्टर भाग्यवादी बना दिया। अब मेरा दृढ़ विश्वास है कि भगवान की जो इच्छा होती है वही होता है और मनुष्य का उद्योग भी उसकी इच्छा के बिना सफल नहीं होता।"

निगम को लिखा : "यहाँ मैंने फ़िलहाल एक कपड़े का कारख़ाना खोल रखा है, जिसमें आठ करघे चल रहे हैं। कुछ चर्खे वग़ैरह भी बनवाए जा रहे हैं। एक मैनेजर पचीस रु. माहवार पर रख लिया है। उससे मुझे माहवार कुछ-न-कुछ नफ़ा ज़रूर होगा, लेकिन इतना नहीं कि मैं उस पर तक़िया कर सकूँ..."

थोड़े दिन बाद प्रेमचन्द सपरिवार गोरखपुर लौट आए। अब उनका काम चर्खे का प्रचार और साहित्य-सृजन था। याद रहे कि 'प्रेमाश्रम' अभी पूरा नहीं हुआ था।

निगम ने फिर कानपुर बुलाया। प्रेमचन्द ने उत्तर में लिखा : "आपने यह नहीं लिखा कि (कानपुर में) क्या काम करूँगा। महज़ प्रेस खोलकर बैठे रहना तो मेरे लिए फजूल-सा मालूम देता है। मैनेजरी करने की मुझमें लियाकत नहीं! अख़बार का काम कर सकता हूँ, लेकिन उसकी सूरत क्या है? इसके मुकाबले में तो मुझे यही ज़्यादा मुनासिब मालूम होता है कि यहाँ से एक अच्छा उर्दू अख़बार निकालूँ।...प्रेस मिलते ही अख़बार का डिक्लेरेशन दिया जाएगा।"

पन्द्रह दिन बाद ही (23 मार्च, 1921) बनारस से : "गोरखपुर से उर्दू अख़बार निकालने का इरादा ख़त्म हो गया।" कारण उर्दू का एक साप्ताहिक जो बन्द हो गया था, उसका दोबारा प्रकाशन। "इसकी मौजूदगी में किसी दूसरे हफ़्तेवार की खपत नहीं हो सकती।"

कुछ दिन पश्चात प्रेमचन्द लमही चले आए। यहाँ भी वह चर्खे का प्रचार करने लगे। एक ज़मींदार से लकड़ी लेकर चर्खे बनवाए और मुफ़्त में बाँटे, ताकि उनका प्रचार हो। किसानों को बतलाते किस प्रकार चर्खे चलाने से स्वतंत्रता मिलने में सहायता मिलेगी।

22 मार्च, 1921 को 'स्वदेश, गोरखपुर के सम्पादक दशरथप्रसाद द्विवेदी को बनारस से लिखा—(साप्ताहिक) " 'हकीकत' का क्या हाल है? अगर नहीं बन्द हुआ तो आप मुझे अभी गोरखपुर न बुलाइए। यदि आपकी इच्छा हो तो मैं यहाँ से प्रति बुधवार को अग्रलेख और टिप्पणियाँ भेज दिया करूँ। वह बृहस्पति को वहाँ पहुँच जाएगा और रविवार तक आपका पत्र निर्विघ्न निकलता रहेगा। नौ कालम का मैटर देने का भार मैं ले सकता हूँ। इस सेवा के लिए आप मुझे पचास रुपए भी देंगे तो मैं सन्तुष्ट हो जाऊँगा। यहाँ देहात में इतना मेरे लिए काफ़ी है।" पुनश्च: "मार्च में मैंने 'स्वदेश' की जो सेवा की है, उसके लिए आप जो कुछ उचित समझें, वह कृपया भेज दें।" पन्द्रह दिन बाद : "बीस रुपए जो आपने प्रदान किए, उसके लिए कोटिश: धन्यवाद। बड़े वक़्त पर पहुँचे। क्योंकि मुझे एक गाय लेनी थी और कहीं से कुछ मिलने का सहारा न था।" यह भी लिखा कि देहात में "कुछ थोड़ा-सा प्रचार का काम भी कर लेता हूँ।" भविष्य के बारे में "ज्ञानमंडल से एक साप्ताहिक पत्र भी निकलनेवाला है। सम्भव है उसका सम्पादन करने लगूँ। सौ रुपए मिलेंगे। इस बीच दैनिक 'आज' के लिए महीने में चार लेख देना तय कर लिया है। तीन रुपया प्रति कालम मंजूरी हुई है। मुझे 'स्वदेश' की सेवा करने से इनकार नहीं है, पर सोलह कालमों के लिए तीस रुपए बहुत कम हैं। दो रुपया से भी कम। समय फालतू होता तो कहता लाओ यही सही...साठ रुपए में गुज़र होना मुश्किल है। पूँजी में से खाने लगूँ तो कितने दिन खाऊँगा। इसलिए समय का अधिक लाभयुक्त उपयोग करना आवश्यक है।"

मई, 1921 के एक पत्र में मौलवी अब्दुल हक़ को लिखा कि जिस विषय पर मौलवी साहब (अब्दुलहक़) ने उनसे लेख माँगा था, वह इसलिए नहीं लिख सकते थे कि इस पर 'जामिया मज़मून' लिखने के लिए बहुत तहक़ीक़ और मुतालिया की

ज़रूरत है और मैं तर्के मुआलात का पैरो होने के बाइस फ़िलहाल इसके लिए काफ़ी वक़्त नहीं निकाल सकता।''

परन्तु इसका यह मतलब नहीं कि साहित्य-सृजन का काम बन्द था। एक पत्र में लिखा—''कुछ लिटरेरी काम करता हूँ। कुछ अशायती।'' दो कहानियाँ प्रति मास लिखी जातीं। 'प्रेमाश्रम' (गोश-ए-आफ़ियत का हिन्दी अनुवाद) पर काम जारी था।

सवेरे ही हाथ-मुँह धोकर, नाश्ता खाकर लिखने बैठ जाते। बारह बजे काम छोड़कर उठते, नहाते, कुछ खाते, आराम करते और दो बजे मकान के नीचेवाले तपते कमरे में लिखने-पढ़ने लगते। शाम को घर के दरवाज़े के बाहर झाड़ू देते और वहीं गाँव के बच्चों के लिए मिट्टी और घास-फूस इकट्ठा कर उनको खेलने के तरीक़े बतलाते। साथ-साथ गाँव के किसानों से बातें भी करते जाते। उनको स्वतंत्रता-संग्राम के समाचार बतलाते। कोई बिल असेम्बली में आनेवाला होता तो टिप्पणी के साथ उन्हें समझाते। किसानों की समस्याओं को समझने का भी प्रयत्न करते और अपने उपन्यासों के चरित्रों का अपने मन में निर्माण करते।

कभी-कभी वह बनारस भी जाते। चिट्ठी-पत्री का पता लमही नहीं, बल्कि ज्ञानमंडल की मार्फ़त था। ताज को : ''जब तक मैं अपना कोई मुस्तक़िल पता न लिखूँ, 'तहज़ीबे नसवाँ' और 'फूल' जो गोरखपुर जाते हैं, उन्हें ऊपर (ज्ञानमंडल) के पते पर भेजें।'' शायद अपने गाँव लमही में बसने के बारे में प्रेमचन्द का मन कच्चा-पक्का था। इसको समझने के लिए हमें उनकी कहानी 'लालफ़ीता' से सहायता मिलती है। नायक हरिविलास की तरह प्रेमचन्दजी से प्रश्न पूछे जाते कि जब वह कुछ करते ही नहीं दीखते तो गुज़र कैसे करते हैं। गाँव के अनपढ़ लोग यह समझ ही नहीं सकते थे कि गाँव में रहनेवाला खेतीबारी किए बिना गुज़र कर सकता है। प्रेमचन्द हँसकर उन लोगों से कहते—''भाई, मैं आपसे कुछ माँगने तो नहीं आता। मैं भी आपकी तरह मज़दूरी ही करता हूँ। अन्तर केवल इतना है कि तुम फावड़ा चलाते हो और मैं क़लम चलाता हूँ।''

घर का वातावरण भी बहुत अनुकूल नहीं था। शिवरानीदेवी और प्रेमचन्द की विमाता (चाची) में झगड़ा होता। विमाता को इस बात की परवाह न थी कि प्रेमचन्द क्या खाते और क्या नहीं खाते। शिवरानीदेवी ही को इस बात का ध्यान करना पड़ता कि उनका स्वास्थ्य फिर ख़राब न हो जाए। दो महीने के अन्दर ही प्रेमचन्द घर के वातावरण से तंग आ गए और शिवरानी से कहा—''अब यहाँ ज़्यादा रहना अच्छा नहीं।''

संयोगवश इसी समय मारवाड़ी स्कूल को एक हेडमास्टर की आवश्यकता थी। इस स्कूल के मैनेजर थे महाशय काशीनाथ, जिनसे निगम तथा विद्यार्थीजी की घनिष्ठ मित्रता थी। शायद प्रेमचन्द भी महाशय काशीनाथ से परिचित थे।[1]

---

1. सितम्बर, 1917 (?) के एक पत्र में प्रेमचन्द सम्पादक 'ज़माना' को लिखते हैं—''लाला काशीनाथ की हिन्दी किताब तातील से यूँ ही पड़ी हुई है। इस पर मैंने रिव्यू कर दिया। किताब अच्छी है।''

कुछ वर्ष पहले जब निगम ने प्रेमचन्द को मारवाड़ी स्कूल में नौकरी के लिए लिखा, तब प्रेमचन्द ने लिखा था कि यदि वह मारवाड़ी स्कूल में कोई पद स्वीकार करेंगे तो वह हेडमास्टर का पद ही होगा।

अब गाँव के जीवन से सन्तुष्ट न थे। हेडमास्टरी मिल सकती थी और वह भी 'राष्ट्रीय स्कूल' की।

मई के आरम्भ में प्रेमचन्द ने सर्टीफिकेट भेजे। काशीनाथ हाँ-हाँ करते रहे। 15 जून तक नियुक्ति-पत्र नहीं मिला। तब प्रेमचन्द ने म्युनिसिपल कमेटी में एक जगह के लिए कोशिश की। दयानारायण निगम को ओस्मानिया यूनिवर्सिटी तथा डी.ए. वी. कालिज़ कानपुर में नौकरी के लिए सिफ़ारिश के लिए कहा था। परन्तु जल्दी ही मारवाड़ी स्कूल की हेडमास्टरी का सुझाव मिला।

प्रेमचन्द ने पद स्वीकार कर लिया।

ससुर का देहान्त हो गया था। प्रेमचन्द परिवार को इलाहाबाद छोड़कर कानपुर पहुँचे, फिर लौटे और लमही गए। वहाँ से जून, 1921 में सपरिवार कानपुर के लिए चल पड़े।

चाची ने कहा—"परिवार को अभी छोड़ जाओ, जब काम जम जाए तब ले जाना।" परन्तु प्रेमचन्द रज़ामन्द न हुए, क्योंकि शिवरानीदेवी पुनः आसन्नप्रसवा थीं।

कानपुर आकर प्रेमचन्द ने कांग्रेस के कार्यक्रम में भी अपनी दिलचस्पी बरक़रार रखी। रोज़ कांग्रेस की मीटिंगों में शरीक़ होते! कई बार ऐसा भी हुआ कि मीटिंग से लौटते-लौटते रात के दस बज जाते। इतनी देर होने पर रात को लिखने का काम नहीं करते। जब रात को काम न कर पाते तो सवेरे साढ़े चार बजे उठते और लिखने-पढ़ने में व्यस्त हो जाते। उठते इतना आहिस्ता कि पत्नी या बच्चे की नींद न खुले। सवेरे धुन्नू (श्रीपतराय) को पढ़ाते भी और साथ-साथ लिखते भी जाते थे। इसके बाद नहा-धोकर, खाना खाते और स्कूल चले जाते। वहाँ से लौटते समय तरकारी, फल वग़ैरह स्वयं ही ख़रीदकर ले आते। बच्चों के साथ कुछ देर खेलते, फिर या तो लेखन-कार्य में लग जाते या कांग्रेस की मीटिंग के सिलसिले में या निगम और दूसरे मित्रों से गपशप के लिए चले जाते।

लिखाई का काम रोज़ाना चलता। प्रेमचन्द को मौक़ा मिलता तो वह ज़रूर लिखते हालाँकि घर में बीमारी चलती। कभी कोई बीमार, कभी कोई। एक बार प्रेमचन्द को नौ दिन लगातार बुख़ार आया। दसवें दिन स्कूल के मास्टर हाल पूछने आए। हालत देखकर एक वैद्यजी को बुलाया। उनकी दवाई से ख़ून के दस्त आने लगे। हालत बिगड़ती गई। फिर वैद्यजी को बुलवाया गया। उन्होंने दवाई बदली। कहीं एक महीने के बाद अच्छे हुए। कमज़ोरी इतनी थी कि ज़ीना तक नहीं उतर पाते। फिर, दिसम्बर, 1921 की बात है, प्रेमचन्दजी एक दिन ज़ीने से भी गिर पड़े। 'दोनों अँगूठों में चोट आई। एक घुटना भी फूट गया। कमर में चोट लगी। इस वजह से घर में मुक़ीद हूँ।'

शिवरानीदेवी को बच्चा होने वाला था। खाना हज़म न होता था। कमज़ोर भी थीं। कभी-कभी प्रेमचन्द स्वयं खाना पकाते और बर्तन भी साफ़ करते। एक रोज़ शिवरानीदेवी रात को बेहोशी में गिर पड़ीं। आँखों में आँसू भरकर बोले—"मुझे क्यों नहीं जगाया?...क्या मर जाने पर अपनी लाश ही दिखाना चाहती थीं?" डेढ़ महीने बाद लड़का पैदा हुआ। इसका नाम अमृतराय (बन्नू) रखा गया।

स्वयं बीमार होते हुए तथा घर में बीमारी के होते हुए भी लिखना नहीं छूटता। रात को चुपके-से उठकर कापी और क़लम-दवात लेकर बैठ जाते। जाड़े के दिनों में चारपाई पर रज़ाई ओढ़े हुए ही लिखते रहते। शिवरानी झल्लातीं, "इसी तरह लिखने के कारण तो गोरखपुर में बीमारी जड़ पकड़ गई थी। अब मुझे फिर क़लम तोड़नी पड़ेगी।" प्रेमचन्द दिखावे के लिए तो मान जाते, परन्तु ज्योंही अवसर मिलता, फिर जुट पड़ते। इसी प्रकार कुछ कहानियाँ लिखी गईं और 'नाकाम' का हिन्दी रूपान्तर 'प्रेमाश्रम' तैयार हुआ। प्रेमचन्द ने बतलाया है कि नावल को साफ़ करते वक़्त 'क़िस्सा' के सीन-के-सीन पलट जाते हैं। साफ़ करने का काम तसनीफ़ से कम जाँसोज़ नहीं है। ख़ैर, पूरी मेहनत से 'प्रेमाश्रम' तैयार हुआ और हिन्दी पुस्तक एजेंसी को भेजा गया।

साहित्य-सृजन के अतिरिक्त स्कूल का काम तो था ही। साथ-साथ कांग्रेस का काम भी करते। निगम, गणेशशंकर विद्यार्थी, बालकृष्ण शर्मा 'नवीन', कौशिक जैसे साहित्यकारों से भी मेल-जोल चलता। पुराने मित्र तो थे ही, इस बार कानपुर में नए मित्र भी बने।

साहित्यकारों के लिए प्रेमचन्द का दरवाज़ा खुला रहता था। कई बार नक़ली साहित्यकार भी उनकी सहानुभूति प्राप्त कर उनको धोखा तक दे जाते, क्योंकि प्रेमचन्द दिल के नरम थे। किसी को तकलीफ़ में देखकर उन्हें दुःख होता था और वह यही प्रयत्न करते थे कि दूसरों की मदद करें।

शिवरानीदेवी ने बतलाया है कि एक बार एक सज्जन आए, लेखक की प्रशंसा की, साहित्य में अपनी रुचि प्रकट की और डट गए। दो-तीन दिन बाद कहा कि रेलगाड़ी में कोट (मय बटुआ के) चोरी हो गया था। वह ससुराल जा रहे थे, मगर जाने के लिए रुपए नहीं। प्रेमचन्द के बहुत आग्रह पर शिवरानीदेवी ने पन्द्रह रुपए उधार दे दिए। उसके बाद वह सज्जन ससुराल गए। पाँच-छः दिन बाद जब बीवी और तीन बच्चों को लेकर लौटे तो प्रेमचन्द के घर आ डटे। रुपए वापस करने की बात ही नहीं की। दो-तीन दिन बाद कहा कि ससुराल में केवल इतने ही रुपए मिले कि वे कानपुर तक ही पहुँच सकते थे। इसलिए घर जाने के लिए उनको कुछ और रुपयों की आवश्यकता है। प्रेमचन्द ने पत्नी से फिर कहा। पत्नी ने डाँट बताई। प्रेमचन्द ने कहा—"या तो इनको रुपए देकर चलता करो या इन सबको पकाकर खिलाती रहो।" शिवरानी को पन्द्रह रुपए का फिर से प्रबन्ध करना पड़ा। अतिथि ने वायदा किया कि अपने घर पहुँचते ही वह सारा रुपया भेज देंगे। मगर घर पहुँचने पर चुप्पी साध ली। प्रेमचन्द ने पत्र लिखे,

परन्तु कोई जवाब नहीं आया। रजिस्टर्ड पत्र भी भेजा, मगर फिर भी कोई जवाब नहीं। ज़ाहिर था कि प्रेमचन्द नक्कू बने।

आगे चलकर इसी घटना को लेकर उन्होंने एक कहानी 'आपबीती' लिखी। कहानी के अन्त में लिखा कि जब इस घटना का वृत्तान्त मैंने पत्र में छपवाया तो महाशय ने तुरन्त रुपए भेजे और लिखा 'क्षमा'। यहाँ यह बतलाना आवश्यक है कि यह कहानी कुछ वर्ष बाद लिखी गई। इस समय की कहानियाँ अपने ही ढंग की हैं। कभी-कभी प्रेमचन्द को अपनी रचनाओं के बारे में ख़ुद शंका होती थी। एक बार (अगस्त, 1921 में) ताज को लिखा—

"मेरा क़िस्सा पसन्द न आया। मुझे ख़ुद भी यही ख़ौफ़ था। इसकी तनक़ीद आपने मुनासिब की है। बेशक क़िस्सा दब गया है। आइन्दा एहतियात रखूँगा। 'ज़माना' के जुलाई नम्बर में लालफ़ीता' एक क़िस्सा है। इसके मुतअल्लिक़ भी अपनी राय तहरीर फ़रमाइएगा। क्या अब की बार भी क़िस्सा दब गया या मैं कुछ कामयाब हुआ ? कम-से-कम मैंने कामयाब होने की कोशिश ज़रूर की थी। आपकी राय का बेताबी से मुन्तज़िर रहूँगा।...आप इस क़िस्से को 'मख़ज़न' में शाया नहीं कर सकते, तो इतनी तकलीफ़ कीजिए कि इसे 'वन्दे मातरम्' ऑफ़िस में भेज दीजिए। वहाँ निकल जाएगा। 'मख़ज़न' के लिए मैं जल्द कुछ लिखूँगा। क़िस्सा होगा या कुछ और। अर्ज़ नहीं कर सकता।"

चार महीने बाद—

" 'मख़जन' के लिए मज़मून लिखा हुआ तैयार है। स्कूल ही में लिखा था। तातील के वाइस वहाँ जाना नहीं होता। मदरसा खुलते ही मज़मून भेजूँगा। मगर क़िस्सा बहुत मुख़्तसिर है। आजकल लाहौरी रिसालों में लिखते हुए तबीअत हिचकिचाती है। मैं वह ज़बान नहीं लिख सकता, जिसका आजकल अकसर रिसालों में नमूना नज़र आता है और जिसका पेशरो, अगर कोई...है तो आगरा का 'नक़्क़ाद' है। इस रंग का उन्सुर है, सीधी-सी बात को तशबीहात और इश्तआरात में बयान करना। मैं इस रंग की तक़लीद से क़ासिर हूँ। ताजवर साहब भी इसी रंग के मुक़ल्लिद थे और मुआफ़ कीजिएगा हज़रत 'बेदिल' भी इसके दिलदादा नज़र आते हैं। ऐसे रंगीन नवीसों को मेरी रूख़ी-फीकी तहरीर क्या पसन्द आएगी। यह महज़ आपका असरार है कि मुझे 'मख़ज़न' के लिए क़लम उठाने पर मजबूर किया! अलावा बरीं मैं भी तर्क मवालाती हूँ। मेरे दिलोदिमाग़ में भी आजकल वही मसायल गूँजा करते हैं। क़िस्सों में भी वही ख़यालात झलकते हैं और अदबी रसाइल में उनकी गुंजाइश नहीं। नवम्बर के 'ज़माना' में 'मूठ' लिखा है। ज़रा उस पर रायज़नी कीजिएगा। मुमकिन है यह आपके मेयार पर उतरे। इसमें सिर्फ़ चन्द घंटों के वाक़यात हैं। दो-तीन पुश्तें नहीं गुज़रने पाईं।"

इस समय की दूसरी कहानियाँ इस प्रकार हैं—'दुस्साहस', 'त्यागी का प्रेम', 'पूर्व संस्कार', 'अधिकार चिंता', 'नागपूजा', 'बौड़म', 'सुहाग की साड़ी', 'हार की जीत',

'परीक्षा', 'स्वत्वरक्षा', 'राज्यभक्त', 'विध्वंस'। कहानियों के बारे में प्रेमचन्द के सामयिक दृष्टिकोण का स्पष्टीकरण एक और पत्र से होता है। लिखते हैं—

" 'मख़ज़न' और 'हुमायूँ' में आपके मज़ामीन देखे। सिदक़दिल से दाद देता हूँ। 'जुबेदा' में ज़ोरे क़लम ज़्यादा है और तख़य्युल निहायत बुलन्द। मगर मेरे ख़याल में हीरोइन की नाज़ुक फ़िलासफ़ी अच्छी तरह वाज़ा नहीं हुई। इसके जज़बाती फलसफ़ा का तो इल्म हो जाता है। लेकिन ज़हन में एक उड़ते हुए ख़ाके के सिवा और कोई असर नहीं होता। अन्दाज़े तहरीर में ज़िद्दत है, तासीर है, उमक है, गहरे जज़बात की तौज़ीह है, लेकिन शीरीनी नहीं। कहीं-कहीं ऐसे अलफ़ाज़ सक़ील आ जाते हैं जो नग़मा की रवानी में हायल हो जाते हैं। बाज़-बाज़ मक़ामात पर ऐसा मालूम होता है कि आपने किसी जज़बा की तौज़ीह करने की कोशिश की है, मगर अदा करने में नाक़ाम रहे। मसलन कि आसमान को एक वहम बना दें। अंजाम भी बहुत जल्द हुआ। कोई छोटा-मोटा वाक़िया आ जाता तो जुबेदा के तर्ज़े-अमल से उसके ख़यालात और रोशन हो जाते। बहरहाल इन मामूली बातों से कतानज़र। क़िस्सा महज़ क़िस्सा ही नहीं बल्कि एक नग़मा-ए-सानी है। आप 'नाबीना जवान' का-सा क़िस्सा लिखने की फिर कोशिश कीजिए। वह लाजवाब चीज़ थी। 'मख़ज़न' में जो क़िस्सा है वह मुझे जँचा नहीं। मुझे याद आता है कि मैंने एक जगह कुछ इसी क़िस्म का एक क़िस्सा देखा था। अंजाम ज़रूर ड्रामेटिक है। मैं आपसे यह भी गुज़ारिश कर देना चाहता हूँ कि इख़्तराइयत के दाम में न फँसिए। सलासत और रवानी हाथ से न जाए। आजकल लोग एक अजीब तर्ज़े-बयान अख़्तियार करते जाते हैं, जिसमें सादगी और नेचुरलपन को छोड़कर ख़्वामख़्वाह शौक़ते-बयान पैदा करने की कोशिश करते हैं।"

एक पत्र में 'ताज' को बतलाते हैं—

"मेरा हिन्दी नावल ('प्रेमाश्रम') ख़त्म हो गया। अब उर्दू का काम जल्द होगा। जब तक 'बाज़ारे हुस्न' प्रेस से निकलेगा, शायद नए नावल का हिस्सा अव्वल आपकी ख़िदमत में हाज़िर हो जाए।"

ताज ने अपना ड्रामा 'नूरजहाँ' के अनुवाद के लिए लिखा था। प्रेमचन्द ने उसका उत्तर दिया—" 'नूरजहाँ' का तर्जुमा मैं ख़ुद तो नहीं कर सकता, क्योंकि मुझे फ़ुर्सत नहीं है। ख़ुद भी एक ड्रामा लिखने की कोशिश कर रहा हूँ।"

अपने जिस ड्रामे की ओर प्रेमचन्द ने संकेत किया, वह था 'संग्राम'। यह नाटक लिख ही रहे थे कि महाशय काशीनाथ से उनके मतभेद ने एक झगड़े की सूरत अख़्तियार कर ली। ऐसा जान पड़ता है कि प्रेमचन्द के मारवाड़ी स्कूल में आने के थोड़े ही महीने बाद महाशयजी ने प्रेमचन्द को तंग करना शुरू कर दिया था। यह मतभेद इतना बढ़ा कि प्रेमचन्द के नाक में दम आ गया। जब पत्नी शिवरानीदेवी से सलाह की, तो उन्होंने कहा कि जब मानसिक आराम ही नहीं है तो ऐसी नौकरी करने का कोई फ़ायदा नहीं। यदि इस काम में झंझट है तो छोड़िए।

'छोड़ तो दूँ, परन्तु रोटी का प्रबन्ध कैसे होगा?'

'होगा कैसे? जैसे पहले होता आया है—लिखाई से।'

'क़लम के बल पर हिन्दुस्तान में अभी गुज़र करना कठिन है।'

'देखा जाएगा, झंझट में काम करना ठीक नहीं।'

झंझट कितना होगा, इसका अनुमान प्रेमचन्द के निगम को लिखे इस पत्र से होता है—"मालूम नहीं महाशय से मेरी क्यों अनबन हो गई। (परन्तु) मारवाड़ी स्कूल में मुझे जितनी तकलीफ़ हुई उतनी कहीं और हो ही नहीं सकती।"

आगे चलकर प्रेमचन्द ने एक कहानी 'प्रेरणा' एक ऐसे ही चरित्र (काशीनाथ की जगह वहाँ उन्होंने एक मिनिस्टर को रखा) को लेकर लिखी। लिखते हैं—

"मिनिस्टर साहब की और मेरी वह ले-दे शुरू हुई कि कुछ न पूछिए। व्यक्तिगत आक्षेप किए जाने लगे। मैं ग़रीब की बीवी था। मुझे ही सबकी भाभी बनना पड़ा। मुझे देशद्रोही, उन्नति का शत्रु और नौकरशाही का ग़ुलाम कहा गया। मेरे कॉलेज में ज़रा-सी भी कोई बात होती तो कौंसिल में मुझ पर वर्षा होने लगती। मैंने एक चपरासी को पृथक किया। सारी कौंसिल पंजे झाड़कर मेरे पीछे पड़ गई। आख़िर मिनिस्टर को मजबूर होकर उस चपरासी को बहाल करना पड़ा। यह अपमान मेरे लिए असह्य था। शायद कोई भी इसे सहन न कर सकता। मिनिस्टर साहब से मुझे शिकायत नहीं। वह मजबूर थे। हाँ, इस वातावरण में काम करना मेरे लिए दुस्साध्य हो गया। मुझे अपने कॉलेज के आन्तरिक संगठन का भी अधिकार नहीं। अमुक क्यों नहीं परीक्षा में भेजा गया, अमुक के बदले अमुक को क्यों नहीं छात्रवृत्ति दी गई, अमुक अध्यापक को अमुक कक्षा क्यों नहीं दी जाती, इस तरह के सारहीन आक्षेपों ने मेरा नाक में दम कर दिया था। इस नई चोट ने कमर तोड़ दी। मैंने इस्तीफ़ा दे दिया।"

अपनी कहानी के नायक की तरह प्रेमचन्द ने भी 22 फ़रवरी, 1922 को इस्तीफ़ा दे दिया। काशीनाथ को तो ख़ुशी हुई, परन्तु मास्टरों तथा छात्रों को, जिनमें प्रेमचन्द प्रिय थे, बड़ा अफ़सोस हुआ। उन्होंने निश्चय किया कि प्रेमचन्द को विदा करते समय उन्हें एक अभिनन्दनपत्र दिया जाए। एक जलसे का प्रबन्ध भी किया गया। काशीनाथ झल्लाए, भिन्नाए, और चार-पाँच मास्टरों को निकाल दिया। इस पर पच्चीस-तीस लड़के भी स्वयं स्कूल छोड़कर चले गए।

प्रेमचन्द के इस्तीफ़ा देने में शिवप्रसाद गुप्त जी से भी प्रोत्साहन मिला। गुप्तजी हिन्दी के अनन्य भक्त और देश-प्रेमी थे। आपने 1913 में गांधीजी का जीवन-चरित्र हिन्दी में लिखवाकर अपने व्यय से 'अभ्युदय' प्रेस से छपवाया था। हिन्दी में गम्भीर साहित्य प्रकाशन और एक अच्छा दैनिक निकालने के उद्देश्य से गुप्तजी ने ज्ञानमंडल की स्थापना की थी। बाद में काशी विद्यापीठ और भारत माता मन्दिर की स्थापना भी की। ज्ञानमंडल ने 'आज' दैनिक निकाला। शिवप्रसाद गुप्त एक बहुत बड़े दानी भी थे। साहित्यकारों की वह सदा सहायता करते थे। आचार्य

महावीरप्रसाद द्विवेदी के 'सरस्वती' से रिटायर होने पर गुप्तजी ने ही एक मासिक वृत्ति बाँधी थी।

जिन दिनों प्रेमचन्द गोरखपुर में अध्यापक थे, शिवप्रसाद गुप्त ने प्रेमचन्द को बुलाया था और प्रेमचन्द ने निगम को लिखा था : "ज्ञानमंडल वाले मुझे तसनीफ़ के सिलसिले में अपने यहाँ खींचना चाहते हैं। अभी तक कोई मुस्तक़िल राय क़ायम नहीं कर सका।"

कुछ ही महीने पहले मासिक पत्रिका 'मर्यादा' भी इलाहाबाद से ज्ञानमंडल वाराणसी, के पास आ गई थी। इसके सम्पादक सम्पूर्णानन्द जेल चले गए और सारा काम ज्ञानमंडल के स्टाफ़ पर आ पड़ा था।

प्रेमचन्द अब कानपुर से काशी आए। भाई महताबराय के साथ मिलकर कबीरचौरा में मकान किराए पर लिया। ज्ञानमंडल में, जहाँ महताबराय नौकर थे, में काम करने लगे। 'आज' में सामयिक विषयों पर लेख लिखते तथा कहानियाँ भी। 'मर्यादा'[1] के निकालने में भी सहायता करते थे।

काशी विद्यापीठ में अध्यापकों की ज़रूरत थी। जब ज्ञानमंडल के स्टाफ़ में कमी हुई तो प्रेमचन्द की वहाँ से छुट्टी हुई। परन्तु शिवप्रसाद गुप्त ने प्रेमचन्द को विद्यापीठ में लगवा दिया। स्कूल का हिस्सा प्रेमचन्द को सौंप दिया गया। "भगवानदासजी दख़ल नहीं देते, इसलिए कोई तरुद्दुद नहीं। ज्ञानमंडल में भी काफ़ी आराम था। विद्यापीठ में ख़िदमत का मौक़ा है और आराम भी।"

प्रेमचन्द के छात्रों में एक मन्मथनाथ गुप्त भी थे। उनका कथन है—"प्रेमचन्द विद्यापीठ के अधिकारियों से जहाँ तक हो सके, कम मिलते थे। अपने काम से काम रखते थे। छात्रों में वह बहुत प्रिय थे...वे छात्रों को भूगोल पढ़ाते थे। उनकी ज़बान से भूगोल बहुत ही दिलचस्प हो जाता था। वे जब स्कूल आते थे तो साथ कोई-न-कोई अंग्रेज़ी उपन्यास ले आते थे और यदि कोई घंटा ख़ाली हो जाता था, तो वह उसे उस समय पढ़ते थे। कुछ पढ़ते थे, फिर सोचते जाते थे। वह अपने कथानक के स्वप्न में ऐसे डूबे रहते थे कि यदि कोई उन्हें अकस्मात् चुपचाप अकेले में बैठे देख लेता तो वह उसे एक अफ़ीमची या स्वप्नद्रष्टा ज्ञात होते। वे अपने अन्तर्जगत् में ही निवास

1. प्रेमचन्द की पत्नी शिवरानीदेवी तथा उनके मित्र दयानारायण निगम दोनों ने लिखा है कि जब सम्पूर्णानन्दजी जेल गए तो प्रेमचन्द ने डेढ़ वर्ष तक 'मर्यादा' का सम्पादन किया। सम्पूर्णानन्द दिसम्बर, 1921 से जुलाई, 1922 तक जेल में रहे। ज्येष्ठ सं. 1979 के अंक में सम्पूर्णानन्दजी 'मर्यादा' के पाठकों से निवेदन करते हैं—"छः महीना जेल में रहकर मैं फिर दुनिया में लौटा हूँ। पत्रिका के संचालक महोदय की कृपा से मुझे पुनः आप लोगों की सेवा में उपस्थित होने का अवसर मिला है। यह कहना असम्भव है कि मैं कब तक सेवा कर सकूँगा। आजकल कोई ऐसा मनुष्य, जो सार्वजनिक कामों में भाग लेता हो, इस विषय में कुछ नहीं कह सकता। परन्तु यह आशा करता हूँ कि आप लोग पत्रिका पर सदैव कृपा रखेंगे और इसकी उत्तरोत्तर उन्नति में योगदान करेंगे।"

करते थे। कभी किसी छात्र को यह शिकायत नहीं हुई कि उन्होंने पढ़ाने में कम ध्यान दिया हो। हेडमास्टर कहने से जिस हौवे का बोध होता है उनके व्यवहार से उस प्रकार की कोई बात नहीं टपकती थी। वह शायद उनका सबसे बड़ा सद्‌गुण था। केवल क्लास के घंटों में ही नहीं, बल्कि इनके बाहर भी यदि कोई छात्र अपना अधकचरा लेख आदि लेकर उनके पास पहुँचता था तो वह बड़े चाव से उसे सुनते थे और अपने सुझाव पेश करते थे।''

16

सरस्वती प्रेस की स्थापना

सरकारी नौकरी छोड़ने से पहले गोरखपुर में, और अब मारवाड़ी स्कूल से इस्तीफ़ा देने के बाद प्रेमचन्द को महसूस हुआ कि साहित्यकार को अपना जीवन बिताने के लिए दो बातें आवश्यक हैं—रहने को अपना घर और रोटी कमाने के निमित्त एक धन्धा। कुछ रुपए-पैसे जमा थे, कुछ किताबों से मिले थे। इस रक़म के एक हिस्से से प्रेमचन्द ने लमही गाँव में अपना नया मकान बनवाया। एक दोस्त को लिखा—''यह पूरा नहीं हुआ, सिर्फ़ गुज़र करने के क़ाबिल हो गया है। अभी एक हज़ार और लगेंगे तो मुमकिन है पूरा हो। इसे मैंने ज़्यादा इत्मीनान मौक़े के लिए टाल दिया है।''

रुपया थोड़ा पड़ने का एक कारण था छापाख़ाने की स्थापना। आगे चलकर यह प्रेस प्रेमचन्द के गले की फाँस बन गया।

जैसा कि पहले कहा गया है, प्रेस लगाने की इच्छा तो बहुत वर्षों से थी। छोटे भाई महताबराय को छापाख़ाने में ट्रेनिंग भी दिलवाई थी। कलकत्ता के एक प्रेस में साझा करने का प्रयत्न भी किया गया था। अब कानपुर से वापस आने पर प्रेमचन्द को एक ही रास्ता समझ में आया और वह था एक अपना प्रेस स्थापित करना।

दयानारायण निगम ने प्रेमचन्द को प्रेस के काम में पड़ने से रोकना चाहा। निगम ने एक जगह लिखा है—''मेरी राय थी कि वह तर्के मुलाज़मत के बाद सिर्फ़ तसनीफ़-ओ-तालीफ़ और मज़मूननिगारी से वास्ता रखें और इसी में इस्तकलाल के साथ मसरूफ़ रहें। लेकिन वह एक मुस्तक़िल कारख़ाना क़ायम करके बँधी हुई आमदनी की सबील निकालना चाहते थे।''

प्रेमचन्द के पास बहुत सारा द्रव्य तो नहीं था। दो हज़ार तो मकान पर लग गए। ''चार-पाँच हज़ार और था। महताबराय, बलदेवदास और रघुपति सहाय के साथ साझे में प्रेमचन्द प्रेस के काम में कूद पड़े। सितम्बर 1922 में लन्दन की वुडरफ कं. को मशीन का आर्डर दिया। आर्डर के साथ रुपए भी भेजे। साथ ही प्रेस के लिए मकान

की तलाश और टाइप ख़रीदने का काम शुरू किया। मध्यमेश्वर में गोरखनाथ के टीले के पास जगह भी ठीक कर ली। एक ट्रैडल मशीन का बन्दोबस्त भी कर लिया। विलायत से मशीनें दिसम्बर तक आनी थीं। नहीं आईं। कहीं अप्रैल तक पहुँच पाईं। प्रेस का डिक्लेरेशन देना था। क्या नाम रखा जाए? प्रेमचन्द को जो नाम सूझे वे थे : साहित्य प्रेस, सरस्वती प्रेस, संसार प्रेस, निगम से सलाह की क्योंकि "नामों के इन्तख़ाब में आपको कमाल है।" सरस्वती प्रेस का फ़ैसला हुआ। महताबराय अभी ज्ञानमंडल में ही थे। इसलिए यह सब काम प्रेमचन्द को स्वयं करना पड़ा, रुपए-पैसे की क़िल्लत थी। प्रेमचन्द ने साढ़े चार हज़ार रुपए डाले। महताबराय ने दो हज़ार देने का वायदा किया। नाना से लेकर देने थे। एक हज़ार ही मिले। दो हज़ार (लाइन्समैन) बलदेवलाल ने इन्दौर से भेजे, रघुपतिसहाय (फ़िराक) वायदे ही करते रहे।

उधर 30 जून, 1923 को प्रेमचन्द का विद्यापीठ से भी सम्बन्ध टूट गया। इन्तज़ामिया कमेटी ने स्कूल के इब्तदाई दर्जों को अलग करके बाक़ी को कालिज में मिला दिया जाने का निर्णय किया। हेडमास्टर की ज़रूरत ही न रही। "मैंने किसी दूसरी जगह पर रहना मंजूर नहीं किया। यह तो ज़ाहिर है कि चन्द महीनों के बाद मुझे इस्तीफ़ा देना पड़ता, क्योंकि प्रेस के मुतअल्लिक कुछ-न-कुछ काम मुझे भी करना पड़ता।"

कुछ धन के लिए रघुपतिसहाय के पास गए। इस सम्बन्ध में महताबराय को गोरखपुर से लिखा—

"मैं यहाँ पहुँचा तो बाबू रघुपतिसहाय बम्बई से नहीं आए थे। एक दिन के बाद आए और आए भी तो बीमार। डॉक्टर की दवा हो रही है। आज उनकी तबीयत अच्छी है। इसलिए अभी रुपए के मुतअल्लिक कोई कार्रवाई नहीं हो सकी। मुझे शायद यहाँ दो-तीन दिन और ठहरना पड़े। यहाँ महावीरप्रसाद पोद्दार ने भी एक प्रेस, जिसका नाम गीताप्रेस है, खोला है। मैंने उनसे अपने प्रेस के लिए भी काम देने को कहा है। मुमकिन है, कुछ काम मिलता रहे। मैं यहाँ से लौटकर सीधे इलाहाबाद जाऊँगा और हिन्दी के टाइप लाने की फ़िक्र करूँगा। मगर तुम्हें यह मालूम रहे कि यह सब कोशिश तुम्हारे ही भरोसे पर की जा रही है। इस वक़्त तुम्हें ज़ाती नुक़सान का ख़याल तर्क कर देना पड़ेगा। रोज़गार में पहले नफ़ा तो होता ही नहीं। महज़ आइन्दा नफ़ा के ख़याल से काम किया जाता है। तुम इस प्रेस को बिलकुल अपना समझकर चलाओ, और जब तक तुम्हें इतना न मिलने लगे कि तुम्हारा ख़र्च आसानी से चलने लगे, तब तक मुझे या भाई बलदेवलाल को कुछ देने की ज़रूरत नहीं और न हम तुमसे इसका तकाज़ा करेंगे। ईश्वर बड़ा कारसाज़ है। अगर काम बढ़ गया तो आइन्दा के लिए लड़कों को भी रोज़गार की सूरत निकल आएगी।"

"मैं पब्लिशिंग भी करने का मुसम्मम इरादा रखता हूँ। एक हज़ार से इस काम को शुरू करूँगा। इसमें जो नफ़ा होगा, उसके चौथाई के हक़दार तुम होगे। प्रेस में चौथाई भाग तुम्हारा ही है। क्या इन दोनों सूरतों से साल या दो साल में पचास रुपए

माहवार भी न मिलेगा? तुम्हारी काम करने की तनख़्वाह या गुज़ारा जो चाहे समझो। साठ रुपए कैपीटल से उस वक़्त तक निकलेगा, जब तक इतनी गुंजाइश प्रेस से न होने लगे। मुझे यक़ीन है कि तुम्हें इसमें कोई एतराज़ न होगा। इस वक़्त बज़ाहिर चालीस रुपए माहवार का नुक़सान ज़रूर है। लेकिन कौन कह सकता है कि तीन-चार साल में हमको प्रेस से दो सौ रुपए माहवार और पब्लिशिंग से भी दो सौ रुपए माहवार न मिलने लगेगा। इसलिए जहाँ तुम्हें ख़ुदमुख़्तारी हो जाएगी, वहाँ आइन्दा के लिए भी फ़ायदे की सूरत हो जाएगी। तुम्हें इसलिए ज़ोर देता हूँ कि ग़ैर आदमी दूसरे के काम को अपना नहीं समझ सकता। वरना यूँ पचास रुपए में मामूली किराए का टट्टू आसानी से दस्तयाब हो सकता है। तुम एक जुलाई से, अगर उस वक़्त तक टाइप आ जाए, इस्तीफ़ा देने का इरादा मज़बूत कर लो। औरतों के कहने में न आना। अब तो जिस क़दर जल्द काम शुरू कर दिया जाए उतना ही अच्छा है।...

"शायद मैं यहीं से कानपुर चला जाऊँ, और आने में देर हो। इसलिए तुम्हें ये सब बातें लिख दी हैं। बच्चों का ख़याल रखना। तुम्हारे सिवा वहाँ और कौन है! एक बार रोज़ प्रेस में जाकर देख आया करना। हैंड प्रेस और रैक तय कर लेना। अब ज्ञानमंडल से डरने की ज़रूरत नहीं।"

जुलाई 1922 के एक पत्र में—

"प्रेस ने बहुत परेशान किया। अब के इतवार को इलाहाबाद गया था। मशीनें दो देखीं। एक अच्छी थी, मगर क़ीमत तीन हज़ार। इसलिए लोगों ने ख़रीदने की सलाह नहीं दी। वहाँ से वापस आने पर मालूम हुआ कि बनारस ही में एक कारख़ाना मुसल्लम बिक रहा है। अब इससे बातचीत हो रही है। मशीन कोई नहीं है, मगर प्रेस दो हैं और मुतफ़र्रिक सामान है। देखूँ क्या नतीज़ा होता है। काम का मुझे भरोसा है। मैं दस आने की किताबों का एक सिलसिला निकालने का कसद कर रहा हूँ। ग़ालिबन हर दूसरे महीने ऐसी एक किताब निकल जाएगी। मुझे चार सौ रुपए मिल जाएँगे। प्रेस की छपाई वग़ैरह सब इसमें निकल आएगी। यहाँ जॉब कम है, मगर पब्लिशिंग काफ़ी है।"

साथ ही वह एक लीथो प्रेस चलाना चाहते थे। 22 अप्रैल, 1923 के एक पत्र में लिखते हैं—

"मेरा इरादा एक लीथो प्रेस रखने का भी है। लोग कहते हैं बनारस में लीथो प्रेस नहीं चल सकता। लेकिन मैं एक बार कोशिश करके देखना चाहता हूँ। मेरी कई किताबें निकलने के लिए तैयार हो रही हैं। 'प्रेम-पचीसी ख़त्म हो गई। 'गोश-ए-आफ़ियत' महज़ इसलिए नातमाम है कि कोई पब्लिशर नहीं है। ताज़ा ड्रामा 'संग्राम' भी उर्दू में निकालना चाहता हूँ। जब तक ये किताबें तैयार होंगी, ग़ालिबन मेरा नया नावल तैयार हो जाएगा।"

आकांक्षाएँ तो बहुत थीं, परन्तु धन का अभाव था। निगम को 18 जुलाई, 1923 को कर्ज़ के लिए लिखा। हाशिये में अंग्रेज़ी में लिखा है—'रेज़ मनी, शैल गिव इन्टेरेस्ट

फ्राम डेट।' कितनी निराशाजनक स्थिति होगी, इसका अनुमान इस पत्र से हो सकता है : "आपका ख़त पढ़कर सख़्त मायूसी हुई। आप उधर परेशान, मैं इधर परेशान। कौन किसकी सुने? पर आपके वसाइल वसीह हैं, मेरे निहायत महदूद। इसलिए मुझे फिर भी यही अर्ज़ करना पड़ता है कि आपने मेरी तरह तरद्‌दुदात का अन्दाज़ा शायद नहीं किया। मगर इस तौजीह महज़ इतने ही से हो सकती है कि मुझे मजबूर होकर चार सौ रुपए क़र्ज़ लेने पड़े। मकान का किराया दो सौ रुपए देने पर फिर दो सौ रुपए बच रहे। अभी आजकल में 'चेज़' आ जाएँगे और फिर बिलकुल तेहीदस्त हो जाऊँगा।

"20 से प्रेस का काम शुरू होगा, मगर ख़ाली हाथ। मेरे पास अब कुछ नहीं रहा। कुल आठ हज़ार रुपए का तख़मीना किया गया था। मैं पाँच सौ रुपए ज़ायद ख़र्च कर चुका। अब कहाँ से लाऊँ? दोस्तों को तकलीफ़ देने के सिवा और कहाँ जाऊँ? चार सौ रुपए एक साहब से लिये। अगर आप तीन सौ रुपए दे सकें तो एक महीने के लिए कुछ सर हलका हो जाए। एक महीने में ग़ालिबन कुछ आमदनी हो ही जाएगी। शायद उस वक़्त तक बाबू रघुपति सहाय का मौज़ा फ़रोख़्त हो जाए। इसके बाद ही वह मुझे रुपए अदा करने वाले हैं। मैंने आप पर भार न डालने के लिए इतना ही लिखा था कि आप माहवार सौ रुपए दे दें तो मैं मकान के किराए से सुबकदोश हो जाऊँ। आपकी तरद्‌दुदात का अन्दाज़ा कर रहा हूँ। जानता हूँ कि मकान की तर्मीम में काफ़ी रक़म सर्फ़ करनी पड़ेगी।

"मुझे एक रक़म के लिए बार-बार आपको तकलीफ़ देते हुए शर्म आती है। मैंने उस वक़्त तक लिखने से तअम्मुल किया जब तक किसी तरह से मेरा काम चल सका। पर अब मजबूर हो गया हूँ। अगर आपने इमदाद न की तो फिर क़र्ज़ लेना पड़ेगा। इसके सिवा और कोई चारा नहीं है। मैं बड़ी बेताबी से...मगर ख़्वामख़्वाह क्यों आप पर अपनी ज़रूरियात की अहमियत साबित करने की कोशिश करूँ। आप ख़ुद समझ सकते हैं। आपको मेरी माली हालत का इल्म है। मैंने ऐसे मौक़े के लिए आपसे ज़्यादा इमदाद की तवक्को की थी। इतना मायूस न कीजिए। मेरे साले साहब को आप जानते हैं। मेरी मजबूरी का अन्दाज़ा महज़ इससे कर सकते हैं कि मैंने इस वन्द-ए-ख़ुदा से मदद माँगने से भी गुरेज़ न किया, हालाँकि वहाँ क्या मिलना था। जवाब तक न आया।"

एक महीने बाद फिर—

"मैंने अब इरादा कर लिया है कि अपनी उर्दू किताबें ख़ुद ही छापूँगा। एक छोटा-सा लीथो प्रेस रख लूँ। आपने अपने प्रेस का ज़िक्र फ़रमाया था। कैसा प्रेस है? क्या साइज़ है? अभी काम दे रहा है? कल-पुर्ज़े दुरुस्त हैं? इसके साथ पत्थर भी है या नहीं? 'ज़माना' के चार सफ़े एक बार देता है या आठ? इन अमूर से मुझे जिस क़दर जल्द मुमकिन हो मुत्तला फ़रमाइए। अब ताख़ीर करने से कोई फ़ायदा नहीं।"

'बाज़ारे हुस्न' पहले उर्दू में लिखा गया था, परन्तु उर्दू में यह 'सेवासदन' के प्रकाशन के चार वर्ष बाद छपा। 'गोश-ए-आफ़ियत' भी पहले उर्दू में लिखा गया,

परन्तु इसके उर्दू संस्करण के लिए प्रकाशक ही न मिलता था। उधर (इसके हिन्दी रूपान्तर) 'प्रेमाश्रम' की धूम मच गई।

हेमचन्द्र जोशी और ऐसे ही इक्के-दुक्के व्यक्तियों को छोड़कर प्राय: सभी ने इसकी प्रशंसा की। यहाँ हम 'सरस्वती' की आलोचना का एक अंश उद्धृत करते हैं—

"अधिकांश लेखक अपनी सम्मति को सर्वोपरि मानकर एक निश्चित आदर्श के अनुसार पात्रों की सृष्टि करते हैं। प्रेमचन्दजी की रचना में हम यह बात नहीं पाते। वे अपने पात्रों को स्वच्छन्द चलने देते हैं। इसमें पत्नी का प्रेम वर्णित है, उद्दाम वासना का भी चित्र है, किसानों की दुर्दशा का वर्णन है, ज़मींदारों के द्वारा किए गए उत्पीड़न की चर्चा है; परन्तु भाषा सर्वत्र संयत है। लेखक को अपने उत्तरदायित्व का पूरा ज्ञान है। आजकल के उपन्यास-लेखकों की तरह उन्होंने न तो कहीं औपन्यासिक प्रेम का वर्णन किया है और न औपन्यासिक अत्याचारों का। इसमें समाज का यथार्थ चित्रण है। कथा बड़ी हृदय-ग्राहिणी है। हमें विश्वास है कि हिन्दी साहित्य के प्रेमी इसका उचित आदर करेंगे।"

प्रो. रामदास गौड़ के अनुसार, "बिना लिखे साहित्य का भावी इतिहास-लेखक जब भारतीय उपन्यासों की चर्चा करेगा, उसे किसानों के जीवन की सच्ची फ़ोटो खींचने का श्रेय प्रेमचन्द को देना होगा। प्रेमचन्द यद्यपि असहयोगी हैं, तथापि विपक्ष के भावों के दरशाने में पक्षपात से काम नहीं लिया है। प्रेमचन्द मनोविकारों के सच्चे इतिहासकार हैं। उन्होंने अपने पात्रों को रूप नहीं दिया है। साधारण जीवन में जैसे ग़रीब, अमीर, ज़मींदार, किसान, हुक्काम-प्रजा का सम्बन्ध होता है, जैसी वास्तविक, शारीरिक और मानसिक स्थिति होती है, उसका सच्चा रूप दिखाया है।"

प्रोफ़ेसर गौड़ ने प्रेमचन्द की तुलना बंकिमचन्द से की और लिखा—"बंकिम बाबू के उपन्यास जिन्होंने बँगला में पढ़े हैं, इस बात में मुक्तकंठ से हमारा समर्थन करेंगे कि 'प्रेमाश्रम' में अनेक स्थलों में मानसिक विकारों की तसवीर खींचने में प्रेमचन्दजी बंकिम बाबू से कहीं आगे बढ़ गए हैं। साथ ही बंकिम बाबू की शैली जहाँ बँगला के शब्द-बाहुल्य से भरी है, वहाँ प्रेमचन्द ने अपने 'अर्थ अमित अरु आखर थोरे' लिखने का मार्ग बहुत प्रशस्त कर डाला है। इनका ढंग विशेषत: अपना है।" प्रोफ़ेसर रामदास गौड़ का यह प्रशंसात्मक लेख 'प्रेमाश्रम' की भूमिका के रूप में छपा।

कालीदास कपूर को (जिन्हें यह भ्रम था कि 'वरदान' की सृष्टि 'सेवासदन' के बाद हुई और इसलिए प्रेमचन्द की कला का ह्रास हुआ था) अब आश्वासन मिला कि उपन्यासकार की कला आगे बढ़ रही थी। उन्होंने लिखा—"वरदान के बाद 'प्रेमाश्रम' के दर्शन हुए। हिन्दी साहित्य के सौभाग्य से प्रेमचन्द की लेखनी में कोई भी शिथिलता नहीं आने पाई। संसार दूसरा है, समय भी दूसरा है। 'सेवासदन' में चित्र कम हैं, पर साफ़ हैं। 'प्रेमाश्रम' में चित्र बहुत हैं और उनमें से कुछ दुर्बोध भी हैं, पर चित्रण-कला में कहीं भी शिथिलता नहीं आने पाई है। 'सेवासदन' का उद्देश्य

सामाजिक है, और 'प्रेमाश्रम' का राजनीतिक। परन्तु दोनों देश-प्रेम के सूत्र में बँधे हैं। हिन्दी संसार के उपन्यास-साहित्य में 'प्रेमाश्रम', 'सेवासदन' से कम नहीं है। और यदि पुस्तक के प्रभाव से उसके पद का निरीक्षण हो तो शायद 'प्रेमाश्रम' आधुनिक भारतीय उपन्यास में सर्वश्रेष्ठ उतरे।''

'प्रेमाश्रम' के प्रकाशन पर हिन्दी-जगत् ने कितना गर्व अनुभव किया होगा, इसका अनुमान लेख के अन्तिम पैराग्राफ़ में मिलता है—''हमारे यहाँ अनुवादित उपन्यासों का बाज़ार गरम है। हम अंग्रेज़ी, बँगला, मराठी इत्यादि भाषाओं का बहुत-कुछ उधार खाये बैठे हैं। क्या यह सम्भव नहीं कि यह उपन्यास हिन्दी संसार की तरफ़ से इन भाषाओं को भी भेंट किया जाए?''

उपन्यास के अतिरिक्त प्रेमचन्द ने एक नाटक 'संग्राम' नाम से लिखा। यह उनके उपन्यास 'प्रेमाश्रम' से इतना मिलता-जुलता है कि पाठक को हैरानी होती है कि प्रेमचन्द ने इस नाटक को लिखा ही क्यों? इसका एक कारण तो यह हो सकता है कि उपन्यासकार, गल्पकार तथा निबन्धकार के रूप को छोड़कर प्रेमचन्द नाटककार बनकर भी एक बहुमुखी साहित्यकार के रूप में जनता के सामने आना चाहते थे। 'संग्राम' के बाद प्रेमचन्द ने, जैसा हम आगे देखेंगे, दो नाटक और भी लिखे। इसलिए यह आवश्यक है कि हम नाटकों के विषय में उनके दृष्टिकोण पर कुछ रोशनी डालें। एक कहानी 'डिमांस्ट्रेशन' में, जो कई वर्ष बाद लिखी गई, उनका प्रवक्ता कहता है—

''नाटक लिखना बच्चों का खेल नहीं है। ख़ूने जिगर पीना पड़ता है। मेरे ख़याल में एक नाटक लिखने के लिए पाँच साल का समय भी काफ़ी नहीं। बल्कि अच्छा ड्रामा ज़िन्दगी में एक ही लिखा जा सकता है। यों क़लम घिसना दूसरी बात है। बड़े-बड़े धुरन्धर आलोचकों का यही निर्णय है कि आदमी ज़िन्दगी में एक ही नाटक लिख सकता है। रूस, फ्रांस, जर्मनी, सभी देशों के ड्रामे पढ़े, पर कोई-न-कोई दोष सभी में मौजूद है। किसी में भाव है, तो भाषा नहीं, भाषा है तो भाव नहीं। हास्य है तो गान नहीं, गान है तो हास्य नहीं। जब तक भाव, भाषा, हास्य और गान ये चारों अंग पूरे न हों, उसे ड्रामा कहना ही न चाहिए।''

इस मापदंड के आधार पर 'संग्राम' शायद पूरा न उतर सके। 'सरस्वती' के समालोचक ने प्रेमचन्द के इस कथन (कि इस कथा का ढंग ही कुछ ऐसा था कि मैं उसे उपन्यास का रूप नहीं दे सकता था)पर तो आपत्ति नहीं की, परन्तु यह साफ़ कहा—''हमारा विश्वास है कि यदि प्रेमचन्द जी चाहते तो इसे उपन्यास का रूप दे सकते थे।''

'संग्राम' के अतिरिक्त इस समय लिखी गई प्रेमचन्द की एक-दो और कृतियाँ भी हमारे सामने आती हैं। एक तो अनातोल फ्रांस के 'थाइस' का हिन्दी अनुवाद 'अहंकार', जिसका प्रकाशन बड़ा बाज़ार कुमार सभा के मंत्रीजी ने हिन्दी पुस्तक भवन, हरिसन रोड, कलकत्ता द्वारा कराया। प्रेमचन्द की भूमिका के एक वाक्य ('हमें यह

पुस्तक सर्वांग सुन्दर प्रतीत हुई') को लेकर एक समालोचक ने मज़ाक़ उड़ाया और कहा—"हमें अंग्रेज़ी साहित्य का इतना ज्ञान नहीं है कि हम लेखक के विरुद्ध कुछ करने का साहस कर सकें। परन्तु हमारी समझ में लेखक ने इस कथन में अतिशयोक्ति की है। कम-से-कम कथा के सम्बन्ध में यह बात कही जा सकती है। अनुवादक महोदय ने मूल फ्रेंच ग्रन्थ में कोई विशेष साहित्य-छटा देखी हो तो दूसरी बात है। कुछ भी हो, इसमें सन्देह नहीं कि यह उपन्यास पढ़ने योग्य है।"

एक विशिष्ट समालोचक के अनुसार प्रेमचन्द फ्रेंच तो नहीं जानते थे, मगर उनका अंग्रेज़ी के माध्यम से किया गया अनुवाद फ्रेंच ओरिजिनल के अधिक नज़दीक था। इसका कारण था भारतीय और फ्रेंच भावुकता में समानता। प्रेमचन्द विक्टर ह्यूगो से भी प्रभावित थे। एक बार निगम को पूछा था कि पता करके बतलावे कि 'ला मिजराव्ल' का कोई उर्दू अनुवाद हुआ या नहीं। यदि नहीं हो चुका हो तो वह स्वयं करना चाहेंगे।

'अहंकार' के अतिरिक्त प्रेमचन्द का एक कहानी-संग्रह भी उन्हीं दिनों छपा। यह था 'प्रेम-पचीसी'। इस पुस्तक की कहानियाँ उर्दू की इसी नाम की पुस्तक से भिन्न हैं। कहानियाँ प्रायः पुरानी हैं।

इसी समय कुछ अच्छी कहानियाँ भी लिखी गईं, जिनके माध्यम से प्रेमचन्द ने ग़रीब तथा मूक प्राणियों को जुबान दी, देश-प्रेम की गाथा गाई और भारतवासियों के विभिन्न वर्गों में एकता स्थापित करने का प्रयत्न किया। उन दिनों लिखी गई कहानियों के शीर्षक इस प्रकार हैं—'मुक्तिमार्ग', 'वज्रपात', 'क्षमा', 'आभूषण', 'वैर का अन्त', 'गुप्त धन', 'नैराश्य लीला' तथा 'कौशल'। इनमें 'मुक्तिमार्ग' और 'क्षमा' विशेष प्रसिद्ध हुईं।

अधिकांश कहानियाँ उर्दू में छपती थीं। कभी-कभी सामयिक उर्दू पत्र-पत्रिकाओं में कुछ लोग उन कहानियों से चोरी कर उन्हें अपने नाम से भी छपवा लेते थे। प्रेमचन्द भी इन्हें देख लेते। एक पत्र में उन्होंने निगम को लिखा—

"मेरे मज़मून के आजकल बहुत चोर हो रहे हैं। मुमकिन है आपको ज़्यादा नज़र आते हों। मुझे 'शिव शम्भू' देखने का मौक़ा मिला। इसे गौरीशंकर लाल 'अख़्तर' निकालते हैं। हज़रत ने मेरी इबारत के पूरे-पूरे पैराग्राफ़ नक़ल कर लिए। हैं। जनवरी, फ़रवरी, मात्र, तीनों नम्बरों में यही हाल है। ऊटपटाँग क़िस्सा लिखकर इसे सिर्क़त के लिबास से सजाने की कोशिश की है। फ़रवरी के वतीरा में ज़रीफ़ुलतबा एक क़िस्सा है। लखनऊ के एक साहब ने लिखा है। इसे पढ़िए और मेरा क़िस्सा 'मनाइन' पढ़िए। साफ़ चर्बा मालूम होगा। सिर्फ़ जुज़ सात में रद्दोबदल कर दिया गया है। दिमाग़ पर ज़ोर न डालना चाहें और मज़मून निगार बनने का ख़ब्त या जुनून सवार। कहिए तो इन चौरबों पर एक छोटा-सा शगोफ़ा छोड़ूँ? यह हज़रत जुज़-बुज़ होंगे, हुआ करें।"

एक और पत्र में 'ज़माना' के लिए एक मज़मून लिखा था। उसका हिन्दी तर्जुमा कलकत्ता के एक रिसाले में निकला। "मैंने मज़मून साफ़ किया, मगर हिन्दी में निकलने

के तीसरे ही दिन उसका (उर्दू) तर्जुमा लाहौर के 'प्रताप' में नज़र आया। इसलिए उस क़िस्से को न भेज सका। (सन्दूक़ में साफ़ किया हुआ पड़ा है) हालाँकि लाहौरी तर्जुमा बिलकुल भद्दा है। मगर क़िस्सा तो वही है।''

17

कर्बला कैसे लिखा गया?

प्रेमचन्द कांग्रेस के असहयोग-आन्दोलन में तो सम्मिलित थे, परन्तु इसका अर्थ अपने विचारों की स्वतंत्रता को तिलांजलि देना नहीं था। उनका ध्येय था, देश में प्रगति हो और सर्वसाधारण जनता ख़ुशहाल बने। राजनीतिक, धार्मिक तथा सामाजिक नीतियों को वह इसी कसौटी पर जाँचते थे। जब 1923 में स्वराज्य पार्टी की स्थापना हुई और प्रेमचन्द से पूछा गया कि उनका रुझान किस ओर है। तो उन्होंने लिखा—

''मैं किसी पार्टी में नहीं हूँ, इसलिए कि इस वक़्त दोनों में से कोई पार्टी कुछ अमली काम नहीं कर रही है। मैं उसी आने वाली पार्टी का मेम्बर हूँ जो अवामुन्नास की सियासी तालीम को अपना दस्तूरुल अमल बनाए। स्वराज्य ख़िलाफ़त पार्टी की जानिब से जो कांस्टीट्यूशन निकला है उससे अलबत्ता मुझे कुल्ली इत्तिफ़ाक है। मगर तआज्जुब यही है कि यह एक पार्टी से क्यों निकला। मेरे ख़याल में दोनों ही पार्टियाँ इस मुआमले में मुत्तफ़िक हैं।''

दस-बारह वर्ष पूर्व प्रेमचन्द पर आर्यसमाज का रंग चढ़ा था। कुछ कट्टरपन भी था। परन्तु अब वह हिन्दू-मुस्लिम एकता के हामी थे। मौलाना मुहम्मदअली तथा शौक़तअली के काम के प्रशंसक। 'कहतुर्रिज़्ज़ाल' शीर्षक से लिखे 'ज़माना' के एक लेख में उन्होंने अली भ्राताओं को 'राम और लखन' की जोड़ी कहा। इस समय की बहुत-सी कहानियों में प्रेमचन्द ने कट्टरपंथी पंडों, ब्राह्मणों, मुल्लाओं तथा मौलवियों की पैनी व्यंग्यात्मक शैली में क़लई खोली। इन पंडों तथा मौलवियों का मज़ाक़ उड़ाने का कारण यह भी था कि प्रेमचन्द 'धर्म के ठेकेदारों' का सही चित्र जनता के सामने रखना चाहते थे ताकि इसे देखकर लोग धर्म के वास्तविक रूप को समझें, धर्म के मतलबपरस्त ठेकेदारों से बचें और एक-दूसरे के निकट आएँ। इसीलिए प्रेमचन्द ने संस्कृत ग्रन्थों तथा हिन्दी लेखकों के बारे में उन पत्रों में लिखा, जिन्हें मुस्लिम लोग पढ़ते थे। ताज को एक पत्र में लिखा—''संस्कृत लिटरेचर पर मसाला इकट्ठा किया था। कहीं इधर-उधर हो गया है।'' जब कभी उन्हें इस बात का आभास हुआ कि किसी घटना से दोनों जातियों के बीच मनमुटाव बढ़ेगा तो वह उसकी ओर ध्यान दिलाते। अप्रैल 1923 में 'मल्काना राजपूतों की शुद्धि' का प्रश्न एक राजनीतिक प्रश्न बन गया

था। प्रेमचन्द ने इस विषय पर एक कड़ा लेख लिखा। निगम को एक पत्र में कहा—"इधर मैंने उर्दू लिखना बन्द-सा कर रखा है, फ़ुरसत ही नहीं मिलती, लेकिन मल्काना शुद्धि पर एक मुख़्तसिर-सा मज़मून लिख रहा हूँ। मुझे इस तहरीक से सख़्त इख़्तलाफ़ है। तीन-चार दिन में भेजूँगा। आर्य समाज वाले भिन्नाएँगे, लेकिन मुझे उम्मीद है कि आप मज़मून को 'ज़माना' में जगह देंगे।"

लेख छपा और आर्यसमाजी क्षेत्रों में तहलका-सा मच गया। श्रीराम शर्मा ने 'ज़माना' ही में उस लेख का उत्तर दिया। इस सदी के तीसरे दशक में जब हिन्दू-मुस्लिम झगड़े बढ़े तो प्रेमचन्द ने निगम को लिखा—"फ़िसादात का सिलसिला जारी है। मैंने पहले ही पेशीनगोई की थी। वह हर्फ़-ब-हर्फ़ साबित हो रही है।"

वास्तव में लोग इस समय बड़े उत्तेजित थे। बालकृष्ण शर्मा 'नवीन' ने बतलाया है कि एक बार 'प्रताप' के दफ़्तर में ही प्रेमचन्द की एक 'विवादी मनोभावना' वाले उपसम्पादक से बातचीत हुई। उपसम्पादक महोदय ने हिन्दू-मुस्लिम समस्या के बारे में कहा—"इस साम्प्रदायिकता को रोकने का अन्य कोई उपाय नहीं। हमें ईंट का जवाब पत्थर से देना होगा। तभी काम चलेगा।"

प्रेमचन्द सुनकर मुस्कराए और बोले—"अरे भाई, इस समय मुसलमानों का मानस-रोग उन्मुक्त है। वे जैसे सन्निपात में हैं। तब क्या तुम भी पागलपन करोगे ? और सो भी जान-बूझकर ? नहीं, हमें अपने को इस प्रकार राग-द्वेष के वशीभूत नहीं होने देना चाहिए। पागलों के साथ हम भी यदि पागल बन जाएँ तो कैसे काम चलेगा ?"

उप-सम्पादक महाशय ने बल खाया और बोले—"क्यों साहब, अगर पागल हमारे सामने पेशाब करने लगे, तो हम क्या करें ?"

प्रेमचन्द बोले—"भाई, तनिक दूर हटकर खड़े हो जाओ।"

उप-सम्पादक—"और अगर वहाँ भी आकर वह यही हरकत करे तो ?"

प्रेमचन्द—"अमाँ, यह कैसे हो सकता है ? वह भलामानस कोई परवाल (मश्क) थोड़े ही बाँधे है जो यहाँ-वहाँ सब जगह मूतता ही जाएगा।"

यह बात सुनकर सब लोग हँसने लगे। प्रेमचन्द भी ठहाका मारकर हँसे। उप-सम्पादक महोदय खिसियाना हो गए।

हिन्दू-मुस्लिम एकता की दिशा में कोई भी क़दम उठाया जाता, तो वह बड़े प्रसन्न होते। ख़्वाजा हसन नज़ामी ने भगवान् कृष्ण पर एक पुस्तक लिखी। प्रेमचन्द बहुत ख़ुश हुए। जिस प्रकार एक मुस्लिम ने एक हिन्दू महापुरुष को मुसलमानों के सामने रखने का प्रयत्न किया, उसी प्रकार प्रेमचन्द इस्लामी इतिहास के बारे में हिन्दी में लिखना चाहते थे। इस्लामी साहित्य की एक ऐसी घटना थी, जिसका प्रेमचन्द के दिल पर गहरा प्रभाव पड़ा था। यह था 'कर्बला' का संग्राम, जिसमें हज़रत मुहम्मद के नवासे हज़रत हुसैन तथा उनके कुटुम्बी 'कर्बला' के मैदान में निर्दयता के साथ मारे गए थे। इस संग्राम का इस्लामी साहित्य में बड़ा महत्त्व है।

इसी ऐतिहासिक घटना के आधार पर प्रेमचन्द ने 'माधुरी' के नवम्बर, 1923 के अंक में एक लेख लिखा। इसकी कदर हुई, फिर इसी घटना के आधार पर एक नाटक लिखा। ड्रामा के लिखने से पहले प्रेमचन्द ने उक्त विषय का ख़ूब अध्ययन किया। इस सम्बन्ध में जितने मर्सिये उन्हें मिले, पढ़े—एक तो ज़माना के मैनेजर ही से मँगवाया था। खोज का एक उदाहरण तो यह है कि हज़रत हुसैन की सेना में कुछ हिन्दू सैनिक भी थे।

प्रेमचन्द ने निगम को लिखा—"मैंने (कर्बला) का ख़त तो हिन्दी में रखा है। मगर ज़बान सरासर उर्दू है। ख़्वाह हिन्दी पब्लिक इसकी कदर न करे, पर मैंने मुसलमान कैरेक्टरों की ज़बान से फ़सीह हिन्दी निकलवाना बेमौक़ा समझा...यक़ीन रखिए कि मैंने एहतराम को कहीं नज़रअन्दाज़ नहीं होने दिया। एक-एक लफ़्ज़ पर इस बात का ख़याल रखा है कि मुसलमानों के मज़हबी एहसासात को सदमा न पहुँचे। (इस ड्रामा का) मक़सद है पालिटिकल, बाहमी इत्तिहाद को बढ़ाना और कुछ नहीं...मैं दावे के साथ कह सकता हूँ कि उर्दू में ऐसा दिलचस्प ड्रामा न होगा। हाँ, ज़बान की फ़साहत मेरे इमकान में नहीं। वाक़या ख़ुद ही इतना दिलचस्प और दर्दनाक है कि ड्रामे के लिए निहायत मौज़ूँ है।"

'कर्बला' क्यों लिखे, इसका विश्लेषण नाटक की भूमिका में है। "कितने खेद और लज्जा की बात है कि कई शताब्दियों से मुसलमानों के साथ रहने पर भी अभी तक हम लोग प्राय: उनके इतिहास से अनभिज्ञ हैं। हिन्दू-मुसलिम वैमनस्य का एक कारण यह भी है कि हम हिन्दुओं को मुसलिम महापुरुषों के सच्चरित्रों का ज्ञान नहीं। जहाँ किमी मुसलमान बादशाह का ज़िक्र आया कि हमारे सामने औरंगज़ेब की तस्वीर खिंच गई, लेकिन अच्छे और बुरे चरित्र सभी समाजों में सदैव होते आए हैं और होते रहेंगे।" निगम को एक पत्र में लिखा—"इसका मक़सद पोलिटिकल है, बाहमी इत्तिहाद को बढ़ाना और कुछ नहीं।" 'कर्बला' नाटक का प्रकाशन लखनऊ की गंगा पुस्तक माला ने किया। (हिन्दी पुस्तक एजेंसी, कलकत्ता को अब थोड़ी ही पुस्तकें देते थे)।

हिन्दी के मासिक पत्रों ने नाटक का स्वागत किया, परन्तु इसके उर्दू रूपान्तर के प्रकाशन में कठिनाइयाँ आईं। निगम ने मुस्लिम मित्रों को पूछा। उन्होंने धार्मिक दृष्टिकोण से कुछ त्रुटियाँ बतलाईं और तवज्जोह दिलाई। प्रेमचन्द को आलोचनाओं पर क्रोध आया और निगम को लिखा—

"बेहतर है 'कर्बला' न निकालिए। मेरा कोई नुक़सान नहीं है। न मैं मुफ़्त का ख़िलजान सिर पर लेने को तैयार हूँ। मैंने हज़रत हुसैन का हाल पढ़ा, उनसे अक़ीदत हुई, उनके ज़ौके शहादत ने मफ़्तूँ कर लिया। इसका नतीजा यह ड्रामा था। अगर मुसलमानों को यह भी मंजूर नहीं कि किसी हिन्दू की ज़बान व क़लम से उनके किसी मज़हबी पेशवा या इमाम की मदहसराही हो तो मैं इसके लिए मुसिर नहीं हूँ। उस कार्ड[1]

1. कार्ड के लेखक ने निगम को ड्रामा छापने से रोका।

का जवाब देना तो फ़ज़ूल है, हाँ हज़रत अहसन के नोट के मुतअल्लिक कुछ अर्ज़ करना चाहता हूँ।

"आप फ़रमाते हैं कि शिया हज़रात यह नहीं पसन्द कर सकते कि उनके किसी मज़हबी पेशवा का ड्रामा तैयार किया जाए। शिया हज़रात अगर मज़हबी पेशवा की मसनवी पढ़ते हैं, अफ़साने पढ़ते हैं, मर्सिये सुनते और पढ़ते हैं, तो उन्हें ड्रामा से क्यों एतराज़ है ? क्या इसलिए कि एक हिन्दू ने लिखा है ?

"तारीख़ और तारीख़ी ड्रामा में फ़र्क़ है। जैसा आप ख़ुद तसलीम करते हैं। तारीख़ी ड्रामा के ख़ास कैरेक्टरों में तो कोई तग़य्युर नहीं कर सकता। मगर सानवी कैरेक्टरों के तवद्दुल और तर्मीम, यहाँ तक कि तख़लीक में भी उसे आज़ादी है। हज़रत असगर की उम्र छः माह की (थी), लेकिन बाज़ रिवायतों में छः साल की भी लिखी हुई है। मैंने वही रिवायत अख़्तियार की जो मुआफ़िक हाल थी। अगर बिलफ़र्ज ऐसी रिवायत न भी हो, हज़रत असग़र इस ड्रामा के कोई ख़ास कैरेक्टर नहीं हैं।

"यज़ीद की इख़लाकी हैसियत मुझसे कहीं ज़्यादा पस्त मौर्रख़ीन ने दिखलाई है। मैं मजबूर था। मैंने तो सिर्फ़ इसकी शराबख़ोरी और ऐशपसन्दी का ज़िक्र किया है। शराबख़ोर था भी। ख़लीफ़ा राशदीन के बाद और जितने खुलफ़ा हुए, सब पीते थे और धड़ल्ले से पीते थे। देखो यज़ीद के मुतअल्लिक़ सैयद अमीरअली क्या फ़रमाते हैं—

'Yezid was both cruel and treacherous; his depraved nature knew no pity or justice; his pleasure were as degrading as his companions were low and vicious. He insulted the minister of religion by dressing up a monkey as a learned divine and carrying the animal mounted on a beautifuly caparisoned Syrian donkey. Drunken riotousness prevailed at court ... ।'

"अमीर अली को तो आप मुसतनद मानते ही होंगे। क्या मैंने यज़ीद को इससे भी ज़्यादा पस्त कर दिया है ? आप फ़रमाते हैं 'हालाँकि वह मुसलमान था।' ख़ूब दलील है। नवाब...भी तो मुसलमान था।

"तारीख़ी हैसियत से आपने साहसराव के तदाखुल पर एतराज़ किया है। बेशक, क़दीम रिवायात में इसका कोई ज़िक्र नहीं। मगर एक रिवायत है जो मैंने रसाला 'आईना', इलाहाबाद से ली है। मुमकिन है वह रिवायत ग़लत हो। लेकिन अगर मान लीजिए, ज़ेबे दास्तान ही के लिए ली गई हो तो क्या ? ड्रामा तारीख़ तो नहीं है। इससे किसी तारीख़ी कैरेक्टर पर असर नहीं पड़ता। इन कैरेक्टरों का मन्शा है हिन्दुओं का हज़रत हुसैन पर फ़िदा हो जाना। उनका वजूद इसीलिए हुआ है। यह ड्रामा तारीख़ी होने के साथ पोलिटिकल है।

"अदबी हैसियत के मुतअल्लिक़ आपके एतराज़ को वसरोचश्म तसलीम करता हूँ। मैंने कभी अदीब होने का दावा नहीं किया। मुझे लोग ज़बरदस्ती इंशापरदाज़, सहरनिगार और अल्लम-ग़ल्लम लिख दिया करते हैं। मैं बात तो सीधी तरह सीधी ज़बान में कह देता हूँ। रँगआमेज़ी और इन्शापरदाज़ी में कासिर हूँ। और जब ड्रामा

इसलिए तैयार किया गया है कि हर ख़ास और आम इसे पढ़े, तो ज़ुबान आराई और भी बेमौक़ा हो जाती है। बहरहाल मैं ड्रामा की अशाअत के लिए मुसिर नहीं हैं। इसलिए यह बहस मुलतवी और ख़त्म हो गई। ख़्वाजा हसन नज़ामी ने कृष्णबीती लिखी, एक हिन्दू नक़्क़ाद ने इसकी तारीफ़ की, सिर्फ़ इसलिए कि मौलाना ने कृष्ण से अपनी अक़ीदत का अज़हार किया था। मेरी भी यही मंशा थी। अगर हसन नज़ामी को वह आज़ादी हासिल है और नहीं तो मुझे इसका अफ़सोस नहीं। बराहेकरम इस मसविदे को वापस फ़रमा दीजिए।

"हाँ, मैं यह अर्ज़ करना भूल गया, ड्रामे दो क़िस्म के होते हैं। एक कुरआत के लिए, एक स्टेज के लिए। यह ड्रामा महज़ पढ़ने के लिए लिखा गया था, खेलने के लिए नहीं।"

निगम अहसन सम्मी, जो 'ज़माना' में लिटरेरी असिस्टेण्ट थे, और दूसरे दोस्तों ने नाटक को फिर देखा। इतिहास की पुस्तकें देखी गईं। इस सबके बाद फ़ैसला हुआ कि 'ज़माना' में नाटक छाप दिया जाए।

इसके कुछ दिन बाद प्रेमचन्द निगम को लिखते हैं—

"अब आपको मालूम हो गया कि मैंने जो हिन्दू अनसर शामिल किया था वह तारीख़ी वाक़िया है। आप इसे निकालना शुरू करें।...मैंने हज़रत हुसैन की ज़बान से कोई आशिकाना ग़ज़ल कहीं नहीं अदा कराई है। यज़ीद की मज़लिस में ग़ज़लें गाई गई हैं और बेमौक़ा नहीं हैं। ग़ज़लों का इन्तख़ाब अच्छा नहीं हुआ है, तो आपको अख़्तियार है। अहसन साहब से अच्छी ग़ज़ल चुनवाकर शामिल कर दीजिए। मगर क्या सफ़ी की यह ग़ज़ल अच्छी नहीं है ?

सफ़ी नेक के लिए दवा करने वाले
उठे हाथ उठाकर दुआ करने वाले।

या

हाँ खुले साक़ी दरे मैख़ाना आज
ख़ैर हो भर दे मेरा पैमाना आज।

(काफ़ी सूफ़ियाना ग़ज़ल नहीं है)

या

शबे वस्ल वह रूठ जाना किसी का
वह रूठे को अपने मनाना किसी का। (अच्छा नहीं है।)

"ख़यालात की नज़ाकत न देखिए। यह देखिए कि ग़ज़ल सलीस आम फ़हम सुलझी हुई है या नहीं, गाने के लिए मौज़ूँ है या नहीं...आम अजाफतें, इस्तआरे इस क़दर होते हैं कि वह बईद अज़फ़हम हो जाती है।

"मिर्ज़ा जाफ़र अली ख़ाँ साहब ने अगर कुछ तर्मीमात की है तो कोई मुज़ायका नहीं। वाक़िया यह है कि मैंने हिन्दी से ख़ुद तर्जुमा नहीं किया है। मेरे एक नार्मल स्कूल

के दोस्त मुंशी मुनीर हैदर साहब कुरेशी हैं। उन्हीं से करा लिया है। अब बक़िया हिस्सों का तर्जुमा मैं ख़ुद करूँगा, तब जो ख़ामियाँ होंगी वे ज़रूर निकाल दूँगा। ज़बान के लिहाज़ से किसी को हर्फ़गीरी का मौक़ा न दूँगा। मेरे अहबाब ने हिन्दी में यह ड्रामा पढ़ा है और उसकी तारीफ़ की है। रघुपतिसहाय तो इस पर एक तबसरा लिखनेवाले हैं।''

'ज़माना' ने 'कर्बला' को धारावाही रूप में छापा, परन्तु हिन्दी संस्करण के प्रकाशन के लगभग दो वर्ष बाद (जुलाई 1926 से लेकर अप्रैल 1928 तक)। इसकी पहली क़िस्त में भूमिका के तौर पर एक नोट है जिसे 'प्रेम प्रचारक' ने लिखा। 'प्रेम प्रचारक' स्वयं प्रेमचन्द ही होंगे। जब यह क़िस्त छपी, तब तक 'रंगभूमि' ही नहीं बल्कि उनका चौथा उपन्यास 'कायाकल्प' भी छप चुका था। इस उपन्यास में कट्टरपन्थी पंडों तथा मौलवी मुल्लाओं की क़लई खोली गई और उनका मज़ाक़ उड़ाया। वैसे तो पंडों का चरित्र हमें 'असरार-ए-मआबिद' तथा 'प्रेमा' में मिला था, परन्तु ऐसे चरित्र का व्यंग्यात्मक ख़ाका पहली बार 'जलव-ए-ईसार' के चरित्र मोटेराम में मिला था।

एक कहानी 'मन्दिर और मस्जिद' में भी दोनों की पोल खोली गई। जब यह उर्दू पत्रों में छपी तो मुस्लिम समाचारपत्रों ने बावेला मचाया। प्रेमचन्द ने निगम को लिखा—''इस मज़मून में किसी को शिकायत का क्या मौक़ा है? फ़िरक़ापरस्तों की ज़हनीयत का पर्दाफ़ाश किया गया है। विला किसी रू-ओ-रिआयत के एक तरफ़ हिन्दू पंडितों और पुजारियों की मज़हबपरवरी का नज़्ज़ारा है, दूसरी जानिबे मौलवियों की मज़हबपरवरी का। दोनों मज़हब के पर्दे में अपनी-अपनी नफ़सपरवरी के शिकार हो रहे हैं। अगर कुछ लोगों को बुरा लगता है तो मेरा क्या अख़्तियार है।''

18

रंगभूमि

प्रेमचन्द ने सरस्वती प्रेस की स्थापना इसलिए की थी कि एक तो कोई ऐसा धन्धा जारी किया जाए, जिससे बँधी आमदनी शुरू हो और दूसरा यह कि अपनी पुस्तकें छापकर बेच सकें। इस धन्धे में प्रेमचन्द ने केवल अपनी ही सारी कमाई नहीं लगाई थी, बल्कि अपने सौतेले भाई और चचेरे भाई की भी कमाई डाल दी थी। प्रेस के लिए ही महताबराय ने, जो ज्ञानमंडल में थे, अपनी नौकरी छोड़ी थी। परन्तु प्रेस का प्रबन्ध सन्तोषजनक नहीं था। छपाई का काम बहुत कम आता। महताबराय को जितना वेतन ज्ञानमंडल से मिलता था, प्रेस की कमाई उतनी भी नहीं थी। प्रेमचन्द दुखी हो उठे। पुस्तकों के प्रकाशन की एक योजना बनाई। इसके अनुसार अपनी कहानियों का एक संग्रह 'प्रेम प्रसून' छापना शुरू किया तथा 'मनमोदक' नाम की एक पुस्तक का संकलन

किया, जिसमें बच्चों के लिए हँसानेवाली और बुद्धि बढ़ानेवाली कहानियाँ इकट्ठी की गईं। इस पुस्तक का सम्पादन प्रेमचन्द ने स्वयं किया। 'सुघड़बेटी' और 'सुशीलकुमारी' नाम की दो और पुस्तकों का मुद्रण भी सरस्वती प्रेस में इसी समय हुआ। किताबों के निकलने में विलम्ब हुआ। उधर प्रेस खाता ही जाता था, घाटा ही घाटा होता रहा। तंग आकर प्रेमचन्द ने प्रेस का प्रबन्ध अपने हाथ में लिया।

जून में विद्यापीठ की छुट्टी हुई। जुलाई में प्रेस की परेशानियाँ बढ़ीं। 8 मार्च, 1924 को प्रेमचन्द के घर, नौ महीने बाद, उनकी दूसरी लड़की का जन्म हुआ। निगम को लिखा, "अपनी हिमाकत पर नादिम और मुत्तास्सिक हूँ।" तीन महीने बाद लड़की चल बसी। "मासूम को परमात्मा सद्गति दें।"

प्रेस की व्यवस्था ठीक नहीं थी। घाटा फिर भी बराबर चलता रहा था। प्रेमचन्द के लिए अब एक ही रास्ता था, वह था दुबारा नौकरी।

इसी बीच विष्णुनारायण भार्गव ने अपने नवलकिशोर प्रेस से, 'माधुरी' मासिक पत्रिका का प्रकाशन शुरू किया। सम्पादन-कार्य गंगा पुस्तकमाला के व्यवस्थापक दुलारेलाल भार्गव करते थे। प्रेमचन्द को आशा थी कि 'माधुरी' में काम करने का अवसर मिल जाएगा। बातचीत भी हुई, परन्तु बात पतवार न चढ़ सकी। सितम्बर, 1923 के एक पत्र में वह निगम को लिखते हैं—"बाबू विष्णुनारायण भार्गव साहब के यहाँ से अमूर जेर बहस के मुतअल्लिक कोई ख़त नहीं आया। मैंने ख़ुद दो बार लिखा, मगर जवाब नदारद। समझ गया कि वह भी एक रईसाना उबाल था। यह है हमारे शुर्फ़ा की कलून नियाज़ी ख़त का जवाब तक मंजूर नहीं और तलब था बज़रिया तार।"

एक और पत्र में लिखा—

"प्रेस ने मुझे इस क़दर परेशान कर रखा है कि मैं तंग आ गया हूँ। वह बुरा वक़्त था जब मेरे सर में यह सौदाये खाम समाया। आपकी ख़िदमत में बक़ायादारों की यह फ़ेहरिस्त, जो इस वक़्त मेरे सामने रखी हुई है, अरसाल कर रहा हूँ। देखिए। परेशानियों का सही अन्दाज़ा आप कर सकेंगे। दो हज़ार दो सौ बहत्तर रुपए बक़ाया पड़े हुए हैं और इसके वसूल होने में अभी न जाने कितनी देर है। इधर मुझ पर पाँच सौ रुपए टाइप के और चार सौ रुपए काग़ज़ के और दो सौ रुपए किराया मकान के सवार हैं। मैं तो मुतफ़र्रिक रक़म न जाने कब पाऊँगा पर मेरे तकाज़ावाले कब चैन लेने देते हैं। दो किताबें ख़ुद शाया कीं, मगर उम्मीद के ख़िलाफ़ अभी तक एक किताब भी तैयार नहीं हुई।

"मैंने सोचा था सितम्बर-अक्तूबर तक दोनों किताबें तैयार हो जाएँगी, बक़ाया वसूल हो जाएगा, किताबें बिक जाएँगी, रुपए की क़िल्लत रफ़ा हो जाएगी। मगर वे सारे मंसूबे परेशान हो गए। न किताबें तैयार हुईं, न बक़ाया वसूल हुआ। बल्कि हर महीना कुछ-न-कुछ बढ़ता ही गया। अभी कोशिश कर रहा हूँ कि किसी बुकसेलर

से मुआमला करके यह सब छपी हुई जिल्दें लागत पर देकर अपने तक़ाजेदारों को अदा कर दूँ। बक़ायादारों से रफ़्ता-रफ़्ता वसूल होता रहेगा। हालाँकि इसमें से कम-अज़-कम पाँच सौ रुपए बैड डेट में चले जाएँगे। ईश्वर जानता है मैं ही लासाजी नहीं कर रहा हूँ। आख़िर हीला करता ही क्यों। आप मुझसे दोस्ताना मरासिम के तौर पर तो नहीं माँग रहे थे। दरअसल मैंने यह झंझट मोल लेकर अपनी जान आफ़त में फँसाई। नहीं तो मेरे खाने-भर को बहुत काफ़ी था। इस तरद्दुद में लिटरेरी काम भी नहीं होता। अब प्रेस को बक़ाया से आज़ाद करने और बाज़ारी काम से मस्तफ़ी होने के लिए इस फ़िक्र में हूँ कि रोज़ाना 'हमदर्द' की एक हिन्दी हफ़्तावार नक़ल 'हिन्दी हमदर्द' के नाम से शाया करूँ। मगर इसके लिए भी रुपए की ज़रूरत है। देखिए, परमात्मा क्या करते हैं।

''घर में अभी रोज़ अव्वल है। यहाँ इलाज में सहूलियत न देखकर इलाहाबाद पहुँचा आया कि शायद शहर में बाक़ायदा इलाज से कुछ फ़ायदा हो। लेकिन आज तीसरा दिन है। इलाहाबाद से लौटकर आया हूँ। वहाँ यहाँ से भी बदतर हालत हो गई है। अब हफ़्ता अशरा में जाकर लिवा लाऊँगा। जानता हूँ कि ये परेशानियाँ रफ़ा हो जाएँगी। कम-अज़-कम इसकी उम्मीद करता हूँ। मगर कब, यह नहीं कह सकता...

''आपको डॉ. इक़बाल का पता मालूम हो तो बराहे करम मुत्तिला फरमाइए। मैं उनके क़लाम का इन्तख़ाब आपके तबसरा को देबाचा बनाकर हिन्दी में शाया करने का इरादा कर रहा हूँ। यह भी तहरीर फ़रमाइएगा कि उनका कलाम सबका-सब कहाँ मिलेगा।''

इधर पुस्तकों के प्रकाशन की योजनाएँ बन रही थीं ताकि प्रेस ठीक प्रकार से चल निकले और उधर महताबराय, घर के ख़र्च के लिए, प्रेस में लगाए अपने हिस्से के रुपए वापस माँगते, ताकि कोई और अपना निजी धन्धा शुरू कर सकें। प्रेमचन्द के पास और कुछ हो-न-हो, परन्तु धन का अभाव था। उनकी मानसिक वेदना का अनुमान नीचे दिए गए महताबराय को लिखे पत्र से हो सकता है—

''तुमने मुझे पहले भी रुपए के लिए लिखा था और मैंने अपनी तहीदस्ती का उजर किया था। तुम्हें मालूम है कि मैंने प्रेस के लिए एक हज़ार तीन सौ रुपए के टाइप मँगवाए थे। वह रुपए अभी तक पूरे अदा नहीं हो सके। मुश्किल से प्रेस का ख़र्च निकालकर टाइप के रुपए अदा कर रहा हूँ। और जो तुमने नन्दकिशोर के छः सौ रुपए कर्ज़ पर लिये थे वे सब अदा कर रहा हूँ। बाबू हरिहरनाथ का सूद अदा कर रहा हूँ। पुराने मकान का किराया पचास रुपया अदा कर रहा हूँ, फिर भी इस कोशिश में हूँ कि मुमकिन हो तो तुम्हारी मदद करूँ। या साल आख़िर हो जाने पर तुम्हें एक सौ अस्सी रुपए जहाँ से हो सके दूँ, और दूँगा। तुमने प्रेस में इतना झंझट छोड़ रखा है कि उससे फ़ुरसत ही नहीं मिलती। ख़ैर, फिर ख़ुद दर माँदा (?) कहाँ से लगे। मेरी हालत ख़ुद ही अवतर है। तुम्हें तो ख़ुदा ख़ुश रखे। तेजबहादुर तो मौजूद हैं। मैं किसकी जान को दुआ करूँ!

प्रेम में इतना नफ़ा कहाँ कि पाँच महीने में तेरह सौ रुपया टाइप का, सौ रुपया पुराने मकान का, पाँच सौ रुपया नन्दकिशोर का, पचास रुपया तुम्हारी माताजी का, पचास रुपया शिवनन्दन प्रसाद, माताप्रसाद का क़र्ज़ा अदा करके अपना गुज़र भी कर लूँ और तुम्हारी फ़िक्र भी रखूँ। नीयत ज़रूर यह है कि काम सबका चलता रहे। मगर सब काम नीयत ही से तो नहीं हो जाते। इसका तुम यक़ीन रखो कि मैं साल आख़िर तक तुम्हें सूद हस्बेवादा जिस तरह मुमकिन होगा, दूँगा। और तो मेरी हालत इस क़ाबिल नहीं कि तुम्हारी और कुछ मदद कर सकूँ। मैं ख़ुद ही अपने इख़राज़ात से ज़ेरे बार हूँ और मालूम नहीं होता, कैसे ज़िन्दगी पार लगेगी।...इस वक़्त तो मैं बेहद तंग हाल हूँ।''

प्रेमचन्द ने गंगा पुस्तकमाला के व्यवस्थापक दुलारेलाल भार्गव के यहाँ नौकरी स्वीकार की। इस प्रकाशनागार में प्रेमचन्द को लिटरेरी असिस्टेन्ट का पद मिला। वेतन शायद एक सौ रुपए के लगभग था। उनका मुख्य काम था किताबों का सम्पादन। उनकी अपनी दो पुस्तकें 'कर्बला' और 'संग्राम' गंगा पुस्तकमाला से प्रकाशित हुईं।

'माधुरी' के सम्पादन का भार गंगा पुस्तक माला के व्यवस्थापक दुलारेलाल भार्गव को सौंपा गया था। सहायता के लिए सम्पादक मंडल भी था। इसके सदस्य थे : कृष्ण बिहारी मिश्र, रूपनारायण पांडेय, प्रोफ़ेसर दयाशंकर दुबे और बदरीनाथ भट्ट। प्रेमचन्द की इन साहित्यिकों से रोज़ भेंट होती। अमीनाबाद पार्क में कचालू रसीलेवाले की दही-बड़े और मटर की प्रसिद्ध दूकान थी। यहाँ दावतें भी होतीं। यहीं रोज़ की तफ़रीह होती। प्रेमचन्द का 'माधुरी' के सम्पादन से सीधा सम्बन्ध तो न था, पर वह रोज़ इसके बारे में चर्चा में भाग लेते। लखनऊ में ही प्रेमचन्द ने अपने उपन्यास 'रंगभूमि' का मसविदा तैयार किया। वास्तव में इसका आरम्भ बनारस में ही हो गया था, जब प्रेमचन्द कानपुर से बनारस लौट चुके थे और 'प्रेमाश्रम' की धूम मच चुकी थी। प्रेमचन्द ने उस उपन्यास की सफलता की सूचना देकर, दयानारायण निगम को एक महत्त्वपूर्ण वाक्य लिखा था—''मुझे मालूम होता है कि शायद एक नावल और अच्छा लिखकर मैं ख़ानानशीन हो सकता हूँ। हस्बे ज़रूरत घर बैठे मिल जाएगा।''

गांधीजी ने चौरीचौरा में ख़ून-ख़राबा हो जाने के कारण असहयोग आन्दोलन को स्थगित कर दिया था। देश-भर में अहिंसा की नीति के आधार पर वादविवाद चल रहा था। प्रेमचन्द उन व्यक्तियों में से थे, जिनका अहिंसा की नीति में विश्वास दृढ़ हो गया था। अपने अगले उपन्यास के लिए चरित्र घड़ने में उन्हें इस आन्दोलन से प्रेरणा भी मिली।

वाराणसी में इस समय एक और विवाद भी चल रहा था। इसकी पृष्ठभूमि थी सरकार द्वारा शिवपुर के पास खेती की ज़मीन को टकों के दाम लेकर उद्योगपतियों को देना। जिन लोगों की ज़मीन हथियाई गई थी उन्हें बड़ा क्रोध आया था। इसका प्रभाव जनता पर भी पड़ा। कुछ समालोचकों का विचार है कि इस वादविवाद को लेकर ही प्रेमचन्द ने 'रंगभूमि' लिखा।

'रंगभूमि' भी प्रेमचन्द के 'सेवासदन' तथा 'प्रेमाश्रम' की भाँति पहले उर्दू में ही लिखा गया। इसकी मूल उर्दू पांडुलिपि पर आरम्भ की तारीख़ 1 अक्तूबर, 1922 लिखी है और यह ख़त्म हुआ 1 अप्रैल, 1924 को। पहले दो उपन्यासों की भाँति यह छपा भी पहले हिन्दी में। इस सम्बन्ध में एक महत्त्वपूर्ण बात यह है कि पहले उर्दू में लिखे जाने वाला प्रेमचन्द का यह आख़िरी उपन्यास था। उसके बाद से प्रेमचन्द पहले हिन्दी में लिखने लगे और उसका उर्दू तर्ज़ुमा करने लगे या करवाने लगे।

'रंगभूमि' के नायक सूरदास के चरित्र का बीजांकुर प्रेमचन्द को एक अन्धे भिखारी से मिला था, जो लमही में रहता था और गाँव के बाहर एक पुलिया पर बैठा करता था और उधर से गुज़रते हुए लोगों का पीछा करता और 'एक पैसा, एक पैसा' कहता हुआ उनके पीछे दौड़ता। (श्री महताबराय ने लेखक को वह पुलिया दिखलाई भी थी।) 'एक ज़रा-सा इशारा, एक ज़रा-सा बीज, लेखक के मस्तिष्क में पहुँचकर इतना विशाल वृक्ष' बन गया कि उस पर लोग आश्चर्य करते हैं।

यहाँ इस बात का ज़िक्र करना भी अप्रासंगिक न होगा कि जिस समय प्रेमचन्द गोरखपुर में थे, वह एक अन्धे भिखारी के पास जाया करते थे और कुछ उसी पर व्यंग्य भी करते थे, उसी को लक्ष्य करके रचनाएँ भी किया करते थे।[1] इससे प्रतीत होता है कि लमही के अन्धे भिखारी का चित्र प्रेमचन्द के मस्तिष्क में अमिट था, परन्तु गोरखपुर में यह बीज फूटा, इसे खाद मिली और पानी मिला।

एक आलोचक ने लिखा, "सूरदास महात्मा गांधी का संक्षिप्त संस्करण है। वह जिस दार्शनिक भाव पर जीवन-संग्राम के परिणामों पर विचार करता है, वैसा अगर संसार के सभी स्त्री-पुरुष करने लगें तो किसी को दुःख-सुख ही न व्यापे और संसार के बहुत-से झगड़े आप-ही-आप निपटकर सत्ययुग का साम्राज्य हो जाए।"

हिन्दी उपन्यास-जगत् में सूरदास की तुलना का दूसरा चरित्र मिलना कठिन है। अहिंसा की नीति का भी अनुमोदन करने वाला यही एक चरित्र है जो हमारे मस्तिष्क पर अंकित होता है।

सूरदास का जीवन-दर्शन एक प्रकार से प्रेमचन्द का अपना ही है। इस उपन्यास के आख़िरी पन्नों में सूरदास के जीवन की समस्याओं पर दृष्टिकोण वही है, जो प्रेमचन्द के अप्रैल, 1923 के एक पत्र में मिलता है। इस पत्र में प्रेमचन्द अपने मित्र दयानारायण निगम को उनके एक बच्चे की मौत पर लिखते हैं—

"कल सुबह एक ख़त मिला। शाम को आपका कार्ड मिला। पढ़कर निहायत सदमा हुआ। बीमारियाँ और परेशानियाँ तो ज़िन्दगी का खुलासा हैं। लेकिन बच्चे की हसरतनाक मौत एक दिलशिकन हादसा है और उसे बर्दाश्त करने का अगर कोई तरीक़ा

---

1. लेखक को यह तथ्य श्री बुद्धिसागर मिश्र पंचानन से मिला। उनके पत्र की तारीख़ 10-9-54 है।

है तो यही कि दुनिया को एक तमाशागाह या खेल का मैदान समझ लिया जाए। खेल के मैदान में वही शख़्स तारीफ़ का मुस्तहिक़ होता है जो जीत से फूलता नहीं, हार से रोता नहीं। जीते तब भी खेलता है, हारे तब भी खेलता है। जीत के बाद यह कोशिश होती है कि हारे नहीं। हार के बाद जीत की आरजू होती है। हम सबके-सब खिलाड़ी हैं मगर खेलना नहीं जानते। एक बाज़ी जीती, एक गोल जीता तो हिप-हिप-हुर्रे के नारों से आसमान गूँज उठा, टोपियाँ आसमान में उछलने लगीं। भूल गए कि यह जीत दायमी फ़तह की गारंटी नहीं है। मुमकिन है कि दूसरी बाज़ी में हार हो। अलाहज़ा हारे तो पस्तहिम्मती पर कमर बाँध ली, रोए, किसी को धक्के दिए, फ़ाउल खेला और ऐसे पस्त हो गए, गोया फिर जीत की सूरत देखनी नसीब न होंगी। ऐसे ओछे तंगज़रफ़ आदमी के खेल के वसीह मैदान में खड़े होने का भी मज़ाज नहीं। इसके लिए गोशा तारीक है और फ़िक्रशिकन। बस यही इसकी ज़िन्दगी की कायनात है। हम क्यों ख़याल करें कि हमसे तक़दीर ने बेवफ़ाई की। ख़ुदा का शिकवा क्यों करें। क्यों इस ख़याल से मलूल हों कि दुनिया हमारी नेमतों से भरी थाली को हमारे सामने से खींच लेती है। क्यों इस फ़िक्र से मुतव्वश हों कि क़ज़्ज़ाक़ हमारे ऊपर छापा मारने की ताक में है। ज़िन्दगी को इस नुक़्त-ए-निगाह से देखना अपने इत्मीनान कल्ब से हाथ धोना है। बात दोनों एक ही हैं। क़ज़्ज़ाक़ ने छापा मारा तो क्या ? हार में सारे घर की दौलत खो बैठे तो क्या ? फ़र्क़ सिर्फ़ यह है कि एक ज़बर है, दूसरा अख़्तियार। यह क़ज़्ज़ाक़ ज़बरदस्ती जान और माल पर हाथ बढ़ाता है, लेकिन हार ज़बरदस्ती नहीं आती। खेल में शरीक़ होकर हम ख़ुद हार और जीत को बुलाते हैं। क़ज़्ज़ाक़ के हाथों लूटा जाना ज़िन्दगी का मामूली वाक़या नहीं, हादसा है। लेकिन खेल में हारना और जीतना मामूली वाक़े हैं। जो खेल में शरीक़ होता है वह ख़ूब जानता है कि हार और जीत दोनों ही सामने आएँगी इसलिए उसे हार से मायूसी नहीं होती, जीत से फूला नहीं समाता। हमारा काम तो सिर्फ़ खेलना है, ख़ूब दिल लगाकर खेलना है, ख़ूब जी तोड़कर खेलना। अपने को हार से इस तरह बचाना गोया हम दोनों लोकों की दौलत खो न बैठेंगे, लेकिन हारने के बाद, पटखनी खाने के बाद गरद झाड़कर खड़े हो जाना चाहिए और फिर ख़म ठोंककर हरीफ़ से कहना चाहिए कि एक बार और।

"खिलाड़ी बनकर आपको वाक़ई बड़ा इत्मीनान होगा। मैं ख़ुद नहीं कह सकता कि मैं इस मेआर में पूरा उतरूँगा या नहीं। मगर कम-से-कम अब मुझे किसी नुक़सान पर इतना रंज न होगा जितना आज से चन्द साल क़िब्ल हो सकता था। मैं अब शायद न कहूँगा कि हाय ज़िन्दगी अकारथ गई, कुछ न किया। ज़िन्दगी खेलने के लिए मिली थी, खेलने में कोताही नहीं की। आप मुझसे ज़्यादा खेले हैं। हार और जीत दोनों देखी हैं। आप जैसे खिलाड़ी के शिकवा तक़दीर की ज़रूरत नहीं। कोई गोल्फ़ और पोलो खेलता है। कोई कबड्डी खेलता है। बात एक ही है। हार और जीत दोनों ही मैदानों में हैं। कबड्डी खेलने वाले को जीत की ख़ुशी कुछ कम नहीं होती। इस हार का ग़म

न कीजिए। आपने ख़ुद ही न किया होगा। आप मुझसे मश्शाक़ हैं। मैं 5 या 6 मई तक कानपुर आनेवाला हूँ। यहाँ की कोई चीज़ दरकार हो तो बेतकल्लुफ़ लिखिएगा। दीगर हालात मेरे पहले ख़त से मालूम हुए होंगे।''

'रंगभूमि' के लिखने में प्रेमचन्द कितने व्यस्त रहे होंगे, इसका अनुमान हमें महताबराय के एक संस्मरण में मिलता है। जब एक बार वह रात को घर लौटे तो प्रेमचन्द सो चुके थे। महताबराय की आवाज़ सुनकर जाग उठे। स्वभावत: पूछा कि इतनी देर क्योंकर हो गई। महताबराय ने कहा कि कुछ मित्र मिल गए थे। अब महताबराय तो सो गए और प्रेमचन्द अपना उपन्यास लिखने में लग गए।

अगले दिन सवेरे प्रेमचन्द ने महताबराय से कहा—''कल रात तुम बहुत देर से लौटे। तीन तो अवश्य ही बज गए होंगे।'' महताबराय विस्मित होकर बोले—''क्या कह रहे हैं आप? जिस समय मैं घर लौटा था उस समय केवल दस बजे थे।''

''तुम्हारा मतलब है मैं रात के दस बजे से सुबह तक उपन्यास लिखने में लगा रहा।''

उपन्यास का मूल उर्दू मसविदा काशी और लमही में लिखा गया। एक प्रकाशक महोदय ने, जो उस समय प्रेमचन्द के पास काशी गए थे, बतलाया है कि वह लेखक के यहीं ठहरे। पहले दिन जब मैं वहाँ गया तो मैंने देखा कि जिस व्यक्ति की इतनी ख़्याति हो रही है वह कमरे के बाहर बरामदे में एक चटाई पर बैठे कुछ लिख रहे हैं। मैं भी उनके पास ही, वहीं उसी चटाई पर बैठ गया। बातों-ही-बातों में नई रचना के विषय में बात चल गई। मैंने पूछा—''आजकल क्या लिख रहे हैं?''

उन्होंने अपने सीधे स्वभाव से उत्तर दिया—''यह तीसरा[1] उपन्यास चल रहा है, इसके लिए मैं श्री दुलारेलालजी को बात दे चुका हूँ। मेरी तो ऐसी इच्छा नहीं थी कि एजेंसी के सिवा किसी दूसरी जगह दूँ, पर बातों-ही-बातों में मैंने ज़बान दे दी।''

इसी उपन्यास को लेकर प्रेमचन्द लखनऊ पहुँचे थे और इसे दुलारेलाल भार्गव को प्रकाशन के लिए दिया। भार्गव ने इसके प्रकाशन के लिए उन्हें एक हज़ार आठ सौ रुपए दिए थे।

शिवपूजनसहाय, जो उस समय दुलारेलाल भार्गव के साथ सम्पादन का कार्य करते थे, लिखते हैं, ''मैंने यह भी सुना था कि वह पहले उर्दू में कहानी या उपन्यास लिखते हैं, फिर किसी हिन्दी के जानकार से नागरी अक्षरों में लिखवाते हैं। पर जब 'रंगभूमि' की कापी मिली तो मेरे आश्चर्य और आनन्द का ठिकाना न रहा। सारी कापी प्रेमचन्दजी की ही लिखी हुई थी। दो मोटी-मोटी जिल्दों में एक ख़ासा बड़ा पोथा था। छोटे-छोटे अक्षर, घनी लिखावट, कहीं काट-छाँट नहीं। मानो पूरी पुस्तक एक साँस में लिखी गई हो।''

---

1. ऐसा प्रतीत होता है कि इससे आगे चलकर प्रेमचन्द अपने 'नवाबराय (आदि) काल के उपन्यासों को गिनती ही में न लेते थे, हालाँकि 'वरदान' नवाबराय का (जलव-ए-ईसार का हिन्दी रूपान्तर) 'प्रेमचन्द' के ही नाम से छपा था।

शिवपूजनसहाय, जिनको यह पुस्तक सम्पादन के लिए दी गई थी, को उपन्यास की पांडुलिपि में कुछ अक्षर बदलने पड़े, कुछ मात्राओं में सुधार की आवश्यकता हुई और प्रसंगानुकूल यथोचित कुछ नए शब्द भी चस्पाँ करने पड़े।

किताब छपते ही हाथों-हाथ बिकी (तीन साल में पाँच हज़ार का संस्करण ख़त्म हो गया)। प्रेमचन्द ने पहली कापी शिवपूजनसहाय को भेजी। लिखा—"लीजिए, जिस पुस्तक पर आपने कई महीने दिमाग़रेज़ी की थी, वह आपका अहसान अदा करती हुई आपकी ख़िदमत में जाती है और आपसे विनती करती है कि मुझे दो-चार घंटों के लिए एकान्त का समय दीजिए, और तब आप मेरी निस्बत जो राय क़ायम करें, वह अपनी मनोहर भाषा में कह दीजिए।"

प्रेमचन्द की कीर्ति अब चारों ओर फैल गई। समाचार-पत्रों तथा पत्रिकाओं ने उनके लिए उपन्यास-सम्राट की उपाधि का प्रयोग शुरू कर दिया।

'उपन्यास-सम्राट' की पदवी से लेखक को मान्यता तो प्राप्त हुई, परन्तु साथ ही उनके कुछ कटु आलोचक भी मैदान में आए। यों तो 'प्रेमाश्रम' के प्रकाशन पर भी प्रेमचन्द की आलोचना हुई थी। तब इस तरह की प्रतिकूल आलोचना डॉ. हेमचन्द्र जोशी ने एक लेख में की थी, जिसे उन्होंने बर्लिन से 'माधुरी' के लिए भेजा था। इस लेख में डॉ. जोशी ने प्रेमचन्द को 'कूपमंडूक' प्रमाणित करने का प्रयत्न किया था, और भविष्यवाणी की थी कि पचास वर्ष में लोग प्रेमचन्द को भूल जाएँगे। स्मरण रहे कि वह भविष्यवाणी आज से लगभग साठ वर्ष पूर्व की गई थी। सचाई यह है कि इन साठ वर्षों में प्रेमचन्द का यश विश्व-भर में फैल गया है। 'माधुरी' में इस लेख के छपते ही साहित्यिक क्षेत्र में हलचल मची थी। 'माधुरी' ने प्रेमचन्द को लिखा कि वे इसका उत्तर दें। प्रेमचन्द ने स्वयं तो उत्तर न लिखा, परन्तु अपने एक प्रिय विद्यार्थी जनार्दनप्रसाद 'झा' का 'साहित्य, कला और प्रेमचन्द' शीर्षक लेख 'माधुरी' को भेजा। इसके प्रकाशित होने पर डॉ. जोशी ने एक प्रत्युत्तर दिया। इस वाद-विवाद की गूँज चल ही रही थी कि 'सरस्वती' के समालोचक श्री कालिदास कपूर ने लिखा[1]—"हम हेमचन्द्र जोशी की प्रेमचन्द की आलोचना-प्रत्यालोचनाओं से सहमत नहीं हैं। यह उपन्यास क्षणभंगुर नहीं है। हिन्दी के दुर्भाग्य से इसका अनुवाद अभी तक किसी पाश्चात्य भाषा में नहीं हुआ है। यदि कभी हो और यूरोप के विद्वान प्रेमचन्द की रवीन्द्रनाथ ठाकुर और टाल्सटाय से तुलना करें, तब हम भी समझने लगेंगे कि ये उपन्यास भी कुछ महत्त्व रखते हैं। प्रेमचन्द का यथासमय भारतीय साहित्य में वही सम्मान होगा, जो डिकेंस और टाल्सटाय को यूरोपीय साहित्य में प्राप्त है। भारत का हृदय कलकत्ता की गलियों में नहीं है, न वह शिक्षित जनों की अट्टालिकाओं में है। उसका हृदय देहात में है, किसानों के टूटे-फूटे झोंपड़ों में है। हरे-भरे खेतों को देखकर उसे शान्ति मिलती है। अनावृष्टि से वह सूख जाता है। उस हृदय का मार्मिक चित्र जिसने

1. 'सरस्वती', नवम्बर, 1925, पृष्ठ 510-13

खींचा है, वह देश-भर के धन्यवाद का पात्र है। अभी भारतीय किसानों में शिक्षा का अभाव है। अभी उन्हें नहीं मालूम है कि उन्हीं के समान किस सरल प्रकृति तथा अस्वस्थ व्यक्ति ने शारीरिक और मानसिक वेदनाएँ झेलते हुए उनके दु:खों और आशाओं की कथा कही है। जब वे शिक्षित हो जाएँगे, जब उनकी आँखें खुलेंगी, और अपने पूर्वजों का चित्र जब वे इन उपन्यासों में देखेंगे तब, इनके विधाता की पूजा होगी। हाँ, अभी कुछ समय तक नहीं।''

शिवरानीदेवी ने बतलाया है कि 'रंगभूमि' के प्रकाशन के बाद महाराजा अलवर, जो प्रेमचन्द के उपन्यासों तथा कहानियों के प्रेमी थे, ने चाहा कि प्रेमचन्द को अपने पास बुला लें। पाँच-छ: सज्जनों के हाथ उन्हें निमंत्रण दिया कि प्रेमचन्दजी उनके प्राइवेट सेक्रेटरी का पद स्वीकार कर लें तथा परिवारसहित अलवर पधारें। महाराजा साहब ने चार सौ रुपए प्रतिमास नक़द, मोटर और बँगला देने को कहा था। प्रेमचन्दजी ने इन सज्जनों से साफ़-साफ़ कहा कि 'मैं विद्रोही हूँ और इसी कारण मैंने सरकारी नौकरी छोड़ी।' निमंत्रण लानेवाले लोगों के कहने से प्रेमचन्द ने महाराजा को जवाब में पत्र लिखा—

''मैं आपको धन्यवाद देता हूँ कि आपने मुझे याद किया। मैंने अपना जीवन साहित्य-सेवा के लिए लगा दिया है। मैं जो कुछ लिखता हूँ उसे आप पढ़ते हैं, इसके लिए मैं आपको धन्यवाद देता हूँ। आप जो पद मुझे दे रहे हैं, उसके योग्य मैं नहीं हूँ। मैं इतने में ही अपना सौभाग्य समझता हूँ कि आप मेरे लिखे को ध्यान से पढ़ते हैं। अगर हो सका तो आपके दर्शन के लिए कभी आऊँगा।

—एक साहित्य-सेवी
'धनपतराय'।''

दूसरी भाषाओं में भी 'रंगभूमि' के अनुवाद की माँग हुई। मराठी अनुवाद 'जगाचार बाज़ार' के नाम से प्रकाशित हुआ। परन्तु उर्दू संस्करण की अभी बात ही नहीं चली। (हालाँकि 'रंगभूमि' का मूल रूप तो उर्दू में ही लिखा गया था) और जब छपा तो मूल उर्दू मसविदे तथा प्रकाशित हिन्दी संस्करण में बड़ा अन्तर था। प्रेमचन्दजी ने स्वयं लिखा है—

''हिन्दी एडीशन तैयार करते वक़्त, उर्दू मसविदे में इतनी तरमीम हो गई कि वह इस हालत में प्रेस के क़ाबिल न था। इसके अलावा कई अबवाब हिन्दी में और बढ़ा दिए गए। उन्हें दुबारा मसविदे में शामिल करना ज़रूरी था। इसलिए उर्दू मसविदा हिन्दी मसविदे के मुताबिक़ करके दोबारा लिखना पड़ा। मैं अपने करमफ़र्मा मुंशी इक़बाल वर्मा सहर हितगामी का बेहद ममनून हूँ कि उन्होंने इस भार को अपने ज़िम्मे लिया।''

'चौगाने हस्ती' (रंगभूमि) का मसविदा तैयार तो हो गया, परन्तु इसके लिए कोई प्रकाशक नहीं मिल रहा था। 'गोश-ए-आफ़ियत' ('प्रेमाश्रम') के लिए भी कोई पब्लिशर न मिलता था। इसलिए दोनों को आठ सौ रुपए में प्रेमचन्द ने दारुल अशाअत, लाहौर को दे दिया। इस प्रकार 'रंगभूमि' के उर्दू संस्करण के लिए प्रेमचन्द को चार-

पाँच सौ से अधिक न मिला। इसमें से बड़ा भाग तो उर्दू में अनुवाद के लिए दे दिया गया था। गंगा पुस्तक माला के ऑफ़िस ही से निगम को उन्होंने लिखा—

"हज़रत सहर ने 'रंगभूमि' का उर्दू तर्जुमा कर दिया, मगर मुआवज़ा हिन्दी सफ़हात पर आठ आना फ़ी सफ़ा माँगते हैं, यानी कुल चार सौ पैंसठ रुपए। मुझे कुल किताब के छः सौ रुपए मिल जाएँगे, तो मैं समझूँगा, मैंने तीर मारा। आप चार सौ पैंसठ रुपए ख़ुद माँग रहे हैं। बतलाइए है न सादालोहों की बात। मैंने लिख दिया है कि आप ख़ुद किताब किसी पब्लिशर को देकर मुझे तीन सौ रुपए दिलवा दें, और आप बाक़ी सब ले जाएँ। मैं राज़ी हूँ। दूसरी शर्त मैंने छपे हुए उर्दू सफ़हात पर चार आना फ़ी सफ़हा रखी है। और तीसरी शर्त यह कि पब्लिशर से जो कुछ मिलेगा उसका 2/5 आपका और 3/5 मेरा। बतलाइए मैंने ज़्यादती की है? अगर आपको इसमें मेरी तरफ़ से ज़्यादती महसूस होती है, तो साफ़ लिखिए। शायद वह आपसे पूछें। उर्दू बाज़ारे क़लम की हालत देखकर एक सौ पचास रुपया बुरा मुआवज़ा नहीं। और यह मैं ख़ुशी से देने को तैयार हूँ। उनके ज़्यादा-से-ज़्यादा तीन महीने सर्फ़ हुए होंगे। तीन-चार घंटा रोज़ काम करके एक सौ पचास रुपए मिलते हैं, तो क्या कम हैं? मगर वह न जाने किस ख़याल में हैं। मैं अगर चार सौ पैंसठ रुपए उन्हें दूँ, तो मुझे कुछ न मिलेगा। अगर वह आपसे पूछें तो ज़रा समझा दीजिएगा।"

आगे एक पत्र में लिखा—"हज़रत सहर को मैंने दो सौ रुपए देना तय कर लिया। वह राज़ी भी हो गए। मसनवी की अशाअत में एक सौ दस रुपए ख़र्च हो चुके। बक़िया नब्बे रुपए उन्हें और देने हैं। अगर वह राज़ी हों तो 'गोश-ए-आफ़ियत' भी उनसे पूरा करवा दूँगा और कुछ (नई) कहानियाँ भी। पंजाब में सब खप जाएँगी और कुछ-न-कुछ दे मरेंगी।"

उर्दू में किताबों के प्रकाशन तथा बिक्री की स्थिति तो असन्तोषजनक थी ही, परन्तु उर्दू लेखक आलोचना करने में भी बहुत तेज़ थे। दो आलोचनाओं के बारे में निगम को लिखा—

"इनके मुतअल्लिक़ क्या अर्ज़ करूँ। पंडित माधोराम साहब को शिकायत है कि मैंने इसलाही कहानियाँ नहीं लिखीं और अक्सर दीगर अहबाब को शिकायत है कि इसलाही मक़ासद क़िस्सों को ख़राब करते हैं। मेरे निस्फ़ से ज़्यादा क़िस्से किसी-न-किसी तमद्दुनी मुआमला से मुतअल्लिक हैं। 'बाज़ारे हुस्न', 'प्रेमाश्रम', 'रंगभूमि', कोई भी इसलाह से ख़ाली नहीं। मगर आप मज़मून शाया कर सकते हैं।

"दूसरा मज़मून मालूम नहीं किसका लिखा हुआ है। मगर कोई लखनवी साहब हैं। एतराज़ उनके बिलकुल ठीक हैं, लेकिन उन्होंने क़िस्से का असली मंशा न समझकर उन जुज़यात से बहस की है जिन पर रोशनी डालना मेरा इरादा न था। देखने की बात सिर्फ़ इतनी है कि उस वक़्त लखनवी रऊसा की यह मेंटैलिटी थी या नहीं, जिसका मैंने ज़िक्र किया है। बस! इसे भी आप शाया कर सकते हैं।"

इसी समय निगम ने कुछ रुपए माँगे थे। उसके बारे में—

"दुलारेलाल आज दो हफ़्ते से आगरा गया हुआ है। चार को गया था। उसी दिन शायद मैंने आपको ख़त भी लिख दिया था। लेकिन अब तक उम्मीद के ख़िलाफ़ वापस नहीं आया। मुझे कामिल उम्मीद है कि तीन-चार रोज़ के अन्दर वह आ जाएगा और मैं अपने वायदे को पूरा कर सकूँगा।"

आर्थिक परिस्थिति का दूसरा पहलू—

"सोलन चलने की बाबत। मैं जब कभी इस क़िस्म का इरादा करता हूँ तो मुझे फ़ौरन घरवालों का ख़याल आता है कि मैं तो वहाँ तफ़रीह करूँ और ये बेचारे यहाँ पड़े सड़ा करें। तब्दील की ज़रूरत किसको नहीं महसूस होती, लेकिन जो ख़ुदमुख़्तार हैं वह अपना इरादा पूरा कर लेते हैं। जो मोहताज हैं वे दिल में सोचकर रह जाते हैं। इसी ख़याल से रुक जाता हूँ। कुनबे-भर को ले के जाना मुश्किल। इसलिए यहीं पड़ा रहूँगा। ख़स का एक पर्दा और दो-तीन पैसे की रोज़ाना बर्फ़ मौसम की तकलीफ़ के लिए काफ़ी हैं।"

ऊपर हम बतला चुके हैं कि 'रंगभूमि' के प्रकाशन से प्रेमचन्द की कीर्ति को चार चाँद लग गए थे। कुछ मित्रों को छोड़कर इस समय तक लोगों को यह मालूम न था कि प्रेमचन्द किसी व्यक्ति का नाम नहीं, बल्कि उपनाम है। उर्दू पाठकों को भी यह मालूम नहीं था कि मुंशी प्रेमचन्द वही सज्जन हैं, जो पहले नवाबराय के नाम से लिखते थे। 'ज़माना' के दिसम्बर 1924 अंक में 'रंगभूमि' के प्रकाशन की सूचना छपी और अगले अंक में निगम ने सगर्व लिखा—

"रसाला 'ज़माना' को मुंशी प्रेमचन्द की जीत पर बजा तौर फ़ख्र हो सकता है। आपकी अदबी ज़िन्दगी का आग़ाज़ इसी रसाले के मज़मून-निगारी से हुआ है। अब भी आप फ़ुरसत के वक़्त अपने क़दीम मुख़लस को याद कर लिया करते हैं, चुनांचे नवम्बर-दिसम्बर में अपना एक दिलचस्प अफ़साना हदिया नाज़रीन कर चुके हैं और आइन्दा नम्बर के लिए भी एक और मज़ाकिया क़िस्सा इनायत फ़रमाया है। इस साल वाक़ियात 'कर्बला' के मुतअल्लिक़ आपका एक दिलचस्प ड्रामा भी 'ज़माना' में मुसलसल शाया होगा। क्या नाज़रीन 'ज़माना' इस हक़ीकत से वाक़िफ़ हैं कि प्रेमचन्द का नाम महज़ एक फ़र्जी इल्मी नाम है, जिसे हमारे मुख़लिस क़दीम धनपतराय साहब बी. ए. ने चन्द ख़ास वजह से अख़्तियार किया है। 'ज़माना' के क़दीम नाज़रीन को याद होगा कि इसकी अव्वलीन जिल्दों में 'नवाबराय' के नाम से बाज़ दिलकश और दिलआवेज़ मज़ामीन शाया हो चुके हैं। हमको अब इस हक़ीकत के अज़हार में कोई तआम्मुल नहीं कि 'नवाबराय और 'प्रेमचन्द' एक जान दो क़ल्ब का दर्जा रखते हैं, क्योंकि इन नामों के पर्दा में मुंशी धनपतराय साहब ही जलवा अफ़रोज़ हैं। अलबत्ता 'नवाबराय' बी.ए. न थे, मगर प्रेमचन्द इलाहाबाद यूनिवर्सिटी के ग्रेजुएट हैं। नवाबराय सिरश्ता-ए-तालीम में मुलाज़िम थे, लेकिन प्रेमचन्द ने नॉन-कोआपरेशन के ज़माने

में मुलाज़मत पर लात मार दी और कई क़ौमी दरसगहों में काम करने के बाद आजकल मुस्तक़िल तौर से मुल्क़ की इल्मी ख़िदमात में मसरूफ़ हैं।

"हिन्दी अदब की रोज़अफ़ज़ों तरक़्क़ी का सबसे बड़ा सबूत यह है कि इसने प्रेमचन्द जैसे ज़बरदस्त इंशापरदाज़ को मुआश की तफ़क्कुर्रत से बेनियाज़ करके अपनी तरफ़ खींच लिया है। उर्दू में काम करनेवालों की क़दरदानी मक़सूद है, जिसके बग़ैर किसी ज़ुबान की क़रार वाक़ई तरक़्क़ी नहीं हो सकती।"

उधर सरस्वती प्रेस के झंझट से छुटकारा नहीं हो पाया था। प्रेमचन्द प्रेस को बन्द करना चाहते थे, परन्तु गले में पड़ी ढोलकी बजानेवाला मामला था। महताबराय को लिखा—

"प्रेस के मुतअल्लिक़ तुमने जो तजवीज़ की, वह मुझे बहुत पसन्द है। मैं भी यही चाहता हूँ प्रेस एक आदमी का हो जाए। मैंने तुमसे जो कहा था कि प्रेस बन्द कर दो, उसके माने भी यही थे कि मैं साझे के रुपए को सूदी रुपया कर्ज़ समझकर कुछ अभी दे देता और कुछ बाद को और प्रेस का काम जारी रखता। बेचने का इरादा तो उस हालत में था जब मैं भी आज़माइश कर लूँ, उसके पहले नहीं। लेकिन अब चूँकि तुमने ख़ुद इसको अपना कर लेने का इरादा किया है, बहुत अच्छी बात है। मैं बड़ी ख़ुशी से तुम्हें इसकी सलाह देता हूँ। मगर प्रेस से नफ़ा उठाने के लिए तुम्हें बनारस रहना पड़ेगा। जब तक दो फ़ारम रोज़ न छापोगे, काम अच्छा न निकलेगा और लोगों से मिलते-मिलाते न रहोगे नफ़ा फिर न होगा। घर रहकर तुमको भी ख़सारा होगा या नफ़ा होगा, तो इतना ही कि अपना गुज़र कर लो। अगर दो फ़ारम रोज़ छपें तो कोई वजह नहीं कि माक़ूल नफ़ा क्यों न हो और कोई वजह नहीं कि चार हज़ार काग़ज़ भी रोज़ाना न छपें। इसे मैं इन्तज़ाम की ख़राबी कहता हूँ। कम्पोजीटरों से भी ठेका पर काम लेने का इन्तज़ाम करो। वही कम्पोज़ करें, वही डिस्ट्रीब्यूट करें और वही पहला करेक्शन भी करें। यहाँ नवलकिशोर प्रेस में यही इन्तज़ाम है। इंडियन प्रेस में भी यही इन्तज़ाम है। ख़ैर, अब यह देखो कि तुम्हें अगस्त तक कितने रुपयों का इन्तज़ाम करना पड़ेगा।

"भाई साहब को असल दो हज़ार दो सौ पचास रुपए + सूद दो सौ सत्तर रुपए = दो हज़ार पाँच सौ बीस रुपए। रघुपतिसहाय को असल दो हज़ार रुपए +सूद डेढ़ साल का एक सौ अस्सी रुपए = कुल दो हज़ार एक सौ अस्सी रुपए। दो हज़ार पाँच सौ बीस+दो हज़ार एक सौ अस्सी+कुल मीज़ान चार हज़ार सात सौ रुपए। क्या तुमने चार हज़ार सात सौ रुपए का इन्तज़ाम कर लिया है? साफ़-साफ़ बताने की ज़रूरत है। मैं साल-भर तक रुपए का इन्तज़ाम कर सकता हूँ। गोया पारसाल जुलाई में मुझे चार हज़ार पाँच सौ रुपए+छः सौ पचहत्तर रुपए (तीन साल का सूद) यानी पाँच हज़ार एक सौ पचहत्तर रुपए देने पड़ेंगे। यानी तुम्हें चार हज़ार सात सौ+पाँच हज़ार एक सौ पचहत्तर=नौ हज़ार आठ सौ पचहत्तर रुपए का इन्तज़ाम करने की ज़रूरत है। मेरा शुमार अभी न करो। तब भी चार हज़ार सात सौ रुपए का इन्तज़ाम तो करना ही पड़ेगा।

अगस्त तक तुम इसका इन्तज़ाम कर सकते हो तो करो और अगर किसी ने तुम्हें मदद देने का यूँ ही वायदा कर लिया है तो उसके धोखे में न आओ।

"मैं इसके लिए भी तैयार हूँ कि तुम भइया के रुपए मय सूद के वापस कर दो। इस तरह प्रेस में हम और तुम रह जाएँगे। रघुपतिसहाय का रुपया दस्तावेज़ी कर लिया जाए और उन्हें बारह आने सैकड़ा सूद हम लोग देते रहें। लेकिन इस हालत में हममें से कोई भी तनख़्वाह नहीं लेगा। काम हम भी करेंगे, काम तुम भी करोगे। हम अगर ख़ुद काम न करेंगे तो अपनी तरफ़ से एक आदमी रख देंगे जो प्रूफ़ देखेगा और दफ़्तर का काम–मुलाज़िमों की हाज़िरी वग़ैरह हिसाब–किताब ठीक रखेगा। अगर यह सूरत पसन्द न हो तो तुम सबको अलहदा करके प्रेस अपना कर लो। लेकिन जब तक रुपए मिलने की पूरी उम्मीद न हो वायदों पर न टालो, क्योंकि अब की अगस्त में कुछ–न–कुछ इन्तज़ाम ज़रूर करना पड़ेगा।"

इसी पत्र में आगे चलकर लिखा—

"तुमने कमरा बनवाने की तजवीज़ भाई साहब से की थी। तजवीज़ अच्छी है, बशर्ते कि रुपया हाथ में हो। जब तक आमदनी का माकूल इन्तज़ाम नहीं है (?) ख़र्च पैदा करने से सिवाय परेशान के और क्या हाथ आएगा!"

आपस में बदमज़गी हुई। प्रेस के लिए बोली लगाई गई। छः हज़ार से शुरू हुई। प्रेमचन्द ने आखरी बोली 6500 रु. की देकर प्रेस को ख़रीद लिया।

जवाब में इन्हें प्रेमचन्द ने लिखा—

"तुम्हारा ख़त मिला। जवाब में देर इस वजह से हुई कि मैं सोच रहा था कि क्या जवाब दूँ। रुपया एक हज़ार तो मैं तुम्हें इस महीने ही दे दूँगा, लेकिन मुझे ख़ौफ़ है कि दवाओं की दूकान चल न सकेगी। बनारस में दवाओं की दूकानें बहुत हैं, फिर तुम्हें सुबह से आठ बजे तक दूकान पर रहना पड़ेगा। अगर ऐसा मकान लो जिसमें दवाख़ाना और रहने का मकान भी हो तो सड़क पर ऐसे मकान का किराया चालीस–पचास रुपए से कम न होगा। फिर सोच लो। ऐसा न हो कि रुपया भी हाथ से जाए और फिर उसी नौकरी का सहारा लेना पड़े। मेरे ख़याल में तुम्हारे लिए बेहतरीन सूरत यह है कि भाई बलदेव लाल के रुपए दे दो। हम और तुम आधे–आधे के हिस्सेदार हो जाएँ। एक प्रूफ़रीडर तनख़्वाहदार रख लिया जाए। हम दोनों दिल लगाकर काम करें। अच्छे–से–अच्छा काम निकाला जाए। मैं अपनी ज़िम्मेदारी पर काम तलाश करने की कोशिश करूँ। बनारस ही में रहूँ और कारोबार को चलाऊँ। अपनी किताबें जो अब लिखूँ अपने यहाँ छपवाऊँ और किताबों की दूकान खोलूँ। इसमें शायद दो फ़ारम रोज़ का औसत पड़ जाए। कम–से–कम मैं कोशिश ऐसी ही करूँगा। लेकिन चूँकि तुम्हें यह इन्तज़ाम पसन्द नहीं है, इसलिए मैं मई में तुम्हें एक हज़ार रुपया दे दूँगा और बाक़ी एक हज़ार रुपया अगस्त में। अगस्त में मैं बनारस आ जाऊँगा और वहीं रहूँगा।"

गंगा पुस्तक माला में एक साल पूरा न होने पाया था कि प्रेमचन्द फिर बनारस

लौट आए। 'कर्बला', 'रंगभूमि', 'आज़ाद कथा', 'प्रेम-द्वादशी', ये सब गंगा पुस्तक माला ने प्रकाशित कीं। 'चाँद' इलाहाबाद ने 'निर्मला' को धारावाही रूप से प्रकाशित करना आरम्भ किया।

19

कायाकल्प

जिस समय प्रेमचन्द लखनऊ से बनारस लौटे 'कायाकल्प' नामक उनका चौथा बृहद् उपन्यास लगभग तैयार ही था। इस उपन्यास को प्रेमचन्द ने मूलत: हिन्दी ही में लिखा था और इसकी पांडुलिपि से पता चलता है कि इसे 10 अप्रैल, 1924 को आरम्भ किया गया और अगले सात महीनों में इसका पहला भाग ख़त्म हुआ। दूसरा भाग 12 नवम्बर, 1924 को शुरू किया गया। बनारस आते ही 'कायाकल्प' के छपवाने का काम शुरू हुआ। यह सरस्वती प्रेस में ही छपा।

इस समय प्रेमचन्द लमही में रहते थे। श्री सुदर्शन इन्हें मिलने इनके गाँव लमही गए। प्रेमचन्द घर पर न थे, अत: सुदर्शनजी अपने बनारस के होटल का पता लिखकर छोड़ आए। अगले दिन जब गंगास्नान से होटल को लौटे, तो देखा कि एक 'देहाती' उनके कमरे में बाहर बैठा किसी की प्रतीक्षा कर रहा है। सुदर्शन को देखते ही यह 'देहाती' खड़ा हो गया, नमस्ते की और मुस्करा दिया। सुदर्शन इनसे परिचित न थे और इस बात की कल्पना भी नहीं कर सकते थे कि यह 'देहाती' प्रेमचन्द हो सकता है। पूछा—"आप किससे मिलना चाहते हैं?"

"महाशय सुदर्शन से। मैं प्रेमचन्द हूँ।"

सुदर्शन पाँव छूने झुके। प्रेमचन्द ने उन्हें रोका, गले लगाया और बोले—"मुझे अफ़सोस है, कल आपको बेहद ज़हमत उठानी पड़ी। मगर, भाईजान, आज मुझे भी सज़ा मिल गई। दो घंटे से बैठा हूँ।"

आगे सुदर्शनजी से सुनिए—"दस-पन्द्रह मिनट में हम दोनों बेतकल्लुफ़ हो गए—ऐसे जैसे हम अजनबी न थे, बरसों के दोस्त थे। शाम तक बातें होती रहीं। मैंने कुरेद-कुरेदकर सवाल किए और उन्होंने खुल-खुलकर जवाब दिए। इस पहली ही मुलाक़ात में मुझ पर ज़ाहिर हो गया कि जो इनके मन में है वही मुँह पर है। वह कोई बात छिपाकर नहीं रखते। यह इनके स्वभाव में नहीं है।"

मैंने पूछा—"आपने नवाबराय नाम क्यों छोड़ दिया?"

हँसकर बोले—"नवाब वह होता है जिसके पास कोई मुल्क भी हो। हमारे पास कहाँ?"

"बेमुल्क नवाब भी होते हैं।"

"यह कहानी का नाम हो जाए, तो बुरा नहीं। मगर अपने लिए यह नाम घमंडपूर्ण है। चार पैसे पास नहीं और नाम नवाबराय। इस नवाबी से प्रेम भला, जिसमें ठंडक भी है, सन्तोष भी है।" यह कहकर उन्होंने बड़े ज़ोर का क़हक़हा लगाया और बात उड़ा दी।

'कायाकल्प' 1926 में छपकर तैयार हो गया। प्रकाशित संस्करण तथा उपन्यास की उपलब्ध पांडुलिपि में बड़ा अन्तर है। 'कायाकल्प' के नामकरण पर भी इस पांडुलिपि से प्रकाश पड़ता है। पहले भाग के आरम्भ में तीन नाम दिए गए हैं—'असाध्य साधना', 'माया स्वप्न' और 'आर्तनाद'। दूसरे भाग में केवल 'आर्तनाद' नाम का उल्लेख है। पांडुलिपि में (भाग 1, पृष्ठ 2) पर उपन्यास के चरित्रों के बारे में भी संकेत मिलता है। यह अंग्रेज़ी में है। हम इसको देवनागरी लिपि में देते हैं और साथ अनुवाद भी।

"बिबुधा इज़ यज्ञनारायण उपाध्याय, क्रै.फ़्टी, पर्सीमोनियस, सैल्फ़िश बट सर्विसफ़ुल, टैक्टफ़ुल...विशालसिंह इज़ बेचनलाल—सिम्पल, ऑनेस्ट...कल्याणसिंह इज़ चन्द्रिका—चक्रधर इज़ जे. प्रसाद—वेरी शाई।"

(बिबुधा यज्ञनारायण उपाध्याय है—धूर्त, कंजूस, स्वार्थी, सेवाभावी, चतुर ...विशालसिंह बेचनलाल है—भलामानस तथा ईमानदार...कल्याणसिंह चन्द्रिका है...चक्रधर जे. प्रसाद है—बड़ा शर्मीला।)

बेचनलाल के चरित्र की प्रेरणा तो गोरखपुर नॉर्मल स्कूल के हेडमास्टर से मिली प्रतीत होती है।

दूसरे भाग में चक्रधर के चरित्र-चित्रण का संकेत भी है। अंग्रेज़ी में लिखा है—"ऑईडीयल्ज़ : टॉल्स एंड ट्रबल्स मोल्ड द ह्यूमन कैरेक्टर; दे मेक हीरोज़ ऑफ़ मेन; पावर एंड अथॉरिटी इज़ द कर्स ऑफ़ ह्यूमैनिटी। ईवन द हायस्ट फ़ॉल ए विकटिम टू द पावर, एंड लूज़ देअर कैरेक्टर। चक्रधर रोज़ मॉरली ह्वाइल स्ट्रगलिंग फ़ॉर एक्ज़िस्टेन्स। हिज़ फ़ॉल बिगेन व्हेन ही केम इन टू पावर।"

(परीक्षाएँ तथा कठिनाइयाँ ही मनुष्य के चरित्र का निर्माण करती हैं। वे ही पुरुषों को वीर बनाती हैं। राज्याधिकार तथा पद मानवता के शाप हैं। बड़े-से-बड़े आदमी भी इसके लोभ में फँस जाते हैं और अपने आसन से गिर पड़ते हैं। जब चक्रधर अपने अस्तित्व के लिए संघर्ष कर रहा था, तब वह नैतिक दृष्टि के अनुसार ज़रा ऊँचा उठा। ज्योंही उसे अधिकार मिले, उसका पतन शुरू हो गया।)

'कायाकल्प' की पांडुलिपि के बीच पुस्तकों के प्रकाशन की एक योजना का भी उल्लेख है। वास्तव में योजना[1] का लगभग पूरा विवरण दिया गया है। यह भी अंग्रेज़ी

1. योजना इस प्रकार है—
(1) द सीरीज़ ऑफ़ द बुक्स विल बी नेम्ड सार्वजनिक ग्रन्थमाला, (2) इट विल बी द ज्वाइंट कंसर्न ऑफ़ पंडित जे. पी. भार्गव एंड धनपतराय बी. ए., जनरल बुक्स विल बी पब्लिश्ड। →

में है। कई स्थानों पर कुछ आँकड़े भी हैं, जिनसे ज्ञात होता है कि प्रेमचन्द की आर्थिक स्थिति (तथा मानसिक दशा) सन्तोषजनक नहीं थी।

मासिक पत्रिकाओं ने 'कायाकल्प' को 'देश की वर्तमान राजनीतिक और सामाजिक दशा' का प्रतिबिम्ब माना। पाठक इसे पढ़कर आँखें ही मलते रह गए। विषय कुछ समझ में नहीं आया। प्रेमचन्द के प्रशंसक, समालोचक कालिदास कपूर ने उपन्यास को आदि से अन्त तक पढ़कर लिखा—" 'सेवासदन', 'प्रेमाश्रम', 'रंगभूमि' सभी उपन्यास पढ़े थे। सबका प्रयोजन समझ में आया। परन्तु इसका क्या प्रयोजन है, समझ में नहीं आया। एक नए विषय, एक जटिल आध्यात्मिक प्रश्न की उपन्यास के बहाने व्याख्या की गई है। बाक़ी चरित्र वही हैं, जिनका हमें पहले से परिचय था। हैं वे केवल नए रूप में।"

अपने कथन का स्पष्टीकरण करते हुए आगे लिखा—"प्रेमचन्दजी का कोई भी उपन्यास ऐसा नहीं है जिसमें भारतवर्ष के राष्ट्रीय जीवन के दैनिक रूप-रंग के परिवर्तन का प्रतिबिम्ब न पड़ा हो। 'सेवासदन' और 'प्रेमाश्रम' में नवयुवकों और सेवा-समितियों के आदर्श और कठिनाइयों का परिचय है, तो 'रंगभूमि' में देहाती जीवन के विप्लव की झलक है और 'कायाकल्प' में इस जीवन की हिन्दू-मुस्लिमविरोध की कठिन समस्या पर प्रकाश डाला गया है। इसके परे अन्य विषय पुराने हैं।"

अन्तिम पैराग्राफ़ महत्त्वपूर्ण है—

"प्रेमचन्दजी के उपन्यास उनकी अवस्था-परिवर्तन की सूचना दे रहे हैं। 'सेवासदन' में दालमंडी का अनुभव प्राप्त कर अपने 'प्रेमाश्रम' और 'रंगभूमि' में सेवा-मार्ग की कठिनाइयाँ झेलीं। अब आप 'कायाकल्प' और आगामी जीवन की फ़िक्र

← स्कूल बुक्स विल आलसो बी पब्लिश्ड।

टर्म्स—(1) पंडित जे. पी. भार्गव विल वेअर द कास्ट ऑफ़ पब्लिशिंग द बुक्स; द एडिटिंग वर्क विल बी डन वाई डी. राय। द कॉपीराइट्स ऑफ़ द बुक्स विल बी सैटल्ड विद द ऑथर्स बाई द पार्टनर्स। (2) द पार्टी नं. वन विल अंडरटेक टू पे रैम्युनरेशन टू द ऑथर्स एंड कॉपीराइट ऑफ़ सच बुक्स विल रैस्ट विद हिम। फ़ाइव परसेंट ऑफ़ द प्रोफ़ेट्स विल गो टूवड्‌र्स द एडिटिंग चार्जिज़। (3) प्रेमचन्दस् वर्क्स विल बी पब्लिश्ड वाई द पार्टीज़ ऑन रायल्टी सिस्टम फ़ाइव परसैंट ऑफ़ नेट प्रोफ़ेट्स विल गो टू ईच पार्टी आफ्टर द पब्लिशिंग चार्जिज़ हैव वीन, डीफ्रेड बाई द पार्टी नम्बर वन। (4) इन केस ऑफ़ स्कूल बुक्स, द रेस्पोंसिबिलिटी ऑफ़ कम्पाइलेशन विल रैस्ट विद पार्टी नम्बर वन। ही विल हैव टू पे द ऑथर ऑन हिज़ ऑन एकाउण्ट। द मनी पेड वाई द पार्टी नम्बर वन विल वी चार्ज्ड टू दिस। (5) द बुक्स ऑफ़ द सीरीज़ विल बी पब्लिश्ड एट द सरस्वती प्रेस एंड अनलेस द प्रेस इज़ अनबेल टू कीप विद द वर्क, नो वर्क विल बी पब्लिश्ड एट एनी अदर प्रेस। (6) द स्टैंडर्ड ऑफ़ द वर्क विल बी हाई, एंड द रेट्स ऑफ़ पब्लिकेशन विल बी सैटल्ड बाई म्युचुअल कंसलटेशन। (7) इन केस द पार्टीज़ लाइक टू ब्रेक अप, कॉपीराइट ऑफ़ सच बुक्स इज़ / हैज़ बीन पेड फ़ार बाई पार्टी नम्बर वन, विल बी हिज़ प्रॉपर्टी, व्हाइल प्रेमचन्दस् कॉपीराइट विल बिलोंग टू पार्टी नम्बर टू। (8) इन केस..."

में आध्यात्मिक विषयों की ओर झुक रहे हैं। अब हमें आपके उपन्यासों में उस आध्यात्मिक रहस्य का परिचय प्राप्त करना है, जो राइडर हेगर्ड और कॉनन डॉयल के उपन्यासों में हमें इस समय अंग्रेज़ी में प्राप्त है। अब शब्दाडम्बरों की भरमार नहीं है। अब वर्तमान के गहन प्रश्नों की ओर आप केवल, एक दृष्टि से देख लेते हैं, उनकी व्याख्या नहीं करते—भविष्य के अन्धकार के अन्दर घुसकर उसमें से कुछ आध्यात्मिक रत्न खोज निकालना चाहते हैं। यह हमारा अनुमान है, होगा क्या सो ईश्वर जाने या स्वयं प्रेमचन्दजी।''

यहाँ यह बतलाना ज़रूरी है कि अपने गोरखपुर में प्रवास के समय प्रेमचन्द ने एनी बेसन्ट की रचनाओं के अलावा, मैडम ब्लेवाटस्की, आरंडेल और सर आलीवर लाज़ द्वारा लिखी हुई पुस्तकों का अध्ययन भी किया था।

जैसे भी हो, 'कायाकल्प' हिन्दी के उपन्यास-सम्राट की नई कृति थी। इसके प्रकाशन पर उनके आलोचकों को कुछ कटु वचन कहने का अवसर मिला। सौभाग्य से ये लोग अब संख्या में बहुत ही कम रह गए थे। इन लोगों की आलोचना यही थी कि 'सेवासदन' के बाद प्रेमचन्द ढलते ही गए और उनका सर्वोत्तम उपन्यास 'सेवासदन' ही था। 'प्रेमाश्रम' तथा 'रंगभूमि' में उनकी कला का ह्रास हुआ था। 'कायाकल्प' में जैसे उन्हें इस ह्रास का प्रमाण मिला हो।

कई आलोचकों ने तो प्रेमचन्द को परामर्श दिया कि वे 'प्रेमाश्रम', 'रंगभूमि' तथा 'कायाकल्प' का मार्ग छोड़कर 'सेवासदन' की तरह के उपन्यास और 'नवनिधि' की कहानियों की तरह गल्पें लिखें। ये आलोचनाएँ प्राय: 'सरस्वती' में छपीं। श्री अवधेश ने 'आँख की किरकिरी' और 'रंगभूमि' शीर्षक से एक आलोचनात्मक लेख लिखा। इसी समय एक नवयुवक लेखक इलाचन्द्र जोशी साहित्यिक क्षेत्र में अवतीर्ण हुए। जवानी का जोश था। बड़े ज़ोर-शोर से प्रेमचन्द के विरुद्ध लिखा। सुनिए, उन्हीं के अपने शब्दों में—

'' 'सेवासदन' प्रकाशित होने के शायद तीन-चार साल बाद 'प्रेमाश्रम' प्रकाशित हुआ। इस बीच साहित्य और कला के सम्बन्ध में मेरे विचारों में बहुत-कुछ परिवर्तन और विवर्तन हो गया था। प्राच्य तथा पाश्चात्य कला के प्राचीन तथा नवीन भावों के अध्ययन और मनन के बाद मेरे विचारों की धारा एक विचित्र उल्टी-सीधी गति से तरंगित हो रही थी। अतएव मेरी ऐसी मानसिक अवस्था जब प्रेमचन्दजी का 'प्रेमाश्रम' दीर्घ छ: सौ पृष्ठव्यापी विस्तृत तथा विशालकाय आकार में प्रकाशित होकर सामने आया तो मैं अपने 'फेवरेट' लेखक की इस नई कृति को अत्यन्त उत्सुकता से पढ़ने लगा। पर मुझे खेद हुआ, जब मैंने उक्त रचना अपने मन की आशाओं के अनुरूप न पायी। इस रचना से मुझे लेखक की प्रतिभा के विराट् रूप से परिचय अवश्य हुआ, पर उसमें कला का निर्वाह मैंने अपने मन के अनुरूप न पाया। उन दिनों मेरी रगों में कच्ची उम्र का नया ख़ून जोश मार रहा था। 'प्रेमाश्रम' के सम्बन्ध में तत्कालीन

साहित्यालोचकों से मेरा मतभेद होने पर मैं रह न सका और अत्यन्त प्रबल आक्रोश के साथ परिपूर्ण शक्ति से मैं उन पर बरस पड़ा। इस पर आलोचना-प्रत्यालोचना का जो लम्बा चक्कर चला, उससे तत्कालीन साहित्य के ऐतिहासिक गगन में जो क्रान्तिकारी बवंडर मचा था, उससे उस युग के पाठक भली-भाँति परिचित हैं। आज मैं अपनी उस असहनशीलता के कारण लज्जित हूँ।''

अवध उपाध्याय ने एक लेखमाला में प्रेमचन्द की मौलिकता पर कटाक्ष किया। इनके अध्ययन का विषय था गणित परन्तु साहित्य में कुछ रुचि थी। सुनते हैं इन्होंने एक बार अपना एक उपन्यास गंगा पुस्तक माला को प्रकाशनार्थ भेजा था। माला के साहित्य सलाहकार प्रेमचन्द ने इसको प्रकाशन के योग्य न समझकर वापिस कर दिया था। अब उपाध्याय ने एक प्रकार से बदला उतारा। जुलाई 1926 से दिसम्बर 1926 तक छः लेखों में उपाध्याय ने कड़ी आलोचना की।

'रंगभूमि' और 'वैनिटी फ़ेअर', 'प्रेमाश्रम और 'रेज़रेक्शन की समालोचनाएँ' शीर्षक से इस लेखमाला में बतलाया कि प्रेमचन्द में मौलिकता नहीं है और उन्होंने पाश्चात्य पुस्तकों का चरबा उतारा है। सोफ़िया का चरित्र एमीलिया से लिया गया है, इत्यादि। दस वर्ष बाद लिखे एक लेख[1] में उपाध्याय ने लिखा—

''जो कुछ मैंने प्रेमचन्दजी के बारे में लिखा था, वह सब कुछ श्रद्धाभाव से, द्वेषवश नहीं। यह सम्भव है कि मैंने ग़लती की हो, यह भी सम्भव है कि मेरी राय से बहुत लोग सहमत न हों, परन्तु मैंने अपनी धारणा साफ़-साफ़ और शुद्ध हृदय से लिखी थी। बात यह है कि प्रेमचन्द के सब ग्रन्थों के अध्ययन के बाद मेरी समझ में यह बात आई कि 'सेवासदन' ही उनका सर्वश्रेष्ठ उपन्यास है। मैं चाहता था कि प्रेमचन्दजी उसी 'सेवासदन' के मार्ग का अवलम्बन करें, 'रंगभूमि' और 'कायाकल्प' का नहीं। मैंने उनसे भी इस सम्बन्ध में बातें कीं, परन्तु उन्हें विश्वास नहीं दिला सका। तदनन्तर मैंने खुले तौर से उनके विरुद्ध लिखकर उनका ध्यान आकर्षित करना चाहा। मैं चाहता था कि मैं प्रेमचन्दजी के विरुद्ध लिखूँ और वे उसका खुलकर उत्तर दें। मैं चाहता था कि हिन्दी भाषा में स्वतंत्र आलोचना की धारा बहे। अन्त में मैं प्रेमचन्दजी के गुणों का भी वर्णन करना चाहता था। गुण और दोष मैं दोनों दिखलाना चाहता था...हिन्दी में वह मेरा पहला लेख था। मैं तो वास्तव में पहले उनके गुणों का वर्णन करना चाहता था, और बाद में दोषों का; परन्तु मेरे एक मित्र ने पहले दोषों का वर्णन करने के लिए उपदेश दिया और मैंने उसे स्वीकार कर लिया। इसी बीच प्रेमचन्दजी बुरा मान गए और हिन्दी के कुछ लोगों ने वास्तव में यह सोचना प्रारम्भ कर दिया कि मैं द्वेषवश लिख रहा हूँ। इसी बीच प्रेमचन्दजी और सहगल जी मेरे पास आए और समालोचना बन्द कर देने का विचार प्रकट किया। बस मैंने आलोचना बन्द कर दी और मेरे सब विचार हिन्दी भाषा के सामने न आ सके।''

1. प्रेमचन्द की मृत्यु के बाद, 26-2-37 को पेरिस से लिखे अन्नपूर्णानन्द को एक पत्र में।

अवध उपाध्याय की इच्छा कुछ भी रही हो, इन आलोचनाओं को लेकर एक ऐसा विवाद चला कि कई वर्ष तक इसकी गूँज सुनाई देती रही।

इधर उपाध्याय महाशय ने कहा कि 'प्रेमाश्रम' टालस्टाय के रेजरेक्शन का चरबा है, उधर टाल्सटाय के अपने देश रूस में 'प्रेमाश्रम' का रूसी में अनुवाद हो रहा था!

प्रेमचन्द ने इक़बाल वर्मा सहर हितगामी को एक पत्र में लिखा—"आप साहेबान का ख़याल बिलकुल दुरुस्त है। इलाहाबाद में एक ब्राह्मण पार्टी है। अवध उपाध्यायजी उसके हाथ में कठपुतली बने हुए हैं। ऊटपटाँग बातें कहकर मुझे बदनाम कर रहे हैं। 'रंगभूमि' और 'वैनिटी फ़ेअर' में ज़र्रा-भर भी मुनासिबत नहीं है। और 'प्रेमाश्रम' को 'रेज़रेक्शन' के मुमासिल बतलाना तो हद दर्जा की बेहूदगी है। मैंने आज तक 'रेज़रेक्शन' पढ़ा भी नहीं, हालाँकि इसकी तारीफ़ बहुत सुन चुका हूँ। ऐसी मुमासलत, जैसी उपाध्यायजी दिखलाते हैं, क़रीब-क़रीब सभी किताबों में है। आप फ़रमाते हैं कि 'वैनिटी फ़ेअर' में एक आदमी ग़लत-सलत अंग्रेज़ी बोलता है। इसी से 'रंगभूमि' में एक बंगाली बाबू लाए गए। इस शख़्स को यह भी ख़बर नहीं कि बंगाली बाबू क्यों लाए गए, उनके वजूद का मंशा क्या है। एमीलिया को आप सोफ़िया से मिलाते हैं, हालाँकि सोफ़िया का अमल मिसेज़ ऐनी बेसेन्ट हैं।[1]

श्री रामरख सहगल, जिनका ज़िक्र अवध उपाध्याय ने अपने लेख में किया है, उस समय 'चाँद', इलाहाबाद का सम्पादन करते थे। 'चाँद' नामक इन्हीं की पत्रिका में प्रेमचन्द का धारावाहिक उपन्यास 'निर्मला'[2] भी निकल रहा था। उसके बाद 'चाँद' कार्यालय ने इसे पुस्तकाकार में भी छापा। विषय की दृष्टि से 'निर्मला' प्रेमचन्द की सबसे पहले लिखी गई कृतियों से मिलता है। ऐसा लगता है जैसे प्रेमचन्द ने इस विषय पर प्रारम्भिक काल में कुछ लिखा हो और अब, जब उन्हें द्रव्य की आवश्यकता थी, उसे निकालकर पूरा कर दिया हो।

इसी समय के एक पत्र में उन्होंने निगम को लिखा—"मेरा इरादा हो रहा है कि अपने स्वानही मज़ामीन का हिन्दी तर्ज़ुमा शाया करूँ। क़रीबन बीस स्वानह उमरियाँ मैंने 'ज़माना' ही में लिखी हैं। मेरे पास 'ज़माना' की कोई फ़ाइल नहीं। क्या यह हो सकता है कि आप मेरे पास एक-एक जिल्द भेजते जाएँ और मैं उसका तर्ज़ुमा कराके लौटाता जाऊँ? या एक दूसरी सूरत यह है कि जगमोहन दीक्षित से कहूँ कि वह आपके यहाँ से फ़ाइल लेकर मज़ामीन का तर्ज़ुमा करके मेरे पास भेजते जाएँ। अगर वह आमादा न हुए तो फिर आपको फ़ाइल मुझे आरियतन देनी पड़ेंगी।" यह संग्रह 'क़लम, त्याग और तलवार' के नाम से सरस्वती प्रेस से प्रकाशित हुआ।

---

1. 28 जनवरी, 1927 को लिखा ख़त। 2. यहाँ यह कहना आवश्यक प्रतीत होता है कि कुछ लोग 'निर्मला' उपन्यास को प्रेमचन्द के श्रेष्ठ उपन्यासों में मानते हैं। परन्तु स्वयं प्रेमचन्द इसको अपनी श्रेष्ठ कृतियों में नहीं मानते थे। इसमें केवल सामाजिक विषमताओं का चित्रण किया गया है।

उधर कहानियों के क्षेत्र में प्रेमचन्द की इस समय की कुछ गल्पें तो संस्मरणात्मक हैं, जैसे—'कज़ाकी', 'रामलीला', 'चोरी', 'तेंतर'। कुछ व्यंग्यात्मक हैं, जैसे—'मंच', 'निमंत्रण', 'हिंसा परमोधर्मः', 'गुरुमंत्र', 'बाबाजी का भोग', 'शतरंज के खिलाड़ी', 'विनोद', 'एक आँच की कसर', 'दीक्षा'।

कुछ सामाजिक विषमताओं से सम्बन्ध रखती हैं, जैसे—'डिग्री के रुपए', 'सौभाग्य के कौड़े', 'बहिष्कार', 'दंड', 'नरक का मार्ग', 'नैराश्य', 'विश्वास', 'मुक्तिधन', 'माता का हृदय', 'शूद्रा', 'गृहदाह', 'स्वर्ग की देवी', 'उद्धार', 'भूत', 'निर्वासन', 'स्त्री और पुरुष', 'सभ्यता का रहस्य', 'धिक्कार', 'मन्दिर और मस्जिद', 'लांछन', 'सवा सेर गेहूँ'। कुछ भावात्मक, जैसे—'कामना-तरु', 'लैला'। कुछ राष्ट्रीय रंग की, जैसे—'भाड़े का टट्टू', 'आँसुओं की होली'।

जब 'चाँद' के व्यवस्थापक रामरख सहगल ने 'चाँद' का 'गल्प विशेषांक' निकालने का निश्चय किया तो इसके सम्पादन का कार्य प्रेमचन्दजी को ही सौंपा। प्रेमचन्द ने इसे स्वीकार कर लिया और एक रोचक लेख भी लिखा, जिसका शीर्षक था 'साहित्य में गल्प का स्थान'। 'चाँद' कार्यालय ने ही प्रेमचन्द की सत्रह कहानियों का एक संग्रह 'प्रेम-प्रमोद' के नाम से प्रकाशित किया। इनमें से कुछ तो 'चाँद' में छप चुकी थीं और कुछ दूसरी पत्रिकाओं में। ये कहानियाँ इस प्रकार हैं—'विश्वास', 'नरक का मार्ग', 'स्त्री और पुरुष', 'उद्धार', 'निर्वासन', 'नैराश्य लीला', 'कौशल'।

गल्पों से प्रेमचन्द का निर्वाह होता था, क्योंकि दूसरे प्रकाशकों को दी गई पुस्तकों से प्रेमचन्द को जो कुछ मिलता वह प्रेस खा जाता और सरस्वती प्रेस की किताबों से जो आय होती होगी, उसका अनुमान इस बात से हो सकता है कि चार वर्षों में 'कायाकल्प', 'प्रेम प्रतिभा' तथा 'आज़ाद-कथा' से कुल छः सौ रुपए की आमदनी हुई। इसलिए प्रेमचन्द को अपने निर्वाह के लिए, और प्रेस का घाटा पूरा करने के लिये, अनुवाद इत्यादि करना पड़ता। 'रंगभूमि' का अनुवाद सहर हितगामी से कराया था, परन्तु 'कायाकल्प' का अनुवाद (पर्दा-ए-मज़ाज़) उन्होंने स्वयं किया। जुलाई, 1926 के एक पत्र में वह निगम को लिखते हैं—

"उर्दू की तारीख़ के तर्जुमे के मुतअल्लिक क्या अरज़ करूँ? इसमें आपका फ़ैसला मेरे फ़ैसले से बेहतर होगा। अगर 'ज़माना' की तक़तीह के सफ़हात हैं तो दो रुपया फी सफ़ा उज़रत किसी तरह ज़्यादा नहीं। इससे कम में तर्जुमा करना मेरे नुक़सान का वाइस होगा। अगर मंजूर फ़रमाएँ तो मेरे पास मसविदा भिजवा दें। नावल जाड़ों में शुरू करूँगा। बरसात में तर्जुमा ख़त्म कर डालूँ।"

इन दिनों जो नया उपन्यास आरम्भ किया था, वह था—'ग़बन'।

20

फिर से नौकरी : माधुरी-सम्पादक

सरस्वती प्रेस अब भी घाटे में चल रहा था। प्रेमचन्द को बाज़ारवालों से निपटना न आता था—जिनसे लेना होता उनसे उगाही नहीं कर सकते थे, और जिनको देना होता उनको टाल नहीं सकते थे। किताबों से जो आमदनी होती, वह भी प्रेस में खप जाती। शायद इसी कारण उन्होंने 'प्रेम प्रतिभा' भार्गव बुक डिपो, बनारस को दी थी। घर का ख़र्च कठिनाई से पूरा होता। इस समस्या को सुलझाने का एक ही तरीक़ा था, और वह था नौकरी करना। इस बार उन्हें नवलकिशोर प्रेस, लखनऊ में काम मिला। इसके व्यवस्थापक श्री विष्णुनारायण भार्गव ने निश्चय किया कि दुलारेलाल भार्गव तथा रूपनारायण पांडे से 'माधुरी' सम्पादन का कार्य ले लिया जाए और प्रेमचन्द जैसे सुविख्यात व्यक्ति क़ो इसके सम्पादन का भार सौंपा जाए। इस निश्चय के अनुसार नवलकिशोर प्रेस तथा 'माधुरी' के व्यवस्थापक ने पत्रिका के सम्पादन का कार्य कृष्णबिहारी मिश्र तथा प्रेमचन्द को सौंपा। सम्पादक के रूप में इन दोनों के नाम पहली बार अप्रैल, 1927 के अंक पर छपे। इसी अंक में 'माधुरी' के नए सम्पादकों की आकांक्षाओं पर भी एक नोट है और एक लेख 'उपन्यास के विषय और चरित्र कहाँ मिलते हैं?' शीर्षक से छपा है, जो शायद प्रेमचन्द ही का लिखा हुआ है। जुलाई, 1927 के अंक में भी 'साहित्य में उद्देश्य' शीर्षक एक लेख है, जो प्रेमचन्द का लिखा हुआ ही प्रतीत होता है।

इसी समय की एक उल्लेखनीय घटना है इलाहाबाद की हिन्दुस्तानी एकेडेमी की स्थापना। इसमें प्रेमचन्द और निगम का भी हाथ था। जिस समय प्रेमचन्द कानपुर में रहते थे, उसी समय 'ज़माना' सम्पादक-मंडल के सदस्यों ने इस प्रकार की एक योजना बनाने पर बल दिया था। 'ज़माना' में सम्पादकीय नोट भी लिखे गए। साहित्यकारों तथा शिक्षकों ने इस योजना का समर्थन किया। उधर प्रान्तीय धारासभा में भी इस सम्बन्ध पर प्रस्ताव रखे गए। पंडित यज्ञनारायण उपाध्याय ने एक ऐसी संस्था की माँग की जो प्रान्तीय भाषा में आधुनिक विज्ञान तथा ज्ञान के विविध अंगों पर उपयोगी पुस्तकों के अनुवाद उपलब्ध करे। हाफ़िज़ हिदायत हुसैन ने एक ऐसी संस्था की स्थापना की माँग की, जो हिन्दी और उर्दू के साहित्यों के विकास में सहायक हो। तत्कालीन शिक्षामंत्री रायराजेश्वर बली ने सरकार की ओर से ऐसी संस्था स्थापित करने का आश्वासन दिलाया। 22 जनवरी, 1927 के गजट में सरकार ने हिन्दुस्तानी एकेडेमी स्थापित करने का निश्चय प्रकाशित किया। हिन्दुस्तानी एकेडेमी की कौंसिल के पैंतीस सदस्य थे, जिनमें शिक्षामंत्री; डायरेक्टर ऑफ़ पब्लिक इन्स्ट्रक्शन; इलाहाबाद, लखनऊ, बनारस तथा अलीगढ़ यूनिवर्सिटियों के वाइस चान्सलर तथा अन्य तीस नामजद सदस्य थे। इन तीस में छठा नाम है 'बाबू धनपतराय साहब, उर्फ़ प्रेमचन्द, बनारस'।

एकेडेमी का उद्घाटन 21 मार्च, 1927 को लखनऊ में हुआ। प्रेमचन्द ने इस समारोह में भाग लिया। जून, 1927 की 'माधुरी' में एकेडेमी की कौंसिल की तसवीर है। पगड़ी और अचकन पहने प्रेमचन्द दूसरी पंक्ति में खड़े हैं। पहले ही वर्ष एकेडेमी ने 'रंगभूमि' पर पाँच सौ रुपए पुरस्कार दिया।

परन्तु एकेडेमी की स्थापना हो जाने पर प्रेमचन्द ने शिवरानीदेवी को बतलाया कि "हम लोगों की इच्छा जिस प्रकार की संस्था खुलवाने की थी, वह तो पूरी न हुई, क्योंकि हम तो चाहते थे कि हिन्दुस्तान की हर भाषा का एक-एक लेखक उस कमेटी में हो। जिस किसी विषय की किताब निकलती वह पहले उन लेखक मेम्बरों द्वारा दिखा ली जाती। उसी को उसको देखने का हक़ होता। इस तरह कोई भद्दी किताब न निकल सकती। उससे उन लेखकों के गुणों के विकास को क्षति न पहुँचती। अपने यहाँ साहित्य की उन्नति भी होती और साथ-साथ उन लेखकों का विकास भी होता। जिस चीज़ की कमी होती, उसकी वृद्धि की जाती। लेखकों को इधर-उधर भटकने की ज़रूरत न होती। नए लेखकों के गुण-दोष कोई बताता नहीं, बस 'नहीं ठीक है' कहकर लौटा देता है। यह न्याय थोड़े ही है! नए लेखकों के प्रति विद्वानों का यह कर्तव्य है कि वे उनके गुण-दोष समझा दें। उसको इस तरह समझ-बूझकर एकेडेमी अपना कार्य चलाती। रहा पारितोषिक का सवाल। एकेडेमी रायल्टी पर भी ले सकती थी, इकट्ठा मूल्य देकर भी ले सकती थी।"

प्रेमचन्द की धारणा थी कि प्रकाशक अपना ही पेट भरने में लगे हैं। लेखक के लाभ की कोई नहीं सोचता और लेखक बेचारे निराश होकर बैठ जाते हैं। न लेखकों का विकास हो पाता है और न साहित्य की उन्नति।

शिवरानीदेवी—"साहित्य की उन्नति और कैसे हो?"

प्रेमचन्द—"अभी उन्नति नाम की चीज़ की तो गन्ध तक नहीं है। बल्कि कहना तो यह चाहिए कि काम से ज़्यादा आपस में 'तू-तू, मैं-मैं' अधिक है। 'तू-तू, मैं-मैं' में कहीं काम होता है? जब तक यहाँ के साहित्य में तरक़्क़ी न होगी, तब तक साहित्य, समाज और राजनीति सब-के-सब ज्यों-के-त्यों पड़े रहेंगे।"

शिवरानीदेवी—"तो क्या आप इन तीनों को एक माला में पिरोना चाहते हैं?"

प्रेमचन्द—"और क्या? ये चीज़ें माला जैसी ही हैं। जिस भाषा का साहित्य अच्छा होगा, उसका समाज भी अच्छा होगा। समाज के अच्छा होने पर मजबूरन राजनीति भी अच्छी होगी। ये तीनों साथ चलने वाली चीज़ें हैं। इन तीनों का उद्देश्य ही जो एक है। साहित्य इन तीनों चीज़ों की उत्पत्ति के लिए एक बीज का काम देता है। साहित्य और समाज तथा राजनीति का सम्बन्ध बिलकुल अटल है। समाज आदमियों के समूह को ही तो कहते हैं। समाज में जो हानि-लाभ तथा सुख-दुःख होता है, वह आदमियों पर ही होता है न। राजनीति में जो सुख-दुःख होता है, पर आदमियों ही पर पड़ता है। साहित्य से लोगों को विकास मिलता है। साहित्य से आदमी की भावनाएँ अच्छी और

बुरी बनती हैं। इन्हीं भावनाओं को लेकर आदमी जीता है और इन सब तीनों चीज़ों की उत्पत्ति का कारण आदमी ही है।''

शिवरानीदेवी—''आप शायद जड़ तक पहुँचने की कोशिश कर रहे हैं?''

प्रेमचन्द—''जड़ की ही रक्षा में तो सब सम्भव है। बिना जड़ की रक्षा के कुछ नहीं होगा।''

शिवरानीदेवी—''उन लोगों के दिमाग़ में ये बातें क्यों नहीं आईं?''

प्रेमचन्द—बड़े-बड़े आदमियों के दिमाग़ में ये सब बातें क्यों आएँ? ग़रीबों की समस्याओं की ओर उनका ध्यान ही कब जाता है! जब तक उन पर नहीं बीतेगी, तब तक कैसे समझ सकेंगे? इन सब बातों को सुधारने के लिए साहित्य ही एक जरिया है। जब तक कोई इसे अपने हाथ में नहीं लेगा, यह नहीं सुधर सकता।''

जब कभी प्रेमचन्द को नवयुवकों की किसी साहित्य-गोष्ठी में बुलाया जाता तो वे अवश्य जाते। लखनऊ जाने के थोड़े दिन बाद उन्हें गुरुकुल कांगड़ी में आमंत्रित किया गया। तीन दिन वहाँ रहे। छात्रों से साहित्य के बारे में बातचीत की। एक मीटिंग में वे सभापति थे। कोई सज्जन भाषण दे रहे थे और सभापति महोदय का ध्यान अन्तर्मुखी हो गया। काफ़ी समय तक उन्हें ख़याल ही न रहा कि वे कहाँ और क्यों बिठाये गए हैं। कभी-कभी काफ़ी अन्यमनस्क-से हो जाते।

इस सम्बन्ध में एक उल्लेखनीय बात यह है कि जब इस कांगड़ी-यात्रा के बारे में कुछ लिखने का अवसर आया तो यह निश्चय न कर सके कि यात्रा का वृत्तान्त कैसे लिखूँ, सम्पादकीय नोट में लिखूँ या स्वतंत्र लेख। ''स्वतंत्र लेख के लिए काफ़ी मसाला नहीं है और सम्पादकीय टिप्पणियों में केवल आलोचनाएँ होती हैं। इसी दुविधा में पड़ा हूँ।'' दुविधा सात महीने तक चलती रही। कहीं अप्रैल, 1928 के अंक में वृत्तान्त लिखा, परन्तु इसे इस प्रकार से लिखा कि कांगड़ी गुरुकुल की वार्षिक रिपोर्ट ही लिख रहे हों।

सामयिक लेखकों के अनुसार प्रेमचन्द लेखकों के लिए रात-दिन चिन्तित रहते थे। श्री सुदर्शन ने हमें बतलाया है कि 1927 में उन्होंने प्रेमचन्द को लिखा कि उनका कहानी-संग्रह 'बहारिस्तान' छपनेवाला है। ''मेरी इच्छा है कि उसमें आपकी भूमिका रहे, मगर डरता हूँ कि कोई मसलेहत आपकी क़लम को न पकड़ ले।''

प्रेमचन्द का उत्तर सुनिए—''आज़ाद रो आदमी हूँ, मसलेहतों का ग़ुलाम नहीं। आपकी कहानियों पर दीबाचा लिखने में मुझे क्या एतराज हो सकता है? हम भी एक-दूसरे के काम न आएँगे तो और कौन आएगा?''

अगले वर्ष सुदर्शन ने कानपुर में नौकरी कर ली। कहानियाँ लिखने के लिए अब उन्हें कम समय मिलने लगा। जब प्रेमचन्द को पत्रिकाओं में उनकी कहानियाँ दिखाई नहीं दीं, तो इस भाव का पत्र लिखा—''मैं तो समझता था कि आप फारग़-उल-बाल होकर अदब की ज़्यादा ख़िदमत कर सकेंगे, मगर मेरा ख़याल ग़लत निकला। अब

महीनों गुज़र जाते हैं और आपका कोई क़िस्सा किसी अख़बार में नज़र नहीं आता। चार नहीं दो सही, दो नहीं एक सही, लेकिन कुछ-न-कुछ तो हर महीने लिखते रहिए। इससे तो वह तंगदस्ती ही अच्छी थी जो आपसे कुछ-न-कुछ लिखवा लेती थी।''

इसके थोड़े दिनों बाद भेंट हुई, तो सुदर्शन ने अपनी सही हालत का ब्यौरा दिया। ''कहिए तो नौकरी छोड़ दूँ?'' इस पर प्रेमचन्दजी नरम पड़े और बोले—''यह हिमाक़त न कर बैठना, वरना मुझे कोसोगे। हिन्दी प्रकाशकों में इतना दम कहाँ जो किसी लेखक को खाने-पीने की तरफ़ से बेनियाज़ कर दें।''

सुदर्शन की तो उस समय तक धाक बन चुकी थी। अब सुनिए, एक नवयुवक लेखक धनीराम 'प्रेम' का वृत्तान्त। 'प्रेम' के अनुसार जिस समय प्रेमचन्द कानपुर के मारवाड़ी विद्यालय में हेडमास्टर थे, उस समय इस अपरिचित नवयुवक विद्यार्थी ने उन्हें एक पत्र लिखा और साथ में एक छोटी-सी कहानी भेजी। उत्तर मिला—''तुम कहानियाँ अच्छी लिख सकते हो। मेरी सलाह है कि कुछ अंग्रेज़ी की कहानियाँ और उपन्यास समय मिलने पर पढ़ते रहा करो।'' कुछ वर्ष बाद, जब धनीराम थोड़ी ख़्याति प्राप्त कर चुके थे, उन्होंने प्रेमचन्द को लिखा कि साहित्य से अलग होना चाहता हूँ। प्रेमचन्द का उत्तर मिला—''अरे भई, कहीं यह हो सकता है कि इतने खेल खेलकर तुम साहित्य से आसानी से नाता तोड़ दो। मैं इस बात का अनुरोध करता हूँ कि तुम कम-से-कम दो घंटे रोज़ साहित्य के लिए अवश्य दो।''

विनोदशंकर व्यास ने 'मधुकरी' का संकलन किया। प्रति प्रेमचन्द को भेजी। प्रेमचन्द ने व्यास को लिखा—''संग्रह सुन्दर हुआ है और कहानियों के चुनाव में सुरुचि से काम लिया गया है। ऐसे सुन्दर संग्रह पर मैं आपको बधाई देता हूँ। मेरे और आपके साहित्यिक आदर्शों में किंचित् अन्तर है, पर यह कैसे आशा की जा सकती है कि सभी लोग एक ही जैसे विचार रखते हों। यह भेद स्वाभाविक है। इससे संग्रह की सुन्दरता में कोई बाधा नहीं पड़ी। संग्रह में बनारसवालों के साथ आपने ज़रूरत से ज़्यादा उदारता की है, पर शायद मैं संग्रह करने बैठता तो मैं भी ऐसा ही करता...मेरे विचार में, सभी के विचार में, साहित्य के तीन लक्ष्य हैं—परिष्कृति, मनोरंजन और उद्घाटन। लेकिन मनोरंजन और उद्घाटन भी उसी परिष्कृति के अन्तर्गत आ जाते हैं, क्योंकि लेखक का मनोरंजन केवल भाँडों या नक्कालों का मनोरंजन नहीं होता, उसमें परिष्कार का भाव छिपा रहता है। उसका उद्घाटन भी परिष्कृति का उद्देश्य सामने रखकर ही होता है। हम गुप्त मनोभावों को इसलिए नहीं दरशाते कि हमें उनकी दार्शनिक विवेचना करनी है, बल्कि इसलिए कि हम सुन्दर को आकर्षक और असुन्दर को हेय दिखाना चाहते हैं।''

व्यास के अनुसार 'बनारसवालों' से जयशंकर प्रसाद और उग्रजी (बेचन शर्मा पांडेय) की ओर संकेत था। उन दिनों प्रेमचन्द और प्रसाद में कुछ मनमुटाव था, जिसके कारण हिन्दी-जगत् में 'प्रेमचन्द-स्कूल' और 'प्रसाद-स्कूल' की चर्चा हो गई थी। प्रेमचन्द प्रसादजी की भाषा को जटिल बतलाते थे। (यह मनमुटाव तब दूर हुआ, जब

'हंस' पत्रिका का प्रकाशन शुरू हुआ। मनमुटाव दूर ही नहीं हुआ, बल्कि एक-दूसरे के प्रति सद्भावना भी जागृत हुई।)

व्यास ने लिखा है कि आगे चलकर प्रेमचन्द ने अपने एक पत्र में बतलाया कि कहानी का जीवन से क्या सम्बन्ध है। मैं जो चाहता हूँ वह यह है कि कहानियों के प्लाट जीवन से लिये जाएँ और जीवन की समस्याओं को हल करें। कहानी से कविता का काम लेना मुझे नहीं जँचता। यही बात थी जो मैंने किसी पत्र में इशारतन लिखी थी कि गल्पों के विषय में मेरे और आपके मतभेद हैं, लेकिन इधर आपकी कई कहानियाँ देखकर मुझे मालूम हुआ कि उनके प्लाट अवश्य जीवन से लिये गए हैं, बिलकुल ख़याली, कल्पित नहीं हैं। हाँ, कहानी और गद्य-काव्य में अन्तर है, इसे शायद आप भी स्वीकार करेंगे। गद्य-काव्य हृदय के तारों पर चोट करता है कहानी से अधिक, क्योंकि वह तो चोट करने के लिए ही लिखा जाता है। लेकिन उसकी चोट उस संगीत की ध्वनि के सदृश है जो एक बार कान में पड़ कर एक चुटकी लेकर ग़ायब हो जाती है। कहानी आपकी आँखों के सामने चरित्रों को खेलते हुए दिखाती है।

यह भी बात उल्लेखनीय है कि प्रेमचन्द का प्रभाव घर के बाहर ही नहीं, घर के भीतर भी था। जब शिवरानीदेवी प्रेमचन्द के घर में आई थीं, तो अधिक पढ़ी-लिखी न थीं। आहिस्ता-आहिस्ता उन्हें भी पढ़ने-लिखने की प्रेरणा मिली। उन्होंने बतलाया है कि वह छिपकर लेख लिखतीं और फाड़तीं। एक बार उनके एक निकट सम्बन्धी ने उनकी एक कहानी 'साहस'[1] 'चाँद' को भेज दी। सम्पादक रामरख सहगल ने ग़लतियों को ठीक करके कहानी को छाप दिया। लेखिका का नाम इस प्रकार दिया-'श्रीमती शिवरानीदेवी, धर्मपत्नी श्री प्रेमचन्दजी'। जिस अंक में यह छपी उसी में प्रेमचन्द के धारावाही उपन्यास 'प्रतिज्ञा' की एक क़िस्त (बारहवाँ अध्याय) भी निकली। सहगल ने प्रेमचन्द को एक पत्र में लिखा—"आप उपन्यास-सम्राट् थे ही। आपकी देवीजी भी लिखने लगीं। इसके लिए आप को बधाई। हालाँकि पुरुषों के ऊपर ही उन्होंने जूता गिराया है, फिर भी उन्हें बधाई है। हमारी कमज़ोरी तो उन्होंने बता दी। उसका परिणाम भी उन्होंने दिखा दिया है। इसलिए आप दोनों बधाई के पात्र हैं।" इस कहानी में शिवरानीदेवी ने दिखलाया था कि किस प्रकार एक ग़रीब बाप की जवान लड़की अपनी नौकरी का प्रबन्ध करके अपने होनेवाले अमीर वयोवृद्ध पति की जूतों से मरम्मत करती है।

'माधुरी' दफ़्तर में लोगों ने कहानी देखी। चर्चा हुई। प्रेमचन्द ने घर आकर कहा— "लो, यह तुम्हारी कहानी छपकर आ गई है। कहानी भी लिखी तो पुरुषों पर ही कटाक्ष। सारे दफ़्तर में लोग शोर मचा रहे थे। सब कहते थे कि पुरुषों पर आक्षेप किया है।"

एक कहानी छप गई तो शिवरानीदेवी को साहस हुआ। अगले चार-पाँच वर्षों में हिन्दू-समाज की विषमताओं तथा राष्ट्रीय रंग में पन्द्रह-बीस कहानियाँ उन्होंने लिख

1. शिवरानीदेवी ने 'साहस' का प्रकाशन-काल 1924 में लिखा है और निगम ने 1931। वास्तव में यह कहानी सितम्बर, 1927 के 'चाँद' में छपी थी।

डालीं और फिर ये एक संग्रह के रूप में भी छपीं। इनमें से कुछ कहानियाँ तो इतनी सुन्दर हैं कि यह कहना कठिन है कि लेखक प्रेमचन्द हैं या शिवरानीदेवी।[1]

प्रेमचन्द की पत्रकारिता तथा हिन्दी कृतियों के बारे में कुछ और कहने से पहले एक नज़र उनकी उर्दू पुस्तकों पर डालना लाभदायक होगा।

जिस समय प्रेमचन्द ने 'माधुरी' का सम्पादन-कार्य सँभाला, उस समय तक उर्दू में उनके केवल दो कहानी-संग्रह 'प्रेम-पचीसी' (दो संस्करण) और 'प्रेम-बतीसी' ही निकले थे। उपन्यासों में से केवल 'बाज़ारे हुस्न'।' 'प्रेमाश्रम' तथा 'रंगभूमि' के उर्दू रूपान्तर अभी अप्रकाशित पड़े हुए थे। 'कायाकल्प' का उर्दू अनुवाद अभी वे कर ही रहे थे। इसी प्रकार 'प्रतिज्ञा', जिसका प्रकाशन 'चाँद' में धारावाही रूप में शुरू हो चुका था, का अनुवाद भी उर्दू में 'बेवाह' के नाम से बाद में हुआ।

उर्दू में उनकी पुस्तकों के लिए उत्साह ही नहीं था। यू. पी. में तो कोई पब्लिशर ही न था जो प्रेमचन्द के हिन्दी-उपन्यासों के उर्दू-रूपान्तरों को छापता। 'गोश-ए-आफ़ियत' ('प्रेमाश्रम') तथा 'चौग़ाने हस्ती' ('रंगभूमि') का प्रकाशन दारुल अशायल, लाहौर ने किया।

इसी समय प्रेमचन्द की चौदह कहानियों का एक संग्रह 'फ़रदौसे ख़याल' इंडियन प्रेस, इलाहाबाद ने छापा। इसी प्रकाशक ने 'जलव-ए-ईसार'[2] भी फिर से छापा, परन्तु प्रेमचन्द के नाम से। एक लाहौर के प्रकाशक लाजपतराय एंड सन्स ने सोलह कहानियों का संग्रह 'ख़्वाब-ओ-ख़याल' छापा। उसी से प्रेमचन्द ने 'रामचर्चा' (बच्चों की रामायण) भी प्रकाशित करवाई। 'ख़ाके परवाना' प्रेमचन्द ने शायद स्वयं प्रकाशित किया।

प्रेमचन्द की उर्दू-पुस्तकों की माँग यू.पी. में कम थी, पंजाब में कहीं ज़्यादा। अब पंजाब के पब्लिशर ही उनके पास आने लगे। इनमें से एक प्रकाशक सैयद मुबारक अली शाह गिलानी ने इस लेखक को 1941 में बतलाया था—"मैंने प्रेमचन्द को कई बार लिखा कि आपकी उर्दू किताबों को छापने के हकूक मुझे दीजिए, परन्तु उन्होंने इन्कार किया। 1927-28 में मुझे लखनऊ जाने का मौक़ा मिला। मैं प्रेमचन्द को मिलने उनके दफ़्तर गया। वस्ल साहब मेरे हमराह थे। प्रेमचन्द को कहलवाया गया कि लाहौर से गिलानी साहब मिलने आए हैं। प्रेमचन्द ने कहलवा भेजा, 'मैं लिख चुका हूँ कि उनसे किताब न छपवाऊँगा। क्यों परेशान करते हैं ?' वस्ल साहब ने फिर कहलवाया। आख़िर भेंट हुई। जितने पहले ख़ुश्क-मिज़ाज नज़र आए, तमाम ज़िन्दगी, बिलकुल उसके उलट, निहायत मीठे साबित हुए। लखनऊ में एक नानक साहब थे। मैं यह

---

1. दो कहानियाँ 'हत्यारा' तथा 'वरयात्रा' तो हिन्दी में शिवरानी के नाम से छपीं और उर्दू में प्रेमचन्द के नाम से (कातिल की माँ और बारात)। इस सम्बन्ध में जब सुदर्शन जी ने प्रेमचन्दजी से ज़िक्र किया तो ख़ूब ज़ोर से हँस लेने के बाद उन्होंने कहा—"बात तो एक ही है। भला पति-पत्नी में भी कहीं भेदभाव होता है।" 2. 1928 में यह हाई-स्कूल के उर्दू कोर्स में लगा।

सोचकर चला था कि उनसे ज़्यादा अहमक़ दुनिया में न होगा, और यह कि मुंशी प्रेमचन्द जैसा अक़्लमन्द न मिलेगा। जब वस्ल साहब के साथ मिला तो देखा कि पासा पलट गया। मैंने कहा, 'आप जैसा बुद्धू नज़र आनेवाला न मिलेगा, और नानक साहब जैसा अक़्लमन्द नज़र आनेवाला भी नहीं।' इसका जवाब था एक ऊँचा क़हक़हा।''

प्रकाशन के बारे में बातें हुईं। सैयद साहब ने दूसरे प्रकाशकों के बराबर ही एक रुपया दो आने फ़ी सफ़ा देने को कहा। ''मगर मेरा सफ़ा उन्नीस सतरी होगा, इक्कीस सतरी नहीं।'' प्रेमचन्द ने गिलानी साहब को 'सोज़े वतन' और 'सैर दरवेश' इकट्ठा छापने को दीं। 'निर्मला' का उर्दू-रूपान्तर भी गिलानी ही ने प्रकाशित किया। परन्तु गिलानी इलेक्ट्रिक प्रेस की सबसे महत्त्वपूर्ण किताब 'प्रेम-चालीसी' थी, जो कुछ साल बाद छपी।

उर्दू किताबों की बिक्री कितनी कम थी, इसका अनुमान इस बात से हो सकता है कि इन किताबों के सिर्फ़ एक हज़ार के संस्करण भी 1941 तक नहीं बिक पाए थे। ''मैंने श्रीपतराय को कहा है कि जितनी कापियाँ बक़ाया पड़ी हैं, उन्हें वह लागत पर ले लें।''

सैयद गिलानी साहब ने मुझे यह भी बतलाया था कि 1935 में प्रेमचन्द ने उन्हें 'कर्बला' नाटक (जो 'ज़माना' में धारावाही रूप में निकल चुका था) छापने को कहा था। ''मैंने लाल स्याही से ग़लतियों पर निशान लगाकर किताब वापस भेजी, परन्तु उनका जवाब आने से पहले प्रेमचन्द चल बसे। उनकी मौत के बाद इसे लाजपतराय एंड संस ने छापा।''

21

प्रेमचन्द अदालत में

प्रेमचन्द 'माधुरी' का सम्पादन तो करते ही थे, साथ ही बच्चों के लिए पाठ्यपुस्तकें भी तैयार करते थे। इस समय 'माधुरी' का दफ़्तर नवलकिशोर प्रेस में ही आ गया था। दफ़्तर ऊपर के कमरे में था। प्रेमचन्द तथा सम्पादकीय विभाग के दूसरे सदस्य प्रकाशन विभाग के सुपरिंटेंडेंट मुहम्मद असकरी के कमरे के साथ वाले एक छोटे-से कमरे में एक साथ बैठते। ख़ूब मज़ाक़ रहता। प्रेमचन्द की हँसी से कमरा गूँज उठता। असकरी साहब ने लिखा है कि वह उन्हें अपनी एक अप्रकाशित पुस्तक के लतीफे सुनाया करते थे। जब कोई अच्छा लतीफ़ा सुनते, तो क़हक़हे-पर-क़हक़हा निकलता। दूसरे भी हँसते। एक बार एक मुअज़्ज़न (अज़ाँ देनेवाले) का लतीफ़ा सुना। मुअज़्ज़न अज़ाँ देते वक़्त दूर भागता जाता था और जब उससे पूछा गया कि यह क्या हरक़त है तो (उसने) जवाब

दिया कि अपने अज़ाँ की आवाज़ मैं भी सुनना चाहता हूँ कि दूर से कैसी मालूम होती है। यह लतीफ़ा सुनकर प्रेमचन्द इतना हँसे कि आँखों में आँसू आ गए।

उपन्यास-सम्राट् पर बच्चों की किताबों का भार डालने के सम्बन्ध में असकरी ने मज़ाक़ उड़ाया—"यदि घुड़दौड़ का घोड़ा इक्के और ताँगे में जोत दिया जाए, तो कैसा चलेगा ?" फिर जब असकरी को इन्हीं किताबों को देखने का काम दिया गया तो प्रेमचन्द ने व्यंग्य किया—"मिर्ज़ा साहब, अब फुट से जोड़ी हो गई कि नहीं ?"

सम्पादन-कार्य तथा लेखों के अतिरिक्त प्रेमचन्द 'माधुरी' के लिए कहानियाँ भी लिखते थे। 'सती', 'सुजान भक्त', 'माँगे की घड़ी', 'आत्म-संगीत' तथा 'एक्ट्रेस', 'मन्दिर', 'दुराशा', 'शुद्धि', (उर्दू), 'ख़ुदी' (उर्दू) इत्यादि कहानियाँ इस समय प्रकाशित हो चुकी थीं। एक कहानी 'मोटेराम शास्त्री' (जनवरी, 1928 के अंक)[1] छपी, जिसके सम्बन्ध में शायद हिन्दी-साहित्य क्षेत्र का पहला मानहानि केस चला। यह कहानी प्रेमचन्द की व्यंग्यात्मक कहानियों की श्रृंखला में थी। लखनऊ के एक वैद्य, शालिगराम शास्त्री ने कृष्णबिहारी मिश्र तथा प्रेमचन्द पर आई. पी. सी. की 500 तथा 109 धाराओं के अन्तर्गत इज़्ज़त-हतक का दावा दायर किया। उन गवाहों के नामों में 'सुधा' के सम्पादक दुलारेलाल भार्गव तथा रूपनारायण पांडेय और गंगा पुस्तक माला कार्यालय के मातादीन शुक्ल थे। लखनऊ यूनिवर्सिटी के बदरीनाथ भट्ट, बदरीनाथ शास्त्री तथा आज्ञादत्त ठाकुर भी थे।

कृष्णबिहारी मिश्र तथा प्रेमचन्द को वारंट मिले। दोनों सिटी मजिस्ट्रेट, लखनऊ की कचहरी में गए तथा पाँच-पाँच सौ के मुचलके भरे। 12 अप्रैल, 1928 को गवाही हुई। 'माधुरी' के सम्पादक-मंडल की ओर से कहा गया कि कहानी में केवल दकियानूसी वैद्यों का मज़ाक़ उड़ाया गया है और कहानी उन पर व्यंग्यात्मक चोट के अतिरिक्त और कुछ नहीं। मुक़दमा ख़ारिज हो गया।

शिवरानीदेवी ने लिखा है कि इस कहानी पर विष्णुनारायण भार्गव बहुत ख़ुश थे। "तारीख़ के दिन दो बैरिस्टर देहरादून से आते थे जो नौ-नौ सौ रुपए रोज़ाना लेते थे। मेरे भाई और बहनोई भी जाते थे। कानपुर के सारे वकील और बैरिस्टर भी आ गए थे।" कचहरी खचाखच भरी रहती। ख़ैर, बहस वग़ैरह के बाद मजिस्ट्रेट ने हुक्म सुनाया कि आप दोनों बरी हो गए। मजिस्ट्रेट साहब 'मोटेराम शास्त्री' से बोले—"आपको और कुछ कहना है ? अब तो सबसे बेहतर यही है कि आप चुपके-से खिड़की के बाहर निकल जाइए।" जैसे ही मजिस्ट्रेट साहब ने यह कहा कि दोनों आदमी मुस्करा दिए...वैद्यजी घर आए तो बोले—"चाहे तब मोटेराम शास्त्री को कोई न जानता रहा हो, लेकिन अब दुनिया जान गई।"

जिन लोगों ने कहानी नहीं पढ़ी थी, उन्होंने पुराने अंक की माँग की और वह अंक

1. शिवरानीदेवी ने इस घटना की तिथि 1926 दी है। यह ग़लत है। कहानी जनवरी, 1928 में छपी। तत्काल मुक़दमा चला। फ़ैसला अप्रैल, 1928 में हुआ।

सब-का-सब बिक चुका था। मई, 1928 के अंक में कहानी को दुबारा छापा गया। यह अंक भी हाथों-हाथ बिक गया। प्रेमचन्द के व्यंग्यात्मक लेख बन्द नहीं हुए। चार महीने बाद 'सम्पादक मोटेराम शास्त्री' शीर्षक से एक और कहानी छपी। इसके बाद इसी क्रम में 'मोटर की छींटें' तथा 'मोटेराम की डायरी' भी लिखी गई।

इस समय की दूसरी कहानियाँ इस प्रकार हैं—'दो सखियाँ', 'पिसनहारी का कुआँ', 'सोहाग का शव', 'विद्रोही', 'मंत्र', 'अभिलाषा', 'दारोग़ाजी', 'अग्निसमाधि', 'कवच', 'फ़ातिहा', 'आगापीछा', 'प्रायश्चित्त', 'खूचड़', 'न्याय', 'क्षमा', 'घरजमाई', 'क़ानूनी कुमार', 'माँ', 'अलग्योझा', 'घासवाली', 'सुभागी' इत्यादि। इनमें से कुछ तो पहले की छपी उर्दू-कहानियों के अनुवाद हैं। कुछ कहानियों के संग्रह भी छपे—'अग्नि-समाधि' (नवलकिशोर प्रेस), 'पाँच फूल' तथा 'प्रेमतीर्थ' (सरस्वती प्रेस), 'प्रेम चतुर्थी' (हिन्दी पुस्तक एजेंसी), 'सप्त सुमन', 'प्रेम पंचमी' (गंगा पुस्तक माला), 'गल्प-रत्न' (सरस्वती प्रेस)।

जैसा कि पहले कहा जा चुका है उपन्यास के क्षेत्र में प्रेमचन्द इस समय 'ग़बन' लिख रहे थे। साथ-ही-साथ एक धारावाही उपन्यास 'प्रतिज्ञा' चाँद में छप रहा था (धारावाही प्रकाशन जनवरी, 1927 से ही शुरू हो गया था), बाद में यह उपन्यास सरस्वती प्रेस से प्रकाशित हुआ।

'प्रतिज्ञा' प्रेमचन्द के आरम्भिक काल के उपन्यास 'प्रेमा' (जो 'नवाबराय' के नाम से छपा था) का नया रूप था। घटनाचक्र में थोड़ी रद्दोबदल है, भाषा अधिक मँजी है।

विषय था विधवा विवाह। इसी के सम्बन्ध में आगे चलकर एक महत्त्वपूर्ण पत्र में लिखा—" 'प्रेमा' मैंने 1905 में लिखी थी। उस वक़्त मैं नवाबराय के नाम से लिखता था। उसमें एक विधवा का विवाह कराया गया है। अर्थात् पूर्णा का अमृतराय से विवाह हुआ था। लेकिन दोनों पुस्तकों को सामने रख लें तो आपको सिवा बसन्तराय के गंगा वाले दृश्य के और कोई बात न मिलेगी। मैंने विधवा का विवाह कराके हिन्दू नारी को आदर्श से गिरा दिया था। उस वक़्त जवानी की उम्र थी और सुधार की प्रवृत्ति जोरों पर थी। उस रूप में मैं उस पुस्तक को नहीं देखना चाहता था। इसलिए मैंने कथा में उलट-फेर करके उसे लिख डाला। आप देखेंगे कि आरम्भ दोनों का भिन्न है, अन्त भी भिन्न। समानता केवल पात्रों के नामों में है।"

यह बात ध्यान देने योग्य है कि इन बीस-पच्चीस वर्षों में प्रेमचन्द का दृष्टिकोण सुधार की प्रवृत्ति से हटकर हिन्दू नारी के आदर्शों की ओर झुक गया था।

साथ-ही-साथ इसका (या 'हमखुर्मा व हमसवाब' का) उर्दू रूपान्तर, 'बेवाह', भी तैयार कर रहे थे।

'ग़बन' एक सामाजिक घटना है। "मैं पुराना हो गया हूँ और पुरानी शैली निभाये जाता हूँ। कथा को बीच में शुरू करना, या इस तरह शुरू करना कि उसमें ड्रामा का चमत्कार पैदा हो जाए, मेरे लिये मुश्किल है।"

'ग़बन' एक प्रकार से उनका मौलिक उपन्यास था। 'एक प्रकार से' हम इसलिए कहते हैं कि इसमें स्त्रियों के आभूषणों के प्रति मोह पर प्रहार किया गया था। इसी समस्या को लेकर प्रेमचन्द ने 'नवाबराय' के नाम से 'किशना' लिखा था। उसी 'किशना' उपन्यास का शायद यह नया रूप था। परन्तु यह रूप इतना नया था कि इसे मौलिक ही समझना चाहिए। इसमें अन्य सामयिक समस्याओं पर भी रोशनी डाली गई है, जैसे हिंसात्मक राष्ट्रवादियों पर अत्याचार, न्यायाध्यक्षों की ग़ैर-ईमानदारी और राष्ट्रीय आज़ादी आन्दोलन, इत्यादि।

जब 'ग़बन' ख़त्म हुआ, तब 'कर्मभूमि' आरम्भ की। इस उपन्यास की पृष्ठभूमि स्वतंत्रता-संग्राम की एक झाँकी है और इसके नायक का उपन्यास से वही सम्बन्ध है जो जवाहरलाल नेहरू का राष्ट्रीय आन्दोलन से।

राष्ट्रीयता से कूट-कूटकर भरे होने के बावजूद भी प्रेमचन्द की किताबों की बिक्री सन्तोषजनक नहीं थी। 1928 के एक अंग्रेज़ी के पत्र में लिखते हैं—"भारत में साहित्यिक जीवन निराशाजनक है। पाठकगण परवाह ही नहीं करते। आप अपने दिल को फाड़कर रख दें, परन्तु पाठकगण के कानों पर जूँ नहीं रेंगती। शायद ही मेरी कोई कृति हो जिसका तीसरा संस्करण निकला हो। कुछ का अभी तक एक ही संस्करण निकला है। हमारे देहातों की जनता ग़रीब और मूढ़ है। जो पढ़े-लिखे लोग हैं, वे यूरोपीय साहित्य ख़रीदते हैं। लचर किताबें तो एकदम बिक जाती हैं। मेरी किताबों की प्रशंसा तो होती है, परन्तु ये ख़रीदी नहीं जातीं।"

इसीलिए प्रेमचन्द को अपने तथा सरस्वती प्रेस का पेट भरने के लिए अनुवादकार्य का सहारा लेना पड़ा। हिन्दुस्तानी एकेडेमी के लिए उन्होंने गाल्सवर्दी के तीन ड्रामों का हिन्दी-रूपान्तर तैयार किया। ये थे—'न्याय' (जस्टिस); 'चाँदी की डिबिया' (सिल्वर बॉक्स) और 'हड़ताल' (स्ट्राइक)। 'जस्टिस' का उर्दू-रूपान्तर भी प्रेमचन्द ने किया। निगम को लिखे एक पत्र में—"इसे मैंने शुरू कर दिया है। सोलह-सत्रह सफ़हात कर भी डाले। लेकिन अभी उसका हिन्दी का तर्जुमा तो आया नहीं, इसलिए वे सब मुश्किलात जो पहले डिक्शनरियों या मशवरों से हल की थीं, फिर आ रही हैं। इसलिए जब तक हिन्दी-तर्जुमा न आ जाए, उस वक़्त तक के लिए मुल्तवी करता हूँ। दूसरी किताबों के मुतअल्लिक़ मैं यही कहूँगा कि आप ख़ुद ही कर लें। मैंने समझा था कि एक निशस्त में सात-आठ सफ़हात हो जाएँगे, पर अब देखता हूँ तो मुश्किल से चार सफ़हात होते हैं और मेरे पास एक निशस्त से ज़्यादा वक़्त नहीं है। अगर इसे (शाम को) करता हूँ तो मेरा 'पर्दा-ए-मज़ाज' रहा जाता है। सुबह करता हूँ तो 'कर्मभूमि' में हर्ज़ होता है। और दूसरा कौन-सा वक़्त है? 'जस्टिस' तो मैं किसी-न-किसी तरह कर ही डालूँगा, लेकिन बाक़ी दोनों को मेरा इस्तीफ़ा है। इतने ही वक़्त में मैं ज़्यादा फ़ायदे का काम कर सकता हूँ।"

ढाई महीने के बाद—" 'स्ट्राइक' आपने शुरू कर दिया होगा। 'जस्टिस' साफ़ हो गया। मेरा तो 'सिल्वर बॉक्स' अब थोड़ा रह गया है।"

यहाँ यह कहना ज़रूरी है कि 'जस्टिस' का उर्दू-रूपान्तर (इन्साफ़) दयानारायण निगम के नाम से प्रकाशित हुआ। 'सिल्वर बॉक्स' तथा 'स्ट्राइक' के उर्दू-रूपान्तर बहुत समय तक निकले ही नहीं।

दयानारायण निगम को अनुवाद का काम मिलने पर कुछ उर्दू अख़बारों ने इसकी कटु आलोचना की थी। उनका कहना था कि केवल मुसलमान ही अच्छी उर्दू लिख सकते हैं। इस विषय पर प्रेमचन्द ने 'ज़माना' में एक लेख लिखा, जिसका शीर्षक था 'उर्दू में फ़रऊनीयत'। इसमें मुँहतोड़ जवाब दिया।

मज़े की बात यह है कि मौलाना शिब्ली ने एक जगह लिखा : "हिन्दुस्तान के पाँच करोड़ मुसलमानों में कोई ऐसा क्यों नहीं है जो प्रेमचन्द की ज़बान लिख सके।"

प्रेमचन्द ने रायबहादुर महामहोपाध्याय गौरीशंकर हीराचन्द ओझा के मध्यकालीन भारतीय संस्कृति पर तीन भाषणों का उर्दू-रूपान्तर भी किया। यह भी हिन्दुस्तानी एकेडेमी के लिए।

हिन्दी की परिस्थिति ठीक न होते हुए भी साहित्यिकों को सर्वदा प्रोत्साहन देते थे। कई नए लेखक इस क्षेत्र में आए।

जैनेन्द्रकुमार ने अपने संस्मरणात्मक लेख में बतलाया है कि उन्होंने डरते हुए अपनी पहली कहानी 'माधुरी' के सम्पादक प्रेमचन्द के पास भेजी तो लिखा कि "यह सम्पादक के लिए नहीं है, संग्रहकर्ता प्रेमचन्द के लिए है। यदि प्रेमचन्द इन पंक्तियों को एक निगाह देख सकें और मुझे कुछ बता सकें तो अपने को धन्य मानूँगा।"

कहानी वापस आई। आख़िरी पन्ने पर लाल स्याही में लिखा था—'प्लीज़ आस्क इफ़ दिस इज़ ए ट्रांसलेशन?' जैनेन्द्र ने सोचा, यह प्रेमचन्द के हाथ का लिखा हुआ प्रश्न है। हस्ताक्षर भी उन्हीं के हैं। 'मेरा मन तो एक प्रकार से मुरझा ही चला था, लेकिन इस छोटे-से वाक्य ने मुझे संजीवन दे दिया।'

कुछ दिन बाद एक और कहानी 'अन्धों का भेद' भेजी और फिर लिखा कि 'लेखक प्रेमचन्द की उस पर सम्मति पाऊँ, यही अभीष्ट है।' उत्तर में कार्ड मिला—'प्रिय महोदय, दो (या तीन) महीने में 'माधुरी' का विशेषांक निकलने वाला है। आपकी कहानी उसके लिए चुन ली गई है। प्रेमचन्द।'[1] जैनेन्द्रकुमार ने उस पत्र को कई बार पढ़ा। 'मैं दंग रह गया कि यह व्यक्ति कौन हो सकता है, जो एक अनजान लड़के के प्रति इतनी बड़ी दया का, उपकार का, काम कर सकता है, फिर भी उसका तनिक भी श्रेय लेना नहीं चाहता।'

जैनेन्द्र उतावले थे। पत्र लिख मारा कि, अगर वह कहानी छपने योग्य है तो अगले अंक में ही छपा दी जाए, विशेषांक के लिए और भेज दूँगा।' और उसका रूखा जवाब मिला—'प्रिय महोदय, लिखा जा चुका है कि वह कहानी विशेषांक के लिए चुन ली गई है, उसी में छपेगी।'

1. यह कहानी 'सरस्वती' में छपी।

इसके बाद एक और पत्र आया। प्रेमचन्द ने लिखा था—''त्यागभूमि' में तुम्हारी 'परीक्षा' पढ़ी। पसन्द आई। बधाई।'

इसके बाद पत्र-व्यवहार आरम्भ हो गया। जैनेन्द्र ने एक और कहानी 'आतिथ्य' भेजी। यह लौटा दी गई और प्रेमचन्द ने लिखा—'कहानी क्या होनी चाहिए और कैसी होनी चाहिए?' जब जैनेन्द्र ने शंका प्रकट की और सवाल पूछे तो जवाब आया—''मुझे निर्भ्रान्त न मानना। कहानी हृदय की वस्तु है, नियम की वस्तु नहीं है। नियम हैं और वे उपयोगी होने के लिए। हृदय के दान में जब वे अनुपयोगी हो जाएँ, तब बेशक उन्हें उल्लंघनीय मानना चाहिए, लेकिन नियम बदलेंगे, वे टूटेंगे भी, पर इस 'लेकिन' से सावधान रहना होगा।''

कुम्भ के मेले पर जैनेन्द्र इलाहाबाद गए। वहीं प्रेमचन्द का पत्र मिला, 'अमीनुद्दौला पार्क के पास लाल मकान है। लौटते वक़्त आओगे ही। ज़रूर आओ।'

जैनेन्द्रकुमार लखनऊ पहुँचे। बहुत सवेरा था। अमीनुद्दौला पार्क पहुँचकर प्रेमचन्द के घर को तलाश करना शुरू किया। लाल मकान कई थे। जिस किसी से पूछा, उसी ने सिर खुजलाया और 'कौन प्रेमचन्द?' कहकर चलते बने। जैनेन्द्र भौंचक्के थे। यह कैसे हो सकता है कि सुविख्यात उपन्यास-सम्राट के मकान का किसी को पता नहीं! (और वह प्रेमचन्द के मकान से बीस गज़ पर खड़े थे)। जिस पुरुष ने उन्हें प्रेमचन्द के घर पहुँचाया, वह था एक हरिजन। ख़ैर! प्रेमचन्द का नाम पुकारा। ऊपर से आवाज़ आई—''कौन साहब हैं?''

''मैं—जैनेन्द्र।''

''आओ, भाई।''

प्रेमचन्द नीचे आए। जैनेन्द्र के शब्दों में उनका रेखाचित्र—'बड़ी घनी मूँछें, पाँच रुपए वाली लाल इमली की चादर, जो काफ़ी पुरानी और चिकनी थी। बालों ने आगे आकर माथे को कुछ ढँक-सा लिया था। और माथा छोटा मालूम होता था। सिर ज़रूरत से छोटा प्रतीत हुआ। मामूली धोती पहने थे, जो घुटनों से ज़रा नीचे तक आ गई थी। आँखों में खुमारी भरी थी।'

अब सुनिए घर का नक्शा—घर सुव्यवस्थित नहीं था। आँगन में पानी निरुद्देश्य फैला था। चीज़ें भी ठीक अपने-अपने स्थान पर नहीं थीं। पर पहली निगाह में ही यह जो कुछ दीखा, दीख सका। आगे तो मेरी निगाह इन बातों को देखने के लिए ख़ाली ही नहीं रही। थोड़ी ही देर में मैं भूल चला कि यह तनिक भी पराई जगह है। मेरे भीतर की आलोचना-शक्ति कुछ देर में मुरझा गई। सब काम छोड़ प्रेमचन्दजी मुझे लेकर बैठ गए। सात बज गए। साढ़े सात बज गए। आठ होने को आए। बातों का सिलसिला टूटता ही न था। फिर भीतर से याददहानी हुई कि अभी डॉक्टर के यहाँ से दवाई लानी है। दिन कितना चढ़ गया है। मगर आप हैं कि सुध ही नहीं।

"ज़रा दवा ले आऊँ, जैनेन्द्र। देखो, बातों में कुछ ख़याल ही न रहा।" कहते हुए एक इतना ज़ोर का क़हक़हा लगाया कि छत के कोनों में लगे मकड़ी के जाले हिल उठे। जैनेन्द्र लिखते हैं—'मैं तो भौंचक रह गया। मैंने इतनी खुली हँसी जीवन में शायद ही कभी सुनी थी।'

फिर बोले—"और तुम भी अभी शौच नहीं गए होगे। वाह, यह ख़ूब रही!"

हँसी का एक और क़हक़हा द्विगुणित वेग से घर-भर में गूँज ही रहा था कि लपक-कर स्लीपर पहने, आले में से शीशी उठाई और उन्हीं कपड़ों में दवाई लेने चले गए।

उस दिन सवेरे और बाद में सारा दिन साहित्य के विभिन्न अंगों पर तो बातचीत हुई ही, नास्तिकता और ज्योतिष पर भी बातचीत हुई। निजी मामलों पर भी बातचीत हुई। जैसे—"आपका तो अपना प्रेस है, फिर घर-बार, प्रेस छोड़कर यहाँ नौकरी की क्या ज़रूरत आ पड़ी थी?"

इसके उत्तर में असहयोग के कारण इस्तीफ़े से लेकर 1930 तक का वृत्तान्त, क्या किया और क्यों किया।

जैनेन्द्र—"आपके हाथ में तो क़लम थी।"

प्रेमचन्द—"नहीं, जैनेन्द्र, तुम्हारा ख़याल ठीक नहीं है। यह मुल्क विलायत नहीं है। विलायत हो जाए, यह भी शायद मैं नहीं चाहूँगा।"

फिर प्रेस की दुर्व्यवस्था का हाल बताया। किस प्रकार घाटा-ही-घाटा हो रहा था, इसका ब्यौरा दिया।

प्रेमचन्द—"अब बताओ, जैनेन्द्र, क्या अब भी नौकरी न करता? अब यह है कि रोटी तो चल जाती है।"

नए लेखकों को प्रोत्साहन के लिए सदा तत्पर थे। उषा देवी मित्रा ने कहानी भेजी। उत्तर आया—"मैं नहीं समझता था तुम इतनी सुन्दर गल्प लिख सकोगी। शैली, भाव तथा चरित्र सभी दृष्टि से कहानी अच्छी है। हाँ, भाषा में कहीं-कहीं अशुद्धि है। वह ठीक हो जाएगी। यदि कहानी इतनी लम्बी न होती, आदि का भाग कुछ कम कर दिया जाता, तो अच्छा होता। नाम भी बदलना होगा। साकी तो कोई नाम नहीं है। उसका सकीना कर देना होगा। और सुन्दर प्रसाद की जगह कोई मुसलमान चरित्र ही रहे तो क्या बुरा हो। कहानी का अन्त अगर इस तरह होता कि सुन्दर की स्त्री मर गई होती और साकी का प्रेम उसके स्वार्थी हृदय पर विजय पा लेता। लेकिन तुमने जो अन्त किया है वह भी अपने ढंग का अच्छा है। मैं उसमें कोई परिवर्तन न करूँगा। ऐसी दस कहानियाँ भी लिख दो, तो हिन्दी के गल्प लेखकों में तुम्हारा स्थान सर्वोच्च हो जाएगा। यह शैली मुझे पसन्द आई।"

अन्य कितने ही नए लेखकों को प्रोत्साहन देना कर्तव्य समझते थे। इन्द्र वसावडा को—"अभी-अभी तुम्हारा 'मुनीर ख़ाँ' पढ़ रहा था। अच्छा है। छापूँगा।"

श्री हरिहर नाथ को : ''हिन्दी साहित्य के हमारे नवयुवक लेखकों का भविष्य उज्ज्वल है। लेकिन आप भी जानते हैं कि अपनी ख़ास जगह बनाने के लिए नियमित रूप से, लगन से और धीरज के साथ काम करना ज़रूरी है।'' इसी पत्र में—''मेरा ख़याल है कि साहित्य का सबसे बड़ा उद्देश्य उन्नयन है—ऊपर उठाना। हमारे यथार्थवाद को भी यह बात आँख से ओझल न करनी चाहिए। मैं तो चाहता हूँ कि आप 'मनुष्यों' की सृष्टि करें, साहसी, ईमानदार, स्वतंत्रचेता मनुष्य, जान पर खेलने वाले, जोखिम उठाने वाले मनुष्य, ऊँचे आदर्शों वाले मनुष्य। आज इसी की ज़रूरत है।'' सद्गुरुशरण अवस्थी को—''आपकी क्लास में यदि साहित्यिक रुचि के छात्र हों, तो उन्हें कुछ लिखने की प्रेरणा करते रहिए। युवक कभी-कभी सुन्दर गल्प लिख जाते हैं, जो हम लोगों से नहीं बन पड़ती। हमारी जीत अभ्यास में है, नवीनता और विचित्रता तो उनके साथ है।''

प्रेस में काम नहीं था। एक मासिक पत्रिका 'हंस' निकालने का निश्चय किया गया, ताकि प्रेस का पेट भरता रहे। ''यह पत्रिका कहानियों की होगी। हिन्दी में एक कहानियों के पत्र का वक़्त आ गया है।''

'हंस' तथा जैनेन्द्र का वृत्तान्त हम बाद के अध्याय में देंगे। यहाँ उल्लेखनीय बात यह है कि पहली मुलाक़ात में ही प्रेमचन्द जैनेन्द्र से घुल-मिल गए। यही दूसरे लेखकों से भी होता था।

उन्हीं दिनों की बात है कि किसी व्यक्ति ने ग्वालियर से प्रेमचन्द को पत्र लिखा कि वह बेरोज़गार हैं। सौ रुपए महीने की नौकरी मिल सकती है, मगर सौ रुपए की ज़मानत दरकार है। प्रेमचन्द ने पत्नी से सलाह की। 'बेचारे को नौकरी मिल जाएगी। दो-चार महीने में क़िस्तों में दे देगा। उसकी सहायता हो जाए तो अच्छा होगा।' शिवरानीदेवी ने सौ रुपए बैंक से मँगवाकर भिजवा दिए। उसका पत्र आया। लिखा था कि नौकरी मिल गई है। परन्तु रुपए लौटाने का कोई ज़िक्र नहीं। कुछ दिनों बाद यह महाशय 'छुट्टी' लेकर दर्शनार्थ लखनऊ पहुँचे। घर पर ही ठहरे। प्रेमचन्द के साहित्य में रुचि दिखलाई और कहा कि 'मेरे पिता ने दूसरी शादी कर ली है, मेरा अब उस घर से कोई वास्ता नहीं। मैं तो आप ही के घर को अपना घर मानता हूँ। आप मुझे अपने परिवार का सदस्य समझिए।'

दो-तीन रोज़ के बाद प्रेमचन्द ने बीवी से सलाह करके उनको होटल में ठहराने का प्रबन्ध किया। बारह दिन ठहरे।

कुछ दिनों बाद वह फिर पधारे। शिवरानीदेवी बच्चों-सहित लमही गई हुई थीं। बेटी की शादी थी। यह व्यक्ति भी घर पर ठहरा। जब प्रेमचन्द लखनऊ लौटे तो उसने कहा—'मैं पटना में शादी कर रहा हूँ। आप ही मेरी शादी करेंगे।' प्रेमचन्द ने गले की जंजीर, सोने की चार चूड़ियाँ, कर्णफूल, कुछ कपड़े और साड़ियाँ बनवाकर दीं। सौ रुपए नक़द दिए। स्वयं शादी में पटना गए। बहू आई। उसका सत्कार हुआ। इसी बीच

पुलिस भी प्रेमचन्द के घर पर पहुँची। यह व्यक्ति फ़रार था। प्रेमचन्द को अपनी ग़लती का पता लगा तो बोले—'अब तुम यहाँ नहीं ठहर सकते।' और उसे विदा किया। परन्तु यह घटना यहाँ ही ख़त्म नहीं होती। शिवरानीदेवी को, लमही से आने पर पता लगा कि सुनार और बजाज़ प्रेमचन्द के पास चक्कर लगाते थे। 'बंगाली बाबू' ने प्रेमचन्द से छिपकर जो गहने और कपड़े बनवाए थे, उसकी अदायगी के लिए माँग करते थे। प्रेमचन्द ने बीवी को सारी कैफ़ियत नहीं बतलाई और लेख और कहानियों से जो रुपए आते सुनार और बजाज़ को चोरी-चोरी देते। (वास्तव में क्या हुआ था, इसका वृत्तान्त जैनेन्द्र ने प्रेमचन्द की मृत्यु के बाद शिवरानीदेवी को बतलाया)। आगे चलकर प्रेमचन्द ने इसी घटना के आधार पर एक कहानी 'ढपोरशंख' लिखी। ('बंगाली बाबू' की शादी के लिए गहने बनाने वाला वही सुनार था जिसने प्रेमचन्द की लड़की कमला के विवाह के लिए गहने बनाए थे। परन्तु इनकी चुकती शिवरानीजी ने की थी)।

कमला के विवाह के बारे में—"बेटी के लिए बहुत तलाश के बाद अच्छा लड़का मिला था, चाहते थे लड़का सुन्दर हो, स्वभाव अच्छा हो, घर-बार वाला हो, उसकी माँ ज़िन्दा हो और वह माँ-बाप की सेवा करता हो, चंचल नहीं हो, इत्यादि। कितने ही लड़के देखे। सारी बातें किसी में न मिलीं। आख़िर एक लड़के वासुदेवप्रसाद का पता लगा, जो बी.ए. में इलाहाबाद में पढ़ता था। उसकी माँ ज़िन्दा थीं, दो बहनें थीं जिनकी शादी हो चुकी थी। एक छोटा भाई था जो पढ़ रहा था। लड़के के बहनोई को पत्र लिखा। वह स्वयं आए। बातचीत शुरू हुई। वह तीन हज़ार रुपए वार्षिक एक ज़मींदारी का प्रबन्ध करते थे। लड़के की माँ के लिए लड़की के फ़ोटो खिंचवाए गए, जिन्हें लेकर बहनोई वापस गए। फिर पत्र आया कि बातचीत पक्की करने के लिए स्वयं लड़का और उसकी बहन आएँगे। लिखा था—'लड़का अपने घर का मालिक है। वह ख़ुद लड़की को देखना चाहता है।'"

इस पत्र को पढ़कर प्रेमचन्द को क्रोध आया कि जब बहनोई ने देख लिया है तो स्वयं देखने की बात कैसी? 'मैं लड़के के साथ शादी करता हूँ, घर के मालिक के साथ नहीं।' लड़के के बहनोई ने स्पष्टीकरण किया। लड़के ने स्वयं अपने बहनोई को लिखा था—'शादी मुझे मंजूर है। इसका ख़याल रहे कि जिस घर में मेरी शादी हो, उस घर पर कोई बोझ न डाला जाए, क्योंकि शादी-ब्याह एक दिन का रिश्ता नहीं, ब्याह से हमारा-उनका रिश्ता तीन पुश्तों का होगा।' यही पत्र बहनोई ने प्रेमचन्द के पास भेज दिया। इस पर प्रेमचन्द बहुत प्रसन्न हुए। बोले—'लड़का बहुत समझदार मालूम होता है।' फिर लड़के की बहन तथा माँ को आने का निमंत्रण दिया गया। बहन तथा बहनोई आए। प्रेमचन्द ने उन्हें कई रोज़ तक ठहराया और शिवरानीदेवी से कहा—"अभी मत जाने दो। दस-पन्द्रह रोज़ रह लें, तो जाएँ। महज सूरत से क्या, साथ में रहकर उसका शील-स्वभाव भी देख लें। सूरत-शक्ल अगर बहुत अच्छी हो और स्वभाव का ठीक न हो, तो कैसा। जो बात उन्हें न मालूम हो, तुम बता दो कि इस

तरह देखो।'' प्रेमचन्द ने एक शर्त रखी कि जब लड़की को बुलाएँगे तो विदा करने में झंझट नहीं होना चाहिए। बात लगभग तय थी।

तब निगम को लिखा—''बेटी की शादी ज़िला सागर के एक मुतमव्विल ख़ानदान में तय हो गई है। वह लोग यहाँ आए थे और कल वापस गए हैं। दो-चार रोज़ में मैं वरच्छे की रसम अदा करने जाऊँगा। लड़का बी. ए. में पढ़ता है। जायदाद माकूल है। मगर सरफा चार हज़ार का है। मेरी भुगत कुल दो हज़ार की है। आप बतला सकते हैं कि (एक महीने में) मेरी कितनी मदद कर सकते हैं, ताकि मैं बकिया की और कोई फ़िक्र करूँ।''

फिर लड़के को मिलने स्वयं गए। वहाँ पता लगा कि लड़के के पिता 'देवरी के लाट' के नाम से सुविख्यात व्यक्ति थे। स्वदेशी पहनते थे, बंग-भंग आन्दोलन में जेल गए थे और लोगों ने चार हज़ार रुपए से उनका केस लड़ा था। वह प्रेमचन्द के उपन्यासों के भी शौकीन थे। सब देख-सुनकर सम्बन्ध पक्का हो गया।

शादी बनारस (लमही) ही में की गई। द्वार-पूजा की रसम प्रेमचन्द ने स्वयं नहीं की, बल्कि यह काम रिश्ते के एक बड़े भाई को सौंपा। द्वार-पूजा ही नहीं, कन्यादान करने से भी इन्कार कर दिया। 'कैसा दान? बेजान चीज़ दान में दी जाती है। जानदार चीज़ों में केवल गौ ही दान में दी जा सकती है। फिर लड़की का कैसा दान? मुझे यह पसन्द नहीं है।' मंडप में बैठे, परन्तु कन्यादान शिवरानीदेवी ही ने किया।

कुछ महीनों बाद प्रेमचन्द ने 'गिला' शीर्षक से एक कहानी लिखी, जिसमें (अपनी पत्नी की आँखों से) अपना चित्र खींचा। बेटी के विवाह सम्बन्धी घटना का उल्लेख इस प्रकार है—

'आपको ज़िद थी कि दहेज के नाम कानी कौड़ी न देंगे, चाहे कन्या आजीवन कुँवारी बैठी रहे। यहाँ भी आपका आदर्शवाद आ कूदा। समाज के नेताओं का छल-प्रपंच आए दिन देखते रहते हैं, फिर भी आपकी आँखें नहीं खुलतीं। जब तक समाज की यह व्यवस्था क़ायम है और युवती कन्या अविवाहित रहना निन्दास्पद है तब तक यह प्रथा मिटेगी नहीं। दो-चार ऐसे व्यक्ति भले ही निकल आएँ, जो दहेज के लिए हाथ न फैलाएँ, लेकिन इसका परिस्थिति पर कोई असर नहीं पड़ता और कुप्रथा ज्यों-की-त्यों बनी हुई है। पैसों की तो कमी नहीं, दहेज की बुराइयों पर लेक्चर दे सकते हैं, लेकिन मिलते हुए दहेज को छोड़ देनेवाला मैंने आज तक नहीं देखा। जब लड़कों की तरह लड़कियों की शिक्षा और जीविका की सुविधाएँ निकल आएँगी, तो यह प्रथा भी विदा हो जाएगी, उसके पहले सम्भव नहीं। मैंने जहाँ-जहाँ सन्देशा भेजा, दहेज का प्रश्न उठ खड़ा हुआ, और आपने प्रत्येक अवसर पर टाँग अड़ाई। जब इस तरह पूरा साल गुज़र गया और कन्या का सत्रहवाँ साल लग गया, तो मैंने एक जगह बात पक्की कर ली। आपने भी स्वीकार कर लिया क्योंकि वर-पक्ष ने लेन-देन का प्रश्न उठाया ही नहीं, हालाँकि अन्त:करण में उन लोगों को पूरा विश्वास था कि अच्छी रक़म मिलेगी और मैंने भी तय कर लिया था कि यथाशक्ति कोई बात उठा न रखूँगी। विवाह

के सकुशल होने में कोई सन्देह न था, लेकिन इन महाशय के आगे मेरी एक न चलती थी—यह प्रथा निन्दनीय है, यह रस्म निरर्थक है। यहाँ रुपए की क्या ज़रूरत? यहाँ गीतों का क्या काम? नाक में दम था। यह क्यों? वह क्यों? यह तो साफ़ दहेज है! तुमने मेरे मुँह में कालिख लगा दी, मेरी आबरू मिटा दी। ज़रा सोचिए इस परिस्थिति को कि बारात द्वार पर खड़ी हुई है और यहाँ बात-बात पर शास्त्रार्थ हो रहा है! विवाह का मुहूर्त आधी रात के बाद था। प्रथानुसार मैंने व्रत रखा, किन्तु आपकी टेक थी कि व्रत की कोई ज़रूरत नहीं। जब लड़के के माता-पिता व्रत नहीं रखते, जब लड़का तक व्रत नहीं रखता, तो कन्या पक्षवाले ही व्रत क्यों रखें? मैं और सारा ख़ानदान मना करते रहे, लेकिन आपने नाश्ता किया, भोजन किया। ख़ैर! कन्यादान का मुहूर्त आया। आप सदैव से इस प्रथा के विरोधी हैं। आप इसे निखिद समझते हैं। कन्या क्या दान की वस्तु है? दान रुपए-पैसे, जगह-ज़मीन का हो सकता है। पशुदान भी होता है। लेकिन लड़की का दान! एक लचर-सी बात है। कितना समझाती हूँ, पुरानी प्रथा है, वेद-काल से होती चली आई है। शास्त्रों में इसकी व्यवस्था है, सम्बन्धी समझा रहे हैं, पंडित समझा रहे हैं, पर आप हैं कि कान पर जूँ नहीं रेंगती। हाथ जोड़ती हूँ, पैरों पड़ती हूँ, गिड़गिड़ाती हूँ, लेकिन आप मंडप के नीचे न गए। और मज़ा यह है कि आपने ही तो यह अनर्थ किया और आप ही मुझसे रूठ गए। विवाह के पश्चात् महीनों बोल-चाल न रही। झक मारकर मुझ ही को मनाना पड़ा।'

22

क़लम का मज़दूर

प्रेमचन्द आदर्शवादी थे। समाज की कुरीतियों को ख़त्म करना चाहते थे। इन्हीं कमज़ोरियों ने देश के लोगों को ग़ुलाम बनाया। यदि ये समाप्त हो जाएँ तो देश के नागरिकों, विशेषत: ग़रीबों का स्तर ऊपर उठेगा। यह तो हम देख ही चुके हैं कि ग़रीबों से प्रेमचन्द को विशेष सहानुभूति थी। शिवरानीदेवी ने बतलाया है कि उनसे सम्पर्क में आनेवाले छोटे-से-छोटे व्यक्तियों के लिए भी वह सर्वदा भरसक वह सभी-कुछ करते थे जो करना उनके लिए सम्भव होता। चाहे वह कहारी हो, नौकर हो, नाई का कुटुम्ब हो या प्रेस के कर्मचारी हों।

वह स्वयं छोटे समझे जानेवाले लोगों में मिलने का प्रयत्न करते थे। जो मोटा-झोटा मिला, खा लिया; जो साधारण वस्त्र मिले, पहन लिये। ज़मीन पर बैठकर लिखते थे। सामने डैस्क होता। घर में कोई कुर्सी नहीं थी। कहते—"जिस देश में छ: पैसे रोज़ की आमदनी हो, वहाँ लोग कैसे लवाजमात को पूरा कर सकते हैं?" अपने आपको

मज़दूर समझते और कहते—"मैं क़लम का मज़दूर हूँ और मज़दूर को मज़दूर का ही जीवन बिताना चाहिए।"

शिवरानीदेवी कहतीं—"विख्यात लेखक हो। घर पर लोग आते हैं उनके बैठने के लिए दो-चार कुर्सियाँ तो मँगवा लो।" परन्तु प्रेमचन्द कहते—"ये सब झंझट की जड़ हैं, विलासिता की निशानी हैं। मेज़-कुरसी आ जाएँगी तो तुम एक क़ालीन के लिए भी कहोगी। क़ालीन आ जाएगा तो उसकी सफ़ाई के लिए एक नौकर रखना पड़ेगा। एक के बाद दूसरी माँग और माँगों का क़ायदा है कि वे बढ़ती जाती हैं।"

एक बार साहित्य-प्रेमी कालाकांकर-नरेश प्रेमचन्द के घर पर आए और अगले दिन सवेरे आठ बजे आने का बुलावा दे गए। उनके जाने के बाद शिवरानीदेवी को पता लगा कि आगन्तुक व्यक्ति राजा साहब के आदमी नहीं थे, परन्तु स्वयं राजा साहब थे। उन्होंने पूछा—"आपने उन्हें कहाँ बैठाया?"

प्रेमचन्द—"जहाँ (ज़मीन पर) मैं बैठा था।"

शिवरानीदेवी—"उन लोगों ने क्या सोचा होगा?"

प्रेमचन्द—"तो मैं राजा लोगों के लिए थोड़े ही इन्तज़ाम करता हूँ। मेरी गद्दी तो ज़मीन है। उनको अच्छा न लगे तो इसके लिए मैं क्या करूँ?"

बात से बात निकली। स्वराज्य माँगनेवालों के रहन-सहन का ज़िक्र आया।

शिवरानीदेवी—"ये मेज़-कुर्सीवाले ही तो स्वराज्य माँग रहे हैं। स्वराज्य की माँग ग़रीबों के दिमाग़ की उपज तो नहीं है।"

प्रेमचन्द—"जब स्वराज्य मिलेगा तो सबका कल्याण हो जाएगा। उनका भला तभी होगा जब उनमें शक्ति आएगी।"

शिवरानीदेवी—"भगवान् को चाहिए कि उन ग़रीबों में ताक़त भरे।"

प्रेमचन्द—"भगवान तो मन का भूत है, जो इन्सान को कमज़ोर कर देता है। दुनिया स्वावलम्बी पुरुषों की है। अन्धविश्वास में पड़कर हमारी रही-सही बुद्धि भी मारी जाती है।"

शिवरानीदेवी—"परन्तु गांधीजी तो दिन-रात ईश्वर-ईश्वर चिल्लाते रहते हैं।"

प्रेमचन्द—"वह एक प्रतीक-भर है। वे देख रहे हैं कि जनता अभी बहुत सचेत नहीं है और फिर जो जनता सदियों से भगवान् पर विश्वास किए चली आ रही है, वह (कैसे) एकाएक अपने विचार बदल सकती है? अगर एकाएक जनता को कोई भगवान से अलग करना चाहे तो सम्भव भी नहीं है। इसी से वे भी शायद भगवान का ही सहारा लेकर चल रहे हैं।"

शिवरानीदेवी—"आप भले ही न मानें, दुनिया थोड़े ही नास्तिक हो सकती है।"

प्रेमचन्द—"मेरा कहना झूठ नहीं है। तुम सच मानो, जो भी आज धर्म के नाम पर हो रहा है, सब अन्धविश्वास है। यह सब मूर्खों के बहकाने के तरीक़े हैं। पुरुषों ने भी अन्धविश्वास द्वारा स्त्रियों को मूर्खता का पाठ पढ़ाया है।"

फ़र्नीचर से लेकर बात आस्तिकता तक जा पहुँची, परन्तु यह तो कोई नई बात न थी। प्रेमचन्द ने कुर्सियाँ मँगाने की स्वीकृति नहीं दी। परन्तु शिवरानीदेवी ने पचास रुपए का फ़र्नीचर मँगवा ही डाला। कमरा सज़ा दिया गया। प्रेमचन्द के लिए यह एक प्रकार की मुसीबत हो गई। स्वयं तो ज़मीन ही पर बैठते, परन्तु फ़र्नीचर की सफ़ाई करने लगते। शिवरानीदेवी अपने दिल में सोचतीं—'मैंने नाहक़ फ़र्नीचर मँगवाकर उनकी बला बढ़ा दी, झाड़ने-पोंछने में उनका वक़्त ख़राब होने लगा।'

ऊपर दिए गए वृत्तान्त से प्रेमचन्द के जीवन की सरलता का तो पता चलता ही है, साथ ही हमें इस बात का प्रमाण भी मिलता है कि वे अपने जीवन को ग़रीबों के जीवन के नज़दीक लाना चाहते थे।

ग़रीबों के लिए कितना दर्द था, इसका एक उदाहरण लखनऊ में हुई एक बार की आतिशबाज़ी के प्रति उनकी मनोवृत्ति है। 'माधुरी' दफ़्तर से घर आकर बोले—"वाइसराय आने वाले हैं, आज चालीस हज़ार रुपए की आतिशबाज़ी और रोशनी होगी। ग़रीबों का घर फूँककर तमाशा देखा जाएगा। उसमें हम लोग भी अपनी आँखें सेंक लेंगे...मैं आह भर लूँगा और अपनी बेहयाई की हँसी में शायद हँस भी लूँगा और इससे आगे अपना बस ही क्या है।"

फिर आतिशबाज़ी के बारे में—"जो राजे-महाराजे हर साल यहाँ आते हैं, वे कुछ रक़म छोड़ जाते हैं ताकि जब-जब वाइसराय और युवराज यहाँ पधारें तो वह उनके स्वागत में ख़र्च हो। और जो कमी पड़ती है वह तुम्हारे यहाँ के काश्तकारों से वसूल किया जाता है। उन ग़रीबों के ख़ून की कमाई, कूड़ा-घास की तरह आतिशबाज़ी में फूँक दी जाती है। जिस मुल्क के आदमी की कमाई औसत छः पैसे रोज़ हो, उस मुल्क में किसी को क्या हक है कि एक-एक शहर में चालीस-चालीस और पचास-पचास हज़ार रुपया आतिशबाज़ी में फूँका जाए? जहाँ पर तन ढँकने को कपड़ा न हो, दोनों जून रूखी रोटियाँ भी न मिलें, उस मुल्क में इस बेरहमी से पैसा फूँका जाए और इसलिए कि वाइसराय साहब ख़ुश होंगे और इन मोटे आदमियों को ख़िताब देंगे?"

शिवरानीदेवी—"तो ये लोग पैसे देते ही क्यों हैं?"

प्रेमचन्द—"अगर वे देंगे नहीं, तो क्या वे ज़िन्दा रहने पाएँगे? ये मोटे-मोटे आदमी उनको खा जाएँगे या छोड़ेंगे?"

शिवरानीदेवी—"जब उन्हें हर हालत में मरना ही है तो कुछ करके क्यों नहीं मरते?"

प्रेमचन्द—"यहाँ अस्सी प्रतिशत काश्तकार हैं। बीस प्रतिशत और लोग बाक़ी बचते हैं, जिसमें पढ़े-लिखे, मालदार, रोज़गारी सब हैं। अगर इनमें इतनी ही शक्ति और बुद्धि होती तो मुट्ठी-भर अँगरेज़ हमारे देश में डेढ़ सौ साल से राज्य न करते होते। मगर नहीं, इनमें न तो शक्ति है, और न बुद्धि।"

शिवरानीदेवी—"तो क्या सब निकम्मे हैं?"

प्रेमचन्द—"हाँ, यह सब देखकर तो यही कहना पड़ता है कि सब निकम्मे हैं। और शायद मुल्क इसके लिए तैयार भी नहीं है।"

शिवरानीदेवी—"क्या यही लोग तैयार होंगे?"

प्रेमचन्द—"इसमें न क्रोध करने की बात है, न हँसने की। यह तो आँसू बहाने की बात है।"

शिवरानीदेवी—"सब तो ख़ुश हैं, कोई तो आँसू नहीं बहा रहा है।"

प्रेमचन्द—"तो इसके मानी हैं कि हममें इतनी जड़ता छायी हुई है कि उसका दर्द भी हम महसूस नहीं करते।"

शिवरानीदेवी—"तो क्या इस बीमारी का कोई इलाज है, या यह मर्ज़ ला-इलाज है?"

प्रेमचन्द—"महात्मा गांधी शायद कुछ कर जाएँ। नहीं तो फिर इसी तरह सहते-सहते हालत ख़राब होती चली जाएगी। जब इन्सान ख़ुद मरने के लिए तैयार हो जाता है, तभी उसमें किसी दूसरे को मारने की शक्ति आती है।"

शिवरानीदेवी—"जब इन्सान ख़ुद ही मर जाएगा, तब किसी को क्या ख़ाक मारेगा, उस समय तो इन्सान ख़ुद ही मिट जाएगा।"

प्रेमचन्द—"तुमको वह कहावत याद है कि नहीं, मरता क्या न करता? वह हालत जब इन्सान की हो जाती है, तब वह सबकुछ करने को तैयार हो जाता है। जब तक इन्सान को थोड़ा-सा भी सुख मिलता रहता है तब तक उससे सुख का मोह छोड़ा नहीं जाता, लालसा आगे को बनी रहती है। जब इन्सान समझ लेता है कि मरने के सिवाय कोई चारा नहीं, तब वह मरने के लिए तैयार हो जाता है।"

शिवरानीदेवी—"तब क्या यहाँ अँगरेज़ वसूल करने आ रहे हैं?"

प्रेमचन्द—"माना कि अँगरेज़ वसूल करने नहीं आते, पर एक शहज़ोर ही तो कमज़ोर को चूस रहा है।"

शिवरानीदेवी—"जब स्वराज्य हो जाएगा, तब क्या चूसना बन्द हो जाएगा?"

प्रेमचन्द—"चूसा तो थोड़ा-बहुत हर जगह जाता है। शायद दुनिया का नियम हो गया है कि कमज़ोर को शहज़ोर चूसें। हाँ, रूस है जहाँ पर कि बड़ों को मार-मारकर दुरुस्त कर दिया गया। अब वहाँ ग़रीबों को आनन्द है। शायद यहाँ भी कुछ दिनों के बाद रूस-जैसा ही हो।"

शिवरानीदेवी ने पूछा कि ऐसा होने पर वह (प्रेमचन्द) किसका साथ देंगे? प्रेमचन्द ने उत्तर दिया—"मज़दूरों और काश्तकारों का। मैं पहले ही सबसे कह दूँगा कि मैं तो मज़दूर हूँ। तुम फावड़ा चलाते हो, मैं क़लम चलाता हूँ। हम दोनों बराबर ही हैं।"

शिवरानीदेवी—"इस तरह कहने से काम नहीं चलेगा। वे तुम्हारा विश्वास भी नहीं करेंगे।"

प्रेमचन्द—"तब तक सब पढ़-लिख जाएँगे। क्या रूस में लेखक नहीं हैं? वहाँ के लेखक की हालत यहाँ के लेखकों की हालत से अच्छी ही नहीं, कई गुना अच्छी है। मैं तो उस दिन के लिए मनाता हूँ कि वह दिन जल्दी आए।"

शिवरानीदेवी ने पूछा—"तो क्या रूसवाले यहाँ भी आएँगे?"

प्रेमचन्द बोले—"रूसवाले यहाँ नहीं आएँगे, बल्कि रूसवालों की शक्ति हम लोगों में आएगी।"

शिवरानीदेवी—"वे लोग अगर यहाँ आते तो शायद हमारा काम जल्दी हो जाता।"

प्रेमचन्द—"वे लोग यहाँ नहीं आएँगे। हमीं लोगों में वह शक्ति आएगी। वही हमारे सुख का दिन होगा, जब यहाँ काश्तकारों और मज़दूरों का राज्य होगा। मेरा ख़याल है कि आदमियों की ज़िन्दगी औसतन दूनी हो जाएगी।"

ब्रिटिश शासक प्रेमचन्द के विद्रोहात्मक विचारों से परिचित थे। परन्तु हिन्दुस्तानी एकेडेमी का सदस्य नियुक्त करके उन्होंने प्रेमचन्द को मान्यता प्रदान की थी।

उन्हीं दिनों यू.पी. के एक नए गवर्नर आए, तो उन्होंने एक भारतीय मित्र के द्वारा प्रेमचन्द को लिखवाया कि सरकार उन्हें रायसाहब की उपाधि देने को तैयार है तथा प्रेमचन्द उनसे मिल लें। पत्र में यह भी इशारा था कि यदि वह पद ग्रहण करेंगे तो सरकार उन्हें कुछ और भी देगी।

प्रेमचन्द के अनुसार यह पद इसलिए दिया जा रहा था कि 'मैं जनता का आदमी न रहकर सरकार का पिट्ठू रह जाऊँगा। अभी तक मेरा सारा काम जनता के लिए हुआ है। तब गवर्नमेंट मुझसे जो लिखवाएगी, लिखना पड़ेगा।'

प्रेमचन्द ने गवर्नर के भारतीय मित्र (जिनको 'सर' की उपाधि मिली थी) को जवाब में लिखा कि 'मैं जनता का तुच्छ सेवक हूँ, अगर जनता की रायसाहबी मिलेगी तो सर-आँखों पर। गवर्नमेंट की रायसाहबी की इच्छा नहीं। गवर्नर साहब को मेरी तरफ़ से धन्यवाद दे दीजिएगा।'

वास्तव में प्रेमचन्द जनता ही के आदमी थे। वह स्वतंत्रता-संग्राम के सैनिक थे। गांधीजी से प्रेमचन्द व्यक्तिगत रूप से कभी नहीं मिल पाए, परन्तु उन्हीं के जीवन-दर्शन को वह अपने उपन्यासों में भरते थे।

एक बार एकेडेमी की मीटिंग के लिए वह इलाहाबाद जानेवाले थे। दो दिन पहले कांग्रेस वर्किंग कमेटी की मीटिंग भी वहीं (इलाहाबाद में) होनेवाली थी और इसके लिए गांधी जी भी आने वाले थे। पं. सुन्दरलालजी को पता लगा कि प्रेमचन्द जी गांधीजी से मिलने के इच्छुक हैं। उन्होंने प्रेमचन्द को लिखा कि यदि वह दो रोज़ पहले आ जाएँ तो गांधीजी से मुलाक़ात का प्रबन्ध हो जाएगा।

प्रेमचन्द ने पत्नी को कहा कि एकेडमी की मीटिंग से दो रोज़ पहले इलाहाबाद जाना है।

शिवरानीदेवी ने पूछा—"क्यों?"

प्रेमचन्द—''महात्माजी से मिलना चाहता हूँ।''

शिवरानीदेवी—''तब तक क्या महात्माजी चले जाएँगे ?''

प्रेमचन्द—''मुमकिन है तब तक महात्माजी चले जाएँ। ज़्यादा दिन कहीं वह ठहरते भी तो नहीं। लोगों को यह सुनकर आश्चर्य होता है कि मैं अभी तक महात्माजी से नहीं मिला।''

एकेडेमी की मीटिंग से दो दिन पहले ही वह इलाहाबाद पहुँचे। और लौटे भी दो दिन बाद। परन्तु महात्माजी के दर्शन नहीं हुए। उनको एक मिनट की भी फ़ुरसत नहीं। 'मैं केवल दर्शन करना ही नहीं चाहता, मैं तो पाँच-दस मिनट बात करना चाहता हूँ। सुनते हैं, वे बात करने में बड़े निपुण हैं।'

टोकियो स्थित भारतीय केशोराम सब्बरवाल ने प्रेमचन्द की कुछ कहानियों का अनुवाद जापान के पत्रों में प्रकाशित किया और सूचना दी कि उनका भव्य स्वागत हुआ। प्रेमचन्द ने शिवपूजन सहाय को लिखा—''आपको यह सुनकर आनन्द होगा कि मेरी कई कहानियों के जापानी भाषा में अनुवाद प्रकाशित हुए हैं। और वहाँ की सर्वश्रेष्ठ पत्रिका में प्रकाशित हुए हैं। जापानी जनता ने उनका वही सम्मान किया है जो टाल्सटाय और चेखव की कहानियों का करते हैं। पत्रों में ख़ूब चरचा रही। मेरे पास जो पत्र आया है, उसमें लिखा है—''यूयर स्टोरीज़ वर दि सैंसेशन इन दि मन्थ आफ जून।''

कुछ समय बाद बहादुरचन्द छाबड़ा ने भी लाइडन से डच भाषा में कहानियों के अनुवाद कराने की अनुमति माँगी। श्री छाबड़ा वहाँ के विश्वविद्यालय में अध्यापन का कार्य कर रहे थे। उत्तर में प्रेमचन्द ने लिखा—''आप लोग धन्य हैं जो विदेशों में भारत का नाम रोशन कर रहे हैं...यदि डच प्रेमियों को मेरी कहानियाँ कुछ अच्छी लगती हों तो आप बड़ी ख़ुशी से जिन कहानियों का अनुवाद करना चाहें करें। हाँ, उनकी भाषा किसी डच साहित्य-प्रेमी को दिखा लीजिएगा जिसमें आपकी और मेरी अपकीर्ति न हो। मेरी भाषा बोलचाल की होती है और उसका अनुवाद तो कठिन न होना चाहिए। मेरी यही कामना है कि आप अपने उद्योग में सफल हों और मुझे भी यश मिले।''

अगस्त, 1928 के एक पत्र में केशोराम सब्बरवाल को उन्होंने लिखा था—''महात्मा गांधी का हमारे दिलों पर पूरा आधिपत्य है। हमें उन पर गर्व है। मुझे मालूम नहीं जापान के लोग उनके बारे में क्या सोचते हैं। आजकल यहाँ (लखनऊ में) सर्वदलीय कांफ्रेंस हो रही है जो एक विधान तैयार कर रही है। इसे 'साइमन कमीशन' को पेश किया जाएगा।'' सात महीने बाद जब जनवरी, 1930 में कांग्रेस ने पूर्ण स्वराज्य का प्रस्ताव पास किया, तब लिखा—''यह तो आपको पता ही होगा कि इस वर्ष कांग्रेस ने एक क़दम आगे बढ़ाया है और स्वराज्य का प्रस्ताव पास किया है। इस बारे में भारत में बड़ा मतभेद है। मॉडरेट लोग इतना आगे तक जाने के लिए तैयार नहीं हैं, और नव-

नेता पूर्ण स्वराज्य से कम लेने के लिए तैयार नहीं हैं। मेरा विचार है पूर्ण स्वराज्य की माँग गर्व से अन्धे ब्रिटिश साम्राज्यवाद का उचित उत्तर है। डोमीनियन स्टेट्स तो एक धोखा है। एक बात जो मेरी समझ में नहीं आती, वह है कांग्रेस द्वारा कौंसिलों का बाईकाट। हमें चाहिए कि जितना कुछ और जहाँ से भी हमें मिले, उसे ले लें।''

23

'हंस' का प्रारम्भ और पत्नी की जेल-यात्रा

सम्पादक होने के नाते प्रेमचन्द स्वतंत्रता-संग्राम में अपनी मासिक पत्रिका 'माधुरी' का उपयोग करना चाहते थे। परन्तु यह पत्रिका विष्णुनारायण भार्गव की थी और प्रेमचन्द को इस क्षेत्र में इतनी आज़ादी न थी, जितनी एक स्वतंत्र सम्पादक को चाहिए। सम्पादक के कर्तव्य के बारे में उनके दृष्टिकोण का उनकी एक कहानी 'डिग्री के रुपए' से पता चलता है। उसमें लिखा था—

''पत्र का सम्पादक परम्परागत नियमों के अनुसार जाति का सेवक है। वह जो कुछ देखता है, जाति की विराट् दृष्टि से ही देखता है। वह जो कुछ विचार करता है, उस पर भी जातीयता की छाप लगी होती है। जातीयता के विस्तृत क्षेत्र में सदैव विचरण करते रहने से व्यक्ति का महत्त्व उसकी दृष्टि में अत्यन्त संकीर्ण हो जाता है। वह व्यक्ति को क्षुद्र, तुच्छ, नगण्य समझने लगता है। व्यक्ति का जाति पर बलि देना उसकी नीति का प्रथम अंग है, यहाँ तक कि वह बहुधा अपने स्वार्थ को भी जाति पर वार देता है। उसके जीवन का लक्ष्य महान् और आदर्श पवित्र होता है। वह उन महान् आत्माओं का अनुगामी होता है, जिन्होंने राष्ट्रों का निर्माण किया है, जिनकी कीर्ति अमर हो गई है तथा जो दलित राष्ट्रों का उद्धार करने वाली हो गई हैं। वह यथाशक्ति कोई ऐसा काम नहीं कर सकता जिससे उसके पूर्वजों की उज्ज्वल विरुदावली में कालिमा लगने का भय हो।''

सम्पादक के कर्तव्य की इस उच्च भावना की पुष्टि हमें प्रेमचन्द के एक पत्र से मिलती है, जिसमें उन्होंने दयानारायण निगम को एक मीठी फटकार इसलिए लगाई थी कि उन्होंने पत्रिका का एक पूरा अंक (नवम्बर, 1929) 'आतिश' की कविता तथा उसकी आलोचना भर दिया था। प्रेमचन्द के अपने शब्दों में सुनिए—

''रसाला 'ज़माना' का माह नवम्बर का परचा देखकर मेरे दिल में चन्द ख़यालात पैदा हुए, जिन्हें अर्ज़ कर देना अपना फर्ज़ समझता हूँ। उम्मीद है कि जनाब को नागवार न होगा। इस ज़माना में जबकि गू नाँ गूँ अख़लाक़ी, सियासी, मुआश्रती और इक़्तसादी मसाइल हमारी तमामतर तवज्जोह के मुस्तहिक़ हैं, मुझे यह देखकर अफ़सोस हुआ

कि 'ज़माना' का क़रीब-क़रीब एक पूरा नम्बर महज़ 'आतिश' के क़लाम के तबसरा की नज़र हो गया। मैं 'आतिश' की उस्तादी का क़ायल हूँ। लखनऊ शायरी का मज़मूम पहलू 'आतिश' की शायरी में मुक़ाबिलतन कम है। मगर फिर भी इतना ज़्यादा है कि वह बइसतसना उन हज़रात के जो लखनवी शायरी के रंग में रँगे हुए हैं और इबतिदाल, जिनकी तबीयते सानी हो गई है और सभी तबाए को मौजूदा मेआर और ज़ौके सही से गिरा हुआ नज़र आता है।

"लिटरेचर का मौज़ूँ है तहज़ीबे इख़लाक, मुशाहदा, जज़बात, इन्कशाफे हक़ाईक़ और वारदाती कैफ़ियाते क़लब का इज़हार, जो शायरी, हुस्न ओ इश्क को आईना ओशाना, खंजरो महशर, सब्ज़ा ओ ख़त, दहन ओ कमर के तखय्युल से मुलव्वस करती हो, वह हरग़िज इस क़ाबिल नहीं कि आज हम उसका विर्द करें। जिनकी उफ़्तादे तबीयत इस रंग की है उन्हें इख़्तियार है 'आतिश' या 'नासिख', 'रन्द' और 'अमानत' का वज़ीफ़ा पढ़ें। लेकिन 'ज़माना' के मुख़्तलिफ़ुलत्तबाये नाज़रीन को इस विर्द ओ वजीफ़ा में शरीक़ होने के लिए मजबूर करना कहाँ का इन्साफ़ है। मिर्ज़ा जाफ़र अली ख़ान साहब ने अपने तबसरा में 'आतिश' के क़लाम का इन्तख़ाब पेश किया है, मगर इस इन्तख़ाब में भी बेशतर ऐसे अशआर हैं जिन्हें ज़ौके लतीफ़ हरगिज़ क़ाबिले सताईश न समझेगा, मुलाहिज़ा हो :

भर गया दामने नेज़्ज़ाराँ गुले नरगिस से।
आँख उठाकर जो कभी तुमने इधर देख लिया।

आँख की रिआयत से नरगिस को लाकर दामने नज़्ज़ारा को गुले नरगिस से भर देना इसमें क्या नदरते ख़याल है? क्या हक़ीमत है? समझ में नहीं आता।

क़ासिदों के पाओं तोड़े बदग़ुमानी ने मेरी।
ख़त दिया लेकिन न बतलाया निशाने कुए दोस्त।

क्यों नहीं बतलाया? थी आपकी हिमाक़त या नहीं? आपको ख़ौफ़ हुआ कहीं माशूक़ क़ासिद का दम न भरने लगे। वाह रे माशूक़ और वाह रे आशिक़, दोनों ज़िन्दा दर ग़ौर।

"ऐसे अशआर एक नहीं, सैकड़ों हैं। बहुत छानबीन करने से सौ-दो सौ अशआर सारे दीवान में ऐसे निकलेंगे, जो पाकीज़ा कहे जा सकें, जिनमें वाक़ई जज़्बा, सच्चा दर्द, रिन्द नवाई, हसरत, चौंका देनेवाली ज़िद्दत राशाबर अन्दाम कर देने वाली नाज़ुक ख़याली, जुनूँ अंगेज़ मस्ती हो। 'ज़माना' में, अगर मेरा अन्दाज़ा ग़लती नहीं करता तो एक दर्जन मर्तबा 'आतिश' की मर्सियाख़्वानी की जा चुकी है। यक़ीनन मशाग़ले अदब में शोराए सलफ़ की मर्सियाख़्वानी के सिवा और भी बहुत से ज़रूरी काम हैं और ख़ासकर उन शोअरा की, जिनके दीवान कोह कन्दन ओ काह बर आवरदन के मिसदाक है। मेरा ख़याल है कि किसी रसाला के एडिटर को ज़ाती रूजहानात और दोस्ताना ताल्लुक़ात से बालातर रहना चाहिए। उसका फ़र्ज़ है कि हर रंग और हर मज़ाक़ के नाज़रीन का लिहाज़ रखे। यह नहीं कि—

ग़ैरते मेहरो रश्के माह हो तुम
ख़ूबसूरत हो बादशाह हो तुम
जिसने देखा तुम्हें वह मर ही गया
हुस्न के तैगे बे पनाह हो तुम
(तेग देखकर कौन मर जाता है?)
फ़ौक है सारे ख़ुश जमालों पर
वह सितारे जो हैं, तो माह हो तुम

जैसे तिफलाना जज़बात के अशआर से परचे का परचा भर दें। समा ख़राशी के लिए मुआफ़ फ़रमाइएगा।''

यदि प्रेमचन्द का बस चलता तो 'ज़माना' के सारे अंकों को वह सामाजिक तथा राजनीतिक विषयों से भर डालते। क्योंकि 'माधुरी' में वह अपनी मनमानी नहीं कर सकते थे, इसलिए उनकी इच्छा थी कि स्वयं अपना पत्र निकालें। एक कारण तो यह भी था कि अपनी मासिक पत्रिका निकालने से एक पंथ दो काज पूरे होते—एक तो साहित्यिक तथा राजनीतिक पत्रिका निकलती और दूसरे सरस्वती प्रेस का पेट भी भरता। परिणामत: पत्रिका की योजना बनी। कविवर जयशंकर प्रसाद ने प्रोत्साहन दिया और प्रेमचन्दजी के इस पत्र का नाम 'हंस' रखने का सुझाव दिया। एक दूसरे सज्जन, जिनसे इस सम्बन्ध में प्रेरणा मिली, वह थे प्रवासीलाल वर्मा।

जब प्रेमचन्द बनारस से लखनऊ गए थे, तब वह प्रेस से बहुत दुखी हो चुके थे। वह जानते थे कि प्रेस का प्रबन्ध ठीक नहीं चल रहा है। इसलिए वह एक नए मैनेजर की तलाश में थे। उन्हें पता चला कि प्रवासीलाल इस काम के लिए उचित व्यक्ति होंगे। वर्माजी से पूछा गया। वह आने को तैयार थे। तब उन्हें बुलाया गया। उन्होंने 'हंस' प्रकाशित करने तथा प्रेस को नए ढंग से चलाने की व्यवस्था की। प्रेस को मध्यमेश्वर से उठाकर मृत्युंजय महादेव रोड पर राय कृष्णदास के मकान में लाया गया। (प्रसादजी ने इस कार्य में पूरा सहयोग दिया) वर्मा की पीठ ठोकी। जब सब काम तैयार हो गया, तब प्रेमचन्द लखनऊ से बनारस आए और सीधा प्रवासीलाल के घर पहुँचे। उन्हें बधाई देकर बोले—''प्रेस बला हो गया था। आज बड़ा भारी बोझ उतर गया। अब मैं चैन की नींद सोऊँगा।''

दयानारायण निगम को—''नए साल से एक हिन्दी रसाला 'हंस' निकालने जा रहा हूँ। चौंसठ सफहात का होगा। और ज़्यादातर अफसानों से तआल्लुक रखेगा। है तो हिमाकत ही। दर्दे सर बहुत, और नफा कुछ नहीं। लेकिन हिमाकत करने को जी चाहता है। ज़िन्दगी हिमाकतों में गुज़र गई। एक और सही। न पहले कभी कामयाबी की सूरत देखी और न अब देखने की उम्मीद है। इश्तिहार वग़ैरह दे रहा हूँ। पहला पर्चा नए साल के दिन रवाना हो जाएगा। सुदर्शन साहब उर्दू में निकाल रहे हैं, मैं हिन्दी में निकालूँगा।''

'हंस' का पहला अंक चैत्र 1987 (मार्च 1930) में निकला। प्रेमचन्द अभी तक 'माधुरी' के सम्पादक-मंडल के सदस्य थे। 'हंस' का सम्पादन-कार्य वह लखनऊ से ही करते थे। उसका प्रकाशन और प्रबन्ध बनारस में प्रवासीलाल करते। अपने सम्पादकीय स्तम्भ 'हंस वाणी' में प्रेमचन्द ने 'हंस का जन्म' शीर्षक से निम्नलिखित टिप्पणी लिखी, जिससे प्रेमचन्द की आकांक्षाओं पर रोशनी पड़ती है—

" 'हंस' के लिए यह परम सौभाग्य की बात है कि उसका जन्म ऐसे शुभ अवसर पर हुआ है, जब भारत में एक नए युग का आगमन हो रहा है, जब भारत पराधीनता की बेड़ियों से निकलने के लिए तड़पने लगा है। इस तिथि की यादगार एक दिन देश में कोई विशाल रूप धारण करेगी। बहुत छोटी-छोटी तुच्छ विजयों पर बड़ी-बड़ी शानदार यादगारें बन चली हैं। इस महान विजय की यादगार हम क्या और कैसे बनाएँगे, यह तो भविष्य की बात है, पर यह एक ऐसी विजय है, जिसकी नज़ीर संसार में नहीं मिल सकती और उसकी यादगार भी वैसी ही शानदार होगी। हम भी उस नए देवता की पूजा करने के लिए, उस विजय की यादगार क़ायम करने के लिए, अपना मिट्टी का दीपक लेकर खड़े होते हैं और हमारी बिसात ही क्या है ? शायद आप पूछें, संग्राम शुरू होते ही विजय का स्वप्न लेने लगे। उसको यादगार बनाने की भी सूझ गई। मगर स्वाधीनता केवल मन की एक वृत्ति है। इस वृत्ति का जागना ही स्वाधीन हो जाना है। अब तक इस विचार ने जन्म ही न लिया था। हमारी चेतना इतनी मन्द, शिथिल और निर्जीव हो गई थी कि उसमें ऐसी महान् कल्पना का आविर्भाव ही न हो सकता था; पर भारत के कर्णधार महात्मा गांधी ने इस विचार की सृष्टि कर दी। अब वह बढ़ेगा, फले-फूलेगा। अब से पहले हमने अपने उद्धार के जो उपाय सोचे, वे व्यर्थ सिद्ध हुए, हालाँकि उनके आरम्भ में भी सत्ताधारियों की ओर से ऐसा ही विरोध हुआ था। इसी भाँति इस संग्राम में भी एक दिन हम विजयी होंगे। वह दिन देर में आएगा या जल्द, यह हमारे पराक्रम, बुद्धि और साहस पर मुनहसर है। हाँ, हमारा यह धर्म है कि उस दिन को जल्द-से-जल्द लाने के लिए तपस्या करते रहें। यही 'हंस' का ध्येय होगा और इसी ध्येय के अनुकूल उसकी नीति होगी। कहते हैं जब श्री रामचन्द्र समुद्र पर पुल बाँध रहे थे, उस वक़्त छोटे-छोटे पशु-पक्षियों ने मिट्टी ला-लाकर समुद्र के पाटने में मदद दी थी। इस समय देश में उससे कहीं विकट संग्राम छिड़ा हुआ है। भारत ने शान्तिमय समर की भेरी बजा दी है। 'हंस' भी मानसरोवर की शान्ति छोड़कर अपनी नन्ही-सी चोंच में चुटकी-भर मिट्टी लिये हुए, समुद्र पाटने—आज़ादी की जंग में योग देने चला है। समुद्र का विस्तार देखकर उसकी हिम्मत छूट रही है, लेकिन संघ शक्ति ने उसका दिल मज़बूत कर दिया है, समुद्र पटने के पहले ही उसकी जीवनलीला समाप्त हो जाएगी या वह अन्त तक मैदान में डटा रहेगा, यह तो कोई ज्योतिषी ही जाने, पर हमें ऐसा विश्वास है कि 'हंस' की लगन इतनी कच्ची न होगी। यह तो हुई उसकी राजनीति। साहित्य और समाज में वह गुणों का परिचय देगा, जो परम्परा ने उसे प्रदान कर दिए हैं।"

इसी अंक की अन्य सम्पादकीय टिप्पणिगों के विषय ये थे—

'डोमिनियन और स्वराज्य', 'सरल जीवन', 'स्वाधीनता के संग्राम की तैयारी हो', 'शान्ति-रक्षा', 'जेल-सुधार', 'जापान के लोग लम्बे होते हैं', 'राजनीति और रिश्वत', 'पहले हिन्दुस्तानी, फिर और कुछ', 'महात्माजी का वाइसराय से निवेदन', 'युवकों का कर्तव्य'।

आरम्भ से 'हंस' के दो स्थायी स्तम्भ और थे : एक 'मुक्ता-मंजूषा' और दूसरा 'नीरक्षीर'। एक स्तम्भ में हिन्दी तथा दूसरी भारतीय भाषाओं में साहित्यिक प्रगति का विवरण था और दूसरे में पुस्तकों के रिव्यू।

सम्पादकीय तथा दूसरी टिप्पणियों के अतिरिक्त प्रेमचन्द ने 'उपन्यास का विषय' शीर्षक एक लेख तथा एक कहानी 'जुलूस' भी इस अंक में लिखी। इस कहानी का सम्बन्ध स्वतंत्रता-संग्राम से है।

कुछ महीनों बाद श्रीराम शर्मा को लिखे एक पत्र में प्रेमचन्द ने 'हंस' के बारे में (अंग्रेज़ी) में लिखा—"यह शहरी जीवन, जहाँ मुझे फँसकर बैठना पड़ रहा है, मानसिक तथा भावात्मकता के विकास के लिए घातक है। मेरी बड़ी-से-बड़ी आकांक्षा है—देहात में बैठकर शान्तिमय जीवन बिताऊँ। आप जानते हैं मैं स्वयं देहाती हूँ और मैंने अपनी कृतियों के माध्यम से अपने देहाती भाइयों के ऋण को उतारने का प्रयत्न किया है। 'हंस' के निकालने का यही उद्‌देश्य रहा है। देहात में रहना, कुछ साहित्य-सेवा, सम्पादन-कार्य और देहातियों में मिल-जुलकर बैठना।"

जब महात्मा गांधी ने नमक आन्दोलन शुरू किया और निगम ने उन लोगों का पक्ष लिया जो नमक-सत्याग्रह को 'क़िब्ल अज़ वक़्त' ख़याल करते थे, तो प्रेमचन्द ने 23-3-30 को उन्हें लिखा—'नमक-सत्याग्रह को आप क़िब्ल अज़ वक़्त, ख़याल करते हैं। जिस तरह मौत हमेशा क़िब्ल अज़ वक़्त होती है, साहूकार का तक़ाज़ा हमेशा क़िब्ल अज़ वक़्त होता है, उसी तरह ऐसे सारे काम, जिनमें हमें माली या वक़्ती नुक़सान का अन्देशा हो, क़िब्ल अज़ वक़्त मालूम होते हैं। इस तहरीक़ की मक़बूलियत ही बतला रही है कि वह क़िब्ल अज़ वक़्त नहीं है।

"इस मौक़े पर साफ़ ज़ाहिर हुआ कि अगर दो फ़ीसदी अंग्रेज़ी ख्वाँदा असहाब तहरीक के साथ हैं तो अट्‌ठानवे फ़ीसदी उसके मुख़ालिफ़ हैं। क़ौमी एतबार से यूनिवर्सिटियों और स्कूलों पर क़ौम का जितना रुपया सर्फ़ हुआ वह क़रीबन ज़ाया हो गया। ये लोग सरकार के आदमी हुए, क़ौम के नहीं हैं। ग़ैर-अंग्रेज़ीदाँ, कारोबारी और पेशेवर तबक़ों ही ने इस तहरीक में जान डाली है। अगर तालीमयाफ़्ता आदमियों के भरोसे मुल्क बैठा रहे तो शायद क़यामत तक उसे आज़ादी नसीब न होगी।

"जब मालूम है और इसके लिए सबूत और दलील की ज़रूरत नहीं कि सरकार कोई रिफ़ार्म उस वक़्त तक नहीं देती, जब तक उसे यह यक़ीन न हो जाए कि इस तहरीक़ के पीछे कितनी ताक़त है, तो तालीमयाफ़्ता जमात का इससे किनाराकश रहना

कितना दिलशिकन है। क़ानूनपेशा, तबायतपेशा, प्रोफ़ेसर और सरकारी मुलाज़िमान, इन सबने जितनी ग़ुलामाना ज़हनीयत का सबूत दिया है उसकी मुझे उम्मीद न थी। यह तबक़ा अपनी ख़ैरियत गवर्नमेंट का इक़तदार क़ायम रहने में समझता है। वह एक लमहे के लिए भी अपनी आसाइश और दुनिया तलबी को फ़रामोश नहीं कर सकता। यही इसका दीन-ओ-ईमान है। वह या तो आज़ादी चाहता ही नहीं या इसके लिए क़ीमत न देकर दूसरों पर तक़िया करना ही अपनी शान के मुनासिब समझता है। या वह इस ख़याल में मग्न है कि आप-ही-आप आज़ादी मिल जाएगी। कांग्रेस के दौरे अव्वल में वह इससे ख़ाइफ़ रहा, कांग्रेस के दौरे सानी में भी इसकी यही हालत रही। वह सरीह देख रहा है कि जो कुछ उसे मिला और जिसे अब वह अपना हक़ समझता है वह दूसरों के ईसार व कुरबानी का नतीजा है। यही बर्जुआ फ़िज़ा है और यही नादार फ़िर्के को दार फ़िर्के का दुश्मन बना देता है... ।''

प्रेमचन्द स्वतंत्रता-संग्राम में सहयोग दे रहे थे। जून, 1930 के आरम्भ के एक पत्र में उन्होंने बनारसीदास चतुर्वेदी को लिखा, ''मेरी आकांक्षाएँ कुछ नहीं हैं। इस समय तो सबसे बड़ी आकांक्षा यही है कि हम स्वराज्य-संग्राम में विजयी हों। धन या यश की लालसा मुझे नहीं रही। खाने-भर को मिल ही जाता है। मोटर और बँगले की मुझे हविस नहीं। हाँ, यह ज़रूर चाहता हूँ कि दो-चार ऊँची कोटि की पुस्तकें लिखूँ, पर उनका उद्देश्य भी स्वराज्य-विजय ही है। मुझे अपने दोनों लड़कों के विषय में कोई बड़ी लालसा नहीं है। यही चाहता हूँ कि वे ईमानदार, सच्चे और पक्के इरादे के हों। विलासी, धनी, ख़ुशामदी सन्तान से मुझे घृणा है। मैं शान्ति से बैठना भी नहीं चाहता, साहित्य और स्वदेश के लिए कुछ-न-कुछ करते रहना चाहता हूँ। हाँ, रोटी-दाल और तोला-भर घी और मामूली कपड़े मुयस्सर होते रहें।''

इसी पत्र में लिखा—''कांग्रेस की उलझनों में पड़ा रहा। शहर पर फ़ौज का क़ब्ज़ा है। अमीनाबाद के दोनों पार्कों में सिपाही और गोरे डेरे डाले पड़े हुए हैं, धारा एक सौ चवालीस लगी हुई है, पुलिस लोगों को गिरफ़्तार कर रही है और कांग्रेस को तोड़ने की फ़िक्र में है। डंडे की नई पॉलिसी ने लोगों की हिम्मत तोड़ दी है।''

उसी समय निगम को लिखा—

''शहर फ़ौजी कैम्प बना हुआ है...एक बात और अर्ज़ कर दूँ। अगर कहीं गिरफ़्तार हो जाऊँ या डंडे पड़ जाएँ और रूह क़ालिबे अन्सारी से परवाज़ कर जाए, तो मेरे पसेमान्दगान की थोड़ी-बहुत ख़बर लेते रहिएगा। मुझे ग़रीक़ रहमत करके और पसमान्दगान के लिए सब्रेजमील की दुआ फ़रमाकर ख़ामोश न हो जाइएगा, क्योंकि इस ज़माने में सब-कुछ मुमकिन है। आज मुहर्रम का दिन है। देखें, ख़ैरियत से गुज़रती है या कल मार्शल लॉ जारी होता है।''

लखनऊ में अमीनुद्दौला पार्क नमक-सत्याग्रह का केन्द्र बन गया था। यहीं स्वयंसेवक जाकर नमक बनाते और गिरफ़्तार किए जाते। दूसरे नेताओं की भाँति

प्रेमचन्द युवकों को अपने हाथ से खादी का कुर्ता तथा टोपी पहनाते। शिवरानीदेवी उन्हें हार पहनाती और दोनों उन्हें नमक बनाने के लिए भेजते। प्रेमचन्द कहते—'बहादुरो, जाओ नमक-क़ानून तोड़ो। मैं भी जल्दी ही पहुँचता हूँ।'

एक दिन घर में कहा-सुनी हो गई। प्रेमचन्द घर से निकल पड़े—"आज तो मरना ही है, किसी-न-किसी तरह। लेकिन यों नहीं, पिकेटिंग करने वाले स्वयंसेवकों के जत्थे में घुसकर पुलिस की लाठी से सिर तुड़वाकर मरना ठीक होगा।" अपनी इस कोशिश में वे शाम तक भटकते रहे, पर कहीं उनका सिर नहीं टूटा। जब बत्तियाँ जलीं तो तीन घंटे तक अकेले बाग़ में मौत की इन्तज़ार करते रहे, मगर मौत को न आना था और न आई। लाचार हो, ग्यारह बजे वे आहिस्ता-आहिस्ता घर लौट आए।

अपने सामयिक उपन्यास 'कर्मभूमि' तथा अपनी कहानियों में प्रेमचन्द ने राष्ट्रीय आन्दोलन का मार्मिक चित्र खींचा है। जहाँ 'माधुरी' के लिए लिखी गई कहानियों—जैसे 'पत्नी से पति', 'पूस की रात', 'उन्माद', 'सुभागी'—में सामाजिक विषमताओं पर प्रहार किया गया है, वहाँ अपने 'हंस' में लिखी और अन्य कहानियों में राष्ट्रीयता का रंग कूट-कूटकर भरा है। जैसे—'धिक्कार', 'इन्तक़ाम', 'जेल', 'अनुभव', 'आहुति', 'होली का उपहार', 'शराब की दूकान', 'मैकू' में शराब की दूकानों की पिकेटिंग के दृश्य दिखाई पड़ते हैं। 'जुलूस' और 'समर की यात्रा' में जनसमूह द्वारा किए गए प्रदर्शनों की झाँकी मिलती है। ब्रिटिश सरकार की निगाहों में ये कहानियाँ उत्तेजनाजनक थीं और सरकार इन पर प्रतिबन्ध लगा रही थी। अप्रैल, 1930 और अगले पाँच महीनों में नौ आर्डिनेंस लागू किए गए। 2 जुलाई को 'अनआथोराइज़्ड न्यू शीट्स एंड न्यूज़ पेपर्स आर्डिनेंस पास हुआ। छापाखानों पर पहले ही नियंत्रण लागू था। 27 अप्रैल को प्रेस आर्डिनेंस लागू किया गया था।

अगस्त, 1930 के अन्त में सरस्वती प्रेस से 1000 रुपए की ज़मानत माँगी गई। इस समय 'हंस' के जुलाई-अंक के केवल 32 पृष्ठ (4 फ़र्मे) छपे थे। कांग्रेस के आदेशानुसार प्रेस ने ज़मानत न देकर बन्द करने का निश्चय किया। दूसरा कोई प्रेस 'हंस' को छापने के लिए तैयार न था। इसलिए 32 पृष्ठों का अंक ही ग्राहकों को भेज दिया गया। टाइटल किसी दूसरे प्रेस में छपवाया गया। श्री सीताराम प्रेस में एक विज्ञप्ति छपवाई गई, जिसके एक ओर तो अंक के लेखों की सूची थी और दूसरी ओर काले क़ानून के प्रहार के कारण पत्रिका को थोड़े समय के लिए बन्द या स्थगित करने के निश्चय के बारे में घोषणा की गई थी। इस विज्ञप्ति में ग्राहकों से निवेदन किया गया कि जब भी 'हंस' फिर छपेगा, ग्राहकों को उनके वार्षिक शुल्क के एवज़ पूरे बारह अंक ही भेजे जाएँगे। जब तक 'हंस' फिर निकलेगा उस वक़्त तक जर्मनी में बनी छापे की मशीनें आ जाएँगी तथा अच्छी छपाई का प्रबन्ध हो जाएगा। साथ ही अच्छी तस्वीरें भी उपलब्ध की जा रही हैं ताकि 'हंस' रोचक पत्र बन सके।

नवम्बर के महीने में आर्डिनेंस उठा तो छठा अंक निकला। जनवरी 1931 में विशेषांक का प्रबन्ध किया। जैनेन्द्र को लिखा—

''यदि आप अपनी कहानी भेज दें तो तुरन्त छपवाऊँ, और आपके लाखों यश मानूँ। सुदर्शनजी ने कहानी भेज दी है, राजेश्वर ने भी भेजी। कौशिकजी आजकल इतना लिख रहे हैं कि मैंने उन्हें कष्ट देना व्यर्थ समझा। वह बहाना करके टाल जाते। आपकी कहानी आ जाए तो क्या पूछना!''

इस बीच में प्रेमचन्द की कहानियों का एक नया संग्रह 'समर-यात्रा' प्रकाशित हुआ। इसकी कहानियाँ इस प्रकार हैं—'जेल', 'पत्नी से पति', 'लांछन', 'ठाकुर का कुआँ', 'शराब की दूकान', 'जुलूस', 'मैकू', 'आहुति', 'होली का उपहार', 'अनुभव', 'समर-यात्रा'। इस कहानी-संग्रह को सरकार ने ज़ब्त कर लिया, क्योंकि संग्रह की अधिकांश कहानियाँ राष्ट्रीय आन्दोलन को बल देने वाली थीं।

राष्ट्रीय संग्राम जारी था। प्रेमचन्द शिवरानीदेवी से कहते—''रानी, मेरे जेल जाने का समय आ गया है।'' शिवरानीदेवी लिखती हैं—''मैं उनको जेल नहीं जाने देना चाहती थी, क्योंकि उनकी सेहत ठीक नहीं थी। मैं सोचती थी कि अगर वह जेल जाएँगे तो उनकी क्या हालत होगी। उसका ख़याल ही मुझे सिहरा देता था। मगर उनके सामने उसका विरोध भी नहीं कर सकती थी, क्योंकि इसमें कायरता थी। सभी के पुत्र; पति और भाई, सब-के-सब प्यारे होते हैं, तब सभी अपने-अपने को छिपाकर रखना चाहें, तब काम करने वाले कहाँ से आएँगे, इसकी चिन्ता मुझे थी। अब मैं स्वयं सोचती कि बच्चे जेल जाने के क़ाबिल थे ही नहीं और इनको जेल जाने देना चाहती नहीं थी, तब सवाल आता कि आख़िर जेल जाए तो कौन ? उसमें आगे बढ़ना मेरा काम था, इसकी भी व्यवस्था बनी।''

एक बार श्रीमती (स्वरूपरानी) मोतीलाल नेहरू ने लखनऊ में भाषण दिया, जिसमें स्त्रियों से राष्ट्रीय आन्दोलन में भाग लेने की अपील की। ''उनके भाषण में वह ज़ोर था, वह दर्द था, वह गरमी थी, जो शायद मुर्दों में भी जान डाल सकती थी।'' शिवरानीदेवी जैसी 'मुर्दादिल' को भी कुछ गरमी मिली और उन्होंने भी दूसरी स्त्रियों की तरह अपना नाम दे दिया। महिलाश्रम स्थापित हुआ। पहले-पहल इसमें ग्यारह स्त्रियाँ थीं। सब बारह बजे तक आश्रम में पहुँच जातीं। शिवरानीदेवी तथा लड़की कमला भी पहुँच जातीं। विभिन्न मुहल्लों की मीटिंग में भी जातीं और भाषण भी देतीं। परन्तु शिवरानीज़ी का प्रयत्न होता कि उनके भाषण की रिपोर्ट समाचारपत्रों में न छपे, क्योंकि उन्हें डर था कि यदि उनकी इस सरगर्मी का पता लग जाएगा तो प्रेमचन्द स्वयं जेल में जाकर शिवरानी के जाने का रास्ता बन्द कर देंगे। प्रेमचन्द ने कई बार शिवरानी को कहा था कि अबकी बार मुझे जेल अवश्य जाना है। उनका कहना था कि उनके जेल जाने पर उनकी पुस्तकों की रायल्टी आती रहेगी और सरस्वती प्रेस के मैनेजर उनको कम-से-कम सौ रुपए महीना तो भेजते ही रहेंगे।

प्रेमचन्द कांग्रेस के लिए शाम को काम करते और शिवरानीदेवी दिन में। ''मैं जब रात को घर लौटती तो बहुत डरते-डरते घर में आती और आते ही घर के कामों में लग जाती। जब कभी उनको मेरी चालाकी मालूम होती तो वह मेरे ऊपर झुँझलाते, कभी-कभी मुझसे झगड़ा भी कर लेते थे।''

झगड़ा होता, परन्तु जब कभी किसी जल्से में प्रेमचन्द के गले में पुष्प-हार डाला जाता तो उसे घर आते ही वह शिवरानीदेवी को पहनाते और कहते—''मैं किसी बोझ को बिना तुम्हारे सहारे के नहीं उठा सकता। मैं तो यहाँ तक समझता हूँ कि कोई पुरुष बिना स्त्री के कुछ भी नहीं कर सकता। जब तक स्त्रियों का हाथ किसी काम में न लगेगा, तब तक कोई भी काम पूरा नहीं पड़ सकता। जब घर-घर की स्त्रियाँ और पुरुष हिन्दुस्तान की तरक़्क़ी में लगेंगे, तभी कल्याण होगा।''

शिवरानीदेवी जोश से काम करतीं, बुख़ार में भी, डॉक्टरों की चेतावनी के बावजूद। प्रेमचन्द भी गाँवों का दौरा करते। एक बार वह तीन दिनों बाद लखनऊ लौटे थे।

पत्नी ने पूछा—''आप तीन दिन तक कहाँ रहे?''

प्रेमचन्द ने उत्तर दिया—''जहाँ से तुम बुख़ार लेकर आईं।''

प्रेमचन्द तथा शिवरानीदेवी के बीच होड़ थी। प्रेमचन्द जेल जाना चाहते थे। उधर शिवरानीदेवी उनका रास्ता रोककर स्वयं पहले जाना चाहती थीं।

जब महिला आश्रम के सदस्यों ने शिवरानीदेवी को वर्किंग कमेटी का सदस्य चुना था तो उनका जेल जाना निश्चित ही हो गया था। प्रेमचन्द ने मोहनलाल सक्सेना से कहा कि शिवरानीदेवी के नाम को हटा दीजिए। सक्सेना ने कहा कि ''उनको सात सौ स्त्रियों ने चुना है, मैं कैसे उनका नाम हटा सकता हूँ।''

जब प्रेमचन्द ने शिवरानीदेवी से पूछा तो उन्होंने कहा—''मैं जेल जाने के लिए तैयार नहीं हूँ। मैं बहुत बचकर रहूँगी।''

विदेशी कपड़ों की दूकानों पर पिकेटिंग हो रही थी। एक दिन दस स्वयंसेवक गिरफ़्तार हो चुके थे, परन्तु व्यापारी लोग अभी भी अड़े हुए थे। नवम्बर 1930 के एक दिन कुछ महिलाएँ आईं और शिवरानीदेवी को बुलाकर कांग्रेस के दफ़्तर ले गईं। वहाँ से शिवरानीदेवी ने अन्य महिलाओं के साथ जाकर पिकेटिंग शुरू की। पुलिस ने उन्हें गिरफ़्तार कर लिया। प्रेमचन्द उस दिन बनारस गए हुए थे। वापस लौटने पर उन्हें यह समाचार मिला। जेल गए। सजल नेत्रों ने भय प्रकट किया कि वह ज़िन्दा लौटेंगी या उनकी लाश ही निकलेगी।

निगम को—''मैं चार-पाँच रोज़ के लिए बाहर गया हुआ था।...वहाँ से आकर यह वाकया सुना।'' दूसरे दिन उनसे जेल में मुलाक़ात हुई। ''अब 30 को उनके मुकदमे की पेशी है। सज़ा तो हो जाएगी, मगर देखिये कितने महीनों की होती है।''

24 नवम्बर को फ़ैसला हुआ। शिवरानी को दो महीने की सज़ा मिली। अगले

दिन प्रेमचन्द ने जैनेन्द्र को लिखा—"मैं जाने का इरादा कर रहा था, पर उन्होंने ख़ुद जाकर मेरा रास्ता बन्द कर दिया।"

इसी समय जैनेन्द्रकुमार भी जेल गए। प्रेमचन्द का उनसे पत्र-व्यवहार जेल में भी चलता रहा। इन पत्रों में साहित्यिक विषयों की चर्चा होती। विशेषतया नई पुस्तकों के प्रकाशन की। कई पुस्तकों पर प्रेमचन्द अपनी राय भी लिखते।

जैनेन्द्र का 'परख' इन्हीं दिनों प्रकाशित हुआ था। प्रेमचन्द ने लिखा—"पढ़कर मुग्ध हो गया...परख के चारों चरित्र—सत्य, कट्टो, बिहारी और गरिमा—ख़ूब हुए हैं। सत्य का गम्भीर मानसिक संग्राम, बिहारी का उससे भी पवित्र किन्तु सरस और विनोदमय लगा। कट्टो तो देवी है। आपकी शैली और चरित्र-प्रदर्शन का ढंग मुझे बहुत पसन्द आया। मैंने 'सरस्वती' वाली आलोचना नहीं देखी, लेकिन (इस) उपन्यास की तारीफ़ तो उन्हें करना ही चाहिए था। मैं ऐसी रचना पर आपको बधाई देता हूँ।"

जैनेन्द्र को पता लगा कि प्रेमचन्द 'परख' को 'प्रसाद-स्कूल' के निकट समझते थे, इसलिए उन्होंने प्रेमचन्द को इस बारे में लिखकर पूछा। उत्तर मिला—"मैं तो कोई स्कूल नहीं मानता। आपने ही एक बार प्रसाद-स्कूल और प्रेमचन्द-स्कूल की चर्चा की थी। शैली में ज़रूर कुछ अन्तर है, मगर वह अन्तर कहाँ है, यह मेरी समझ में ख़ुद नहीं आता। आपकी शैली में स्फूर्ति और सजीवता कहीं अधिक है। चुटकियाँ, चुलबुलापन कहीं अधिक हैं। प्रसादजी के यहाँ गम्भीरता और कवित्व अधिक है। 'रीयलिस्ट' हममें से कोई भी नहीं है। हममें से कोई भी जीवन को उसके यथार्थ रूप में नहीं दिखाता, बल्कि उससे वांछित रूप ही में दिखाता है। मैं नग्न यथार्थवाद का प्रेमी भी नहीं हूँ। आपसे मिलने पर 'परख' के विषय में (और) बातें होंगी।"

तीन सप्ताह बाद—

"उपन्यास हो या कहानी, उसमें चुलबुलाहट न हो तो बेचटनी-सा भोजन है। ज़रूर चाहिए। ज़राफ़त तो उपन्यास की जान है।"

'परख' पर फिर बधाई देते हुए प्रेमचन्द ने लिखा—"हिन्दी उपन्यास अब चेतेगा, इसमें सन्देह नहीं। एक साल के अन्दर 'कंकाल', 'परख', वृन्दावनलाल वर्मा का 'गढ़ कुंडार', उग्रजी की 'शराबी' जैसी पुस्तकें निकल चुकीं, यह भविष्य के लिए शुभ लक्षण है। 'गढ़ कुंडार' तो रोमांस है, पर बहुत ही सुन्दर, नई चीज़ है, मगर मेरा मन उसके पढ़ने में न लगा। कारण यह है कि उसमें आगे चलकर कुछ रस आता है और मैं आदि के दस-बीस पन्ने पढ़कर ही अधीर हो गया। आगे पढ़ने का धैर्य न रहा। दो-एक चरित्रों का चित्रण उसमें अच्छा हुआ है। 'शराबी' अपने ढंग की बुरी चीज़ नहीं है। 'निरालाजी' की 'अप्सरा' भी प्रकाशित हो गई। यह उनका पहला उपन्यास है।"

इसी प्रकार 'कुंडली चक्र' के बारे में—"इसे मैंने बड़े शौक़ से पढ़ा, लेकिन पढ़कर मन फीका हो गया। कहीं गरमी न मिली, न चुटकी, न खटक, शायद मुझमें भावशून्यता का दोष है।"

प्रेमचन्द द्वारा की गई 'परख' की समालोचना से जैनेन्द्रकुमार को सन्तोष नहीं हुआ। उन्होंने प्रेमचन्द को लिखा और प्रेमचन्द का जवाब आया—"'परख' की आलोचना जल्दी में तो नहीं की, लेकिन अपनी दानिस्त में मुझे जो कुछ कहना चाहिए था, वह कह चुका। मैं समालोचक बहुत ख़राब हूँ। पुस्तक पर पाठक की दृष्टि से निगाह डालता हूँ। और जो भाव कम जाना है वही लिखता हूँ।"

बाद में चतुर्वेदीजी को लिखा—"आपको 'कंकाल' पसन्द नहीं आया। मुझे खेद है। मैं ज़रा पुराने ढंग का आदमी हूँ और मेरी प्रवृत्ति आलोचनात्मक नहीं है। 'कंकाल' में मुझे बड़ा आनन्द आया। और मैं पुस्तक से कहीं अधिक इसके लेखक (जयशंकर प्रसाद) का प्रशंसक हूँ। वे इतने साफ़गो हैं।"

बनारसीदास चतुर्वेदीजी को उन्हीं दिनों लिखे गए एक पत्र में प्रेमचन्द हमें हिन्दी-कहानी-साहित्य का महत्त्वपूर्ण लेखा-जोखा देते हैं। इसका अंश हम उद्धृत करते हैं—"हिन्दी में गल्प-साहित्य अभी अत्यन्त प्रारम्भिक दशा में है! कहानी लिखने वालों में सुदर्शन, कौशिक, जैनेन्द्रकुमार, उग्र, प्रसाद, राजेश्वरी यही नज़र आते हैं। मुझे जैनेन्द्र और उग्र में मौलिकता और बाहुल्य के चिह्न मिलते हैं। प्रसादजी की कहानियाँ भावात्मक होती हैं, रीयलिस्टिक नहीं। राजेश्वरी अच्छा लिखते हैं, मगर बहुत कम। सुदर्शनजी की रचनाएँ सुन्दर होती हैं, पर गहराई नहीं होती। और कौशिकजी अक्सर बातों को बेज़रूरत बढ़ा देते हैं। किसी ने अभी तक समाज के किसी विशेष अंग का विशेष रूप से अध्ययन नहीं किया। उग्र ने किया, मगर बहक गए। मैंने कृषक समाज को लिया। मगर अभी कितने ही ऐसे समाज पड़े हैं जिन पर रोशनी डालने की ज़रूरत है। साधुओं के समाज को किसी ने स्पर्श तक नहीं किया। हमारे यहाँ कल्पना की प्रधानता है, अनुभूति की नहीं। बात यह है कि अभी तक साहित्य को हम व्यवसाय के रूप में नहीं ग्रहण कर सकते। मेरा जीवन तो आर्थिक दृष्टि से असफल है और रहेगा। 'हंस' निकालकर मैंने किताबों की बचत का भी वारा-न्यारा कर दिया। यों शायद इस साल चार-पाँच सौ रुपए मिल जाते, पर अब आशा नहीं।" राष्ट्रीय आन्दोलन के कारण 'हंस' और सरस्वती प्रेस की स्थिति ने उन्हें परेशान कर रखा था। शिवरानीदेवी की बीमारी के कारण भी प्रेमचन्द को उनकी बहुत फ़िक्र रहती। पत्नी के दो महीने के कारावास में प्रेमचन्द का साढ़े पाँच सेर ख़ून घट गया (शिवरानीदेवी का केवल साढ़े तीन सेर वज़न घटा)। जब शिवरानीदेवी निश्चित अवधि के एक दिन पहले ही जेल से छूट आईं, तो प्रेमचन्द को सन्तोष हुआ। परन्तु उन्हें सदा डर लगा रहता कि कहीं फिर न जेल चली जाएँ। एक मित्र को लिखा—"शायद फिर जाएँ। अभी उन्हें सन्तोष नहीं। सारा स्वराज्य एक बार ही ले लेंगी, क़िश्तों में नहीं चाहतीं।" जब कभी बनारस जाते, डरते रहते कि कहीं लौटकर उन्हें फिर जेल में न पाएँ।

24

'माधुरी' से त्यागपत्र

नवलकिशोर प्रेस के मालिक विष्णुनारायण भार्गव का 10 जनवरी, 1931 को स्वर्गवास हो गया। ''मद्रास घुड़दौड़ में गए (थे)। प्राणों की बाज़ी हार गए। अब देखना है कि यहाँ कैसे काम होता है। 'माधुरी' बन्द होती है या चलती है। मुझे तो इसके चलने की आशा नहीं है।''

भार्गव के जीवन-काल में ही उनके कुछ मित्रों तथा उच्च अधिकारियों ने उनसे कहा था कि उनके 'एस्टेट' पर ऋण बहुत हो गया है। उसको कम करने का एक तरीक़ा यही था कि कर्मचारियों के वेतन में कटौती की जाए। प्रेस के कर्मचारियों को इकट्ठा करके उनके सामने यह प्रस्ताव रखा गया। प्रेमचन्द उस गुट के साथ थे जिसने कहा कि यदि वास्तव में बहुत ज़्यादा है, तो जब तक ऐसी स्थिति है, वेतन आधा कर दिया जाए। अगर ऋण कटौती के लिए केवल एक बहाना है तो एक पैसे की भी कटौती नहीं होनी चाहिए। स्पष्ट है अधिकारी लोग उनके रवैये से प्रसन्न न हुए। भार्गव का स्वर्गवास होते ही प्रेस के अधिकारियों को मनमानी करने का अवसर मिल गया। अगले मास (फ़रवरी) के अंक में 'सम्पादकीय विचार' स्तम्भ में घोषणा कर दी गई कि प्रेमचन्द 'माधुरी' के सम्पादन के अतिरिक्त नवलकिशोर प्रेस के पुस्तक-प्रकाशन विभाग में साहित्य सुमन माला का सम्पादन भी करते हैं। उस विभाग का काम इतना बढ़ गया है कि प्रेमचन्द ने स्वयं इच्छा प्रकट की है कि उनका नाम सम्पादक-मंडल से हटा दिया जाए। पाठकों को यह भी बतलाया गया कि किसी आगामी अंक में प्रेमचन्द के जीवन पर एक सचित्र लेख भी प्रकाशित करेंगे (चित्र मार्च अंक में छपा)।

स्वयं प्रेमचन्द ने जैनेन्द्र को लिखा—'' 'माधुरी' से अब मेरा सम्बन्ध नहीं रहा। मैं बुक डिपो में आ गया। आ तो पहले ही गया था, अब पूर्ण रूप से आ गया। अप्रैल तक शायद यहाँ और रहूँगा, फिर काशी चला जाऊँगा और कहीं देहात में बैठकर कुछ लिखता-पढ़ता रहूँगा। 'हंस' तो आपके सिर डाल दूँगा। क्या बताऊँ, अभी एक हज़ार भी ग्राहक नहीं हैं। आप (जुट) जाएँगे, तो छः महीने में दो हज़ार छपेगा। उसके लिए प्रति मास एक गल्प लिखते जाइए। और जो कुछ मिज़ाज में आए, लिखिए।''

नवलकिशोर प्रेस से श्रीराम शर्मा की एक पुस्तक की पांडुलिपि लौटाते हुए (अंग्रेज़ी में) लिखा—''प्रकाशकों के बारे में आपने जो कुछ कहा, वह बिलकुल ठीक है। आपकी पुस्तक के प्रकाशन के सम्बन्ध में जो देर हुई, मैं उसकी कोई सफ़ाई नहीं देना चाहता। इस पुस्तक के मूल लेखक ख़्वाजा हसन निज़ामी हैं। अतः यह विचार हुआ कि शायद हिन्दू पाठकगण इस कारण इसका विरोध करें। इसलिए वे बेहतर अवसर का इन्तज़ार करते रहे। फिर असहयोग आन्दोलन चला। उसके बाद डिप्रेशन आया और अब हमारे प्रोप्राइटर का स्वर्गवास हो जाने से सारा मामला खटाई में पड़

गया है। जब तक परिस्थिति साफ़ नहीं हो जाती, उस समय तक शायद नई पुस्तक निकालना हमारे लिए सम्भव न हो। इन हालात में मैं आपकी पांडुलिपि को रोके रखने के पक्ष में नहीं हूँ और दुःख के साथ लौटा रहा हूँ।''

इसी पत्र में शिकार-साहित्य के बारे में लिखा—''हिन्दी में शिकार-साहित्य बिलकुल नहीं है। आपके रोचक शिकार-वर्णन मैंने पढ़े हैं। आपने बिलकुल नई दिशा में क़दम बढ़ाया है। निश्चय ही आपकी आगामी पुस्तक का भव्य स्वागत होगा। ऐसे रोमांचकारी वर्णन बड़े रोचक और प्रफुल्लित करने वाले होते हैं और प्राणी-जगत् के बारे में हमारा ज्ञान बढ़ाते हैं। अभी हाल में मैंने भी एक कहानी 'शिकारी' लिखी है। परन्तु इसके लिए मैंने सुनी-सुनाई एक घटना को आधार बनाया।''

कुछ ही दिन पहले लिखा था—''आप कानपुर आए, परन्तु चन्द घंटों के लिए भी लखनऊ न आ सके। ठीक है, आप शिकारी हैं और मेरे विचार में शिकारियों को ऐसी छोटी-छोटी बातों की परवाह नहीं होती।''

श्रीराम शर्मा के किसी मित्र ने प्रेमचन्द की 'शिकारी' शीर्षक कहानी की आलोचना की। जब प्रेमचन्द ने इसे पढ़ा तो शर्माजी को एक पत्र लिखा, जिससे उनके कहानी लिखने के ढंग पर रोशनी पड़ती है। हम इसका हिन्दी अनुवाद देते हैं—''आपके मित्र की आलोचना पढ़कर बड़ा आनन्द आया। परन्तु यह सज्जन निरे शिकारी हैं और साहित्य में रुचि नहीं रखते। मेरी कहानी का शिकार से कोई वास्ता नहीं है। उसका उद्देश्य तो केवल यह दिखलाना था कि यदि दो व्यक्तियों की रुचि एक ही ओर हो जाए तो वास्तविक प्रेम जागृत होता है। प्रायः हमारे घरों में झगड़ों का कारण यही होता है कि एक-दूसरे के प्रति सहानुभूति नहीं होती तथा एक-दूसरे के सुख-दुःख में हाथ बँटाने का प्रयत्न नहीं किया जाता। आपके मित्र ने यह भी नहीं बतलाया कि शिकार के वर्णन में कहाँ त्रुटि है। मैं यह स्वीकार करता हूँ कि शेर इतना चालाक न हो कि सोते हुए व्यक्ति को मचान से खींच डाले। मगर यह तो एक इतनी छोटी-सी बात है कि इसे वाहियात कहना निरर्थक है। मैंने या आपने ऐसे चालाक जन्तु शायद न देखे हों, परन्तु हम यह तो नहीं कह सकते कि उनके दिमाग़ नहीं होता। कभी-कभी तथ्य कल्पना से भी कहीं आगे बढ़ जाता है। यह तो ठीक ही है कि मुझे शिकार देखने का कभी अवसर नहीं मिला। परन्तु यह इतना ही सत्य है जितना यह कि मैंने कभी अदालत में कोई मुक़दमा नहीं लड़ा, न ही मैं कॉलेज में पढ़ा, या किसी झगड़े में उलझा, न मैंने किसी गाँव को ख़रीदा और न कभी मैंने किसी का ख़ून किया। यदि किसी लेखक के लिए यह अनिवार्य हो कि वह केवल वही कुछ लिखे, जिसे वह स्वयं कर या देख चुका हो, तो आप सोच सकते हैं कि दुनिया में कौन लेखक बन पाएगा। यहीं तो भावों के विश्लेषण के सम्बन्ध में लेखक की विशेष शक्ति हमारे सामने आती है। मैंने ऐसे लड़के देखे हैं जिन्होंने पन्द्रह साल की आयु में शेर को गोली से मारा है। इसको देखते हुए यह कहना कि मेरा शेर तो ऐसे मर गया जैसे लोमड़ी को मार दिया गया हो, बेमानी

है। क्या मेरा वर्णन रोमांचकारी नहीं है ?...क्या आपके मित्र ने कभी शेर मारा है ? उनके पत्र से लगता है कि शायद उन्होंने मारा है। यदि वह इस मामले में सौभाग्यवान थे, तो क्यों इस सौभाग्य से मेरे राजा को वंचित रखना चाहते हैं ? या वास्तव में बात यह है कि उन्हें मालूम है कि मैं शिकारी नहीं हूँ और इसलिए चाहे जो मनमानी कह जाएँ। शिकार के सम्बन्ध में स्वयं तो मेरा अनुभव नहीं है, परन्तु मैंने कुछ शिकार-साहित्य ज़रूर पढ़ा है और शिकार करते हुए जो रोमांचकारी दृश्य, भय और उत्तेजन होता होगा, मैं उसकी भली-भाँति कल्पना कर सकता हूँ। फिर वह इसे (मेरे वर्णन को) वाहियात क्यों कहते हैं ? वास्तव में शिकार में बहुत थोड़े शिकारी मारे जाते हैं। एक बार एक हाथी बर्छियों से मार डाला गया था। आपके मित्र की यह बात तो ठीक है कि मसूरी के पहाड़ों पर मोटरें नहीं चलतीं। परन्तु मसूरी की सड़कें तो अच्छी हैं और जब वहाँ रिक्शा चल सकते हैं तो मोटरें क्यों नहीं चल सकतीं ? हो सकता है नगर की म्युनिसिपैलिटी ने ऐसा आदेश दे रखा हो ताकि दुर्घटनाएँ न हों।...परन्तु क्या किसी को स्वप्न में भी यह ख़याल हो सकता था कि वायसराय के अतिरिक्त किसी और व्यक्ति को शिमला में मोटर-कार चलाने का अवसर होगा। परन्तु महात्मा गांधी ने इस परम्परा को तोड़ डाला। मेरी कहानी के नायक तथा नायिका ने थोड़े दिन पहले इस परम्परा को तोड़ा था।...किसी सज्जन के पहनावे के बारे में उल्टी-पुल्टी बात कहना बचपन-सा है। उसका हैट शायद ऐसा न हो, जैसा होना चाहिए। उसका कालर या टाई शायद ऐसी न हों जो साधारणतया पहनी जाती हैं। प्रश्न केवल यह है कि वह व्यक्ति भद्र पुरुष लगता है या नहीं ? यदि वह इस बात में पूरा उतरता है, तो बाक़ी बातों का महत्त्व नहीं है। मुझे ध्यान नहीं आ रहा है कि मैंने अपनी कहानी में मुर्ग़ाबियों को वृक्ष पर बैठाया है।''

इस समय जो अन्य कहानियाँ प्रकाशित हुईं, उनमें से कुछ ये हैं—'स्वामिनी', 'लांछन', 'तग़ादा', 'दो क़ब्रें', 'होली का उपहार', 'प्रेम का उदय', 'मृतक भोज', 'सद्‌गति' और 'प्रेरणा'। इनमें से कुछ कहानियाँ तो 'प्रेरणा' नामक संग्रह में छपीं। इसे प्रेमचन्द ने स्वयं सरस्वती प्रेस से प्रकाशित किया। शिवरानीदेवी की सोलह कहानियों का संग्रह 'नारी-हृदय' भी इन्हीं दिनों छपा।

कुछ दिन पहले 'ग़बन' भी सरस्वती प्रेस से प्रकाशित हुआ था। इसके सम्बन्ध में हम पहले भी कह चुके हैं। प्रेमचन्द ने श्रीराम शर्मा तथा जैनेन्द्र को आलोचना के लिए प्रति भेजी थी। जैनेन्द्र को लिखा, ''यह एक सामाजिक घटना है। मैं पुराना हो गया हूँ और पुरानी शैली निभाये जाता हूँ। कथा को बीच में शुरू करना या इस तरह शुरू करना कि उसमें ड्रामा का चमत्कार पैदा हो जाए, मेरे लिए मुश्किल है।'' पत्रिकाओं ने तो उपन्यास का स्वागत किया, परन्तु बिक्री बहुत सन्तोषजनक नहीं थी।

सरस्वती प्रेस का झंझट अभी चल ही रहा था। किताबें छापने पर ख़र्च हो और अगर किताबों की बिक्री न हो, तो आमदनी कैसी ? महताबराय अपनी रक़म वापस माँगते। प्रेमचन्द का पत्र पढ़िए—

"कल भाई साहब से बातचीत हो रही थी। उनसे मुझे यह मालूम करके कुछ हँसी भी आई, कुछ ताज्जुब भी हुआ कि तुम अभी तक इस लफ़्ज़ी डुवैल को, जो आज से छः-सात साल पहले यहाँ मेरे और तुम्हारे दरमियान हुआ था, तमस्सुक़ की तरह महफ़ूज़ रखे हुए, मुझसे अपने रुपए के लिए एक रुपया सैकड़ा ब्याज की उम्मीद रखते हो। यही बात एक बार मुझसे रामकिशोर ने भी कही थी। मगर मुझे उनकी बात का यक़ीन न आया था। मगर भाई साहब की ज़ुबान से सुनकर अब मालूम होता है कि तुमने उनसे यही कहा होगा और मुझे इस वक़्त इस मुआमला को साफ़ करना ज़रूरी मालूम होता है।

"जिस वक़्त हमारे और तुम्हारे दरमियान वह लफ़्ज़ी होड़ हुई थी, न तुम्हारे पास रुपए थे और न मेरे पास। तुमने भी, अगर मेरा हाफ़िज़ा ग़लती नहीं करता, नौ हज़ार चार सौ रुपए बोली बोली थी। क्या तुम कह सकते हो कि उस वक़्त अगर मैं नौ हज़ार चार सौ रुपए पर राज़ी हो जाता, तो तुम मेरे और रघुपतसहाय के हिस्से के रुपए इसी परते से अदा कर देते? हरगिज़ नहीं। न तुम अदा कर सकते थे, और न मैं ही इस क़ाबिल था कि तुम्हारे एक हज़ार नौ सौ रुपए, जो उस परते से होते, अदा कर देता। नतीजा यह होता, कि प्रेस तुम्हारी ही निगरानी में रहता और जिस तरह काम चलता था, उसी तरह चलता रहता। मेरी मन्शा प्रेस को अपनी निगरानी में लेकर उससे कुछ नफ़ा करने का था। मुझे यक़ीन था कि मैं नफ़ा कर सकूँगा। इसलिए कि मुझे अपने ही रुपए की फ़िक्र नहीं, रघुपतसहाय के रुपए की भी फ़िक्र थी। मुझे प्रेस को अपनी निगरानी में रखने की ज़रूरत महसूस होती थी। मुझे यह भी महसूस हो रहा था कि प्रेस से अलहदा होकर तुम अपने लिए इससे बेहतर कोई सबील निकाल सकते हो। प्रेस में पड़े-पड़े न तुम्हारा ही भला हो रहा है और न हिस्सेदारों का। इन ख़यालों के ज़ेरे-असर मैंने तुम्हारे हाथ से इन्तज़ाम लिया। वरना तुम भी जानते हो और मैं भी जानता हूँ कि इस वक़्त भी बाज़ार में प्रेस की क़ीमत इतनी किसी तरह नहीं लग सकती थी।

"अगर यह मान लिया जाए कि तुम रुपया अदा कर देते और तुम्हारे पास उस वक़्त छः हज़ार रुपए मौजूद थे (हालाँकि यह ग़ैर-मुमकिन मालूम होता है) तब भी तुमने प्रेस के लेने और देने की जो फ़र्द पेश की थी, और जिसकी बिना पर मैंने तुम्हारे रुपए चुका देने का इरादा किया था, वह सही नहीं निकली। इसकी ज़्यादातर रक़में ऐसी थीं जो वसूल न हो सकती थीं। और न वसूल हुईं। और कई रक़में इसमें से ऐसी छूट गई थीं जो फ़ौरन अदा करनी पड़ीं। मेरा ख़याल है कि इस फ़र्द के मुताबिक़ प्रेस को दो हज़ार दो सौ रुपए मिलने चाहिए थे। मुझे दो हज़ार दो सौ रुपए मिल जाते तो मैं तुम्हें एक हज़ार नौ सौ रुपए देकर बेफ़िक्र हो जाता। मगर इस दो हज़ार दो सौ रुपए में शायद मुश्किल से पाँच सौ रुपए वसूल हुए होंगे। देने में कई बड़ी-बड़ी रक़में निकल आईं, जो अदा करनी पड़ीं। इसलिए जिस बेसिस पर मैं रुपया अदा करने का

इरादा कर रहा था, वही ग़लत निकला। अगर नावसूल-शुदा रुपए तुम्हारे नाम डाल दूँ और जो और ज़ायद मुझे तुम्हारे ज़माने के लिए देने पड़े, तो तुम्हारा हिस्सा ही ग़ायब हो जाएगा। मेरे पास तुम्हारे ज़माने के लेने और देने की सही नक़ल मौजूद है, जिसके एतबार से लेना एक हज़ार तीन सौ बीस रुपए ठहरता है और देना एक हज़ार छह सौ पैंतीस रुपए। लेने में एक हज़ार तीन सौ बीस रुपए भी वसूल नहीं हुए, मुश्किल से पाँच सौ रुपए वसूल हुए होंगे। देने में शायद एक हज़ार छह सौ पैंतीस रुपए से भी कुछ ज़ायद ही देना पड़ा। इसलिए मुझे ताज्जुब होता है कि तुम किस क़ानूने-इन्साफ़ से अपने रुपए के सूद के हक़दार हो सकते हो। यह ज़रूर है कि तुम्हें प्रेस में फँसने और रुपया लगाने का अफ़सोस हो रहा है। मुझे भी हो रहा है। भाई साहब को भी हो रहा है। रघुपतसहाय को भी हो रहा है। सब-के-सब सर पर हाथ धरे रो रहे हैं। लेकिन तुमने कम-से-कम प्रेस से दो साल की तनख़्वाह तो ली। ज़्यादा-से-ज़्यादा तुम्हारा सूद का नुक़सान हुआ, जो आठ आने सैकड़ा के हिसाब से छह साल का सात सौ रुपए के क़रीब होता है। मेरे नुक़सान का अन्दाज़ा करो। मैंने दो साल तक प्रेस से एक पाई लिये बग़ैर काम किया और अपना कम-से-कम पाँच सौ रुपया इसमें और लगाया, जो हिसाब में मौजूद है। इसके बाद से आज तक मैंने हज़ारों रुपए का काम प्रेस को दिया। ख़ुद अपनी किताबें प्रेस में छपवाईं। आज भी अपनी किताबों की बिक्री से प्रेस चला रहा हूँ। अगर मैं अपने सारे नुक़सानात जोड़ूँ तो एक हज़ार पाँच सौ रुपए तो ख़ाली तनख़्वाह के हो जाएँ। पाँच सौ रुपए जो उधार दिए और जो अब तक वसूल नहीं हुए। इस तरह दो हज़ार रुपए पर अपनी किताबों की बिक्री के रुपए, जो प्रेस में लग गए हैं, जोड़ूँ तो तीन हज़ार रुपए से कम न होंगे। इस तरह मुझे तो अलावा सूद के कोई पाँच हज़ार रुपए का नुक़सान हो चुका है और सूद भी जोड़ूँ तो एक हज़ार नौ सौ रुपए हो जाते हैं। गोया प्रेस खोलकर मैंने सात हज़ार रुपए का नुक़सान उठाया और मैं इसे हर्फ़-ब-हर्फ़ सही साबित कर सकता हूँ। हिसाब प्रेस में मौजूद है। तुम्हारा नुक़सान तो सिर्फ़ सूद का हुआ है, रघुपतसहाय को भी इतना ही नुक़सान हुआ। मगर अभी तक सब्र से बर्दाश्त किए जाते हैं। भाई साहब भी प्रेस की हालत से वाक़िफ़ हैं और ख़ामोश हैं। सब समझ रहे हैं कि प्रेस खोलना ग़लती थी और अगर तक़दीर में होंगे तो मिलेंगे, नहीं तो डूब गए। मैं अपनी ज़िम्मेदारी को समझकर अब भी हर तरह का नुक़सान उठाता हुआ इसे कामयाब बनाने की फ़िक्र में पड़ा हुआ हूँ। बार-बार दौड़-दौड़ आता हूँ। हिसाब-किताब देखता हूँ, क्योंकि मेरे दिल में लगी हुई है कि किसी तरह नफ़ा हो और हिस्सेदारों को कुछ दे सकूँ। मैंने अगर बेईमानी की होती और कुछ खा गया होता तो हिस्सेदारों को मुझसे बदग़ुमानी होती। लेकिन मैंने तो प्रेस से पान तक नहीं खाया। मेरा कांशस बिलकुल साफ़ है। जब तक मेरी ज़िन्दगी है, मैं अपना नुक़सान उठाता हुआ प्रेस के लिए जान देता रहूँगा और कामयाब होना तक़दीर में लिखा है तो कामयाब हूँगा।

"तो अब इसका तसफ़िया कैसे हो ? या तो दीग़र हिस्सेदारों की तरह तुम भी ख़ामोशी से मुझ पर एतबार करते हुए बैठे रहो। जब देखो कि मैंने प्रेस से कुछ लिया है, तो मेरी गरदन पर सवार होकर अपना हिस्सा ले लो। अगर देखो कि मैं नुक़सान उठा रहा हूँ, तो सब्र से बर्दाश्त करो, या ख़ुद प्रेस में आकर कुछ काम उठा लो। गुज़ारे के लिए जो कुछ प्रेस दे सके वह ले लो। या प्रेस के लिए दौरा करके काम लाओ। किताबें बेचो और अपनी मुनासिब तनख़्वाह ले लो। प्रेस को नफ़ा देने के क़ाबिल बनाने में मेरी मदद करो। या आख़िरी सूरत यह है कि एक पंच बनाकर प्रेस की क़ीमत आँक लो और तुम्हारा हिस्सा जितना निकले उतना या तो मुझसे उसी वक़्त खड़े-खड़े कान पकड़कर ले लो या मुझे दे दो। पंचों में बाबू सम्पूर्णानन्द, श्रीप्रकाश और नन्दकिशोर को रख लो या ट्रेडल और कटिंग मशीन को असली दामों पर समझकर अपने बाक़ी रुपए मुझसे ले लो। इस तरह तुम्हें तसकीन हो जाएगी कि तुमने जितने रुपए लगाए थे उतने मिल गए। क्योंकि अगर इन चीज़ों को उनकी मौजूदा क़ीमत पर लोगे तो इस हिसाब से सारे प्रेस की क़ीमत घट जाएगी। प्रेस में तीन ही चीज़ें तो क़ीमती थीं। उनमें दो का हाल तुम्हारे सामने है। रही मशीन, वह भी साल दो साल में जवाब दे देगी। टाइप पुराने थोड़े ही रह गए हैं। अगर पुराने सामान मय ट्रेडल और कटिंग मशीन के बाज़ार में रखे जाएँ तो मुश्किल से दो-ढाई हज़ार रुपए मिलेंगे। कुल प्रेस चार हज़ार रुपए या चार हज़ार पाँच सौ रुपए में बिक जाएगा। तो लागत के दाम मिलना तो अब ग़ैर-मुमकिन है। तुम जिस तरह अपना इत्मीनान कर सको, कर लो। मैं आमादा हूँ। तुम्हें नुक़सान पहुँचाकर या तकलीफ़ में देखकर मुझे मुसर्रत नहीं होती और न हो सकती है। तुम्हें ख़ुशहाल देखकर मुझे जितनी ख़ुशी होगी उसका अन्दाज़ा तुम शायद न कर सको। अगर मैं इस क़ाबिल होता कि तुम्हारी ज़्यादा इमदाद कर सकता तो हरगिज़ दरेग़ न करता। लेकिन मुझे इस प्रेस ने बिलकुल मुफ़लिस बना डाला। किताबों से मुझे जो कुछ मिल जाता था, वह अब प्रेस की नज़र हो रहा है। अब मेरा इरादा हो रहा है कि लखनऊ से आकर फिर प्रेस में डटूँ और जिस तरह भी हो सके इसे कामयाब बनाऊँ। तुम चाहो तो अब भी इस काम में मदद दे सकते हो। यह नामंजूर है, तो प्रेस की मौजूदा हैसियत को देखकर उसकी क़ीमत का अन्दाज़ा करा लो और वह जिस तरह चाहे समझ लो। या तुम्हारे ख़याल में प्रेस से और जो कुछ तुम्हें अपने हिस्से में मिलना चाहिए, वह ले लो। मेरे पास प्रेस की हर एक चीज़ का बीजक रखा हुआ है। इस बीजक को देखकर दो हज़ार रुपए की चीज़ें निकाल लो। चीज़ें बेशक पुरानी हो गई हैं। मगर उसका नफ़ा मैंने नहीं उठाया, न तुमने उठाया। यह समझ लो कि कारोबार में नफ़ा-नुक़सान दोनों होता है और इसमें नुक़सान हुआ। तुम्हारे दो हज़ार रुपए इस वक़्त तुम्हारे पास होते, तो तुम उससे एक छोटा-सा पूरा प्रेस खोल सकते थे। मेरे चार हज़ार पाँच सौ रुपए मेरे पास होते, तो मैं उससे अच्छा प्रेस खोल सकता था। अगर हमने या तुमने बैंक में रख दिए होते तो तुम्हें अब तक एक हज़ार के क़रीब सूद मिल

गया होता और मुझे भी दो-ढाई हज़ार मिल गए होते। मैंने और जो हज़ारों का नुक़सान उठाया उससे बच गया होता। लेकिन अब उन बातों को याद करके पछताने से क्या हासिल ? अब तो गले पड़े ढोल को तो बजाना ही पड़ेगा। मैं तो इस प्रेस के पीछे बरबाद हो गया। सिर्फ़ इसलिए कि मैं हिस्सेदारों के नुक़सान को नहीं देख सकता, चाहे अपना कितना ही नुक़सान हो जाए। रघुपतसहाय और भाई साहब मुझ पर तक़िया किए बैठे हुए हैं। मैं अपने जीते-जी उन्हें नुक़सान से बचाने की कोशिश करता रहूँगा। कामयाबी का होना-न-होना ईश्वर के हाथ है।''

पी. एस. (पुनश्च)—''मैं चाहता हूँ कि तुम इन सूरतों में जो चाहे क़ुबूल कर लो। या ख़ुद तसफ़िए की कोई सूरत पेश करो और जल्द। प्रेस की क़ीमत अब आधी भी नहीं रही और तुम्हारे दो हज़ार रुपए अब मुश्किल से एक हज़ार रहेंगे। मैं तुम्हारे जवाब का इन्तज़ार करता रहूँगी। मैं निस्फ़ लेने को तैयार हूँ, अगर कोई दे। रघुपतसहाय और मेरे हिस्से के साढ़े छह हज़ार होते हैं। मैं उसे सवा तीन हज़ार पर दे दूँगा। मगर नक़द की शर्त है। प्रेस में जो नई ट्रेडल आई है, उसका अभी दाम देना बाक़ी है। भाई साहब निस्फ़ पर राज़ी होंगे या नहीं, मैं नहीं कह सकता।''

एक ओर सरस्वती प्रेस का झंझट था, दूसरी ओर नवलकिशोर प्रेस में भी प्रेमचन्द की परिस्थिति ख़राब होती जा रही थी। एक पत्र में निगम को उन्होंने लिखा—

''यहाँ कल एक नई बात हो गई। यहाँ मेरे ख़िलाफ़ मुद्दत से एक जमाअत थी, जिसका सरगना यहाँ का मैनेजर हरीराम है। साल गुज़श्ता से उसका एक और मुआविन पैदा हो गया। यह हैं मिस्टर पन्त, जो यहाँ कनवैसर होकर बुलाए गए थे। मिस्टर पन्त यहाँ हावी होना चाहते हैं। इसकी उन्होंने रोज़े-अव्वल से कोशिश शुरू की और मुझे अपना रक़ीब समझकर उन्होंने पहले मुझ ही को रास्ते से हटाना ज़रूरी समझा। किफ़ायत का मसला यहाँ शुरू से था ही। आपने यहाँ किफ़ायत सोची कि एडीटोरियल अमला बरतर्फ़ कर दिया जाए और किताबें ज़िम्मेवार, बाअसर और कमेटी में रसूख़ रखने वाले या ख़ुद कमेटी के मेम्बरों से बनवा ली जाएँ। इन अहमक़ों को यह न सूझी कि मुझे जो कुछ देते हैं, वह एक किताब में वसूल हो सकता है और बाअसर असहाब से किताबें लिखवाने में रायल्टी की बेश क़दर रक़म देनी पड़ती है। मेरी ज़ात से इन लोगों ने जितना पैदा किया है, उसका निस्फ़ भी मुझे न दिया गया होगा। अगर पन्त दीदा व दानिस्ता महज़ मुझे ज़क देने के लिए मेरी तैयार की हुई किताबों को पुश करने में तसाहली न करते, तो लाखों रुपया बना लेते। मगर इस शख़्स ने महज़ मुझे नुक़सान पहुँचाने के लिए इन किताबों के मुतअल्लिक़ कोई कोशिश नहीं की। जब किताबें कमेटी से नामंज़ूर हो गईं तो जाहिरदारी के लिए महीनों ख़तो-किताबत करता रहा। ख़ैर, मुझे यहाँ से जाना तो था ही। बल्कि मैंने जून में इस्तीफ़ा देने का इरादा किया था। लिखा भी। लेकिन बाज़ दोस्तों के कहने से इसे पेश न किया। मुझे यहाँ से जाने का ग़म नहीं और ज़्यादा काम करूँगा। लेकिन रक़ीबों को यूँ ख़ुश होते देखकर इन्सानी कमज़ोरियों के बाइस जी जलता है।

"आपकी मिस्टर मनरो से कुछ राह व रसम है। नागर वहाँ का स्पेशल मैनेजर है। मालूम नहीं उससे आपकी कुछ मुलाक़ात है या नहीं। मगर मनरो से तो है ही। आप एक दिन के लिए यहाँ आ जाइए और मनरो से मिलकर यहाँ की इस फ़िरकाबन्दी का हाल उसे समझा दीजिए। इस वक़्त भी कई किताबों की तालीफ़ का मसला पेश है, उर्दू, हिन्दी, लिटरेरी रीडरों का। पन्त उनके लिए कमेटी के मेम्बरों को तलाश कर रहे हैं। इसे यह मंजूर नहीं कि मैं किताबें लिखूँ और वे कमेटी में पेश हों, क्योंकि ऐसा करने में उसे ख़ादविश करनी पड़ेगी। मेम्बरों से किताबें लिखा लेने में ख़ुद कुछ करना नहीं होता। किताबें आप-ही-आप मंजूर हो जाती हैं। बस, सिर्फ़ उनसे ख़तोकिताबत करके मुआमला पटा लेना होता है। यही काम इसने अपने ज़िम्मे लिया है और शायद मनरो या नागर को समझा दिया है कि एडीटोरियल स्टाफ़ की ज़रूरत नहीं। अगर आप आ जाएँगे तो मनरो को यह तो मालूम हो जाएगा कि मेरी जात से रियासत का नुक़सान नहीं है। बस मैं इतना ही चाहता हूँ।

"इंडिपेंडेंट आदमी के लिए वाक़ई बड़ी मुश्किलात पेश आती हैं और मैं कई बार इसका तावान दे चुका हूँ। लेकिन अब तो वह रविश नहीं छोड़ी जाती जो आदत हो गई है।"

प्रेमचन्द के बहुत मित्र न थे। जितने थे उनसे वे स्नेह करते थे। उनके पत्रों की बाट जोहते थे। जब जैनेन्द्र जेल में थे, तब उनके छूटने के इन्तज़ार में थे। "आप बाहर आ जाएँ तो फिर बातें होंगी। उस थोड़ी देर की मुलाक़ात से तो प्यास और भी बढ़ गई थी।" जब मार्च-अप्रैल 1931 में लाहौर गए तो जैनेन्द्र दिल्ली में न थे, मुल्तान जेल में थे। इसलिए "मैं सीधा लौट आया। आशा है, अब आप दिल्ली आ गए होंगे।"

एक और पत्र में लिखा था—"कभी-कभी यहाँ बहुत सूना मालूम होता है जैनेन्द्र! जी होता है तुम कुछ लोगों से गले मिल लूँ और फिर ज़िन्दगी से रुख़सत हो जाऊँ। तुम बाहर कब आओगे? तुम इतनी दूर पड़े हो कि मैं फड़फड़ाकर रह जाता हूँ।"

नवम्बर, 1931 की बात है। एक रोज़ प्रेमचन्द अचानक दिल्ली पहुँचे। कन्धे पर कम्बल रखे जैनेन्द्र के घर की ओर चले। उन्हीं दिनों जैनेन्द्र पहाड़ी धीरज की एक गली में रहते थे। सुन्दरलाल भी जैनेन्द्र के मेहमान थे और वह चबूतरे पर खड़े दातुन कर रहे थे। वह बोले—"देखना, जैनेन्द्र, यह प्रेमचन्दजी तो नहीं आ रहे हैं।"

जैनेन्द्र—"वही तो हैं।" कहकर प्रेमचन्द से पूछा—"न तार, न चिट्ठी, और आप करिश्मे की भाँति आविर्भूत हो पड़े।"

प्रेमचन्द बोले—"तार की क्या ज़रूरत थी। बारह आने पैसे कोई फ़ालतू हैं और देखो तुम्हारे मकान का पता लग गया कि नहीं। और दिल्ली ज़िन्दगी में पहली मर्तबा आया हूँ।"

चार-पाँच दिन प्रेमचन्द दिल्ली में रहे। उनके चाहने वाले उर्दू और हिन्दी के लोगों की कमी न थी। "चर्चाओं और पार्टियों में ये दिन ऐसे बीते कि पता भी न लगा।"

एक साँझ शाहदरा में एक समारोह होना था। सैकड़ों लोग प्रेमचन्द का इन्तज़ार कर रहे थे। वह चार घंटे लेट पहुँचे। महात्मा भगवानदीन, जैनेन्द्र, ऋषभचरण जैन और चन्द्रगुप्त विद्यालंकार के साथ दोपहर से जो साहित्य-चर्चा चल रही थी, वह समाप्त होने में ही न आती थी।

यही जीवन में पहला अवसर था जब प्रेमचन्द ने कुछ लिखा नहीं। "क्या आप हर रोज़ बिलानाग़ा काम करते हैं?"

प्रेमचन्द—"हाँ, सवेरे के कुछ घंटों में तो करता ही हूँ।"

इन्हीं दिनों नवलकिशोर प्रेस से प्रेमचन्द का सम्बन्ध तो ख़त्म हुआ, परन्तु बच्चे अभी लखनऊ में पढ़ रहे थे। इसलिए कुछ महीनों के लिए प्रेमचन्द लखनऊ ही में रहते रहे।

इसी समय उन्हें पटना हिन्दी साहित्य परिषद् ने पटना आने का निमंत्रण दिया। निमंत्रण तो पहले भी कई मिले थे, परन्तु इस बार यह निमंत्रण मंत्री केशरीकिशोर शरण[1] ने दिया था। 'हंस' में लिखे संस्मरणात्मक लेख के अनुसार जब प्रेमचन्द 21 नवम्बर, 1931 की रात को पटना पहुँचे, तो किसी ने उन्हें नहीं पहचाना। जिस तस्वीर के आधार पर साहित्य परिषद् के लोग 'उपन्यास-सम्राट' को देख रहे थे, वह 'हिन्दी भाषा और साहित्य' में छपी थी और इसमें प्रेमचन्द "फ़लैनल की पतलून, मफ़लर और कोट पहने थे। चौड़ा, गोल मुँह, उभरा हुआ ललाट, बड़ी-बड़ी धनुषाकार घनी मूँछें।"

फ़र्स्ट, सैकिंड, इंटर क्लास के डिब्बे देखे। फिर थर्ड क्लास के डिब्बे। तस्वीर वाले 'उपन्यास-सम्राट्' कहीं नज़र न आए। एक्सप्रेस के चले जाने के बाद पंजाब मेल आई। इसमें भी उपन्यास-सम्राट नहीं दिखाई पड़े। कार्यकर्ताओं को बड़ी चिन्ता हुई। प्रेमचन्द के नाम से विज्ञापन करके लोगों को इकट्ठा करने का प्रबन्ध किया था और यहाँ 'उपन्यास-सम्राट' नदारद। मीटिंग 22 नवम्बर की शाम को होनी थी। कार्यकर्ता 22 को सवेरे आने वाली एक्सप्रेस पर फिर पहुँचे। प्रेमचन्द यहाँ भी नहीं। निराश होकर दो कार्यकर्ता लौटने ही वाले थे कि देखा कि एक अधवयस सज्जन सीढ़ियों के पास गुमसुम खड़े हैं। उनके साथ कुली एक ट्रंक सिर पर रखे और बिस्तरा हाथ में लिये उनसे पूछ रहा है—"बाबू कहाँ चलें?"

कार्यकर्ताओं ने देखा कि यह 'देहाती' व्यक्ति गत रात को पंजाब मेल से उतरा था। नज़दीक जाकर पूछा—"क्यों जनाब, आप लखनऊ से आ रहे हैं?"

उत्तर—"हाँ भाई, लखनऊ से ही आ रहा हूँ।"

प्रश्न—"आप प्रेमचन्द हैं?"

उत्तर—"हाँ, प्रेमचन्द हूँ।"

यात्री के चेहरे पर किंचित् क्रोध, किंचित् सन्तोष और प्रसन्नता की रेखा एक साथ ही झलक पड़ी।

---

1. इसी नाम से 'चाँद' इलाहाबाद के मई से अक्तूबर 1931 तक के अंकों में एक लेखमाला छपी थी।

फ़िटन में बैठकर बातचीत शुरू हुई।

प्रश्न—"रास्ते में कोई तकलीफ़ तो नहीं हुई?"

उत्तर—"तकलीफ़? मैं तो रात-भर इसी पशोपेश में पड़ा रहा, कि रहूँ या लौट जाऊँ। रात पंजाब मेल से उतरा। आप लोगों के दर्शन नहीं हुए तो मुसाफ़िरख़ाने में जाकर पड़ रहा। तबीअत बहुत झुँझला रही थी कि जब यहाँ कोई पूछनेवाला ही नहीं है, तो किसलिए ठहरूँ? ढाई बजे रात की गाड़ी से लौट चलने की इच्छा हुई। रिटर्न टिकट था ही। प्लेटफ़ार्म पर गया, गाड़ी आ लगी, पर मैं चढ़ नहीं सका, सोचा तुम्हें दुःख होगा..."

शरण—"आप पंजाब मेल से उतरे। मैं पहचान नहीं सका।"

प्रेमचन्द—"वही तो मैं कहता हूँ। जब तुम मुझे नहीं पहचानते थे, और न मैं तुम्हें, तो प्रेमचन्द कहकर पुकारते। इससे मेरी इज़्ज़त थोड़े ही कम हो जाती।"

शरण मौन थे। कुछ देर बाद पूछा—"आप परिषद् के सभापति डॉ. शास्त्री के यहाँ ठहरेंगे या मेरी सेवा स्वीकार करेंगे?"

"मुझे डॉक्टर के साथ क्या करना है! मैं तुम्हारे बुलावे से आया हूँ और तुम्हारे ही यहाँ ठहरूँगा।"

दोपहर को प्रेमचन्द पटना म्यूज़ियम देखने गए। यहाँ के पुरातत्त्व विभाग में उन्हें विशेष दिलचस्पी नहीं थी। परन्तु जब बिहार के गाँवों के मिट्टी के स्केच देखे तथा आदिम जाति के लोगों की मूर्तियाँ देखीं, तब बोले—"हमें इन समस्याओं की ओर ध्यान देना चाहिए। इन जंगली लोगों को सभ्य बनाना चाहिए। हज़ार वर्ष पहले की मिट्टी में गड़ी हुई चीज़ों से हमें क्या लाभ? हमें तो वर्तमान की रक्षा का प्रश्न हल करना चाहिए।"

कॉलेज के कुछ लड़के आए। सन्देश माँगा। प्रेमचन्द बोले—"सन्तोष ही जीवन का सबसे बड़ा धन है।" इस पर विवाद चला। "सन्तोष से तो जीवन की क्रिया-शक्ति ही नष्ट हो जाएगी...आकांक्षा तथा असन्तोष की आग है, जिससे क्रान्ति होती है। सन्तोष से जीवन निचेष्ट हो जाएगा और निश्चेष्ट जीवन और मृत्यु में क्या अन्तर है?"

प्रेमचन्द बोले—"सामूहिक रूप से असन्तोष अच्छा है, पर मनुष्य के व्यक्तिगत जीवन में असन्तोष का फल अच्छा नहीं होता। राष्ट्रीय आन्दोलन के नेताओं को ही देखो—वे निस्पृह रूप से काम करते हैं। वे जानते हैं कि उनके छोटे जीवन में उनका आन्दोलन सफल नहीं हो सकता, फिर भी उन्हें सन्तोष है कि वे अपना काम तो कर रहे हैं। जननी जन्मभूमि की रक्षा में अपनी जान तो दे रहे हैं। यही सन्तोष उनका सबसे बड़ा बल है।"

शाम को जिस समारोह के लिए प्रेमचन्द को आमंत्रित किया गया था, उसमें जनता की अपार भीड़, उत्सुकता, श्रद्धा और भक्ति देखकर प्रेमचन्द भी विह्वल हो गए। बोले,

"बिहारियों का हृदय सचमुच महान है। उनकी जैसी दरियादिली मुझे कहीं न मिली। यू. पी. में भी मीटिंग होती हैं, बड़े-बड़े विद्वान् आते हैं, पर उपस्थिति सौ-दो सौ से अधिक नहीं होती। हाँ, तमाशे की बात मैं नहीं कहता!"

25

फिर बनारस में

'हंस' ने हिन्दी-जगत् को एक नई चीज़ दी। यह था, फ़रवरी, 1932 का आत्मकथा अंक, जिसमें प्रमुख साहित्यकारों ने अपनी संक्षिप्त जीवनी लिखी (स्वयं प्रेमचन्द का जीवन-सार लेख भी इसी अंक में छपा) शिवरानीदेवी ने भी 'मेरी गिरफ़्तारी' शीर्षक से एक लेख लिखा।

इलाहाबाद के 'भारत' ने इस अंक की विपरीत आलोचना की और कहा कि यह तो लेखकों का आत्म-विज्ञापन है। बनारस से विनोदशंकर व्यास ने एक पाक्षिक पत्र 'जागरण' निकाला था। इस पाक्षिक में 'आत्मकथा' अंक के पक्ष में एक नोट लिखा गया। कुछ समय तक वाद-विवाद चलता रहा।

मासिक 'हंस' स्वतंत्रता-संग्राम में अपना कर्तव्य पूरा करता चला जा रहा था। प्रेमचन्द इसमें दिल खोलकर लिखते और कांग्रेस आन्दोलन में पूरा सहयोग देते। इस समय उनके विचारों का पता श्रीराम शर्मा को लिखे एक पत्र से ज्ञात होता है। इसमें लिखते हैं—

"क़दम आगे बढ़ाया है। अब वापस मोड़ना उचित नहीं है। और कोई रास्ता भी तो नहीं है। अब प्रश्न यह नहीं है कि सरकार पर दबाव डाला जाए। प्रश्न तो यह है कि सारा देश कांग्रेस को प्रवक्ता स्वीकार करे। उसका सत्कार तभी होगा, जब हम सब बलिदान करें। वही हमारी ईमानदारी और दृढ़ता का प्रमाण होगा। मेरा ऐसा विचार है कि महात्माजी को पूर्ण स्वतंत्रता नहीं दी गई। घटनाचक्र कुछ इस तरह चलाया गया कि उनके सामने और कोई रास्ता ही नहीं था। वायसराय ने उनकी माँग, कि उनसे भेंट पर कोई शर्तें न लगाई जाएँ, को ठुकराकर सारे किए-कराए पर पानी फेर दिया। हमारी असफलता का प्रमुख कारण तो हमारी नैतिक आचरण की कमज़ोरी है। इक्के-दुक्के व्यक्तियों को छोड़कर चरित्र का बड़प्पन हमारे में है ही नहीं। उस समय के आने में अभी बहुत देर है, जब भारत शान्ति और प्रगति के पथ पर ठीक तरह चलना शुरू करेगा।"

जब चचेरे भाई की बीमारी के सम्बन्ध में बनारस जाने का प्रश्न उठा, तो प्रेमचन्द अपनी पत्नी से बोले—"बिना वारंट के गिरफ़्तारी हो रही है। तुम पहले भी जेल गई हुई हो। शायद इस बार बिना वारंट के तुम पकड़ ली जाओ। मैं तुमसे यह इसलिए

कह रहा हूँ कि जब तक मैं न आ जाऊँ, तब तक तुम घर से मत निकलना, वरना और भी एक मुसीबत आ जाएगी।''

शिवरानीदेवी ने कहा—''मैं नहीं जाऊँगी।''

उधर 9 जनवरी, 1932 को इनके सड़सठ-वर्षीय चचेरे भाई की मृत्यु हो गई। निगम को सूचना दी—''घर में दो छोटे बच्चे बेवा, भाई की बेवा और एक बेवा बहन।'' इन अनाथों की परवरिश का कुछ इन्तज़ाम भी करना है। भोज भी करना पड़ेगा।'' प्रेमचन्द ने एक सौ रुपया बैंक से निकलवाकर दिया और कहा कि ''मैं क्रियाकरम की रस्म को नापसन्द करता हूँ। ये रस्में मामूली ढंग से पूरी करना। अब मैं जा रहा हूँ। उनकी गिरफ़्तारी का बहुत अन्देशा है। अब रोना बन्द करो। भैया तो चले गए, मगर मैं तो हूँ। बच्चों को मत कहना कि तुम्हारे बाबू मर गए। अब तक मेरे तीन बच्चे थे। अब मैं पाँच का पिता हूँ। जब भी ज़रूरत हो मुझे ख़बर करना। जल्दी ही मैं यहाँ चला आने वाला हूँ।''

डेढ़ महीने बाद निगम को : ''मैं अप्रैल में बनारस चला जाऊँगा। देहात में बैठकर लिटरेरी काम करता रहूँगा। अगर रीडरें मंजूर हो गईं तो तीन साल तक परेशानी न होगी। ऐसी उम्मीद है।...अगर मौलवी अब्दुल हक साहब से कोई तर्जुमा या तालीफ का काम माकूल मुआवज़े पर मिल जाए तो मेरे लिए हासिल करने की कोशिश क्यों नहीं करते? साल में पाँच सौ का काम भी कर लूँ तो फिर मुझे गूना बेफ़िक्री हो जाए।''

थोड़े ही दिन बाद लखनऊ में बच्चों की परीक्षा ख़त्म हुई। प्रेमचन्द सपरिवार बनारस आ गए और बेनिया बाग़ में रहने लगे। यहाँ वह साहित्यसेवा 'हंस', सरस्वती प्रेस और कांग्रेस का काम करते रहे।

अप्रैल, 1932 में जब पुलिस द्वारा किए गए लाठीचार्ज से श्रीमती स्वरूपरानी नेहरू सड़क के किनारे बेहोश गिर पड़ीं, तो सारे देश में इस पर क्रोध की लहर फैल गई थी। प्रेमचन्द ने निगम को लिखा—

''गवर्नमेंट की ज़्यादतियाँ नाक़ाबिले बर्दाश्त हो रही हैं। पंडित जवाहरलाल की ज़ईफ़ माँ के साथ कैसी ज़्यादतियाँ की गई हैं। अब बाहर रहने में मुझे भी बेहयाई मालूम हो रही है।''

'हंस' में भी प्रेमचन्द ने 'दमन की सीमा' नीति पर प्रहार किया और सामयिक राष्ट्रीय जीवन में साहित्य के स्थान का विश्लेषण किया। पत्र का 'स्वदेशांक' निकालने का इरादा भी किया। लेकिन ज़मानत का मसला था। फिर आर्डिनेंस के आने का डर था, ''हमारे हाथ-पाँव फिर बँध जाएँगे। देखिए च मे शवद।''

और जिस बात का डर था वही हुआ। ''नया आर्डिनेंस आ गया और उसी के साथ ज़मानत बहाल कर दी गई।'' जून और जुलाई का अंक हमने छापना शुरू कर दिया है। पर मैनेजर साहब जब नया डिक्लेरेशन देने गए, तो मजिस्ट्रेट ने पत्र

जारी करने की आज्ञा न दी, ज़मानत माँगी। अब मैंने गवर्नमेंट को एक स्टेटमेंट लिखकर भेजा है। अगर ज़मानत उठ गई तो पत्रिका तुरन्त ही निकल जाएगी। छप, कट, सिलकर तैयार रखी है। अगर आज्ञा न दी तो समस्या टेढ़ी हो जाएगी। मेरे पास न रुपए हैं, न प्रामेसरी नोट, न सिक्योरिटी। किसी से क़र्ज़ लेना नहीं चाहता। यह शुरू साल है। चार-पाँच सौ वी.पी. जाते, कुछ रुपए हाथ आते। लेकिन वह नहीं होना है।''

इसी समय दयानारायण निगम से टैक्स्ट बुक योजनाओं पर भी पत्र-व्यवहार हो रहा था। इस सम्बन्ध में उनको पूरे सहयोग का आश्वासन दिया। प्रेमचन्द ने स्वयं भी कुछ अन्य साथियों से मिलकर टैक्स्ट-बुक की योजना बनाई। परन्तु ''मेरा मुआमला शायद अड़ा जा रहा है। ताल्लुक़दार प्रेस फ़ाक़ामस्त प्रेस है। उमानाथ बली साहब नाम के ताल्लुक़दार हैं। प्रेस के पास असासा कुछ नहीं है। मुसन्निफ़ीन में दो साहब इलाहाबाद म्योर कॉलेज के हैं। एक साहब तो मसूरी में तशरीफ़ रखते हैं, दूसरे साहब रायपुर में या नरसिंहपुर में, तीसरा मैं हूँ। ख़ैर, चूँकि मैं सबसे ज़्यादा गर्ज़मन्द हूँ, इसलिए मैंने प्रूफ़ वग़ैरह देखने का ज़िम्मा ले लिया था। मगर अभी तक तबाअत शुरू नहीं हुई। जुलाई में तीनों किताबें तैयार हो जाएँगी, मुझे इसमें शुबाह है।''

'बाकमालों के दर्शन' को भी टैक्स्ट बुक लगवाने का प्रयत्न किया गया, परन्तु असफल रहे। नए संस्करण के बारे में निगम को लिखा—''पहले इस मजमूए में मुसलमान मशाहीर न थे। शायद इसी बिना पर कमेटी ने इस पर इल्तफ़ात न किया था। अब वह कमी पूरी कर दी गई है। अकबर तो मैंने 'अज़ीज़ मिर्ज़ा' से लिया है। वसीउद्दीन सलीम और शरर भी 'ज़माना' के मज़ामीन से मक्तबस हैं। मेरे ख़याल में अब यह स्कूल के क़ाबिल है। अब की यह किताब फिर पेश की जाएगी। मैं आपसे उम्मीद करूँगा कि इसके हक़ में एक क़लमा-ए-ख़ैर कहकर इसे दाख़िले इन्तख़ाब करा दें। इसके लिए शुक्रिया न अदा करूँगा।''

उधर गाल्सवर्दी के ड्रामों के अनुवाद के बारे में भी आपत्ति थी। ''एकेडेमी शायद अब ऐसे तर्जुमे बेकार समझ रही है। बाबू महावीरप्रसाद सक्सेना, अभी कई रोज़ हुए, डॉ. ताराचन्द से किसी काम की तलाश के सिलसिले में मिले थे। उन्होंने उस वक़्त यह ख़याल जाहिर किया कि इन ड्रामों से कोई मुफ़ीद नतीज़ा नहीं निकला और वह तज़ीह औक़ात है। ऐसा न हो उर्दू तर्जुमों के मुतअल्लिक़ भी यही ख़याल हो, और हम लोगों की मेहनत बरबाद हो जाए।''

ऐसा प्रतीत होता है कि प्रेमचन्द ने एकेडेमी के लिए किसी मित्र से भी अनुवाद करवाया था। निगम को लिखा—''बाबू हरप्रसाद सक्सेना जेल से छूट आए और बहुत तंग-हाल हैं। मेरे पास दर्दनाक ख़त लिखा है। क्या जवाब दूँ। मरहला कितना तय हुआ, कितना बाक़ी है, मुझे क्या ख़बर? आपने नज़रसानी की या नहीं। एकेडेमी में क्या पेशगी का सवाल नहीं पेश हो सकता? और न सही, सौ रुपए पेशगी लेकर उनके

पास भिजवा दीजिए। बेचारे बड़ी तकलीफ़ में हैं। मैं मजबूर हूँ हालाँकि जानता हूँ, यह मजबूरी आरज़ी है। आप सोचिए कितनी मुद्दत गुज़र गई। ग़ालिबन डेढ़ साल हो गए। अब तो वायदे ही करने बन्द कर दिए...।''

बीस दिन बाद—''नाटकों के मुतअल्लिक़ मुझे कुछ लिखते डर लगता है। कहीं आप यह न समझें कितना बेसबरा आदमी है। लेकिन जब हरप्रसाद साहब की याददहानी आ जाती है, तो मजबूर हो जाता हूँ। इस वक़्त उन्हें सौ रुपए लाख रुपए के बराबर हैं। मेरे लिए भी सौ तो सौ के बराबर नहीं सही, आपके लिए भी ग़ालिबन सौ-पचास के बराबर न होंगे। ख़ुदा करे, आपकी रीडरें ख़त्म हों और आप इधर मतवज्जो हों। कहाँ तक वायदा करूँ।''

अपने उपन्यास 'ग़बन' की बिक्री भी सन्तोषजनक नहीं थी। 'प्रतिज्ञा' का उर्दू रूपान्तर 'बेवाह' तथा 'कायाकल्प' का उर्दू संस्करण 'पर्दा-ए-मजाज' भी निकले। 'बेवाह' की छपाई बहुत ख़राब थी। ''कई प्रेसों में छपी, कई पत्थर टूटे, कई कातिबों ने लिखा। फँस गया था। मजबूरन ख़त्म करना पड़ा। ग़लती से प्रिंट लाइन न दी जा सकी। अब इसकी चिटें भेज रहा हूँ। तकलीफ़ तो होगी मगर दफ़्तरी से चिपकवा लें, और दोनों किताबों ('पर्दा-ए-मजाज' और 'बेवाह') का रिव्यू निकलवा दें। बहुत अर्से से मेरी किसी किताब की तनक़ीद 'ज़माना' में नहीं छपी।''

बीस दिन बाद—'' 'पर्दा-ए-मज़ाज' पर तो मैं आपकी राय का मुश्ताक़ हूँ। इसे मैंने बहुत मेहनत से लिखा था। आप इसे एक बार सरसरी तौर पर पढ़ तो जाएँ। मगर शायद आपको फ़ुरसत न मिलेगी।''

चार महीने बाद एक फटकार—'' 'बेवाह' का कोई रिव्यू 'ज़माना' में न छपा। 'पर्दा-ए-मजाज' का भी यही हाल हुआ। आपका मुझमें इतना कम इंटरेस्ट क्यों हो गया है? क्या 'पर्दा-ए-मजाज' आपने पढ़ा? आपके किसी दोस्त ने पढ़ा? या इस कदर लग़्व है कि आपने पढ़ने की तकलीफ़ गवारा ही नहीं की? लिटरेरी काम में सिवाय अहबाब की क़दरदानी के और क्या रखा है? पब्लिशर भी किताब क्यों शाया करे, जब तक कोई उसमें पुरसानेहाल न हो और जब 'ज़माना' जैसा रसाला इस क़दर बेएतनाई करे, तो दूसरों पर मेरा क्या हक़ है और क्या दावा है?''

इस समय की प्रकाशित कहानियाँ इस प्रकार हैं—'गिला', 'कुसुम', 'डिमांस्ट्रेशन', 'चमत्कार', 'लेखक', 'आख़िरी गिला', 'दो बैलों की कथा'। एक और कहानी थी 'डामुल का क़ैदी'। इस कहानी की पांडुलिपि अभी भी उपलब्ध है। इस कहानी का सिनोप्सिज़ भी मिलता है, जो अंग्रेज़ी में है। हम सिनोप्सिज़ का हिन्दी रूपान्तर देते हैं।

''सेठजी एक गाँव में एक पुल बनवा रहे हैं। पुल के पिल-पाए बड़े करने में उन्हें तभी सफलता मिलती है जब वह एक लड़के की बलि देते हैं। यह करते हुए सेठ पकड़े जाते हैं और उन्हें आजीवन कारावास का दंड मिलता है। चौदह वर्ष के बाद जब सेठजी लौटते हैं और घर जाते हैं तो देखते हैं कि जिस लड़के की बलि दी थी, वह उनका

लड़का बनकर आ गया है। वह भौंचक्के हो जाते हैं। उनका सर्वनाश हो गया है। बीवी और बच्चा बुरे हालों में हैं। सेठ उस लड़के के माता-पिता की तलाश में जाता है। मगर उनका पता नहीं लगता। फिर उसे पता चलता है कि वे अहमदाबाद में हैं। उसके अपने मकान में कोई और रहते हैं। पुल बन रहा है। उसके लिए इस बार उनके लड़के की बलि दी जाती है। उसकी आँख खुलती है। और हृदय-परिवर्तन होता है। वह सिर झुकाता है। नए जीवन का समारम्भ होता है। वह अपनी इच्छाओं (इन्द्रियों) पर काबू पा लेता है। वह अब नास्तिक भी नहीं है।''

प्रेमचन्द इस (अँगरेज़ी में लिखे) सिनोप्सिस को काट देते हैं और फिर दोबारा लिखते हैं। नीचे इसका अनुवाद है—''सेठजी आज बहुत ख़ुश हैं। उन्हें एक बड़ा भारी ठेका मिला है। उसी दिन वह काम पर चले जाते हैं। परन्तु पिल-पाए बढ़ते ही नहीं। बलि की आवश्यकता है। एक लड़के को चुपचाप पकड़कर उसकी बलि चढ़ा दी जाती है। सेठजी गिरफ़्तार हो जाते हैं और उन्हें चौदह साल के कारावास की सज़ा मिलती है। लौटने पर देखता है कि उसका अपना मकान अब उसका नहीं है। बहुत तलाश करके वह पुल तक पहुँचता है। यह अभी भी बन रहा है। उसकी पत्नी पहचान लेती है। अब उसका एक लड़का भी है। यह लड़का वही है, जिसकी सेठ ने बलि दी थी। अब सेठ सेठ नहीं है। वह तो मज़दूर है। अपनी पत्नी के साथ-साथ वह श्रमिक का काम करता है, परन्तु अपने लड़के से डरता है। एक दिन क्या देखता है कि उसके अपने ही लड़के की बलि दी जाती है। उसकी पत्नी पहले ही मर चुकी होती है। जीवन का स्रोत ही जैसे सूख गया हो।''

ऐसा प्रतीत होता है कि प्रेमचन्द ने किसी घटना का वृत्तान्त सुनकर यह सिनोप्सिज़ तैयार किया था, जिस प्रकार कहानी लिखी गई, उसमें बड़ा अन्तर है और जिस रूप में कहानी प्रकाशित हुई, उसमें और भी अन्तर है।

पांडुलिपि में दिखाया गया है कि ख़ूबचन्द धनी सेठ पर अफ़सरों की कृपा है। परन्तु जीवन का एक ही दुःख है—सन्तान का अभाव। इस बीच में उनकी मिल में हड़ताल होती है। मज़दूरों में कटौती के कारण मज़दूरों का नेता गोपी सेठजी की गोली से मर जाता है। मरते दम तक वह जनता को शान्त करता रहता है और मज़दूरों से वचन लेता है कि वे सेठजी से बदला नहीं लेंगे। गोपी के प्रभाव से सेठजी नास्तिक से आस्तिक बन जाते हैं। घर जाते समय एक मित्र सेठजी को एक वेश्या के घर ले जाते हैं। सेठजी को अब इस वेश्या की सुन्दरता में परमात्मा के दर्शन होते हैं। सेठजी का हृदय-परिवर्तन हो जाता है। सेठ की भक्ति देखकर वेश्या में भी हृदय-परिवर्तन हो जाता है। भगवान् की कृपा से अब सेठजी के घर लड़का होता है। इसे लेकर वह मन्दिर जाते हैं, जहाँ वेश्या से भेंट होती है। वेश्या तो अब भक्तिनी है और सेठजी से कहती है, ''जब तक जिऊँगी, आपका यश मानूँगी।''

ऊपर दी गई कहानी शीर्षकहीन है। जब हम इसके साथ 'डामुल का क़ैदी' को

देखते हैं, तो पता चलता है कि आरम्भ के दो परिच्छेद तो ज्यों-के-त्यों हैं। बाद का कथानक बिलकुल भिन्न है। गोपी की हत्या का बदला लेने के लिए मज़दूरों का समूह सेठजी के घर पर आक्रमण करता है। सेठजी अपराध स्वीकार कर लेते हैं और चौदह वर्ष के लिए डामुल (कालापानी) भेज दिए जाते हैं। इधर उनके घर एक पुत्र जन्म लेता है, जो हू-ब-हू गोपी से मिलता है। सेठ ख़ूबचन्द कालापानी से लौटते हैं, तो लड़के को देखकर हक्का-बक्का रह जाते हैं।

उनका लड़का कृष्णचन्द्र बराबर गोपी के घर जाता है और गोपी के कुटुम्ब की देख-रेख करता है। कुछ दिन बाद उसी मिल में फिर हड़ताल होती है और इस बार सेठजी का लड़का मज़दूरों का नेतृत्व करता हुआ मारा जाता है। परन्तु सेठजी का हृदय-परिवर्तन हो चुका है। वह प्रसन्न हैं कि उनके लड़के की बलि से मज़दूरों का हित हुआ है। कृष्णचन्द्र की याद में एक मन्दिर बनाया जाता है। जब इसी कहानी का उर्दू रूपान्तर छपा तो उसमें और भी अन्तर। कहानी बहुत छोटी कर दी गई। अनुच्छेद दस से घटाकर छह कर दिए गए। अनुच्छेदों को भी काट-छाँटकर छोटा कर दिया गया और कुछ को बिलकुल निकाल दिया गया। कहानी का अन्त सेठजी की पत्नी की मृत्यु तथा सेठजी द्वारा मज़दूरों की सेवा से होता है।

ऊपर दिए गए वृत्तान्त से स्पष्ट है कि प्रेमचन्द अपनी कृतियों में एक बार लिखने के बाद भारी परिवर्तन भी कर देते थे। इन कहानियों के अतिरिक्त कुछ ऐसी भी कहानियाँ हैं, जो इस समय उर्दू की पत्रिकाओं में छपीं और फिर उर्दू संग्रहों में। कुछ इस प्रकार हैं—'वफ़ा की देवी', 'इन्तक़ाम', 'देवी', 'क़ौम का ख़ादिम', 'बन्द दरवाज़ा'। ये गिलानी प्रेस द्वारा प्रकाशित 'प्रेम चालीसी' तथा तीर्थराम हरबंसलाल लाहौर द्वारा छपे संग्रह 'नजात' में प्रकाशित हुईं।

26

जागरण

'हंस' से पुनः ज़मानत माँगी गई। परिणामतः पत्र बन्द कर दिया गया। प्रेस का काम घट गया। इससे घबराकर प्रेमचन्द ने एक और ग़लती की। यह ग़लती थी, विनोद शंकर व्यास से पाक्षिक 'जागरण' को लेकर उसे साप्ताहिक रूप में प्रकाशित करना। विनोदशंकर पत्रिका से निराश हो चुके थे। उनके भरसक प्रयत्न करने पर भी 'जागरण' की ग्राहक-संख्या दो सौ से आगे न बढ़ी। इसलिए वह इसे बन्द करने का फ़ैसला कर चुके थे। बन्द करने से पहले प्रेमचन्द से उन्होंने कहा—"यदि आप इसे निकालना चाहें तो ख़ुशी से निकालें।"

प्रेमचन्द ने 'जागरण' को ले लिया। उनका विचार था कि इस साप्ताहिक के निकालने से सरस्वती प्रेस का पेट भरता रहेगा। जैनेन्द्र को उन्होंने लिखा—"तुम्हारा इरादा भी एक साप्ताहिक (पत्रिका) निकालने का था। यह तुम्हारे लिए ही सामान है, मैं जब तक इसे चलाता हूँ। फिर यह तुम्हारी ही चीज़ है। धन का अभाव है। 'हंस' में कई हज़ार का घाटा उठा चुका हूँ, लेकिन साप्ताहिक के प्रलोभन को न रोक सका। कोशिश कर रहा हूँ कि सर्वसाधारण के अनुकूल पत्र हो। इसमें भी हज़ारों का घाटा होगा। पर करूँ क्या ? यहाँ तो जीवन ही एक लम्बा घाटा है। यह कुछ चल जाएगा, तो प्रेस के लिए काम की कमी की शिकायत न रहेगी। अभी तो मुझे ही पिसना पड़ेगा, लेकिन आमदनी होने पर एक सम्पादक रख लूँगा। अपना काम केवल एडीटोरियल लिखना होगा।"

'जागरण' का 22 अगस्त, 1932 का अंक साप्ताहिक रूप में प्रेमचन्द के सम्पादकत्व में निकला। 'जागरण का नया रूप' शीर्षक अग्रलेख में प्रेमचन्द ने लिखा—

" 'जागरण' ने साहित्यिक पत्र के रूप में जन्म लिया था और अपनी बाल्यावस्था के बारह अंक पूरे करके अब वह एक विस्तृत क्षेत्र में आता है। उसका जन्म अच्छे कुल में हुआ, उसका लालन-पालन सुयोग्य हाथों में हुआ। परखने वाले परख गए कि होनहार है, पर साहित्य के परिमित क्षेत्र में उसका विकास जैसा होना चाहिए था वैसा न हो सकता था। हाथ-पाँव मारने वाला बालक पालने में कैसे रहता! इसलिए उसके जन्मदाताओं को ऐसे अभिभावक की ज़रूरत पड़ी, जो ज़रा निष्ठुर हाथों से उसकी गोशमाली कर दिया करे, जो ममता-भरे माखन और मिश्री की जगह सूखे चने और रूखी रोटियाँ खिलाए, क्योंकि संसार में पहले चाहे लाड़-प्यार में पले बालकों को बढ़ने का अवसर होता रहा है, अब तो समय उनके अनुकूल नहीं रहा। आज संसार में वही बालक बाज़ी ले जाता है जिसने बालपन में कड़ियाँ झेली हों, धक्के खाये हों, भूखे सोये हों, जाड़ों ठिठुरे हों। गमले का पौधा धूप और वर्षा का सामना क्या करेगा ? वह चट्टान पर उगा हुआ पौधा ही है, जो जेठ की जलती लू, माघ के तीखे तुषार और भादों की मूसलाधार वर्षा में डटा खड़ा रहता है और फलता-फूलता है। हमारे ऊपर इंतख़ाब की निगाह पड़ी। हम कह नहीं सकते कि हम इस काम के लिए चुने गए। हम इस काम में बहुत अभ्यस्त नहीं हैं। अभी तक केवल एक चिड़िया पाली है। पर उसे भी कई बार संकट में डाल चुके हैं। शिकारियों के दो निशाने उस पर लग चुके हैं।

"ख़ैर, हम अभिभाव की कला में कुशल नहीं हैं, फिर भी 'जागरण' का भार हमारे ऊपर रखा गया। हम अपनी त्रुटियों को ख़ूब समझते हैं। चुलबुले बालकों का सँभालना कितना कठिन है, इसे वही लोग जानते हैं जिन्हें इसका तजुरबा हो। लेकिन भाई, ईमान की बात यह है कि मिलता हुआ बालक किससे छोड़ा जाता है। हमने सोचा चलो इसके साथ अपनी तक़दीर आज़माओ, कौन जाने तुम्हारे ही हाथों इसको ढंग

पर लाने का यश बदा हो। दुनिया हमें इसका बाप न कहे। बाप कहलाने का गर्व किसे नहीं होता! कम-से-कम इतना तो स्वीकार करेगी ही कि हमने इसे समाज का एक उपयोगी व्यक्ति बना दिया। यह हमें कोई न बताये कि इसके हाथों हमें पिंडा-पानी न पहुँचेगा। हम इतने धर्म-ज्ञान शून्य नहीं हैं, पर हमारा पिंडे-पानी में विश्वास नहीं है। हम तो यही डर रहे हैं कि हमारे सिर कलंक न लग जाए कि लेकर लड़के को चौपट कर दिया। यश इस ज़माने में किसे मिलता है! अपयश न मिले यही बहुत है।''

आगे चलकर प्रेमचन्द खेद प्रकट करते हैं कि काशी जैसे साहित्य और संस्कृति के प्रमुख केन्द्र में हिन्दी का एक भी साप्ताहिक न हो और लिखते हैं—''क़लम हाथ में और राष्ट्रीयता का भाव हृदय में, सहयोगियों और विद्वानों की सहायता की आशा मन में लेकर हम इस क्षेत्र में आए हैं। यह बेड़ा पार होगा या नहीं, ईश्वर जाने। हमारे पास न संगठन है, न अनुभव है और धन का तो हमसे पुश्तैनी बैर है।''

'जागरण' के निकालने से प्रेमचन्द की आर्थिक समस्या कितनी जटिल हो जाएगी, इसका अन्दाज़ा प्रेमचन्द को नहीं था। दो महीने के भीतर ही निगम को उन्होंने लिखा—'' 'जागरण' हफ़्तावर में ख़ूब चपत पड़ रही है मगर हिम्मत किए निकाले जाता हूँ। देखिये ऊँट किस करवट बैठता है।''

इसी पत्र में लिखते हैं—''एक सूरत निकल आई है, 'हंस' की ज़मानत दाख़िल कर रहा हूँ।'' ज़मानत भरी। अक्तूबर-नवम्बर अंक स्वदेशांक था। ('डामुल का क़ैदी' इसी अंक में छपी)। इसी अंक में प्रेमचन्द ने 'नवयुग' शीर्षक लेख में बतलाया कि राष्ट्रीयता का जन्म यूरोप में हुआ था, परन्तु वहाँ बल को प्रधानता मिल चुकी थी। ''जहाँ शासन के विरोध में ज़बान खोलना बड़े-से-बड़ा अपराध है जिसकी सज़ा मौत है, वहाँ शान्त विचारों को शक्ति से कुचलकर बहुत दिनों तक शान्ति की रक्षा नहीं की जा सकती।...धार्मिक संस्थाओं ने शासक समुदाय से इस तरह अपने को मिला लिया था और लोकवाद का इतना विरोध किया था, और कर रहे हैं, कि जनता अब स्वाधीनता की नई उमंग में धर्म-संस्थाओं को मिटाने पर तुली हुई है। रूस और स्पेन दोनों ही देशों की यही दशा है। भारत में कुछ वही हवा चलती नज़र आती है।''

बनारसीदास चतुर्वेदी ने 'विशाल भारत' के लिए कहानी माँगी, तो जवाब में प्रेमचन्द ने लिखा—''क्या कहूँ, मैं तो आज-कल लचर चीज़ों के लिखने में व्यस्त हूँ। मैं अकेला ही 'जागरण' को निकाल रहा हूँ। यह मेरा अधिकतम समय खा जाता है। 'विशाल भारत' के गतांक के लिए आप जैनेन्द्र, सुदर्शन, कौशिक, द्विज, वीरेश्वरसिंह से कहानियों के लिए कहिए। गुजराती, बँगला, मराठी और उर्दू-लेखकों से भी उनकी भाषा में कहानी मँगवाइए। इनके अतिरिक्त सामयिक अमेरिकी तथा यूरोपीय गल्पकारों की कहानियाँ भी हों। और एक लेख तो गल्प के तत्त्वों पर भी होना चाहिए।''

इसी पत्र में उन्होंने लिखा—''मैंने 'निर्मल' का लेख तो नहीं पढ़ा, परन्तु मेरे विचार में आप इन छोटी-छोटी बातों पर अनावश्यक ध्यान देते हैं। लोग मुफ़्त में हमको

वादविवाद में घसीट लेते हैं।'' डेढ़ महीने बाद, ''मैं तो आपको अपना निकटतम मित्र मानता रहा हूँ। आप उन समालोचकों में हैं जिनकी टिप्पणियों की मैं पूरी क़द्र करता हूँ। यह मैं इसलिए करता हूँ कि आपकी आलोचनाओं का आधार है सहानुभूति तथा ठीक कसौटी। जैसा आप जानते हैं, किसी भी लेखक के लिए केवल समालोचना ही काफ़ी नहीं है। लेखक तो हमेशा अपने जागरूक मित्रों को ध्यान में रखता है। आपने जो कुछ मेरे लिए किया है उसे मैं कभी नहीं भूल सकता। जब भी कभी अवसर आया है मैं आपका पक्ष लेकर लड़ा हूँ और मैंने इस बात का प्रयत्न किया है कि आपकी सही तसवीर दूसरों के सामने आए।

''मैं इस बात से कभी इन्कार नहीं करता कि साहित्यिक क्षेत्र में कुछ ऐसे व्यक्ति हैं जो आपको बदनाम करते हैं और आपके लक्ष्य के बारे में शक की निगाह से देखते हैं या इससे भी आगे बढ़ जाते हैं। परन्तु आलोचक किसके नहीं हैं? मैं भी ऐसे ही आदमियों से घिरा बैठा हूँ, जो अवसर मिलने पर प्रहार करने से नहीं चूकते। हमारा दुर्भाग्य यह है कि हमारे साहित्यिकों के दृष्टिकोण में उदारता नहीं है। न ही उनमें सहयोग की भावना है। यहाँ कुछ लोग तो ऐसे हैं, जो दूसरों की वर्षों की मेहनत की कमाई ख़्याति को मटियामेट करना चाहते हैं। परन्तु हम क्यों इन बातों से घबरा उठें? हमारी आत्मा पवित्र होनी चाहिए। बस वही हमारा मापदंड है। मैं देख रहा हूँ कि आप छोटे-छोटे व्यंग्यात्मक प्रहारों को दिल से लगा बैठते हैं। मैंने 'टूँटीराज' वाला तथा 'ख़ैराती ख़ाँ' के लेख तो नहीं पढ़े (परन्तु मैं उनकी परवाह भी नहीं करता)। 'ख़ैराती ख़ाँ' ने 'आज' में मुझे आड़े हाथों लिया था, परन्तु मैंने उसको हँसकर टाल दिया। बात तब गम्भीर बन जाती है, जब कोई हमारे उद्‌देश्य को ही कलुषित बतलाने लगे। मैं इसे कभी बर्दाश्त नहीं कर सकता कि किसी के उद्‌देश्य पर शक किया जाए। परन्तु छोटी-मोटी छींटों की परवाह नहीं करनी चाहिए। यदि आप करेंगे तो आपके आलोचक आप पर प्रहार करते रहेंगे। उनके साथ मुस्कराहट से पेश आइए। एक समय था, जब मैं भी अमित्रतापूर्ण आक्षेपों के कारण आराम से सो भी न पाता था। मगर अब तो वह पुरानी बात हो गई है। अब मैं अपने-आपको अच्छी तरह से समझने लगा हूँ। किन्हीं दो व्यक्तियों के बीच मतभेद तो हो सकते हैं, मगर उनके कारण हम घबरा क्यों उठें? सब लोग कैसे मेरी प्रशंसा कर सकते हैं? यह भी कैसे हो सकता है कि जो कुछ मैं लिखूँ, उसमें त्रुटियाँ न हों। आपको 'कंकाल' पसन्द नहीं आया। मुझे तो अच्छा लगा। प्रसादजी प्यार के योग्य हैं। अब मैंने उन्हें निकट से देखा, तो एक साल पहले की कल्पना से भिन्न पाया। मैं समझता हूँ कि ग़लतफ़हमियाँ निकट सम्पर्क से ही दूर हो सकती हैं। मैं अपनी ओर से आपको विश्वास दिलाता हूँ कि आपके बारे में मेरी सम्मति बहुत ऊँची है और इसे कोई नहीं बदल सकता। वैमनस्य तथा दूषित वातावरण को साफ़ करने के लिए मैं सब-कुछ करने को तैयार हूँ। ज़रा उदारता चाहिए। परन्तु आप तो इस सिद्धान्त को मेरे से कहीं अधिक जानते हैं।''

'हंस' फिर से निकला, परन्तु दिसम्बर, 1932 में सरस्वती प्रेस और 'जागरण' से 'उसका अन्त' नाम की कहानी के दंड में दो हज़ार रुपए की ज़मानत माँगी गई।

'स्वतंत्रता-संग्राम के सैनिक' प्रेमचन्द की दशा कितनी दयनीय थी, इसका अनुमान उनके एक पत्र से होता है, जिसमें जैनेन्द्र को ज़मानत के बारे में सूचना देकर लिखते हैं, "बहुत परेशान हुआ। भागा हुआ लखनऊ पहुँचा। वहाँ चीफ़ सेक्रेटरी से मिलकर कहानी का आशय समझाया। और भी अपनी लायल्टी के प्रमाण दिए। अब आशा है कि ज़मानत मन्सूख़ हो जाएगी। ज़रा-ज़रा-सी बात में गर्दन पर छुरी चल जाती है।"

इसी बीच 'कर्मभूमि' का हिन्दी-जगत् में ख़ूब स्वागत हुआ। दिल्ली के 'अर्जुन' में समालोचना का एक अंश 'हंस' दिसम्बर, 1932 अंक के विज्ञापन में उद्धृत है।

समाचारपत्रों में प्रशंसा तो हुई, परन्तु न कोई पुरस्कार मिला, न ही सन्तोषजनक बिक्री हुई। वास्तव में दो वर्ष पहले ही प्रेमचन्द ने जैनेन्द्र को लिखा था—"पुरस्कारों का विचार करना मैंने छोड़ दिया। अगर मिल जाए तो ले लूँगा, पर इस तरह जैसे पड़ा हुआ धन मिल जाए। आप या प्रसादजी पा जाएँ तो मुझे समान हर्ष होगा। आपको ज़्यादा ज़रूरत है, इसलिए ज़्यादा ख़ुश हूँगा।"

जब जैनेन्द्र को 'परख' पर हिन्दुस्तानी एकेडेमी ने पाँच सौ रुपए का पुरस्कार दिया तो प्रेमचन्द ने 'हंस' में बधाई दी और इस शुभावसर पर पार्टी केवल इसलिए नहीं माँगी कि जैनेन्द्र के लड़के की मृत्यु हो गई थी। एक भावात्मक पत्र में लिखा—

"बच्चा चला गया। ख़त पढ़ते ही पहले तो कलेजा सन्न हो गया, लेकिन फिर मन शान्त हो गया। यही जीवन के कड़वे अनुभव हैं। इन्हें झेले जाओ तो सब-कुछ सरल हो जाता है। फिर रोएँ भी तो किसके सामने ? कौन देखने वाला है ? किसी को अपना समझें ही क्यों ? अपना केवल इतने ही के लिए समझो कि उसके प्रति हमारे कर्तव्य हैं। ज्ञान-वान तो मैं जानता नहीं। ऐसे आघातों से कलेजे पर घाव लगता ही है। लेकिन लगना चाहिए नहीं। तुम रोये नहीं, इससे मेरा चित्त बहुत शान्त हुआ। तुम यहाँ होते तो तुम्हारी पीठ ठोंकता। यही तो परीक्षा के अवसर हैं।

"भगवती और माताजी को बहुत समझाना। देवियों का हृदय कोमल होता है। बच्चा उनके अंग का एक भाग-सा था। (पैदा ?) होते ही उसी के झगड़ों में लग जाती थीं। अब उन्हें कितना सूना-सूना लगता होगा! माताजी ने दुनिया के सुख-दुख देखे हैं। उनको मैं क्या समझाऊँ! लेकिन भगवती से कहूँगा, धैर्य से काम लो। बच्चे को तुमने सिरजा, पाला-पोसा, फिर भी वह तुमसे रूठकर चला गया। उसकी स्मृति क्या उससे कुछ कम प्यारी है ? मैं तो समझता हूँ, वह और भी प्यारा हो गया है, समझो कि अभी तुम्हारी गोद में नहीं खेल रहा है, बल्कि तुम्हारे हृदय के अन्दर है। कहीं गया नहीं, भीतर जा बैठा है। अब बाहर की गरमी-सरदी, रोग-व्याधि का उस पर कुछ असर न होगा। फिर क्यों रोते हो ?"

इसी पत्र में लिखते हैं—''चतुर्वेदीजी भी आए थे। दो दिन ख़ूब बातें हुईं। प्रसादजी से भी भेंट हुई। मैं समझता हूँ उनमें बहुत-कुछ सफ़ाई हो गई है। (तुम्हारी) कहानी के विषय में मेरी उनसे बातचीत हुई, मैंने उन्हें समझाने की चेष्टा की। वह अपनी तरफ़ से अड़े रहे। लेकिन इसे इधर-उधर भेजकर एक झगड़ा खड़ा करना उन्हें भी पसन्द नहीं है...''

यहाँ यह बतलाना ज़रूरी है कि इससे पहले चतुर्वेदीजी प्रेमचन्द को केवल एक बार मिले थे, वह भी 1924 में। 'विशाल भारत' की स्थापना के बाद एक बार भी भेंट न हुई थी। 1932 के अन्त में चतुर्वेदीजी ने एक पत्र में बनारस आने के बारे में लिखा। उत्तर मिला—''आप आ रहे हैं, बड़ी ख़ुशी हुई। अवश्य आइए। आपसे न जाने कितनी बातें करनी हैं। मेरे मकान का पता है—बेनिया बाग़ में तालाब के किनारे लाल मकान। किसी इक्के वाले से कहिए, वह आपको बेनिया पार्क पहुँचा देगा। पार्क में एक तालाब है जो अब सूख रहा है। उसी के किनारे मेरा मकान है, लाल रंग का छज्जा लगा हुआ। द्वार पर लोहे की 'फ़ैंसिंग' है। अवश्य आइए।''

बनारसीदास ने ऊपर की चिट्ठी मिलते ही बनारस कैंट का टिकट कटाया और चल दिए। बनारस में इक्का लेकर बेनिया पार्क पहुँचे। ''लखनऊ के आठ वर्ष पुराने प्रेमचन्दजी और काशी के प्रेमचन्दजी की रूपरेखा में विशेष अन्तर नहीं पड़ा। हाँ, मूँछों के बाल ज़रूर तरेपन फ़ीसदी सफ़ेद हो गए हैं।'' दो रोज़ प्रेमचन्द के साथ रहे। एक दिन तो प्रात:काल ग्यारह बजे से रात के दस बजे तक और दूसरे दिन सवेरे से शाम तक बातें हुईं। शिवरानीदेवी के पास घड़ी नहीं थी, इसलिए उन्हें समय का पता ही नहीं रहता। दोपहर का भोजन पौने दो-दो बजे होता। गल्प-लेखक को गप लड़ाने में बड़ा आनन्द आता।

बनारसीदास चतुर्वेदी तथा प्रेमचन्द की कहानी-लेखकों तथा कहानी-लेखनकला के बारे में भी बातचीत हुई। चतुर्वेदीजी ने साहित्य के इस अंग की प्रगति के बारे में पूछा। प्रेमचन्द बोले—''प्रगति बहुत अच्छी है, परन्तु प्रगति स्वस्थ तथा उन्नतिशील मार्ग पर है या नहीं, यह सवाल ऐसा नहीं कि इसका जवाब आफ़हैंड दिया जा सके।''

प्रश्न—''नवयुवक कहानी-लेखकों में सबसे अधिक होनहार कौन है?''

उत्तर—''जैनेन्द्र तो हैं ही, और उनके विषय में तो पूछना ही क्या है। इधर श्री वीरेश्वरसिंह ने कई अच्छी कहानियाँ लिखी हैं। बहुत ऊँचे दर्जे की कला तो उनमें अभी विकसित नहीं हो पाई, पर तब भी अच्छा लिख लेते हैं। बाज़-बाज़ कहानियाँ तो बहुत अच्छी हैं। हिन्दू विश्वविद्यालय के ललितकिशोरसिंह भी अच्छा लिखते हैं। श्री जनार्दन झा द्विज में भी प्रतिभा है।''

प्रश्न—''विदेशी कहानियों का हमारे लेखकों पर कहाँ तक असर पड़ा है?''

उत्तर—''हमने जितनी कहानियाँ पढ़ी हैं, उनमें रशियन कहानियों का सबसे अधिक प्रभाव पड़ा है। अभी तक हमारे यहाँ 'एडवेंचर' की कहानियाँ हैं ही नहीं, और जासूसी

कहानियाँ भी बहुत कम हैं। जो हैं भी, वे मौलिक नहीं हैं, कानन डायल की अथवा अन्य कहानी-लेखकों की छायामात्र हैं। 'क्राइम डिटैक्शन' की 'साइंस' का हमारे यहाँ विकास नहीं हुआ है।"

प्रश्न—"संसार का सर्वश्रेष्ठ कहानी-लेखक कौन है?"

उत्तर—"चेख़व।"

प्रश्न—"आपको कौनसी कहानी सर्वोत्तम जँची?"

उत्तर—"यह बताना बहुत मुश्किल है। मुझे याद नहीं रहता। टाल्सटाय की वह कहानी, जिसमें दो यात्री तीर्थयात्रा पर जा रहे हैं, मुझे बहुत पसन्द आई। नाम उसका याद नहीं रहा। चेख़व की वह कहानी भी, जिसमें एक स्त्री बड़े मनोयोगपूर्वक अपनी लड़की के लिए, जिसका विवाह होने वाला है, कपड़े सी रही है, मुझे बहुत अच्छी जँची। वही स्त्री आगे चलकर उतने ही मनोयोगपूर्वक अपनी मृत पुत्री के कफ़न के लिए कपड़ा सीती हुई दिखलाई गई है। कवीन्द्र-रवीन्द्रनाथ की 'दृष्टिदान' नामक कहानी भी इतनी अच्छी है कि वह संसार की अच्छी-से-अच्छी कहानियों से टक्कर ले सकती है।"

प्रश्न—"काबुलीवाला के विषय में आपकी क्या राय है?"

उत्तर—"निस्सन्देह वह अत्युत्तम कहानी है। उसकी अपील 'यूनीवर्सल' है, पर भारतीय स्त्री का भाव जैसे उत्तम ढंग से 'दृष्टिदान' में दिखलाया गया है वैसा अन्यत्र शायद ही कहीं मिले। मोपासाँ की कोई-कोई कहानी बहुत अच्छी है, पर मुश्किल यह है कि वह 'सेक्स' से ग्रस्त हैं।"

जिस तरह प्रेमचन्द टाल्सटाय के भक्त थे, उसी तरह बनारसीदास तुर्गनेव के भक्त थे। जब दोनों की तुलना की गई तो प्रेमचन्द ने कहा, "तुर्गनेव इज़ ए पिगमी बिफ़ोर टाल्सटाय।" (टाल्सटाय की तुलना में तुर्गनेव बौना है।) चतुर्वेदीजी ने 'विशाल भारत' में लेख लिखा।

रूसी किताबों के सम्बन्ध में लगभग उसी समय की एक घटना, जिसका ज़िक्र जैनेन्द्रजी ने किया है, उल्लेखनीय है। प्रसंग था, अलेक्जेंडर कूप्रिन की 'यामा' का। इस पुस्तक से प्रेमचन्द बड़े प्रभावित हुए थे। यह उपन्यास वेश्या-जीवन के सम्बन्ध में अत्यन्त निस्संकोच भाव से लिखा गया है। एक वेश्या एक फ़ौजी युवक से सम्बन्ध रखने को इसलिए तैयार नहीं होती कि उसे एक भयंकर रोग है और वह इस रोग को फ़ौजी युवक को देना नहीं चाहती।

प्रेमचन्द ने किसी और प्रसंग में कहा—"भाई जैनेन्द्र, वह किताब बड़ी 'पावरफुल' (ज़बर्दस्त) है। कहीं-कहीं तो मुझसे पढ़ा नहीं गया। दिल इतना बेकाबू हो गया। एक जगह आँसू रुकना मुश्किल हुआ..."

जैनेन्द्र ने देखा जैसे वह प्रसंग अब भी उनके भीतर छिड़ गया है और बड़ी कठिनाई से वह आँसुओं को रोक रहे हैं।

प्रेमचन्द बोले—"उस जगह मुझसे आगे पढ़ा ही न गया...किताब हाथ से छूट गई... ।"

जैनेन्द्रजी ने लिखा है—"प्रेमचन्द अवश भाव से, आपा खोए-से कहते जा रहे थे...सहसा वाक्य अधूरा रह गया, वाणी काँपकर मूक हो गई। चेहरा एकाएक मानो राख की भाँति सफ़ेद हो गया। क्षण-भर में प्रेमचन्द का सौम्य मुख एकाएक बिगड़ उठा, जैसे भीतर से कोई उसे मरोड़ रहा हो। जबड़े हिल आए, मानो कोई भूचाल उन्हें हिला गया हो। सारा चेहरा तुड़मुड़कर जैसा-कैसा हो चला और फिर देखते-देखते उन आँखों से तार-तार आँसू झर पड़े। चेहरा फिर शान्त हो गया, परन्तु आँसू झर-झर झर रहे थे।"

फिर लड़खड़ाती वाणी में बोले, " 'जैनेन्द्र...' (आगे बोला ही नहीं गया)...दो मिनट बाद सँभले। गालों और मूँछों पर से पड़ते हुए आँसुओं को पोंछा नहीं। लज्जित-से हुए। फिर मुस्कराए। कठिनाई से इतना ही बोल पाये—'मुझसे आगे नहीं पढ़ा गया।' "

शिवरानीदेवी की सोलह कहानियों का संग्रह 'नारी हृदय' भी निकला। जैनेन्द्र को लिखा—"धुन्नू की अम्मा की किताब को भूलना नहीं। तुम्हारा रिव्यू ही उन्हें आसमान पर चढ़ा देगा।' (अन्त में पुनर्विचार की एक लाइन : "तुम अपना तौलिया यहाँ छोड़ गए, जिससे बन्दा देह पोंछता है।")

इसी सम्बन्ध में चतुर्वेदीजी को भी लिखा—"यदि आप मेरी पत्नी की पुस्तक का रिव्यू कर देंगे तो उन्हें बहुत ख़ुशी होगी। साहित्यिक क्षेत्रों ने अभी तक उनसे न्याय नहीं किया। इसका कारण शायद यह हो कि मैं छाया हुआ हूँ, या कुछ लोग यह भी सोच सकते हैं कि शायद मैं ही इन कहानियों का लेखक हूँ। मैं इससे तो मुनकर नहीं हूँ कि मैं इनकी भाषा को माँज देता हूँ, परन्तु कहानी की कल्पना और कथानक उन्हीं का है। जिस प्रकार की ज़ोरदार स्त्री वह है उसकी झलक उसकी प्रत्येक लाइन में मिलती है। मेरे-जैसा शान्तिमय पुरुष ऐसे कथानकों की कल्पना ही नहीं कर सकता, जिनमें ज़ोरदार औरतों का चित्रण प्रमुख हो। मैं उनके रेखाचित्र का प्रत्युत्तर तो दे सकता हूँ और इसमें उन्हें भी कोई आपत्ति नहीं होगी।

"आपने उनकी घड़ी के बारे में पूछा। क्या कहूँ! हो सकता है कि जब कोई उत्साही पत्रकार उन्हें (उनकी कहानियों के लिए) कुछ देना आरम्भ कर दे तो वह स्वयं ही घड़ी ख़रीद लेंगी। या हो सकता है कोई उन्हें घड़ी वैसे ही भेंट कर दे।

"मैंने आपके साथ जो दिन बिताए उनकी याद सदा रहेगी। मेरी यही इच्छा है कि ऐसे अवसर जल्दी-जल्दी आते रहें। आपका इन्टरव्यू मुझे ही नहीं तकू, जनार्दन और दूसरों को भी बहुत पसन्द आया। इसलिए नहीं कि इसमें मेरी प्रशंसा की गई थी, बल्कि इसलिए कि यह सुन्दर ढंग से लिखा गया है। आपकी 'समाधि' को मैंने सानन्द पढ़ा। उसमें आप उस साधु को क्यों ले आए ? यदि आप किसी सम्पादक के जीवन, तथा इसकी विषमताओं, को पत्नी की ब्रजभाषा और आपके व्यंग्यात्मक तरीक़े से लिख सकते तो क्या ही कहना था।

"आपने कलकत्ता बुलाया। जब भी कहें मैं आने के लिए तैयार हूँ, परन्तु इसके लिए कोई अवसर भी तो हो। एक सैलानी बनकर आना और इस बात की आशा करना कि दूसरे इसका ख़र्च बर्दाश्त करें, मुझे बेतुकी बात लगती है। ख़ैर, जब भी कोई अवसर आएगा तो पत्नी सहित आप मुझे वहाँ पाएँगे।"

मार्च 1933 में हिन्दू विश्वविद्यालय की बिहारी एसोसिएशन के वार्षिक उत्सव के अवसर पर प्रेमचन्द को गल्प सम्मेलन का सभापति बनाया गया। शिवरानीदेवी को लेकर प्रेमचन्द विश्वविद्यालय पहुँचे। उद्घाटन ग्यारह बजे हुआ। एक बजे वहाँ से फारिग़ हुए। गल्प सम्मेलन ढाई बजे होना था। समय बिताने के लिए निकट की एक नहर के किनारे घूमने लगे। लड़के-लड़कियाँ चहलक़दमी कर रहे थे और हँसीमज़ाक़ भी हो रहा था। प्रेमचन्द के इस मामले में अपने विचार थे। लड़के-लड़कियों को मस्त देखकर उन्हें उस ग़रीब जनता का ध्यान आता था जो मेहनत की कमाई से इन्हें कालिज भेजते और यह नहीं जानते थे कि ये लोग वहाँ पहुँचकर राजकुमारों तथा राजकुमारियों की तरह गुलछर्रे उड़ाते। प्रेमचन्द चाहते थे कि ये युवक तथा युवतियाँ इस उम्र में अंगरेज़ों की नक़ल करने के बजाय पढ़ें, लिखें और राष्ट्रीयता आन्दोलन में भाग लेने के लिए तैयारी करें। विलासता तो ग़ुलामी की ओर ले जाती है। इसी कारण भारत परतंत्र बना। प्रेमचन्द बार-बार कहते थे, तपस्या, त्याग और बलिदान ही से आज़ादी मिलेगी। उन्हें ही आज़ादी लेनी है। उन्हें यह भी याद रखना है कि कुछ दिनों के बाद उन्हीं लोगों के हाथ में राष्ट्र की बागडोर होगी। यदि इनकी आदतें ख़राब होंगी तो ये ग़रीब जनता पर अत्याचार करेंगे।

प्रेमचन्द बोले—"यहाँ तो तुर्की के कमालपाशा की तरह का आदमी चाहिए। जब तक यहाँ वैसा आदमी पैदा नहीं होता, तब तक तो मुझे शून्य ही मालूम पड़ता है। यहाँ ज़बर्दस्ती ही कुछ कराया जा सकता है, स्वेच्छा से नहीं।"

शिवरानीदेवी ने प्रेमचन्द से कहा—"उनके इतना फ़िक्र करने से कोई विशेष लाभ नहीं हो सकता। आप अपना काम तो करते ही हैं, दुनिया करे, न करे।"

प्रेमचन्द बोले—"नहीं, मेरे अन्दर जितनी तड़प होगी, उतना ही अच्छा होगा।"

अपने भाषण में भी प्रेमचन्द ने इन्हीं बातों पर ज़ोर दिया। युवक समाज की संसार के परिवर्तन में बड़ी भारी ज़िम्मेदारी है। 'हंस' में छपे वृत्तान्त में प्रेमचन्द ने बतलाया कि "दुख, दरिद्रता, अन्याय, ईर्ष्या, द्वेष आदि मनोविकार, जिनके कारण संसार नरक समान हो रहा है, इनका कारण दूषित समाज-संगठन है। सोशियोलोजी के साथ साहित्य भी इसी प्रश्न को हल करने में लगा हुआ है।"

ऐसे विचारों के लिए ही प्रेमचन्द ने 'हंस' निकाला था और फिर 'जागरण' भी ले लिया था। दोनों ही घाटे में चल रहे थे।

बनारसीदास चतुर्वेदी ने अपने लेख के अन्त में लिखा था—"प्रेमचन्द जी को अपनी पुस्तकों से जो आमदनी होती है, उसका एक अच्छा भाग 'हंस' और 'जागरण'

के घाटे में चला जाता है। कितने ही पाठकों का यह अनुमान होगा कि वे अपने ग्रन्थों के कारण धनवान् हो गए होंगे, पर यह धारणा सर्वथा भ्रमात्मक है।''

चतुर्वेदीजी की बात पते की थी। 'हंस' के फ़रवरी, 1933 के अंक में प्रेमचन्द ने एक पाठक के पत्र को प्रकाशित किया, जिसमें लिखा था, '' 'रंगभूमि', 'कायाकल्प' आदि की मेहरबानी से लाखों रुपए सेंठकर धर लिये। अब गुलछर्रे उड़ाते हैं और देशभक्त होने का दावा करते हैं। मैं आपको स्वार्थी, पाषाण-हृदय और नास्तिक क्यों न कहूँ? मैं आपको नास्तिक इसलिए कहता हूँ कि आप ईश्वरवाद और आस्तिकता के नियमों का पालन नहीं करते।...आप जैसे हज़ारों प्रेमचन्द धूल में मिल गए और मिल जाएँगे।''

प्रेमचन्द की महानता का ज्ञान उनके उत्तर से मिलता है। आपने लिखा—''मैं न लखपती हूँ, न हज़ारपती, न सौपती। मैं केवल एक मज़दूर हूँ, उसी तरह जैसा पहले था। जब धन ही नहीं तो अभिमान कहाँ से हो?''

आगे—''अन्य देशों में सम्पादकों को बड़ी-बड़ी पदवियाँ मिलती हैं। उन्हें तरह-तरह से सम्मानित किया जाता है।'' लिखकर प्रेमचन्द ने पाठक के इस पत्र को भारतीय लेखकों को जो 'पुरस्कार' मिलता है उसका नमूना बतलाया और कहा—''ऐसे पत्रों का प्रमुख कारण भारत में बेकारी है जिसने युवक समाज में असन्तोष और कटुता उत्पन्न कर दी है।''

सम्पादन-कार्य की ओर उनका रवैया क्या था?

'द्विवेदी अभिनन्दन अंक' के सम्बन्ध में 'हंस' के अप्रैल, 1933 के अंक में एक सम्पादकीय में प्रेमचन्द ने बतलाया कि ''स्वभाव से अत्यन्त दृढ़प्रतिज्ञ और हृदय से परम कोमल, ये हमारे अपने हैं, इस बात को हिन्दी-जगत् उसी दिन मान गया था, जब ये 'सरस्वती' में थे। उन दिनों ये हम सबको पिता की तरह शासित किया करते थे और माता की तरह प्यार। ये हमारी ग़लतियों पर फटकारते थे। उन्हें प्रेमपूर्वक सुधार देते और हमारी सफलता पर हमें प्रेम के मोदक भी खिलाते थे। इन्होंने ठोक-ठोककर हमें सुधारा, पुचकार-पुचकारकर ठीक रास्ते पर चढ़ाया और उत्साह दे-देकर आगे बढ़ाया।''

जिस समय यह लिखा गया था उस समय प्रेमचन्द को अपनी घर की परेशानियाँ थीं। बेटी के बच्चा हुआ। चौथे दिन बुख़ार चढ़ा। प्रसूत ज्वर के लक्षण दिखाई दिए। प्रेमचन्द को तार आया कि लड़की की हालत ख़राब है और उसे अस्पताल ले जाया गया है। तार मिलते ही प्रेमचन्द प्रेस से घर आए। गाना हो रहा था, उसे बन्द कराया। सागर जाने की तैयारी की जाने लगी। सवेरे तक गाड़ी नहीं थी। न खाना खाया, न कुछ पीया। सागर पहुँचे तो वासुदेव अपने छोटे भाई के साथ स्टेशन पर मौजूद थे। बेटी का हाल पूछा।

''अच्छी है।''

वासुदेव के भाई के हाथ में दो रुपए रखे और बोले—''मिठाई तो ले लो।'' सीधे अस्पताल पहुँचे। लड़की को सस्नेह मिले। आठ दिन रहे। जब बेटी की सेहत ठीक

होने लगी तो वापसी के लिए बात छिड़ी। बेटी ने कहा—"या तो मुझे भी साथ ही ले चलिए या अम्मा को कुछ दिनों के लिए छोड़ जाइए।" शिवरानीदेवी को सागर छोड़कर 8 मई, 1933 को बनारस लौटे।

जैनेन्द्र को लिखा—"भगवती को यहाँ भेजोगे। एक-दो महीने हमें भोजन दे दे। मगर तुम सोचोगे वहाँ क्या होगा? संसार स्वार्थी है ही।"

फिर पत्नी को सागर लिखा—"अगर तुम बेटी को ला सकती हो तो लाओ, मगर यह ख़ूब सोच लो कि बेटी बीमार है। इतनी लम्बी यात्रा, जगह-जगह उतारचढ़ाव, इसका इन्तज़ाम क्या करोगी? हाँ, तुमने यह कैसे समझ लिया कि बनारस आने पर बेटी का सारा रोग दूर हो जाएगा, बनारस तो दवा के लिए कोई मशहूर जगह नहीं है। यहाँ दो-चार होम्योपैथ डॉक्टर ज़रूर हैं, मगर उस तरह के डॉक्टर तो सागर में भी कितने ही होंगे। अगर लखनऊ चलकर दवा कराने का इरादा हो, तब तो ठीक है, लेकिन यात्रा की बात है। अगर सफ़र में बेटी की तबीयत ज़्यादा ख़राब हो गई तो क्या होगा? तब उस समय कितनी शर्मिन्दगी उठानी पड़ेगी और कितना दु:ख होगा। इसलिए मेरे विचार में जो दवा हो रही है, वही होने दो। अच्छा इलाज काशी में भी नहीं हो सकेगा, इसलिए ज़रूरत है कि वह सागर में रहे। यह समझ लो कि यह प्रसूति ज्वर है। यह मुश्किल से जाएगा। यहाँ कोई दूसरा ईश्वर भी नहीं है। जब हम मजबूर हो जाते हैं, तब सब भाग्य पर छोड़ देते हैं। यहाँ गर्मी भी बेहद है। यहाँ की जलवायु से सागर की जलवायु भी मेरे ख़याल से ज़्यादा अच्छी है। इसलिए घबराने से काम न चलेगा। भाग्य पर सब छोड़ दो, ऐसी हालत में जबकि बीमारी ज्यों-की त्यों है, आगे नहीं बढ़ी। इसलिए उसके अच्छी हो जाने की काफ़ी उम्मीद है। फिर उन लोगों को यहाँ लाने में उन्हें दु:ख भी तो होगा, जबकि उसका रोग घट रहा है।" (जून के अन्त में पत्नी लड़की और उसका शिशु बनारस आए—"लड़की मरते-मरते बची, अभी तक अधमरी-सी है।")

अपने बारे में—"अच्छा अब यहाँ का हाल सुनो। रामकिशोर आए और दुल्हन को ले गए। कारण यह कि दुल्हन को यहाँ चक्कर आने लगे थे। उसी के साथ शीला भी चली गई। घर में इस समय हम तीन आदमी हैं। मुझे दस्त आ रहे हैं। मैं दही और चावल खाकर रह रहा हूँ। धुन्नू कभी अपने लोगों के लिए खिचड़ी पका लेता है, कभी रोटी। बहन ससुराल गई है, छोटी भाभी अपने मायके। महाराजिन अभी तक कोई मिली नहीं। छोटक के बाल-बच्चे आए थे, मगर एक घंटा रहने के बाद वे लमही चले गए। फिर उनसे किसी तरह की आशा ही कैसी? वे दु:ख में साथ देने वाले नहीं हैं। आजकल धुन्नू का भी कान ख़राब हो रहा है। वह रोज़ाना डॉक्टर के यहाँ दवा लेने जाता है।"

जैनेन्द्र को—"मैं अकेला रह गया था। बीमार पड़ा। दाँतों ने कष्ट दिया। महीनों उसमें लग गए। दस्त आए और अभी तक कुछ-न-कुछ शिकायत बाक़ी है। दाँतों के

दर्द से भी गला नहीं छूटा। बुढ़ापा स्वयं रोग है और अब मुझे उसने स्वीकार करा दिया है कि अब मैं उसके पंजे में आ गया हूँ।

"इधर 'जागरण' अभी तक खड़ा नहीं हुआ, घिसट रहा है। (इस महीने का) 'हंस' निकल तो गया...(परन्तु) अबकी बड़ी देर हो गई। तस्वीरों का इन्तज़ार था। तस्वीरें तो न आईं। देर हो गई।"

साहित्य-प्रकाशन की स्थिति मई-जून, 1933 में इस प्रकार थी—" 'प्रेम की वेदी' और 'फाँसी' का महीनों से विज्ञापन हो रहा है, पर मुश्किल से दस आर्डर आए होंगे। यह हाल है पुस्तकों का। एक एजेन्ट रखा है, पर वह लिखता है, 'पाठशास्त्र और बालकों की पुस्तकों की माँग अधिक है।...आजकल पुस्तकों का बाज़ार ठंडा है। सन्तानशास्त्र कुछ बिकता है या वह जिससे जीवन का कोई प्रश्न हल होता हो...कहानियों की सेल तो आजकल बहुत कम है। मेरी बीस कहानियाँ पड़ी हुई हैं, छापने की हिम्मत नहीं पड़ती...वैसे भी बेहूदा काम कर रहा हूँ। कहानियाँ केवल दो लिखी हैं। उर्दू और हिन्दी में, हाँ, कुछ अनुवाद का काम किया है।"

'हंस' और 'जागरण' में छपे लेखों पर वाद-विवाद भी चलता। स्वयं प्रेमचन्द ने जैनेन्द्र को एक पत्र में लिखा था—"मैं भी चाहता हूँ 'परख' पर लिखवाऊँ। मुझे आलोचना नहीं करनी आती। यहाँ (आलोचना) के लिए जनार्दनप्रसाद झा द्विज सबसे अच्छे हैं। वह परीक्षा में लगे हुए हैं। और तो मुझे कोई आलोचक नहीं दीखता।"

हिन्दी-पुस्तकों की आलोचना से उस समय—और शायद अब भी—कटुता उत्पन्न हो जाया करती थी। प्रेमचन्द ने लिखा—"आजकल हिन्दी में अजीब धाँधली है। जिसकी पुस्तक की बुरी आलोचना कर दो, वह लड़ने को तैयार हो जाता है। इसलिए मैंने इरादा किया है कि कहानी और उपन्यासों की आलोचना करना ही छोड़ दूँ। जिसकी तारीफ़ कर सकूँगा, उसकी आलोचना करूँगा। जिसकी तारीफ़ न कर सकूँगा, उसे किनारे रख दूँगा।"

वाद-विवाद चलता ही रहता। एक बार जैनेन्द्र को लिखा—"सरस्वती में वह नोट तुमने देखा ? आज पंडित बनारसीदासजी के पत्र से मालूम हुआ कि यह शास्त्रीजी की दया है। मैं तो ख़ैर बूढ़ा हो गया हूँ और जो कुछ लिख सकता था लिख चुका और मित्रों ने मुझे आसमान पर भी चढ़ा दिया। लेकिन तुम्हारे साथ यह क्या व्यवहार ?"

आगे चलकर—"और इन चतुरसेन (शास्त्री) को क्या हो गया है कि 'इस्लाम का विषवृक्ष' लिख डाला। इसकी एक आलोचना तुम लिखो और पुस्तक मेरे पास भेजो। मैंने चतुर्वेदीजी से प्रस्ताव माँगा है। इस कम्युनल प्रोपेगेंडा का जोरों से मुक़ाबला करना होगा और यह ऋषभ भला आदमी भी इन चालों से धन कमाना चाहता है।"

और चतुर्वेदीजी को लिखा—" 'इस्लाम का विष-वृक्ष' मैंने अभी तक नहीं देखा है। लेकिन 'चित्रपट' में इसका जो इश्तिहार छपा है, उससे मैं भलीभाँति भाँप सकता हूँ कि वह क्या है। यह अत्यन्त उद्दंडतापूर्ण है और इसका ध्येय फ़िरक़ापरस्ती का

प्रचार करना है। इसलिए इसका विरोध करना चाहिए। मैं स्वयं यह सोच रहा था कि इस किताब को पढ़ने के बाद इसके बारे में कुछ लिखूँगा। अब आपने इस मामले को हाथ में ले लिया है। मैं जी-जान से आपके साथ हूँ। इस बात की परवाह न करें कि हम अल्पसंख्यक हैं। हमारा आदर्श उच्च है। मैं आपका नोट 'जागरण' में प्रकाशित कर रहा हूँ। 'हंस' मुकम्मल हो चुका है। अगर आप यह किताब मुझे भेज दें तो मैं इस पर पूरा सम्पादकीय लेख लिखूँगा।''

'हंस' के अगस्त 1933 अंक में पुस्तक पर कड़ी आलोचना हुई। आलोचक थे श्रीकृष्णदेव प्रसाद गौड़।

उस महीने एक और विवाद चल चुका था। जुलाई, 1933 के 'सरस्वती' में सह-सम्पादक श्रीनाथसिंह ने अपनी पत्रिका में 'कलकत्ते की साहित्यिक यात्रा' शीर्षक से एक लेख में बनारसीदास चतुर्वेदी पर आक्षेप किए। इस 'यात्रा' के वृत्तान्त का अधिक भाग एक 'इन्टरव्यू' के रूप में छापा गया। इस इन्टरव्यू में चतुर्वेदीजी के मुँह से कुछ ऐसे वाक्य कहलवाए गए, जिस तरह की बातों की उनसे कभी आशा नहीं की जा सकती। इनमें चतुर्वेदी ने जैसे मातादीन शुक्ल, श्यामसुन्दरदास, जैनेन्द्र, शिवपूजनसहाय, प्रेमचन्द की कटु आलोचना की थी। जैसे—''मुझे दुःख है कि शिवपूजनसहाय ने द्विवेदी के सम्बन्ध में 'जागरण' में उलटा-सीधा लिख मारा है। समझ में नहीं आता कि वह सामग्री सभा वालों ने शिवपूजनसहाय को देखने क्यों दी?'' ''मैं देखता हूँ कि श्री प्रेमचन्द भी बिलकुल ग़ैर-ज़िम्मेदार व्यक्ति हैं।'' ''भगवतीचरण वर्मा की पत्नी के स्वर्गवास होने पर 'जागरण' में उनके साथ जैसा भद्दा मज़ाक़ छपा है, वैसा कोई भी सभ्य सम्पादक अपने समाचारपत्र में नहीं छाप सकता।''

प्रेमचन्द ने चतुर्वेदीजी को (अंग्रेज़ी में) आश्वासन दिलाया—'' 'जागरण' में छपे व्यंग्यात्मक नोट के बारे में मुझे ज्ञान ही नहीं था। परन्तु मैं आपको विश्वास दिलाता हूँ कि 'सरस्वती' की बेतुकी बातों को मैंने कभी महत्त्व नहीं दिया। मैं एकदम समझ गया था कि यह नौकरी रखने के ढंग तथा इसमें भयंकर पक्षपात के अलावा कुछ भी नहीं है। लेखक ने आपके और (साहित्य) जगत के बीच भेदभाव पैदा करने का प्रयत्न किया है। मगर क्षमा कीजिए, आप भी ऐसे बे-पैंदी के लोटे के-से व्यक्तियों से बातचीत करने में सावधानी से काम नहीं लेते। आपको ऐसी-वैसी बात यूँ ही नहीं कहनी चाहिए। मैं इस बारे में 'हंस' में एक नोट लिखने जा रहा हूँ। आप अदालत में जाकर न्याय करवाइए। इस परिस्थिति में यही उचित होगा। जब उन्होंने आपसे स्पष्ट तौर पर यह नहीं कहा कि वे प्रकाशनार्थ इंटरव्यू ले रहे हैं और जब उन्होंने आपको अपनी 'कापी' दिखलाई ही नहीं, तो कैसे ऐसी भयानक बातें आपसे कहलवा सकते हैं और आपके नाम पर कलंक लगा सकते हैं। क्या आप चाहेंगे कि मैं आपके पत्र का अनुवाद छाप दूँ?''

चतुर्वेदी ने 'विशाल भारत' में 'इंटरव्यू और संस्मरण' शीर्षक से एक टिप्पणी लिखी। ऊपर प्रेमचन्द ने भी 'हंस' में एक सम्पादकीय लेख लिखा, जिसका शीर्षक

था 'साहित्यिक गुंडापन : इन्टरव्यू क्या है?' इस लेख में इन्टरव्यू की तकनीक के विकास का इतिहास दिया गया, कैसे यह यूरोप से चली और इसके सिद्धान्त क्या हैं। श्रीनाथसिंह द्वारा लिखे गए इंटरव्यू का हवाला देकर प्रेमचन्द ने कहा कि यह केवल पत्रिका की ग्राहक-संख्या बढ़ाने का ढंग है। ऐसा वही व्यक्ति करता है जिसकी परिस्थिति कठिनाइयों की हो। इस दृष्टिकोण से ऐसे व्यक्ति की स्थिति दयनीय होती है। इसके विपरीत यदि वह केवल इसलिए निराधार आरोप लगाता है कि उसकी मानसिक प्रवृत्तियों की तृष्णा बुझे, तो ऐसे व्यक्ति को नीच समझा जाना चाहिए। श्रीनाथसिंह को क्या मिलना चाहिए, दया या निन्दा? इसका निर्णय उन्होंने पाठक पर ही छोड़ दिया।

टिप्पणी के अन्त में प्रेमचन्द ने लिखा था—"श्रीनाथसिंह मुझसे मिल चुके हैं। और कितने ही मनुष्यों के बारे में ऐसी बातें कर चुके हैं कि यदि मैं लिखूँ तो वह प्रयाग में बहुत हल्के हो जाएँगे। लेकिन ऐसी बातें करना जितनी बड़ी नीचता है, उसका ज़िक्र करना उससे भी बड़ी नीचता है। इस तरह के प्रोपेगेंडे से श्रीनाथसिंहजी न साहित्य का उपकार कर रहे हैं, न 'सरस्वती' का, न अपना, वरन् संसार के सामने हिन्दी के सम्पादकों की भद्द करा रहे हैं, उन्हें कलंकित कर रहे हैं। आपकी यह कृति देखकर इसके सिवा और क्या होगा कि दुनिया कहेगी—जब 'सरस्वती' जैसी प्रतिष्ठित पत्रिका का सम्पादक ऐसा लफंगापन कर सकता है, तो फिर शायद यह आवा ही बिगड़ा हुआ है।"

उधर 'सरस्वती' ने श्रीनाथसिंह की लेखमाला के दूसरे भाग को तो न छापने का निश्चय किया, परन्तु एक सम्पादकीय नोट में प्रेमचन्द पर आक्षेप किए। इसमें बतलाया गया कि "मुंशी प्रेमचन्दजी का हम आदर करते हैं, क्योंकि हिन्दी के वे किसी समय एक ढंगदार लेखक थे... (परन्तु) हमने उनकी घासलेटी रचनाओं की कभी क़द्र नहीं की, और समय-समय पर उनकी रचनाओं के बाज़ारूपन का बराबर भंडाफोड़ किया है।" 'भारत' के 'घोड़े की बोली बोलने वाले लेखक' को भी चुनौती दी।

उधर, इस वाद-विवाद की जड़ 'जागरण' घाटे में चल रहा था। मित्रों ने प्रेमचन्द को सलाह दी कि आप इसे बन्द कर दीजिए। प्रेमचन्द नहीं माने। जैनेन्द्र को, "इस बारे में मैंने कई बार सोचा है, परन्तु कोई तीन हज़ार का नुक़सान उठाकर अब मैं इसे बन्द नहीं कर सकता। साहित्यिक कृतियों का कोई भरोसा नहीं। इसके अतिरिक्त इस काम के लिए मानसिक सन्तुलन और उचित वातावरण की आवश्यकता है, जिनका मेरे जीवन में अभाव है। प्रेस को तो चलाना ही है। मैंने इसमें अपने भाई का रुपया भी लगा दिया है। अपनी ज़िम्मेदारियों से हाथ नहीं धो सकता। यहाँ 'जॉब' का काम बहुत कम है, और जो है वह सस्ते वाले प्रेस ले लेते हैं। मुझे अपने प्रेस के लिए काम का प्रबन्ध स्वयं करना होता है। 'जागरण' से चार सौ रुपए महीने का काम मिलता है। दूसरे शब्दों में, 'जागरण' से प्रेस का पेट भरता रहता है। 'जागरण' पर एक सौ

पचास रुपए महीने का काग़ज़ लगता है। यह 'हंस' तथा किताबों की आमदनी से पूरा होता है। यदि किताबों की बिक्री ठीक हो तो कोई कठिनाई नहीं (परन्तु ऐसी बात नहीं है)। हमने 'फाँसी', 'रूपराशि', 'बिखरे फूल' और 'प्रेम की वेदी' छाप ली हैं। 'प्रतिज्ञा' छप रही है। जब यह ख़त्म होगी तो कायाकल्प' छपेगी। इससे लगता तो है कि प्रेस मुनाफ़े पर चलता है, परन्तु द्रव्य का पूर्ण अभाव है। किताबें बिकती ही नहीं। एक-दो किताबें जो स्कूल के पाठ्यक्रम में लगी हैं, उन्हीं से परिस्थिति बची हुई है।

''यदि मैं सब्र से चलूँ तो शायद 'जागरण' भी मुनाफ़ा दे सके। यदि यह सौ रुपए महीना दे दे, तो मुझे सन्तोष होगा। मेरा विचार है कि दूसरे वर्ष के अन्त तक शायद यह भारी बोझ न बना रहे...आप इस काम में मेरी कुछ सहायता क्यों नहीं करते? साप्ताहिक पत्रिका से मुनाफ़ा हो सकता है। एक-दो ऐसी पत्रिकाएँ हैं भी। यदि हम उत्तम पाठ्य-सामग्री दें और अपने रसूख़ से विज्ञापन प्राप्त कर सकें, तो हम अपने प्रकाशनों को प्रोत्साहन दे सकते हैं। तब हमें इधर-उधर प्रकाशकों के पास दौड़ने की ज़रूरत न होगी। यह संसार उन्हीं लोगों के लिए है, जो आगे बढ़ सकें, जो सजीव हों, जो अवसर का पूरा लाभ उठा सकें। यदि आपका ख़याल है कि समृद्धि स्वयं आपके पास आ जाएगी और लक्ष्मी आपकी प्रतिभा से इतनी प्रभावित होगी कि आपके पैरों पड़ जाएगी, तो यह आपकी भूल है। या तो संन्यासी बन जाओ और सांसारिक आकांक्षाओं को त्याग दो, या एक सपरिवार गृहस्थी की तरह कुछ करते नज़र आओ। जब मेरे जैसा बूढ़ा, टूटा हुआ व्यक्ति, जिसका परिवार भी इतना बड़ा हो, अकेला इतना कुछ कर सकता है, तो आप-जैसा प्रतिभाशाली (युवक) तो कमाल कर सकता है...आप बिड़ला को मिलकर उन्हें बतलाइए कि हम कितना महत्त्वपूर्ण कार्य कर रहे हैं और किस प्रकार तरह-तरह की मुसीबतों को झेल रहे हैं। वह बड़े विज्ञापन देते हैं, कपड़े की मिलों के, पटसन की मिलों के, तथा बीमा कम्पनियों के। क्यों नहीं वे हमारे प्रयत्नों पर भी दयादृष्टि रखें... (और हाँ) तुम सामयिक विषयों पर कुछ नोट्स और टिप्पणियाँ लिखते रहा करो। कितने दुर्भाग्य की बात है कि सूझ-बूझ होते हुए भी हम इस साप्ताहिक से लाभ नहीं उठा सकते।''

उसी दिन चतुर्वेदी को : ''मुझे यह जानकर बड़ी ख़ुशी हुई कि 'विशाल भारत' की कठिनाइयाँ ख़त्म हो गई हैं और अब ख़तरे से बाहर है। इसके लिए बधाई। मैंने 'हंस' में एक सम्पादकीय नोट लिखा है...आपको पसन्द आएगा। इसे मैंने भावात्मक (और साफ़गोई) ढंग से लिखा है। यदि आपको इसके भाव पसन्द आएँ तो अवश्य लिखिए।...मुझे अफ़सोस है कि मैंने जो कुछ काम किया है उसमें से एक में भी लाभ नहीं हुआ। 'हंस' का भार बहुत नहीं है, परन्तु 'जागरण' का भार असह्य हो गया है। मैं इसी चिन्ता में हूँ कि किस प्रकार इस स्थिति से बच निकलूँ। मुझे दो सौ रुपए महीने का घाटा है। कब तक सह सकता हूँ। एक बार चलाने की ग़लती तो कर डाली, परन्तु अब इसे बन्द करते समय मान-हानि लगती है। यदि ऐसा करूँ तो कुछ लोग तो इससे

ख़ुश होंगे और क़हक़हे भी लगाएँगे। यदि मुझे थोड़ा विज्ञापन मिल जाए तो शायद मैं इसे खींच सकूँ। क्या आप मेरी कुछ सहायता नहीं करेंगे ? बंगाल केमिकल्स बड़े पैमाने पर विज्ञापन करता है। यदि आपके कोई मित्र इनसे कहकर 'जागरण' के लिए विज्ञापन ले दें तो मैं आपका बहुत आभारी हूँगा। बिड़ला ब्रादर्स की पटसन की मिलें भी हैं। ये भी ख़ूब विज्ञापन करते हैं। और आप उनसे भी मेरी तरफ़ से कह सकते हैं। यदि मुझे सौ रुपए महीने का विज्ञापन भी मिल जाए तो शायद हालत सुधर जाए। मुझे निजी आवश्यकताओं की परवाह नहीं है। मुझे अपनी किताबों तथा लेखों से गुज़ारे के लिए काफ़ी मिल जाता है। प्रश्न केवल यह है कि इन पत्रिकाओं को कैसे चलाऊँ। यदि मैं इन्हें बन्द करने का साहस कर सकता तो फ़िक्र की बात ही नहीं रहती, परन्तु मैं इतना साहस नहीं कर पा रहा हूँ। यह तो अपनी क्षमता के अभाव की स्वीकृति ही है और क्या ? आपके सामने मैंने एक मित्र के नाते अपना दिल खोलकर रख दिया है और आशा करता हूँ कि आप मेरे विश्वास की बात को अपने ही तक रखेंगे। यदि आपका विचार हो कि मैं आप पर बोझ-ही-बोझ डाल रहा हूँ तो रहने दीजिए।"

एक पखवारे के बाद जैनेन्द्र को लिखा—"आजकल इतनी मन्दी है कि समझ में नहीं आता, काम कैसे चलेगा। मज़दूरों को वेतन चुकाने में कठिनाई पड़ रही है, इसलिए तुम्हारे पास कुछ भेज न सका। जिनके ज़िम्मे बाक़ी हैं, वे साँस ही नहीं लेते।...मेरा जी इतने छोटे-से काम में हार नहीं मानना चाहता। 'जागरण' अब तक नफ़ा देता, यदि मैं 'हंस' को और सुन्दर निकाल सकता, इसकी सामग्री और सुन्दर बना सकता, इसमें दो-चार चित्र दे सकता। लेकिन धन का काम अब समय से लेना पड़ेगा। मैं चाहता हूँ कि तुम यह समझो कि तुम्हीं यह पत्र निकाल रहे हो, और इसके नुक़सान में नहीं, नफ़े में तुम भी उतने ही शरीक़ हो, जितना मैं। मैं तो चाहता हूँ कि यह कार्यालय इतना सम्पन्न हो जाए कि हमें किसी प्रकाशक का मुँह न देखना पड़े। हम दोनों मिलकर इसे सफल न बना सके तो खेद की बात होगी। 'स्टेट्समैन', 'नेशनल काल' और कितने ही अंग्रेज़ी पत्र वहाँ मिल सकते हैं, उनमें से इन्फ़ार्मेटिव सामग्री दी जा सकती है। दो-चार नोट लिखना मुश्किल नहीं। हाँ, इच्छा होनी चाहिए। मैटर अच्छा होने पर इस पर जनता की निगाह जमेगी। मैं एक पृष्ठ चित्रों का देने की फ़िक्र में भी हूँ। पुस्तकें लगातार लिखते रहना अपने बस की बात नहीं है। कभी-कभी महीनों काम नहीं होता, और न पुस्तकों से इतने रुपए मिल सकते हैं कि उन पर डिपेंड किया जा सके। यह भी तो चिन्ता रहती ही है कि कोई ऊटपटाँग चीज़ न लिख दी जाए। समाचारपत्र तो दूकान है। एक बार चल निकले तो उससे थोड़े परिश्रम में आमदनी हो सकती है, और तब पुस्तक भी लिखी जा सकती है।...मेरी उम्र एक नए व्यवसाय में पड़ने की नहीं है, लेकिन मैं उम्र और स्वास्थ्य को बाधक नहीं बनाना चाहता। तुम कम से कम दो क़ॉलम का एक लेख अवश्य दे दिया करो। किसी मामले पर टिप्पणियाँ करना चाहो तो वह भी बैरंग बृहस्पति तक मुझे दे दो।

''समाचारपत्रों की आमदनी का दारोमदार विज्ञापनों पर है। मैंने बिड़ला से मिलने को कहा था। अपनी गरज से मत मिलो, मेरी गरज़ से मिलो। पत्र दिखाओ, उसकी चर्चा करो और उनसे ख़ैरात तो कुछ माँगते नहीं। विज्ञापन दिला देने का अनुरोध करो। यह कह सकते हो कि इस पत्र को घाटा हो रहा है और थोड़े-से सहारे से यह बहुत उपयोगी हो सकता है। उनके पास कई मिलें हैं, एकाध पृष्ठ का विज्ञापन उनके लिए तो कुछ नहीं है, लेकिन मेरे और तुम्हारे लिए वह पचास रुपए महीने का सहारा है। भाई, यह संसार चुपके रामभरोसे बैठनेवालों के लिए नहीं है। यहाँ तो अन्त समय तक (परिश्रम करना और) लड़ना है...उनसे कुछ मदद पा सकते हो। यहाँ झेंपू और मेरे जैसे शर्मीले आदमियों का गुज़र नहीं। उनके लिए तो कोई स्थान ही नहीं। तुम अपने में यह ऐब न आने दो।''

कुछ दिन पहले दिसम्बर 1932 में निगम को भी लिखा था : ''आपका कानपुर की मिलों के अमलों से और मैनेजरों से, कुछ-न-कुछ राह-ओ-रस्म तो है ही। मसलन वुलेन मिल्स या फ्लैक्स वग़ैरह। क्या आपके जरिये उनसे कुछ इश्तहारात मिल सकते हैं? मैंने सुना है ये लोग जनवरी से साल-भर के लिए इन्तज़ाम किया करते हैं। दौराने साल में कुछ नहीं करते। जनवरी आ रही है। अगर आप कुछ उम्मीद दिलाएँ तो मैं उन कारखानों से ख़त-ओ-किताबत शुरू करूँ और अपने निर्ख़नामे वग़ैरह भेज दूँ। 'जागरण' की तादाद अशायत दो हज़ार तक पहुँच चुकी है।''

दो महीने बाद जैनेन्द्र को—''तुमने कई बार रुपए के लिए लिखा है। मैं दिल मसोसकर रह गया। जो कुछ आमदनी होती है, वह ऊपर-ही-ऊपर उड़ जाती है। वेतन तक तो पूरा नहीं पड़ता। काग़ज़ के कई सौ रुपए बाक़ी पड़े हुए हैं। ख़र्च है पाँच सौ रुपए महीने का, आमदनी कुल मिलाकर चार सौ से ज़्यादा नहीं। मैं अपनी ख़ामियों को समझ रहा हूँ। अपनी ग़लतियों को देख रहा हूँ। पर यह आशा है कि शायद अब कुछ हो जाए, हिम्मत बाँधे हुए हूँ। इधर एक महाशय फिर एक लिमिटेड प्रकाशन संघ खोलने का विचार कर रहे हैं। मैं भी शरीक़ हो गया। कुछ लोगों ने हिस्से लेने का वचन भी दिया। मगर वह महाशय ऐसे ग़ायब हुए कि कुछ पता ही नहीं, कहाँ हैं! अक्तूबर का 'हंस' काशी अंक होगा। मगर बीस फ़ार्म का निकालना पड़ेगा और नवम्बर का अंक भी उसमें मिलाना पड़ेगा। इन दोनों अंकों से नाक में दम है। मगर प्रथा ऐसी चल पड़ी है कि मोटों के साथ दुर्बल भी पिसे जा रहे हैं। 'चाँद' और 'सरस्वती' विशेषांक निकाल सकते हैं। 'हंस' में दम नहीं है, पर फिर भी शहीदों में शामिल होना चाहता है। मैंने सोच लिया है, जनवरी तक और देखूँगा। अगर उस वक़्त 'जागरण' कुछ ढंग पर न आया, तो इसे बन्द कर दूँगा। जी तो चाहता है कि 'हंस' का दाम बढ़ाकर पाँच रुपए कर दूँ और सौ पृष्ठों का निकालूँ और तुम उसका सम्पादन करो। मैं अलग बैठकर पुस्तकें लिखूँ। ज़्यादा काम भी तो नहीं कर सकता। लेकिन शायद मेरी कामनाएँ सब यों ही रह जाएँगी। मुश्किल तो यह है कि व्यवसाय में जितना मैं कच्चा हूँ उतना ही

तुम भी कच्चे हो। वरना क्या बात है कि ऋषभचरण तो सफल हों और हम लोग असफल रहें। उपन्यास लिखता था वह भी बन्द है। लेकिन अब ज़्यादा प्रतीक्षा न करूँगा। जनवरी तक और देखता हूँ। तुम्हारी सलाह नहीं मानी, वरना इतना घाटा क्यों उठाता। लेकिन कोई काम बन्द करते बदनामी होती है और वही लाज ढो रहा हूँ।...मैं तुमसे सच कहता हूँ। प्रेस और पत्रों पर मैं मरा जा रहा हूँ। कुछ लेखों से, कुछ रायल्टियों से, कुछ उर्दू-पुस्तकों से अपना गुज़र कर रहा हूँ। लेकिन बहुत देख चुका, अब यह तमाम बन्द करूँगा।''

नवम्बर, 1933 के अन्त में—'' 'जागरण' का भार मेरे सर से उतरा जा रहा है। यहाँ से बा. सम्पूर्णानन्दजी उसे अर्ध-साप्ताहिक रूप में निकालने जा रहे हैं। आशा है दो-तीन दिन में सब बात तय हो जाएगी।

'' 'हंस' भी अब तीन फ़ार्म और रह गया है।...अब यदि हम अंक को छह रुपए का वी. पी. करें तो भय होता है कि बहुत-से पत्र वापस आएँ। इस अंक पर लगभग आठ सौ रुपए से अधिक ख़र्च हो गए। 'जागरण' के ग्राहक तो अब 'हंस' में मिलने से रहे, 'हंस' के ग्राहकों पर ही सन्तोष करना पड़ेगा। मगर एक हज़ार परचों में से आधे निकल गए तो मुश्किल पड़ जाएगी। इसलिए मैं फिर दुविधा में पड़ गया हूँ। प्रसादजी की राय है कि '' 'जागरण' के आकार का अर्ध-मासिक निकाला जाए और छह रुपए दाम रखा जाए। इसमें तुम्हारी क्या राय है? यहाँ लोगों की राय में बिना चित्रों का पत्र बड़ी मुश्किल से चलेगा। कुछ समझ में नहीं आ रहा है। नुक़सान से जी डरता है, सहने की शक्ति नहीं रही। अगर 'जागरण' मेरा पल्ला छोड़ता है, तो भी 'हंस' रह जाएगा। उसमें थोड़े-से और पृष्ठ बढ़ाकर ज्यों-का-त्यों निकालता रहूँगा।''

तसवीरों के बारे में—''जैसी तुम्हारी राय है वैसी ही मेरी राय है। लेकिन जनता की राय शायद ऐसी नहीं। वह तो चित्र चाहती है। साहित्यिक पाठकों की संख्या इतनी है या नहीं, जो हमारे पत्र का आदर करें, इस विषय में बड़ा मतभेद हो रहा है। जो कुछ भी हो, मैं एक सप्ताह के अन्दर निर्णय कर सकूँगा।''

एक सप्ताह बाद—'' 'जागरण' साबिक़ दस्तूर चल रहा है। बा. सम्पूर्णानन्द को शायद उनके मित्रों ने मदद नहीं दी। अब मैं उसको बन्द करने की फ़िक्र में हूँ। उसके पृष्ठ घटा दिए हैं। इस रूप में शायद इससे ज़्यादा नुक़सान नहीं है। फिर भी झंझट तो है ही।

'' 'हंस' की तुम्हारी स्कीम साहस चाहती है और जो इस वक़्त हालत है उसमें वह स्कीम बड़ी मुश्किल से चलेगी। काग़ज़वालों के काफ़ी रुपए बाक़ी हैं और कोई ...चाल चलने की हिम्मत नहीं पड़ती। नई स्कीम के अनुसार तुरन्त ही तीन हज़ार रुपए महीने का ख़र्च बढ़ जाता है। पहले से पाठकों से कुछ कहा भी नहीं गया, और एक बार कहने में कोई असर भी न पड़ेगा। बार-बार कहने की ज़रूरत है। इसलिए इन छह महीनों में तो हमें ज़मीन तैयार करनी चाहिए। अभी मुझे कोई नई स्कीम पेश करने

का मुँह भी तो नहीं है। अक्तूबर-नवम्बर का संयुक्त अंक अभी नहीं निकला, आज छह दिसम्बर भी हो गया, अभी पाँच-छह दिन से कम न लगेंगे। ऐसी दशा में पाठकों से सहानुभूति या सहयोग की भावना मैं नहीं करता। आधे वी. पी. कहीं लौट आएँ, भय तो यह है। सारा दारोमदार वी. पी. पर है। अगर इससे कुछ बोझ हलका होगा तो फिर साहस बढ़ेगा। दिसम्बर का अंक भी इसी महीने में निकल जाएगा। जनवरी का अंक अधिक-से-अधिक दस तक निकाल देना चाहता हूँ। यह सब हो जाए तो अप्रैल से आकार बढ़ाने की बात चले।''

प्रेमचन्द अछूतोद्धार के समर्थक थे। यह अप्रासंगिक न होगा यदि हम बतलाएँ कि अगस्त, 1933 के 'हंस' के कवर पर डॉ. अम्बेडकर की तसवीर छापी थी और लिखा था—''आपने सतत उद्योग से अनेक परीक्षाएँ पास करके विद्वत्ता प्राप्त की है और यह प्रमाणित कर दिया है कि अछूत कहलानेवाली जातियों को, किन्हीं साधारण उपकरणों से ईश्वर ने नहीं बनाया। इस समय आप विश्वविख्यात व्यक्तियों में हैं।''

ब्राह्मणों का मज़ाक़ उड़ाना इसी अछूतोद्धार आन्दोलन के समर्थन का ही एक अंग था। पहले 'ठाकुर का कुआँ', 'मन्दिर' और अब 'सद्गति' कहानी में ब्राह्मणों का क्रूर व्यंग्य उड़ाया गया।

श्रीनाथसिंह फिर बरसे। दिसम्बर, 1933 की 'सरस्वती' में 'उपन्यास सम्राट' का मज़ाक़ उड़ाया। पूछा—''किसने उपन्यास-सम्राट् की उपाधि दी? जनाब ने स्वयं ही ले ली है। इशारतन यह भी कहा गया कि शिवरानीदेवीजी क्योंकर लेखिका बन सकती हैं? 'हंस' के प्रकाशन से पहले वह साहित्यिक क्षेत्र में क्यों नहीं आगे आईं?'' इसी अंक में 'नारी-हृदय' तथा 'प्रेरणा' की आलोचना भी की गई।

'घृणा के प्रचारक प्रेमचन्द' लेख में बतलाया गया कि प्रेमचन्द की कृतियाँ ऐसे ही हैं जैसे किप्लिंग की। इनमें भारतीय जनता को, विशेषतया ब्राह्मण जाति को काले रंग से पोता गया है। यदि प्रेमचन्द इस युग के प्रतिनिधि मान लिए जाएँ, तो अब से पचास वर्ष बाद पढ़नेवाले कहेंगे कि उस समय हिन्दुओं का, ख़ासकर ब्राह्मणों का, जीवन घृणा का जीवन था और हिन्दुस्तान में ब्राह्मणों की जाति बड़ी ही ज़ालिम, स्वार्थी, पाखंडी और घृणा के योग्य है। 'सद्गति' कहानी का उदाहरण दिया गया।

दिसम्बर, 1933 के 'हंस' में प्रेमचन्द ने एक टिप्पणी में इस लेख का प्रत्युत्तर दिया। शीर्षक था 'जीवन में घृणा का स्थान : साहित्य में घृणा की उपयोगिता'। इस टिप्पणी में प्रेमचन्द ने जीवन में घृणा के अस्तित्व को स्वीकार किया। ''निन्दा, क्रोध और घृणा ये सभी दुर्गुण हैं, लेकिन मानव-जीवन में से अगर इन दुर्गणों को निकाल दीजिए तो संसार नरक हो जाएगा।'' बुराइयों से छुटकारा पाने में घृणा उपयोगी भी हो सकती है। ''पाखंड, धूर्तता, अन्याय, बलात्कार और ऐसी ही अन्य दुष्प्रवृत्तियों के प्रति हमारे अन्दर जितनी ही प्रचंड घृणा हो, उतनी ही कल्याणकारी होगी।''

ब्राह्मणों के प्रति घृणा के प्रचार के आरोप के बारे में प्रेमचन्द ने लिखा—''हरेक कट्टरपन्थी पुजारी को ब्राह्मण कहकर मैं इस पद का अपमान नहीं कर सकता। इस विकृत धर्मोपजीवी आचरण के हाथों हमारा सामाजिक अहित ही नहीं, कितना राष्ट्रीय अहित हो रहा है, यह वर्णाश्रम-स्वराज्य-संघ के हथकंडों से ज़ाहिर है। ऐसी असामाजिक, अराष्ट्रीय, अमानुषीय भावनाओं के प्रति जितनी भी घृणा फैलाई जाए, वह थोड़ी है। केवल भावनाओं के प्रति, व्यक्ति के प्रति नहीं; क्योंकि वर्णाश्रम धर्म के संचालक हमारे वैसे ही भाई हैं, जैसे आलोचक महोदय के।''

बनारसीदास चतुर्वेदी को लिखा—''क्या आपने मेरा 'जागरण' वाला लेख देखा, जिसमें मैंने 'निर्मल' को फटकारा था। यह 'निर्मल' सिद्धान्तहीन व्यक्ति है। जब पाक्षिक 'जागरण' श्री शिवपूजनसहाय के हाथों में था तो मेरे और 'जागरण' के बीच एक वादविवाद उठ खड़ा हुआ था। इसका सम्बन्ध नन्ददुलारे वाजपेयी के एक लेख से था। तब 'निर्मल' ने एक लेख में मेरी कृतियों की निन्दा की और मुझे परामर्श दिया कि मैं लिखना बन्द कर दूँ, क्योंकि उनके अनुसार मैं पुराना हो गया हूँ और मेरा युग बीत चुका था। शिवपूजनसहाय ने इस लेख को नहीं छापा। थोड़े दिन बाद, जब 'जागरण' मेरे हाथों में आ गया, तो इन्हीं 'निर्मल' महाशय ने एक लेख में मुझे आसमान पर उछाला। इसे मैंने छाप दिया। इससे ज़ाहिर है कि यह सज्जन किस प्रवृत्ति के हैं ?

''अब यही सज्जन आरोप लगा रहे हैं कि मैं ब्राह्मण जाति की निन्दा कर रहा हूँ। मैंने केवल कुछ पंडों, महन्तों तथा धार्मिक गुंडों का मज़ाक़ उड़ाया है। 'निर्मल' इन्हीं लोगों को ब्राह्मण बतलाते हैं। वह यह भूल जाते हैं कि ऐसे ही व्यक्ति अच्छे ब्राह्मणों के नाम को मिट्टी में मिला देते हैं। मेरी कल्पना का ब्राह्मण त्याग और सेवा की मूर्ति होता है (यदि किसी व्यक्ति में ये दोनों बातें हैं तो वह ब्राह्मण है)। मेरे विचार में जो पुजारी और पंडे भोले-भाले लोगों के अन्धविश्वास का फ़ायदा उठाकर उन्हें लूटते हैं, जो बगुले भगत हैं और जिनका दृष्टिकोण संकुचित है; मैं उन्हें हिन्दू-समाज का शाप मानता हूँ। इन्हीं लोगों ने हमारे समाज का बेड़ा ग़र्क किया है। इन लोगों का व्यंग्यात्मक मज़ाक़ ही उचित है। और मैंने यही कुछ किया है। यह 'निर्मल' और इनके भाई-बन्द राष्ट्रवादियों का चोला पहन लेते हैं, परन्तु इनमें पंडे जाति की सारी कमज़ोरियाँ हैं! और ये लोग आक्षेप करते हैं हमारे जैसे लोगों पर, जो समाज के स्तर को ऊँचा उठाना चाहते हैं।

''मैं आपकी बात ठीक तरह नहीं समझा। आप मध्यस्थ बनकर क्या फ़ैसला करेंगे। मुझे तो यह भी पता नहीं कि मेरे ख़िलाफ़ क्या आरोप हैं। क्या इनका सम्बन्ध उन कहानियों से है जिनमें मैंने इन बगुले भगतों का मज़ाक़ उड़ाया है ? यदि है तो कृपा करके उन्हें पढ़िए। उनकी संख्या बहुत बड़ी नहीं है। व्यंग्य का आधार तो अतिशयोक्ति है और मैंने इसी से काम लिया है। परन्तु यह व्यंग्य मीठा है और इसमें ज़हरीलापन इत्यादि नहीं है।''

'घृणा के प्रचारक प्रेमचन्द' पर वाद-विवाद समझने के लिए उस समय के हिन्दी-जगत् में असहनशीलता की ओर संकेत करना आवश्यक जान पड़ता है। जवाहरलाल नेहरू ने अपनी आत्मकथा में बतलाया है कि जब वह शिवप्रसाद गुप्त को मिलने वाराणसी गए, तब एक हिन्दी साहित्य समिति (रत्नाकर रसिक मंडल) ने उन्हें आमंत्रित किया। नेहरू जी तथा कमला नेहरू की सुविख्यात हिन्दी-लेखकों से भेंट हुई। अनौपचारिक तरीक़े से बातचीत हुई। नेहरू ने लच्छेदार दरबारी या संस्कृत-प्रधान भाषा की निन्दा की। "हिन्दी को व्यापक बनाने के लिए यह आवश्यक है कि भाषा इतनी सरल हो कि जनसाधारण इसे समझ सके। हिन्दी लेखकों को चाहिए कि सामयिक यूरोपीय साहित्य को भी पढ़ें। बंगला, गुजराती और मराठी शायद हिन्दी से आगे हैं और हिन्दी के लेखक इनसे लाभ उठा सकते हैं।"

जवाहरलाल नेहरू की बातचीत अनौपचारिक तौर से हुई थी। किसी लेखक ने इसका वृत्तान्त समाचार-पत्रों को भेज दिया। इसका छपना था कि इस पर भी एक वाद-विवाद आरम्भ हुआ। हिन्दी-पत्रों ने नेहरू को आड़े हाथों लिया। उनके विरुद्ध हिन्दी से अनभिज्ञता का आरोप लगाकर उन पर आक्षेप किए गए। इनमें से एक आक्षेप तो यह था कि हिन्दी की तुलना बंगला, मराठी और गुजराती से क्यों की गई? और यदि की गई तो हिन्दी को क्यों कमज़ोर बतलाया गया? यह वाद-विवाद कई महीने तक चलता रहा। नेहरूजी लिखते हैं कि "इस घटना से उनकी आँखें खुलीं और पहली बार पता लगा कि हिन्दी-लेखक और पत्रकार असाधारणतया असहनशील हैं और एक-दूसरे की आलोचना भी सहने के लिए तैयार नहीं हैं। यह कोई असाधारण बात नहीं थी कि लेखक और उनके आलोचक एक-दूसरे की ईमानदारी पर आक्षेप करें। सारा दृष्टिकोण बड़ा संकुचित था। ऐसा प्रतीत होता था कि लेखक जनता के लिए नहीं बल्कि अपने मित्रों के लिए लिखते हैं। मुझे यह देखकर दुःख होता था कि लेखकों के लिए इतना विस्तृत क्षेत्र था और ये अपनी सारी शक्ति को नष्ट करते थे।"

'सरस्वती' से चलकर यह वाद-विवाद दूसरी भारतीय भाषाओं में भी पहुँचा। एक लेखक किशनसिंह ने गुजराती पत्रिकाओं में प्रेमचन्द पर छींटे उछाले। इसका उत्तर प्रेमचन्द ने (अँगरेजी में) श्री माणिकलाल जोशी के एक पत्र में दिया—

"श्री किशनसिंह का विचार है कि उपन्यास-सम्राट् की उपाधि मैंने स्वयं ही अपने नाम के साथ लगा ली है। जितनी घृणा मुझे इस नाम से है उतनी शायद ही किसी को हो। मैंने कभी किसी से नहीं कहा कि मेरे नाम के साथ इस उपाधि को जोड़ दो। और मुझे तो पता नहीं, यह उपाधि मेरे नाम के साथ कैसे जोड़ दी गई, और लोग इसको क्यों दोहराते हैं। (किन्हीं व्यक्तियों के साथ) तुलना करना ग़लत है। और मैं श्री किशनसिंह से सहमत हूँ कि जो लोग मेरी तुलना गाल्सवर्दी तथा टाल्सटाय या साहित्यिक क्षेत्र के बड़े-बड़े लोगों से करने का साहस करते हैं वे न्याय नहीं करते।

मैं तो इसकी कल्पना कर ही नहीं सकता। परन्तु यदि दूसरे लोग इस प्रकार की बातें करें तो मैं कैसे उन्हें रोक सकता हूँ?

"श्री किशनसिंह का यह मत, कि मेरी कहानियाँ शिथिल होती हैं और उनमें सौन्दर्य का अभाव है, शायद ठीक हो। यह हो सकता है कि जिन कहानियों को उन्होंने चुना था ऐसी ही हों। इस बारे में मैं कह ही क्या सकता हूँ? कुछ पाठक तो विक्टर ह्यूगो और टाल्सटाय को भी पसन्द नहीं करते। मैं सविनय इतना ही कह सकता हूँ कि जहाँ तक मेरे से बन पाया मैंने किया। और इससे बड़ा दावा मैं नहीं करता।

"श्री किशनसिंह का मुख्य आरोप यह है कि 'कर्मभूमि' की पृष्ठभूमि राष्ट्रीय स्वतंत्रता-आन्दोलन है। वह इस बात को भूल जाते हैं कि हर बृहत् उपन्यास की पृष्ठभूमि में किसी-न-किसी आन्दोलन के सामाजिक उद्‌देश्य होते हैं। टाल्सटाय का 'वार और पीस' नेपोलियन की 'मास्को पर चढ़ाई' के अतिरिक्त क्या है? परन्तु लेखक ने इस उपन्यास में उस चढ़ाई को सजीव कर दिया है। उनके चरित्रों और घटनाओं से मानसिक हृदय की गति की सूझ-बूझ का पता लगता है। चरित्र-चित्रण सबसे अधिक महत्त्वपूर्ण चीज़ है। और यदि लेखक इस काम में सफल है तो उसे किसी आलोचक की तरफ़ से किसी प्रकार का भय नहीं। देखना यह है कि क्या लेखक ने सद्‌भावों का प्रयोग किया है। यदि वह किया है तो पृष्ठभूमि को भूल जाइए। उसका विषय व्यापक है और सदा रहेगा...कई गुजराती मित्रों ने 'कर्मभूमि' की प्रशंसा की है। मराठी पत्रों ने भी समालोचना की है, 'केसरी' ने तो बड़ी तारीफ़ की थी। मैं सोचता हूँ उन सबने मुझे ख़ुश करने के लिए तो तारीफ़ न की होगी। फिर भी, जैसा मैं ऊपर कह चुका हूँ, हर व्यक्ति को अपने विचार रखने तथा व्यक्त करने का अधिकार है। ऐसा कोई महान् ग्रन्थ नहीं है जिसकी आलोचना न हुई हो। मुझे पूर्ण विश्वास है, कोई-न-कोई गुजराती लेखक मेरे काम की सही आलोचना करके मेरे साथ न्याय करेगा।

"एक-दो हिन्दी-पत्रों ने मेरे विरुद्ध आन्दोलन चला रखा है। यह बात तो दुख की है कि साहित्यिक क्षेत्र में एक-दूसरे के विरुद्ध पक्षपात हो। कई गुट हैं। यदि आप किसी एक गुट की प्रशंसा कर दें तो अवश्य ही दूसरे गुट के सदस्य आपको आड़े हाथों लेंगे। 'सरस्वती' ने मेरे विरुद्ध एक लेख छापा है और मुझे लगता है कि श्री किशनसिंह उस लेख से प्रभावित हुए हैं। यदि आप 'कर्मभूमि' का अनुवाद किशनसिंह से करने को कहें तो उनका मुँह बन्द हो जाएगा। यह भी सम्भव है कि उन्हें इस बात का गिला हो कि अनुवाद उनसे क्यों नहीं करवाया गया।

"विज्ञापन तो सफलता की कुंजी है। ऐसा प्रबन्ध कीजिए कि 'कर्मभूमि' के छपते ही पत्रिकाएँ तथा लेखकगण इसकी समालोचना करें। यदि ऐसा करेंगे तो अवश्य ही आपको सफलता मिलेगी। आपका अपना अनुभव भी तो ऐसा ही होगा।"

इसी समय हिन्दी साहित्य सम्मेलन का तेईसवाँ अधिवेशन दिल्ली में होनेवाला था। प्रेमचन्द को भी निमंत्रण दिया गया, पर वह नहीं माने। पत्र-पर-पत्र, और

तार-पर-तार। आख़िर जैनेन्द्र से लिखवाया गया। तब कहीं प्रेमचन्द आने को तैयार हुए। जिस गाड़ी से प्रेमचन्द दिल्ली पहुँचे, उसी से कुछ और लेखक भी इलाहाबाद से दिल्ली पहुँचे। ठहरने का प्रबन्ध संयोजक, इन्द्र विद्यावाचस्पति ने दरियागंज के पटौदी हाउस में किया था। जुलूस निकाला गया। प्रेमचन्द भी इसमें चले। बारह बजे पटौदी हाउस पहुँचे। उसी दिन सायंकाल हरिऔधजी को एक प्रदर्शनी का उद्घाटन भी करना था। प्रेमचन्द वहाँ गए और इधर-उधर देखकर भोलेपन से बोले, "यहाँ कोई नाई है?" (कई दिन से हजामत नहीं करवाई थी।)

सम्मेलन के भिन्न-भिन्न विभागों का सभापतित्व इस प्रकार था—माखनलाल चतुर्वेदी (साहित्य परिषद्), कमलाबाई किबे (गल्प सम्मेलन और कवि सम्मेलन)। सम्मेलन में उपस्थिति होनेवाले लोगों में कुछ इस प्रकार थे—घनश्यामदास बिड़ला, पुरुषोत्तमदास टंडन, मिश्र बन्धु, ओरछा नरेश, हरविलास शारदा, श्री और श्रीमती किबे, गौरीशंकर हीराचन्द ओझा।

सम्मेलन के साहित्य परिषद् की मीटिंग में एक वाद-विवाद चल रहा था। प्रेमचन्द पंडाल में जा रहे थे कि एक वालंटियर ने इस 'देहाती' को न पहचानकर रोक दिया। प्रेमचन्द चुपके से श्रोतागण में जा बैठे। कनकउओं पर टिकटिकी बाँधे हुए थे। और उधर प्लेटफ़ार्म पर उनकी उपन्यास-कला पर वाद-विवाद चल रहा था। एक गुट कहता था प्रेमचन्द हिन्दी के टाल्सटाय हैं, दूसरा उन पर 'घृणा के प्रचारक' का आरोप लगाता था। गरमा-गरमी हुई। बालकृष्ण शर्मा 'नवीन' उठे और प्रेमचन्द के आलोचकों से बोले—"प्रेमचन्द की निन्दा करनेवाले मर जाएँगे, परन्तु प्रेमचन्द अमर रहेंगे..." प्रेमचन्द बैठे देख रहे थे। यहाँ से उठकर जब चलने लगे तो किसी ने उन्हें पहचान लिया।

"ये तो प्रेमचन्द हैं।"

"हाँ, यही तो प्रेमचन्द हैं..."

गल्प सम्मेलन में, जिसका श्रीमती कमलाबाई किबे प्रधानत्व कर रही थीं, वहाँ भी वाद-विवाद चला।

एक प्रशंसक ने प्रेमचन्द से पूछा—"क्या आप सभापति बनने पर राज़ी होंगे?"

जवाब में मिला क़हक़हा। फिर "बना दें भी तो" और फिर कहक़हा। "हिन्दी में न हमें पैसे मिलते हैं, न यश मिलता है, दोनों ही नहीं। इस संसार में लेखक को चाहिए, किसी की भी कामना करे बिना लिखता रहे। तुम्हें लिखना हो तो यह बात नोट कर लो, हिन्दी को तपस्वी चाहिए।"

इसी प्रशंसक को कहा था—"मैं तुम्हें यों ही मुँह नहीं लगा रहा। तुममें मैंने प्रतिभा पाई है। मेरा धर्म है मैं उसे रास्ते पर लगा दूँ। सबसे पहली बात चरित्र चाहिए, एक पागल साधना-प्रेम चाहिए, उसका कुछ मैं तुममें देख सका हूँ।"

'कीचड़ का कमल' पर बात चली। नग्न यथार्थ और नग्न आदर्श। प्रेमचन्द ने

कहा, ''दोनों ही अतियाँ हैं। नग्न यथार्थ पुलिस की रिपोर्ट भर हो जाती है, नग्न आदर्श प्लेटफ़ार्म का फ़तवा।''

''पर लेखक यथार्थ के चित्रण में जीवन ही तो खींचता है। पुलिस की रिपोर्ट और लेखक का वह चित्रण तो दो वस्तुएँ हैं...''

प्रेमचन्द—''यथार्थ के नाम में विकारों का चित्रण तो न होना चाहिए। जीवन का अन्धकार तो है, क्यों हम उस अन्धकार को ही चित्रित करें? कलुष तो है, उसे हम सौन्दर्य में क्यों न बदल दें? जीवन में होता भी यही है। दुनिया तो दु:खमय है, पर क्या दु:खमय जीवन में सुख की रचना हम नहीं करते? और याद रखो, जितना पवित्र हमारा जीवन होगा, उतना ही शुद्ध हमारा साहित्य होगा। अमीरी प्रतिभा के लिए अनुकूल भूमि नहीं है। इसमें कुछ ऐसी बातें हैं, जो ग़रीबी ही में फल सकती हैं।''

एक बार पूछा गया—''आप 'जागरण' बन्द क्यों नहीं कर देते?''

उत्तर—''मोह बन्द नहीं करने देता...और फिर काम न करूँ तो बैठा-बैठा क्या करूँ? जीवन में काम तो करना पड़ता है।''

एक समारोह इन्द्र विद्यावाचस्पति (जो सम्मेलन के दिल्ली अधिवेशन के व्यवस्थापक थे) के घर पर हुआ। ख़्वाजा हसन नज़ामी ने एक छोटे-से भाषण में कहा—''शायद ही कोई प्रेमचन्द का अफ़साना या मज़मून होगा जो उर्दू में निकला हो और मैंने न पढ़ा हो। मैं ढूँढ़-ढूँढ़कर उनकी चीज़ें पढ़ता हूँ। हालात में उतारचढ़ाव होते रहते हैं, दौर रंग बदलता है। एक ज़माना था कि लोगों की तबीयतें बदली हुई थीं। सब पर फ़िरक़ेदाराना रंग सवार था। कौन था जो न बहका हो! पर प्रेमचन्द तब साबित क़दम रहे। उनकी निगाह वैसी ही रही और साफ़ रही। वह किसी झोंके से नहीं डिगे...''

दिल्ली से प्रेमचन्द अलीगढ़ पहुँचे। वहाँ तीन दिन ठहरे। श्री अशफ़ाक़ हुसैन ने बतलाया है कि अलीगढ़ पहुँचकर प्रेमचन्द ने साहित्य सम्मेलन का हाल सुनाया। वर्णन ''इतना अच्छा था कि आज तक मैंने किसी जलसे का इतना अच्छा वर्णन कभी सुना ही नहीं। उनके उस ज़िक्र में हमदर्दी भी थी और जोश भी था। जलसे की सभी बातों का उन्होंने ज़िक्र किया था। साथ-ही-साथ सब बातों की आलोचना भी होती चलती थी। और सबसे बड़ी बात यह थी कि उनकी सभी बातों में एक बहुत बढ़िया और दिल में जगह करनेवाला मज़ाक़ भी रहता था, ख़ासकर कवि-सम्मेलन का उन्होंने जो हाल बतलाया था उसमें तो बातों के अन्दर बहुत ही उम्दा मज़ाक़ भरा हुआ था।''

बनारस लौटकर प्रेमचन्द ने अलीगढ़ यात्रा के बारे में जैनेन्द्र को लिखा—''अलीगढ़ में दावतें खाने के सिवाय और कुछ न हुआ। हमारी स्कीम को लोगों ने पसन्द तो बहुत किया, मगर उन दिनों यूनिवर्सिटी बन्द थी और ओल्ड ब्वायज़-एसोसिएशन के जलसे हो रहे थे। इससे कुछ बोलने का अवसर न मिला। हाँ, उन लोगों ने जिस तरह मेरा स्वागत किया, उससे मेरा चित्त बहुत प्रसन्न हुआ। मुझे आश्चर्य हुआ

कि वहाँ कितनी ही मुस्लिम लड़कियाँ परदा नहीं करतीं और वे सब मेरी नई-से-नई उर्दू प्रकाशित किताब 'ग़बन' पढ़ चुकी थीं। मैंने पुलाव और गोश्त खाया, उन्हीं के दस्तरख़्वान पर, और यहाँ आकर दो-तीन दिन 'नक्सवोमीका' खाना पड़ा। और क्या लिखूँ? काम चला जा रहा है। 'हंस' के लिए कुछ लिख भेजो। अगर यहाँ से निकला तो दे दूँगा, प्रयाग से निकला तो वहाँ भेज दूँगा।''

अन्तिम वाक्य की एक पृष्ठभूमि है। 'हंस' घाटे में तो चल ही रहा था। काशी अंक भी घाटे का सौदा रहा। प्रेमचन्द ने चार सौ रुपए तो काग़ज़ पर लगाए, दो सौ रुपए ब्लाकों पर, चार सौ पचास रुपए छपाई पर और दो सौ रुपए डाक महसूल इत्यादि पर। उन्हें आशा थी कि यदि अंक प्रिय हो गया तो ग्राहक-संख्या बढ़ेगी। मगर चार सौ में से दो सौ पच्चीस वी. पी. वापस आ गए। दफ़्तर का ख़स्ता हाल। रसालों का ढेर लग गया। ''बस यूँ समझ लीजिए कि बधिया बैठ गई। बड़ी करारी चपत पड़ी। चुँधिया गया हूँ।''

वास्तव में अब तक प्रेमचन्द की हिम्मत टूट गई थी। इसके पहले बारह वर्षों में प्रेस में घाटा ही होता रहा था। 'जागरण' और 'हंस' पर हज़ारों का नुक़सान हुआ था। काग़ज़ का तो दो हज़ार रुपया ही देना बाक़ी था। इस सबसे तंग आकर प्रेमचन्द ने लीडर प्रेस, इलाहाबाद से बातचीत शुरू की। इस सिलसिले में दो बार वह रायकृष्ण दास से मिले। उनके द्वारा लीडर प्रेस को प्रस्ताव भेजा कि वे प्रेमचन्द के सारे कारोबार को सँभाल लें। प्रेमचन्द का सुझाव था कि लीडर प्रेस वाले 'हंस' के दो हज़ार रुपए लगाकर और पुस्तकों की असली लागत को जोड़कर उन्हें लीडर कम्पनी में हिस्से दे दें। प्रेस चाहे बनारस में रहे, चाहे इलाहाबाद में। 'जागरण' को चलाना हो तो चलाएँ, अन्यथा बन्द कर दें। ''पहले इरादा था कि 'हंस' उन्हें दे दूँ और प्रेस चलाता रहूँ। लेकिन सारी विपत्ति की जड़ तो यह प्रेस है। न जाने किस बुरी साअत में उसकी बुनियाद पड़ी थी। दस हज़ार रुपया और ग्यारह साल की मेहनत और परेशानियाँ अकारथ हो गईं। इसी प्रेस के पीछे कितने मित्रों से बुरा बना, कितनों से वायदा-ख़िलाफ़ी की, कितना बहुमूल्य समय जो लिखने-पढ़ने में कटता, बेकार प्रूफ़ देखने में कटा। मेरी ज़िन्दगी की यह सबसे बड़ी ग़लती है।''

निगम को—''बात यह है कि मैं इस काम में बिना सोचे-समझे कूद पड़ा। जहाँ से रुपया मिल सका वह लगा दिया। बाबू रघुपतिसहाय से रुपए लिये थे। अभी तक उनके चार सौ रुपए मुझ पर आ रहे हैं, जिनका वह सख़्त तक़ाज़ा कर रहे हैं। अजीब परेशानियों में मुबतिला हूँ। इसलिए जिस तवज्जो से काम करना चाहिए वह न दे सका। घर पर लिटरेरी काम करता ही हूँ। इस काम को तफ़रीह के तौर पर करता रहा, और तफ़रीह तो ख़र्च की चीज़ है ही। तिजारत तो दिल व जान दोनों चाहती है। कई बार जी में आया कि आपको तकलीफ़ दूँ, लेकिन महज़ इस ख़याल से कि आप ख़ुद अपनी परेशानियों में मुबतिला हैं, जुर्रत न हुई। लेकिन अब अपने वसाइल की आख़िरी सीढ़ी

पर हूँ और मुझे इन्तहाई मजबूरी की हालत में लिखना पड़ता है कि मेरी ज़रूरत को इतना ही शदीद समझिये, जितना आप ख़ुद अपनी ज़रूरत को समझते हैं। आइन्दा अक्तूबर में आप रुपए देंगे ही। अगर जनवरी-फ़रवरी में पाँच सौ रुपए ही दे सकें तो मैं शर्मिन्दगी से बच जाऊँ। बाक़ी अक्तूबर में दे दीजिएगा। आप इस हालत में हैं कि आप कुछ इन्तज़ाम कर सकते हैं, क्योंकि आपका क्रेडिट अब बदरजहा ज़्यादा हो गया है। मेरा कहीं क्रेडिट नहीं। मुझ पर तो चिरंजीलाल की डिगरी हो चुकी है, जिसकी इत्तिला दे चुका हूँ। इसे 'काशी' नम्बर पर टालता आता था। यह नम्बर आया और निकल गया, मगर रुपयों की बारिश तो क्या ओस भी न टपकी। कुल मिलाकर ग़ालिबन एक हज़ार से ज़्यादा का मामला है। अगर इस वक़्त निस्फ़ भी मिल जाता तो चार-पाँच महीने के लिए मोहलत मिल जाती। इस दरमियान में शायद लीडर प्रेस से मुआमला हो जाए। मगर उस हालत में भी तो मुझे अपने मुतालबात अदा करने ही पड़ेंगे। मैं यह नहीं मान सकता कि आप मेरी मदद करना चाहें तो न कर सकें। हाँ, मेरी ज़रूरत को महसूस ही न करें, तो दूसरी बात है।...उम्मीद है आप मेरी दास्ताने ग़म पर आँसू की दो नन्ही बूँदें गिरा देंगे।''

हिन्दी-पुस्तकों की बिक्री की क्या स्थिति थी, इसका अनुमान एक पत्र से होता है, जिसे प्रेमचन्द ने एक नवयुवक लेखक इन्द्र वसावड़ा को लिखा था—''यह बात तो ठीक है कि हिन्दी बोलने वालों की संख्या बहुत है, परन्तु ये बेचारे ग़रीब हैं। मेरा अनुभव तो यह है कि दो हज़ार के एक संस्करण के बिकने में चार साल लग जाते हैं। नया लेखक कितना ही प्रतिभाशाली हो, उसके लिए क्षेत्र सीमित है। मैं प्रकाशक तो नहीं हूँ। मैं तो एक मासिक, एक साप्ताहिक तथा अपनी पुस्तकों का प्रकाशन करता हूँ। एक-दो मित्रों की पुस्तकों को छोड़कर मैंने कोई पुस्तक प्रकाशित नहीं की। मुझे तो यह काम बेढंगा लगता है। मेरी किताबें बिकती ज़रूर हैं, परन्तु जो मिलता है, वह पत्रिकाएँ खा जाती हैं। आपकी पुस्तक मुझे पसन्द आई और मैं देखता हूँ कि आपमें प्रतिभा का बीजांकुर है। इसलिए मैं कोई प्रकाशक ढूँढ़ने का प्रयत्न ही नहीं करूँगा बल्कि अच्छी रक़म दिलाने का प्रयत्न भी करूँगा। हाँ, सावधान कर दूँ कि यह रक़म बहुत नहीं होगी। लोग क्या देंगे इस बारे में मैं आपको लिख दूँगा और प्रकाशक को किताब तभी दूँगा जब आप स्वीकृति दे देंगे। यदि यह पुस्तक चल निकली और मुझे आशा है चल जाएगी, तो अगली पुस्तक से अधिक आमदनी होगी। दूसरे क्षेत्रों की तरह इस क्षेत्र में भी धीरे-धीरे प्रगति होती है। मैं सलाह दूँगा कि जब भी हो सके, हिन्दी-पाठकों के सामने कुछ-न-कुछ रखते रहिए। सफलता का यही एक रास्ता है। मैं आपके उच्च भावों की क़द्र करता हूँ और चाहता हूँ कि तुम्हें लेखकों की अगली पंक्ति में देखूँ।''

सबसे आगे की पंक्ति वाले लेखकों की हालत क्या होगी, इसका अनुमान तो 'उपन्यास-सम्राट' की अपनी परिस्थिति से ही हो सकता था। लाहौर के एक

प्रकाशक से एक हज़ार रुपए वसूल होने थे। जैनेन्द्र को—''बरसों के तकाज़े के बाद अब मालूम हुआ है कि उनसे रुपए वसूल नहीं हो सकते। नालिश करने पर शायद कुछ मिलें।''

जैनेन्द्र को फिर—''मैंने (उसे) ख़त लिखा। उसने जवाब नहीं दिया। मैंने यहाँ तक लिखा था कि थोड़ा-थोड़ा दे दो। लेकिन जब कोई पत्रों का जवाब ही न दे, तो क्या किया जाए। अगर तुम (लाहौर) जाओ तो पत्र दिखाकर उनसे साफ़-साफ़ जवाब लेना, वह किस तरह सफ़ाई चाहते हैं। आठ सौ रुपए का मामला है। यहाँ मेरे सर पर क़र्ज़ है और वहाँ एक-एक असामी इतनी-इतनी रक़में दबाए बैठी है। क्या वह यही चाहता है कि हम लोग अदालत में आमने-सामने खड़े हों? भला आदमी ख़त का जवाब तक नहीं देता। मजबूर होकर रजिस्टर्ड नोटिस देना पड़ेगा।''

प्रकाशक और बुकसेलर ही नहीं, प्रेमचन्द को और झंझटों का सामना भी करना पड़ता था। जैनेन्द्र ने एक नज़दीकी सम्बन्धी को प्रेमचन्द के यहाँ काम करने के लिए भेजा। प्रेमचन्द ने इन्हें सेल्समैन बनाया और बाहर भेजा। आर्डरों की बात तो दूर की रही, यह सज्जन चार-चार महीनों तक ख़बर ही नहीं देते। सरस्वती प्रेस की ही नहीं, प्रेमचन्द की मार्फ़त दूसरे प्रकाशकों की, जैसे चाँद कार्यालय की, किताबें लेकर एक बार पटना पहुँचे। वहाँ भूकम्प आया तो रिलीफ़ के काम में लग गए।

प्रेमचन्द ने जैनेन्द्र को लिखा—''रिलीफ़ वर्क तो बहुत अच्छा है, लेकिन कुछ अपनी ज़िम्मेदारी का ख़याल भी तो होना चाहिए। मेरे रुपए 'चाँद' पर आते हैं, कुछ उनसे तकाज़ा करता, लेकिन उल्टे मैं उनका देनदार हूँ। तुम उन्हें एक पत्र लिखकर ताक़ीद कर दो कि जो पुस्तकें न बिक सकी हों, उनका हिसाब लिख भेजें। हिसाब बड़ा गोलमाल है। तीन सौ रुपए से ऊपर की पुस्तकें इनके पास होंगी। आशा थी कुछ उधर से आएगा तो काग़ज़ का बिल कम होगा, मगर व्यर्थ।''

ऐसी ही स्थिति थी, जब मार्च 1934 में सुदर्शनजी प्रेमचन्द को मिलने गए। शाम हो चुकी थी। अँधेरा बढ़ता जा रहा था, परन्तु प्रेमचन्द अपने लिखने के काम में व्यस्त थे। सुदर्शनजी बड़े हैरान हुए और कहा—''यह आप अपने ऊपर नहीं, हम लोगों पर ज़ुल्म कर रहे हैं।''

प्रेमचन्द हँसे और बोले—''शुक्र है हम भी किसी के ज़ालिम तो हैं।''

सुदर्शनजी ने देखा कि प्रेमचन्द दुबले हो गए हैं। इसका प्रमुख कारण तो था अधिक काम।

सुदर्शनजी बोले—''आप हवा-पानी बदलने के लिए कहीं बाहर क्यों नहीं चले जाते?''

प्रेमचन्द—''बाहर जाने के लिए रुपया चाहिए...''

सुदर्शन—''लेकिन मेहनत ज़रा कम किया करें।''

प्रेमचन्द—''मज़दूर मेहनत नहीं करेगा तो खाएगा कहाँ से?''

सुदर्शनजी ने लिखा है कि "प्रेमचन्दजी पैसे के लिए मेहनत करते थे, यह कहना उनका अपमान करना है। उनके मन में मानव-जाति के लिए जो सन्देशा आता था वह उसे लोगों के सामने रखने के लिए लिखते थे, वरना रुपया कमाना चाहते तो इतना कमा सकते थे कि उन्हें किसी चीज़ की परवाह न रहती। लेकिन उन्होंने सदा सिद्धान्त और कला का ख़याल रखा है। रुपया उनके लिए गौण वस्तु रहा है। तक़लीफ और संकट में रहकर भी उन्होंने सेवा के महान् आदर्श को आँखों से ओझल नहीं होने दिया, यह उनके महापुरुष होने का द्योतक है।"

सुदर्शनजी ने, जो 'हंस' तथा 'जागरण' की परिस्थितियों से परिचित थे, प्रेमचन्द से कहा—"आप इन अख़बारों को बन्द क्यों नहीं कर देते? अभी तक घाटे में जा रहे हैं।"

प्रेमचन्द—"आज आप कहते हैं अख़बार बन्द कर दो। कल कहेंगे किताबें लिखना छोड़ दो। मैं आपका कहा कहाँ तक मानूँ?"

सुदर्शन—"आख़िर यह तपस्या आप ही क्यों करें?"

प्रेमचन्द—"जिसे आप तपस्या कहते हैं, मैं उसे भोग समझता हूँ। तपस्या तब हो जब तकलीफ़ हो। मुझे तो इसमें बराबर मज़ा आता है और जिसमें आदमी को मज़ा मिले, वह भोग है।"

कुछ देर चुप रहकर बोले—"भाईजान, सिर्फ़ रुपया कमाना ही आदमी का उद्देश्य नहीं है। मनुष्यत्व को ऊपर उठाना और मनुष्य के मन में ऊँचा विचार पैदा करना भी उसका कर्तव्य है। अगर यह नहीं है तो आदमी और पशु दोनों बराबर हैं। और जिसके हाथ में भगवान् ने क़लम और क़लम में तासीर दी है, उसका कर्तव्य तो और भी बढ़ जाता है।"

इसी उद्देश्य से प्रेमचन्द 'हंस' और 'जागरण' को निकालते चले आ रहे थे। दोनों पत्रों को चलाए रखने के लिए ही उन्होंने फ़िल्म में नौकरी की।

27

मैं कहानी कैसे लिखता हूँ?

सरस्वती प्रेम, 'हंस' और 'जागरण' के घाटे को पूरा करने के लिए प्रेमचन्द को फ़िल्मों में जाना पड़ा। परन्तु इसका ज़िक्र करने से पहले हम उनकी कहानियों के सम्बन्ध में कुछ शब्द कहेंगे। जैसा पाठकगण अनुमान कर चुके होंगे, इस समय प्रेमचन्द की कहानियाँ लिखने की रफ़्तार घट गई थी। इन दिनों उन्होंने जो कहानियाँ लिखीं उनमें से कुछ का सम्बन्ध तो प्रेमचन्द के अपने जीवन या संस्मरणों से है; जैसे 'जीवन सार', 'रसिक सम्पादक', 'ईदगाह', 'गुल्ली डंडा', 'झाँकी', 'बालक', 'ढपोरशंख',

'आपबीती', 'बड़े भाई साहब' और 'मुफ़्त का यश'। कुछ का आधार सुनी-सुनाई बातों पर है; जैसे—'बेटों वाली विधवा', 'नशा', 'जादू', 'मनोवृत्ति', 'रियासत का दीवान', 'युद्ध का दाम', 'वासी भात में ख़ुदा का साझा', 'ज्योति', 'नेउर', 'नया विवाह' और 'कायर'। कुछ ऐसी भी हैं जिनका आधार ऐतिहासिक घटनाएँ थीं; जैसे—'क़ैदी' और 'दिल की रानी'।

अब दो शब्द उनकी कहानी-कला के बारे में। लाहौर के एक उर्दू मासिक 'नैरंगे ख़याल' के सम्पादक ने प्रेमचन्द से पूछा कि आप कहानी कैसे लिखते हैं?

प्रेमचन्द के उत्तर का हिन्दी रूपान्तर—''मेरी कहानियाँ प्राय: किसी-न-किसी प्रेरणा या अनुभव पर आधारित होती हैं। इनमें मैं ड्रामाई रंग पैदा करने की कोशिश करता हूँ। परन्तु केवल घटना के वर्णन के लिए मैं कहानियाँ कभी नहीं लिखता। मैं कहानी में किसी दार्शनिक या भावात्मक तथ्य को दिखाना चाहता हूँ। जब तक इस प्रकार का कोई आधार नहीं मिलता, मेरी क़लम ही नहीं उठती। ज़मीन तैयार होने पर मैं चरित्रों का निर्माण करता हूँ। कभी-कभी इतिहास का अध्ययन करते हुए भी कथानक मिल जाते हैं। परन्तु घटना कोई और कैसी भी हो, उस वक़्त तक कहानी का आधार नहीं हो सकती, जब तक यह किसी मनोवैज्ञानिक तथ्य को व्यक्त न करे।

''जब तक मैं किसी कहानी को आरम्भ से अन्त तक मस्तिष्क में न जमा लूँ, मैं लिखने नहीं बैठता। चरित्रों का निर्माण इसी दृष्टि से करता हूँ कि वे कहानी के अनुकूल हों। मैं इस बात की ज़रूरत नहीं समझता कि किसी मनोरंजक घटना को कहानी का आधार बनाऊँ। यदि कहानी में मनोवैज्ञानिक क्लाइमैक्स है तो चाहे। वह किसी घटना से सम्बन्धित हो या न हो, मैं इसकी परवाह नहीं करता। अभी हाल ही में मैंने हिन्दी में एक कहानी लिखी है, जिसका नाम है 'दिल की रानी'। मैंने इस्लाम के इतिहास में तैमूर के जीवन की एक घटना का वृत्तान्त पढ़ा था, जिसमें उसकी हमीदा बेगम से शादी का ज़िक्र है। मुझे एकदम इस ऐतिहासिक घटना के ड्रामाई पहलू का ख़याल आया। अब फ़िक्र हुई कि यहाँ किस प्रकार क्लाइमैक्स पैदा किया जाए। हमीदा बेगम ने बचपन में अपने बाप से सैनिक शस्त्रों की शिक्षा पाई थी और रणभूमि में भी थोड़ा अनुभव ग्रहण किया था। तैमूर ने हज़ारों तुर्कों को मौत के घाट उतार दिया था। ऐसे ज़ालिम तथा जाति के शत्रु से एक तुर्क औरत किस प्रकार उसकी ओर झुकी—इस समस्या को हल करने से क्लाइमैक्स निकल आता था। तैमूर बहुत सुन्दर न था, इसलिए इस बात की आवश्यकता हुई कि उसमें ऐसे नैतिक तथा भावात्मक गुण पैदा किए जाएँ जो एक उच्चतम स्त्री को उसकी ओर आकर्षित कर सकें। इस प्रकार वह कहानी तैयार हो गई।

''कभी-कभी सुनी-सुनाई घटनाएँ भी ऐसी होती हैं जिनको आसानी से कहानी का आधार बनाया जा सकता है। परन्तु कोई भी घटना केवल लच्छेदार और चुस्त, लिखाई और शैली के चमत्कार के आधार पर कहानी नहीं बन जाती। मेरे विचार में

क्लाइमैक्स का होना अनिवार्य है और वह भी भावात्मक। यह भी ज़रूरी है कि कहानी के अंश इस प्रकार बनाए जाएँ कि क्लाइमैक्स निकटतर आता जाए। जब ऐसा कोई अवसर आ जाता है, जहाँ ज़रा तबीयत पर ज़ोर डालकर साहित्यिक या कविता का रंग पैदा किया जा सकता है, तो मैं इस अवसर से अवश्य लाभ उठाने का प्रयत्न करता हूँ। यही विवरण तो कहानी की आत्मा है।

"मैं सुस्त रफ़्तार भी हूँ। महीने-भर में शायद मैंने कभी दो कहानियों से अधिक नहीं लिखीं। कभी-कभी तो महीनों तक कोई कहानी नहीं लिखता। घटना और चरित्र तो मिल जाते हैं, परन्तु भावात्मक नींव कठिनाई से मिलती है। इस समस्या का समाधान हो जाने पर कहानी लिखने में देर नहीं लगती।

"ऊपर लिखी थोड़ी पंक्तियों से कहानी-लेखन के सारे तत्त्वों का वर्णन नहीं हो सकता। यह तो एक मानसिक पदार्थ है। सीखने से भी लोग कहानी-लेखक बन जाते हैं, परन्तु कविता की तरह इसके लिए भी, और साहित्य के हर अंग के लिए, कुछ प्राकृतिक लगाव अवश्य है। प्रकृति आप-से-आप प्लाट बनाती है, नाटकीय रंग पैदा करती है, प्रभाव लाती है, साहित्यिक गुण बटोरती है, बग़ैर सोचे-समझे आप-ही-आप सब-कुछ होता रहता है। हाँ, कहानी ख़त्म हो जाने के बाद मैं ख़ुद इसे पढ़ता हूँ।

"यदि इसमें मुझे कुछ नयापन, कुछ बुद्धि का चमत्कार, कुछ यथार्थ की ताज़गी, कुछ गरमी पैदा करने की ताक़त का एहसास पैदा होता है, तो मैं उसे कामयाब कहानी समझता हूँ, वरना समझता हूँ फ़ेल हो गया। हालाँकि फ़ेल और पास दोनों अफ़साने छप जाते हैं और प्राय: ऐसा होता है कि जिस कहानी को मैंने फ़ेल समझा था, उसे मित्रों ने बहुत अधिक पसन्द किया, इसलिए मैं अपने मेयार पर ज़्यादा एतबार नहीं करता।"

जिस समय यह पत्र लिखा गया, उसी समय प्रेमचन्द चलचित्रों के लिए कहानी लिखने को तैयार बैठे थे।

28

फ़िल्मी दुनिया में

एक बार प्रेमचन्द सपत्नीक इलाहाबाद से रेल के ड्योढ़े दर्जे में जा रहे थे। बीच के किसी स्टेशन पर बहुत-से यात्री गाड़ी में चढ़े। ये तीसरे दर्जे की सवारियाँ थीं और ड्योढ़े दर्जे में चढ़ गए थे। बहुत भीड़ हो गई थी। प्रेमचन्द ने उनसे पूछा तो पता चला कि ये लोग शीतलादेवी के मेले से आ रहे थे। बातचीत में यह भी पता लगा कि उनका

प्रति व्यक्ति पन्द्रह रुपया ख़र्च हो चुका था। प्रेमचन्द ने उनसे कहा कि यह व्यर्थ ख़र्च था, यदि वे इसके बदले खाते-पहनते, तो देवी अधिक प्रसन्न होतीं। शिवरानीदेवी ने देखा एक ओर तो भीड़ से दम घुटा जा रहा है और आप हैं कि लेक्चर झाड़ रहे हैं। उन्होंने प्रेमचन्द से कहा—"इस लेक्चर से क्या लाभ?"

"इन्हीं लोगों की आज़ादी के लिए तुम भी तो जेल गई थीं। इनकी जड़ता को तो हमें दूर करना ही होगा।"

प्रेमचन्द की धारणा थी कि ग़रीब जनता उनकी किताबें नहीं पढ़ सकती। यदि उनकी किताबों के आधार पर फ़िल्में बनाई जाएँ और उन्हें मुफ़्त दिखाया जाए तो जनता का कल्याण हो सकता है। फ़िल्म के माध्यम में उनका पूर्ण विश्वास था। जब सुदर्शन ने पाँच सौ रुपए महीने पर फ़िल्म कम्पनी में नौकरी कर ली, तो प्रेमचन्द ने ख़ुशी से अपने पत्र में ज़िक्र किया।

1933 के अन्त में एक फ़िल्म कम्पनी ने उनसे 'सेवासदन' की फ़िल्म बनाने का अधिकार माँगा। सात सौ पचास रुपए पर फ़ैसला हुआ। कई महीने इन्तज़ार के बाद रुपया मिला और आर्थिक स्थिति इतनी ख़राब थी कि "अगर इस तंगी में भी रुपए न मिल जाते तो न जाने क्या दशा होती, ईश्वर ही जाने। लेकिन तंगी में जब कोई रक़म हाथ आ जाती है तो वे सारी ज़रूरतें, जो मुँह दबाए पड़ी रहती थीं, भयानक चीख़ मारने लगती हैं। किसी के पास कपड़े नहीं हैं, किसी के पास जूते नहीं हैं। फलाँ की लड़की की शादी के लिए कुछ देना चाहिए। ग़रज़ वह रुपए दो-चार दिन में हवा हो जाते हैं। वही यहाँ हो रहा है।"

'हंस' और 'जागरण' दोनों ही के लिए सदा पैसे की माँग रहती थी। जो थोड़ी-बहुत आमदनी किताबों से होती थी वह भी इन पत्रों को जारी रखने पर ख़र्च हो जाती थी। इस कठिनाई से निकलने के लिए प्रेमचन्द ने लीडर प्रेस वालों से बातचीत की। प्रेमचन्द का विचार था कि उनका प्रस्ताव लीडर प्रेस वालों को मंजूर होगा। जब 'हंस' के सम्पादन का प्रश्न खड़ा होगा, तो लीडर प्रेस से कहकर जैनेन्द्र को सम्पादक नियुक्त करवा देंगे। जैनेन्द्र को लिखा—"वे लोग इसे ज़्यादा शान के साथ निकाल सकेंगे और तुम्हें अपने विचारों को कार्यरूप में लाने का अवसर मिल जाएगा। और मैं एकान्त में बैठकर कुछ थोड़ा-बहुत लिख लिया करूँगा। इस झमेले में तो लिखना एक तरह से बन्द ही हो गया। तब तुम्हारी पुस्तकें झट से निकलेंगी और उन पर रायल्टी मिलेगी।"

लीडर प्रेस वालों से प्रेमचन्द की बातचीत काफ़ी दिन चलती रही। इसलिए अप्रैल, 1934 का 'हंस' अप्रैल की 16 तारीख़ तक प्रेस में नहीं भेजा गया। लीडर प्रेस के डायरेक्टरों ने 20 तारीख़ को यह फ़ैसला किया कि हिन्दी का काम बढ़ाने की कोई आवश्यकता नहीं। प्रेमचन्द को इस निर्णय का पता 24 अप्रैल को लगा। तब उन्होंने अप्रैल का मैटर प्रेस में भेजा और अप्रैल और मई अंकों को एक साथ निकालने का प्रबन्ध किया।

उधर प्रेमचन्द चाहते थे कि जब सरस्वती प्रेस और 'हंस' चलाने ही हैं तो कोई ऐसे सहयोगी मिलने चाहिए जो केवल साहित्यिक ही नहीं, कारोबारी भी हों। "अगर तुम्हारे साहित्यिक और किसी बिज़नेसमैन का कारोबारी सहयोग प्राप्त हो जाए तो मैं अपने सर से बोझ टालकर हट जाऊँ। अगर वात्स्यायनजी भी मिल जाएँ तो भी अच्छा।"

दो सप्ताह बाद जैनेन्द्र को ही लिखा—"तुम्हारी स्कीम मुझे बिलकुल पसन्द है। ख़ूब पसन्द है...(परन्तु) काम ऐसे हाथों में हो जो सहज ड्रीमर न हों, जैसा मैं हूँ और तुम हो, बल्कि कुछ व्यावसायिक बुद्धि भी रखते हों।"

एक सप्ताह बाद—"मैं वात्स्यायनजी के प्रस्ताव को दिल से स्वीकार करता हूँ। अगर पाँच हज़ार रुपए और वात्स्यायनजी और तुम आ मिलो तो बहुत बड़ा काम हो जाए। मैं हर तरह से तैयार हूँ। यही चाहता हूँ कि जो काम शुरू किया गया है वह बन्द न हो, उसकी उपयोगिता बढ़े और वह एक संस्था बन जाए। तुमने आने की बात लिखी थी। बहुत ज़रूरी है। लिखा-पढ़ी से (बात) तय न होगी। मेरी तरफ़ से बिलकुल हिचक नहीं है। हाँ, अगर काशी से काम चले तो कई तरह से सुभीता है। यहाँ प्रेस चला-चलाया है। कुछ पत्रों का प्रचार बढ़ जाए, और आमदनी ज़्यादा हो जाए तो प्रेस को बाहरी काम करने की ज़्यादा फ़ुरसत ही न रहेगी और प्रेस को बढ़ाना पड़ेगा। 'हंस' अगर दो हज़ार छपे और 'जागरण' चार हज़ार, तो प्रेस को और कोई काम करने की ज़रूरत नहीं। अपनी किताबें सालभर में पचास-साठ फ़ार्म छाप लेंगे। हाँ, बिजली लगा दी जाए तो ज़्यादा काम हो सकेगा। यहाँ सहयोग भी काफ़ी मिल सकता है। बस एक प्राइवेट लिमिटेड कम्पनी बना लो। हम तीनों अपने-अपने हिस्से का काम करें। अवस्थानुसार काम बाँट दो। मैं इसमें जीत में रहूँगा। जल्द आओ। लेकिन कुछ निश्चय हो गया हो तब। मुफ़्त में किराया देने के पक्ष में मैं नहीं हूँ। मुलाक़ात तो पत्रों से हो जाती है और पत्र न भी आए तो भी मैं तुम्हें अपने समीप ही पाता हूँ।"

इसी बीच उन्होंने लिखा—"तुमसे सलाह करने की एक ख़ास ज़रूरत आ पड़ी है। अभी न बताऊँगा। जब आओगे तभी इस विषय में बातें होंगी। मगर अब तुम्हें क्यों सस्पेन्स की हालत में रखें। बम्बई की एक फ़िल्म कम्पनी मुझे बुला रही है। वेतन की बात नहीं, कांट्रेक्ट की बात है। आठ हज़ार रुपए साल। मैं उस अवस्था को पहुँच गया हूँ जब मेरे लिए हाँ के सिवाय कोई उपाय नहीं रह गया कि या तो वहाँ चला जाऊँ या अपने उपन्यास को बाज़ार में बेचूँ। मैं इस विषय में तुम्हारी राय ज़रूरी समझता हूँ। कम्पनी वाले हाज़िरी की कोई क़ैद नहीं रखते। मैं जो चाहे लिखूँ, जहाँ चाहे लिखूँ। इनके लिए चार-पाँच सीनरियाँ तैयार कर दूँ। मैं सोचता हूँ, क्यों न एक साल के लिए चला जाऊँ। वहाँ साल-भर रहने के बाद कुछ ऐसा कांट्रेक्ट कर लूँगा कि मैं यहीं बैठे-बैठे तीन-चार कहानियाँ लिख दिया करूँ और चार-पाँच हज़ार रुपए मिल जाया करें। उससे 'जागरण' और 'हंस' दोनों मज़े से चलेंगे और पैसों का संकट कट जाएगा। फिर हमारी दोनों की चीज़ें धड़ल्ले से निकलेंगी, लेकिन तुम यहाँ आ जाओगे तो क़तई

राय होगी। अभी तो मन दौड़ा रहा हूँ।'' आठ दिन बाद—''मुझे तो कोई हर्ज़ नहीं मालूम होता। अगर वेतन सात-आठ सौ रुपए मिले तो साल-दो-साल करके चला आऊँगा। उनके दो तार आ चुके हैं, मगर अभी मैंने जवाब नहीं दिया है। प्रसादजी की सलाह है, आप बम्बई न जाएँ। तुम्हारी भी अगर यही राय है तो मैं न जाऊँगा। जौहरीजी कहते हैं ज़रूर जाइए और चिरसंगिनी दरिद्रता भी कहती है चलो। जीवन का यह भी एक अनुभव (हो सकता) है।''

घर में शिवरानीदेवी से सलाह की। उनका विचार था कि प्रेमचन्द की सेहत ख़राब है और बम्बई की आबोहवा उनके अनुकूल न होगी।

प्रेमचन्द ने कहा—''आख़िर और लोग भी तो वहाँ रहते हैं।''

शिवरानीदेवी—''हर एक आदमी अपने-अपने सुभीते से रहता है। मैं तो आपका वहाँ जाना अच्छा नहीं समझती।''

प्रेमचन्द—''बिना जाए काम भी तो नहीं चल सकता। यहाँ जो कुछ आमदनी होती है, वह अपने ख़र्च के लिए हो जाती है। 'हंस' और 'जागरण' कैसे चलें? ये भी तो तुम्हारे साथ बँधे हैं।''

शिवरानीदेवी—''इनके लिए मैं बम्बई जाना ठीक नहीं समझती।''

प्रेमचन्द—''अब जो इन हाथियों को गले से बाँधा है तो उनको चारा नहीं दोगी? आख़िर इनको भी तो ज़िन्दा रखना है।''

फिर बोले—''वहाँ जाने पर जो ख़ास फ़ायदा होगा वह है मेरी कहानियों तथा उपन्यासों का फ़िल्म बनाकर दिखाना। फ़िल्म के माध्यम से हर जगह के लोग फ़ायदा उठा सकते हैं।''

शिवरानीदेवी—''उससे मुझे क्या?''

प्रेमचन्द—''मैं लोगों के उपकार के लिए थोड़े ही लिखता हूँ। मैं तो अपनी आत्मा की ख़ुशी के लिए लिखता हूँ। जितने अधिक आदमी उन्हें पढ़ें या देखें, मुझे उतनी ही अधिक शान्ति मिलेगी। इसके अलावा 'हंस' और 'जागरण' के चलाने के लिए मैं ज़्यादा रुपया दे सकूँगा।''

परिस्थितियों और प्रेमचन्द के आग्रह को देखकर शिवरानीदेवी ने अनुमति दी। प्रश्न उठा, प्रेमचन्द बम्बई सपरिवार जाएँ, या अकेले ही। फ़िल्म की दुनिया नई थी। प्रेमचन्द को इस बारे में बहुत ज्ञान नहीं था। इसलिए उनको दूसरी बातों के बारे में भी सोचना था। लड़कों की शिक्षा का भी ध्यान था। शिवरानीदेवी को दो शादियों के सम्बन्ध में मायके जाना था। इन सब बातों को ध्यान में रखते हुए प्रेमचन्द ने निश्चय किया कि वह अकेले ही बम्बई जाएँ। वहाँ का रंग-ढंग देखें, वहाँ मकान का इन्तज़ाम करें, फिर बनारस लौटकर सब बातों का निश्चय करें।

जाने की तैयारी शुरू की गई। प्रेस के एकाउंट में पैसे नहीं थे। दो-चार दिन परेशान रहे कि किससे माँगें। शिवरानीदेवी ने सौ रुपए दिए। बीस तो तैयारी पर ख़र्च हुए।

अस्सी रुपए लेकर बम्बई चले। चार बजे सवेरे की गाड़ी पकड़नी थी। ताँगे वाले को पहले ही से कह दिया था। सारी रात सो नहीं पाये। बार-बार झुँझलाते। कहते, ''कहाँ ये शादियाँ भी तुम्हारे सर पर आ पड़ीं। वरना तुम भी साथ ही चलतीं। वहाँ कई मित्र हैं, किसी के यहाँ दो-चार दिन ठहरकर मकान का इन्तज़ाम कर लेते। कहाँ मैं इस झंझट में फँस गया।''

शिवरानीदेवी ने कहा—''मैं तो आपको मना कर रही थी, परन्तु आप माने ही नहीं।''

प्रेमचन्द बोले—''मानता तो बहुत-कुछ, मगर काम भी चले तब न। काम भी तो नहीं चलता था, मजबूरी भी तो एक बला है।''

उधर अर्थाभाव के कारण सरस्वती प्रेस के कर्मचारियों को वेतन देने में कठिनाई, काग़ज़वालों के बिल, घर का किराया और बाल-बच्चों के लिए ख़र्च, इन सारी बातों के बारे में सोचकर प्रेमचन्द ने निश्चय किया कि 'जागरण' के झंझट को ख़त्म करना चाहिए। 1921 मई 34 के अंक में 'जागरण' के पाठकों से निवेदन किया कि 'जागरण' को अपने आदर्शानुकूल न निकाल सकने के कारण हम उसका प्रकाशन उतने दिनों के लिए स्थगित कर रहे हैं, जब तक हमारे पास ऐसे साधन न हो जाएँ कि हम उसे इससे अच्छे रूप में निकाल सकें।

'जागरण' के मूल व्यवस्थापक विनोदशंकर व्यास ने दुख से प्रेमचन्द को लिखा—''मुझे विश्वास ही नहीं होता कि 'जागरण' इतनी जल्दी में बन्द किया जाएगा। पता नहीं, आपने इसे इतनी शीघ्रता में बन्द करके क्या लाभ सोचा है।'' व्यासजी ने प्रेमचन्द को याद दिलाया—''मैंने 'जागरण' आपके हाथों में देते हुए अपनी एक प्रार्थना आपसे स्वीकार करा ली थी कि यदि आप कभी 'जागरण' को बन्द करेंगे तो मैं ही उसकी व्यवस्था करूँगा।''

प्रेमचन्द ने लिखा, '' मैंने 'जागरण' बन्द नहीं किया है और न करूँगा। स्थगित किया है। समाधि के बाद वह पुनः जीवन-लाभ करके उठेगा और इससे अच्छे रूप में निकलेगा। कब तक वह शुभ मुहूर्त आएगा, यह मैं नहीं बता सकता। रुपया जब जमा हो जाएगा तब निकलेगा। मैं बम्बई जा रहा हूँ। जब मैं 'जागरण' को सदा के लिए बन्द कर दूँगा, तब आप इसका शव उठा ले जाइएगा। समाधि तो मौत नहीं है।''

व्यासजी की धारणा थी कि 'जागरण' को बन्द करने से पहले पत्रिका का नया प्रबन्ध करने या बन्द करने का अधिकार उनका था, प्रेमचन्द का नहीं।

प्रेमचन्द का उत्तर सुनिए, '' 'जागरण' को बन्द करने का कारण मेरे यहाँ भी वही था, जो आपके यहाँ था। आपने छह महीने में ज़्यादा-से-ज़्यादा एक हज़ार रुपए का नुक़सान उठाया, मैं चार हज़ार रुपए के लपेट में आ गया। आपने जो लम्बे-चौड़े वायदे किए थे, एक भी पूरे न किए। मैं आपके चकमे में आ गया। ख़ैर आप तो 'जागरण' को बन्द कर चुके थे। उसे मैंने फिर चलाया। आपने सौ ग्राहक दिए थे, वे सब टूट गए। मेरे लिए 'जागरण' नाम से कोई विशेष लाभ क्या, बिलकुल लाभ

नहीं हुआ। मैंने इस पर चार हज़ार रुपया डुबाया है और इसे फिर निकालूँगा, चाहे ख़ुद या किसी के साझे में। आप साझा करना चाहें, कर सकते हैं। अगर आप बिलकुल इसे लेना चाहते हैं तो मुझे चार हज़ार रुपए नक़द दे दीजिए, या बीस रुपए महीने सूद का प्रबन्ध कीजिए। वरना कुछ दिन इन्तज़ार कीजिए और देखिए कि मैं इसे निकालता हूँ या नहीं। बहरहाल मुझे इसको अपने हाथ में रखकर किसी के साझे में निकालने का पूरा अख़्तियार है। आप साझा करें, शौक़ से आइए। लेकिन यह नहीं हो सकता कि मैं दो साल का परिश्रम और चार हज़ार रुपए का घाटा यों ही निकल जाने दूँ। आइए, आपने और मैंने जो घाटा दिया है, उसका हिसाब लगाकर उस घाटे के परते से 'जागरण' में हमारा और आपका हिस्सा हो जाए और आगे के लिए आप भी धन निकालिए और मैं भी निकालूँ। फिर इसे अच्छे रूप में चलाऊँ। आप ख़ुद आठ घंटे काम कीजिए, मेरी तरफ़ से प्रवासीलालजी काम करेंगे। हाँ, अगर आप ख़ुद निकालना चाहें तो आप क्या यह उचित नहीं समझते कि मेरे परिश्रम और घाटे का मुझे कुछ बदला मिलना चाहिए?''

इधर यह पत्र-व्यवहार चल रहा था, उधर सम्पूर्णानन्द तथा आचार्य नरेन्द्र देव एक सोशलिस्ट पत्र निकालने की योजना बना रहे थे। 'जागरण' था ही। इसे ले लेने में कोई कठिनाई नहीं थी।

28 मई के अंक में प्रेमचन्द ने लिखा—''पाठकों तथा मित्रों ने 'जागरण' को एक सप्ताह भी समाधि की अवस्था में रहने देना स्वीकार न किया। चारों ओर से पत्र आने लगे कि 'जागरण' को किसी दशा में भी बन्द न होना चाहिए। संयोग से इस अवसर पर कुछ ऐसे साधन भी प्राप्त हो गए, जिनके सहयोग से हमें विश्वास है 'जागरण' इससे अच्छे रूप में निकलकर जनता की सेवा कर सकेगा। हम बड़े हर्ष के साथ निवेदन करते हैं कि 'जागरण' के सम्पादन का भार श्री सम्पूर्णानन्द ने लेना स्वीकार कर लिया है और अगले अंक से 'जागरण' उन्हीं के सम्पादन में निकलेगा।''

'जागरण' का 4 जून, 1934 का अंक सम्पूर्णानन्द के सम्पादकत्व में निकला। परन्तु मुद्रक, प्रकाशक पहले की तरह प्रवासीलाल वर्मा ही रहे और पत्र सरस्वती प्रेस में ही छपता रहा। इस अंक के निकलने के तीन दिन पूर्व प्रेमचन्दजी बम्बई के लिए रवाना हो चुके थे।

प्रेमचन्द 4 जून, 1934 को बम्बई पहुँचे। तीन दिन बाद शिवरानीदेवी को लिखा—

''मैं तुमसे विदा होकर बम्बई ख़ैरियत से पहुँच गया हूँ। यहाँ स्टुडियो का काम भी देखना शुरू कर दिया है...मुझे तो तुम लोगों के बिना इतनी बड़ी बम्बई होते हुए भी सूनी ही मालूम होती है। यही बार-बार इच्छा होती है कि छोड़-छाड़कर भाग खड़ा होऊँ।...बार-बार यह झुंझलाहट होती है, कहाँ से यह बला भी ले ली। मैंने अभी मकान नहीं लिया है, मकान ले लूँगा तो वह सूना घर मुझे और खाने दौड़ेगा। इस ख़याल से मैं मकान के लिए सोचता ही नहीं हूँ। मकान तो उसी समय लूँगा, जब

तुम्हारा पत्र आने के लिए आ जाएगा। और मकान ही लेकर सीधा तुम्हारे पास लेने को आऊँगा।''

ग्यारह दिन बाद—

''तुम लिखती हो कि 22 जून की शादी है और दूसरी बहन के यहाँ जो शादी है वह 28 जून की है। मेरी समझ में नहीं आता कि ये शादियाँ उन लोगों के घर हों, तो उसका तावान अकेला मैं दूँ। मैं समझता हूँ कि तुम जुलाई के पहले आने का शायद नाम न लोगी। अच्छा, बेटी और ज्ञानू आ गए हैं, यह सुनकर मुझे ख़ुशी हुई। तुम तो इन सबके साथ ख़ुश हो, इधर मैं सोचता हूँ कि एक-डेढ़ महीने कैसे बीतेंगे। इसे समझ ही नहीं पाता हूँ। आख़िर काम ही करूँ, तो कितना करूँ। आख़िर बैल भी तो नहीं हूँ, फिर आदमी के लिए मनोरंजन भी तो कोई चीज़ होती है। मेरा मनोरंजन तो सबसे अधिक घर पर बाल-बच्चों से ही हो सकता है। मेरे लिए दूसरा कोई मनोरंजन ही नहीं है। खाना भी खाने बैठता हूँ तब भी अच्छा नहीं मालूम होता, क्योंकि यहाँ साहबी ठाट-बाट हैं और साहब बनने से मेरी तबीयत घबराती है। वहाँ होता, ज्ञानू आया था, उसको खिलाता। अब तो वह ख़ूब साफ़ बोलता होगा। अच्छा, बन्नू और धुन्नू का क्या हाल है? बेटी तो अच्छी है न? इन सबको मेरी तरफ़ से प्यार कर देना। ये सब तो ख़ुश होंगे, क्योंकि शादी है। मेरी तो यह समझ में नहीं आता कि जो लोग घर-बार से अलग रहते होंगे, वे कैसे रहते हैं। मुझे तो यह महीना-डेढ़ महीना याद करके मेरी नानी मरती है कि किस तरह ये दिन कटेंगे। क्या करूँ, किसी तरह से काटना होगा।''

दो दिन बाद जैनेन्द्र को—

''मकान ले लिया। दादर में, होटल में खाता हूँ और पड़ा हूँ। यहाँ दुनिया दूसरी है, यहाँ की कसौटी दूसरी है। अभी तो समझने की कोशिश कर रहा हूँ। इस विषय की किताबें पढ़ रहा हूँ। लिखा कुछ नहीं। जुलाई में घर के लोग धुन्नू को छोड़कर आ जाएँगे। साल-भर किसी-न-किसी तरह काटूँगा, आगे देखी जाएगी।

''तुमने तो जैसे कुछ लिखने की क़सम खा ली। 'हंस' में कुछ न लिखा। महीने में दो-तीन कहानियाँ लिखना तुम्हारे लिए क्या मुश्किल है। एक 'हंस' को दे दो, एक 'भारत' को दे दो और एक 'चाँद' या 'विशाल भारत' को। भाई, आइडियलिस्ट बनने से काम न चलेगा। चिड़िया उड़ती आसमान पर है, लेकिन भोजन के लिए धरती पर ही आती है। जुलाई के लिए एक कहानी अवश्य भेजो। यहाँ वर्षा हो गई है और बड़ा अच्छा मौसम है।

''हाँ, 'हंस' के लिए कुछ साहित्यिक नोट क्यों नहीं लिख दिया करते। 'हिन्दुस्तान टाइम्स' में सारी दुनिया की पत्र-पत्रिकाएँ आती हैं, उनमें साहित्योत्तेजक चीज़ें मिल सकती हैं। छह-सात पृष्ठों की कहानी, तीन-चार पृष्ठों की टिप्पणियाँ, इतना 'हंस' के लिए करते जाओ और माहवार हिसाब साफ़ कर दिया करूँगा।''

24 जून को शिवरानीदेवी को लिखा—

"शायद मैं कल अपने मकान में आ जाऊँगा। पचास रुपए महीने का मकान लिया है, एक नौकर बारह रुपए और ख़ुराक पर रखा है, वह सब काम कर लेता है। मेरा ख़याल है कि पहली जुलाई को तुम्हारे यहाँ पहुँच जाऊँगा। तुम्हारे यहाँ तो काफ़ी चहल-पहल होगी।

"धुन्नू तो फ़ेल हो गया। ख़ैर! कोई अफ़सोस की बात नहीं है, फ़ेल-पास तो लगा ही रहता है, फिर भी अपने बच्चों का फ़ेल होना अच्छा नहीं मालूम होता। रंजीदा हो तो समझा देना। ग़लती उसी की है। यह एक पत्र उसके लिए भी लिख रहा हूँ, उसे दे देना। बन्नू और बेटी आदि को प्यार कहना। मैंने उस पत्र में पूछा था कि ज्ञानू बोलता है या नहीं ? तुमने कुछ लिखा नहीं, अबके लिखना।"

एक सप्ताह के बाद—

"बच्चों को पढ़ने के लिए मेरे ख़याल से प्रयाग में अच्छा होगा। बच्चों का वहाँ नाम लिखा देना। वे दोनों आराम से वहाँ पढ़ेंगे। तुमको और बेटी को यहाँ ले आऊँगा। बच्चों के यहाँ नाम लिखाने से मैं यहाँ बँध जाऊँगा और मैं कहीं बँधना नहीं चाहता। अभी मैं यहाँ रहने का निश्चय नहीं कर सका हूँ, इसलिए यहाँ लड़कों का नाम लिखाना ठीक नहीं होगा। उनका वहीं रहना ज़्यादा ठीक है। बाद को उनकी पढ़ाई में गड़बड़ी हो जाने का डर है। तुम अपने ख़त में यह लिखोगी कि मैं ख़ुद रह करके बच्चों को यहीं पढ़ाऊँ। उसके लिए मैं यह लिखता हूँ कि बच्चों को सबसे ज़्यादा रुपयों की ख़्वाहिश होती है। मैं उनको सौ रुपए महीने देता रहूँगा। वे आराम से वहाँ रहेंगे। उनको ज़रूरत न मेरी है, न तुम्हारी। अब इसके जवाब में तुम लिखोगी कि तुम्हीं मुझे क्यों चाहते हो ? अब इसके उत्तर में मैं लिखता हूँ कि मैं ख़ुद ही नहीं जानता कि तुम्हें क्यों चाहता हूँ। मगर चाहता हूँ, यह जानता हूँ। बल्कि यह कहता हूँ कि उपासक हूँ। तुम्हारे बिना मुझे अकेले रहना दूभर हो रहा है। तुम दोनों बच्चों का इलाहाबाद में 9 तारीख़ को नाम लिखवा दो।"

उसी दिन जैनेन्द्र को लिखा—"मैं मज़े में हूँ। एक स्टोरी लिख डाली जा रही है। दूसरी शुरू कर रहा हूँ। तुम्हारे ज़हन में कोई प्लाट हो तो एक खुलासा भेज दो। यहाँ कई डायरेक्टरों से जान-पहचान हो गई है। सम्भव है कहीं निकल जाए। बहुत-से सड़ियल लोगों की चीज़ें निकलती हैं तो फिर तुम्हारी क्यों न निकलेगी ?"

दयानारायण निगम को फ़िल्म कम्पनी में समझौते के बारे में लिखा—"साल भर में छह क़िस्से उसे देने होंगे। रसालों से मुतबातिर नुक़सानात हो रहे थे। बुकसेलरों से रुपए वसूल न होते थे। काग़ज़ वग़ैरा का भार बढ़ता जाता था। मजबूर होकर मैंने यह मुआहिदा कर लिया। छह क़िस्से लिखना मुश्किल नहीं। हाँ, डायरेक्टरों के मशविरे से लिखना ज़रूरी है। क्या चीज़ फ़िल्म के लिए मौज़ूँ होगी, इसका बेहतरीन फ़ैसला वही कर सकते हैं।"

जिस प्रकार जैनेन्द्र को फ़िल्मी कहानियाँ लिखने के लिए लिखा, उसी प्रकार दयानारायण निगम को भी दावत दी : "अगर आप स्क्रीन के क़ाबिल कोई सीनेरियो

लिख सकें, ओरीजिनल न हो, किसी अंग्रेज़ी नावल से ही माखूज़ हो, मुज़ायका नहीं। मैं यहाँ कम्पनियों में उसकी निस्बत गुफ्तगू कर सकता हूँ। स्क्रीन की ज़रूरियात क्या है, यह आप मुझसे बदजेहा ज़्यादा जानते हैं, क्योंकि आप सिनेमा के शायक़ीनों में हैं। मैंने तो यहाँ आकर कुछ सीखना शुरू किया है।''

अपना परम मित्र होने के नाते उन्हें अपनी कठिनाइयों का वृत्तान्त भी लिख भेजा। उन्हीं के शब्दों में सुनिए—

''मैंने आपका चैक बराहेरास्त रघुपतिसहाय को भेज दिया। अब वह ख़ामोश रहेंगे। निरंजनलाल को भी मैं बइक़सात यहाँ से भेजता रहूँगा। बात यह है कि मैं कभी बिज़नेसमैन नहीं रहा। आप भी नहीं रहे। मगर मैंने आपसे कुछ सबक़ न सीखा और न जाने क्योंकर यह हिमाक़त सवार हो गई कि जहाँ आप नाकाम रहे, वहाँ मैं कामयाब हो जाऊँगा। 'हंस' कमबख़्त चार-पाँच हज़ार का घाटा दे चुका है। इस पर शामत सवार हुई, एक हफ़्तेवार भी निकाल बैठा। इस पर भी तीन हज़ार रुपए का घाटा दे चुका। मक़सद यह था कि थोड़ी-सी मुस्तक़िल आमदनी होती रहे और मैं अपने गोश-ए-आफ़ियत में बैठकर कुछ थोड़ा-सा लिट्रेरी काम कर लिया करूँ। लेकिन पीर आए और घर से भी ले गए। दो में एक पर्चा भी कामयाब न हुआ। प्रेस और कुतुब की सारी आमदनी उनके इज़रा में सर्फ़ हो जाती है। उस पर से काग़ज़ के दो हज़ार रुपए सर पर सवार हो गए। आख़िर मुझे यहाँ भागकर आना पड़ा। यहाँ साल-दो-साल रह गया तो शायद कर्ज़ से सुबुक़दोश हो जाऊँ। मगर क़िस्मत ऐसी नहीं है कि ज़्यादा क़याम कर सकूँ। 'जागरण' की बाबत उम्मीद है कि सोशलिस्ट पार्टीवाले उसे ले लें। आजकल इसे बाबू सम्पूर्णानन्द निकाल रहे हैं और वह सोशलिस्ट अख़बार है। अगर वह इधर चल गया तो डेढ़ सौ रुपए की जो माहवार चपत पड़ रही है, वह बन्द हो जाएगी।''

15 जुलाई, 1934 को शिवरानीदेवी को—''बच्चों का नाम कायस्थ पाठशाला में लिखवा दिया, यह ठीक है। उनका बोर्डिंग हाउस का भी तो इन्तज़ाम हो गया। धुन्नू का पत्र आया था। तुमने जो रुपए उसको दिए थे, कम पड़ गए। आज मैंने उसको सौ रुपए भेजे हैं। मैं शायद बीस तक आऊँ, और तुम लोगों को लेने ही आऊँगा। उस समय तक तुम तैयार रहना। बेटी और बन्नू तो शायद तुम्हारे ही पास होंगे। इन लोगों को मेरा प्यार कहना, और सब बातें तो जब आऊँगा, तब बताऊँगा। यह पत्र जब तक तुम्हारे पास पहुँचेगा, तब तक मैं भी शायद तुम्हारे पास पहुँच जाऊँगा।''

23 को बनारस पहुँचे। 31 को वापस बम्बई। तीन दिन बाद जैनेन्द्र को लिखा—''सिनेमा के लिए कहानियाँ लिखना मुश्किल नहीं है, लेकिन ज़रूरत ऐसी कहानियों की है, जो खेली भी जा सकें, जो एक्टरों के लिए सुलभ हों। कितनी ही अच्छी कहानी हो, अगर योग्य पात्र न मिलें तो वह कौन खेलेगा? अद्भुत की ज़रूरत मैं नहीं समझता। मेरी दोनों कहानियाँ साधारण हैं।...काशी में बाबू सम्पूर्णानन्द से जो बातें हुईं, उनसे मालूम हुआ कि वह एक (पत्र) निकालना चाहते हैं। बड़ा अच्छा है, किसी तरह

('जागरण') जाए, तो मेरे सर से एक बला टले। तुमने 'अज्ञेय' जी के साथ पत्र निकालने का विचार क्यों छोड़ दिया?''

एक ओर प्रेमचन्दजी नई-नई योजनाएँ बना रहे थे, दूसरी ओर उनके प्रेस की हालत ख़राब होती जा रही थी। तीन महीने तक कर्मचारियों को वेतन नहीं दिया जा सका था। कर्मचारी प्रेस मैनेजर प्रवासीलाल से ख़ुश नहीं थे। वह कभी घड़ी आगे कर देते थे, कभी पीछे। व्यवहार भी बहुत अच्छा नहीं था। जब तक प्रेमचन्द बनारस में थे, काम चलता रहा था। उनके बम्बई जाने के बाद हंगामों की नौबत आई। प्रेस में हड़ताल हुई। इसका वृत्तान्त इलाहाबाद के पत्र 'भारत' में छपा। प्रेमचन्द ने भी देखा और 25 सितम्बर को 'भारत' के सम्पादक के नाम एक लम्बा पत्र लिखा, जिसमें प्रेस के संस्थापक के नाते उसकी सही परिस्थिति पर रोशनी डाली। इसमें प्रेमचन्द ने बतलाया कि प्रेस घाटे में चल रहा है। वह उसे बन्द करने का भी सोच चुके थे, परन्तु बन्द करने के विचार के साथ-साथ उन्हें यह भी ख़याल आता था कि तीस-चालीस कर्मचारी बेकार हो जाएँगे। कर्मचारी समाजवाद के अनुयायी थे। 'जागरण' भी सोशलिस्ट पर्चा था। जब इन सोशलिस्ट कर्मचारियों को इस सोशलिस्ट पर्चे पर दया नहीं आई, तो केवल प्रेस के संस्थापक ही इसकी चिन्ता क्यों करें? ''मैंने ख़बर पाते ही संघ के सभापति महोदय को सारा हाल समझा दिया और निवेदन किया कि मैं कर्मचारियों को एक्सप्लायट नहीं कर रहा हूँ, बल्कि ख़ुद उनके द्वारा एक्सप्लायट किया जा रहा हूँ और प्रेस में जो कुछ आएगा, वह कर्मचारियों को दिया जाएगा। मैंने ख़ुद न प्रेस से कभी एक पैसा लिया है, न लूँगा। लेकिन उन्हें तो अपनी शानदार फ़तह की पड़ी थी। मेरी गुज़ारिशों पर क्यों ध्यान देते? उन्हें यहाँ तक विचार न हुआ कि इस प्रेस को साहित्य या समाज की सेवा ही के कारण यह घाटा हो रहा है और यही प्रेस है जो मज़दूरों की वकालत कर रहा है।...मैं ख़ुद चाहता हूँ कि वह समय आए जब मज़दूरों को (जिनमें मैं भी हूँ)कम-से-कम काम करके अधिक-से-अधिक मज़दूरी मिले, सब छुट्टियाँ मिलें, और जितनी सुविधाएँ दी जा सकें दी जाएँ। मगर शर्त यही है कि आमदनी काफ़ी हो। घाटे पर चलनेवाले उद्योग को बड़ी-बड़ी सदिच्छाएँ रखने पर भी बदनाम होना पड़ता है और उस पर कोई भी बड़ी आसानी से शानदार फ़तह पा सकता है।''

चार दिन बाद 29 सितम्बर, 1934 को जैनेन्द्र को लिखा—''प्रेस में घाटा तो है ही। तीन महीनों के प्रेस वालों की मज़दूरी बाक़ी पड़ी हुई है। जून की तो अगस्त में दे रहे थे और जुलाई और अगस्त के लिए अक्तूबर का वायदा था, जब 'हंस' के वी. पी. जाएँगे। इसी बीच प्रेस वालों ने प्रेस कर्मचारी संघ का ज़ोर पाकर हड़ताल कर दी। मैंने सोचा, तीन महीने की मज़दूरी एक हज़ार रुपए से कम न होगी। काग़ज़ वालों के भी दो हज़ार रुपए हैं। क्यों न 'हंस' और स्टाक किसी को देकर उससे रुपए ले लो, और सब बक़ाया चुकाकर प्रेस से हमेशा के लिए पिंड छुड़ा लो। तभी दो-तीन

जगह पत्र लिखे। एक पत्र ऋषभजी को भी लिखा। स्टाक लेना तो सबने स्वीकार किया, पर 'हंस' पर कोई न खड़ा हुआ। इस बीच हड़ताल टूट गई। एक महीने का वेतन लेकर सब काम करने आ गए। अब दो महीने का नवम्बर में लेंगे। काग़ज़ वालों को भी कुछ रुपए दे दिए। 'जागरण' बन्द कर दिया। अब आशा है काम साधारण तौर पर चलता रहेगा। 'हंस' के चार सौ पचास वी. पी. जाएँगे, अगर तीन सौ वसूल हो जाएँ तो मजूरी पाक हो जाए और कुछ काग़ज़ वालों को भी दे दूँ। 'जागरण' ने कम-से-कम चार हज़ार रुपए की चपत दी—मेहनत छोड़कर।... 'हंस' को ठीक करके अगले साल से छः रुपए का कर दूँ। दाम बढ़ाने के पहले साल-भर तक पत्र को ठीक समय पर और अच्छे रूप में निकालना चाहिए। अगर एक हज़ार ग्राहक पाँच रुपए के हो जाएँ तो फिर उधर से निश्चिन्त हो जाऊँ। दिल्ली में कई महिलाएँ भी लिखती हैं। एकाध से 'हंस' के लिए लेख लो। यहाँ कांग्रेस में आ रहे हो न। कांग्रेस तो अब बेजान-सी चीज़ होती जा रही है। मगर तमाशा तो रहेगा ही!"

जहाँ तक मालूम हो सका है प्रेमचन्द ने अजन्ता सिनेटोन के लिए दो ही कहानियाँ लिखीं। एक थी—'मिल मज़दूर' और दूसरी थी 'नवजीवन'।

'मिल मज़दूर' कहानी में, जिसकी फ़िल्म बनी, जनता का ध्यान मज़दूर वर्ग की दयनीय स्थिति की ओर आकर्षित किया। कहानी कुछ सामयिक थी, क्योंकि पूँजीपति मिल-मालिक अपना मुनाफ़ा बढ़ाना चाहते थे और बढ़ती हुई बेकारी से लाभ उठाने का प्रयत्न कर रहे थे। इनका परिणाम था मज़दूर वर्ग की कठिनाइयाँ और कष्ट और इनके परिणामस्वरूप प्रदर्शन, हड़तालें इत्यादि।

कहानी हिन्दी में लिखी गई, परन्तु कम्पनी के मैनेजिंग डायरेक्टर श्री भूटानी तथा उनके साथी श्री ख़लीब आफ़ताब दोनों हिन्दी नहीं जानते थे। कहानी लिखने के बाद इसका उर्दू में अनुवाद किया गया। सीनेरियों की आवश्यकताओं को ध्यान में रखकर भूटानी साहब की मंशा के अनुसार कहानी में परिवर्तन भी किए गए। कुछ अंश हटा दिए गए, कुछ नई बातें जोड़ दी गईं। इससे कहानी में काफ़ी परिवर्तन हो गया। इसका रूप बदल गया, प्रवाह शिथिल पड़ गया और कहानी निर्जीव-सी हो गई। शूटिंग आरम्भ हुई। तब भी कहानी में परिवर्तन करने पड़े। फ़िल्म-निर्माण में तीन-चार महीने लगे। निर्माताओं का विचार था कि इसके प्रदर्शन का उद्घाटन कांग्रेस अधिवेशन के अवसर पर किसी बड़े नेता से कराया जाए। परन्तु मिल-मालिकों की एसोसिएशन के दबाव के कारण सैंसर बोर्ड ने दिल खोलकर कैंची चलाई। कहानी का रूप बिगड़ा। भावात्मक दृश्य निकल गए। कहानी के अतिरिक्त डायलॉग भी ढीले पड़ गए।

उधर 'सेवासदन' भी तैयार हुआ और इसका प्रदर्शन भी हुआ। इस फ़िल्म का भी मूल उपन्यास से बड़ा अन्तर था। दुर्गति की गई थी। प्रेमचन्द ने स्वयं कहा था—"भाई, मुझसे कॉपीराइट माँगा गया, मैंने उसे दे दिया। अब यदि फ़िल्म बनाने वाले उसे अच्छी तरह न बना सकें तो मेरा क्या दोष?"

'मिल मज़दूर' का भी यही हाल हुआ। कहानी निर्जीव हो गई। कई बार काट-छाँट हुई थी। कई दृश्य फिर शूट किए गए। अजन्ता सिनेटोन के सारे स्टाफ़ को ही इस फ़िल्म में काम करना पड़ा। प्रेमचन्द स्वयं सरपंच बनकर मज़दूरों तथा मिल-मालिकों के बीच झगड़े का निपटारा करवाते हैं। 'मिल मज़दूर' के बारे में एक और आपत्ति भी थी। यह थी फ़िल्म-सेंसर बोर्ड द्वारा फ़िल्म के प्रदर्शन की अनुमति केवल उन क्षेत्रों में दी गई जहाँ उद्योग-धन्धे न हों और मिल-मज़दूरों की संख्या अधिक न हो। इस प्रकार सेंसर ने फ़िल्म को पास तो कर दिया, परन्तु बम्बई सरकार ने इसके प्रदर्शन पर प्रतिबन्ध लगा दिया। पंजाब में इसका प्रदर्शन हुआ, परन्तु शीघ्र ही बम्बई सरकार की कार्यवाही को देखकर पंजाब सरकार ने भी इस पर प्रतिबन्ध लगा दिए। दिल्ली, यू. पी., सी. पी. सभी जगह ऐसा ही हुआ। बाद में 'मिल मज़दूर' से 'मिल' और फिर 'सेठ की बेटी' या 'ग़रीब मज़दूर' नाम रखा गया।

प्रेमचन्द की दूसरी फ़िल्मी कहानी थी 'नवजीवन' या 'शेरदिल'। इसमें प्राचीन काल के राजपूतों के आदर्श जीवन को प्रस्तुत किया गया था। इसमें भी काट-छाँट हुई। तंग आ गए। "कहाँ हम और कहाँ सिनेमा वाले! फ़िल्म में जाना मेरे जीवन की सबसे बड़ी भूल थी। मैं जिन इरादों से आया था, उनमें एक भी पूरा होता नज़र नहीं आता। ये प्रोड्यूसर जिस ढंग की कहानियाँ बनाते आए हैं, उसकी लीक से जौ-भर भी नहीं हट सकते। वल्गैरिटी को ये लोग एंटरटेनमेंट वैल्यू कहते हैं। अद्भुत ही में इनका विश्वास है। राजा-रानी, उनके मंत्रियों के षड्यंत्र, नक़ली लड़ाई, बोसेबाज़ी, यही इनके मुख्य साधन हैं। मैंने सामाजिक कहानियाँ लिखी हैं, जिन्हें शिक्षित समाज भी देखना चाहे, लेकिन उनको फ़िल्म करते इन लोगों को सन्देह होता है कि चले या न चले। यह साल तो पूरा करना है ही। कर्ज़दार हो गया था। क़र्ज़ा पटा दूँगा। मगर और कोई लाभ नहीं। उपन्यास के अन्तिम पृष्ठ लिखने बाक़ी हैं, उधर मन ही नहीं जाता। यहाँ से छुट्टी पाकर अपने पुराने अड्डे पर जा बैठूँ। वहाँ धन नहीं है, मगर सन्तोष अवश्य है। यहाँ तो जान पड़ता है कि जीवन नष्ट कर रहा हूँ। सेठ गोविन्ददासजी यहाँ आए हुए हैं। उनकी भी सिनेमा कम्पनी खुली है।"

हिसामुद्दीन गौरी, हैदराबाद को 13 नवम्बर, '34 को लिखा—"मुझे आपके ख़याल से लफ़्ज-ब-लफ़्ज इत्तफ़ाक़ है। मगर जिन हाथों में फ़िल्म की क़िस्मत है, वे बदक़िस्मती से इसे इंडस्ट्री समझ बैठे हैं। इंडस्ट्री को मज़ाक़ और इस्लाह से क्या निस्बत? वह तो एक्सप्लाइट करना जानती है और यहाँ इन्सान के मुक़द्दसतरीन जज्बात को एक्सप्लाइट कर रही है। बरहना और नीम बरहना तसावीर, क़त्लोख़ून और ज़बर की वारदातें, मार-पीट, ग़ुस्सा और ग़ज़ब और नफ़सानियत ही इस इंडस्ट्री के औज़ार हैं और इसी से वह इन्सानियत का ख़ून कर रही है। उम्मीद है आप यूँ ही अपने बेशबहा ख़यालात से पब्लिक को फ़ैज़ पहुँचाते रहेंगे।"

जिन दिनों बम्बई में थे, उन्हीं दिनों रामचन्द्र टंडन से बातचीत करने पर एक लेखक

मंडल की योजना बनाई। ''लेखक संघ का एक कर्तव्य यह भी होगा कि वह लेखकों के स्वत्वों की रक्षा करे, प्रकाशकों को ज़्यादा न्याय का व्यवहार करने पर मजबूर करे।... कुछ समय हुआ हमने (आपने और मैंने) हिन्दी में अच्छे लेखकों के अनुवाद की एक योजना बनाई थी। क्यों न संघ में वह योजना भी शामिल कर दी जाए।'' इसी पत्र में ''रूस में भी सोवियत राइटर्स यूनियन है। और देशों में है या नहीं मुझे मालूम नहीं। लेकिन मुझे लेखकों को केवल क़लमी मज़दूर समझने में कष्ट होता है। लेखक केवल मज़दूर नहीं, बल्कि और कुछ है—वह विचारों का आविष्कारक और उत्तेजक और प्रचारक भी है। जिस तरह आप उपदेशकों और प्रचारकों को संघ के रूप में नहीं ला सकते, उसी तरह आप लेखकों को भी उस रूप में नहीं बाँध सकते। हाँ, संघ यह कर सकता है कि लेखकों और प्रकाशकों के बीच में भक्ष्य और भक्षक के व्यवहार को बन्द करने का उद्योग करे, लेखकों में ऊँचे आदर्श, ऊँचे आचरण और कला की उन्नति की व्यवस्था करे।''

फ़िल्मों के अनुभव तो कटु थे, परन्तु प्रेमचन्द का काम फ़िल्मों तक ही सीमित नहीं था। साहित्य-सेवन चल रहा था।

बम्बई पहुँचते ही प्रेमचन्द को कई साहित्यिक संस्थाओं से निमंत्रण आए। 27 अक्तूबर, 1934 को हुए राष्ट्रभाषा सम्मेलन में स्वागताध्यक्ष की हैसियत से प्रेमचन्द ने क़ौमी भाषा के विषय में कुछ विचार प्रस्तुत किए। साहित्य-सम्मेलन के लिए भी एक लेख लिखा। जैनेन्द्र ने बतलाया—'साहित्य-सम्मेलन वालों ने मुझसे उपन्यास-कला पर एक लेख लिखने को कहा है, जो साहित्य परिषद् में पढ़ा जाए। मैंने लिख तो दिया, परन्तु मुझे ऐसे लेखों की उपयोगिता में विश्वास नहीं। जिनमें प्रतिभा है वे आप लिखने लगते हैं, जैसे बत्तख का बच्चा तैरने लगता है। जिनमें प्रतिभा नहीं, उन्हें लाख कला का उपदेश कीजिए, कुछ नहीं कर सकते।''

एक पत्र में प्रेमचन्द ने जैनेन्द्र को लिखा था—''मेरा जीवन यहाँ भी वैसा ही है जैसा काशी में था। न किसी से दोस्ती, न किसी से मुलाक़ात। मुल्ला की दौड़ मसजिद तक। स्टुडियो गए, घर आ गए। हिन्दी के दो-चार प्रेमी कभी-कभी आ जाते हैं, बस।'' फिर—''तुम्हारा पत्र मिला। हाँ, इधर मैंने तुम्हें कोई पत्र न लिखा। ऋषभजी आए थे। उनसे तुम्हारी ख़ैरियत का हाल मिल गया था। कुछ ऐसा व्यस्त तो नहीं रहता। हाँ, काम नहीं करता। सात बजे उठता हूँ। साढ़े आठ तक घूमकर आता हूँ। नाश्ता करता हूँ। नौ बजे अख़बार पढ़ता हूँ। कभी घंटा-भर, कभी इससे ज़्यादा समय लग जाता है। कभी कोई मिलने आ जाता है। ग्यारह बज जाते हैं। नहा-खाकर स्टूडियो जाता हूँ। कुछ काम हुआ तो किया, नहीं तो उपन्यास पढ़ा। पाँच बजे लौटता हूँ। हिन्दी के पत्र-पत्रिकाओं को उलटता-पलटता हूँ। चिट्ठी-पत्री लिखता हूँ, खाता हूँ और सो जाता हूँ। यही दिनचर्या है। एकाध कहानी महीने में लिखता हूँ और दो-एक पृष्ठ के नोट 'हंस' के लिए, बस।''

यहाँ एक विशेष प्रकार से उल्लेखनीय बात है प्रेमचन्द की दक्षिण भारत की यात्रा। यह तो हम देख ही चुके हैं कि प्रेमचन्द घर बैठने वाले व्यक्तियों में से थे। कानपुर और बनारस के आस-पास के क्षेत्रों से बाहर जाने के अवसर थोड़े ही थे। एक बार कलकत्ता गए थे—अपने 'सेवासदन' के प्रकाशन के सम्बन्ध में। एक बार लाहौर, दो बार दिल्ली और बस। बनारस से दक्षिण भारत जाना कठिन था। बम्बई से आसान। और फिर जब दक्षिण भारत हिन्दी प्रचार समिति ने उन्हें दीक्षान्त भाषण देने को आमंत्रित किया, फिर तो मुआमला ठीक हो गया। नाथूराम प्रेमी साथ थे और श्रीशंकरन् भी साथ ही जाने वालों में से थे। प्रेमचन्द सपत्नीक मद्रास के लिए रवाना हुए। 28 दिसम्बर को वहाँ पहुँचे। दीक्षान्त समारोह हुआ। बाद में चार-पाँच रोज़ साहित्य-गोष्ठियों में भाग लिया और मद्रास नगर के विभिन्न भागों की सैर की। मद्रास से मैसूर गए। वहाँ से भी निमंत्रण आया था। मैसूर में राजमहल तथा उसके पास वृन्दावन उद्यान, कृष्णराज सागर और ऐतिहासिक स्थान देखे। मैसूर में भी साहित्यिक गोष्ठियाँ हुईं। हिन्दी का 'उपन्यास-सम्राट' आया था, स्वाभाविक था कि हिन्दी-प्रेमी देखने और बातचीत करने आते। चार दिन के बाद बंगलौर पहुँचे। वहाँ सी. वी. रमन की इंस्टीच्यूट देखी, मिर्ज़ा इस्माइल से हिन्दी सम्बन्धी बातें कीं। बंगलौर में और कई स्थानों से निमंत्रण आए थे, परन्तु शिवरानीदेवी जल्दी बम्बई पहुँचना चाहती थीं। (बेटी के घर से नवजात शिशु का समाचार आना था)। ख़ैर, प्रेमचन्द और पत्नी बम्बई लौटे। यह वायदा करके कि सपरिवार फिर आएँगे।

बम्बई पहुँचकर जैनेन्द्र को लिखा—''मद्रास गया था। वहाँ से मैसूर और बंगलौर गया। अपना यात्रा-वृत्तान्त लिख रहा हूँ। कुछ नोट तो किया नहीं। जो कुछ याद है वही लिखता हूँ। हिन्दी का प्रचार बढ़ रहा है, यह देखकर ख़ुशी हुई। जो लोग राष्ट्र की और कोई सेवा नहीं कर सकते, वे इसी ख़याल में मग्न हैं कि वे राष्ट्र भाषा सीख रहे हैं और सिखा रहे हैं। मुझे वह प्रदेश बड़ा सुन्दर लगा। गाने-बजाने का घर-घर प्रचार है। मोहल्ले-मोहल्ले में स्त्रियों का समाज है और प्रायः सभी में हिन्दी की क्लासिज हैं। मैं बुद्धू की तरह माला पहनकर रह गया। अच्छा बोल न सकने की कमी उस वक़्त मालूम हुई। जनता कहती है कि हिन्दी का एक बड़ा लेखक है। जाने क्या-क्या मोती उगलेगा और यहाँ हैं कि कुछ समझ में नहीं आता क्या कहें। ख़ैर, ट्रिप अच्छा रहा। प्रेमीजी भी साथ थे। वे बेचारे भी इसी मर्ज़ में मुबतिला हैं।''

इसी पत्र में लिखते हैं—''फ़िल्म में डायरेक्टर सब-कुछ है। लेखक क़लम का बादशाह ही क्यों न हो, यहाँ डायरेक्टर की अमलदारी है और उसके राज्य में उसकी हुकूमत नहीं चल सकी। हुकूमत माने, तभी वह रह सकता है। वह यह कहने का साहस नहीं रखता—'मैं जनरुचि को जानता हूँ। आप नहीं जानते।' इसके विरुद्ध डायरेक्टर ज़ोर से कहता है—'मैं जानता हूँ, जनता क्या चाहती है। और हम यहाँ जनता की इस्लाह करने नहीं आए हैं। हमने व्यवसाय खोला है, धन कमाना हमारी ग़र्ज़ है। जो चीज़

जनता माँगेगी, वह हम देंगे।' इसका जवाब यही है—'अच्छा साहब! हमारा सलाम लीजिए। हम घर जाते हैं।' वही मैं कर रहा हूँ। मई के अन्त में काशी में बन्दा उपन्यास लिख रहा होगा। मुझमें नई कला न सीख सकने की भी सिफ़्त है। फ़िल्म में मेरे मन को सन्तोष नहीं मिला। सन्तोष डायरेक्टरों को नहीं मिलता, लेकिन वे कुछ नहीं कर सकते। झख मारकर पड़े हुए हैं। मैं और कुछ कर सकता हूँ, चाहे वह बेगार ही क्यों न हो। इसलिए चला जा रहा हूँ। मैं जो प्लाट सोचता हूँ उसमें आदर्शवाद घुस आता है और कहा जाता है कि उसमें एंटरटेनमेंट वैल्यू नहीं होता। इसे मैं स्वीकार करता हूँ। मुझे आदमी भी ऐसे मिले जो न हिन्दी जानते हैं न उर्दू। अंग्रेज़ी में अनुवाद करके उन्हें कथा का मर्म समझाना पड़ता है और काम कुछ नहीं बनता। मेरे लिए अपनी वही पुरानी लाइन मज़े की है। जो चाहा लिखा।''

इन्हीं दिनों इन्द्रनाथ मदान को भी (अंग्रेज़ी में) लिखा—''किसी भी लेखक के लिए सिनेमा उचित स्थान नहीं है। मैं तो यहाँ इसलिए आया था कि मेरा विचार था कि यहाँ मुझे आर्थिक झंझटों से मुक्ति मिल जाएगी। परन्तु अब मैं देख रहा हूँ कि यह तो एक प्रकार की मृगतृष्णा थी। मैं अपने साहित्यिक क्षेत्र में वापस जा रहा हूँ। वास्तव में मैंने अपनी साहित्यिक सेवा को तिलांजलि कभी नहीं दी। यह तो मेरे जीवन का ध्येय रहा है। सिनेमा तो मेरे लिए ऐसे ही है, जैसे वकालत होती।''

इस बीच अजन्ता सिनेटोन की स्थिति भी असन्तोषजनक होती जा रही थी। 14 फ़रवरी को हिसामुद्दीन गौरी को लिखा—''मेरी कम्पनी तो इस वक़्त नाज़ुक हालत में है। इसकी तसावीर एक भी मक़बूल न हो सकी। और उधर एक्टरों के मातूब हो जाने से और भी नुक़सानात हुए हैं। चुनाँचे उनके आज़मूदाकार एक्टर, मसलन जयराज, बिब्बो, ताराबाई वग़ैरा, किनाराकश हो गए...।

''मैं तो ज़िन्दगी में एक नया तजुर्बा हासिल करने के लिए यहाँ साल-भर के लिए आया। मई में वह मुद्दत ख़त्म हो जाएगी और मैं अपने वतन बनारस लौट जाऊँगा और हसबे साबिक़ अदबी मशाग़ल में बक़िया ज़िन्दगी सर्फ़ कर दूँगा। बम्बई की आबोहवा और फ़िज़ा दोनों ही मेरे मुआफ़िक नहीं।''

एक महीने बाद लिखा—''मेरा तस्फ़िया हो गया। 25 तारीख़ को बनारस अपने वतन जा रहा हूँ। अजंता कम्पनी अपना कारोबार बन्द कर रही है। मेरा कांट्रेक्ट तो साल-भर का था और अभी तीन महीने बाक़ी हैं। लेकिन मैं उनकी ज़ेरबारी में इज़ाफ़ा नहीं करना चाहता। महज इसलिए रुका हुआ हूँ कि फ़रवरी और मार्च की रक़म वसूल हो जाए और जाकर फिर अपने लिटरेरी काम में मसरूफ़ हो जाऊँ।

''मेरी दो किताबें जामिआ मिलिआ देहली के अहतमाम से छप रही हैं। एक का नाम 'मैदाने अमल', दूसरी का नाम 'वारदात' है। तीसरी ज़ेरे तसनीफ़ है। मेरे लिए वही काम ज़्यादा मौज़ूँ है। सिनेमा में किसी इस्लाह की तवक्क़ू करना बेकार है। यह सनअत भी इसी तरह सरमायादारों के हाथ में है जैसे शराबफ़रोशी। इन्हें इससे बहस

नहीं कि पब्लिक के मज़ाक़ पर क्या असर पड़ता है। इन्हें तो अपने पैसे से मतलब। बरहना रक़्स, बोसाबाज़ी और मर्दों का औरतों पर हमला। यह सब उनकी नज़रों में जायज़ हैं। पब्लिक का मज़ाक़ इतना गिर गया है कि जब तक ये मुख़ारिब और हयासोज़ नज़ारे न हों, उस तसवीर में मज़ा नहीं आता। मज़ाक़ की इस्लाह का बीड़ा कौन उठाए? सिनेमा के ज़रिये मग़रिब की सारी बहबूदियाँ हमारे अन्दर दाख़िल की जा रही हैं और हम बेबस हैं। पब्लिक में तंज़ीम नहीं, न नके-ओ-बद का इम्तियाज़ है। आप अख़बारों में कितनी ही फ़रियाद कीजिए, वह बेकार है और अख़बार वाले भी तो साफ़गोई से काम नहीं लेते। जब एक्ट्रेसों और एक्टरों की तसवीरें धड़ाधड़ छपें और उनके कमाल के क़सीदे गाये जाएँ तो क्यों न हमारे नौजवानों पर इसका असर हो। साइंस एक बरकत-ए-ईज़दी है। मगर नाअहलों के हाथों में पड़कर लानत हो रहा है। मैंने ख़ूब सोच लिया और इस दायरे से निकल जाना ही मुनासिब समझता हूँ।''

फ़िल्मी संसार के अनुभवों के आधार पर प्रेमचन्द ने 'हंस' में एक लेख लिखा। इसमें भी बतलाया कि प्रत्येक राष्ट्र का फ़र्ज़ हो गया है कि वह सिनेमा की प्रगति पर कड़ी निगाह रखे और इसे केवल धन-लुटेरों के ही हाथों में न छोड़ दे। व्यवसाय का नियम है कि जनता में जो माल ज़्यादा खपे, उसकी तैयारी में लगे। अगर जनता को ताड़ी-शराब में रुचि है, तो वह ताड़ी-शराब की दूकानें खोलेगा और ख़ूब धन कमाएगा। उसे इससे प्रयोजन नहीं कि ताड़ी-शराब से जनता को कितनी दैहिक, आत्मिक, चारित्रिक, आर्थिक और पारिवारिक हानि पहुँचती है। उसके जीवन का उद्देश्य तो धन है और धन कमाने का कोई भी साधन वह नहीं छोड़ सकता। यह काम उपदेशकों और सन्तों का है कि वे जनता में संयम और निषेध का प्रचार करें। व्यवसाय तो व्यवसाय है। 'बिज़नेस इज़ बिज़नेस', यह वाक्य सभी की ज़बान पर रहता है। इसका अर्थ यही है कि कारोबार में धर्म और अधर्म, उचित और अनुचित का विचार नहीं किया जा सकता, बल्कि उसका विचार करना बेवकूफ़ी है।''

इसी लेख में आगे लिखा—''स्वदेशी आन्दोलन के समय में किसकी हिम्मत थी जो 'बिज़नेस इज़ बिज़नेस' की दुहाई देता? बिज़नेस से अगर समाज का हित होता है तो ठीक है, वरना ऐसे बिज़नेस में आग लगा देनी चाहिए। सिनेमा अगर हमारे जीवन को स्वस्थ आनन्द दे सके तो उसे ज़िन्दा रहने का हक़ है। अगर वह हमारे क्षुद्र मनोवेगों को उकसाता है, हममें निर्लज्जता, धूर्तता, कुरुचि को बढ़ाता है और हमें पशुता की ओर ले जाता है, तो जितनी जल्दी उसका निशान मिट जाए, उतना ही अच्छा।''

कुछ ऐसे ही विचार प्रेमचन्द ने 'सिनेमा और साहित्य' शीर्षक लेख में भी—यह 'लेखक' में छपा था—व्यक्त किए। ''साहित्य जनरुचि का पथ-प्रदर्शक होता है, उसका अनुगामी नहीं। सिनेमा जनरुचि के पीछे चलता है, जनता जो कुछ माँगे, वही देता है। साहित्य हमारी सुन्दर भावना को स्पर्श करके हमें आनन्द प्रदान करता है। सिनेमा हमारी कुत्सित भावनाओं को स्पर्श करके हमें मतवाला बनाता है और उसकी दवा प्रोड्यूसर

के पास नहीं। जब तक एक चीज़ की माँग है वह बाज़ार में आएगी। कोई उसे रोक नहीं सकता। अभी वह ज़माना (बहुत) दूर है जब सिनेमा और साहित्य का एक रूप होगा। लोक-रुचि जब इतनी परिष्कृत हो जाएगी कि वह नीचे ले आने वाली चीज़ों से घृणा करेगी, तभी सिनेमा में साहित्य की सुरुचि दिखाई पड़ सकती है।''

'लेखक' में छपे लेख पर एक वाद-प्रतिवाद चल पड़ा। इसके सम्पादक, नरोत्तम नागर ने इस लेख के कुछ विचारों का समर्थन भी किया और कुछ की टिप्पणी भी की और प्रेमचन्द को पत्र भी लिखा। प्रेमचन्द ने मूल लेख तथा नागर का पत्र भी अपनी पत्रिका 'हंस' में प्रकाशित किया और लिखा—''सिनेमा की जलवायु ही ऐसी है कि बड़ा आदर्शवादी भी जाए तो नमक की खान में नमक बनकर रह जाएगा। वही लोग, जो साहित्य में आदर्श की सृष्टि करते हैं, सिनेमा में दो सौ वेश्याओं का नंगा नाच करवाते हैं। क्यों ? इसीलिए कि वे ऐसे धन्धे में पड़ गए हैं, जहाँ बिना नंगा नाच नचाए धन से भेंट नहीं होती। मैं आदर्शों को लेकर वहाँ गया था, लेकिन मुझे मालूम हुआ कि सिनेमा वालों के पास बने-बनाए नुस्ख़े हैं। और आप उन नुस्ख़ों के बाहर नहीं जा सकते। वहाँ प्रोड्यूसर यह देखता है कि जनता किस बात पर तालियाँ बजाती है। यही बात वह अपनी फ़िल्म में लाएगा। अन्य विचार उसके लिए ढकोसले हैं, जिन्हें वह सिनेमा के दायरे के बाहर समझता है।''

अन्त में—''शराब की तरह यह भी यूरोप का प्रसाद है, और हज़ार कोशिश करने पर भी भारत जैसे सूखे देश में उसका व्यवहार बढ़ता ही जा रहा है। यहाँ तक कि शायद कुछ दिनों में वह यूरोप की तरह हमारे भोजन में शामिल हो जाए। इसका सुधार तभी होगा जब हमारे हाथ में अधिकार होगा, और सिनेमा जैसी प्रभावशाली, सद्विचार और सद्व्यवहार की मशीन कला-मर्मज्ञों के हाथ में होगी, धन कमाने के लिए नहीं, जनता को आदमी बनाने के लिए, जैसा यूरोप में हो रहा है। तब तक तो यह नाच-तमाशे की श्रेणी से ऊपर न उठ सकेगा।''

29

'हंस' : भारतीय साहित्य का पत्र

3 अप्रैल, 1935 को प्रेमचन्द बम्बई से विदा होकर बनारस के लिए रवाना हुए। वह सीधे बनारस नहीं पहुँचे, बल्कि घूमते-फिरते वहाँ पहुँचे। पहले खंडवा गए। वहाँ पाँच दिन माखनलाल चतुर्वेदी के अतिथि रहे। वहाँ से सागर पहुँचे। कुछ दिन वहाँ रहे। फिर इलाहाबाद पहुँचे। यहाँ बच्चे पढ़ रहे थे। नातेदारों को भी मिलना था। इलाहाबाद पहुँचे ही थे कि धुन्नू (श्रीपत) को चेचक निकल आई। इसी कारण प्रेमचन्द को हिन्दी

साहित्य सम्मेलन के वार्षिकोत्सव के सम्बन्ध में इन्दौर जाने का प्रोग्राम रद्द करना पड़ा। वास्तव में नाथूराम प्रेमी जी ने आने का वायदा किया था, परन्तु वह नहीं आए। धुन्नू की हालत बेहतर हुई तो उसे लेकर लमही आए। यहाँ बन्नू को भी चेचक निकली। यहीं 'गोदान' के अन्तिम पन्ने लिखे गए।

बम्बई से लौटकर प्रेमचन्द का चित्त बनारस में नहीं लगता था। एक कारण तो यह था कि 'हंस' और सरस्वती प्रेस दोनों ही में घाटा हो रहा था। इन दोनों के तथा 'जागरण' के घाटे को पूरा करने के लिए ही तो वह बम्बई गए थे। वहाँ जो हाथ लगा उसका हाल भी सुनिए—"कुल छः हज़ार तीन सौ रुपए मिले। इसमें से एक हज़ार पाँच सौ रुपए लड़कों ने लिये, चार सौ रुपए लड़की ने, पाँच सौ रुपए प्रेस ने। दस महीने में बम्बई का ख़र्च बड़ी किफ़ायत से भी दो हज़ार पाँच सौ रुपए से कम न हो सका। वहाँ से कुल एक हज़ार चार सौ रुपए लेकर अपना-सा मुँह लिये चले आए।"

प्रेस की हालत अभी भी ख़राब थी। प्रेमचन्द सोचते, इससे किस तरह पिंड छुड़ाऊँ। क्या इसे बन्द कर दिया जाए? या इसे बनारस में उठाकर किसी और स्थान पर लगाया जाए?

कुछ मित्रों ने प्रेमचन्द पर दबाव डाला कि वह बनारस छोड़कर कानपुर में जाकर बस जाएँ। जैनेन्द्रकुमार उनसे कह रहे थे कि वह दिल्ली आकर रहें। कालीदास कपूर कहते, लखनऊ में आइए। बच्चे इलाहाबाद में पढ़ रहे थे, और इससे कुछ लोग यह भी सलाह देते कि इलाहाबाद ठीक रहेगा।

ख़ैर, जो भी हो, प्रेमचन्द बनारस से तंग आ चुके थे। जैनेन्द्र को लिखा—"काशी में न तो काम है और न साहित्य वालों का सहयोग। वहाँ जितने हैं, वह सभी सम्राट् हैं, कोई कवि-सम्राट्, कोई आलोचना-सम्राट्, कोई प्रहसन-सम्राट्। यह गौरव तो काशी ही को है कि वहाँ सभी सम्राट् मौजूद हैं। मगर सम्राटों की सम्राटों से कैसे पटेगी? शिष्टाचार की बात और है, हार्दिक सहयोग की बात और। मुझे डर लग रहा है कि कहीं तुम भी साल-छः महीने में सम्राट हो जाओ तो मेरा काम ही तमाम हो जाए। फिर तुमसे कोई लेख माँगने का साहस भी न कर सकूँ। इसलिए अब प्रयाग जा रहा हूँ जहाँ सम्राट् कम हैं।"

दस दिन बाद—"प्रयाग में शायद (बनारस से) अच्छी तरह काम चले। लेखक-संघ के दो-एक सज्जन कुछ मदद करेंगे। एकेडेमी से कुछ काम मिल जाएगा, और बाहर का कुछ काम मिलने की उम्मीद है। अगर वह विचार पूरा हो गया, तो यह बला सिर से टल गई। इसके सिवा मुझे तो कोई दूसरा उपाय नहीं सूझता। अगर दो-एक साझेदार मिल जाएँ, जो दस-पाँच हज़ार रुपया लगाएँ और काम अपने हाथ में लें और मुझसे केवल ऊपरी सलाह का काम लेते रहें, तो और भी अच्छा। नहीं (तो) लिमिटेड ही सही। इन सभी बातों के लिए प्रयाग अच्छा क्षेत्र है...अगर कोई सूरत निकल आए

तो मेरी हार्दिक इच्छा है कि हम लोग साथ रहते। अभी तो यह हाल है कि आज प्रेस पर मकान के किराए की नालिश हुई है। तीन सौ रुपए बाक़ी हैं। जिस कार्यालय में मज़दूरों की मज़दूरी और मकान का किराया भी न निकल सके, उसकी हालत का अनुमान कर सकते हो। किसे दोष दूँ? प्रवासीलालजी से जो हो सकता है, करते हैं। इससे ज़्यादा एक आदमी और क्या कर सकता है? अगर वह ज़्यादा दौड़-धूप कर सकते, तो शायद दशा इतनी ख़राब न होती। लेकिन जो काम उनसे नहीं हो सकता, शायद उन्हें उसके लिए मजबूर भी तो नहीं किया जा सकता।''

'हंस' की हालत भी डाँवाँडोल थी। कुछ समझ में नहीं आ रहा था कि इसका क्या किया जाए। उसी पत्र में लिखा—''प्रयाग से कुछ सभाओं की राय है कि 'हंस' केवल कहानियों का पत्र बना दिया जाए। तुम्हारी क्या राय है? इस विषय में शायद हमारी बातचीत हो चुकी है, लेकिन याद नहीं आता कि तुमने क्या राय दी थी।''

इस समय प्रेमचन्द को जो फ़िक्र थी, वह थी सरस्वती प्रेस को इलाहाबाद ले जाने की। इसका फ़ैसला भी हो चुका था।

4 मई को निगम को लिखा : ''मैंने फ़ैसला कर लिया है कि जुलाई से इलाहाबाद में रहूँ और वहीं प्रेस और कारोबार उठा लाऊँ।''

इन्द्र बसावड़ा को (अंग्रेज़ी में) लिखा, ''मैं अपने प्रेस तथा दफ़्तर को इलाहाबाद ले जा रहा हूँ। इस पर भारी ख़र्च होगा। इसी के कारण मैं तुम्हें (तुम्हारी किताब पर) पेशगी नहीं भेज सकता...मैं नई जगह जा रहा हूँ। मुझे आशा है वहाँ मेरा काम अच्छा होगा। यदि मैं समृद्ध हूँगा तो बस समझ लो, तुम भी होगे...तुम 'हंस' के लिए बराबर लिखो। यथाशक्ति मैं तुम्हें कुछ-न-कुछ भेजता रहूँगा। साथ-साथ दूसरे पत्रों को भी लेख भेजो, परन्तु तुम्हारे अच्छे लेख 'हंस' को मिलें, हालाँकि यह तुम्हें बहुत-कुछ न दे सकेगा।''

'हंस' जल्दी ही नया रूप धारण करनेवाला था। हिन्दी साहित्य सम्मेलन के इन्दौर अधिवेशन ने भारतीय साहित्य परिषद की स्थापना का प्रस्ताव पास किया था।

उधर जैनेन्द्र ने 'हंस' की बुरी परिस्थिति की जानकारी के आधार पर सुझाव दिया कि सम्मेलन अपना अलग पत्र न निकालकर 'हंस' को लेकर चलाए। सम्मेलन ने सुझाव स्वीकार किया।

कन्हैयालाल मुंशी ने प्रेमचन्द को ही (हिन्दी में) लिखा : ''जैनेन्द्रकुमार ने कहा था कि आप 'हंस' को इस काम में दे देंगे। यदि आप हंस को इस प्रवृत्ति का मुख पत्र बना सकते हों तो हमारा काम बहुत ही सरल हो जाएगा। आप मुझे शीघ्र लिखिएगा कि इस बारे में आपकी क्या राय है। गांधीजी भी इस बाबत में बड़े प्रसन्न हैं और अच्छा सहकार दे देंगे। ऐसी मुझे आशा है। आपके उत्तर की राह देखता हुआ—भवदीय।''

प्रेमचन्द ने जैनेन्द्र को लिखा—''परसों श्री कन्हैयालाल मुंशी के पत्र से मालूम हुआ कि सम्मेलन ने राष्ट्र साहित्य बोर्ड निर्माण के सम्बन्ध में एक प्रस्ताव पास किया

है। यह तो मुश्किल न था, मगर उस प्रस्ताव को कार्यरूप देने का भार किस पर थोपा गया? मुंशी साहब से तुम्हारी क्या बातचीत हुई, और कार्यक्रम का क्या ढंग रहेगा? 'हंस' तो इस काम के लिए यहाँ तक तैयार है कि अन्य प्रान्तीय लेखकों से पत्र-व्यवहार करके उनसे हिन्दी में लेख और कहानियाँ लिखवाकर छापे। मगर क्या इतना ही उस संस्था को सजीव बनाने के लिए काफ़ी होगा?''

दस दिन बाद—''मैंने के. एम. मुंशी को पत्र लिखा है। देखो, क्या जवाब देते हैं।''

इसी सम्बन्ध में बनारसीदास चतुर्वेदी को (अंग्रेज़ी में) लिखा—''आपने उस प्रस्ताव को तो देख ही लिया होगा, जिसमें साहित्य सम्मेलन ने अन्तर्प्रान्तीय साहित्य संघ स्थापित करने का सुझाव है, जो राष्ट्रभाषा के माध्यम से प्रान्तीय भाषाओं के साहित्य के बीच भाईचारा पैदा करे, ताकि कुछ वर्षों के बाद भारत में भारतीय साहित्य का निर्माण हो और भारत की राष्ट्रभाषा का अपना अस्तित्व हो सके। जैसे आपने समझ लिया होगा, इस प्रस्ताव को कार्यरूप देने से गहरा प्रभाव पड़ सकता है।

''यह बहुत आवश्यक है कि आप जैसे व्यक्ति इस प्रस्ताव के समर्थन में जनमत को तैयार करें। 'हंस' के मई अंक में मैंने इस विषय पर एक टिप्पणी दी है। आपसे भी अनुरोध करता हूँ कि यदि अभी तक आपने सम्पादकीय न लिखा हो तो इस सम्बन्ध में अपने सुझाव और समालोचना दें। श्री मुंशी ने मुझे लिखा है कि 'हंस' बोर्ड की मुखपत्रिका बना दी जाए। मैंने इस सुझाव को सहर्ष स्वीकार कर लिया है। वह प्रयत्न कर रहे हैं कि दूसरे प्रान्तों के साहित्यिक भी इस आन्दोलन में भाग लें। यदि समर्थन मिल गया तो अगले वर्ष एक अखिल भारतीय साहित्य परिषद् का निर्माण हो जाएगा।''

'हंस' की नई रूप-रेखा का सम्बन्ध इसी योजना से था। हैदराबाद के हिसामुद्दीन गौरी को लिखे प्रेमचन्द के पत्र से योजना का ज्ञान होता है। '' 'हंस' हिन्दी रस्मुलख़त के ज़रिए हिन्दुस्तान की सभी ज़बानों की अदबियात से बेहतरीन मवादे फ़राहम करके पब्लिक को देगा और इस तरह क़ौमी अदब की बुनियाद डालेगा जिसमें हर एक ज़बान के मुसन्निफ़ और अदीब मौजूद होंगे। फ़िलहाल एक ज़बान वालों को दूसरी ज़बानवालों से एक यगानगी-सी होती है। बंगलावालों को गुजराती की कुछ ख़बर नहीं और न मरहठों को बंगला की कुछ ख़बर होती है। सूबेजाती अदबियात में क्या-क्या जवाहर भरे होते हैं और रोज़-बरोज़ पैदा होते जाते हैं, इसकी तरफ़ किसी की तवज्जो नहीं। 'हंस' ने यह ख़िदमत अपने ज़िम्मे ली है। इसमें तेलगू, कन्नड़, बंगला, मराठी, गुजराती, उर्दू, मलयालम वग़ैरा ज़बानों के बा-कमालों के तख़लीक़ी कारनामे रहते हैं और कोशिश की जाती है कि सभी ज़बानों के अदीबों से हम वाकिफ़ हो जाएँ। ज़बान के हुदूद के बाइस किसी बाकमाल बुजुर्ग की अदबियात से फ़ैज़ उठाने से हम क्यों महरूम रहें? उर्दू के लिए भी एक हिस्सा वक़्फ़ है। पहले नम्बर के लिए हमने डॉ. इक़बाल, डॉ. ज़ाकिर हुसैन साहब और सैयद मुहीउद्दीन क़ादरी साहब 'ज़ौर'

के मज़ामीन शाया किए हैं। मैं यह तफ़सील इसलिए दे रहा हूँ कि बम्बई से आकर बेकार नहीं बैठा और तज़ीहे औक़ात नहीं कर रहा हूँ।''

इस नई योजना को कार्यरूप देने के लिए यह आवश्यक था कि 'हंस' की पृष्ठ-संख्या बढ़ाई जाए। निगम को लिखा—''सितम्बर में 'हंस' को एक सौ बीस सफ़हात का कर रहा हूँ। देखूँ क्या होता है। यह भी एक तजुरबा है।'' इसी पत्र में लिखते हैं—''मैं ख़ुद इलाहाबाद जा रहा हूँ, गो प्रेस वग़ैरा यहीं रहेंगे। इस जंजाल से किसी तरह रिहाई नहीं होती। इस कमबख़्त 'जागरण' ने मुझे कोई छः-सात हज़ार के पंजे में डाल दिया। अब भी मुझे कोई पन्द्रह सौ रुपए देने हैं। प्रेसी से मुझे अब तक कोई पन्द्रह हज़ार का नुक़सान हो चुका है। मगर क्या करूँ, गले में जो ढोल पड़ गया है, उसे बजाए जाता हूँ।''

'हंस' को भारतीय साहित्य परिषद का मुखपत्र बनाने का प्रस्ताव तो था ही। शायद इससे छुटकारा मिले तो परिस्थिति सँभले। प्रेमचन्द स्वयं बम्बई गए। दस-बारह दिन वहाँ ठहरे। के. एम. मुंशी से बातचीत हुई। निश्चय हुआ कि अक्तूबर (1935) से 'हंस' प्रान्तीय भाषाओं के साहित्य में समन्वय स्थापित करे। अगस्त-सितम्बर के अंक में इसकी घोषणा भी कर दी गई। भारत के हर भाषा के साहित्यकारों से पत्र-व्यवहार शुरू कर दिया गया। हिन्दी, उर्दू, बंगला, उड़िया भाषाओं के लेखों का सम्पादन बनारस में होता और गुजराती, मराठी तथा दक्षिण भारत की भाषाओं के लेखों का बम्बई में।

पन्द्रह दिन बाद 'हंस' की नई योजना के बारे में निगम को उन्होंने लिखा—''अभी तक हिन्दुस्तान का कोई क़ौमी अदब नहीं है। हर एक सूबा फ़र्दन-फ़र्दन अपने अदब की तरक़्क़ी के लिए कोशाँ है। चुनाँचे एक सूबे के लोग दूसरे बाकमालों से बिल्कुल ग़ैर-मुतअर्रिफ़ हैं। उर्दू में बहुत कम असहाब को मालूम है कि बँगला, गुजराती, मराठी, तमिल, कन्नड़ वग़ैरह ज़बानों में क्या है। अलहज़ा इन सूबेजात में भी उर्दू से इतनी लाइल्मी है। हम अंग्रेज़ी बाकमालों से वाकिफ़ हैं, जर्मनी, फ्रांस, इंगलैंड के अदीबों के असमाये गराँ हमारी नोके-ज़बान पर हैं, लेकिन हिन्दुस्तान में सूबेजाती ज़बानों में कौन-से बाकमाल पड़े हुए हैं, इसकी हमें बिलकुल ख़बर नहीं। इसी बेगानगी को दूर करने और हिन्दुस्तान-भर के अदीबों में बरादराना रब्त-ज़ब्त पैदा करने और उन्हें एक-दूसरे की तसानीफ़ से रूशनास कराने के लिए एक अंजुमन की बुनियाद डाली जा रही है जिसका पहला क़दम इस रसाले को शाया करना है, जिससे पब्लिक में क़ौमी अदब का एहसास हो जाए और अदबी ख़ामियों को कम-से-कम सारे हिंदुस्तान में कबूलियत और शोहरत हासिल हो और दूसरे सूबे के लोग भी इनके ख़यालात और क़ैफियात से फ़ैज़याब हों।''

बनारसीदास चतुर्वेदी को भी लिखा—'' 'हंस' अब एक कम्पनी के हाथ में दे दिया गया हैं और कन्हैयालाल माणिकलाल मुंशी और मैं इसके अवैतनिक सम्पादक हैं। देखिए, यह व्यवस्था कैसे चलती है। इस विचार को हमें सफल बनाना ही होगा।

क्या आप नहीं सोचते कि प्रान्तीय भाषाओं के साहित्यों को राष्ट्रभाषा के माध्यम से उपलब्ध करना एक ऐसा कार्य है, जिसको आज़माना चाहिए? हमारी पत्रिकाओं में बंगला, मराठी, उर्दू के अनुवाद तो निकलते रहते हैं। 'विशाल भारत' ने तो अच्छे योग्य उर्दू और बंगला लेखकों को सामने लाकर एक महत्त्वपूर्ण सेवा की है। हमारी सारी शक्ति, इसी काम में लगेगी। प्रश्न यह है कि अच्छी सामग्री हमें कैसे मिले। हम पारिश्रमिक तो दे नहीं सकते और केवल अनुवादों पर निर्भर रहना नहीं चाहते। हम तो मौलिक लेख लेना चाहते हैं, जो पहली बार 'हंस' में ही छपे। कोशिश करके देखना चाहते हैं कि यह विचार साहित्यिकों को पसन्द आता है या नहीं। हो सकता है कि बंगाली, मराठी और मुसलमान लेखक हिन्दी को यह स्थान देने पर नाक-भौं चढ़ाएँ। परन्तु रवीन्द्रनाथ और शरद् बाबू को यह योजना पसन्द आई है। उर्दू-लेखकों ने तो मेरे पत्र का बड़ी तत्परता से उत्तर दिया है, परन्तु सब हिन्दी महारथियों ने मेरे पत्र का उत्तर ही नहीं दिया। मैथिलीशरण गुप्तजी ही अकेले व्यक्ति हैं, जिन्होंने जवाब दिया। दूसरों ने तो पत्रों के मिलने की स्वीकृति की सूचना तक न दी। यह है हमारे हिन्दी-लेखकों की मनोवृत्ति। अगर सम्भव हो सके तो पहली सितम्बर तक पद्मसिंह जी का स्केच भेज दें। परन्तु संक्षेप में लिखिए। दो पृष्ठ काफ़ी होंगे। यदि पहले अंक के लिए, आप, शुक्ल जी, जैनेन्द्र, मैं और अन्य लेखक लिखें तो जगह भर जाएगी (हिन्दी के लिए हमारे पास बीस पृष्ठ से अधिक स्थान नहीं है), तुर्गनेव की जो चीज़ आपने नक़ल करके मुझे भेजी है, उसका अनुवाद मैं करूँगा और छापूँगा।"

इस समय बनारसीदास यह भी प्रयत्न कर रहे थे कि प्रेमचन्द की कहानियों का अंग्रेज़ी में अनुवाद करके दीनबन्धु एंड्रूज से संशोधन कराएँ और छपवाने की व्यवस्था करें। प्रेमचन्द ने लिखा—"आप मेरे काम में इतनी दिलचस्पी ले रहे हैं, इसके लिए आभारी हूँ। परन्तु जब तक मुझे कोई योग्य अनुवादक नहीं मिलता, फ़ादर एंड्रूज को ख़्वामख़्वाह तकलीफ़ देना ठीक नहीं है। अभी इस काम का समय नहीं आया है। जब जाएगा, तो सहयोगी भी उठ खड़े होंगे।"

चतुर्वेदीजी भरसक प्रयत्न कर रहे थे कि एक बार प्रेमचन्द शान्तिनिकेतन जाएँ, ताकि वह रवीन्द्रनाथ ठाकुर से उनकी भेंट कराएँ और बंगाल के लोगों को भी हिन्दी के 'उपन्यास-सम्राट' से मिलने का अवसर मिले। पहले भी प्रयत्न किया था, परन्तु विफल। हज़ारीप्रसाद द्विवेदीजी ने भी निमंत्रण दिया था, परन्तु विफल। इसी समय तुलसी जयन्ती का प्रस्ताव उठा। चतुर्वेदीजी ने फिर निमंत्रण दिया। प्रेमचन्द का उत्तर सुनिए—"इस काम के लिए मैं अयोग्य हूँ। एक ऐसे उत्सव की अध्यक्षता करना, जिसमें मैंने कभी कोई रुचि नहीं ली, मेरे लिए हास्यप्रद है। मुझे अपने में आत्मविश्वास का अभाव लगता है। सच पूछिए तो मैंने आदि से अन्त तक रामायण कभी नहीं पढ़ी। यह एक शर्मनाक बात को स्वीकार करना है। परन्तु बात ऐसी ही है।...मैं आजकल बहुत व्यस्त हूँ। अपना कार्यालय और निवास एक नई जगह ले जा रहा हूँ। मेरी यहाँ

उपस्थिति बहुत आवश्यक है। इसलिए आप मुझे क्षमा करें। जब मेरा काम चल निकलेगा तो शायद आ सकूँ।''

पन्द्रह दिन बाद—''मैं न आ सका। आप मुझे गालियाँ न दीजिए। अगर आप तुलसी जयन्ती का भार मेरे ऊपर न थोपते, तो शायद मैं आ जाता। मेरे जैसे व्यक्ति, जिसने कभी तुलसी को न पढ़ा हो और जो उसके सम्बन्ध में कही जानेवाली बातों में विश्वास न रखता हो, के लिए समारोह का सभापतित्व करना हास्यास्पद है। उनका राम और हनुमान के दर्शन करना और बन्दरवाली घटना मुझे बेतुकी लगती है। क्या तुलसी के भक्त मेरी काफ़िरों जैसी बातों को पसन्द करते? वह सम्वत् 10 में पैदा हुए या 20 में या 40 में, बेमानी हैं। जब हमारे करने को कितने ही काम पड़े हैं तो क्यों मैं इन बातों में अपनी बुद्धि को व्यर्थ नष्ट करूँ? तुलसीदास एक महान् कवि थे। उनकी दार्शनिक, मनोवैज्ञानिक, प्राणीशास्त्रीय, शरीरशास्त्रीय व्याख्या करिए। परन्तु (राम को) ईश्वर बनाना ठीक नहीं है।''

कुछ ही महीने पहले इन्द्रनाथ मदान को लिखा था—''पहले मुझे परम सत्ता में विश्वास था। विचारों के निष्कर्ष के रूप में नहीं, केवल रूढ़िवादी विश्वास के नाते। परन्तु वह विश्वास अब टूट गया है। इसमें तो सन्देह नहीं है कि इस विश्व के पीछे कोई बड़ी शक्ति है। परन्तु मानव-जाति के व्यवहार से उसका कोई सम्बन्ध भी है इसे मैं नहीं मानता, इसी प्रकार जैसे उसको चींटियों, मक्खियों या मच्छरों के झमेलों से कुछ लेना-देना नहीं है। मानव-जाति ने जो महत्त्व ले रखा है उसके पीछे कोई प्रमाण नहीं है।''

उधर 'भारतीय साहित्य का मुखपत्र' 'हंस' का अक्तूबर अंक निकलने जा रहा था, इधर प्रेमचन्द की आर्थिक स्थिति फिर चिन्ताजनक होती जा रही थी। 27 सितम्बर, 1935 का एक पत्र है तो जैनेन्द्र को लिखा। सुनिए—''रुपए के विषय में मैं क्या लिखूँ? तुमने जो कुछ टेढ़ा-सीधा काम किया भी। मैं तो पाँच महीने में एक पैसा भी न कमा सका। बम्बई से थोड़े-से पैसे लाया था, वह पाँच महीने में खा गया, और कुछ कर्ज़ चुका दिया। और ऐसा था ही क्या? अब इसी चिन्ता में घुल रहा हूँ कि आगे क्या होगा। 'कर्मभूमि' और 'ग़बन' दोनों क़रीब-क़रीब समाप्त हैं। मुझे कौड़ी न मिली। उन्हें दोबारा छपवाने की चिन्ता अलबत्ता हो रही है।''

समाचारपत्रों से भी आमदनी प्राय: बन्द हो गई थी—''छह महीने में कुल पैंतीस रुपए का काम किया। 'चाँद' में एक कहानी लिखी, मगर रुपए वह भी नहीं दे रहे हैं। कहते हैं 'चाँद' की माली हालत ख़राब है। और मैंने कहीं कुछ नहीं लिखा। 'हंस' तो अपना है और अपने तो लेते हैं, देते कभी नहीं।''

आगे चलकर—''पत्रों से आमदनी के भरोसे पर तो एकादशी के सिवा और कुछ नहीं है। 'भारत' की दशा अच्छी नहीं है। 'चाँद' का हाल कह ही चुका। अब रहे 'विशाल भारत', 'माधुरी' और 'सरस्वती'। उनसे बीस रुपए महीना मिलना भी मुश्किल है।''

इस समय की लिखी कहानियाँ थीं—'गृहनीति', 'जीवन का शाप', 'स्मृति के पुजारी', 'लाटरी', 'मेरी पहली रचना', 'कफ़न', 'रहस्य', 'मिस पद्मा' और 'जुर्माना'।

नाज़ुक हालत होते हुए भी प्रेस का पेट तो भरना ही था। जैनेन्द्र से पूछते हैं—"क्या ऐसा नहीं हो सकता कि तुम यहाँ आकर 'जागरण' को पाक्षिक रूप में निकालो और वह वास्तव में 'जागरण' के नाम को चरितार्थ करे? मेरा ख़याल है बत्तीस पृष्ठों का पाक्षिक पत्र, जिसका दाम दो आने हो, और तुम्हारे सम्पादकत्व में निकले, तो छ: महीने में कुछ-न-कुछ निकलने लगेगा। मैंने जो तख़मीना किया है उसके हिसाब से प्रति संख्या सौ रुपए ख़र्च पड़ेगा, और आमदनी का अनुमान एक सौ तीस रुपए प्रति संख्या है। एक हज़ार छपेगा। अगर छ: महीने चला लिया जाए तो आशा है कि उससे साठ-सत्तर रुपए माहवार निकलने लगें। जब प्रचार बढ़ेगा और दो हज़ार तक पहुँच जाएगा, तब तो और भी मिल सकते हैं। मुझे केवल काग़ज़ और पोस्टेज ख़र्च करना पड़ेगा। इतनी आमदनी विज्ञापनों से हो सकती है।" ध्यान रहे कि ये पंक्तियाँ उन्हीं प्रेमचन्द की हैं जिन्होंने 'जागरण' पर छ:-सात हज़ार का घाटा उठाया था और तंग आकर उसे समाधि में भेज दिया था। ख़ैर, 'जागरण' तो नहीं निकला। 'हंस' ही काफ़ी था।

'हंस' अपने नए रूप में जनता के सामने आया। सम्पादक थे : प्रेमचन्द और कन्हैयालाल मा. मुंशी। गांधीजी का मोटे शब्दों में सन्देश भी छपा—" 'हंस' हिन्दुस्तान-भर में अनोखा प्रयत्न है। यदि हिन्दी अथवा हिन्दुस्तानी को राष्ट्रभाषा बनाना है तो ऐसे मासिक की आवश्यकता है। प्रत्येक प्रान्त की भाषा में जो लेख लिखे जाते हैं उनका परिचय राष्ट्रभाषा द्वारा सबको मिलना चाहिए। बहुत ख़ुशी की बात है कि अब ऐसा परिचय दिलचाहे उनको 'हंस' द्वारा प्रति मास आधे रुपए में मिल जाएगा—मोहनदास करमचन्द गांधी।"

नए रूप के पहले अंक में हिन्दी, उर्दू, गुजराती तथा महाराष्ट्र, बंगाल, सिन्ध, कर्नाटक, सिंहल, मलाबार की भाषाओं के अलग-अलग भाग थे। 'हंस वाणी' के शीर्षक से सम्पादकीय टिप्पणियाँ थीं, जिनके विषय थे 'महात्मा गांधी जयन्ती', 'प्रान्तीय साहित्य की एकता', 'पटना का हिन्दी साहित्य परिषद्', 'क्या यह लेखिकाओं के साथ पक्षपात है?' 'शिरोरेखा क्यों हटानी चाहिए?' पत्र के गेटअप में क्रान्तिकारी परिवर्तन हुआ। काग़ज़ तो बढ़िया था ही, छपाई पर भी अधिक ध्यान दिया गया। इसका कवर बम्बई के एसोसिएटिड एडवर्टाइज़र्स प्रेस में छपा। इन कारणों से 'हंस' पर ख़र्च बढ़ गया। तीसरे महीने इसका मूल्य आठ आने से बढ़ाकर दस आना कर दिया गया। भारतीय साहित्य परिषद से सम्बन्ध की स्वीकृति करते समय गांधीजी ने एक शर्त भी लगाई थी। यह थी इसकी मुखपत्रिका में विज्ञापनों पर रोक ('हरिजन' में भी तो विज्ञापन नहीं थे)! हंस के सम्बन्ध में शर्त को कड़ा न कर, थोड़ी-सी ढील दी गई। इसके लिए पुस्तकों और प्रकाशकों के विज्ञापनों को छूट दी गई। जनवरी, 1936 के अंक में घोषणा

की गई—'हंस' में केवल पुस्तकों और साहित्य तथा शिक्षा-सम्बन्धी संस्थाओं के ही विज्ञापन छापे जाते हैं। अगले अंक में 'हंस' के सलाहकारी मंडल की पूरी सूची है। बाईस सदस्य थे—(1) महात्मा मोहनदास करमचन्द गांधी, (2) पुरुषोत्तमदास टंडन, (3) मैथिलीशरण गुप्त, (4) रामनरेश त्रिपाठी, (5) काका साहब कालेलकर, (6) सरदार नर्मदाप्रसादसिंह, (7) मुहम्मद आक़िल, (4) सज्ज़ाद ज़हीर, (9) कालिदास नाग, (10) एन. सी. बारदालोई, (11) नीलकण्ठदास, (12) के. एम. झावेरी, (13) आनन्दशंकर बापूभाई ध्रुव, (14) मा. वि. किबे, (15) दत्तोवामन पोतदार, (16) डी. आर. पेड्रे, (17) आर. आर. दिवाकर, (18) के. नागेश्वर राव पन्तुलु, (19) सी. राजगोपालाचारी, (20) आर. कृष्णामूर्ति आनन्द विकटन, (21) वल्लतोल नारायण मेनन, (22) सरदार के. एम. पणिक्कर।

कुछ भाषाओं के लेखकों ने सहयोग दिया, सबने नहीं। प्रेमचन्द ने उषा देवी मित्रा को लिखा—"बंगाली लेखकों ने अभी तक कृपा नहीं की। मेरा किसी से परिचय भी नहीं है। चाहता हूँ कोई सज्जन बंगला साहित्य पर कुछ लिखें—उसके साहित्य, साहित्य के विभिन्न अंगों की आलोचना, सुलेखकों के चित्र, मगर कोई ऐसा व्यक्ति नज़र नहीं आता। तुम्हारे परिचितों में अगर कोई साहित्य-प्रेमी सज्जन हों तो प्रेरणा करो और अगर तुम ख़ुद लिख सको तो क्या कहना। सोचता हूँ एक बार बंगाल जाकर परिचय प्राप्त करूँ।"

'हंस' का नया रूप बहुत सुन्दर था। ख़ुशी की बात थी।

उधर जैनेन्द्र की माताजी का देहान्त हो गया। एक पत्र में प्रेमचन्द ने लिखा—"मुझे यह शंका पहले ही थी। इस मर्ज़ में शायद ही कोई बचता है। पहले ऐसी इच्छा थी कि दिल्ली जाऊँ, लेकिन मेरे दामाद तीन दिन से आए हुए हैं और शायद बेटी जा रही है। फिर यह भी सोचा कि तुम्हें समझाने की कोई बात है नहीं। यह तो एक दिन होना ही था। हाँ, जब यह सोचता हूँ कि वह तुम्हारे लिए क्या थी और तुम उनके काल में आज भी लड़के-से बने फिरते थे, तब जी चाहता है कि तुम्हारे गले मिलकर रोऊँ। उनका वह स्नेह, वह तुम्हारे लिए जो कुछ थीं वह तो थीं ही, मगर उनके लिए तो तुम प्राण थे, आँख थे, सब-कुछ थे। विरले ही भागवानों को ऐसी माता मिलती है। मैं देख रहा हूँ तुम दु:खी हो, और चाहता हूँ, यह दु:ख आधा-आधा बाँट लूँ, अगर तुम दो। मगर तुम दोगे नहीं। इसे तो तुम सारे-का-सारा अपने सबसे निकट स्थान में सुरक्षित रखोगे। काम से छुट्टी पाते ही अगर आ सको तो ज़रूर आ जाओ। मिले बहुत दिन हो गए। मन तो मेरा भी आने को चाहता है, लेकिन में आया, तो तीसरे दिन रस्सी तुड़ाकर भागूँगा। तुम—मगर अब तो तुम भी मेरे जैसे हो, भाई! अब वह बेफ़िक्री के मज़े कहाँ!

"और सच पूछो तो मेरी ईर्ष्या ने तुम्हें अनाथ कर दिया। क्यों न ईर्ष्या करता? मैं सात वर्ष का था जब माताजी चली गईं, तुम सत्ताईस के होकर माता वाले बने रहे।

पर मुझसे कब देखा जाता! अब जैसे हम, वैसे तुम। बल्कि मैं तुमसे अच्छा। मुझे माता की सूरत भी याद नहीं आती। तुम्हारी माता तुम्हारे सामने है और बोलती नहीं, मिलती नहीं।...बेचारी भगवती अकेली हो गई।''

उधर अपने लड़कों के रवैये को देखकर प्रेमचन्द बहुत प्रसन्न न थे। सोचते थे, यूनिवर्सिटी की शिक्षा का परिणाम अच्छा नहीं होता। निगम ने किसी मित्र की लड़की के बारे में पूछा था। प्रेमचन्द के उत्तर के कुछ अंश इस प्रकार हैं—''भाई, मैं तो तालीमयाफ़्ता लड़कियों की जानिब से ख़ुद जाने क्यों बदगुमान हूँ। अभी तक लड़कों की लापरवाहियों के बावजूद गृहस्थी चलती रहती थी, क्योंकि लड़कियाँ आमतौर पर दिल से गृहस्थी का पालन करती थीं, लेकिन जब दोनों एक ही रंग में रँग गए तो फिर ख़ुदा ही हाफ़िज है। लड़कों को देखता हूँ तो जी चाहता है कि यह यूनिवर्सिटी में न पढ़ते तो अच्छा होता। मुदम्मिग़, नालायक, बदतमीज़, कज़ खल्क, मिज़ाज में हद दर्जा रऊनियत, नाहमदर्द, ख़ुदपसन्द और ख़ुदसर। यह आम रविश है। मुसतस-नियात भी है, लेकिन बहुत कम। लड़कियों में भी यह नुकाइस नुमायाँ हैं। आख़िर उन्होंने अपने भाइयों ही से तो सबक़ लिया है और मैं उन्हें मुतहम नहीं करता। वे भी सैलाब में बह रही हैं। तो इन ग़रीबों का क्या क़ुसूर है। एक तरफ़ यह सदा है कि उन्हें शौहरों से इक़्तसादी आज़ादी हासिल होनी चाहिए। ख़ैर जी, हम लोग तो चन्द दिन के मेहमान हैं। दुनिया अपनी रफ़्तार पर जाएगी। दो-चार पुराने ख़याल के लोग सर पीटा करें। मगर क़राईन बतला रहे हैं कि आने वाला ज़माना गृहस्थी के लिए क़ातिल होगा।...

''डॉक्टर निगम की साहबज़ादी की निस्वत मैंने जो सुना है, वह तो यह है कि बहुत मुतय्यन, फरखंदा सीरत लड़की है, मगर दुलारे घर की बेटी है और मतमूल बाप की नूरे-नज़र और आपके घर में उसे जो आसाइशें मिल सकेंगी वे मुकाबिलतन कम होंगी। अगर उसमें कुछ फरास्त है तो घर बहिश्त हो जाएगा। वरना कौन जाने! मैं अपने एक दोस्त को जानता हूँ जिनकी बीवी एम. ए. है। वह ख़ुद बी.ए. भी नहीं हैं, मगर हैं बड़े ही टैक्टफुल। उनकी अज़्दबाज़ी ज़िन्दगी देखकर मुझे रश्क़ आता है। ऐसा मुनकसिर मिज़ाज़, सेवा-भाव से भरी हुई पाकीज़ा औरतें, पढ़ी-लिखी मैंने बहुत कम देखी हैं। उससे आप फ्री लव और इम्तिहानी शादियों पर बेतकल्लुफ़ बहस कर सकते हैं। वह अपने ख़यालात का आज़ादना इज़हार करती हैं। मगर फलसफ़ियाना अलहदगी के साथ। यह मसाइल उसके लिए महज़ इल्मी मसाइल हैं, जिनका ज़िन्दगी से फ़ी ज़माना कोई ताल्लुक़ नहीं है।''

प्रोफ़ेसर नागूची शान्तिनिकेतन आए। बनारसीदास चतुर्वेदी ने फिर निमंत्रण दिया। प्रेमचन्द इस बार भी नहीं गए। उनकी परिस्थिति तथा विचारों की झलक इस पत्र में मिलती है—''काश मैं नागूची का भाषण सुन सकता! मजबूर हूँ। समस्या यह है कि परिवार को अकेला कैसे छोड़ूँ। लड़के इलाहाबाद हैं। अगर मैं चला आऊँ तो मेरी

पत्नीजी अकेली रह जाएँ और बेबस महसूस करें। यदि उनको अपने साथ लेकर आऊँ तो अच्छी-ख़ासी रक़म की ज़रूरत हो। बेहतर यही है कि घर पर पड़ा रहूँ, ताकि पैसे की तंगी तो महसूस न हो। जहाँ तक जवान रहने की बात है, यह तो स्वभाव की बात है। बहुत-से नौजवान हैं, जो मुझसे भी बूढ़े हैं। ऐसे भी बूढ़े हैं, जो मुझसे भी जवान हैं। मुझे तो लगता है कि मैं रोज़-बरोज़ जवान होता जा रहा हूँ। परलोक में मेरा विश्वास नहीं है। इसलिए अध्यात्म का विचार, जो यौवन के लिए घातक है, मेरे पास ही नहीं फटकता। परन्तु स्वस्थ और उन्मत्त यौवन में अन्तर है। प्रगतिशील और आशावादी दृष्टिकोण में स्वस्थ यौवन (निहित) है। यह ठोकर नहीं खाता। दूसरी ओर उन्मत्त यौवन है, जो बिना सोचे-समझे कुछ-न-कुछ कर बैठता है और अपनी क्षमताओं और स्वप्नों को बढ़ा-चढ़ाकर देखता है। मैंने स्वप्न देखना तो नहीं छोड़ा है और थोड़ी-बहुत जल्दबाज़ी भी कर बैठता हूँ। परन्तु ख़ुशी इस बात की है कि अतिरंजना की प्रवृत्ति को त्याग चुका हूँ। शायद मेरे में पागलपन है। परन्तु मेरे विचार में सन्तुष्ट पारिवारिक जीवन एक बड़ा वरदान है। बड़े-बड़े विचारकों की कमी नहीं है। ढेरों पड़े हैं। सच्ची महानता और नक़ली महानता में अन्तर समझना सरल नहीं है। मैं ऐसे किसी महात्मा की कल्पना करने में असमर्थ हूँ जो धन-सम्पत्ति में लोटपोट हो रहा हो। सच तो यह है कि किसी धनी को देखकर उसकी कला और ज्ञान की बातें मेरे लिए बेमानी हो जाती हैं। मुझे ऐसा लगता है कि इस व्यक्ति ने वर्तमान समाज-व्यवस्था को, जिसमें अमीर लोग ग़रीबों का शोषण करते हैं, स्वीकार कर लिया है। इसीलिए कोई भी बड़ा आदमी, जिस पर लक्ष्मी की कृपा हो, मुझे अपनी ओर आकर्षित नहीं करता। सम्भव है, इसमें अपने जीवन की असफलता का प्रभाव हो। अगर मेरे नाम से बैंक में अच्छी रक़म होती तो शायद मैं भी दूसरों जैसा ही हो जाता और इस लोभ पर मुक्ति न पा सकता। परन्तु मैं ख़ुश हूँ कि प्रकृति और भाग्य ने मेरी सहायता की और मेरी क़िस्मत में ग़रीबों का साथ लिखा। इससे मुझे मानसिक शान्ति मिली।''

फिर एक मीठी फटकार—''आप कितनी बार मुग़लसराय से गुज़र जाते हैं, परन्तु कभी इतनी तकलीफ़ नहीं की कि एक दिन के लिए यहाँ चले आते। दूसरी ओर आप मुझसे आशा करते हैं कि मैं यहाँ से कलकत्ते की यात्रा करूँ और अपनी बीवी को असन्तुष्ट करूँ। मेरा सिद्धान्त है—आन्तरिक शान्ति।''

जैनेन्द्र को कुछ और बतलाया—''चतुर्वेदीजी ने कलकत्ते बुलाया था कि आकर नागूची जापानी कवि का भाषण सुन जाओ। यहाँ नागूची हिन्दू यूनिवर्सिटी आए, उनका व्याख्यान भी हो गया, मगर मैं न जा सका। अक़्ल की बातें सुनते और पढ़ते उम्र बीत गई। ईश्वर पर विश्वास नहीं आता, कैसे श्रद्धा होती है। तुम आस्तिकता की ओर जा रहे हो, जा नहीं रहे, पक्के भगत बन रहे हो। मैं सन्देह से पक्का नास्तिक होता जा रहा हूँ।''

यहाँ प्रेमचन्द की नास्तिकता की बात को छोड़कर हम जैनेन्द्र की नई पुस्तक 'सुनीता' के बारे में प्रेमचन्द के विचारों का ज़िक्र आवश्यक समझते हैं। 9 दिसम्बर, 1935 को लिखा—" 'सुनीता' जाने कहाँ रास्ते में रह गई। यहाँ कहीं बाज़ार में भी नहीं। 'चित्रपट' के पुराने अंक उठाकर पढ़े, पर मुश्किल से तीन अध्याय मिले। तुमने बड़ा ज़बरदस्त आइडियल रख दिया, महात्माजी के एक साल में स्वराज्य पाने वाले आन्दोलन की तरह। मगर तलवार पर पाँव रखना है।"

पन्द्रह दिन बाद—" 'सुनीता' पढ़ गया। आधी दूर तक तो कुछ रस न आया, लेकिन पिछला आधा सुन्दर है। नारीत्व का जो आदर्श तुमने रखा है, वही सच्चा आदर्श है। नारी केवल गृहिणी क्यों हो ? गृहिणी से अलग भी उसका जीवन है। अगर उसमें गृहिणीत्व से आगे बढ़ने की सामर्थ्य है तो वह क्यों न आगे बढ़े। 'सुनीता' के मन में इस नए क्षेत्र में आने से जो संघर्ष हुआ है वह उसके रक्त में सने हुए गृहिणी जीवन के अनुकूल है। मगर तुम्हारा हरिप्रसन्न अन्त में जाकर मुझे कुछ... होता जान पड़ता है। शायद मुझे भ्रम हो। लेकिन श्रीकान्त से छिपकर वह कृत्य क्यों किया गया ? इसमें मुझे नैतिक दुर्बलता का भय होता है। श्रीकान्त की पूरी अनुमति में यह काम किया जा सकता था। श्रीकान्त जैसा उदारचेता मनुष्य सुनीता के इस नए मार्ग में बाधक न होता और होता तो सुनीता को अपने निश्चय पर दृढ़ रहना और उसके नतीजे (बर्दाश्त कर) लेना चाहिए था। हरिप्रसन्न ने सुनीता को सेड्यूस किया। कुछ ऐसा भासित होता है। सुनीता ध्वजाधारिणी बने, इसमें कोई हर्ज़ नहीं, न ही वह गौरव की बात है, उसके लिए भी और देश के लिए भी। लेकिन हरिप्रसन्न के मन में यह कुत्सित भावना क्यों ? ध्वजा-धारिणी के पद से गिराकर उसे व्यभिचारिणी के पद पर क्यों लाना चाहता है ? अगर सुनीता विवाहित न होती, अगर यह प्रेम सत्या के साथ निभाता, तो कोई बात न थी। लेकिन जब श्रीकान्त और सुनीता में एक मुआहिदा हो चुका है और वह मुआहिदा उसे स्वीकार है, तो फिर यह व्यवहार क्यों ? अगर सुनीता हरिप्रसन्न को जी से चाहती है तो उसे अपने पति से स्वयं कह देना चाहिए था। यह धोखा और फ़रेब क्यों ? मगर सुनीता कहीं भी हरिप्रसन्न को चाहती नहीं दिखाई दी। विद्रोह या असन्तोष की वहाँ गन्ध भी नहीं। फिर वह क्यों हरिप्रसन्न के सामने इस तरह नत हो जाती है। क्या हरिप्रसन्न का पर्सनल मैगनेटिज़्म उस पर असर करता है। अगर ऐसा है तो यह भी हरिप्रसन्न की नीचता और लापरवाही है, मित्र के साथ दग़ा है—उस मित्र के साथ जो अपने भाई से भी प्रिय रखता हो ? क्रान्तिकारी नीति में विवाह हेच वस्तु हो सकती है। मगर इस सामाजिक (बन्धन) का महत्त्व क्यों भूल जाएँ ? स्त्री पत्नी रहते हुए भी नेत्री बन सकती है और अगर पति दुराचार करे, तो उसे लेकर मार सकती है। लेकिन इस तरह एक युवक के पंजे में फँस जाना न उस क्रान्तिकारी युवक को शोभा देता है, न नारी को। अगर मेरे समझने में ग़लती हो तो सुधार देना। मेरे 'कर्मभूमि' का उर्दू एडीशन जामिया मिलिया ने निकाला है।"

30

सार्वजनिक जीवन और 'गोदान'

शान्तिनिकेतन न जाने के कारण और चाहे कुछ भी हो, निर्धनता या बीवी को अकेले न छोड़ सकने की बात तो बहाना ही थी। जहाँ जाने की मर्ज़ी होती, प्रेमचन्द पहुँच जाते।

वर्ष के आरम्भ में इलाहाबाद में हिन्दुस्तानी एकेडेमी की मीटिंग थी, प्रेमचन्द वहाँ पहुँचे। दयानारायण निगम और रघुपतिसहाय 'फ़िराक़' भी उपस्थित थे। अहमद अली भी इस मीटिंग में भाग ले रहे थे। प्रेमचन्द से उनकी पहली मुलाक़ात थी। उन्हीं के शब्दों में सुनिए—"शाम हो चली थी और म्योर कॉलेज के इमली के दरख़्तों में क़रीब-क़रीब आधा सूरज उतर आया था। उसकी पीली पड़ी हुई किरणें हम लोगों के पैरों पर नाच रही थीं और बढ़िया ठंडी हवा चल रही थी। उस वक़्त अचानक बरामदे की ओर से एक ऐसे दुबले-पतले सज्जन आते हुए दिखाई दिए, जिनका क़द कुछ ज़्यादा लम्बा नहीं था, फिर भी वे जितने लम्बे थे, उसके मुक़ाबले अपने दुबलेपन के कारण कुछ ज़्यादा लम्बे मालूम होते थे। उनके चेहरे से प्रसन्नता झलकती थी और आँखें करुणापूर्ण थीं और उनमें एक ऐसी कोमलता दिखाई देती थी, जो जीवन की समस्याओं पर गम्भीर विचार करने और अनेक प्रकार के कष्ट सहने से उत्पन्न होती है। वह एक शेरवानी और चुस्त पाजामा पहने हुए थे और उनकी गांधी टोपी में से दोनों तरफ़ आगे और पीछे, गर्दन पर निकले हुए, कुछ लम्बे बाल दिखाई देते थे। उनकी घनी और बड़ी-बड़ी मूँछों में काले बालों की बनिस्बत सफ़ेद बाल ही ज़्यादा थे और उनका तौर-तरीक़ा बहुत ही भले आदमियों का-सा था। मेरे दोस्त रघुपतिसहायजी ने उनसे मेरा परिचय कराया। मुझे मालूम हुआ कि यही मुंशी प्रेमचन्द हैं। वे ख़ूब मज़े में खुलकर बातें करते थे और लोग ख़ूब खुले दिल से ख़ुश हो-होकर उनकी बातें सुनते थे। उनके सीधे-सादे तौर-तरीकों का मुझ पर बहुत अच्छा असर पड़ा था। वे बहुत मज़ाक़-पसन्द आदमी थे और मौक़े पर फ़ौरन ही एक-से-एक बढ़कर मज़ेदार बात कहते थे और सिगरेट पीते थे।"

शायद इसी मीटिंग के सम्बन्ध में श्री सद्‌गुरुशरण अवस्थी ने लिखा है—"रघुपतिसहाय के एक-एक चुटकुले पर प्रेमचन्दजी के क़हक़हे के बादल फूट पड़ते थे और वह एक बार नहीं हँसते थे, एक ही बात पर बार-बार हँसते थे। उनके क़हक़हे के घोष में सारी क्लान्ति डूब जाती थी। हम लोगों ने केवल विनोद ही नहीं किया। कला और साहित्य पर काफ़ी विचार-विनिमय हुआ। मुझे उस दिन ज्ञात हुआ कि प्रेमचन्द कला-निर्माणक ही नहीं, कला-समीक्षक भी अच्छे हैं। समीक्षा के प्रत्येक स्वरूप के लिए उन्होंने सिद्धान्त स्थिर कर रखे थे। सम्भव है, उन्होंने पश्चिम के विद्वानों की कला और समीक्षा की नई पुस्तकों को न देखा हो, परन्तु जो कुछ भी वे कहते थे उसमें निजीपन और मौलिकता थी। सबसे विशेष बात जो प्रेमचन्दजी में देखने में आई, वह उनकी आत्म-नकार की वृत्ति थी, कभी कहीं भूल से भी उनके मुँह से एक

वाक्य नहीं निकला, जिसमें थोड़ी भी आत्मप्रदर्शन की बात हो। आत्म-विज्ञापन और आत्म-श्लाघा तो बहुत दूर की वस्तुएँ हैं। उनके पास बैठकर बड़प्पन-जनित दूरत्व का आभास तक न होता था। वह हम सबसे घुले-मिले और हम सबके समान ही दिखाई देते थे और फिर भी बहुत ऊँचे थे। प्रेमचन्दजी अपने विचारों में बड़े तार्किक और चिन्तन में बड़े हेतुवादी थे। पुरानी रूढ़ियों का बहुत मख़ौल उड़ाते थे। उनमें बड़ा अध्यवसाय था। चिन्तना का उनमें व्यसन था।''

एकेडेमी की मीटिंग के एकदम बाद प्रेमचन्द प्रगतिशील लेखकों के बीच पहुँच गए। इनसे सम्बन्ध तो उसी समय स्थापित हो गया था, जब लन्दन-स्थित भारतीय लेखकों ने 'दि इंडियन प्रोग्रेसिव राइटर्स एसोसिएशन' की नींव रखी थी। प्रेमचन्द को सच्चा आनन्द हुआ था कि ''हमारे सुशिक्षित और विचारशील युवकों में भी साहित्य में एक नई स्फूर्ति और जागृति लाने की धुन पैदा हो गई है।'' इन लेखकों में से एक लेखक सज्ज़ाद ज़हीर भारत लौट आए थे और प्रयत्न कर रहे थे कि इसकी भारतीय शाखा भी स्थापित हो और इस शाखा की ब्रांचें भारत के विभिन्न नगरों में खुलें।

हिन्दुस्तानी एकेडेमी की सभा ख़त्म होते ही प्रेमचन्द इन युवक लेखकों से घिर गए। दयानारायण निगम भी इस बैठक में गए। भारत में प्रगतिशील लेखकों के संगठन का प्रस्ताव रखा गया। प्रेमचन्द ने अनुमोदन किया। दयानारायण निगम को बहुत उत्साह नहीं था, परन्तु प्रेमचन्द युवकों के साथ थे। उनके अनुसार प्रगतिशील लेखकों के आन्दोलन के लिए ''देश तैयार हो गया है और हम लोग एक बहुत ही उपयुक्त और शुभ अवसर पर इस एसोसिएशन का आरम्भ कर रहे हैं।''

नवयुवकों को—

''मैं तो ठहरा बूढ़ा आदमी और तुम लोग हो कि सरपट भाग रहे हो। मैं कहाँ दौड़ सकता हूँ। तुम्हारे साथ; मेरा तो घुटना-बुटना फूट जाएगा।''

इलाहाबाद से बनारस लौटे और कुछ ही दिन गुज़रे थे कि बिहार के प्रान्तीय साहित्य सम्मेलन में सम्मिलित होने के लिए पूर्णिया चले गए। इस सम्मेलन पर टिप्पणी करते हुए 'हंस' में लिखा—''कविता में अगर जागृति पैदा करने की शक्ति नहीं है, तो वह बेजान है। आप हाला बाँधें या तंत्री के तार, या बुलबुल और क़फ़स, उसमें जीवन को तड़पानेवाली शक्ति होनी चाहिए। प्रेमिकाओं के सामने बैठकर आँसू बहाने का यह ज़माना नहीं है। उस व्यापार में हमने कई सदियाँ खो दीं, विरह का रोना रोते-रोते हम कहीं के न रहे। अब हमें ऐसे कवि चाहिए, जो हज़रत इक़बाल की तरह हमारी मरी हुई हड्डियों में जान डालें। देखिए, इस कवि ने लेनिन को ख़ुदा के सामने ले जाकर क्या फ़रियाद कराई है और उसका ख़ुदा पर इतना असर होता है कि वह अपने फ़रिश्तों को हुक्म देता है—''उठो, मेरी दुनिया के दरो-दीवार हिला दो...''

इसी कविता को गुनगुनाते हुए प्रेमचन्द ने एक महीने के अन्दर-अन्दर प्रगतिशील लेखकों के प्रथम समारोह के सभापति पद से दिया जानेवाला भाषण लिखा।

बनारसीदास चतुर्वेदी ने एक बार पुन: उन्हें फिर शान्तिनिकेतन बुलाया, परन्तु वह नहीं गए और लिखा—"मैं शान्तिनिकेतन न जा सका। वहाँ जाने में कोई आकर्षण भी नहीं है। वे लोग यह आशा रखते हैं कि मैं कोई विद्वत्तापूर्ण भाषण दूँ, जो मैं नहीं कर सकता। मैं कोई बड़ा भारी विद्वान् नहीं हूँ। फिर भी अगर वे मुझे कुछ समय पहले निमंत्रण दें तो वहाँ आने की क़ोशिश करूँगा। मैं तार द्वारा सूचना पाने पर तुरन्त तैयारी नहीं कर सकता।"

चतुर्वेदीजी ने अपनी पत्रिका 'विशाल भारत' में प्रस्ताव किया कि प्रेमचन्द को हिन्दी साहित्य सम्मेलन के वार्षिकोत्सव का सभापति बनाया जाए। प्रेमचन्द ने लिखा—"आपने मेरा नाम क्यों तजवीज़ किया? और लोगों ने भी आपका अनुमोदन किया है। मैं इसका इच्छुक नहीं हूँ। मेरी अभिलाषाओं का आकर्षण कभी इस ओर नहीं रहा। मैं इसका स्वागत भी नहीं करूँगा।"

अल्प समय का तर्क तथा सभापतित्व से हिचकिचाहट की बात भी सौ प्रतिशत ठीक नहीं थी, क्योंकि अगले दो महीने में प्रेमचन्द ने लखनऊ में हुए प्रगतिशील लेखक संघ के पहले समारोह का सभापतित्व किया। आर्य प्रतिनिधि सभा लाहौर के आर्य भाषा सम्मेलन के सामने भी ऐसा ही एक भाषण दिया और अखिल भारतीय परिषद् के सम्बन्ध में नागपुर भी गए। यदि जीवन लम्बा होता तो और भी सभाओं में जाना स्वाभाविक ही था। लिखने का काम तो ठप्प हो चुका था। 'गोदान' छप रहा था। 'मंगलसूत्र' अभी आरम्भ नहीं हुआ था। कहानियाँ बहुत कम लिखी जा रही थीं। चतुर्वेदी को उन्होंने लिखा :

"आपने मुझे 'विशाल भारत' के लिए लिखने का निमंत्रण दिया है। मैं किसी अख़बार के लिए नहीं लिख रहा हूँ, बल्कि मैंने पिछले चार महीनों में 'हंस' के लिए भी कुछ नहीं लिखा है। जब तक कोई ख़ास बात मेरे विचारों को झुठला न दे, मैं कोई चीज़ प्रत्यक्ष रूप से लिखने के अयोग्य हूँ। फिर अपने मस्तिष्क को बाध्य क्यों करूँ? मैं स्वयं हर साल छ: कहानियाँ और हर दो साल में एक नावल पूर्ण करना चाहता हूँ। मुझे व्यस्त रखने के लिए इतना ही काफ़ी है। मैं उद्दाम योग्यता का मालिक नहीं हूँ।'

हिन्दी पत्रकारिता की हालत अभी भी सन्तोषजनक नहीं थी। इसी पत्र में लिखते हैं, " 'हंस' निकल रहा है। ख़रीदार आहिस्ता-आहिस्ता बढ़ रहे हैं। फिर भी इसको प्रति मास दो सौ रुपए का घाटा है और अभी तो इसे एडीटोरियल स्टाफ़ को तनख़्वाह नहीं देनी पड़ती है और तमाम लेख भी मुफ़्त मिलते हैं।

"मुझे यह जानकर दु:ख हुआ कि 'विशाल भारत' अब घाटे में जा रहा है। कितने अफ़सोस की बात है कि पहला हिन्दी अख़बार, जिसे हिन्दी का सबसे उत्तम मासिक पत्र स्वीकार किया जाता है, उसकी यह हालत हो! क्या यही हमारी प्रगतिशील विचारधारा का स्तर है? उर्दू के अख़बार बाज़ी ले जा रहे हैं। पचास से भी ज़्यादा उच्चकोटि के उर्दू मासिक पत्र निकलते हैं और उनमें से एक भी ऐसा नहीं, जो दो

या ढाई रुपए का पाँच सौ पृष्ठों का वार्षिक अंक न निकालता हो। निश्चय ही उनकी साहित्यिक रुचि बेहतर है। वे प्रोत्साहित करना जानते हैं। हिन्दी साहित्य अभी तक व्यक्तिगत और भावात्मक है। हमारी साहित्यिकता इस संघर्ष का प्रत्यक्ष प्रमाण है, जो हमारे जीवन के सम्मुख है। न इसमें कोई तड़प है, न ही यह जीवनदाता है। यह आपको निराशा के अतिरिक्त और कुछ नहीं प्रदान कर सकती। मेरी समझ में नहीं आता कि तमाम कवियों पर निराशावादिता क्यों छा रही है। उर्दू के कवि स्वस्थ-मस्तिष्क, सच्चाई-पसन्द और आशावादी हैं। उनके आधी दर्जन कवि मुस्लिम क़ौम को बराबरी, भाईचारा और प्रजातंत्र के नए सिद्धान्तों के साँचे में ढाल रहे हैं। मुसलमान कवि कम्युनिस्ट हैं, यहाँ तक कि इक़बाल भी।''

इस समय प्रेमचन्द का प्रयत्न यही था कि हिन्दी और उर्दू के लेखकों में निकट सम्पर्क स्थापित किया जाए। जहाँ कहीं सम्भव हुआ, चले जाते। आकाशवाणी, दिल्ली, से कहानी प्रसारित करने का निमंत्रण आया। सोचा जैनेन्द्र से भी भेंट होगी, और दूसरे लेखकों से मिलने का भी अवसर मिलेगा। होली से एक दिन पहले दिल्ली पहुँचे। जैनेन्द्र के घर पर ठहरे। वहाँ उस साल रंग-गुलाल कुछ नहीं हुआ। (जैनेन्द्र की माँ की मृत्यु कुछ ही महीने पहले हुई थी और लड़की बीमार थी।)

जैनेन्द्र के शब्दों में—''होली के दिन नीम की सींक से दाँत कुरेदते हुए धूप में खाट पर बैठे थे। नाश्ता हो चुका था और पूरी निश्चिन्तता थी। बदन पर धोती के अलावा बस एक बनियान थी, जिसमें उनकी दुबली और लाल-पीली देह, छिपती न थी। वक़्त साढ़े नौ का होगा।

''ऐसे ही समय होलीवालों का एक दल घर में अनायास घुस आया और बीसियों पिचकारियों की धार और गुलाल से उस दल ने उनका ऐसा सम्मान किया कि एक बार तो प्रेमचन्दजी भी चौंक गए। पलक मारने में वह तो सिर से पाँव तक कई रंग के पानी से भीग चुके थे। हड़बड़ाकर उठे, क्षण-भर रुके, स्थिति पहचानी, और फिर वह क़हक़हा लगाया कि मुझे अब तक याद है। बोले—'अरे भाई जैनेन्द्र, हम तो मेहमान हैं।'

''मैंने आगत सज्जनों से, जिनमें आठ बरस के बच्चों से लगाकर पचास बरस के बुजुर्ग भी थे, परिचय कराते हुए कहा—'आप हैं प्रेमचन्द।' यह जानकर सब लोग बहुत प्रसन्न हुए। प्रेमचन्द बोले—'भाई, अब तो ख़ैर है न। या कि अभी ज़हमत बाक़ी है।'

''लेकिन इन दिनों ख़ैरियत का भरोसा क्या कीजिए, और होली के दिन का तो और भी ठिकाना नहीं है।

''इस पर प्रेमचन्दजी ने फिर क़हक़हा लगाया। बोले—'तो कौन कपड़े बदले! हम तो यहीं बैठते हैं खाट पर, कि आए जो चाहे।'''

दिल्ली के रेडियो स्टेशन से कहानी प्रसारित करने की बात मान ली थी। बनारस से चले तो रेडियोवालों को कोई ख़बर न दी। दिल्ली पहुँच गए, परन्तु अपने ठिकाने का पता बतलाने की आवश्यकता ही नहीं समझी। रेडियोवाले दौड़धूप करते रहे। कुछ

पता नहीं चला कि कहाँ ठहरे हुए हैं। ख़ैर, वक़्त से दस मिनट पहले पैदल ही रेडियो स्टेशन पर पहुँचे। (उस समय रेडियो स्टेशन अलीपुर रोड पर एक किराए के मकान में था।) जैनेन्द्र साथ थे। रेडियोवालों की जान-में-जान आई। एक बड़े कमरे में ले जाए गए। दूसरी ओर से एक सीधे, लम्बे, ख़ूबसूरत जवान तपाक से बढ़ते हुए आए और यकबयक प्रेमचन्द को आगोश में ले लिया। बड़ी बेतकल्लुफ़ी और गहराई से चन्द सैकेंड बग़लगीर रहे और फिर बड़ी तवाज़ौ के साथ उन्हें ले गए।

जिस काम के लिए वहाँ गए थे, वह ख़त्म हुआ, और वहाँ से लौट रहे थे कि रास्ते में जैनेन्द्र से पूछा—"क्योंजी, वे बुख़ारी थे क्या?"

"हाँ।"

"पतरस?" (पतरस अहमद शाह बुख़ारी का क़ल्मी नाम था। इनसे सोलह वर्ष पहले, इम्तियाज़ अली ताज की मार्फ़त, अपनी कहानियों पर सम्मति के लिए कहा करते थे।)

"नहीं।"

"तो फिर कौन थे?"

"आप तो इस क़दर तड़प के साथ उनके साथ हमाग़ोश हुए, और अब पूछते हैं मुझसे!"

"मैंने समझा, बुख़ारी होंगे, लेकिन..." (रुक गए)

"लेकिन क्या?"

"कोई अजब हज़रत थे, देखो न ऐसे बढ़े चले आए कि मैं उनका कोई लँगोटिया हूँ।"

बुख़ारी स्टेशन डायरेक्टर और अहमद शाह के छोटे भाई। जो सज्जन बग़लगीर हुए थे वह थे जुल्फिकार अहमद। उन्हीं के आग्रह पर प्रेमचन्द दिल्ली आए थे। कहानी का पुरस्कार भी एक सौ रुपया था।

रेडियो से कहानी प्रसारण करने का तो केवल बहाना था। दिल्ली आने के और भी कारण थे। मुख्य कारण तो नवयुवक लेखकों से भेंट थी।

इस समय प्रेमचन्द को जिस बात की धुन थी, वह थी हिन्दू और मुसलमानों का मेल-मिलाप। उनका विचार था कि इस काम को लेखक ही कर सकते हैं। जामिया मिलिया गए। वहाँ लोगों से कहा कि आप उर्दू के लेखकों को बुलाइए। जैनेन्द्र हिन्दी के लेखकों को बुलाएँगे। जलसे का इन्तज़ाम किया गया। चाय-पार्टी हुई। उर्दू और हिन्दी के लेखक और पत्रकार बड़ी संख्या में एकत्रित हुए। इसके आगे जामिया के मुहम्मद आक़िल साहब के शब्दों में सुनिए—"शुरू में ग़ैर-रस्मी बातचीत में प्रेमचन्द ने उर्दू और हिन्दी अदीबों के मिलने और तबादला-ख़याल करने की अहमियत पर ज़ोर दिया। चाय के ख़त्म होने पर बाक़ायदा जलसा शुरू हुआ, जिसमें प्रेमचन्दजी ने एक निहायत पुरअसर तक़रीर में इस बात को ख़ूबी के साथ समझाया कि जब तक

उर्दू और हिन्दी के अख़बारनवीस आपस में दोस्ताना तआल्लुक़ात पैदा करके एक-दूसरे के ख़यालात और नुक़्ते-निगाह को हमदर्दी के साथ समझने की कोशिश न करेंगे, उस वक़्त तक इत्तिफ़ाक और इत्तहाद की कोशिशें कभी कामयाब नहीं होंगी। और लोगों की तक़रीरें हुईं और नतीजा यह निकला कि 'हिन्दुस्तानी सभा' नाम की एक संस्था स्थापित कर दी गई। उसके जो मेम्बर थे वे और आगे बढ़े और उन्होंने एक मुशतरक़ा ज़बान पैदा करने का भी इरादा कर लिया। उन्होंने कहा कि ऐसी ज़बान लिखनी चाहिए जिसमें न अरबी-फ़ारसी के अल्फ़ाज ज़्यादा आएँ, न संस्कृत भाषा के, बल्कि सीधीसादी ठेठ हिन्दी हो। प्रेमचन्दजी को ख़ुद इस बात पर ज़्यादा विश्वास न था। हिन्दी और उर्दू ज़बानों के एक निहायत अच्छे लेखक होने की वजह से इस बात को ख़ूब जानते थे कि रोज़मर्रा की बातचीत और मामूली बातों को इस तरह की ज़बान में बयान किया जा सकता है, लेकिन जब कभी, ज़रा ऊँचा उठकर, गहरी बात कहनी होगी, जो उसके लिए संस्कृत, अरबी या फ़ारसी की मदद लेना ज़रूरी होगा।''

'हिन्दुस्तानी सभा' के क़ायम करने से प्रेमचन्द का उद्देश्य था कि ''हिन्दी और उर्दू लिखनेवाले एक जगह मिलकर बैठें; एक-दूसरे के ख़यालात मालूम करें; एक-दूसरे को समझें और दोस्ती और मुहब्बत की वजह से एक-दूसरे के साथ मुरौव्वत और इज़्ज़त ने पेश आएँ, और जब अपने अख़बार, रसाला या किताब में कोई बात लिखें तो इस बात को भी दिल में रखें कि उसका पढ़नेवाला हमारा उर्दू जाननेवाला मुसलमान मित्र या हिन्दी जाननेवाला हिन्दू दोस्त भी है। जो बात हम लिख रहे हैं, कहीं उसे वह नागवार न हो। लेकिन जब 'हिन्दुस्तानी सभा' के दूसरे मेम्बरों ने कहा कि हम एक मुश्तरका हिन्दुस्तानी ज़बान भी बनाना चाहते हैं, तो उन्होंने उसकी मुख़ालफ़त नहीं की।''

प्रेमचन्द चाहते थे, नगर-नगर में हिन्दुस्तानी सभाएँ बनें और अहिन्दी प्रदेशों में हिन्दी तथा प्रादेशिक भाषा के लेखक भी ऐसी ही संस्थाओं का निर्माण करें। बनारसीदास चतुर्वेदी को लिखा—''दिल्ली की हिन्दुस्तानी सभा मेरी और जैनेन्द्र जी की सम्मिलित कोशिशों का परिणाम है। जब तक हम दूसरी भाषाओं के लेखकों से मेलजोल न पैदा करें, उनसे दोस्ती न बढ़ाएँ, साहित्यिक विषयों पर प्रकाश डालने को न कहें, विचार-विनिमय न कर सकें, एक-दूसरे के लेखों का मुक़ाबला न कर सकें, हम अपने विचारों में वह उदारता और दिलों में वह दृढ़ता कैसे पैदा कर सकते हैं, जो साहित्यिक कार्यकर्ताओं के लिए अत्यन्त ज़रूरी है। यूरोप में अन्तर्जातीय सम्मेलन होते हैं, जिनमें साहित्य-सम्बन्धी तमाम क़िस्मों के लेखों पर वाद-विवाद किया जाता है। और यहाँ हमने अब तक कभी दूसरी भाषाओं के लेखक भाइयों से मित्रता बढ़ाने की कोशिश तक नहीं की। उर्दूवालों की रोज़गार-दिलाऊ सभाएँ बेशक हैं। उनसे मिलने-जुलने पर हमें अपनी कमज़ोरियाँ नज़र आ जाती हैं। बल्कि यह सच है कि मैंने उन्हें ज़्यादा सामाजिक और सहानुभूतिपूर्ण पाया। जैनेन्द्र मेरा अनुमोदन करेंगे। वे पिछले दिनों लाहौर गए थे। वहाँ उन्होंने कई भाषण दिए और वहाँ हिन्दुस्तानी सभा की स्थापना भी की।

वे बहुत आशान्वित हैं और उनकी सराहना करते हैं। विरोध की खाई को किस प्रकार पाटना चाहिए, ये राजनीतिक लोग बिलकुल बेकार हैं। आप यह आशा नहीं कर सकते कि ये लोग उदार हों। लेखक को ही इस बारे में अग्रणी होना होगा। विरोधियों के बजाय मित्रता के नाते अच्छी संरक्षणता हो सकती है। हिन्दुस्तानी सभा के जलसे पाक्षिक हुआ करेंगे, जिनमें साहित्यिक और भाषा-सम्बन्धी लेखों पर व्याख्यान होंगे। जब श्रोतागण में दोनों भाषाओं के जाननेवालों की बराबरी होगी तो बोलनेवाले को भी बहुत ज़्यादा साहित्यिक रंग अख़्तियार करने की इच्छा को दबाकर ज़्यादा प्रसिद्धि के लिए इस तरह की भाषा इस्तेमाल करनी होगी कि लोग समझ सकें। यदि हम तमाम केन्द्रों में इस क़िस्म की सभाओं का प्रबन्ध कर सकें तो हम वर्तमान अनुदार भाव को दूर कर सकेंगे। तब हमारा साहित्य ज़्यादा क़ीमती और पूर्ण होगा। साझी भाषा का यही एकमात्र उसूल है। प्रान्तीयता एक नई लानत है और हमें इससे होशियार रहने की ज़रूरत है। अगर आप कलकत्ता में हिन्दी, बंगाली या हिन्दुस्तानी सभा स्थापित कर सकें और उर्दू, हिन्दी, बंगला के लेखकों के समय-समय पर जलसे करें, तो यह एक सच्चा काम होगा।''

दिल्ली से लौटे, तो अन्य सभाओं की ओर से निमंत्रण आए हुए थे। एक निमंत्रण था प्रगतिशील लेखक संघ की ओर से, दूसरा हिन्दी प्रचार सभा हैदराबाद से और तीसरा लाहौर से पंजाब आर्य प्रतिनिधि सभा की अर्ध-शताब्दी पर होनेवाले आर्यभाषा सम्मेलन के सभापति पद के लिए। उधर भारतीय साहित्य परिषद् के समारोह में भी उपस्थित होना आवश्यक था। प्रगतिशील लेखकों की ओर से सज्ज़ाद ज़हीर ने सभापति पद से भाषण देने के लिए लिखा था। प्रेमचन्द ने उत्तर दिया—'' ...सभापति की बात। मैं इसके योग्य नहीं हूँ। नम्रतावश नहीं कहता, मैं अपने में कमज़ोरी पाता हूँ। मिस्टर कन्हैयालाल मुंशी मुझसे बेहतर होंगे या डॉ. ज़ाकिर हुसैन। पंडित जवाहरलाल नेहरू तो बड़े व्यक्ति होंगे, नहीं वे एकदम उपयुक्त होते। इस अवसर पर सभी राजनीति के नशे में चूर होंगे। साहित्य से शायद ही किसी को दिलचस्पी हो। लेकिन हमें कुछ-न-कुछ तो करना है। अगर जवाहरलाल ने दिलचस्पी ली तो अधिवेशन सफल हो जाएगा। मेरे पास इस वक़्त भी सभापतित्व के लिए दो जगह के निमंत्रण पड़े हैं—एक लाहौर के हिन्दी सम्मेलन का, दूसरा हैदराबाद की हिन्दी प्रचार सभा का। मैं इन्कार कर रहा हूँ, पर वे लोग इसरार कर रहे हैं। कहाँ-कहाँ प्रिज़ाइड करूँ? हमारी संस्था में कोई बाहर का आदमी सभापति बने तो ज़्यादा अच्छा हो। मजबूरी दर्ज़ा मैं तो हूँ ही। कुछ रो-गा लूँगा।''

निगम को लिखते हैं—''इन सदारतों के मारे परेशान हूँ। मैंने मिस्टर सज़्ज़ाद ज़हीर से बहुतेरा कहा, भई, मुआफ़ करो, मुझे अपना काम करने दो। मगर न माने। 10 को लखनऊ लाहौर में आर्यसमाज की जुबली के साथ एक आर्यभाषा सम्मेलन हो रहा है। वहाँ 11 को मुझे सम्मेलन का सदर बनना है और वहाँ जाऊँगा तो चार-पाँच दिन लग ही जाएँगे। मैंने अपनी मजबूरी लिख दी है। अगर मान गए तो ठीक, वरना वहाँ

भी जाना ही पड़ेगा। अगर मुझे बोलने का शऊर होता तो ऐसे न्यौते बड़ी ख़ुशी से मंजूर कर लिया करता, मगर यहाँ तो वह गुण ही नहीं। इसलिए जान बचाता फिरता हूँ। मुफ़्त की परेशानी होती है और जिस काम से रोज़ी मिलती है उसमें ख़लल पड़ता है।...(इधर तीन माह से एक अफ़साना भी नहीं लिखा। बस 'जामिया' में 'कफ़न' लिखा था। इसके बाद लिखने की नौबत ही न आई।)"

प्रगतिशील लेखक संघ ने आग्रह किया और प्रेमचन्द को उनकी प्रार्थना स्वीकार करनी पड़ी। सभापति पद से दिया जाने वाला भाषण बड़े परिश्रम से लिखा। यह बहुत महत्त्वपूर्ण था और प्रगतिशील लेखकगण इस भाषण को अपने लिए मैनीफ़ेस्टो ही समझते हैं। इसके प्रथम प्रकाशन का गौरव 'ज़माना' को ही मिला, जिसके सम्पादक, दयानारायण निगम, उनके साथ थे। दोनों मित्र दो दिन इकट्ठे रहे। कांग्रेस का अधिवेशन भी लखनऊ में ही हो रहा था। साथ ही एक प्रदर्शनी भी थी। इसकी भी साथ ही सैर हुई। क़दम-क़दम पर फ़िकरेबाज़ियाँ।

लखनऊ से प्रेमचन्द लाहौर पहुँचे। आर्य प्रतिनिधि सभा ने वार्षिकोत्सव के अवसर पर आर्यभाषा सम्मेलन बुलाया था। चन्द्रगुप्त विद्यालंकार उस सम्मेलन के संयोजक थे। उन्हीं के आग्रह पर प्रेमचन्द ने स्वीकृति दी थी। लाहौर पहुँचे। अमृतधारा भवन में ठहरे। गुरुदत्त भवन के बाहर एक बहुत बड़े पंडाल में यह सम्मेलन हुआ। एक लाख की भीड़ होगी। प्रेमचन्द अपना भाषण पढ़ने लगे। परन्तु श्रोतागण उनके दर्शनों के अधिक इच्छुक थे और विद्वत्तापूर्ण भाषण के कम। भाषण पूरा नहीं पढ़ा गया। बीच ही में बात कट गई और बैठ गए। फिर भी लाहौर के उस विराट स्वागत से प्रसन्न थे।

लाहौर में प्रेमचन्द के स्वागत में और सभाएँ भी हुईं। हिन्दुस्तानी सभा ने एक मीटिंग लाजपतराय भवन में बुलाई, दूसरी लिटरेरी लीग ने। एक मीटिंग वाई. एम. सी. ए. में भी हुई। मित्रों ने व्यक्तिगत रूप से भी स्वागत किया। सैयद गिलानी से मिले। इम्तियाज़ अली ताज ने एक भारी समारोह और चाय-पार्टी का आयोजन किया। लाहौर के बड़े-बड़े नागरिक—पंजाब के प्रधानमंत्री सिकन्दरहयात ख़ाँ भी उस समारोह में ताज के घर आए—प्रेमचन्द के दर्शन करने पहुँचे। ताज के बँगले के बाहर सैकड़ों ही मोटरकारें खड़ी थीं और जिस व्यक्ति को मिलने के लिए ये सब कारों वाले आए थे, वह चन्द्रगुप्त विद्यालंकार के साथ ख़रामा-ख़रामा पैदल उस जगह पहुँचे। देहाती-सा दिखाई देने वाला यह अतिथि जब ताज के घर पर पहुँचा, तब उसे ख़याल हुआ, कहीं ग़लत जगह तो नहीं पहुँच गए। गेट पर खड़े सिपाहियों को गुमान भी नहीं हो सकता था कि इस देहाती के सम्मान में यह स्वागत-समारोह हो रहा है।

लाहौर से लौटे तो भारतीय साहित्य परिषद की मीटिंग की बातचीत चल रही थी। यह 3 और 4 अप्रैल को वर्धा में होने वाली थी, परन्तु गांधीजी की सेहत ठीक न होने के कारण दो बार स्थगित की गई। गांधीजी की सुविधा के लिए निश्चय किया गया कि परिषद् की बैठक हिन्दी साहित्य सम्मेलन के साथ-साथ नागपुर में की जाए।

हिन्दी साहित्य सम्मेलन के सभापतित्व पद के लिए बाबू राजेन्द्रप्रसाद को चुना गया। "यह निश्चय ही उत्तम चुनाव है।" प्रेमचन्द इस अधिवेशन में भाग लेने के लिए उत्सुक न थे। "मैं सिर्फ़ देहली वाले सम्मेलन ही में शामिल हुआ था और वह भी जैनेन्द्र के कहने पर।" ख़ैर, नागपुर तो गए।

24 अप्रैल को कॉन्वोकेशन हॉल में भारतीय साहित्य परिषद् का पहला समारोह हुआ। अधिकांश भारतीय भाषाओं के प्रतिनिधि उपस्थित थे। काका कालेलकर ने स्वागताध्यक्ष पद से भाषण दिया, जिसमें भारतीय साहित्य की विभिन्न समस्याओं पर प्रकाश डाला गया। गांधीजी का भाषण भी हुआ, जिसमें हिन्दी साहित्य सम्मेलन तथा भारतीय साहित्य परिषद् के कार्य-क्षेत्र का विश्लेषण किया गया। छपे हुए भाषण का वितरण हुआ। परन्तु जो भाषण गांधीजी ने दिया वह छपे हुए भाषण से थोड़ा भिन्न था। दोपहर के समारोह में परिषद् के कार्यक्रम पर विचार-विनिमय हुआ। बहस चल रही थी कि गांधीजी उठकर चले गए और जवाहरलाल नेहरू ने समारोह की अध्यक्षता की। उन्होंने अपने भाषण में इस बात पर ज़ोर दिया कि साहित्यकारों को छोटी-छोटी बातों में न फँसकर, अपना दृष्टिकोण विस्तृत बनाना चाहिए।

परिषद् के स्वीकृत प्रस्तावों में एक के अनुसार "(क) जो साहित्य जीवन के उच्च आदर्शों का विरोधी हो, सुरुचि को बिगाड़ता हो, अथवा साम्प्रदायिक सद्भावना में बाधा डालता हो, ऐसे साहित्य को यह परिषद् हरगिज़ प्रोत्साहित न करेगा और (ख) लोकजीवन के जीवित और प्रत्यक्ष सवालों को हल करने वाले साहित्य के निर्माण को यह परिषद् प्रोत्साहन देगा।"

परिषद् का कोई विधान नहीं बन पाया। उसके संचालन के लिए एक कमेटी बनाई गई। इसी को विधान बनाने तथा परिषद् के कार्यक्रम के निश्चय करने का कार्य सौंपा गया।

कामकाज की भाषा के प्रश्न पर एक बड़ा वाद-विवाद उठ खड़ा हुआ। उर्दू के प्रवक्ताओं ने हिन्दी-हिन्दुस्तानी फ़ारमूला की निन्दा ही नहीं की, बल्कि यह आरोप लगाया कि हिन्दुस्तानी तो हिन्दी और उर्दू के बीच का सुझाव है और 'हिन्दी-हिन्दुस्तानी' हिन्दी को बढ़ावा देने का प्रयत्न है।

वाद-विवाद बढ़ा। उर्दू के लेखक समारोह से उठकर चले गए। मौलाना अब्दुल हक़ ने हैदराबाद की 'उर्दू' पत्रिका में इस पर कड़ी टिप्पणी की। डॉ. अशरफ़ ने अलीगढ़ के 'सुहैल' में प्रेमचन्द पर आरोप लगाए। इसी सम्बन्ध में प्रेमचन्द ने 'हंस' में लिखा कि परिषद् की कार्यवाही में हिन्दुस्तानी की पराजय नहीं हुई थी, क्योंकि जहाँ पच्चीस वोट हिन्दी-हिन्दुस्तानी के पक्ष में पड़े थे, वहाँ पन्द्रह वोट हिन्दुस्तानी के पक्ष में थे, जबकि उर्दू के प्रतिनिधि केवल तीन थे। जो लोग इस समारोह में उपस्थित थे, उनके अनुसार प्रेमचन्द हिन्दुस्तानी के पक्ष में थे, परन्तु वे चाहते थे कि भारतीय साहित्य परिषद् दिन-प्रतिदिन उन्नति करे। यदि हिन्दी और हिन्दुस्तानी का वादविवाद आगे बढ़ेगा तो

परिषद् का काम शायद आगे न चल सके। इसीलिए वह हिन्दुस्तानी के पक्ष में वोट देकर उर्दू वालों के साथ वहाँ से नहीं गए। यह भी महत्त्वपूर्ण बात है कि प्रेमचन्द अगले दिन ही नागपुर से लौट आए। 'ज़रूरी काम' था।

भारतीय साहित्य परिषद् की कार्यकारिणी समिति की सूची (जो 'हंस' के मई, 1936 के अंक में छपी) महत्त्वपूर्ण है। महात्मा गांधी (सभापति), बाबू राजेन्द्रप्रसाद (उपसभापति), कन्हैयालाल मुंशी (मंत्री), काका कालेलकर (मंत्री), जमनालाल बजाज़ (कोषाध्यक्ष), जवाहरलाल नेहरू, सी. राजगोपालाचार्य, मौलवी अब्दुल हक़, सरदार किबे, प्रेमचन्द, पुरुषोत्तमदास टंडन, एस. एन. सुब्बाराव, सरदार पणिक्कर, डॉ. कालीदास नाग, मुहम्मद आक़िल, एम. कालेश्वर राव, देव शर्मा अभय, रामनरेश त्रिपाठी, माखनलाल चतुर्वेदी, ब्रिजलाल बियाणी, जयचन्द्र विद्यालंकार (सदस्य)।

यह बात भी उल्लेखनीय है कि परिषद् के कामकाज की भाषा हिन्दी नहीं थी, अंग्रेज़ी थी। एक बार भदन्त आनन्द कौशल्यायन ने इस बारे में अपना विरोध प्रेमचन्दजी से व्यक्त किया तो प्रेमचन्द ने उन्हें उत्तर दिया—"क्या आप समझते हैं अंग्रेज़ी की ग़ुलामी से भारतीय (साहित्य) परिषद् मुक्त है? जब कांग्रेस की सारी लिखा-पढ़ी अंग्रेज़ी में होती है, तो भारतीय परिषद् तो उसी का बच्चा है। मंत्रीजी हिन्दी नहीं जानते, मगर हिन्दी के भक्त अवश्य हैं। अगर आप ऐसे भक्तों को दबाएँगे तो वे भाग खड़े होंगे।"

मई 1936 के अन्त में 'गोदान' छपकर तैयार हुआ। जून में जैनेन्द्र को लिखा, " 'गोदान' निकल गया। कल तुम्हारे पास आ जाएगा। ख़ूब मोटा हो गया है। छः सौ पन्ने से अधिक गया। अपना विचार लिखना।"

बारह दिन बाद लिखते हैं—" आज 'गोदान' भेज रहा हूँ। पढ़ना और अच्छा लगे तो कहीं 'अर्जुन' या 'विशाल भारत' या 'हंस' में आलोचना करना। अच्छा न लगे तो मुझे लिख देना, आलोचना मत लिखना...।"

'माधुरी' को समालोचनार्थ 'गोदान' की एक प्रति भेजी गई। सम्पादक ने लिखा कि समालोचनार्थ दो प्रतियाँ आनी चाहिए। प्रेमचन्द ने, जैसे रोष में लिखा—" आप 'गोदान' की आलोचना कर रहे हैं, यह जानकर बड़ा आनन्द पाया। साहित्य की आजकल जो दुर्गति हो रही है, उसकी कुछ-न-कुछ ज़िम्मेदारी पत्रकारों पर भी आती है, जिनमें एक मैं भी हूँ। चाहिए तो यह कि कोई अच्छी चीज़ निकले, उसका स्वागत किया जाए, लेखक को प्रोत्साहन दिया जाए तथा प्रयत्न किया जाए कि पुस्तक की खपत हो और लेखकों और प्रकाशकों का दिल बढ़े। मगर प्रकाशक तो यहाँ है ही नहीं। आप आज कोई पुस्तक लिखकर प्रकाशक खोजने निकलें तो आपको समूचे भारतवर्ष में एक भी न मिलेगा, जो आपकी मेहनत का कुछ मुआवज़ा दे या रायल्टी पर ही छापे। रायल्टी पर छाप भी देगा तो कभी मिलेगी नहीं। आप जब माँगेंगे तो जवाब मिलेगा—'पुस्तक की बिक्री नहीं होती।' इसलिए मेरे जैसे दो-चार लेखकों ने ख़ुद अपनी पुस्तकें छापनी शुरू कीं, क्योंकि हमारा जीवन-व्यवसाय यही है। अगर कोई प्रकाशक ढंग का मिलता

तो हमें पुस्तक का रोज़गार क्यों करना पड़ता? लेकिन परिस्थितियों में पड़कर यह झंझट उठाना पड़ा। अगर सभी सम्पादक या मैनेजर दो-दो प्रतियाँ माँगें, तो इस ग़रीब का तो पोस्टेज में ही दीवाला पिट गया। 'गोदान' की एक प्रति पर महसूल बारह आने है। दो प्रतियों का महसूल डेढ़ रुपया होगा। अगर पचास कापियाँ भी भेजनी पड़ीं, तो चालीस रुपए महसूल हो जाएगा। बहुत-से सज्जन आलोचना करते ही नहीं। यही देखकर कुछ प्रकाशक पत्रों के पास अपनी पुस्तकें नहीं भेजते।"

इसी समय के एक पत्र में भगवतीप्रसाद वाजपेयी को लिखा—"साहित्य का उद्यम आजकल इतना निराशाजनक हो रहा है कि कुछ न पूछिए। आपको इतने दिनों में जो अनुभव हुआ, वही इन दस वर्षों में मुझे भी हुआ है। मैं क़सम खा सकता हूँ कि आज दस साल में अपनी रचनाओं से मैंने बीस पैसे भी नहीं पाये। इधर-उधर नौकरी-चाकरी करके गुज़र की है। अगर बोरिया-बस्ता समेटकर जाऊँ भी तो कहाँ? लिखने में ही क्या रखा है? जब पुस्तक की बिक्री ही न हो तो प्रकाशक क्या करे? पत्र-पत्रिकाएँ निकालिए तो बधिया बैठ जाए। पुस्तक लिखिए तो बिके नहीं, ज़हर खा लेने के सिवाय और आदमी क्या करे? मेरी स्थिति ऐसी नहीं है कि मैं कोई पुस्तक प्रकाशित कर सकूँ। अपनी दो पुस्तकें छापी हैं, उसी पर काग़ज़ के दो हज़ार रुपए आ गए हैं।"

'हंस' की परिस्थिति अभी भी ठीक नहीं थी। "परिषद् का निर्माण हो जाने से इसमें कुछ नया जीवन तो आया नहीं। आजकल 'हंस' में चार सौ पचास रुपए महीने की कमी पड़ रही है। छः सौ रुपए का ख़र्च और डेढ़ सौ रुपए की आमदनी। सोचा था काका साहब के आने से इसकी दशा सँभलेगी, मगर अभी तो कोई फल नहीं हुआ।"

बारह दिन बाद जैनेन्द्र को लिखा—" 'हंस' का पैसे वाला भार कम्पनी पर है, मुझ पर नहीं। हाँ, कम्पनी इसके ख़र्च से (सन्तुष्ट नहीं) हुई है। 4 जुलाई को वर्धा में भारतीय परिषद् की कार्य कमेटी की बैठक है। इसमें फ़ैसला किया जाएगा कि 'हंस' का क्या किया जाए। शायद मैं भी जाऊँ। आज भी बम्बई में काका और मुंशी बैठे कुछ सलाह कर रहे हैं। मुझे तार दिया था, लेकिन अभी बम्बई जाता और 4 को वर्धा...वर्धा जाना ही मुश्किल हो रहा है। तबीयत भी अच्छी नहीं है।"

31

अवसान

पेचिश ने प्रेमचन्द की देह में घर कर लिया था। स्वस्थ तो वह कभी रहे ही नहीं। बम्बई की आबोहवा ने रहा-सहा दम भी निकाल दिया था। उधर परेशानियों का अन्त नहीं

हो रहा था। 1932 में 'गोदान' लिखना आरम्भ किया था। यह उपन्यास क़रीब तीन साल में पूरा हुआ। इन दिनों प्रेमचन्द उपन्यास, कहानी आदि के अतिरिक्त विभिन्न विषयों पर चिन्तनपूर्ण लेख और टिप्पणियाँ आदि भी लिखते थे। पहले की अपेक्षा सार्वजनिक कार्यों में भी अधिक दिलचस्पी लेने लगे थे।

'हंस' को भारतीय परिषद् ने ले तो लिया था, परन्तु इसके घाटे का बोझ अभी भी प्रेमचन्द ही पर पड़ रहा था। काग़ज़ के ही दो हज़ार देने थे। कौन व्यापारी है जो निरन्तर उधार देता रहे?

16 जून, 1936 को प्रेस में काग़ज़ नहीं था। उस दिन गर्मी बहुत थी। सबकुछ तप रहा था, लू झुलसाने वाली थी। प्रेस के लिए काग़ज़ आना ज़रूरी था। प्रेमचन्द को दोपहर में ही बाज़ार जाना पड़ा। जब लौटे तो चिराग़ जल चुके थे। पान खाया और लिखने बैठ गए। खाने का समय हुआ तो कहा, भूख नहीं है। धूप लग गई थी। पेट-दर्द की शिकायत की। फिर एकदम क़ै आई। एक बार ही नहीं, तीन बार। दर्द चलता रहा। घरेलू दवा-दारू की। तीन बजे जाकर आराम हुआ। अगले दिन से ख़ून के दस्त भी आने लगे। खाना बन्द, नींद हराम। होमियोपैथिक दवाई की, आराम न हुआ। फिर ऐलोपैथिक इलाज हुआ, आराम नहीं आया। कमज़ोरी बढ़ती गई। आँखों के सामने अँधेरा आ जाता, पैर काँपने लगते।

परन्तु प्रेस का काम उसी तरह चलता रहा। इसका अनुमान कुछ महीने पहले की एक घटना से हो सकता है। उस समय भी प्रेमचन्द अस्वस्थ थे। शिवरानीदेवी जी ने बतलाया है कि सवेरे चार बजे बुख़ार उतरा था। कुछ घंटे बाद उठकर 'हंस' के लिए सम्पादकीय लिखने लगे। शिवरानीदेवी ने पूछा—"यह क्या कर रहे हैं आप? रात-भर पड़े रहे और अब लिखने बैठ गए!"

प्रेमचन्द बोले—"पाँच मिनट का समय और दो, कम्पोज़िंग करने वाले आ रहे हैं।"

शिवरानीदेवी—"अब एक सैकेंड का समय मैं आपको नहीं दूँगी।" हाथ से क़लम छीनकर कहा—"अब उठिए चुपके से।"

प्रेमचन्द—"अरे भई, मेरी समझ में नहीं आता कि फिर वे क्या कम्पोज़ करेंगे?"

शिवरानीदेवी—"मैंने कम्पोज़ वग़ैरा का ठेका नहीं लिया है।"

प्रेमचन्द—"अरे भई, तुम ठेका नहीं लिये हो, मैं तो ठेका लिये हुए हैं। फिर 'हंस' कैसे छपेगा? अगर 'हंस' समय पर नहीं छपेगा तो ग्राहक यह थोड़े ही समझेगा कि मैं बीमार हो गया था। वह तो समय पर 'हंस' चाहता है। उसने रुपए दिए हैं।"

शिवरानीदेवी की क़लम तोड़ देने की धमकी सुनकर नाश्ता करने बैठे। प्रेस से आदमी आया। मैटर माँगा। बोले—"तुमने मुझे लिखने नहीं दिया, आदमी व्यर्थ बैठे हैं।" उसे वापस किया गया।

'गोदान' के बाद 'मंगलसूत्र' शुरू कर दिया था। परन्तु इन सबसे अधिक महत्त्वपूर्ण था एक निबन्ध, जिसका शीर्षक था—'महाजनी सभ्यता'। इसे लिख रहे थे।

उन्हीं दिनों मैक्सिम गोर्की की मृत्यु हुई। प्रेमचन्द को समाचार मिला तो उन्हें बड़ा धक्का लगा। दर्द से कराह उठे। 'आज' के दफ़्तर में एक शोक-सभा होनी थी। प्रेमचन्द बीमार थे। क्या भाग ले सकेंगे और श्रद्धांजलि अर्पित कर सकेंगे? क्यों नहीं? बीमारी तो लगी ही रहती है। गोर्की रोज़-रोज़ थोड़े ही मरता है। श्रद्धांजलि तो अर्पित करनी ही होगी। और फिर, आपको भी तो एक-न-एक दिन जाना ही है।

शिवरानीदेवी लिखती हैं कि उन्होंने देखा, रात के दो बजे हैं और आप लिख रहे हैं। फटकार लगाई।

प्रेमचन्द बोले—"नींद नहीं आती। क्या करूँ? भाषण तो लिखना ही होगा।"

शिवरानीदेवी—"जब तबीयत ठीक नहीं है, तो भाषण कैसे लिखा जाएगा? क्या ज़रूरी है?"

प्रेमचन्द—"ज़रूरी तो है ही। बिना लिखे काम नहीं चलेगा। अपनी ख़ुशी से काम करने में आराम या तकलीफ़ का बोध नहीं होता। जिसको आदमी कर्तव्य समझ ले, उसके करने में मनुष्य को कुछ भी तकलीफ़ नहीं होती। इन कामों को आदमी सबसे ज़्यादा ज़रूरी समझता है।"

शिवरानी—"यह मीटिंग है कैसी?"

प्रेमचन्द—"गोर्की के सम्बन्ध में शोक-सभा है।"

शिवरानीदेवी—"वह कौन हिन्दुस्तानी थे?"

प्रेमचन्द—"यही तो हमारी तंगदिली है। गोर्की इतना बड़ा लेखक था कि उसके विषय में जातीयता का सवाल ही नहीं उठता, लेखक हिन्दुस्तानी या यूरोपियन नहीं देखा जाता। वह जो लिखेगा, उससे सभी को लाभ होता है।"

शिवरानीदेवी—"क्या उन्होंने हिन्दुस्तान के लिए भी कुछ लिखा?"

प्रेमचन्द—"लेखक के पास होता ही क्या है, जिसे वह अलग-अलग बाँट दे। लेखक के पास तो उसकी तपस्या ही होती है, वही सबको दे सकता है। उससे सब लोग लाभ उठाते हैं। लेखक तो अपनी तपस्या का कुछ भी अंश अपने लिए नहीं रख छोड़ता। और लोग जो तपस्या करते हैं वह तो अपने लिए। लेखक जो तपस्या करता है उससे जनता का कल्याण होता है। वह अपने लिए कुछ भी नहीं करता।"

शिवरानीदेवी—"गाँव वालों में तो शायद ही कोई गोर्की का नाम जानता हो।"

प्रेमचन्द—"यहाँ के गाँवों की क्या कहती हो? यहाँ के आदमी तो अपनों को भी नहीं जानते। इसके मानी यह नहीं कि यहाँ के लोगों के लिए कुछ काम ही नहीं किया जाए।"

ख़ैर, भाषण लिखा गया। ताँगे पर बैठकर प्रेमचन्द मीटिंग के लिए 'आज' के दफ़्तर में गए, कमज़ोरी इतनी थी कि सीढ़ियों पर नहीं चढ़ सके। दूसरों के सहारे से चढ़े। पेपर पढ़ने उठे। खड़े नहीं रह सके। बैठ गए। कमज़ोरी की हालत यह थी कि स्वयं उसे पढ़ भी न सके। किसी और व्यक्ति ने उसे पढ़ा।

जब लौटे तो पैर लड़खड़ा रहे थे। ऊपर पहुँचते ही चारपाई पर लेट गए। 'आज' दफ़्तर जाने के लिए अफ़सोस नहीं था। "गोर्की के मरने से मुझे बहुत दुःख हुआ। मेरे दिल में यही आ रहा है कि गोर्की की जगह लेने वाला कोई नहीं रहा।"

प्रेमचन्द को मालूम नहीं था कि यह बात उनके अपने बारे में भी सिद्ध हो सकती है। 25 जून की रात को बेचैनी बढ़ी। ढाई बजे थे। व्याकुल हो उठे।

"धुन्नू, पंखा करो।"

थोड़ी ही देर बाद क़ै की। शिवरानीदेवी दौड़ीं। देखा, ख़ून की क़ै थी।

प्रेमचन्द—"रानी, मैं चला।"

शिवरानीदेवी—"घबराने से क्या होगा? मुझे छोड़कर आप नहीं जा सकते। धीरज से काम लेना होगा।"

प्रेमचन्द—"वह देखो कितना ख़ून बाहर आया है। क्या इस क़ै के बाद भी कोई ज़िन्दा रहने की आशा कर सकता है?"

प्रेमचन्द ने मुँह मोड़ लिया। डॉक्टर को बुलाया गया। उसने कहा—"पित्त है। ठीक हो जाएँगे। मैंने कितने ही रोगी ठीक किए हैं।"

कुछ आशा हुई। परन्तु यह भ्रम था। ढलते ही गए। नींद फिर हराम हो गई। नहीं आई, नहीं आई।

2 जुलाई को जैनेन्द्र को लिखा—"4 को वर्धा में भारतीय साहित्य परिषद् की मीटिंग है। हंस लिमिटेड 'हंस' को परिषद् के हाथ सौंपेगा। छपाई आदि का प्रबन्ध काकाजी ख़ुद करेंगे, मेरा केवल नाम रहेगा—सम्पादकों में। यहाँ छापने में उन लोगों के विचार से ख़र्च ज़्यादा पड़ता है। अब तक कम्पनी ने मुझे कुल एक हज़ार चार सौ रुपए दिए हैं। मगर मुझे झंझट से निजात मिल जाएगी।...अगस्त में तुम्हारा उपन्यास जा सकता है। मुंशी को एक पत्र लिख दो। अगर 'हंस' यहाँ रहा तो कोई बात नहीं, लेकिन वहाँ गया तो वे लोग फ़ैसला करेंगे। मैं तो जनवरी से एक और पत्र निकालूँगा। तुम आओगे तो सारी बातें तय होंगी। भगवती को साथ लाना। मैं पन्द्रह दिन से दस्तों में मुबतिला हूँ।"

भारतीय साहित्य परिषद् के कार्यकारी मंडल का पहला अधिवेशन मगनवाड़ी, वर्धा में 4 जुलाई, 1936 को हुआ। प्रेमचन्द न जा सके। हाज़िर सदस्य थे—(1) महात्मा गांधी (अध्यक्ष), (2) बाबू राजेन्द्रप्रसाद (उपाध्यक्ष), (3) श्री पुरुषोत्तमदास टंडन, (4) श्री अ. कालेश्वरराव, (5)श्री ब्रिजलाल बियाणी, (6) श्री जमनालाल बजाज (ख़जांची), (7) श्री कन्हैयालाल मुंशी (मंत्री), (8) श्री काका कालेलकर (मंत्री)।

महात्मा गांधीजी के सभापतित्व में नीचे लिखे निर्णय हुए—

1. श्री अब्दुलहक़ साहब का सदस्यता से त्यागपत्र और उनके त्यागपत्र के जवाब में श्री कन्हैयालाल मुंशी का पत्र उपस्थित किया गया। अफ़सोस के साथ श्री अब्दुलहक़ साहब का त्यागपत्र और श्री मुंशी के पत्र का मसविदा मंजूर किया गया।

2. हंस लिमिटेड ने 'हंस' मासिक-पत्र भारतीय साहित्य परिषद् को दे देने के सम्बन्ध में जो प्रस्ताव किया है, उसे मुंशी प्रेमचन्द और श्री कन्हैयालाल मुंशी के बीच हुए पत्र-व्यवहार को देखने के बाद यह परिषद् निश्चय करती है कि श्री प्रेमचन्दजी की यदि पूर्ण सम्मति हो तो 'हंस' की अभी तक के ख़र्च की ज़िम्मेदारी छोड़कर, परिषद् ले ले और उसे चलाने का स्वतंत्र रूप से प्रबन्ध करे। और अगर मुंशी प्रेमचन्दजी की इच्छा 'हंस' भारतीय साहित्य-परिषद् को देने की न हो, तो परिषद् अपने उद्देश्यों की पूर्ति के लिए स्वतंत्र मासिक-पत्र निकालने का प्रयत्न करे।
3. निश्चय हुआ कि 'हंस' का सम्पादन वर्धा से किया जाए, जहाँ कि परिषद का प्रधान कार्यालय है और काका साहब कालेलकर पर सम्पादन-कार्य की मुख्य ज़िम्मेदारी रहे। श्री प्रेमचन्दजी की अनुमति से अगर मासिक 'हंस' भारतीय परिषद् ले ले, तो उसके मुद्रण, प्रकाशन और व्यवस्था का भार देहली के सस्ता साहित्य मंडल को दिया जाए।
4. निश्चय हुआ कि सर्वश्री रवीन्द्रनाथ ठाकुर, काज़ी नजरुल इस्लाम, भदन्त आनन्द कौशल्यायन, क्षितिमोहन सेन, रामानन्द चटर्जी और प्रोफ़ेसर बनहट्टी को परिषद् के सदस्य नियुक्त करने का अधिकार मंत्रियों को दिया जाए।
5. निश्चय हुआ कि परिषद् की स्थानीय समितियाँ स्थापित करने के लिए आयोजना नियुक्त करने का अधिकार मंत्रियों को दिया जाए।
6. भारतीय साहित्य-परिषद् की नियमावली पेश की गई और संशोधनों के बाद (नीचे लिखे रूप में) स्वीकृत हुई।

परिषद् के निर्णय के अन्तर्गत 'हंस' का दफ़्तर वर्धा भेजा जा रहा था, और मुद्रण का काम सस्ता साहित्य मंडल, दिल्ली को सौंपा जा रहा था।

प्रेमचन्द ने आठ महीना पहले 'हंस' को परिषद के हवाले करते वक़्त सोचा था कि पत्रिका सरस्वती प्रेस में ही छपती रहेगी और इस तरह प्रेस का पेट भरता रहेगा। यह आशा भ्रमपूर्ण सिद्ध हुई। उधर परिषद् 'हंस' को ले तो रहा था, परन्तु इसका घाटा पूरा करने की ज़िम्मेदारी परिषद् ने प्रेमचन्द पर ही डाल दी। प्रेमचन्द बीमार थे। यह धक्का उनके लिए बहुत ज़बरदस्त था—इतना कि जैसे वह चुँधिया गए। उधर पुस्तकों की बिक्री भी सन्तोषजनक नहीं थी। इनकी कमाई 'हंस' के घाटे को पूरा करने में लग जाती थी।

6 जुलाई, 1936 को उपेन्द्रनाथ अश्क को लिखा—"मैं पन्द्रह दिन से क़ैद बिस्तर हो रहा हूँ। हाजमे की शिकायत है, ज़िगर और तहौल की ख़राबी, कोई काम नहीं करता। तुम्हारी परेशानियों का क़िस्सा पढ़कर रंज हुआ। इस महाजनी दौर में पैसे का न होना अज़ाब है। ज़िन्दगी ख़राब हो जाती है, लेकिन इसके साथ यह भी न भूलना कि ग़रीबी और मुसीबतों का एक इख़लाक़ी पहलू भी है। इन्हीं आज़माइशों में इन्सान इन्सान बनता है, उसमें ख़ुद एत्मादी पैदा होती है।"

आगे—"हिन्दी में भी वही कैफ़ियत है जो उर्दू में। किताबें नहीं बिकतीं। पब्लिशर कोई नई किताब छापते नहीं। क़लम पर ज़िन्दा रहना मुश्किल हो रहा है। बस, किसी अख़बार में जान देने के सिवा और कोई रास्ता नज़र नहीं आता। अगर आदमी का क़ाबू हो, तो किसी देहात में जा बैठे। दो-एक जानवर पाल ले, कुछ खेती कर ले और ज़िन्दगी गाँव वालों की ख़िदमत में गुज़ार दे। शहर में रह कर, ख़ासकर बड़े शहर में, तो सेहत, ज़िन्दगी, सब-कुछ तबाह हो जाती है। फ़िलहाल इतना ही। थक गया हूँ। अब लेटूँगा।"

अखतर हुसैन रायपुरी को लिखा—"मेरा नावल 'गोदान' हाल ही में निकला है। उसकी एक जिल्द भेज रहा हूँ। उर्दू में रिव्यू करना। 'मैदाने अमल' का नुस्ख़ा तो तुम्हारे यहाँ पहुँचा ही होगा। उस पर भी लिखना। 'गोदान' के लिए एक पब्लिशर की तलाश कर रहा हूँ। मगर उर्दू में तो हालत जैसी है तुम जानते ही हो। बहुत हुआ तो एक रुपया सफ़ा कोई दे देगा।"

इसी पत्र में लिखा—"मैं क़रीब एक माह से बीमार हूँ। मेदे में गैस्ट्रिक अलसर की शिकायत है। मुँह से ख़ून जाता है। इसलिए कोई काम नहीं करता। दवा कर रहा हूँ। मगर अभी तक तो कोई इफ़ाका नहीं। अगर बच गया तो 'बीसवीं सदी' रिसाला[1] आप लोगों के ख़यालात की अशाअत के लिए ज़रूर निकालूँगा। 'हंस' से तो मेरा तआल्लुक़ टूट गया। मुफ़्त की सरमग्ज़ी, बनियों के साथ काम करके यह सिला मिला, कि तुमने 'हंस' में ज़्यादा रुपया ख़र्च कर दिया। इसके लिए मैंने दिलोजान से काम किया, बिलकुल अकेला। अपने वक़्त और सेहत का कितना ख़ून किया, इसका किसी ने लिहाज़ न किया। मैंने 'हंस' इन लोगों को इस ख़याल से दिया था कि वह मेरे प्रेस में छपता रहेगा और मुझे प्रेस की तरफ़ से गूना बेफ़िक्री रहेगी। लेकिन अब देहली में सस्ता साहित्य मंडल की तरफ़ से निकलेगा और इस तबादले में परिषद् को अन्दाज़न पचास रुपए महीने की बचत हो जाएगी। मैं भी ख़ुश हूँ। जिस लिटरेचर की अशाअत कर रहा था, वह हमारा लिटरेचर नहीं है, वह तो वही भक्तिनी वाला महाजनी लिटरेचर है जो हिन्दी ज़ुबान में काफ़ी है।"

भदन्त आनन्द कौसल्यायन को लिखा—" 'हंस' सितम्बर से सस्ता साहित्य मंडल, दिल्ली से प्रकाशित होगा। मैंने उसके सम्पादन से इस्तीफ़ा दे दिया है। मैं इधर एक महीने से बीमार हूँ। अगर अच्छा हो गया तो यहाँ से अपना एक नया पत्र प्रागतिक लेखक संघ की विचारधारा के अनुसार निकालूँगा। मुझे आशा है, इस नई योजना में आपकी मदद पर भरोसा कर सकूँगा।"

एक ओर नई योजनाएँ थीं, दूसरी ओर स्वास्थ्य ख़राब होता जा रहा था। ऊपर हम बतला चुके हैं कि 25 जून के बाद नींद नहीं आई। 25 जुलाई की रात को वही

---

1. जब बात गांधीजी तक पहुँची तो (4.8.36) उन्होंने के. एम. मुंशी को लिखा कि वे प्रेमचन्द को लिखें (अंग्रेज़ी में) : "यदि आप अन्य पत्रिका निकालने का सोच रहे हैं तो 'हंस' को अपने पास ही रखिए। परिषद् किसी अन्य शीर्षक से पत्रिका निकाल लेगा।"

समय ढाई बजे, प्रेमचन्द शौच के लिए गए थे, वहीं क़ै की, ख़ून की क़ै। शिवरानीदेवी ने डॉक्टर को बुलाने के लिए कहा।

"डॉक्टर कोई ख़ुदा नहीं है। इस आधी रात को क्या किसी को बुलाना है? कल देखा जाएगा। और, हाँ, मुझे बहुत दिन नहीं जीना है। मुझे तुम्हारी और बन्नू की बड़ी चिन्ता है। धुन्नू तो हाथ-पैर वाला है, बेटी की शादी हो गई है, वह सुखी है। तुम्हारी और बन्नू की क्या दशा होगी? ज़रा एक काग़ज़ का पुर्ज़ा और क़लम-दवात तो ले आओ। मैं तुम्हारे लिए तो कुछ प्रबन्ध कर जाऊँ।"

फिर मूर्च्छा-सी आ गई। अगले दिन कुछ जगे, मगर ठीक प्रकार से होश नहीं आया। ढाई बजे रात को दर्द हो उठा।

बनारस में ठीक इलाज नहीं हो रहा था। एक्स-रे यंत्र ख़राब था। इसलिए लखनऊ जाना ज़रूरी हो गया। धुन्नू को लेकर 2 अगस्त को लखनऊ पहुँचे। तीन दिन बाद निगम को लिखा—

"आपको ताज्जुब होगा कि मैं लखनऊ कैसे आ गया। बात यह है कि कोई डेढ़-दो महीने से मुझे वरमे-जिगर की शिकायत हो गई है। दो बार मुँह से सेरों ख़ून निकल गया है। बनारस में इलाज से कोई फ़ायदा न देखकर 2 अगस्त को यहाँ आ गया और डॉ. हरगोविन्द सहाय के ज़ेरे-इलाज हूँ। पाख़ाना, पेशाब, ख़ून वग़ैरा की जाँच हो चुकी है। मगर अभी कई दाँत तोड़े जाएँगे; तब डॉक्टर साहब मर्ज़ की तशख़ीश करेंगे और इलाज शुरू होगा। शायद यहाँ पन्द्रह दिन लगें। या तो इसलाह ही होगी या ख़ात्मा ही होगा। घुलकर आधा रह गया हूँ। ज़र्द। न कुछ खा सकता हूँ, न हज़म होता है। एक बार मुश्किल से हार्लिक्स खा लेता हूँ। मास्टर कृपाशंकर साहब का मेहमान हूँ। मगर यह मकान बहुत मुख़्तसिर है और आजकल में कोई दूसरा मकान ले लूँगा। घर से जितने रुपए लेकर चला था, सब सर्फ़ हो गए। इरादा था एक्स-रे कराने का, मगर यहाँ के ख़र्च तो आप जानते हैं। क़दम-क़दम पर फ़ीस। मैंने घर पर रुपए के लिए लिखा तो है। लेकिन मुमकिन है वहाँ से रुपए देर से आएँ, क्योंकि बैंक का एकाउंट तो मेरे नाम है।[1] अगर आप आसानी से मुझे इस वक़्त एक सौ रुपए बज़रिया तार भेज दें, तो बड़ा एहसान करें...घर से रुपए आ जाएँ और इन रुपयों की ज़रूरत न पड़े, मगर ऐहतियातन कुछ फाज़िल रुपए अपने पास रखना चाहता हूँ। तार से ज़्यादा ख़र्च हो तो मनीआर्डर से सही। और क्या लिखूँ? यहाँ बड़ा लड़का धुन्नू मेरे साथ है। देखिये इस बीमारी से निजात मिलती है या यह आख़िरी पैग़ाम है।"

निगम लखनऊ पहुँचे। उनके शब्दों में सुनिए—"जब मैं पहुँचा तो इस तरह दिल खोलकर मिले जैसे कोई मुद्दतों का बिछुड़ा हुआ भाई बरसों की मिफ़ारकत के बाद

1. शिवरानीदेवी ने लिखा है इन्हीं दिनों प्रेमचन्द के घर में चोरी हुई। डेढ़ हज़ार के ज़ेवर और एक हज़ार नक़द चोरी चले गए। एक महीने बाद 'हंस' की ज़मानत के लिए एक हज़ार रुपए शिवरानीदेवी ने बैंक से निकलवाकर दिए।

मिलता है। चन्द ही रोज़ में कई डॉक्टरों से मशवरा हुआ। रायबहादुर डॉ. हरगोविन्द-सहाय ने भी बड़े ख़ुलूस व तवज्जो से तिबी मुआइना किया और निहायत हमदर्दी से मरज़ की नोइयत और अहमियत दिलनशीन की। मेरा दिल तो उसी वक़्त बैठ गया। प्रेमचन्द समझ गए, लेकिन लड़का साथ था और उसके ख़याल से नाउम्मीदी ज़ाहिर न की।''

घर जो पत्र भेजे जाते, उनमें मूल-मूल बातें लिखी जातीं।

गंगाप्रसाद मिश्र (जिनकी कृपा से 'पिकविक पेपर्स' मँगवाकर पढ़ रहे थे) से एक दिन कहा : ''गंगाप्रसाद, मुझे लगता है कि अब मैं न बचूँगा। और मैं सोचता हूँ कि मरना ही है तो अपने बच्चों में जाकर क्यों न मरूँ।''

दस-ग्यारह दिन बाद, जब बीवी को लखनऊ बुलाने की सोच रहे थे, एकदम बनारस वापस लौट आए। हालत देखकर शिवरानीदेवी सन्न रह गईं। पूछा—''कैसी तबीयत है?''

प्रेमचन्द बोले—''मैं अब नहीं बचने का...जलोधर है।...खाना भी छुड़ा दिया है। तीन रोज़ से तो कुछ नहीं खाया।''

शिवरानीदेवी—''कुछ भी नहीं खाया तीन दिन से?''

प्रेमचन्द—''नहीं।''

शिवरानीदेवी—''तभी आप कमज़ोर पड़ गए हैं। आख़िर डॉक्टर ने खाने के लिए कुछ बताया कि नहीं?''

प्रेमचन्द—''बार्ले और बोतल का दूध बतलाया है।''

शिवरानीदेवी ने दूध पिलाने का प्रयत्न किया। बोले—''अभी मैं इतना कमज़ोर नहीं हो गया हूँ।''

दूध पी चुके तो शिवरानीदेवी बोलीं—''मैं ख़ुद कल लखनऊ आने वाली थी।''

प्रेमचन्द बोले—''कई रोज़ रात-भर दस्त आते रहे। शायद (डॉक्टर ने) जुलाब दे दिया था। मैंने ही धुन्नू से लिखवाया था कि तुम चली आओ, क्योंकि दस्त मुझे आते थे, तो रात को कमोड हकीम जी को ख़ुद साफ़ करना पड़ता। हकीम देवता हैं। उनकी शराफ़त क्या बताऊँ? उन्होंने मेरी सेवा जी-जान से की। दस दिन वहाँ था। तब तक हकीम जी सोये नहीं। धुन्नू को सुलाकर रात-भर वे मेरे पास बैठे रहते थे। ऐसा शरीफ़ आदमी मैंने नहीं देखा। ऐसे मुसलमान पर हज़ारों हिन्दू कुरबान हो सकते हैं। उन्होंने जैसी मेरी सेवा की, उसकी तारीफ़ मैं क्या करूँ? मैं अच्छा हो गया, तो उनकी सेवा करूँगा।''

शिवरानीदेवी बोलीं—''आप वहीं रहते। मैं तो कल आ जाती।''

प्रेमचन्द बोले—''मैंने सोचा कहीं मर गया तो देख भी नहीं पाऊँगा।''

फिर थोड़ा आराम किया। डॉक्टर को बुलाया गया—होमियोपैथ डॉक्टर को। उसने विश्वास दिलाया—''आप अच्छे हो जाएँगे।''

प्रेमचन्द ने कहा—''ये सब बातें हैं। मैं तो जानता हूँ। आपको छिपाने की कोई ज़रूरत नहीं।''

शिवरानीदेवी से बोले—"रानी, मुझे देहात ले चलो।"

उनकी हालत ठीक नहीं थी। चुन्नू ने भी कहा—"देहात शहर से दूर है। यहाँ समय पर डॉक्टर तो मिल जाता है। वहाँ तो यह भी सम्भव न होगा।"

ख़ैर, नाटी इमली वाले घर से निकलने का फ़ैसला किया गया। दूसरा मकान जगतगंज के रामकटोरा मोहल्ले में देखा जा चुका था। प्रेमचन्द ने स्वयं भी देखा था। घर बदलना ज़रूरी था। पानी बरस रहा था। कोई परवाह नहीं। सामान ढोया गया। उनके कमरे में सामान बुरी तरह फैला पड़ा था। किताबें बिखरी पड़ी थीं। प्रेमचन्द ने उठने की कोशिश की। शिवरानीदेवी ने रोका। प्रेमचन्द बोले—"किताबों का बंडल वग़ैरा क्यों नहीं बँधवा देतीं?"

फिर अपने-आप ही बोले—"कोई ठीक करे या नहीं, अपने को क्या?"

शिवरानीदेवी ने शक्कर और दही चाटने को कहा। कहना माना गया। ज़बान पर लगाया और मुस्करा दिए—व्यंग्यात्मक मुस्कान।

पानी बरस रहा था। इसी में ताँगे पर बिठाकर नए घर में लाए गए—वही घर जहाँ कभी भारतेन्दु हरिश्चन्द्र रंगरलियाँ मनाया करते थे। चारपाई पर लेट गए। वह उत्तर-दक्षिण बिछी हुई थी। अशकुन था।

शिवरानीदेवी—"इसको ठीक करने दीजिए।"

प्रेमचन्द—"इससे क्या होगा जी, जो होना होता है, वही होगा।"

इन्हीं दिनों बीमारी जितना ही गहरा एक और आघात हुआ। यह था 'हंस' पर आपत्ति। सेठ गोविन्ददास के एक नाटक 'स्वातंत्र्य सिद्धान्त' को आपत्तिजनक क़रार देकर सरकार ने 'हंस' से ज़मानत माँगी। परिषद ने निश्चय किया कि ज़मानत न देकर पत्र को बन्द कर दिया जाए।

प्रेमचन्द बीमार पड़े थे। उन्हीं के हस्ताक्षर से (!) एक घोषणा की गई। इसे हम यहाँ उद्धृत करते हैं—

'हंस' से ज़मानत

....

एक हज़ार रुपए नक़द

....

प्रकाशन बन्द

....

मेरी रुग्णता के कारण अगस्त का 'हंस' यों ही कुछ विलम्ब से प्रकाशित हो रहा था कि इधर बीच में ही युक्तप्रान्तीय सरकार ने जून और जुलाई के अंकों में श्री सेठ गोविन्ददासजी (जबलपुर) के प्रकाशित 'स्वातंत्र्य सिद्धान्त' नाटक को आपत्तिजनक बतलाते हुए एक हज़ार रुपए की नक़द ज़मानत तलब की, जिसको 15 अगस्त तक जमा करना अनिवार्य था। "किन्तु 'हंस' की साम्पत्तिक परिस्थिति पर विचार करते

हुए ज़मानत की रक़म जमा करने में इस समय विवशता है, ऐसी परिस्थिति में यह समुचित जान पड़ रहा है कि 'हंस' का प्रकाशन बन्द ही कर दिया जाए। इसलिए आज तक जितने फ़ार्म छप चुके थे, वहीं पर 'हंस' का छापना रोककर इस अंक को समाप्त किया जा रहा है। आशा है, हमारे दयालु ग्राहक, लेखकादि-बन्धु सब बातों का पूर्णत: अनुमान कर 'हंस' की इस अनन्तकालीन जुदाई को धैर्य के साथ बर्दाश्त करेंगे और अब तक की सब प्रकार की त्रुटियों को क्षमा करेंगे।

साथ ही एक प्रार्थना और है। वह यह कि अब भारतीय साहित्य परिषद् का प्रकाशन-कार्य दिल्ली से होगा, अत: कोई भी सज्जन हमारे पते पर पत्र-व्यवहार न कर 'सस्ता साहित्य मंडल, दिल्ली' के पते पर ही करने की कृपा करेंगे।''

घोषणा की तारीख़ थी—12.8.36

'दि हंस लिमिटेड' के डायरेक्टरों के इस निर्णय से प्रेमचन्द को बड़ा भारी धक्का लगा। प्रेमचन्द के अनुसार, भारतीय परिषद् को बिना प्रेमचन्द की सम्मति के 'हंस' को बन्द करने का कोई अधिकार नहीं था। 'हंस' तो उनका तीसरा बेटा था। उसकी मृत्यु उनके लिए असह्य थी। वह चाहते थे 'हंस' जीवित रहे। शिवरानीदेवी से कहा—''रानी, तुम 'हंस' की ज़मानत जमा करा दो, चाहे मैं रहूँ या ना रहूँ। 'हंस' चलेगा। यदि मैं ज़िन्दा रहा, तो सब प्रबन्ध कर दूँगा। यदि मैं चल दिया, तो यह मेरी यादगार होगी।'' धुन्नू को ज़मानत भरने को कहा गया। कुछ आनाकानी हुई। परन्तु ज़मानत जमा करा दी गई। प्रेमचन्द को संशय हुआ। तार देकर दयानारायण निगम को बुलाया। निगम दौड़े-दौड़े बनारस पहुँचे। उन्हीं के शब्दों में—

''तमाम रास्ता उम्मीद-ओ-बैम की हालत में कटा। सुबह को आख़िरी मुलाक़ात का समाँ उम्र-भर न भूलेगा। वही प्रेमचन्द, जो अपनी सुर्ख़-ओ-सफ़ेद सूरत के लिहाज़ से हज़ारों में एक थे, ऐसे नज़ारो-नज़ार हो गए थे कि मुश्किल से पहचान पड़ते थे। धँसी हुई आँखें, बैठे हुए गाल, काँटे की तरह सूखे हुए हाथ-पाँव देखकर आँखों के सामने अँधेरा छा गया। उनके मुसलसल क़हक़हे बात करने की भी मोहलत न देते थे। मगर अब आँसुओं का तार बँधा हुआ था। न उठने की ताक़त थी और न बैठने की सिक़्त। लेटे-ही-लेटे हाथ पकड़ लिया और गले से चिपटा लिया, जैसे कोई डरा हुआ बच्चा बिलख-बिलखकर सीने से चिमटने की कोशिश करे। इतने कमज़ोर हो गए थे कि बात करने में भी थकान होती थी। ताहम दम ले-लेकर आहिस्ता-आहिस्ता बातें करते ही रहे। मैंने मना करना चाहा तो कहने लगे—'दोबारा मुलाक़ात की उम्मीद नहीं करना। तुम्हारा कहना न टालता। यहाँ और जो कोई आता है, यास-अंग्रेज़ बातें करके परीशान कर जाता है।'

'' 'हंस' को दोबारा निकालने का प्रबन्ध किया गया। सम्पादक की ओर से जो नोट सितम्बर अंक में छपा, उसमें 'हंस' के अन्तर्प्रादेशीय रूप को बरकरार रखने का निश्चय व्यक्त किया गया। नोट इस प्रकार था—'अब तक प्रान्तीय साहित्यों के राष्ट्रीयकरण के

लिए उद्योगशील 'हंस' से माँगी गई ज़मानत और तदुपरान्त हंस लिमिटेड के प्रोप्राइटरों द्वारा उसका प्रकाशन बन्द कर दिए जाने के विषय में हमारे प्रेमियों ने अवश्य सुना होगा। अब ज़मानत देकर, मेरे अतिरिक्त श्रीयुत जैनेन्द्रकुमार और श्री भारतीय के सम्पादकत्व में स्वस्थ और उन्नतिमूलक साहित्य के सृजन, वृद्धि तथा प्रचार के उद्देश्य से पुनः उसे चालू करने का निश्चय किया गया है। इसमें विशेषकर भारत और साधारणतया विश्वजनीन और प्रतिष्ठित लेखकों के लेख रहेंगे। कर्मयोगियों और महान कलाकारों की जीवनियाँ, कहानियाँ, धारावाहिक उपन्यास, पुस्तकावलोकन आदि उसकी मुख्य विशेषताएँ होंगी, भारत के नवजीवन के उद्देश्य में वही हमारा साधन होगा, जो उस उद्देश्य की सिद्धि में सहायक हो। राजनीतिक, सामाजिक, नीति और मनोवैज्ञानिक विषयों पर, जो हमारे सामने हैं, सुन्दर तथा रोचक लेख रहेंगे। मानव-जीवन के प्राणवन्त परिहास से यह उन्मुक्त न रहेगा। वह विचार और विनोद—दोनों के लिए उचित सामग्री प्रस्तुत करेगा। अखिल विश्व के समक्ष अपने विचारों को रखने के लिए प्रान्तीय साहित्यकारों को क्षेत्र प्रदान करनेवाला यह पत्र अन्तर्प्रान्तीय रहेगा। विश्व की उन्नत विचारधाराओं के साथ रहकर यह अन्तर्राष्ट्रीय भी होगा। संक्षेप में, कला तथा साहित्य में कुछ कलुषित, जर्जर तथा निष्प्राण होगा, उस सबके विरुद्ध जो कुछ आलोचनात्मक, उन्नतिमूलक और विवेक प्रणीत है, उसका पूर्ण समर्थक होगा और सन्देशवाहक भी। यह योजना हम इस विश्वास के साथ रख रहे हैं कि इस महान अनुष्ठान में लेखक तथा कवि अपनी रचनाओं से, पाठक अपनी उदार सम्मति से तथा कलाकार अपनी विशिष्ट कृतियों से हमें प्रोत्साहित करेंगे। प्रत्येक परामर्श का हार्दिक स्वागत होगा।' "

इसी अंक में 'महाजनी सभ्यता' छपा। इसी को प्रेमचन्द का अन्तिम सन्देश समझना चाहिए। इस लेख से ज्ञात है कि प्रेमचन्द पूरे साम्यवादी हो चुके थे। इसी प्रकार का आख़िरी सन्देश उनके अपूर्ण उपन्यास 'मंगलसूत्र' में मिलता है, या उनकी 'दो बहनें' शीर्षक कहानी में।

31 अगस्त को विरेश्वरसिंह को लिखा—"मैं तो बुरा पड़ गया। इधर दो महीने से ज़्यादा हो गए, चारपाई पर पड़ा हुआ हूँ। इस समय तो दो-तीन मर्ज़ों में मुबतिला हूँ। लीवर अलग ख़राब है, पेचिश हो रही है, तथा पेट में कुछ पानी भी आ गया है।" 'हंस' पर ज़मानत का ज़िक्र करते हुए उसी पत्र में लिखा—"मैं उसे ज़मानत देकर निकाल रहा हूँ। सितम्बर का अंक प्रेस में है। अब यदि तुम अपनी कोई छोटी-सी भी चीज़ भेज दोगे तो बड़ा अच्छा होगा। इस अंक में मैटर की बड़ी कमी पड़ रही है। जल्दी भेजोगे तभी उसका कुछ फ़ायदा होगा। वैसे तो कभी भी तुम्हारी चीज़ के लिए स्थान है। जैनेन्द्र को मैंने साथ ले लिया है, तथा वे ही सबकुछ करेंगे, क्योंकि मैं तो अभी कुछ करने-धरने लायक़ हूँ नहीं।"

सोलहवें दिन लिखा—"(सितम्बर) अंक तैयार हो गया है। मैं तो अब बेहद कमज़ोर हो गया हूँ। उठ-बैठ नहीं सकता। लेकिन मर्ज़ घट रहा है। डॉक्टर का कहना है कि पन्द्रह दिन में मर्ज़ बिलकुल घट जाएगा।"

हिसामुद्दीन ग़ौरी फ़िल्मी जगत् पर अभी भी प्रहार कर रहे थे। 'एक्ट्रेस और सहेली के ख़ुतूत' के शीर्षक से रसायल में लिख रहे थे। प्रेमचन्द को इनकी कापी मिली तो लिखा—"आपका ख़त और रसायल पहुँचे। 'एक्ट्रेस और सहेली के ख़ुतूत' पढ़े। आपने अदाकारों की ज़िन्दगी और निगारख़ानों के अन्दरूनी हालात की सच्ची व इबरतआमेज़ तस्वीरें जिस मुवस्सर व दिले-पंजीर अन्दाज़ में खींची हैं, वह आप ही का हिस्सा है। इससे किब्ल अपने किसी ख़त में लिख चुका हूँ कि महज़ ज़िन्दगी में एक नया तजुर्बा हासिल करने की गर्ज़ से बम्बई गया था। अपने मशाहदात की बिना पर मैं आपके ख़यालात की लफ़्ज़-ब-लफ़्ज़ ताईद करूँगा। मेरे ख़याल में शरीफ़ ख़वातीन का फ़िल्मसाज़ी में हिस्सा लेना हर्गिज़ दुरुस्त नहीं, क्योंकि निगारख़ानों की फ़िज़ा इनके लिए रास नहीं आ सकती और न आइन्दा इसमें किसी क़िस्म की असलाह मुमकिन है। सिनेमा की बदौलत हमारे नौजवानों पर जो बुरे असरात मरतज हो रहे थे, अब अख़बारात के तुफ़ैल उनमें दिन-ब-दिन तरक़्क़ी होती जा रही है। जब अख़बारों में एक्ट्रेसों की तसवीरें छपें और उनके काम के क़सीदे गाये जाएँ तो क्यों न नौजवानों पर उसका असर हो। आप जल्द-अज़-जल्द 'एक्ट्रेस और सहेली के ख़ुतूत' किताबी सूरत में शाया कर दीजिए, ताकि नौजवानों पर फ़िल्मी दुनिया की हक़ीकत वाज़े हो जाए। मुझे तवक्को है कि आपकी तसनीफ़ अपने फ़ायदाबख़्श असर से लोगों के दिलों पर ज़रूर असर करेगी। ऐसी मुफ़ीद किताब जिस क़दर जल्द शाया हो अच्छा है। ख़ुदा आपको इस कारख़ैर का उज्र दे और क़ौम को इससे फ़ायदा बख़्शे। आजकल मेरी सेहत निहायत कमज़ोर हो रही है। लिखना-पढ़ना तर्क कर दिया है। लेकिन आप अपनी किताब का मुकम्मल मसविदा भेज दीजिए। मैं बख़ुशी मुकद्दमा लिख दूँगा।"

ज़ाहिर है अभी जीवन से बिलकुल निराश न हुए थे। जब तक जीवन रहता है आशा होती है और आशा के ही आधार पर योजनाएँ बनती हैं। इन्द्र बसावड़ा को 13 सितम्बर को लिखा—"मैं दो महीने से बिस्तर में पड़ा हूँ। आहिस्ता-आहिस्ता मेरी स्थिति में सुधार हो रहा है। परन्तु बहुत देर के बाद मैं काम करने के लायक हूँगा। मैंने नई पत्रिका आरम्भ करने का निश्चय रद्द कर दिया है। ज़मानत दाख़िल करके, मैं 'हंस' को दोबारा शुरू करूँगा। आशा है, तुम यदाकदा इसके लिए लिखते रहोगे।"

इस समय प्रेमचन्द एक और योजना बना रहे थे। वह थी भारतीय भाषाओं के प्रहसन का संकलन। इन्द्र बसावड़ा को इसी पत्र में लिखा—"अनुवाद का काम मैं तुम्हारे सुपुर्द करना चाहता हूँ। इसके लिए मैं उचित पुरस्कार भी दे दूँगा। (जिन पाँच कहानियों की सूची तुमने भेजी है उनमें से) तीन का अनुवाद करके मुझे पन्द्रह दिन में भेज दो, क्योंकि पुस्तक प्रेस में भेज दी गई है।"

उसी दिन आनन्दराव जोशी को भी मराठी की तीन सर्वोत्तम हास्यरस की कहानियों के हिन्दी अनुवाद के लिए लिखा था।

7 अक्तूबर, 1936 की रात। जैनेन्द्र उनकी खटिया के पास बैठे थे। कमरा छोटा और अँधेरा था। सब लोग सोये पड़े थे। प्रेमचन्द के मुँह से शब्द फुसफुसाहट में निकलकर खो जाते थे। ''उन्हें कान से अधिक मन में सुनना पड़ा था।''

जितनी चिन्ता पत्नी और बच्चों के भविष्य की थी, उतनी ही 'हंस' तथा साहित्य के भविष्य की।

तीन बजे जैनेन्द्र से कहा—''मेरे हाथ दबा दो।'' जैनेन्द्र ने दबाया और कहा—''आप कुछ फ़िक्र न कीजिए, बाबूजी, आप अब अच्छे हुए और काम के लिए हम सब लोग हैं ही।'' प्रेमचन्द उनकी ओर देखते रहे, फिर बोले—''आदर्श से काम नहीं चलेगा।''

उन्हें चिन्ता यही थी कि 'हंस' कैसे चलेगा। जीएगा या मर जाएगा? जीने की आस थी। प्रेमचन्द इस बात की कल्पना ही नहीं कर सकते थे कि 'हंस' न जीएगा। परन्तु हिन्दी संसार का अनुभव कटु था। आश्वस्त नहीं कर सकता था। 'हंस' के लिए अब वह झुकने को तैयार थे—''आदर्श से काम नहीं चलेगा।''

उधर नवोदित युवक जैनेन्द्र सोचते—''बिना झुके भी 'हंस' क्यों न जिए? यह आपका अख़बार है, तब वह बिना झुके ही जिएगा।''

जैनेन्द्र ने कहा—''आदर्श...''

प्रेमचन्द बोले—''बहस न करो।''

करवट ली और आँखें मीच लीं।

थोड़ी देर बाद बोले—''गर्मी बहुत है जैनेन्द्र, पंखा करो।'' जैनेन्द्र ने पंखा किया।

प्रेमचन्द को नींद नहीं आती थी। बहुत दर्द हो रहा था। कराहते न थे, परन्तु चुपचाप आँखें खोले पड़े थे। दस-पन्द्रह मिनट बाद बोले—''जैनेन्द्र, तुम जाओ, सो जाओ।''

जैनेन्द्र सो गए। सवेरा होते-होते प्रेमचन्द को मूर्च्छा आ चुकी थी।

निगम लिखते हैं—''7 अक्तूबर की रात बेचैनी से कटी। 8 अक्तूबर की सुबह मुँह धोने को मंजन और पानी माँगा। लेकिन जब लड़का मुँह धुलाने आया तो हालत ग़ैर हो चुकी थी, और वह हिल भी न सकते थे। घबराकर बीवी चिल्ला उठीं, 'क्या आप मुँह भी न धोएँगे?' वह मुश्किल से कुछ इशारा कर सके। चन्द हिचकियाँ लीं और हमेशा के लिए सो गए। डॉक्टर आया। नब्ज़ देखी, मगर रूह जिस्म से आलिमे बाला को परवाज़ कर चुकी थी।''

यह सुनी-सुनाई बात थी। शिवरानीदेवी लिखती हैं, ''मैं उन्हें साफ़ करने के लिए बढ़ रही थी कि भाई ने मेरा हाथ पकड़कर कहा—'बहन, कहाँ जाती हो?... वे अब नहीं रहे'।''

8 अक्तूबर की सुबह भी हर रोज़ के समान बनारस के आकाश में सूरज निकला परन्तु एक घंटा बाद हिन्दी साहित्य का यह सूर्य सदा के लिए अस्त हो गया। उस समय साढ़े सात बजे थे।

परिशिष्ट

प्रेमचन्द के पत्रों में कापीराइट

1964 का साहित्य अकादमी का पुरस्कार अमृतराय को उनकी पुस्तक 'प्रेमचन्द : क़लम का सिपाही' पर दिया जाना था। इस सम्बन्ध में मदन गोपाल ने दावा कर इसे रुकवा दिया था। इस मुकदमे के कुछ ऐसे पहलू हैं जिनके बारे में समाचारपत्रों में कुछ लिखा नहीं गया और जिसके बारे में लोगों को जानकारी नहीं है। इसको समझने के लिए पृष्ठभूमि के तौर पर मदन गोपाल और अमृतराय द्वारा प्रेमचन्द के जीवन तथा कृत्य पर किए गए काम का थोड़ा ज्ञान आवश्यक है।

अमृतराय प्रेमचन्द के छोटे पुत्र हैं और स्वयं भी लेखक हैं। अक्तूबर 1962 में इन्होंने दस पुस्तकों का एक सैट प्रकाशित किया जिसमें 'क़लम का सिपाही', 'चिट्ठी पत्री' (दो भाग)...इत्यादि प्रकाशित हुए। मदन गोपाल ने 1938 में सेंट स्टीफंस कॉलेज, दिल्ली, से बी.एस-सी. की डिग्री ली। इन्हें प्रेमचन्द की कृतियों में दिलचस्पी हो गई थी और दिल में यह भावना उत्पन्न हुई थी कि प्रेमचन्द जैसे महान् साहित्यकार की एक प्रामाणिक जीवनी लिखकर उनका असली रूप लोगों के सामने रखा जाए। उन्होंने प्रेमचन्द की उपलब्ध सारी कृतियाँ पढ़ डालीं। अब उनके जीवन के बारे में पूरी जानकारी के स्रोतों को निर्धारित करना था जिनसे सहायता ली जा सके। उन सब लोगों के नाम और पते जो प्रेमचन्द के मित्र थे या उनके सामयिक थे, या जो प्रेमचन्द के बारे में कुछ जानकारी दे सकते थे। तब इन लोगों से पत्रों द्वारा या परस्पर सम्पर्क स्थापित किया। शीघ्र ही मदन गोपाल ने देखा कि यह तो एक बड़ा जोखम का काम है और इसे पूरा करने के लिए शायद यही उपयुक्त हो कि पहले अंग्रेज़ी पढ़े-लिखे लोगों में प्रेमचन्द के प्रति दिलचस्पी पैदा की जाए। फिर 1943-44 में इसी ध्येय से उन्होंने एक 120 पन्ने की छोटी-सी पुस्तक लाहौर से प्रकाशित करवाई। अंग्रेज़ी में लिखी यह पुस्तक अपने विषय पर पहली पुस्तक थी। इसका एक ही संस्करण निकला और अब तो यह एक प्रकार से दुर्लभ है। इस पुस्तक के प्रकाशन के बाद मदन गोपाल ने अंग्रेज़ी में 'मुंशी प्रेमचन्द : ए लिटरेरी बायोग्रैफ़ी' लिखी। हिन्दी में उनकी पुस्तक 'क़लम का मज़दूर : प्रेमचन्द' का अभी मुद्रण हो रहा है।

मदन गोपाल को प्रेमचन्द के जीवन और कृतित्व पर एक वृहद् ग्रन्थ लिखने का विचार तभी आया था जब वह अपनी परिचयात्मक पुस्तक लिख रहे थे। इसकी धारणा

तब प्रबल हुई जब उनके हाथ प्रेमचन्द के कुछ पत्र लगे। इन्हें प्रेमचन्द ने अपने मित्रों या रिश्तेदारों को लिखा था।

प्रेमचन्द के पत्रों को इकट्ठा करने की योजना कोई आसान नहीं थी। मार्च 1943 में प्रेमचन्द के बड़े पुत्र श्रीपतराय ने मदन गोपाल को लिखा था "कि इस योजना को कार्यान्वित करने के लिए एक ऐसे व्यक्ति की आवश्यकता है जो एक प्रचारक की भावना से पूरा समय और दिल लगाकर इस काम में जुट जाए। यदि कोई सज्जन इस काम को हाथ में लेना चाहे तो मैं उसको द्रव्य देने के लिए भी तैयार हूँ।"

इस काम का बीड़ा मदन गोपाल ने जीवन का लक्ष्य मानकर स्वयं उठाया। जिसके पास से भी पत्र मिले इकट्ठे किए। पहले-पहल मदन गोपाल ने ज़माना (उर्दू) के सम्पादक दयानारायण निगम को लिखे पत्र प्राप्त किए। निगम साहब को नवयुवक का जोश देखकर बड़ी ख़ुशी हुई थी। अंग्रेज़ी में अपने पुराने मित्र पर पुस्तक के विचार से ही फड़क उठे थे और कुछ संशय भी व्यक्त किया कि ऐसी कोई पुस्तक निकल पाएगी। फिर भी नवयुवक का जोश देखकर और अपने पुराने मित्र की ख़्याति में चार चाँद लगने के विचार से उन्होंने 55-60 पत्रों का एक पुलन्दा, जिसे आसानी से निकाल सकते थे, दे दिया। बाक़ी पत्र कहीं और रखे थे और कहा था कि "जब अंग्रेज़ी पुस्तक का मसविदा दिखलाओगे तब दे दूँगा।" जो निगम को लिखे गए पत्र मिले थे वे महत्त्वपूर्ण थे। इन्हीं के उद्धरण, 'ज़माना' के स्मृति अंक में छपे थे। अब मदन गोपाल लाहौर के वरिष्ठ साहित्यिक इम्तियाज़ अली ताज को मिले। इन्होंने 'कहकशाँ' का सम्पादन किया था और प्रेमचन्द के 'बाज़ारे हुस्न' और 'प्रेम बतीसी' (भाग 2) का प्रकाशन भी किया था। 'ताज' ने मदन गोपाल को प्रेमचन्द के पत्र दिखलाए। उनकी नक़ल करने की अनुमति तो दी परन्तु उनके अपने सामने बैठकर। दिल्ली के जैनेन्द्रकुमार ने लगभग 50 पत्र दिए। शर्त यही थी कि नक़ल करके वापस कर देना। 1930, जब जैनेन्द्रकुमार प्रेमचन्द के सम्पर्क में आए थे, और उसके बाद के कुछ वर्षों के सम्बन्ध में यह महत्त्वपूर्ण पत्र थे। इन पत्रों की मदन गोपाल ने नक़ल की। कुछ शब्द पढ़े नहीं जा सके। जैनेन्द्र ने कहा कि एक दिन बैठकर देख लेंगे। वह दिन न आया। फिर पत्रों की मूल प्रतियों को कोई और सज्जन ले गए और ये लौटकर नहीं आए।

मदन गोपाल ने प्रेमचन्द द्वारा लिखे गए पत्रों के लिए गांधीजी, जवाहरलाल नेहरू, अबुल कलाम आज़ाद और राजेन्द्रप्रसाद से लेकर बनारसीदास चतुर्वेदी, उपेन्द्रनाथ अश्क, विष्णु प्रभाकर, इन्द्रनाथ मदान, श्रीराम शर्मा इत्यादि तथा दुर्गा सहाय सरूर 'चकबस्त', जयशंकरप्रसाद के वंशजों से भी पत्रव्यवहार किया। प्रेमचन्द के सौतेले भाई महताबराय से सात पत्र प्राप्त किए। 'आजकल' में मदन गोपाल के पत्र संकलन सम्बन्धी एक इण्टरव्यू छपा। माणेकलाल जोशीजी ने एक महत्त्वपूर्ण पत्र भेजा। शिवरानीदेवी ने कुछ पत्र 'प्रेमचन्द घर में' प्रकाशित किए। पुत्रों ने कोई पत्र नहीं रखे

थे। कन्हैयालाल माणिकलाल मुंशी ने पत्र देना तो दूर रहा, दिखलाने से भी इन्कार कर दिया। शायद इन पत्रों में हिन्दी-उर्दू वादविवाद तथा भारतीय साहित्य परिषद् के रवैये के बारे में कुछ गरमागरमी हुई थी। दुलारेलाल भार्गव, जिन्होंने 'रंगभूमि' प्रकाशित की थी, तथा जिनके लिए प्रेमचन्द ने साहित्यिक सहायक के पद पर काम किया था, पत्र या उनकी प्रतियाँ देने से इन्कार कर दिया। रघुपतिसहाय फिराक को प्रेमचन्द ने बीसियों पत्र लिखे थे, परन्तु फिराक ने उन्हें पढ़ा और फेंक दिया। "किसको पता था कि कम्बख़्त इतना मशहूर हो जाएगा कि उसके पत्रों की माँग होगी।" और भी कई स्थानों से पत्र इकट्ठे करने के प्रयत्न किए गए। परन्तु निष्फल। विनोदशंकर व्यास ने पत्र नहीं दिए, बाद में उन्हें प्रकाशित कर दिया।

जितने पत्र इकट्ठे हो सके थे वह एक साहित्यिक निधि थी। मार्च 1952 में स्वयं अमृतराय ने मदन गोपाल को लिखा था : "आपने कमोबेश वह काम किया है जिसकी मैं दिल में तमन्ना लिये बैठा हूँ। किसी के ख़त इकट्ठा करना कोई आसान काम नहीं है और आपने जो कर लिये हैं वह शुरू करने के लिए काफ़ी है। मैं समझता हूँ आपका यह ख़याल बुनियादी तौर पर ग़लत है कि सब काल के पत्र इकट्ठा करके ही उन्हें प्रकाश में लाएँ।"

मदन गोपाल का प्रयत्न यही था कि संकलन सम्पूर्ण हो। वह इसी इन्तज़ार में थे कि एम. मुंशी तथा दुलारेलाल भार्गव को लिखे पत्र मिल जाएँ तो संकलन को प्रकाशित करें। फिर इन पत्रों की आवश्यकता उनकी जीवनी के सम्बन्ध में तो थी ही।

मदन गोपाल का कथन है कि पत्रों को इकट्ठा करने का काम तो कठिन था ही, इससे अधिक कठिन था शोधकार्य। कुछ पत्रों की हालत जर्जर थी। बहुत सारे पत्र जल्दी में लिखे गए थे और कहीं-कहीं शब्द भी इतने शिकस्ता थे कि पढ़े नहीं जा सकते थे। कितने ही पत्रों पर तिथि नहीं लिखी थी और लिखी भी तो महीना या वर्ष का कोई संकेत नहीं। कभी स्थान का ज़िक्र भी नहीं था। पोस्टकार्डों पर तो मोहर से कुछ जानकारी मिल सकती थी, परन्तु जहाँ पत्र लिफाफे में भेजा गया हो (और लिफ़ाफ़ा तो फेंक दिया जाता है) वहाँ बड़ी कठिनाई हुई। ऐसी परिस्थिति में पत्र में लिखे तथ्य (जैसे किसी कहानी का ज़िक्र) को उस समय के पुराने रसालों को देखकर तिथि का निर्धारित करना। इस काम में भी बड़ी कठिनाइयाँ थीं क्योंकि उस समय के रसालों की पुरानी फ़ाइलें, मुश्किल से मिल पातीं। 'कहकशाँ' 1920 में बन्द हुआ, 'सुबह उम्मीद' 1926 में, 'ज़माना' 1944-45 में और 'हंस' जिसे प्रेमचन्द ने 1930 में आरम्भ किया था, वह भी आगे बन्द हुआ। किसी-किसी पुस्तकालय में कुछ पुराने अंक तो मिलते परन्तु सर्वदा पूरी फ़ाइलें नहीं मिलतीं और किसी एक अंक के लिए कभी-कभी दो-तीन पुस्तकालयों का चक्कर लगाना पड़ता। कोई लाहौर में, कोई कानपुर या लखनऊ में, दिल्ली में, तो कोई हैदराबाद और कोई भोपाल में। इतना शोधकार्य

करने पर ही पत्रों की तिथियों का अनुमान लगाया गया। कुछ पत्रों पर स्थान के संकेत नहीं थे। इसे निर्धारित करने के लिए प्रेमचन्द के जीवनकाल की आवश्यक घटनाओं की तालिका तैयार की और जब कभी किसी नई घटना का पता लगा तो इसमें संशोधन किया गया। इस शोधकार्य के बाद 300 पन्ने की एक पांडुलिपि तैयार की। यह पांडुलिपि एक प्रकार से प्रेमचन्द की जीवनी का ढाँचा थी। महत्त्वपूर्ण घटनाओं की सूची थी। हड्डियाँ थीं, मांस भरना था, पूरा ब्यौरा भरने के लिए कहीं किसी कहानी का, किसी उपन्यास का या किसी लेख का ज़िक्र करना बाक़ी था।

1959 के आरम्भ में अमृतराय ने मदन गोपाल को (शोधकार्य के परिणामस्वरूप 300 पन्ने की) इस पांडुलिपि को दे देने के लिए लिखा। 9 जनवरी के एक पत्र में :

"मैंने उस समय भी आपसे यही निवेदन किया था और आज फिर कर रहा हूँ कि उन पत्रों को तो छपा ही डालिए। इससे आपको अन्य पत्र पाने में सहायता ही मिलेगी। जहाँ तक प्रकाशन की बात है, मेरी समझ में कोई भी प्रकाशक उनको सहर्ष लेगा। लेकिन यदि आप मुझको यह सौभाग्य दें तो बड़ी कृपा होगी।"

कुछ दिनों बाद अमृतराय स्वयं दिल्ली आए और मदन गोपाल को मिले ताकि उन शर्तों के बारे में बात हो जिनके अन्तर्गत पांडुलिपि उन्हें मिल सके। पहले बातचीत हुई, फिर पत्रव्यवहार हुआ। 30 नवम्बर, 1959 के पत्र में अमृतराय ने लिखा :

"1. मुंशी प्रेमचन्द के पत्र दो भागों में प्रकाशित होंगे—
   (क) मुंशी दयानारायण निगम से पत्र-व्यवहार और
   (ख) अन्य पत्र-व्यवहार।
2. इन दोनों प्रकाशनों पर सम्पादक के रूप में मेरा और आपका नाम प्रकाशित होगा।
3. मुंशी दयानारायण निगमवाले भाग पर आपको साढ़े सात प्रतिशत रायल्टी दी जाएगी और दूसरे भाग पर पाँच प्रतिशत।
4. उक्त पत्र-व्यवहार के सम्पादन में आप भी दिलचस्पी लेंगे और सम्पूर्ण पत्र-व्यवहार की एक प्रति मेरे पास भी भेज देंगे।

   आशा है ये बातें आपको स्वीकार होंगी।"

इस समझौते के अन्तर्गत मदन गोपाल ने टाइप की हुई 300 पन्ने की पांडुलिपि अमृतराय को भेज दी। अब अमृतराय ने मूल पत्र या फ़ोटो कापियों की माँग की। मदन गोपाल ने (1000 रु. ख़र्च कर) मूल पत्रों की फ़ोटो कापियाँ बनवाकर भेजीं। अब पत्र-व्यवहार बन्द-सा हो गया। 8 अक्तूबर, 1962 को अमृतराय ने दस पुस्तकों का प्रकाशन किया जिनमें 'प्रेमचन्द : क़लम का सिपाही', 'चिट्ठी-पत्री' (भाग 2) तथा 'गुप्त धन', 'मंगलाचरण' इत्यादि थे। अमृतराय ने अपने अनुबन्ध का उल्लंघन करके 'चिट्ठी पत्री' के दोनों भागों पर केवल अपना ही नाम दिया। जब मदन गोपाल ने आपत्ति की, तो अमृतराय ने एक हज़ार रुपए देकर मामले को रफ़ा-दफ़ा करना

चाहा। मामला आगे बढ़ा। अब अमृतराय ने पूछा—मदन गोपाल को किसने अधिकार दिया था कि वह प्रेमचन्द के पत्रों को इकट्ठा करें और माँग की कि पत्रों की मूल प्रतियों को अमृतराय के हवाले किया जाना चाहिए।

अमृतराय ने मदन गोपाल द्वारा दी गई पांडुलिपि का 'प्रेमचन्द : क़लम का सिपाही' में खुले दिल से प्रयोग किया, और इस पुस्तक में कहीं भी मदन गोपाल के काम का उल्लेख नहीं किया। जितने पत्र उद्धरित किए गए थे उनमें से 80 प्रतिशत उस पांडुलिपि से थे जो मदन गोपाल ने अमृतराय को एक अनुबन्ध के अन्तर्गत दी थी (जिसमें चिट्ठी-पत्री के अलावा इन पत्रों के प्रयोग का कोई उल्लेख नहीं था)। इनकी मूल प्रतियाँ मदन गोपाल के पास थीं, और उनकी सहायता के बग़ैर अमृतराय इनका प्रयोग नहीं कर सकते थे। फिर भी इसका उल्लेख तक नहीं। मदन गोपाल ने माँग की कि सारी कार्रवाई अनुबन्ध के अन्तर्गत होनी चाहिए। जो वायदा किया था उसे पूरा किया जावे वरना मुआमला को अदालत में ले जाना पड़ेगा। यह बहुत दुख की बात होगी क्योंकि मदन गोपाल ने ताजीवन प्रेमचन्द पर कार्य किया है और वह नहीं चाहेंगे कि प्रेमचन्द के लड़के को कटघरे में देखें। लगभग अट्ठारह महीने पत्र-व्यवहार के बाद अमृतराय ने अपने अंग्रेज़ी के पत्र में कहा, ''आपने मुझे सूचित किया है कि यदि इस मामले का आपकी दृष्टि के अनुसार तसल्लीबख्श समाधान न हुआ तो आप अदालती कार्यवाही करेंगे। ऐसा ही होना चाहिए। अदालतें आपसी झगड़ों के समाधान के लिए ही तो हैं। ऊँच-नीच देखकर यदि आप इसी निष्कर्ष पर पहुँचे कि आपका लाभ अदालत में जाने से होगा तो अवश्य जाइए। ज़मीर की बात को भूल जाइए। प्रेमचन्द के लड़के की बात तो अलग रही, प्रेमचन्द स्वयं कितनी ही बार अदालत के कटघरे में खड़े हुए थे।''

मदन गोपाल ने पूरी कोशिश की। चन्द्रगुप्त जो मध्यस्थ थे, उनसे निवेदन किया। सब प्रयत्न निष्फल हुए।

इसी समय साहित्य अकादमी ने अपने पुरस्कारों की घोषणा की जिनमें एक अमृतराय को दिया जाना था। मदन गोपाल ने अदालत में याचिका पेश की कि वह अमृतराय को आदेश दे कि वह पुरस्कार न लें और साहित्य अकादमी को भी कि वह अमृतराय को पुरस्कार न दें। मदन गोपाल ने 13 मार्च को श्रीपत को भी लिखा...''फिर अमृतराय के बारे में लिख रहा हूँ। पिछली बार जब मैंने तुम्हें अमृतराय द्वारा किए गए दुर्व्यवहार का ज़िक्र किया था तो तुमने लिखा था तुम्हें मानसिक पीड़ा हुई। मेरे लिए यह मानसिक पीड़ा ही नहीं एक तीव्र वेदना बनी। तुम जानते हो कि किस श्रद्धा और निष्ठा से मैंने प्रेमचन्द के कृतित्व और जीवन के बारे में लोगों को बताने का भरसक प्रयत्न किया है। इसका ध्येय मुद्रा नहीं था, केवल काम से मानसिक शान्ति और थोड़ा यश। इसीलिए मैं कितने ही वर्षों से एक प्रचारक के जोश से यह काम करता रहा हूँ। जो काम मैंने किया, उसके फल की प्रशंसा के रूप में मुझे आशा थी। और उस फल

को अमृतराय ने मेरे से छीन लिया और इस प्रकार मेरे जीवन-भर की कमाई को हड़प कर लिया। यह चोरी की तरह है। जब उन्हें मेरे पास से पत्रों का संकलन मिल गया तो नैतिकता, हलीमी, सद्व्यवहार, सबकुछ भूल बैठे। मेरी चिट्ठियों का उत्तर देना भी बन्द कर दिया। जब मैंने कहा कि जिस अनुबन्ध पर हस्ताक्षर किए थे, उसे कार्यान्वित करिए, तब यह कहा कि मैं उन्हें परेशान कर रहा हूँ। मध्यस्थता के प्रयत्न निष्फल रहे। बस टालमटोल करते रहे। मैंने तुम्हें उनकी उस चिट्ठी की प्रतिलिपि भेजी थी (जिसमें मुझे अदालत जाने की अनुमति दे दी है)। जब कोई दलील कारगर न हुई और मध्यस्थता निष्फल रही तो मुझे वही करना पड़ा जिसकी उन्होंने अनुमति दी थी—अदालती कार्यवाही। मैंने यह क़दम तो उठाया, परन्तु बड़ी मजबूरी से और इच्छा के विरुद्ध। इस क़दम को उठाते हुए मुझे तुम्हारा ध्यान आया और इस बात का भी कि तुम्हें दु:ख होगा। मैं जानता हूँ, मुझे तुम्हारा सहयोग 1941 से मिल रहा है और मैं तुम्हें विश्वास दिलाता हूँ कि मैंने यह क़दम दिल मसोसकर इसलिए उठाया है कि साहित्यिक जीवन में कुछ सद्व्यवहार होना चाहिए।...मैं यह पत्र इसलिए लिख रहा हूँ कि तुम मेरी परिस्थिति को समझकर मुझे क्षमा कर दो। तुम्हारा आश्वासन घाव पर मरहम का काम देगा।''

अदालत ने व्यादेश दिया। अमृतराय ने अपील की कि व्यादेश को वापस लिया जाए। याचिका अस्वीकार की गई। पुरस्कार नहीं मिला।

तत्पश्चात् अमृतराय ने अदालत को दी गई अर्जी में स्वीकार किया कि मदन गोपाल ने उन्हें प्रेमचन्द के पत्रों की प्रतिलिपियाँ दी थीं परन्तु इन पत्रों में कापीराइट प्रेमचन्द के पुत्रों का है, और वह जिस तरह चाहें पत्रों को प्रयोग में ला सकते हैं। उनकी धारणा थी कि 30 नवम्बर, 1959 वाला अनुबन्ध अमान्य हो गया था।

इस याचिका के जवाब में मदन गोपाल ने अदालत से निवेदन किया कि प्रेमचन्द द्वारा लिखे गए पत्र मामूली तरह के पत्र थे। इन पत्रों को अलग से कोई महत्त्व नहीं था। जब इनको इकट्ठा करके बड़े परिश्रम तथा निपुणता से शोधकार्य किया जिसके परिणामस्वरूप उन्हें एक क्रम से दिया तब कहीं जाकर यह एक 'साहित्यिक कृति' बन पायी।इस काम को आगे बढ़ाने में प्रेमचन्द के दोनों पुत्रों ने मदन गोपाल को प्रोत्साहन दिया था। जिस पांडुलिपि को मदन गोपाल ने अमृतराय को दिया था, उसमें कापीराइट मदन गोपाल का था। अनुबन्ध पर हस्ताक्षर करके जो भी अधिकार अमृतराय के बनते भी होंगे, उन्हें भी उन्होंने स्वयं मदन गोपाल को दे दिए थे। इसके अलावा 'प्रेमचन्द : क़लम का सिपाही' में प्रयोग में लाए गए 90 प्रतिशत पत्रों की मूल प्रति मदन गोपाल के पास थी और इनके न मिलने पर अमृतराय अपनी जीवनी नहीं लिख सकते थे। अमृतराय ने 'चिट्ठी-पत्री, (भाग 1) की भूमिका में स्वयं लिखा था—''इन पत्रों के अमूल्य निधि के बग़ैर मैं कल्पना भी नहीं कर सकता कि प्रेमचन्द की जीवनी लिखी जा सकती है। शायद लिखी तो जाती पर यह लँगड़ी-सी और बेजान-सी होती।''

मदन गोपाल ने यह भी निवेदन किया कि प्रेमचन्द के जीवनकाल में और तत्पश्चात् भी प्रेमचन्द ने तथा उनके उत्तराधिकारियों ने प्रेमचन्द के पत्रों के प्रकाशन पर कभी कोई आपत्ति नहीं उठाई। (1927 से लेकर प्रेमचन्द के पत्र छपते रहे हैं)। इतनी अवधि गुज़र जाने के बाद अमृतराय का इन पत्रों में कापीराइट की माँग करना निरर्थक है। मदन गोपाल ने जो सामग्री अमृतराय को दी थी, उससे पहले अमृतराय ने उसके प्रयोग के बारे में जो आश्वासन दिए थे, उनकी भी अवहेलना की थी।

17 जुलाई, 1964 को अदालत ने विभिन्न प्रश्नों पर विचार करने का फ़ैसला किया। अगले दो-तीन दिनों में अमृतराय और मदन गोपाल में समझौता हो गया। 24 जुलाई को इसे अदालत में पेश किया गया। इस पाँच पृष्ठ की याचिका में निवेदन किया गया कि कुछ समय पहले दोनों ने प्रेमचन्द के पत्रों के प्रकाशन के बारे में एक अनुबन्ध पर हस्ताक्षर किए थे कि ये दोनों नामों से छपेंगे परन्तु कुछ ग़लतफ़हमियों के कारण अमृतराय ने उन्हें केवल अपने ही नाम से छाप दिया। अब ये ग़लतफ़हमियाँ दूर हो गई हैं और अमृतराय ने मान लिया है कि (चिट्‌ठी-पत्री की) दोनों पुस्तकों पर संकलनकर्ता और सम्पादक के रूप में मदन गोपाल का भी नाम छाप दिया जाएगा और अनुबन्ध में लिखी गई दरों के अनुसार मदन गोपाल को रायल्टी भी दी जाएगी। इसके अलावा अमृतराय अपनी पुस्तक 'क़लम का सिपाही' की भूमिका में भी मदन गोपाल के प्रति आभार व्यक्त करेंगे। 'प्रेमचन्द : क़लम का सिपाही' की भूमिका में जो लिखा जाएगा, तथा चिट्‌ठी-पत्री की भूमिका में मदन गोपाल की ओर से जो लिखा जाएगा, उसकी प्रतिलिपि याचिका में परिशिष्ट के रूप में नत्थी की गई। ये तीनों उद्धरण इस प्रकार हैं—

'चिट्‌ठी-पत्री' (भाग 1) की भूमिका के अन्त में—

भाई अमृतराय की भूमिका के पश्चात् मेरे कहने को बहुत कुछ नहीं रह गया है। मुझे केवल इतना ही कहना है कि जब मैंने 1940-41 में पत्र संकलन का कार्य आरम्भ किया था, इन पत्रों की आवश्यकता मुझे अपनी परिचयात्मक अंग्रेज़ी पुस्तक के सम्बन्ध में हुई थी। मुझे याद है मुंशी दयानारायण निगम मेरे (अंग्रेज़ी में पुस्तक लिखने के) संकल्प पर फड़क उठे थे। मुझे प्रोत्साहन भी दिया, मेरी पीठ ठोंकी और उन पत्रों का एक पुलिन्दा, जो महत्त्वपूर्ण थे, मुझे दिया। बाक़ी पत्र किसी दूसरी जगह रखे थे, और निगमजी ने मुझसे कहा : "जब तुम मुझे अपनी प्रकाशित पुस्तक दोगे, तो शेष पत्र भी तुम्हें दे दूँगा।" दो-तीन वर्ष बाद वह चल बसे, और मेरी उनसे फिर भेंट न हो सकी। 1951-52 में मैंने निगम साहब के सुपुत्र से भेंट की, परन्तु उन्होंने पत्रों इत्यादि के बारे में अनभिज्ञता प्रकट की। अमृतराय ने उन पत्रों को ढेर से निकालकर हिन्दी साहित्य के लिए एक निधि को बचा लिया।

—मदन गोपाल

'चिट्ठी-पत्री' (भाग 2) की भूमिका के अन्त में—

भाई अमृतराय द्वारा लिखी गई पंक्तियों के बाद मुझे विशेष कुछ नहीं कहना है। जैनेन्द्रजी को लिखे पत्रों की कहानी अमृतजी ने बतला ही दी है। इम्तियाज़ अली ताज़ को लिखे गए पत्रों की नक़ल मैंने उर्दू लिपि में उनके घर पर, उनके सामने बैठकर की थी। संशोधन के लिए कुछ प्रतिलिपियाँ भाई भीष्म साहनी से मिलीं। उपेन्द्रनाथ अश्कजी ने स्वयं नक़ल कर पत्रों की प्रतिलिपि मुझे दी। सब्बरवाल, श्री माणिकलाल जोशी और विष्णु प्रभाकर ने मूल पत्र ही मुझे दिए। महताबरायजी ने मुझे केवल सात पत्र दिए। बाक़ी सँभालकर रख लिये और कहा कि कई सज्जन पहले आए थे और पत्र ले गए। (इस पुस्तक को देखकर शायद वे सज्जन प्रतिलिपियाँ अमृतजी को या मुझे भेज दें)। कुछ महत्त्वपूर्ण पत्र जामिया मिलिया लाइब्रेरी, करोलबाग में थे। वे 1947 की आग की नज़र हुए। सुना है कि काजी अब्दुल गफ्फार को लिखे पत्र भी दुर्घटना के कारण नष्ट हो गए। यह कहना अतिशयोक्ति न होगी कि जहाँ भी मैंने पत्रों के लिए हाथ फैलाया, मुझे पत्र मिले। केवल दो स्थान पर मैं असफल रहा—दुलारेलाल भार्गव, जिनके पास लगभग 40-50 पत्र हैं और श्री के. एम. मुंशी, जिनके पास 10-12 पत्र हैं। आशा है अब उनको लिखे प्रेमचन्द के पत्र भी प्रकाशनार्थ मिल जाएँगे।

—मदन गोपाल

'प्रेमचन्द : क़लम का सिपाही' की भूमिका के अन्त में—

इसके साथ मैं बन्धुवर मदन गोपाल के प्रति अपना हार्दिक आभार व्यक्त करना चाहता हूँ। मदन गोपाल जी ने मुंशीजी की साहित्य सेवा पर अंग्रेज़ी में पहली पुस्तक 1914 में लिखी थी। तब से आज तक मदन गोपालजी इस विषय पर काम कर रहे हैं। उनका प्रयत्न प्रशंसनीय है। मेरी इस पुस्तक के कितने ही महत्त्वपूर्ण उद्धरण उनके द्वारा संगृहीत प्रेमचन्द के पत्रों से लिये गए हैं। प्रेमचन्द के पत्रों का यह संग्रह उनके बीस वर्ष के परिश्रम का परिणाम है। यदि इस संग्रह तक मेरी रसाई न होती, तो मुझे तो पुस्तक अधूरी-अधूरी लगती।

—अमृतराय

इस पेटीशन में आगे चलकर दोनों लेखकों ने कहा कि अनन्य मित्रों तथा साहित्यिकों के अनुरोध पर, और हिन्दी साहित्य की प्रगति की दृष्टि से, आपसी मतभेदों का समाधान निकाला ताकि बीसवीं शताब्दी के महान् कलाकार प्रेमचन्द पर मदन गोपाल तथा अमृतराय द्वारा किए गए प्रशंसनीय काम के आधार पर आगे शोधकार्य हो। मदन गोपाल ने स्वीकार किया कि प्रेमचन्द के पुत्र अमृतराय ने अमर साहित्यकार की परम्परा में साहित्य सृजन किया है और कई वर्ष प्रेमचन्द पर कार्य किया है। 'क़लम का सिपाही' उनकी हिन्दी साहित्य को अमूल्य देन है। अमृतराय ने मदन गोपाल द्वारा

प्रेमचन्द पर किए गए काम की प्रशंसा की और कहा कि 1944 में मदन गोपाल ने मुंशी प्रेमचन्द पर अंग्रेज़ी में सबसे पहली पुस्तक प्रकाशित की और कई वर्षों तक परिश्रम करके और समय व द्रव्य लगाकर प्रेमचन्द के पत्रों को इकट्ठा किया और उन्हें सुरक्षित रखा। यह एक बहुत जटिल काम था और यदि उन्होंने यह काम न किया होता तो 'क़लम का सिपाही' लँगड़ी और बेजान रहती। अमृतराय ने यह भी स्वीकार किया कि मदन गोपाल ने 'प्रेमचन्द : क़लम का मज़दूर' और 'प्रेमचन्द : ए लिटरेरी बायोग्राफ़ी' दोनों पुस्तकें स्वतंत्र रूप से तभी लिखीं, जब 'प्रेमचन्द : क़लम का सिपाही' लिखी गई और यह भी कि दोनों पुस्तकें प्रशंसनीय प्रयत्न हैं।

❁❁❁